팔리율 Ⅲ

PALI VINAYA Ⅲ

팔리율 Ⅲ
PALI VINAYA Ⅲ

釋 普雲 國譯

혜안

역자의 말
보운

　율장의 번역을 시작하고서 10년을 넘긴 세월을 보내면서 또 하나의
전생에 지었던 악업의 고통의 강을 건너왔고 번민을 잠시라도 잊을 수
있었던 것도 불·보살님들께서 항상 보살펴주셨던 커다란 공덕이었으리
라. 한 비구의 사문으로써 지내왔던 수행의 과정에서 여러 장애와 환란도
존재하였을지라도 사문의 행이라는 경계에서는 악업보다는 선업이 약간
이라도 많았다고 말할 수 있는 시간이었다.
　주어진 현생에서 율장의 번역불사의 발원이 남방율장의 바라제목차의
번역을 마치고서 대건도의 번역도 이루어졌으므로, 여러 상념들이 주위를
스치면서 순간순간 여러 형상으로 사유의 끝자락을 붙잡는다. 지금까지
의 번역이나 연구의 과정에서 항상 짓눌렀던 '세존의 거룩하신 가르침을
어리석은 유정의 관점에서 왜곡하여 논지를 펼치는 것은 아니었던가?'라
고 괴롭혔던 번민들도 『팔리율』의 대건도를 접하면서 초기불교에 대한
새로운 관점과 어휘의 지식을 증장할 수 있는 시간이었다.
　불전을 마주하고 40여 년에 이르면서 많은 시간을 고심하였던 어휘와
관련된 문제들도 많은 이해의 폭을 넓히는 계기를 마련할 수 있었고,
현대에 이르러 여러 불교학자들이 제기하고 있는 어휘에 대한 번역의
오류라고 알려진 번역들도 번역하던 당시의 문화와 언어학을 세심하게
연구하지 않은 오류로 인한 오해라고 이해할 수 있는 시간이었다. 그러므
로 한역의 과정에서 오류는 거의 존재하지 않는다고 판단되고 고의적인
가감(加減)의 흔적도 거의 찾아볼 수 없었다.
　언어는 시대의 문화와 가치를 쫓으면서 계속하여 활성화되고 변해가는

속성을 기본으로 갖추는 특징이 있으며, 중국에서는 매우 중요시되었던 삼장의 번역은 적어도 9세기의 이전에 마무리되고 있는데, 한국의 역사와 비교한다면 통일신라 시대와 일치한다. 현재 한국인이 사용하는 언어가 통일신라의 언어와 같은 형태라고 단정할 수 없는 현실에서, 한역의 삼장(三藏)을 번역하면서 적어도 중국의 역사와 사회의 상황을 이해하는 것이 첫째로 선행되어야 하고, 현재의 지식으로 과거의 역경의 문제를 쉽게 비판하거나, 오류라고 단정하는 학문적인 접근은 매우 심각한 오류를 일으킬 수 있다.

현재의 한역으로 번역된 어휘를 팔리어의 어휘와 대조한다면 그 당시의 사회상과 언어의 특성을 매우 합리적인 어휘로 선택하였고 번역의 과정에서도 학문적인 깊이와 신중함이 매우 논리적으로 적용되고 있다. 따라서 현재 제기되고 있는 한역에 대한 오역(誤譯)의 문제는 세심하게 검토되고 학술적인 연구가 진행되어야 할 것이다.

스스로가 걸어온 길을 살펴보건대 하루하루의 생명을 이어가는 연장선에서 불보살님들의 가호(加護)가 항상 깃들었던 현실의 삶을 사유하면서 오늘도 차갑게 다가가는 새벽의 바람을 맞고 있다. 한 글자·한 글자를 조합하여 한 문장을 완성하면서 세간의 고통과 환란을 한 몸으로 마주하면서 수행을 지속하였고 청정함을 수지하였던 승가를 향하여 깊고 넓은 존경심을 장야(長夜)에 마음에 차곡차곡 포개어 두었던 시간이었다.

팔리어로 삼귀의를 해석한다면 어휘적으로 사문이 '세간 중생들의 의지처'라는 뜻이다. 나 자신을 돌이켜보면서 사문으로서의 역할과 능력을 겸비하였는가에 많은 번민이 주위를 맴돌고 있다. 그동안 지녀왔던 수행력의 부족과 삼장에 대한 이해의 오류와 지혜를 많이 증장하지 못한 어리석음을 깊이 참회하면서 머리 숙여 불보살님들께 간절하게 참회드린다.

지금까지의 율장과 논장에 대한 번역 불사가 원만하게 회향할 수 있도록 동참하신 대중들은 현세에서 여러 이익을 얻고, 세간의 삼재팔난의 장애를 벗어나며, 지금의 생(生)의 인연을 마치신 영가들께서는 극락정토에 왕생하시기를 발원드린다. 또한 지금까지 후원과 격려를 보내주신

6

은사이신 세영 스님과 죽림불교문화연구원의 사부대중들께 감사드리고,
이 불사에 동참하신 분들께 불보살들의 가호(加護)가 항상 가득하기를
발원드리면서 감사의 글을 마친다.

불기 2567년(2023) 5월에
서봉산 자락의 죽림불교문화연구원에서
사문 보운이 삼가 적다.

출판에 도움을 주신 분들

경 국丘 견 명丘 두 념丘 등 현丘 혜 곡丘 설 안尼 지 정尼
이수진 이현수 이수영 황미옥 홍완표 이수빈 손영덕
오해정 손영상 이지은 손민하 이계철 유혜순 김양순
김혜진 고재형 고현주 김아인 채두석 황명옥 채수학
정송이 정영우 고연서 정지민 정윤민 홍기표 남장규
남이슬 남종구 하정효 허완봉 이명자 허윤정 김진섭
심성준 조윤주 심은기 강석호 박혜경 강현구 홍태의
권태임 허 민 허 승 함용재 김미경 김봉수 이유진
김성도 김도연 정송순 최재연 하연지 하연주 김태현
김태욱 국윤부 전금란 최새암 한묵욱

손선군靈駕 우효순靈駕 김길환靈駕 손성호靈駕 이민두靈駕 여 씨靈駕 이학헌靈駕
오입분靈駕 이순범靈駕 김옥경靈駕 강성규靈駕 최재희靈駕 고예림靈駕 이기임靈駕
고장환靈駕 김두식靈駕 김차의靈駕 김창원靈駕 주영남靈駕 김경희靈駕 오오순靈駕
정 씨靈駕 박맹권靈駕 정남구靈駕 안병열靈駕 윤 씨靈駕 박 씨靈駕 윤 씨靈駕
박 씨靈駕 박광자靈駕 박순애靈駕 조인순靈駕 박충한靈駕 노성미靈駕 임응준靈駕
곽정준靈駕 이연숙靈駕 유순이靈駕 김승화靈駕 이경찬靈駕 이경섭靈駕

8

차 례

16

일러두기

1 이 책의 저본(底本)은 팔리성전협회(The Pali Text Society, 약칭 PTS)의 『팔리율』이다.

2 번역은 한역 남전대장경과 PTS의 영문본에서 서술한 형식을 참고하여 번역하였고, 미얀마와 스리랑카의 팔리율도 참고하여 번역하였다.

3 PTS본의 팔리율의 구성은 건도는 전반부에, 바라제목차는 중간에, 부수는 후반부에 결집되고 있으나, 한역 율장의 번역형식과 같이 바라제목차, 건도, 부수의 순서로 구성하여 번역한다.

4 원문에는 없으나 독자의 이해를 위해 번역자의 주석이 필요한 경우 본문에서 ( ) 안에 삽입하여 번역하였다.

5 인명이나 지명은 사분율을 기본으로 설정하였고, 한역 남전대장경에 번역된 용어를 사용하였으며, 팔리어는 주석으로 처리하였다.

6 원문에서 사용한 용어 중에 현재는 뜻이 통하지 않는 용어는 원문의 뜻을 최대한 살려 번역하였으나 현저하게 의미가 달라진 용어의 경우 현재에 통용하는 용어로 바꾸어 번역하였다.

대건도
(Mahāvagga 大犍度)

대건도 제1권

그 분이신 여래(如來), 응공(應供),
정등각(正等覺)께 귀명(歸命)하옵니다.

제1장 대품건도(大品犍度)[1]

1. 제1송출품(第一誦出品)

1) 보리수(菩提樹)의 인연(因緣)

1-1 그때 불·세존(世尊)[2]께서는 최초로 정등각(正等覺)[3]을 성취하시고서, 우루빈라(優樓頻螺)[4] 취락의 니련선하(尼連禪河)[5] 근처의 보리수(菩提

---

1) 팔리어 Mahākhandhaka(마하 깐다카)의 번역이다.
2) 팔리어 buddha bhagavā(부따 바가바)의 번역이다. buddha와 bhagavā의 합성어로써 'buddha'는 '부처'를 뜻하고, 'bhagavā'는 '세존'을 뜻한다.
3) paṭhamābhisambuddha(파타마비삼부따)의 음사이고, paṭhama와 abhi와 sam과 buddha의 합성어이다. paṭhama는 '기본', '첫째', '제일'의 뜻하고, abhi는 '위에', '높이'의 뜻이며, sam은 '매우', '크게', '철저하게', '완전함' 또는 '아름다움'을 뜻하며, buddha는 '깨달음'을 뜻한다.

樹)[6]의 아래에 머무르셨다.

1-2 이때 세존께서는 보리수 아래의 한곳에서 가부좌(跏趺坐)를 맺으시고 앉으셨으며 7일 동안 해탈(解脫)의 즐거움을 받으셨다. 이때 세존께서는 밤의 초분(初分)에 연기(緣起)를 순관(順觀)과 역관(逆觀)으로 생각을 지으 셨는데 이를테면, 무명(無明)을 인연하여 행(行)이 일어나고, 행을 인연하 여 식(識)이 일어나며, 식을 인연하여 명색(名色)이 일어나며, 명색을 인연하여 육입(六入)이 일어나고, 육입을 인연하여 촉(觸)이 일어나며, 촉을 인연하여 수(受)가 일어나고, 수를 인연하여 애(愛)가 일어나며, 애를 인연하여 취(取)가 일어나고, 취를 인연하여 유(有)가 일어나며, 유를 인연하여 생(生)이 일어나고, 생을 인연하여 노(老)가 일어나며, 노를 인연하여 사(死)와 수(愁), 우비(憂悲)와 고뇌(苦惱) 등의 이와 같은 일체의 고온(苦蘊)이 쌓여서 일어나는 것이었다.

 또한 무명을 멸(滅)하면 곧 행이 멸하고, 행을 멸하면 곧 식이 멸하며, 식을 멸하면 곧 명색이 멸하고, 명색을 멸하면 곧 육입이 멸하며, 육입을 멸하면 곧 촉이 멸하고, 촉을 멸하면 곧 수가 멸하며, 수를 멸하면 곧 애가 멸하고, 애를 멸하면 곧 취가 멸하며, 취를 멸하면 곧 유가 멸하고, 유를 멸하면 곧 생이 멸하며, 생을 멸하면 사와 수, 우비와 고뇌의 이와 같은 일체의 고온이 멸하는 것이었다.

1-3 이때 세존께서는 이러한 뜻을 명료하게 아시었고, 곧 이때에 스스로가 게송으로 읊으면서 말씀하셨다.

 노력하여 정려(靜慮)를 행하는 바라문(婆羅門)[7]이

---

 4) 팔리어 Uruvelā(우루베라)의 음사이다.

 5) 팔리어 Nerañjarā(네란자라)의 음사이다.

 6) 팔리어 Bodhirukkha(보디루까)의 음사이다. bodhi와 rukkha의 합성어로써 'bodhi'는 '깨달음'을 뜻하고, 'rukkha'는 '나무'를 뜻한다.

만약 이러한 제법(諸法)을 현재에서 나타낸다면
제법에 인연이 있다고 명료하게 아는 까닭으로
그 일체의 의혹(疑惑)을 모두 멸(滅)한다네.

1-4 이때 세존께서는 그 밤의 중분(中分)에 연기를 순관과 역관으로
생각을 지으셨는데 이를테면, 무명을 인연하여 행이 일어나고, 행을 인연
하여 식이 일어나며, …… 나아가 …… 고뇌의 이와 같은 일체의 고온이
쌓여서 일어나는 것이었다. 또한 무명을 멸하면 곧 행이 멸하고, ……
나아가 …… 고뇌의 이와 같은 일체의 고온이 멸하는 것이었다.

1-5 이때 세존께서는 이러한 뜻을 명료하게 아시었고, 곧 이때에 스스로가
게송으로 읊으면서 말씀하셨다.

노력하여 정려를 행하는 바라문이
만약 이러한 제법을 현재에서 나타낸다면
제법에 멸진이 있다고 명료하게 아는 까닭으로
그 일체의 의혹을 모두 멸한다네.

1-6 이때 세존께서는 그 밤의 중분(中分)에 연기를 순관과 역관으로
생각을 지으셨는데 이를테면, 무명을 인연하여 행이 일어나고, 행을 인연
하여 식이 일어나며, …… 나아가 …… 고뇌의 이와 같은 일체의 고온이
쌓여서 일어나는 것이었다. 또한 무명을 멸하면 곧 행이 멸하고, ……
나아가 …… 고뇌의 이와 같은 일체의 고온이 멸하는 것이었다.

1-7 이때 세존께서는 이러한 뜻을 명료하게 아시었고, 곧 이때 스스로가
게송으로 읊으면서 말씀하셨다.

---

7) 팔리어 brāhmaṇa(브라마나)의 음사이다.

노력하여 정려를 행하는 바라문이
만약 이러한 제법을 현재에서 나타낸다면
곧 마군을 깨트리고 그 상서로움을 세우므로
오히려 허공에서 태양이 비추는 것과 같다네.

[보리수인연을 마친다.]

2) 아사파라용수(阿闍波羅榕樹)의 인연

2-1 그때 불·세존(世尊)께서는 7일 후에 삼매에서 일어나셨고, 보리수의 아래를 떠나셨으며, 아사파라용수(阿闍波羅榕樹)⁸⁾가 있는 곳으로 가셨다. 가시어 아사파라용수 아래의 한곳에서 가부좌를 맺으시고 앉으셨으며, 7일 동안 해탈의 즐거움을 받으셨다.

2-2 그때 한 오만(傲慢)한 바라문이 있어 세존께서 머무시는 처소로 나아갔고, 나아가서 세존과 함께 문신하고 안부를 물었으며, 공손하게 한쪽에서 있었다. 그는 한쪽에 서 있으면서 바라문은 세존께 알려 말하였다.
"그대 구담(瞿曇)⁹⁾께서는 무엇을 의지하여 바라문이 되었습니까? 무엇으로써 바라문의 법을 성취합니까?"

2-3 이때 세존께서는 이러한 뜻을 명료하게 아시었고, 곧 이때에 스스로가 게송으로 읊으면서 말씀하셨다.

바라문이 만약 악법을 없앴고

---

8) 팔리어 Ajapāla nigrodha(아자파라 니그로다)의 음사이다. nigrodha는 '반얀 나무' 또는 '인도의 무화과나무'를 가리키고, 중국에서는 '용수(榕樹)'로 번역된다.
9) 팔리어 Gotama(고타마)의 음사이다.

훔10)의 소리가 없으며 오탁11)이 없고 다만 절제하며
폐다(吠陀)를 통달하고12) 범행(梵行)을 성취하였으므로
이것을 곧 바라문을 이루었다고 말할지라도
그와 같은 사람은 세간(世間)에 많이 없다네.

[아사파라용수의 인연을 마친다.]

3) 목지린타수(目支鄰陀樹)의 인연

3-1 그때 불·세존께서는 7일 후에 삼매(三昧)13)에서 일어나셨고, 아사파라용수가 있는 곳을 떠나셨으며, 목지린타수(目支鄰陀樹)14)의 아래로 가셨고, 목지린타수 아래의 한곳에서 가부좌를 맺으시고 앉으셨으며, 7일 동안 해탈의 즐거움을 받으셨다.

3-2 이때 때가 아닌 큰 구름이 일어났고 계속하여 7일 동안을 비를 뿌렸으며 하늘에서는 차가운 바람이 일어나서 날씨가 추워졌다. 이때 목지린타용왕(目支鄰陀龍王)15)은 스스로가 머물렀던 곳에서 나왔고 일곱 겹으로 세존의 몸을 둘러쌌으며 큰 머리를 들어서 세존의 머리를 덮고서 서 있으면서 생각하였다.

---

10) 팔리어 huṃ(훔)의 음사이다. 바라문들이 자긍심을 나타내고자 '흥' 또는 '훔'의 감탄사를 짓는 모습을 가리킨다.
11) 팔리어 nikkasāva(니까사바)의 번역이고, '불순물이 없다.'는 뜻이므로, 초기불교에서 경계한 삼독(三毒)인 탐(貪)·진(瞋)·치(癡)를 의미한다.
12) 팔리어 Vedantagū(배단타구)의 번역이고, '지식의 끝자락에 도달한 사람', 즉 '지혜를 완성한 사람'이라는 뜻이다.
13) 팔리어 samādhi(사마디)의 음사이다.
14) 팔리어 Mucalinda(무차린다)의 음사이다.
15) 팔리어 Mucalinda nāgarājā(무차린다 나가라자)의 번역이다.

'세존께서는 춥지 않으셔야 하고, 덥지 않으셔야 하며, 모기·등에·바람·
열·뱀 등이 세존과 접촉하지 않아야 한다.'

이때 목지린타 용왕은 7일이 지나자 비가 멈추었고 허공이 맑아진
것을 보았고 세존의 몸을 감았던 것을 풀었으며, 본래의 형태를 버리고
바라문 동자의 모습으로 변화하였고, 합장하고 세존의 앞에 서 있으면서
세존께 귀의하였다.

3-3 이때 세존께서는 이러한 뜻을 명료하게 아시었고, 곧 이때에 스스로가
게송으로 읊으면서 말씀하셨다.

만족을 알고 법을 들으며, 아울러
법을 보고 (삼독을) 멀리 떠난다면 즐거움이고
세상에서 성냄을 없애고, 아울러
유정(有情)을 조어(調御)한다면 즐거움이며
세상에서 탐욕을 떠나고, 아울러
여러 탐욕을 초월한다면 즐거움이고
아만(我慢)을 조복(調伏)하는 자는
이것이 최상의 즐거움이라네.

[목지린타수의 인연을 마친다.]

4) 나사야타나수(羅闍耶他那樹) 인연

4-1 그때 불·세존께서는 7일 후에 삼매에서 일어나셨고, 목지린타수의
아래를 떠나셨으며, 나사야타나수(羅闍耶他那樹)[16]가 있는 곳으로 가셨

---

16) 팔리어 Rājāyatana(라자야타나)의 음사로, 라자(rājā)와 아야타나(āyatana)의 합성
    어이다. Budhanania Latifolia(부다나니나 라티폴리아) 나무로서 '너트 나무'를

다. 가시어 나사야타나수 아래의 한곳에서 가부좌를 맺으시고 앉으셨으며, 7일 동안 해탈의 즐거움을 받으셨다.

4-2 이때 다부사(多富沙)[17]와 바리가(婆梨迦)[18]의 두 상인이 울가라(鬱迦羅)[19] 취락에서 이 지역으로 오는 도중(道中)이었다. 다부사와 바리가의 두 상인과 함께 전생에 친족이었던 한 천신(天神)이 다부사와 바리가의 두 상인에게 알려 말하였다.

"형제들이여. 세존께서 이곳에서 최초로 정등각을 성취하셨고, 나사야타나수의 아래에 계십니다. 그대들은 볶은 쌀에 꿀을 바른 강정[20]으로써 가서 그것을 세존께 공양한다면, 장차 장야(長夜)에 그것으로 이익과 안락(安樂)을 얻을 것입니다."

4-3 이때 다부사와 바리가의 두 상인은 곧 볶은 쌀의 강정을 가지고 세존의 주처(住處)로 나아갔다. 이르러 세존께 예경하고서 한쪽에 서 있었다. 한쪽에 서 있으면서 다부사와 바리가의 두 상인은 세존께 아뢰어 말하였다.

"원하건대 세존께서는 우리들의 볶은 쌀에 꿀을 바른 강정을 받아주시고, 우리들이 장야에 그것으로 이익과 안락을 얻게 하십시오."

4-4 이때 세존께서는 마음으로 사유하였다.

'여러 여래께서는 손으로 받지 않으셨다. 나는 마땅히 무슨 그릇으로써 볶은 쌀에 꿀을 바른 강정을 받아야 하는가?'

가리킨다.

17) 팔리어 Tapussa(타부싸)의 음사이다.
18) 팔리어 Bhallikā(발리카)의 음사이다.
19) 팔리어 Ukkalā(우까라)의 음사이다.
20) maṇthena ca madhupiṇḍikāya ca의 번역이다. Maṇtha(만타)는 구운 과자의 한 종류이고, madhupiṇḍikā(마두핀디카)는 꿀을 섞은 밀가루의 둥근 모양을 뜻하므로, 꿀로 뭉쳐서 만든 강정이라고 번역할 수 있다.

이때 사천왕들이 마음으로써 세존의 생각을 알고서 사방에서 네 개의 돌발우(石鉢)를 받들고자 왔다.

"세존이시여. 이 그릇으로써 볶은 쌀에 꿀을 바른 강정을 받으시기를 청합니다."

세존께서는 이 새로운 돌 발우로 볶은 쌀에 꿀을 바른 강정을 받으셨다.

4-5 이때 다부사와 바리가의 두 상인은 세존께서 발우와 손을 씻는 것을 보고서, 머리 숙여 세존의 발에 예경하였으며, 세존께 아뢰어 말하였다.

"저희들은 지금 세존과 법에 귀의(歸依)합니다. 원하건대 세존께서는 저희들이 지금부터 목숨을 마치도록 우바새(優婆塞)[21]가 되는 것을 허락하십시오."

그들은 세간(世間)에서 처음으로 두 번의 귀의를 창언(唱言)한 우바새가 되었다.

[나사야타나수의 인연을 마친다.]

5) 범천(梵天)의 권청(勸請)

5-1 그때 불·세존께서는 7일 후에 삼매에서 일어나셨고, 나사야타나수의 아래를 떠나셨으며, 아사파라용수에 이르셨다. 이르러서 아사파라용수 아래에 머무르셨다.

5-2 이때 세존께서는 적정(寂靜)하게 머무르셨는데, 마음에 이와 같은 사유가 생겨났다.

'내가 증득한 이러한 법은 매우 깊고, 보는 것이 어려우며, 이해하는

---

21) 팔리어 Upāsakā(우파사카)의 음사이다.

것이 어렵고, 적정하며, 미묘(美妙)하고, 심사(尋思)[22]의 경계를 초월하며, 지극히 미묘(微妙)하여 오직 지혜로운 자[23]가 능히 알 수 있는 것이다.

  그러나 이 유정(有情)[24]들이 아뢰야(阿賴耶)[25]를 즐거워하고, 아뢰야를 기뻐하며, 아뢰야를 만족한다. 그러나 유정들이 아뢰야를 즐거워하고, 아뢰야를 기뻐하며, 아뢰야를 만족한다면, 이것은 연기(緣起)의 성품과 연기처(緣起處)를 알기 어렵다. 역시 일체 제행(諸行)을 적정하게 멈추는 것, 일체 연기의 의지를 끊고서 버리는 것, 갈애(渴愛)를 모두 없애거나, 벗어나거나, 소멸시키거나, 열반처(涅槃處)를 보는 것도 매우 어렵다. 내가 만약 설법하더라도 그들이 명료하게 이해하지 못한다면, 나는 피로하고, 곤란(困難)할 것이다.'

5-3 그리고 아직 듣지 못하였던 희유(稀有)한 게송의 구절이 세존의 마음속에서 밝게 나타났다.

  내가 고통스럽게 증득한 것을
  지금 누구를 위하여 마땅히 설할 것인가?
  탐욕과 성냄으로 고뇌하는 자는
  이러한 법을 깨닫기 어렵다네.

  세상의 흐름을 거슬러서 인도(引導)하여도

---

22) 팔리어 atakkāvacara(아타까바차라)의 번역이고, '논리적 추론'을 넘어서는 것으로 구체적인 '사물', '경계'가 아니기 때문에 논리나 이성으로 이해하기 어려운 것이다. 따라서 '사유의 영역을 넘어서는 대답할 수 없는 질문', 또는 '설해지지 않은 질문', '그것들은 생각해서는 안 되는 질문' 등을 가리킨다.
23) 팔리어 paṇḍitavedanīya(판디타베다니야)의 번역이고, paṇḍita와 vedanīya의 합성어이다. paṇḍita는 '현명하다.', 또는 '현명한 사람'을 가리키고, Vedanīya는 '알려지다.', 또는 '알려지게 되다.'는 뜻이다.
24) 팔리어 pajā의 번역으로, '자손', '인종', '인류' 등을 뜻한다.
25) 팔리어 Ālaya(알라야)의 음사이고, 유식에서는 8식(識)이라고 설명하고 있다.

깊고 미묘하여 보기 어려우며
욕망에 집착하면 어리석음에 덮이므로
이러한 사람은 볼 수 없다네.

5-4 세존께서는 이와 같이 사유하여 선택하셨고, 마음으로 묵연히 사유(思惟)하셨다. 이때 삭하주(索訶主) 범천(梵天)26)이 있었고 세존께서 마음으로 사유하시는 것을 알았으므로 생각하였다.

'아(啊)! 세간이 패배하였다. 아! 세간이 패배하였다. 여래(如來)27)·응공(應供)28)·정등각(正等覺)29)께서는 마음으로 묵연(默然)히 사유하셨고, 설법하지 않으려고 하시는구나.'

5-5 이때 삭하주 범천은 역사(力士)가 어깨를 굽혔다가 펴는 것과 같이 빠르게 범천계(梵天界)에서 사라져서 세존의 앞에 나타났다. 이때 삭하주 범천은 오른쪽 어깨를 드러내고 오른쪽 무릎을 꿇고 합장하고서 세존께 아뢰어 말하였다.

"원하건대 세존께서는 설법하여 주십시오. 원하건대 선서(善逝)30)께서는 설법하여 주십시오. 유정들은 번민(塵垢)이 적은 자들도 있습니다. 만약 법을 듣지 않는다면 곧 퇴전할 것이고, 만약 법을 듣는다면 곧 깨달음을 얻을 것입니다."

5-6 삭하주 범천은 이와 같이 말하였고, 이와 같이 말을 마치고서 다시 게송을 설하였다.

---

26) 팔리어 Sahampati brahma(사함파티 브라마)의 음사이다. 'sahampati'는 이름이고, 'brahma'는 범천을 뜻한다.
27) 팔리어 tathāgata(다타가타)의 번역이다.
28) 팔리어 arahata(아라하타)의 번역이다.
29) 팔리어 sammāsambuddha(삼마삼부따)의 번역이다.
30) 팔리어 sugata(수가타)의 번역이다.

일찍이 마가다국(摩竭陀國)[31]에 부정(不淨)하게
생각하셨던 염오(染汚)가 나타났으니
원하건대 감로문(甘露門)을 널리 여시어
염오가 없는 깨달음의 법을 듣게 하십시오.

산봉우리의 절벽에 서 있으면서 널리
아래에 있는 중생들을 바라보는 것과 같이
그대는 수승한 지혜와 넓은 눈을 지니셨고
법을 성취하시어 높은 누각에 올랐으며
스스로가 근심과 고통을 초월하셨으나
태어남과 늙음의 근심과 번민에 빠져있는
중생들을 보십시오.

일어나십시오. 영웅(英雄)[32]이시여! 전승자(戰勝者)[33]시여!
상주(商主)가 부채가 없더라도 세간을 유행하듯이
마땅히 깨달음을 얻는 자가 있으리니
원하건대 세존께서 설법하시기를 청하옵니다.

5-7 이와 같이 말하는 때에 세존께서는 삭하주 범천에게 말씀하셨다.
"범천이여. 마음에 이와 같은 사유가 생겨났느니라.
'내가 증득한 이러한 법은 매우 깊고, 보기 어려우며, 이해하기 어렵고,
적정하고 미묘하며, 심사의 경계를 초월하고, 지극히 미묘하여 오직 지혜
로운 자가 능히 알 수 있는 것이다. 그러나 이 유정들은 아뢰야를 즐거워하
고, 아뢰야를 기뻐하며, 아뢰야를 만족한다. 그러나 아뢰야를 즐거워하고,

---

31) 팔리어 magadha(마가다)의 음사이다.
32) 팔리어 vīra(비라)의 음사이고, '용감한', '영웅' 등을 뜻한다.
33) 팔리어 vijitasaṅgāma(비지타산가마)의 음사이고, '승리', '전투에서 승리하다.'
　　등의 뜻이다.

아뢰야를 기뻐하며, 아뢰야를 만족해하면 유정은 이러한 연기의 성품과 연기의 처소를 알기 어렵다. 역시 일체의 여러 행을 적정하게 멈추는 것, 일체의 연기를 끊고서 버리는 것, 갈애를 없애는 것, 벗어나는 것, 소멸시키는 것, 열반처 등을 보기 어렵다. 내가 만약 설법하더라도 명료하게 이해하지 못한다면, 나는 그때에 피로하고, 곤경에 빠질 것이다.'

그리고 범천이여. 아직 듣지 못하였던 희유한 게송의 구절이 마음속에서 밝게 나타났다.

'나는 고통스럽게 증득한 것을
지금 누구를 위하여 마땅히 설할 것인가?
탐욕과 성냄으로 고뇌하는 자는
이러한 법을 깨닫기 어렵다네.

세상의 흐름을 거슬러서 인도하여도
깊고 미묘하여 보기 어려우며
욕망에 집착한다면 어리석음에 덮이므로
이러한 사람은 볼 수 없다네.'"

5-8 이때 삭하주 범천은 거듭하여 세존께 아뢰어 말하였다.

"원하건대 세존께서는 설법하여 주십시오. 원하건대 선서께서는 설법하여 주십시오. 유정들은 번민이 적은 자들도 있습니다. 만약 법을 듣지 않는다면 곧 퇴전할 것이고, 만약 법을 듣는다면 곧 깨달음을 얻을 것입니다."

세존께서는 거듭하여 삭하주 범천에게 말씀하셨다.

"범천이여. 마음에 이와 같은 사유가 생겨났느니라. '내가 증득한 이러한 법은 매우 깊고, 보기 어려우며, 이해하기 어렵고, 적정하고 미묘하며, 심사의 경계를 초월하고, …… 욕망에 집착하면 어리석음에 덮여서 이러한 사람은 볼 수 없다네.'

그리고 범천이여. 아직 듣지 못하였던 희유한 게송의 구절이 마음속에서 나타났느니라.

'나는 고통스럽게 증득한 것을 …… 이러한 사람은 볼 수 없다네.'"

5-9 이때 삭하주 범천은 거듭하여 세존께 아뢰어 말하였다.

"원하건대 세존께서는 설법하여 주십시오. 원하건대 선서께서는 설법하여 주십시오. …… 만약 법을 듣지 않는다면 곧 퇴전할 것이고, 만약 법을 듣는다면 곧 깨달음을 얻을 것입니다."

이때 세존께서는 범천의 권청(勸請)을 아셨던 인연으로, 아울러 유정을 애민(哀愍)하였으므로, 곧 불안(佛眼)으로써 세간을 관찰하셨다. 세존께서 불안으로써 세간을 관찰하시는 때에 유정에게 염오가 적은 자, 염오가 많은 자, 근기가 예리한 자, 근기가 우둔한 자, 선(善)에 상응(相應)하여 행하는 자, 악(惡)에 상응하여 행하는 자, 가르치고 인도하기 쉬운 자, 가르치고 인도하기 어려운 자 등이 있는 것을 보셨고, 다른 세계를 아는 자와 함께 죄와 허물의 두려움에 머무르고 있는 자를 보셨다.

5-10 비유한다면 청련(靑蓮)의 연못에서, 홍련(紅蓮)의 연못에서, 백련(白蓮)의 연못에서, 혹은 청련·홍련·백련이 물속에서 생겨나서 물속에서 자라나더라도 물 밖으로 나오지 않고 물속에서 번성하는 것과 같거나, 혹은 청련·홍련·백련이 물속에서 생겨나서 물속에서 자라나고 물 밖으로 나와서 머무르는 것과 같거나, 혹은 청련·홍련·백련이 물속에서 생겨나고 물속에서 자라나더라도 물 밖에서 머물더라도 물에 젖지 않는 것과 같은 것이 있다.

5-11 이와 같이 세존께서 불안으로써 세간을 관찰하시어 유정에게 염오가 적은 자, 염오가 많은 자, 근기가 예리한 자, 근기가 우둔한 자, 선에 상응(相應)하여 행하는 자, 악에 상응하여 행하는 자, 가르치고 인도하기 쉬운 자, 가르치고 인도하기 어려운 자 등이 있는 것을 보셨고, 다른 세계를 아는 자와 함께 죄와 허물의 두려움에 머물고 있는 자를 보셨다.

보시고서 게송으로써 삭하주 범천에게 말씀하셨다.

　귀가 있다면 감로문을 들을 것이니
　듣는 때에 옛날의 믿음을 버렸어도
　의혹과 번민으로 번뇌하려는 자라면
　묘법(妙法)의 소리를 연설(演說)하지 않겠노라.

5-12 이때 삭하주 범천은 이미 '세존께서 설법하시는 것을 허락하셨다.'라고 알고서 세존께 예경하고서 오른쪽으로 돌면서 그곳에서 사라졌다.

[범천의 권청을 마친다.]

6) 초전법륜품(初轉法輪品)

6-1 이때 불·세존께서는 마음으로 사유하셨다.

"내가 마땅히 누구를 위하여 먼저 설법해야 하는가? 누가 능히 이 법을 빠르게 깨닫겠는가?"

이때 세존께서는 마음으로 사유하셨다.

'그 아라라가라마(阿羅邏迦羅摩)[34]는 현명하고 총명하며 지혜가 있고 장야(長夜)에 번민(塵垢)이 적다. 내가 마땅히 아라라가라마를 위하여 설법해야겠구나. 그는 장차 이 법을 빨리 깨달을 것이다.'

이때 천신이 있었는데 모습을 드러내지 않고서 세존께 아뢰었다.

"아라라가라마는 이미 7일 전에 목숨을 마쳤습니다."

세존께서도 역시 스스로가 '아라라가라마는 이미 7일 전에 목숨을 마쳤다.'라고 아셨다. 이때 세존께서는 마음으로 사유하셨다.

---

34) 팔리어 Āḷāra kālāma(아라라 카라마)의 음사이다. 베살리에서 머물렀으며, 세속에서 세존의 명상을 지도한 첫째의 스승이었다.

'아라라가라마는 큰 손실이구나. 만약 그가 이 법을 들었다면 빠르게 깨달았을 것이다.'

6-2 이때 세존께서는 마음으로 사유하셨다.

"내가 마땅히 누구를 위하여 먼저 설법해야 하는가? 누가 능히 이 법을 빨리 깨달을 것인가?"

이때 세존께서는 마음으로 사유하셨다.

'그 울다가라마자(鬱陀迦羅摩子)[35]는 현명하고 총명하며 지혜가 있고 장야에 번민이 적다. 내가 마땅히 울다가라마자를 위하여 설법해야겠구나. 그는 장차 이 법을 빠르게 깨달을 것이다.'

이때 천신이 있었는데 모습을 드러내지 않고서 세존께 아뢰었다.

"울다가라마자는 어젯밤에 목숨을 마쳤습니다."

세존께서도 역시 스스로가 '울다가라마자는 어젯밤에 목숨을 마쳤다.'라고 아셨다. 이때 세존께서는 마음으로 사유하셨다.

'울다가라마자는 큰 손실이구나. 만약 그가 이 법을 들었다면 빠르게 깨달았을 것이다.'

6-3 이때 세존께서는 마음으로 사유하셨다.

"내가 마땅히 누구를 위하여 먼저 설법해야 하는가? 누가 능히 이 법을 빠르게 깨닫겠는가?"

이때 세존께서는 마음으로 사유하셨다.

'내가 전심(專心)으로 정진하던 때에 나의 일을 섬기면서 요익(饒益)한 일을 하였던 다섯 비구가 있다. 내가 마땅히 다섯 비구를 위하여 설법해야 겠구나.'

이때 세존께서는 마음으로 사유하셨다.

---

35) 팔리어 Udaka rāmaputta(우다카 라마푸따)의 음사이다. 세속에서 명상을 지도한 세존의 스승이고 자이나교도로 추정되며, '지각도 비지각(非知覺)도 아닌 영역 (nevasaññānāsaññāyatana)'의 세련된 명상을 가르쳤다.

"내가 마땅히 누구를 위하여 먼저 설법해야 하는가? 누가 능히 이 법을 빠르게 깨닫겠는가?"

이때 세존께서는 마음으로 사유하셨다.

"5비구는 지금 어느 곳에 있는가?"

이때 세존께서는 청정하고 초인(超人)의 천안(天眼)으로써 5비구가 바라나국(波羅奈國)36)의 선인(仙人)37)이 떨어진 곳인 녹야원(鹿野苑)38)에 있는 것을 보셨다. 이때 세존께서는 뜻을 따라서 우루빈라에 머무셨으며, 뒤에 바라나국을 향하여 유행(遊行)하셨다.

6-4 사명외도(邪命外道)39)인 우바가(優波迦)40)가 있었는데, 세존을 가야(迦耶)41)와 보리수의 도중에서 보았다. 보고서 세존께 아뢰어 말하였다.

"그대의 여러 근(根)은 청정하고 그대의 피부 색깔이 청정하고 밝고 맑은데, 그대는 누구를 의지하여 출가하였습니까? 그대는 누구로써 스승으로 삼았습니까? 누구의 법을 애락(愛樂)합니까?"

그가 이와 같이 말하는 때에 세존께서는 우바가에게 알려 말씀하셨다.

일체의 승자(勝者)이고 일체지(一切知)이며
나는 일체의 법에 염오(染汚)되지 않았고
갈애(渴愛)에서 해탈하였으며 일체에서 벗어났고

---

36) 팔리어 Bārāṇasi(바라니시)의 음사이다.
37) 팔리어 Isipatana(이스파타나)이고, 한역에서는 '선인타처(仙人墮處)'로 번역한다. 베나레스 근처의 사르나트의 지명을 가리킨다.
38) 팔리어 Migadāya(미가다야)의 음사이고, '사슴동산'이라는 뜻이다.
39) 팔리어 Ājīvika(아지비카)이고, '사명외도'라고 번역되는데, 본래는 '생활에서 법의 규정을 엄격하게 준수하는 자'의 뜻을 지닌 학파이다. 기원전 5세기에 마까리 고사라(Makkhali Gosāla)에 의해 창시된 것으로 분리된 공동체를 형성한 조직된 출가자였다. 아지비카족의 정확한 정체는 잘 알려져 있지 않아서 불교인지 자이나교의 분파인지조차 불분명하고, 뒤에 자이나교에 흡수되었다.
40) 팔리어 Upaka(우파카)의 음사이다.
41) 팔리어 Gaya(가야)의 음사이다.

스스로 증득하여 알았는데 어찌 법에 사람이 필요하리오?

나에게는 누구의 스승도 없고
나에게 동등한 자도 없으며
인간과 천상(天上) 등의 세간에서도
나와 비교할 자는 없다네.

이 세간에서 응공이고
나는 무상사(無上師)[42]가 되었으며
나는 홀로 정등각이니
청량(淸涼)하고 적정(寂靜)하다네,

곧 법륜(法輪)을 굴리고자
가시성(迦尸城)[43]으로 나아가겠고
눈이 먼 어두운 세간에서
그 감로의 북을 울리겠네.

6-5 (우바가는 말하였다.)
"그대는 스스로 곧 무변(無邊)의 승자(勝者)라고 말하십니까?"
(세존께서는 게송으로 알려 말씀하셨다.)

만약 모든 번뇌(漏)를 모두 멸진(滅盡)한다면
곧 나와 함께 같은 승자일 것이고
우바가여. 모든 악법에서 승리하였으니
이러한 까닭으로 나는 곧 승자이라네.

---

42) 팔리어 Satthā anuttara(사따 아누타라)의 음사이다.
43) 팔리어 Kāsi(카시)의 번역이다.

이와 같이 설하는 때에 사명외도인 우바가는 말하였다.

"혹은 그렇겠지요."

머리를 끄덕이면서 다른 길로 떠나갔다.

6-6 이때 세존께서는 차례로 유행하셨고 바라나국의 선인이 떨어진 곳인 5비구의 주처의 근처인 녹야원에 이르셨다. 5비구는 곧 먼 곳에서 세존께서 오시는 것을 보았고, 보았으므로 서로에게 약속하여 말하였다.

"그 곳에서 오는 자는 사문 구담입니다. 그는 정진을 버렸고 사치에 떨어졌습니다. 그에게 예배하지 않아야 하고 일어나서 영접하지 않아야 하며 그의 발우와 옷을 취하여 주지 않아야 하고, 다만 자리를 펼쳐놓고 그가 만약 원하는 때라면 나아가서 앉게 합시다."

세존께서는 점차 5비구의 근처에 이르셨고 5비구는 곧 스스로가 약속을 지키지 않았으며 일어나서 세존을 맞이하였고 혹은 세존의 옷과 발우를 받아주었으며 혹은 자리를 펼쳐 주었고 혹은 발을 씻을 물·발 받침대·발수건 등을 가지고 왔다. 세존께서는 펼쳐진 자리에 앉으셨고, 앉았으므로 세존의 발을 씻어 주었으며, 5비구들은 세존을 '도반(同伴)'[44]이라고 불렀다.

6-7 그 비구들이 이와 같이 부르는 때에 세존께서는 5비구에게 알려 말씀하셨다.

"여러 비구들이여. 그대들은 도반이라는 이름으로써 부르지 말고, '여래(如來)'[45]라고 부르도록 하라. 여러 비구들이여. 여래는 응공(應供)[46]이고 정등각(等正覺)[47]이니라. 여러 비구들이여. 자세히 들을지니라. 이미 불사(不死)를 증득하였으니, 내가 마땅히 가르칠 것이고, 내가 마땅히 설법할

---

44) 팔리어 āvusovādena(아부소바데나)의 번역이다. 'āvuso'는 비구들의 대화에서 공손한 말로 '도반' 또는 '벗'으로 번역할 수 있다.

45) 팔리어 Tathāgata(타타가타)의 번역이다.

46) 팔리어 Araha(아라하)의 번역이다.

47) 팔리어 Sammāsambuddha(삼마삼부따)의 번역이다.

것이다. 가르침을 따라서 행하는 자는 오래지 않아서 반드시 현재의 법에서 반드시 스스로가 증득할 것이고, 현재에서 증득한다면 구경(究竟)의 무상(無上)인 범행(梵行)을 구족(具足)하고서 머무르는 것이고, 이것은 곧 선남자가 집을 벗어나서 출가하는 본래의 마음이니라."

6-8 이와 같이 설하시던 때에 5비구들은 세존께서는 아뢰어 말하였다.

"도반인 구담이여. 그대는 그것으로써 행하였고, 그것의 도(道)이며, 그것을 어렵게 행하였으나, 오히려 상인법(上人法)을 증득하지 못하였으며, 수승(殊勝)하고 존중받는 지견(智見)에 이르지 못하였습니다. 그대는 정진을 버렸고 사치에 떨어졌는데, 무엇으로 능히 상인법을 증득하고 수승하고 존중받는 지견에 이르렀겠습니까?"

이와 같이 말하던 때에 세존께서는 5비구에게 알려 말하였다.

"여러 비구들이여. 여래는 사치하지 않았고 정진을 버리지 않았으며 사치에 떨어지지도 않았느니라. 여러 비구들이여. 여래는 곧 응공이고 정등각이니라. 여러 비구들이여. 자세히 들을지니라. 불사를 증득하였으니, 내가 마땅히 가르칠 것이고, 내가 마땅히 설법할 것이다. 가르침을 따라서 행하는 자는 오래지 않아서 반드시 현재의 법에서 반드시 스스로가 증득할 것이고, 현재에서 증득한다면 구경의 무상인 범행을 구족하고서 머무르는 것이고, 이것은 곧 선남자가 집을 벗어나서 출가하는 본래의 마음이니라."

6-9 이와 같이 설하시던 때에 5비구들은 세존께 두 번째로 아뢰어 말하였다.

"도반인 구담이여. 그대는 그것으로써 행하였고, 그것의 도이며, 그것을 어렵게 행하였으나, 오히려 상인법을 증득하지 못하였으며, 수승하고 존중받는 지견에 이르지 못하였습니다. 그대는 정진을 버렸고 사치에 떨어졌는데, 무엇으로 능히 상인법을 증득하고 수승하고 존중받는 지견에 이르렀겠습니까?"

이와 같이 말하던 때에 세존께서는 5비구에게 알려 말하였다.

"여러 비구들이여. 여래는 사치하지 않았고 정진을 버리지 않았으며 사치에 떨어지지도 않았느니라. 여러 비구들이여. 여래는 곧 응공이고 정등각이니라. 여러 비구들이여. 자세히 들을지니라. 불사를 증득하였으니 내가 마땅히 가르칠 것이고, 내가 마땅히 설법할 것이다. 가르침을 따라서 행하는 자는 오래지 않아서 반드시 현재의 법에서 반드시 스스로가 증득할 것이고, 현재에서 증득한다면 구경의 무상인 범행을 구족하고서 머무르는 것이고, 이것은 곧 선남자가 집을 벗어나서 출가하는 본래의 마음이니라."

이와 같이 설하시던 때에 5비구들은 세존께 세 번째로 아뢰어 말하였다.

"도반인 구담이여. 그대는 그것으로써 행하였고, 그것의 도이며, 그것을 어렵게 행하였으나, 오히려 상인법을 증득하지 못하였으며, 수승하고 존중받는 지견에 이르지 못하였습니다. 그대는 정진을 버렸고 사치에 떨어졌는데, 무엇으로 능히 상인법을 증득하고 수승하고 존중받는 지견에 이르렀겠습니까?"

이와 같이 말하던 때에 세존께서는 5비구에게 알려 말하였다.

"여러 비구들이여. 여래는 사치하지 않았고 정진을 버리지 않았으며 사치에 떨어지지도 않았느니라. 여러 비구들이여. 여래는 곧 응공이고 정등각이니라. 여러 비구들이여. 자세히 들을지니라. 불사를 증득하였으니 내가 마땅히 가르칠 것이고, 내가 마땅히 설법할 것이다. 가르침을 따라서 행하는 자는 오래지 않아서 반드시 현재의 법에서 반드시 스스로가 증득할 것이고, 현재에서 증득한다면 구경의 무상인 범행을 구족하고서 머무르는 것이고, 이것은 곧 선남자가 집을 벗어나서 출가하는 본래의 마음이니라."

6-10 이와 같이 말하는 때에 세존께서는 5비구에게 알려 말하였다.

"여러 비구들이여. 그대들은 지금 이전의 내가 이와 같이 말하였다고 알고 있는가?"

"아니오."

"여러 비구들이여. 여래는 응공이고 정등각이니라. 여러 비구들이여. 자세히 들을지니라. 불사를 증득하였으니, 내가 마땅히 가르칠 것이고, 내가 마땅히 설법할 것이다. 가르침을 따라서 행하는 자는 오래지 않아서 반드시 현재의 법에서 반드시 스스로가 증득할 것이고, 현재에서 증득한 다면 구경의 무상인 범행을 구족하고서 머무르는 것이고, 이것은 곧 선남자가 집을 벗어나서 출가하는 본래의 마음이니라."

세존께서는 설법하시어 그들을 이해시켰다. 이때 5비구는 잠시 들었으나, 여래께 잘 들었던 까닭으로 지혜로운 마음이 일어났다.

이때 세존께서는 5비구에게 알려 말하였다.

"여러 비구들이여. 세간에는 두 견해(兩邊)가 있으니, 출가자는 멀리해야 하느니라. 무엇이 두 가지인가? 첫째는 여러 욕망을 사랑하고 탐착(貪著)하는 것으로 일을 삼나니, 곧 하열(下劣)하고 비천한 범부의 행(行)이므로 성현(聖賢)의 행이 아니고 상응하는 뜻이 없느니라. 둘째는 스스로가 번뇌와 고행하는 것으로 일을 삼나니, 곧 고행(苦行)은 성현의 행이 아니고 상응하는 뜻이 없느니라. 여러 비구들이여. 여래는 이 두 견해를 버리고서 중도(中道)로써 깨달음(覺)을 드러냈고, 지혜의 눈이 생겨났으며, 지혜가 생겨났고, 적정(寂靜)이 생겨났으며, 지혜를 증득하였고, 깨달음을 이루었으며, 열반을 이루었느니라."

6-11 "여러 비구들이여. 무엇이 여래에게 깨달음을 드러나게 하였고, 지혜의 눈을 생겨나게 하였으며, 지혜를 생겨나게 하였고, 적정을 생겨나게 하였으며, 지혜를 증득하게 하였고, 깨달음을 이루게 하였으며 열반을 이루게 하였던 중도인가? 이것은 곧 팔성도(八聖道)이니라! 이를테면, 정견(正見), 정사(正思), 정어(正語), 정업(正業), 정명(正命), 정정진(正精進), 정념(正念), 정정(正定)이니라. 여러 비구들이여. 이것은 여래에게 깨달음을 드러나게 하였고, 지혜의 눈을 생겨나게 하였으며, 지혜를 생겨나게 하였고, 적정을 생겨나게 하였으며, 지혜를 증득하게 하였고, 깨달음을 이루게 하였으며 열반을 이루게 하였던 중도이니라."

6-12 "여러 비구들이여. 고성제(苦聖諦)는 생고(生苦), 노고(老苦), 병고(病苦), 사고(死苦), 애별리고(愛別離苦), 원증회고(怨憎會苦), 구부득고(求不得苦)의 이것과 같으니라. 그것을 간략하게 말한다면 오취온(五取蘊)의 고통이니라.

여러 비구들이여. 고집성제(苦集聖諦)는 태어나고, 후유(後有)[48]를 집지(執持)하면서 욕망과 탐욕을 함께 행하고 따르는 것에서 갈애(渴愛)를 환희(歡喜)하는 이것과 같으니라. 이를테면, 욕망의 갈애(欲愛), 존재의 갈애(有愛), 비존재의 갈애(無有愛)이니라.

여러 비구들이여. 고멸성제(苦滅聖諦)는 남음이 없이 갈애를 벗어나고 버리며 없애고서, 이 갈애에서 해탈하여 집착이 없는 이것과 같으니라.

여러 비구들이여. 고도성제(苦道聖諦)는 곧 팔성도이니라. 이를테면, 정견, 정사, 정어, 정업, 정명, 정정진, 정념, 정정의 이것과 같으니라."

6-13 "여러 비구들이여. '이와 같은 고성제(苦聖諦)이다.'라는 이전에 듣지 못한 법에서, 나는 지혜의 눈이 생겨났고, 지혜가 생겨났으며, 밝은 지혜가 생겨났고, (지혜의) 광명이 생겨났느니라.

여러 비구들이여. '이와 같은 고성제가 마땅히 널리 알려져야 한다.'라는 이전에 듣지 못한 법에서, 나는 지혜의 눈이 생겨났고, 지혜가 생겨났으며, 밝은 지혜가 생겨났고, (지혜의) 광명이 생겨났느니라.

여러 비구들이여. '이와 같은 고성제가 마땅히 널리 알려졌다.'라는 이전에 듣지 못한 법에서, 나는 지혜의 눈이 생겨났고, 지혜가 생겨났으며, 밝은 지혜가 생겨났고, (지혜의) 광명이 생겨났느니라."

6-14 "여러 비구들이여. '이와 같은 고집성제(苦集聖諦)이다.'라는 이전에 듣지 못한 법에서, 나는 지혜의 눈이 생겨났고, 지혜가 생겨났으며, 밝은 지혜가 생겨났고, (지혜의) 광명이 생겨났느니라.

---

48) 열반의 깨달음을 얻지 못한 유정이 미래에 다시 태어나는 것을 말한다.

여러 비구들이여. '이와 같은 고집성제를 마땅히 끊어야 한다.'라는 이전에 듣지 못한 법에서, 나는 지혜의 눈이 생겨났고, 지혜가 생겨났으며, 밝은 지혜가 생겨났고, (지혜의) 광명이 생겨났느니라.

여러 비구들이여. '이와 같은 고집성제를 마땅히 이미 끊었다.'라는 이전에 듣지 못한 법에서, 나는 지혜의 눈이 생겨났고, 지혜가 생겨났으며, 밝은 지혜가 생겨났고, (지혜의) 광명이 생겨났느니라."

6-15 "여러 비구들이여. '이와 같은 고멸성제(苦滅聖諦)이다.'라는 이전에 듣지 못한 법에서, 나는 지혜의 눈이 생겨났고, 지혜가 생겨났으며, 밝은 지혜가 생겨났고, (지혜의) 광명이 생겨났느니라.

여러 비구들이여. '이와 같은 고멸성제를 마땅히 현재에서 증득해야 한다.'라는 이전에 듣지 못한 법에서, 나는 지혜의 눈이 생겨났고, 지혜가 생겨났으며, 밝은 지혜가 생겨났고, (지혜의) 광명이 생겨났느니라.

여러 비구들이여. '이와 같은 고성제가 마땅히 현재에서 이미 증득하였다.'라는 이전에 듣지 못한 법에서, 나는 지혜의 눈이 생겨났고, 지혜가 생겨났으며, 밝은 지혜가 생겨났고, (지혜의) 광명이 생겨났느니라."

6-16 "여러 비구들이여. '이와 같은 고도성제(苦道聖諦)이다.'라는 이전에 듣지 못한 법에서, 나는 지혜의 눈이 생겨났고, 나는 지혜의 눈이 생겨났고, 지혜가 생겨났으며, 밝은 지혜가 생겨났고, (지혜의) 광명이 생겨났느니라.

여러 비구들이여. '이와 같은 고성제를 마땅히 수습(修習)해야 한다.'라는 이전에 듣지 못한 법에서, 나는 지혜의 눈이 생겨났고, 지혜가 생겨났으며, 밝은 지혜가 생겨났고, (지혜의) 광명이 생겨났느니라.

여러 비구들이여. '이와 같은 고성제가 마땅히 이미 수습하였다.'라는 이전에 듣지 못한 법에서, 나는 지혜의 눈이 생겨났고, 지혜가 생겨났으며, 밝은 지혜가 생겨났고, (지혜의) 광명이 생겨났느니라."

6-17 "여러 비구들이여. 나는 이 사성제(四聖諦)에서, 이와 같은 삼전십이

행상(三轉十二行相)[49]으로써, 여실지(如實智)[50]로써 보았어도 오히려 완전히 청정(淸淨)한 기간(期間)은 아니었느니라. 여러 비구들이여. 나는 천상계(天上界)[51], 마천(魔天)[52], 범천(梵天)[53], 사문(沙門)[54], 바라문(婆羅門)[55], 인간(人間)[56] 등의 세간(世間)에서 무상정등각(無上正等覺)을 현재에서 증득하였다고 말하지 않았느니라.

여러 비구들이여. 그러나 나는 이 사성제에서, 이와 같은 삼전십이행상으로써, 여실지로써 보았고, 이미 완전하게 청정하여진 까닭으로, 여러 비구들이여. 나는 천상계, 마천, 범천, 사문, 바라문, 인간 등의 세간에서 무상정등각을 현재에서 증득하였다고 말하였느니라.

또한 나는 지혜가 생겨났고, 나의 마음은 부동(不動)의 해탈을 보았으므로, 이것이 나의 최후의 태어남이고, 다시 후유를 받지 않을 것이다."

세존께서는 이와 같이 설하셨고, 5비구는 환희하면서 세존께서 설하신 것을 믿고서 받아들였다. 또한 세존께서 이와 같이 가르쳐서 설하는 때에 장로 교진여(憍陳如)[57]는 순수하고 청정한 법안을 얻었고, "일반적으로 모였던 법은, 이것은 모두 멸(滅)하는 법이다."라고 말하였다.

6-18 세존께서 법륜(法輪)을 굴리시는 때에 지거천(地居天)[58]이 외치면

---

49) 사성제(四聖諦)를 시전(示轉)·권전(勸轉)·증전(證轉)의 세 종류로 설하고, 다시 시전·권전·증전의 사제의 각각에 안(眼)·지(智)·명(明)·각(覺)의 네 단계로 나누고서, 사성제 각각을 열두 종류로 분류하여 설한 것이다.

50) 분별(分別)이나 망상(妄想)을 떠나 깨달음과 진실한 모습을 명확히 아는 지혜(智慧)를 말한다.

51) 팔리어 Sadevake loka(사데바케 로케)의 번역이다.

52) 팔리어 Samāraka(사마라카)의 번역이다.

53) 팔리어 Sabrahmaka(사브라흐마카)의 번역이다.

54) 팔리어 Samaṇa(사마나)의 음사이다.

55) 팔리어 Brāhmaṇa(브라흐마나)의 음사이다.

56) 팔리어 Pajā(파자)의 번역이다.

57) 팔리어 Koṇḍañña(콘단냐)의 음사이다.

58) 팔리어 Bhummā devā(붐마 데바)의 번역이다.

서 말하였다.

"이와 같이 세존께서는 바라나국(波羅奈國)의 선인이 떨어진 녹야원에서 무상의 법륜을 굴리셨으니, 혹은 사문, 혹은 바라문, 혹은 천상, 혹은 마천, 혹은 범천, 혹은 세간의 누구인 사람일지라도 능히 되돌릴 수 없다."

지거천의 소리를 듣고서 사천왕천(四天王天)[59]이 여러 제천(諸天)에게 외치면서 말하였고, …… 나아가 …… 사천왕천의 소리를 듣고서 도리천(忉利天)[60]이 여러 제천에게 외치면서 말하였고, …… 나아가 …… 도리천의 소리를 듣고서 염마천(焰摩天)[61]이 여러 제천에게 외치면서 말하였고, …… 나아가 …… 염마천의 소리를 듣고서 도솔천(忉率天)[62]이 여러 제천에게 외치면서 말하였고, …… 나아가 …… 도솔천의 소리를 듣고서 화락천(化樂天)[63]이 여러 제천에게 외치면서 말하였고, …… 나아가 …… 화락천의 소리를 듣고서 타화자재천(他化自在天)[64]이 여러 제천에게 외치면서 말하였고, …… 나아가 …… 타화자재천의 소리를 듣고서 범천(梵天)[65]이 여러 제천에게 외치면서 말하였다.

"이와 같이 세존께서는 바라나국의 선인이 떨어진 녹야원에서 무상의 법륜을 굴리셨으니, 혹은 사문과 바라문, 혹은 천상, 혹은 마천, 범천, 혹은 세간의 누구의 어느 사람일지라도 능히 되돌릴 수 없다."

6-19 이와 같은 그 찰나(刹那)[66]에, 수유(須臾)[67]의 사이에, 그 소리는

---

59) 팔리어 Cātumahārājikā devā(차투마하라지카 데바)의 음사이다.
60) 팔리어 Tāvatiṃsā devā(타바팀사 데바)의 음사이다.
61) 팔리어 Yāmā devā(야마 데바)의 음사이다.
62) 팔리어 Tusitā devā(투시타 데바)의 음사이다.
63) 팔리어 Nimmānarati devā(님마나라티 데바)의 음사이다.
64) 팔리어 Paranimmitavasavatti devā(파라님미타바사바띠 데바)의 음사이다.
65) 팔리어 Brahmakāyikā devā(브라흐마카이카 데바)의 음사이다.
66) 팔리어 khaṇena(카네나)의 번역이다.
67) 팔리어 muhuttena(무후떼나)의 번역이다.

나아가 그 범천까지 도달하였고, 이 일만의 세계[68]가 움직였고 흔들렸으며 극심하게 진동하였고 무량하고 광대한 밝은 광명이 여러 천상계를 넘어서 세간을 비추었다. 이때 세존께서는 찬탄하여 말씀하셨다.

"교진여가 깨달았구나! 교진여가 깨달았구나!"

이러한 까닭으로 장로 교진여를 아야교진여(阿若憍陳如)[69]라고 이름하였다.

6-20 이때 장로 아야교진여는 법을 보았고, 법을 얻었으며, 법을 알았고, 법을 깨달아 들어갔으며, 의혹을 초월하였고, 의심을 버렸으며, 무소외(無所畏)를 얻었고, 다른 인연을 의지하지 않고서 스승의 가르침으로써 행하였으며, 세존께 아뢰어 말하였다.

"오직 바라옵건대, 나는 세존의 앞에서 출가하여 구족계를 얻겠습니다."

세존께서 말씀하셨다.

"오너라! 비구여. 법은 잘 설하여져 있으니, 곧 고통을 모두 없애기 위한 까닭으로 범행을 수습(修習)할지니라."

이것으로 그 장로는 구족계가 갖추어졌다.

6-21 이때 세존께서는 설법하시어 가르쳐서 인도하셨고 그 나머지의 비구들을 교계(敎誡)하셨다. 이때 세존께서는 설법하시어 가르쳐서 인도하셨고 교계하시던 때에 장로 바파(婆頗)[70]와 발제(跋提)[71]는 순수하고 청정한 법안을 얻었고, "일반적으로 모여졌던 법은, 이것은 모두 멸하는 법이다."라고 말하였다.

---

68) 팔리어 dasasahassi lokadhātu(다사사하씨 로카다투)의 번역으로, 대천세계를 가리킨다.
69) 팔리어 Aññāsikoṇḍañña(안나시콘단나)의 음사이다.
70) 팔리어 Vappa(바빠)의 음사이다.
71) 팔리어 Bhaddiya(바띠야)의 음사이다.

그들은 법을 보았고, 법을 얻었으며, 법을 알았고, 법을 깨달아 들어갔으며, 의혹을 초월하였고, 의심을 버렸으며, 무소외(無所畏)를 얻었고, 다른 인연을 의지하지 않고서 스승의 가르침으로써 행하였으며, 세존께 아뢰어 말하였다.

"오직 바라옵건대 저희들은 세존의 앞에서 출가하여 구족계를 얻겠습니다."

세존께서 말씀하셨다.

"오너라! 비구여. 법은 잘 설하여져 있으니, 곧 고통을 모두 없애기 위한 까닭으로 범행을 수습할지니라."

이것으로 그 장로들은 구족계가 갖추어졌다.

6-22 이때 세존께서는 그들이 가져와서 베풀었던 음식을 드셨고, 아울러 설법하시어 가르쳐서 인도하셨고 그 나머지의 비구들을 교계하시면서 말씀하셨다.

"세 비구들이여. 걸식을 행하라. 그 얻은 것으로써 여섯 사람이 공양하겠노라."

이때 세존께서는 설법하시어 가르쳐서 인도하셨고 그 나머지의 비구들을 교계(敎誡)하셨다. 이때 세존께서는 설법하시어 가르쳐서 인도하셨고 교계하시던 때에 장로 마하남(摩訶男)72)과 아설시(阿說示)73)는 순수하고 청정한 법안을 얻었고, "일반적으로 모여졌던 법은 이것은 모두 멸하는 법이다."라고 말하였다.

그들은 법을 보았고, 법을 얻었으며, 법을 알았고, 법을 깨달아 들어갔으며, 의혹을 초월하였고, 의심을 버렸으며, 무소외(無所畏)를 얻었고, 다른 인연을 의지하지 않고서 스승의 가르침으로써 행하였으며, 세존께 아뢰어 말하였다.

"오직 바라옵건대 저희들은 세존의 앞에서 출가하여 구족계를 얻겠습

---

72) 팔리어 Mahānāma(마하나마)의 음사이다.
73) 팔리어 Assaji(아싸지)의 음사이다.

니다.”

세존께서 말씀하셨다.

“잘 왔느니라! 비구여. 법은 잘 설하여져 있으니, 곧 고통을 모두 없애기 위한 까닭으로 범행을 수습할지니라.”

이것으로 그 장로들은 구족계가 갖추어졌다.

6-23 이때 세존께서는 5비구에게 말씀하셨다.

“여러 비구들이여. 색(色)은 무아(無我)이니라. 여러 비구들이여. 만약 색이 유아(有我)라면 이 색은 마땅히 병들지 않고, 색에게 마땅히 ‘내가 이러한 색을 수용(受容)하겠다. 그러한 색을 수용하지 않겠다.’라고 말할 수 있느니라. 여러 비구들이여. 그러나 색이 무아이므로 색은 마땅히 병들고, 색에게 마땅히 ‘내가 이러한 색을 수용하겠다. 그러한 색을 수용하지 않겠다.’라고 말할 수 없느니라.

여러 비구들이여. 수(受)는 무아이니라. 여러 비구들이여. 만약 수가 유아라면 이 수는 마땅히 병들지 않고, 수에게 마땅히 ‘내가 이러한 수를 수용하겠다. 그러한 수를 수용하지 않겠다.’라고 말할 수 있느니라. 여러 비구들이여. 그러나 수가 무아이므로 수는 마땅히 병들고, 수에게 마땅히 ‘내가 이러한 수를 수용하겠다. 그러한 수를 수용하지 않겠다.’라고 말할 수 없느니라.”

6-24 “여러 비구들이여. 상(想)은 무아이니라. 여러 비구들이여. 만약 상이 유아라면 이 상은 마땅히 병들지 않고, 상에게 마땅히 ‘내가 이러한 상을 수용하겠다. 그러한 상을 수용하지 않겠다.’라고 말할 수 있느니라. 여러 비구들이여. 그러나 상이 무아이므로 상은 마땅히 병들고, 상에게 마땅히 ‘내가 이러한 상을 수용하겠다. 그러한 상을 수용하지 않겠다.’라고 말할 수 없느니라.

여러 비구들이여. 행(行)은 무아이니라. 여러 비구들이여. 만약 행이 유아라면 이 행은 마땅히 병들지 않고, 행에게 마땅히 ‘내가 이러한 행을 수용하겠다. 그러한 행을 수용하지 않겠다.'라고 말할 수 있느니라. 여러 비구들이여. 그러나 행이 무아이므로 행은 마땅히 병들고, 행에게 마땅히 '내가 이러한 행을 수용하겠다. 그러한 행을 수용하지 않겠다.'라고 말할 수 없느니라."

6-25 "여러 비구들이여. 식(識)은 무아이니라. 여러 비구들이여. 만약 식이 유아라면 이 식은 마땅히 병들지 않고, 식에게 마땅히 '내가 이러한 식을 이러한 수용하겠다. 그러한 식을 수용하지 않겠다.'라고 말할 수 있느니라. 여러 비구들이여. 그러나 식이 무아이므로 식은 마땅히 병들고, 식에게 마땅히 '내가 이러한 식을 수용하겠다. 그러한 식을 수용하지 않겠다.'라고 말할 수 없느니라.

6-26 "여러 비구들이여. 그대들의 생각은 어떠한가?
　'색(色)은 항상(恒常)한가? 무상(無常)한가?'
　'세존이시여. 무상합니다.'
　'무상하다면 괴로움인가? 즐거움인가?'
　'세존이시여. 괴로움입니다.'
　'무상, 괴로움, 변하여 무너지는 법이 있다고 관(觀)하고서, 〈이것이 나의 것이고, 이것이 나이며, 이것의 나 자신의 근본이다.〉라고 말할 수 있는가?'
　'세존이시여. 말할 수 없습니다.'
　'수(受), …… 나아가 …… 상(想), …… 나아가 …… 행(行), …… 나아가 …… 식(識)은 항상한가? 무상한가?'
　'세존이시여. 무상합니다.'
　'무상하다면 괴로움인가? 즐거움인가?'
　'세존이시여. 괴로움입니다.'
　'무상, 괴로움, 변하여 무너지는 법이 있다고 관(觀)하고서, 〈이것이 나의 것이고, 이것이 나이며, 이것의 나의 근본이다.〉라고 말할 수 있는가?'

'세존이시여. 말할 수 없습니다.'"

6-27 "이러한 까닭으로 여러 비구들이여. 과거·미래·현재의 일체의 색에
서, 혹은 내입(內入)이거나, 혹은 외입(外入)이거나, 혹은 거칠거나, 혹은
세밀하거나, 혹은 열등하거나, 혹은 수승하거나, 혹은 멀거나, 혹은 가깝더
라도 일체의 색을 마땅히 바른 지혜로써 여실(如實)하게 '이것은 아소(我所)
가 아니고, 내가 아니며, 나 자신의 근본이 아니다.'라고 이와 같이 관찰해
야 하느니라."

"과거·미래·현재의 일체의 수이거나, …… 나아가 …… 상이거나, ……
나아가 …… 행이거나, …… 나아가 …… 식에서, 혹은 내입이거나, 혹은
외입이거나, 혹은 거칠거나, 혹은 세밀하거나, 혹은 열등하거나, 혹은
수승하거나, 혹은 멀거나, 혹은 가깝더라도 일체의 색을 마땅히 바른
지혜로써 여실하게 '이것은 내 것이 아니고, 내가 아니며, 나 자신의
근본이 아니다.'라고 이와 같이 관찰할지니라."

6-28 "여러 비구들이여. 다문(多聞)의 성스러운 성문(聲聞)74)이 만약
이와 같이 관찰한다면, 곧 색을 싫어하고, 수를 싫어하며, 상을 싫어하고,
행을 싫어하며, 식을 싫어하는 것이다. 만약 싫어한다면 곧 탐욕을 떠나고,
만약 탐욕을 벗어난다면 곧 해탈이며, 해탈한 자는 곧 '나는 이미 해탈하였
다.'라는 지혜가 생겨나고, '나는 태어나는 것을 이미 마쳤고, 범행은
이미 섰으며, 지을 것을 이미 지었고, 후유(後有)를 받지 않는다.'라고
알 것이다."

6-29 세존께서 이와 같이 설하는 때에 5비구는 환희하였고 세존께서
설하시는 것을 믿고서 받아들였다. 또한 세존께서 이렇게 가르쳐서 설하
는 때에 5비구는 취하는 것이 없었으며, 여러 번뇌(諸漏)에서 마음의

---

74) 팔리어 sāvaka(사바카)의 음사이다.

해탈을 얻었던 까닭으로, 그때 세간에서는 여섯 명의 아라한(阿羅漢)[75]이
있었다.

[초전법륜품을 마친다.]

○ 【첫째의 송출품을 마친다.】

2. 제2송출품(第二誦出品)

7) 야사(耶舍)의 출가

7-1 그때 바라나국(波羅奈國)에 야사(耶舍)[76]라고 이름하는 자가 있었는
데, 족성자(族姓子)이었고 장자의 아들이었으며 부유하였고 매우 총애(寵
愛)를 받았다.

그에게는 세 개의 저택(邸宅)이 있었는데, 첫째는 겨울을 위한 것이었고,
둘째는 여름을 위한 것이었으며, 셋째는 우기(雨期)를 위한 것이었다.
그는 우기에 저택에 들어가서 여러 남자들과 교류하지 않았고, 기녀(妓女)
들에게 둘러싸여 시중을 받았으며, 우기의 4개월에 들어가면 저택에서
나오지 않았다. 이때 족성자인 야사는 시녀들에게 둘러싸여 갖추어진
5욕락에 깊이 빠져있었다. 그가 먼저 잠든다면 뒤에 시녀들도 역시 잠들었
으나 등불은 밤새워 타올랐다.

7-2 이때 족성자인 야사는 먼저 깨어나서 잠들었던 여러 시녀들을 보았는
데, 혹은 비파(琵琶)를 겨드랑이에 두었고, 혹은 작은 북(小鼓)을 목에

---

75) 팔리어 arahanta(아라한타)의 음사이다.
76) 팔리어 Yasa(야사)의 음사이다.

걸쳤으며, 혹은 북(鼓)을 가슴에 얹었으며, 혹은 산발하였고, 혹은 침이
흘렀으며, 혹은 잠꼬대를 하였으므로, 시체의 더미처럼 보였다. 보고서
그는 근심이 생겨나서 그는 머무르는 곳을 싫어하여 떠나고자 결심하였
다. 이때 족성자인 야사는 한탄하여 말하였다.

"괴롭구나! 고통스럽다!"

7-3 이때 족성자인 야사는 황금 신발을 신고서 집안의 문을 향하여
나아갔고, 여러 비인(非人)들이 문을 열어주면서 말하였다.

"어느 누구의 사람일지라도 모두 족성자인 야사가 집을 떠나서 출가하
는 것을 방해하지 마시오."

이때 족성자인 야사는 성문(城門)을 향하여 나아갔고, 여러 비인들이
문을 열어주면서 말하였다.

"어느 누구의 사람일지라도 모두 족성자인 야사가 집을 떠나서 출가하
는 것을 방해하지 마시오."

이때 족성자인 야사는 선인이 떨어진 곳인 녹야원을 향하여 떠나갔다.

7-4 이때 세존께서는 이른 아침에 일어나시어 노지(露地)에서 경행하셨
다. 세존께서는 족성자인 야사가 먼 곳에서 오는 것을 보셨다. 보시고서
경행처(經行處)에서 내려오셨으며, 펼쳐진 자리에 앉으셨다. 이때 족성자
인 야사는 세존의 근처에 이르렀고 한탄하여 말하였다.

"괴롭습니다! 고통스럽습니다!"

이때 세존께서는 족성자인 야사에게 알려 말씀하셨다.

"야사여. 이곳에는 괴로움이 없느니라. 이곳에는 고통이 없느니라.
야사여. 와서 앉으라. 내가 그대를 위하여 설법하겠노라."

이때 족성자인 야사는 "이곳에는 괴로움이 없다. 이곳에는 고통이
없다."라고 듣고서 환희(歡喜)하고 용약(踊躍)하였으며, 황금 신발을 벗고
서 세존의 처소로 나아갔다. 나아가서 세존께 예경하고서 한쪽에 앉았고,
족성자인 야사가 한쪽에 앉았으므로, 세존께서는 그를 위하여 차례로

설하여 보여주셨는데 이를테면, 보시론, 계율론, 생천론(生天論), 여러 욕망의 허물, 퇴전(退轉), 염오(染汚), 출리(出離)의 공덕(功德)이었다.

7-5 족성자인 야사에게 책무(責務)의 마음, 유연(柔軟)한 마음, 장애를 벗어난 마음, 환희의 마음, 청정한 마음이 생겨난 것을 아셨다. 세존께서는 곧 제불의 근본 진리인 법을 설하셨으니 이를테면, 고성제, 집성제, 멸성제, 도성제이었다. 비유한다면 깨끗하고 검은 얼룩이 없었던 원래의 옷감이 바르게 색깔을 받아들이는 것과 같이, 이 족성자인 야사도 이와 같았고, 역시 그 자리에서 번뇌(塵垢)를 멀리 떠나서 법안을 얻었으며, "일반적으로 모여졌던 법은, 이것은 모두 멸하는 법이다."라고 말하였다.

7-6 이때 족성자인 야사의 어머니는 그의 저택에 올라왔으나, 족성자인 야사를 보지 못하였다. 곧 장자의 처소에 이르렀고, 장자에게 알려 말하였다.
"거사여. 그대의 아들인 야사를 보지 못하였습니다."
이때 장자는 곧 사자(使者)에게 말을 타고 사방으로 떠나가게 시켰고, 스스로도 선인이 떨어진 곳인 녹야원을 향하여 나아갔다. 장자는 황금 신발의 흔적을 보았고, 보고서 그 흔적을 따라갔다. 세존께서는 장자가 멀리서 오는 것을 보셨고, 보시고서 세존께서는 이와 같이 사유하셨다.
'내가 마땅히 신통(神通)을 나타내어 장자를 이곳에 앉게 하리라. 다만 이곳에 앉더라도 족성자인 야사를 볼 수 없을 것이다.'
이때 세존께서는 이와 같이 신통을 나타내셨다. 이때 장자는 나아가서 세존의 처소에 이르렀고, 이르러서 세존께 아뢰어 말하였다.
"세존이시여. 족성자인 야사를 보셨습니까?"
"오, 거사여. 이곳의 자리에 앉으시오. 만약 이곳에 앉는다면 그대는 혹시 족성자인 야사를 이곳에서 볼 수 있을 것이오."
이때 장자는 생각하였다.
'만약 이곳에 앉는다면 나는 곧 족성자인 야사를 이곳에서 볼 수 있을 것이다.'

환희하고 용약하면서 예경하고서 한쪽에 앉았다.

7-7 장자가 한쪽에 앉은 때에 세존께서는 그를 위하여 차례로 설하여
보여주셨는데 이를테면, 보시, 계율, 천상론, 여러 욕망의 허물, 퇴전,
염오, 출리의 공덕이었고, 장자에게 책무의 마음, 유연한 마음, 장애를
벗어난 마음, 환희의 마음, 청정한 마음이 생겨난 것을 아셨다.

세존께서는 곧 제불의 근본 진리인 법을 설하셨으니 이를테면, 고성제,
집성제, 멸성제, 도성제이었다. 비유한다면 깨끗하고 검은 얼룩이 없었던
원래의 옷감이 바르게 색깔을 받아들이는 것과 같이, 족성자인 야사도
이와 같았고, 역시 그 자리에서 번뇌를 멀리 떠나서 법안을 얻었으며,
"일반적으로 모여졌던 법은 이것은 모두 멸하는 법이다."라고 말하였다.

이때 장자는 법을 보았고, 법을 얻었으며, 법을 알았고, 법을 깨달아
들어갔으며, 의혹을 초월하였고, 의심을 버렸으며, 무소외를 얻었고,
다른 인연을 의지하지 않고서 스승의 가르침으로써 행하였으며, 세존께
아뢰어 말하였다.

"묘(妙)하구나! 묘하구나! 비유한다면 넘어진 자를 일으킨 것과 같고,
덮였던 것을 드러내는 것과 같으며, 미혹한 자를 가르치는 것과 같고,
어둠 속에서 횃불을 드는 것과 같으며, 눈이 있는 자에게 색깔을 보게
하는 것과 같구나. 이와 같이 세존께서는 역시 여러 종류의 방편으로써
나타내시어 보여주셨고 법을 가르치셨다. 나는 이곳에서 세존께 귀의하
고, 법과 비구 대중에게 귀의하오니, 세존께서는 나에게 지금부터 목숨을
마칠 때까지 귀의하여 우바새가 되는 것을 허락하십시오."

그는 세간에서 처음으로 삼귀의를 창언(唱言)한 우바새(優婆塞)77)이었다.

7-8 이때 그 장자를 위하여 설법하는 때에 족성자인 야사는 따라서
관찰(觀察)하였고, 따라서 알았으며, 관찰지(觀察地)로써 그 마음에 취하

---

77) 팔리어 Upāsaka(우파사카)의 음사이다.

는 것이 없었던 까닭으로 여러 번뇌에서 해탈하였다. 이때 세존께서는
마음으로 사유하셨다.

'그의 아버지를 위하여 설법하는 때에 족성자인 야사는 따라서 관찰하
였고, 따라서 알았으며, 관찰지로써 그 마음에 취하는 것이 없었던 까닭으
로 여러 번뇌에서 해탈하였구나. 족성자인 야사는 능히 환속(還俗)하여
이전과 같이 재가 있는 때에 여러 욕락(欲樂)을 누리지 않을 것이다.
나는 마땅히 신통을 멈추어야겠다.'

이때 세존께서는 곧 신통을 멈추셨다. 장자는 족성자인 야사가 이미
자리의 옆에 앉아있는 것을 보았고, 보고서 족성자인 야사에게 알려
말하였다.

"야사여. 그대의 어머니는 자비가 가득하게 넘치므로, 어머니가 죽지
않게 하게."

7-9 이때 족성자인 야사는 세존을 바라보았다. 이때 세존께서는 거사에게
알려 말씀하셨다.

"거사여. 그대의 뜻은 어떠하시오? 야사는 유학(有學)의 지혜로써,
유학의 견해로써, 오히려 그대와 같이 법을 관찰하였소. 그대를 따라서
관찰하였고, 따라서 알았으며, 관찰지로써 그 마음에 취하는 것이 없었던
까닭으로 여러 번뇌에서 해탈하였소. 거사여. 야사는 능히 환속하여
이전과 같이 재가(在家)가 있었던 때의 여러 욕락을 누릴 수 있겠소?"

"아닙니다."

"거사여. 족성자인 야사는 유학의 지혜로써, 유학의 견해로써, 오히려
그대와 같이 법을 관찰하였소. 그대를 따라서 관찰하였고, 따라서 알았으
며, 관찰지로써 그 마음에 취하는 것이 없었던 까닭으로 여러 번뇌에서
해탈하였소. 거사여. 족성자인 야사는 능히 환속하여 이전과 같이 재가가
있었던 때의 여러 욕락을 누릴 수 없을 것이오."

7-10 "세존이시여. 족성자인 야사는 그 마음에 취하는 것이 없었던

까닭으로 여러 번뇌에서 해탈하였으니, 족성자인 야사의 이익이고, 족성자인 야사의 묘(妙)한 이익입니다. 세존이시여. 원하건대 오늘부터 족성자인 야사를 시자(侍子)로 삼아서 내가 공양하는 청을 받아주십시오."

세존께서는 묵연(默然)히 청을 받아들이셨다. 이때 장자는 세존께서 청을 받아들이신 것을 알고서 곧 자리에서 일어났고, 세존께 예경하고서 오른쪽으로 돌면서 떠나갔다.

7-11 이때 장자가 떠나가고 오래지 않아서 족성자인 야사는 세존께 아뢰어 말하였다.

"제가 오직 바라옵건대 세존의 앞에서 출가하여 구족계를 얻겠습니다."

세존께서 말씀하셨다.

"잘 왔느니라! 비구여. 법은 잘 설하여져 있으니, 곧 고통을 모두 없애기 위한 까닭으로 범행을 수습할지니라."

이때 그 장로는 구족계가 갖추어졌다. 그때 세간에는 일곱 명의 아라한이 있었다.

[야사의 출가를 마친다.]

8) 우바이(優婆夷)의 귀의

8-1 이때 세존께서는 이른 아침에 하의(下衣)를 입고서 옷과 발우를 지니고 장로 야사를 시자로 삼아서 거사의 주처로 가셨다. 이르시어 펼쳐진 자리에 앉으셨다. 이때 야사의 어머니와 출가하기 이전의 아내는 세존의 처소로 나아갔고, 이르러 예경하고서 한쪽에 앉았다.

세존께서는 그녀들을 위하여 차례로 설하여 보여주셨는데 이를테면, 보시, 계율, 천상론, 여러 욕망의 허물, 퇴전, 염오, 출리의 공덕이었다. 세존께서는 그녀들에게 책무의 마음, 유연한 마음, 장애를 벗어난 마음,

환희의 마음, 청정한 마음이 생겨난 것을 아셨다.

세존께서는 곧 제불의 근본 진리인 법을 설하셨으니 이를테면, 고성제, 집성제, 멸성제, 도성제이었다. 비유한다면 깨끗하고 검은 얼룩이 없었던 원래의 옷감이 바르게 색깔을 받아들이는 것과 같이, 야사의 어머니와 옛 아내도 이와 같았고, 역시 그 자리에서 번뇌를 멀리 떠나서 법안을 얻었으며, "일반적으로 모여졌던 법은 이것은 모두 멸하는 법이다."라고 말하였다.

8-2 그녀들은 법을 보았고, 법을 얻었으며, 법을 알았고, 법을 깨달아 들어갔으며, 의혹을 초월하였고, 의심을 버렸으며, 무소외를 얻었고, 다른 인연을 의지하지 않고서 스승의 가르침으로써 행하였으며, 세존께 아뢰어 말하였다.

"묘하구나! 묘하구나! 비유한다면 넘어진 자를 일으킨 것과 같고, 덮었던 것을 드러내는 것과 같으며, 미혹한 자를 가르치는 것과 같고, 어둠속에서 횃불을 드는 것과 같으며, 눈이 있는 자에게 색깔을 보게 하는 것과 같구나. 이와 같이 세존께서는 역시 여러 종류의 방편으로써 나타내어 보여주셨고 법을 가르치셨다. 나는 이곳에서 세존께 귀의하고, 법과 비구 대중에게 귀의하오니, 세존께서는 나에게 지금부터 목숨을 마칠 때까지 귀의하여 우바새가 되는 것을 허락하십시오."

그녀는 세간에서 처음으로 삼귀의를 창언한 우바이(優婆塞)[78]이었다.

8-3 이때 장로 야사와 어머니와 아버지 및 출가전 아내는 스스로가 손으로 세존과 야사에게 작식(嚼食)과 담식(噉食)을 주었고 충분히 배부르게 먹게 하였으며, 세존께서는 음식을 드시고서 발우와 손을 씻으셨으므로, 한쪽에 앉아있었다. 이때 세존께서는 장로 야사와 어머니와 아버지 및 출가전 아내를 위하여 설법하시어 가르쳐서 보여주셨고 인도하셨으며

---

78) 팔리어 Upāsikā(우파시카)의 음사이다.

권유하셨고, 환희하게 하셨으며, 자리에서 일어나서 떠나가셨다.

[우바이의 귀의를 마친다.]

9) 우바새(優婆塞)의 출가

9-1 이때 재가(在家)의 장로 야사의 친구들 네 명은 바라나국의 장자들이었고 족성자이었다. 이구(離垢)[79], 선비(善臂)[80], 만승(滿勝)[81], 우주(牛主)[82]라고 이름하였는데, "족성자인 야사가 머리와 수염을 깎고서 가사를 입고 집을 떠나서 출가(出家)하였다."라고 들었다. 듣고서 그들은 마음으로 사유하였다.

'이것은 하열(下劣)한 법과 율이 아니다. 이것은 하열한 출가가 아니다. 왜 그러한가? 족성자인 야사가 머리와 수염을 깎고서 가사를 입고 집을 떠나서 출가한 까닭이다.'

그들의 네 사람은 장로 야사의 처소에 이르렀다. 이르러 장로 야사에게 예배하고서 한쪽에 서 있었다. 이때 장로 야사는 네 명의 재가의 벗들과 함께 세존의 주처로 나아갔고, 이르러 세존의 발에 예경하고서 한쪽에 앉았다. 한쪽에 앉고서 장로 야사는 세존께 아뢰어 말하였다.

"이 네 사람은 재가의 벗들입니다. 바라나국의 장자들이고 족성자이며, 이구, 선비, 만승, 우주라고 이름합니다. 청하건대 세존께서 가르쳐서 인도하시고, 이 네 사람을 교계(敎誡)하여 주십시오."

9-2 세존께서는 그들을 위하여 차례로 설하여 보여주셨는데 이를테면,

---

79) 팔리어 Vimala(비마라)의 번역이다.
80) 팔리어 Subāhu(수바후)의 번역이다.
81) 팔리어 Puṇṇaji(푼나지)의 번역이다.
82) 팔리어 Gavampati(가밤파티)의 번역이다.

보시, 계율, 천상론, 여러 욕망의 허물, 퇴전, 염오, 출리의 공덕이었다. 세존께서는 그들에게 책무의 마음, 유연한 마음, 장애를 벗어난 마음, 환희의 마음, 청정한 마음이 생겨난 것을 아셨다.

세존께서는 곧 제불의 근본 진리인 법을 설하셨으니 이를테면, 고성제, 집성제, 멸성제, 도성제이었다. 비유한다면 깨끗하고 검은 얼룩이 없었던 원래의 옷감이 바르게 색깔을 받아들이는 것과 같이, 족성자인 야사의 네 친구들도 이와 같았고, 역시 그 자리에서 번뇌를 멀리 떠났으므로 법안을 얻었으며, "일반적으로 모여졌던 법은 이것은 모두 멸하는 법이다."라고 말하였다.

9-3 그들은 법을 보았고, 법을 얻었으며, 법을 알았고, 법을 깨달아 들어갔으며, 의혹을 초월하였고, 의심을 버렸으며, 무소외를 얻었고, 다른 인연을 의지하지 않고서 스승의 가르침으로써 행하였으며, 세존께 아뢰어 말하였다.

"저희들은 오직 바라옵건대 세존의 앞에서 출가하여 구족계를 얻겠습니다."

세존께서 말씀하셨다.

"잘 왔느니라! 비구여. 법은 잘 설하여져 있으니, 곧 고통을 모두 없애기 위한 까닭으로 범행을 수습할지니라."

이때 그 장로들은 구족계가 갖추어졌다. 이때 세존께서는 여러 비구들에게 설법하시어 가르쳐서 인도하셨고 교계하셨다. 세존께서 설법하시어 가르쳐서 인도하셨고 교계하시는 때에 그들은 마음에 취하는 것이 없었던 까닭으로 여러 번뇌에서 해탈하였다. 그때 세간에는 열한 명의 아라한이 있었다.

[우바새의 출가를 마친다.]

10) 오십인(五十人)의 출가

10-1 장로 야사에게는 50명의 친구들이 있었으며, 옛날부터 고귀한 가문이었고, 옛날부터 족성자이었다. 그들은 "족성자인 야사가 머리와 수염을 깎고서 가사를 입고 집을 떠나서 출가하였다."라고 들었다. 듣고서 그들은 마음으로 사유하였다.

'이것은 하열한 법과 율이 아니다. 이것은 하열한 출가가 아니다. 왜 그러한가? 족성자인 야사가 머리와 수염을 깎고서 가사를 입고 집을 떠나서 출가한 까닭이다.'

그들은 장로 야사의 처소에 이르렀다. 이르러 장로 야사에게 예배하고서 한쪽에 서 있었다. 이때 장로 야사는 그 50명의 재가 친구들과 함께 세존의 주처로 나아갔고, 이르러 세존의 발에 예경하고서 한쪽에 앉았다. 한쪽에 앉고서 장로 야사는 세존께 아뢰어 말하였다.

"이 오십 명은 재가의 친구입니다. 옛날부터 고귀한 가문이었고, 옛날부터 족성자이었습니다. 청하건대 세존께서 가르쳐서 인도하시고 이 네 사람을 교계하여 주십시오."

10-2 세존께서는 그들을 위하여 차례로 설하여 보여주셨는데 이를테면, 보시, 계율, 천상에 태어남, 여러 욕망의 허물, 퇴전, 염오, 출리의 공덕이었다. 세존께서는 그들에게 장자에게 책무의 마음, 유연한 마음, 장애를 벗어난 마음, 환희의 마음, 청정한 마음이 생겨난 것을 아셨다.

세존께서는 곧 제불의 근본 진리인 법을 설하셨으니 이를테면, 고성제, 집성제, 멸성제, 도성제이었다. 비유한다면 깨끗하고 검은 얼룩이 없었던 원래의 옷감이 바른 색깔을 받아들이는 것과 같이, 족성자인 야사의 50명의 친구들도 이와 같았고, 역시 그 자리에서 번뇌를 멀리 떠나서 법안을 얻었으며, "일반적으로 모여졌던 법은 이것은 모두 멸하는 법이다."라고 말하였다.

10-3 그들은 법을 보았고, 법을 얻었으며, 법을 알았고, 법을 깨달아 들어갔으며, 의혹을 초월하였고, 의심을 버렸으며, 무소외를 얻었고, 다른 인연을 의지하지 않고서 스승의 가르침으로써 행하였으며, 세존께 아뢰어 말하였다.

"저희들은 오직 바라옵건대 세존의 앞에서 출가하여 구족계를 얻겠습니다."

세존께서 말씀하셨다.

"잘 왔느니라! 비구여. 법은 잘 설하여져 있으니, 곧 고통을 모두 없애기 위한 까닭으로 범행을 수습할지니라."

이때 그 장로들은 구족계가 갖추어졌다. 이때 세존께서는 여러 비구들에게 설법하시어 가르쳐서 인도하셨고 교계하셨다. 세존께서 설법하시어 가르쳐서 인도하셨고 교계하시는 때에 그들은 마음에 취하는 것이 없었던 까닭으로 여러 번뇌에서 해탈하였다. 그때 세간에는 예순한 명의 아라한이 있었다.

[오십인의 출가를 마친다.]

11) 천마인연(天魔因緣) ①

11-1 이때 세존께서는 여러 비구들에게 알려 말씀하셨다.

"여러 비구들이여. 나는 천상과 인간에서 일체의 그물망[83]에서 해탈하였느니라. 여러 비구들이여. 그대들도 천상과 인간에서 일체의 속박에서 해탈하였느니라. 여러 비구들이여. 이것은 곧 중생의 이익을 위하는 것이고, 중생의 안락을 위하는 것이며, 세간을 애민하게 생각하는 것이므

---

83) 팔리어 sabbapāsehi(사빠파세히)의 번역이고, Sabba와 pāsehi의 합성어이다. Sabba는 '모두', '모든', '전체'를 뜻하고, 'pāsehi'는 '그물', '속박(束縛)'의 뜻이다. 따라서 '일체의 속박'으로 해석할 수 있겠다.

로, 인간과 천상의 이익과 안락을 위하여 유행(遊行)을 떠나라. 모두 두 사람이 동행(同行)하지 말라.

　　여러 비구들이여. 가르쳐서 말한다면, 처음도 좋고 중간도 좋으며 나중도 좋고, 또한 뜻과 이치 및 문장을 갖추어야 하며, 모든 청정하고 원만(圓滿)한 범행을 나타내어 보여주어야 한다. 유정(有情)이 번뇌가 적은 자(者)일지라도, 만약 법을 듣지 않는 자는 퇴전(退轉)할 것이고, 법을 듣는 자는 깨달음을 얻을 것이니라. 여러 비구들이여. 나는 우루빈나(優樓頻螺)[84]의 취락으로 가서 설법하겠노라."

11-2 이때 천마인 파순(波旬)[85]은 세존의 주처로 나아갔고, 나아가서 게송으로써 세존께 아뢰었다.

　　(천마)
　　그대는 천상(天上)과 인간 등에서
　　일체의 그물망에 얽매어 있다네.
　　그대는 크게 얽매어 있고
　　그대는 나에게서 벗어날 수 없다네.

　　(세존)
　　천상 등의 일체의 그물망을
　　나는 이미 해탈하였고
　　나는 이미 큰 얽매임에서 벗어났으니
　　죽음의 마왕이여. 그대는 패배하였구나.

---

84) 팔리어 Uruvelā(우루벨라)의 음사이다.
85) 팔리어 Mara pāpimā(마라 파피마)의 번역이다. 'mara'는 '마왕'을 뜻하고, 'pāpimā'는 이름을 가리킨다.

(천마)
이곳에는 뜻의 그물망이 있어서
왕래하면서 허공을 날아다니므로
이것으로써 나는 그대를 얽매겠으니
그대는 나를 벗어나지 못한다네.

(세존)
빛깔(色), 소리(聲), 향기(香), 맛(味),
감촉(觸)이 즐거운 마음을 이룰지라도
이것에서 완전히 욕심이 없으므로
죽음의 마왕이여. 그대는 패배하였구나.

이때 천마 파순은 고뇌하고 한탄하였다.
"세존께서 이미 나를 알았구나. 선서(善逝)[86]께서 이미 나를 알았구나."

[첫째의 천마인연을 마친다.]

12) 삼귀의계(三歸依戒)

12-1 그때 여러 비구들이 여러 지방에서, 여러 나라에서 모두가 왔으며, 출가를 희망하였고, 구족계를 받고자 희망하였으므로 "세존이시여. 출가 시켜 주시고 구족계를 주십시오."라고 공손하게 청하였다. 이와 같아서 여러 비구들과 구족계를 받고자 원하였던 자들은 모두가 매우 피로하였다. 이때 세존께서는 적정하게 머무르셨는데, 마음에서 사유하셨다.
  '지금 여러 비구들이 여러 지방에서, 여러 나라에서 모두가 왔으며,

---

86) 팔리어 Sugata(수가타)의 번역이다.

출가를 희망하였고, 구족계를 받고자 희망하였으므로 〈세존이시여. 출가시켜 주시고 구족계를 주십시오.〉라고 공손하게 청하였다. 이와 같아서 여러 비구들과 구족계를 받고자 원하였던 자들은 모두가 매우 피로하다. 나는 마땅히 여러 비구들에게 마땅히 〈여러 비구들이여. 그대들은 마땅히 각자의 지역에서, 마땅히 각자의 나라에서 출가시키고 구족계를 주도록 하라.〉라고 허락하여 말해야겠다.'

12-2 그때 세존께서는 포시(晡時)에 자리에서 일어나셨고, 이 인연으로써 비구 대중을 모으셨으며 설법하셨으며, 뒤에 여러 비구들에게 알려 말씀하셨다.

 "여러 비구들이여. 내가 지금 적정하게 머물렀는데, 마음에서 사유하였느니라. '지금 여러 비구들이 여러 지방에서, 여러 나라에서 모두가 왔으며, 출가를 희망하였고, 구족계를 받고자 희망하였으므로 〈세존이시여. 출가시켜 주시고 구족계를 주십시오.〉라고 공손하게 청하였다. 이와 같아서 여러 비구들과 구족계를 받고자 원하였던 자들은 모두가 매우 피로하다. 나는 마땅히 여러 비구들에게 마땅히 〈여러 비구들이여. 그대들은 마땅히 각자의 지역에서, 마땅히 각자의 나라에서 출가시키고 구족계를 주도록 하라.〉라고 허락하여 말해야겠다.'"

12-3 "여러 비구들이여. 내가 지금 그대들에게 각자의 지역에서, 마땅히 각자의 나라에서 출가시키고 구족계를 주도록 허락하겠노라. 여러 비구들이여. 출가하여 구족계를 받는 자는 마땅히 이와 같이 그것을 행해야 하느니라. 처음에 수염과 머리카락을 깎고 가사를 입게 시키며, 오른쪽 어깨를 드러내게 시키고, 합장하게 시키며, 비구의 발에 예배하게 시키고서 이와 같이 창언하게 하라.

 '나는 안락처(安樂處)인 세존께 귀의합니다.
 나는 안락처인 법에 귀의합니다.

나는 안락처인 승가께 귀의합니다.[87]

두 번째로 나는 안락처인 세존께 귀의합니다.
두 번째로 나는 안락처인 법에 귀의합니다.
두 번째로 나는 안락처인 승가께 귀의합니다.[88]

세 번째로 나는 안락처인 세존께 귀의합니다.
세 번째로 나는 안락처인 법에 귀의합니다.
세 번째로 나는 안락처인 승가께 귀의합니다.'[89]

여러 비구들이여. 이 삼귀의로써 출가시키고 구족계를 주는 것을 허락하겠노라."

[삼귀의계를 마친다.]

13) 천마인연(天魔因緣) ②

13-1 이때 세존께서는 우기(雨期)가 지난 뒤에 여러 비구들에게 알려 말씀하셨다.

"여러 비구들이여. 나는 이치와 같게 뜻을 지었고, 이치와 같게 정근(正勤)하였으며, 무상(無上)한 해탈을 얻었고, 무상한 해탈을 증득하였느니

---

87) 팔리어 'buddhaṃ saraṇaṃ gacchāmi, dhammaṃ saraṇaṃ gacchāmi, saṅghaṃ saraṇaṃ gacchāmi'의 음사이다. 'saraṇaṃ'은 '대피소', '피난처'를 뜻하므로, 불교적으로 '안식처(安息處)', 또는 '안락처(安樂處)'로 번역할 수 있다.

88) 팔리어로 'dutiyampi saraṇaṃ gacchāmi, dhammaṃ saraṇaṃ gacchāmi, saṅghaṃ saraṇaṃ gacchāmi'로 결집되고 있다.

89) 팔리어로 'tatiyampi saraṇaṃ gacchāmi, dhammaṃ saraṇaṃ gacchāmi, saṅghaṃ saraṇaṃ gacchāmi'로 결집되고 있다.

라. 여러 비구들이여. 그대들도 역시 이치와 같게 뜻을 지을 것이고, 이치와 같게 정근할 것이며, 무상한 해탈을 얻을 것이고, 무상한 해탈을 증득해야 하느니라."

13-2 이때 천마인 파순이 세존의 주처로 나아갔고, 나아가서 계송으로써 세존께 아뢰었다.

(천마)
그대는 천상과 인간 등에서
일체의 그물망에 얽매어 있다네.
그대는 크게 얽매어 있고
그대는 나에게서 벗어날 수 없다네.

(세존)
천상 등의 일체의 그물망을
나는 이미 해탈하였고
나는 이미 큰 얽매임에서 벗어났으니
죽음의 마왕이여. 그대는 패배하였구나.

(천마)
이곳에는 뜻의 그물망이 있어서
왕래하면서 허공을 날아다니므로
이것으로써 나는 그대를 얽매겠으니
그대는 나를 벗어나지 못한다네.

(세존)
빛깔, 소리, 향기, 맛, 감촉이
즐거운 마음을 이룰지라도

이것에서 완전히 욕심이 없으므로
죽음의 마왕이여. 그대는 패배하였구나.

이때 천마인 파순은 고뇌하고 한탄하였다.
"세존께서 이미 나를 알았구나. 선서께서 이미 나를 알았구나."

[둘째의 천마인연을 마친다.]

14) 현자(賢者)들의 인연

14-1 이때 세존께서는 뜻을 따라서 바라나국에 머무르셨고, 뒤에 우루빈나를 향하여 유행하셨다.

이때 세존께서는 도로에서 벗어난 하나의 무성하게 우거진 숲속에 이르셨고, 그 빽빽한 숲속의 한 나무의 아래에 앉으셨다. 그때 30명의 현자(賢者)들이 아내들과 짝을 지어서 무성하게 우거진 숲속을 다니면서 즐겼다. 한 사람은 아내가 없었던 인연으로 기녀(妓女)와 짝을 지었고, 이때 그들은 방일하게 돌아다니면서 즐겼는데, 그 기녀가 재물을 취하여 달아났다.

14-2 이때 그 현자들은 벗을 도와서 그 기녀를 찾으려고 무성하게 우거진 숲속을 배회(徘徊)하였고, 세존께서 한 나무의 아래에 앉아있는 것을 보았다. 보고서 세존의 처소로 나아갔으며, 이르러 세존께 아뢰어 말하였다.
"세존이시여. 일찍이 한 여인을 보았습니까?"
"여러 현자들이여. 그대들은 한 여인과 무엇을 하려고 하시오?"
"지금 우리들의 30명인 친구들은 아내들과 짝을 지어서 빽빽한 숲속을 다니면서 즐겼는데, 한 사람이 아내가 없었던 인연으로 기녀와 짝을 지었습니다. 이때 우리들은 방일하게 돌아다니면서 즐겼는데, 그 기녀가 재물을 취하여 달아났습니다. 그러므로 우리들은 이 벗을 도와서 그 기녀를 찾으려고 이렇게 무성하게 우거진 숲속을 배회(徘徊)하였습니다."

14-3 "여러 현자들이여. 그대들의 뜻은 어떠한가? 그대들은 무엇으로써 수승한 것으로 삼겠소? 아내를 찾겠는가? 스스로를 찾겠는가?"

"우리들은 스스로를 찾는 것을 수승함으로써 삼겠습니다."

"여러 현자들이여. 만약 그렇다면 잠시 앉으시오. 내가 그대들을 위하여 설법하겠소."

"알겠습니다."

그 현자들은 세존께 예경하고서 한쪽에 앉았다. 세존께서는 그들을 위하여 차례로 설하여 보여주셨는데 이를테면, 보시, 계율, 천상에 태어남, 여러 욕망의 허물, 퇴전, 염오, 출리의 공덕이었다. 그 현자들에게 책무의 마음, 유연한 마음, 장애를 벗어난 마음, 환희의 마음, 청정한 마음이 생겨난 것을 아셨다.

세존께서는 곧 제불의 근본 진리인 법을 설하셨으니 이를테면, 고성제, 집성제, 멸성제, 도성제이었다. 비유한다면 깨끗하고 검은 얼룩이 없었던 원래의 옷감이 바른 색깔을 받아들이는 것과 같이, 그 현자들도 이와 같았고, 역시 그 자리에서 번뇌를 멀리 떠나서 법안을 얻었으며, "일반적으로 모여졌던 법은 이것은 모두 멸하는 법이다."라고 말하였다.

14-4 그들은 법을 보았고, 법을 얻었으며, 법을 알았고, 법을 깨달아 들어갔으며, 의혹을 초월하였고, 의심을 버렸으며, 무소외를 얻었고, 다른 인연을 의지하지 않고서 스승의 가르침으로써 행하였으며, 세존께 아뢰어 말하였다.

"저희들은 오직 바라옵건대 세존의 앞에서 출가하여 구족계를 얻겠습니다."

세존께서 말씀하셨다.

"잘 왔느니라! 비구여. 법은 잘 설하여져 있으니, 곧 고통을 모두 없애기 위한 까닭으로 범행을 수습할지니라."

이때 그 장로들은 구족계가 갖추어졌다.

[현자들의 인연을 마친다.]

○ 【둘째의 송출품을 마친다.】

3. 제3송출품(第三誦出品)

15) 초신통사(初神通事)

15-1 이때 세존께서는 차례로 유행하여 우루빈나에 이르셨다.

그때 우루빈나에는 세 명의 결발범지(結髮梵志)[90]가 머무르고 있었는데, 우루빈나가섭(優樓頻螺迦葉)[91], 나제가섭(那提迦葉)[92], 가야가섭(伽耶迦葉)[93]이라고 이름하였다. 그 결발범지의 가운데에서 우루빈나가섭은 500명의 결발범지들에게 도사(導師)[94], 인도자(引導者)[95], 최상자(最上者)[96], 상수(上首)[97], 최승자(最勝者)[98]이었고, 나제가섭은 300명의 결발범지들에게 도사, 인도자, 최상자, 상수, 최승자이었고, 가야가섭은 200명

---

90) 팔리어 Jaṭilā(자티라)의 번역이고, 머리카락을 위로 올려서 묶었던 바라문의 사문을 가리킨다.
91) 팔리어 Uruvela kassapa(우루베라 카싸파)의 음사이다.
92) 팔리어 Jnadī kassapa(즈나디 카싸파)의 음사이다.
93) 팔리어 Gayā kassapa(가야 카싸파)의 음사이다.
94) 팔리어 nāyaka(나야카)의 음사이다.
95) 팔리어 vināyaka(비나야카)의 음사이다.
96) 팔리어 agga(아까)의 음사이다.
97) 팔리어 pamukha(파무카)의 음사이다.
98) 팔리어 pāmokkha(파모까)의 음사이다.

의 결발범지들에게 도사, 인도자, 최상자, 상수, 최승자이었다.

15-2 이때 세존께서는 결발범지인 우루빈나가섭의 초암(草庵)에 이르셨다. 이르러서 결발범지인 우루빈나가섭에게 말씀하셨다.

"가섭이여. 그대의 뜻에 어긋나지 않는다면 나는 그대의 제화당(祭火堂)99)에서 지내고자 하오."

"대사문(大沙門)이여. 나의 뜻에는 어긋나지 않소. 그러나 그 처소에는 신통을 갖춘 매우 사나운 용왕(龍王)이 있는데 맹독(猛毒)의 독사(毒蛇)이오. 만약 그대를 해칠 수 없다면 허락하겠소."

세존께서는 두 번째로 결발범지인 나제가섭에게 말씀하셨다.

"가섭이여. 그대의 뜻에 어긋나지 않는다면 나는 그대의 제화당에서 지내고자 하오."

"대사문이여. 나의 뜻에는 어긋나지 않소. 그러나 그 처소에는 신통을 갖춘 매우 사나운 용왕이 있는데 맹독의 독사이오. 만약 그대를 해칠 수 없다면 허락하겠소."

세존께서는 세 번째로 결발범지인 가야가섭에게 말씀하셨다.

"가섭이여. 그대의 뜻에 어긋나지 않는다면 나는 그대의 제화당에서 지내고자 하오."

"대사문이여. 나의 뜻에는 어긋나지 않소. 그러나 그 처소에는 신통을 갖춘 매우 사나운 용왕이 있는데 맹독의 독사이오. 만약 그대를 해칠 수 없다면 허락하겠소."

15-3 이때 세존께서는 제화당에 들어가셨고, 풀(草)을 펼쳐서 부구(敷具)를 삼고 앉으시어 가부좌(跏趺坐)를 맺으셨으며, 몸을 바로세우고 사유하시면서 머물렀다. 이때 그 용은 세존께서 들어오신 것을 보고서 고뇌하고 한탄하면서 연기를 내뿜었다. 이때 세존께서는 마음에서 사유하셨다.

---

99) 팔리어 Agyāgāra(아기야가라)의 번역이고, Aggi와 agāra의 합성어이다. aggi는 '불(火)', '화신(火神)'을 뜻하고, 'agāra'는 '온돌' 또는 '불이 갖춰진 집'을 뜻한다.

"내가 마땅히 위력(威力)으로써 위력을 모두 없애겠으며, 이 용의 피부, 근육, 뼈, 골수를 손상시키지 않아야겠다."

이때 세존께서는 곧 이와 같은 신통을 행하면서 연기를 내뿜으셨다. 이때 그 용은 이기지 못하였으므로 분노하면서 화염(火焰)을 내뿜었고, 세존께서도 역시 화광삼매(火光三昧)에 들어가시어 화염을 일으키셨다. 양쪽에서 광명(光明)을 밝혔던 까닭으로 제화당은 매우 밝아서 불타는 것과 같았으며, 화염이 내뿜어졌고, 광명이 쏟아졌다. 그때 결발범지들이 제화당을 둘러싸고서 이와 같이 말하였다.

"단정(端正)한 대사문이었는데, 장차 독룡(毒龍)이 해치겠구나!"

15-4 이때 세존께서는 이 밤이 지난 뒤에 위력으로써 용의 위력을 모두 없앴는데, 그 용의 피부, 근육, 뼈, 골수를 손상시키지 않았고, 발우에 담아서 결발범지인 우루빈나가섭에게 보여주면서 말씀하셨다.

"가섭이여. 이것이 그대의 용이오. 그 위력으로써 위력을 모두 없앴소."

이때 결발범지인 우루빈나가섭은 마음에서 사유하였다.

'대사문은 대신통(大神通)이 있고, 대위력(大威力)이 있다. 왜 그러한가? 신통이 있는 매우 사나운 용왕이었고, 매서운 독이 있는 위력이 있는 독사이었는데, 이미 위력으로써 위력을 모두 없앴던 까닭이다. 그러나 오히려 나와 같은 아라한은 아니다.'

15-5 이때 세존께서는 니련선하(尼連禪河)[100]의 주변에서 결발범지인 우루빈나가섭에게 말씀하셨다.

"가섭이여. 그대의 뜻에 어긋나지 않는다면 나는 이 밤을 그대의 제화당에서 지내고자 하오."

"그대가 안은하게 머무르고자 한다면 나의 뜻에는 어긋나지 않소.

---

100) 팔리어 Nerañjarā(네란자라)의 음사이다. 고대 인도에 위치한 강의 이름으로 두 지류는 니라자나(Nilājanā)와 모하나(Mohanā)이며, 그것을 합쳐서 팔구(Phalgu)라고 부른다.

그러나 그 처소에는 신통을 갖춘 매우 사나운 용왕이 있는데 맹독의 독사이오. 만약 그대를 해칠 수 없다면 나는 허락하겠소."

"능히 나를 해치지 못할 것이오. 가섭이여. 제화당에 들어가게 허락하시오."

그가 이미 허락한 것을 알았고 두려움이 없었으며 공포를 초월하였으므로 들어갔다. 용왕은 선인(仙人)이 들어온 것을 보고서 고뇌하고 한탄하면서 연기를 내뿜었고, 사람인 용왕도 뜻에 알맞고 의혹이 없었으므로 역시 이곳에서 연기를 내뿜었다. 사룡(蛇龍)은 이기지 못하였으므로 분노하면서 오히려 불꽃과 같이 화염을 내뿜었고, 화광세계(火光世界)의 사람인 용왕도 역시 이곳에서 화염을 내뿜었다. 양쪽에서 광명(光明)을 밝혔던 까닭으로 결발범지들은 제화당을 바라보면서 이와 같이 말하였다.

"단정한 대사문이었는데, 장차 독룡이 해치겠구나!"

15-6 이때 세존께서는 이 밤이 지난 뒤에 사룡의 화염은 없어졌으나, 세존께서 갖추셨던 신통의 화염은 여러 종류의 색깔로 빛나고 있었다. 앙기라사(鴦耆羅娑)[101]의 몸 위에는 청(靑)·적(赤)·심홍(深紅)·황(黃)·수정(水晶) 등의 여러 색깔의 화염이 빛나고 있었다. 사룡을 발우에 담아서 결발범지인 바라문(婆羅門)[102]에게 보여주면서 말씀하셨다.

"가섭이여. 이것이 그대의 용이오. 그 위력으로써 위력을 모두 없앴소."

이때 결발범지인 우루빈나가섭은 세존의 이와 같은 신통의 변화를 인연하여 신심이 일어났으므로 세존께 아뢰어 말하였다.

"대사문이여. 이 처소에 머무십시오. 내가 항상 그대에게 음식을 공양하겠습니다."

[초신통사를 마친다.]

---

101) 팔리어 Aṅgīrasa(앙기라사)의 음사이다. 본래는 브라만교에서 목성(Bṛhaspati)의 18개 이름의 가운데에서 하나였으나, 불교에 수용되어 세존을 다르게 부르는 이름이며, '앙기라사 쿠마라'로 부르기도 하였다.
102) 이 문장에서는 결발범지를 다르게 서술하고 있다.

16) 제이신통사(第二神通事)

16-1 이때 세존께서는 결발범지인 우루빈나가섭의 초암의 근처인 한 무성하게 우거진 숲속에 머무르셨다. 이때 사대천왕(四大天王)[103]이 깊은 밤에 수승한 색깔을 나타내면서 무성하게 우거진 숲속을 두루 비추면서 세존의 주처로 나아갔으며, 이르러 세존께 예경하고서 네 방향으로 서 있었으므로 큰 불덩이와 같았다.

16-2 이때 결발범지인 우루빈나가섭은 밤이 지난 뒤에 세존의 주처로 나아갔으며, 이르러 세존께 예경하고서 아뢰어 말하였다.

"대사문이여. 음식의 때에 이르렀습니다. 어느 사람이 깊은 밤에 수승한 색깔을 나타내면서 무성하게 우거진 숲속을 두루 비추면서 그대의 주처로 나아갔으며, 나아가서 그대에게 예경하고서 네 방향으로 서 있었으므로 큰 불덩이와 같았습니까?"

"가섭이여. 그 사대천왕이 나의 주처에 이르러 법을 듣고자 하였소."

이때 결발범지인 우루빈나가섭은 마음에서 사유하였다.

'대사문은 대신통이 있고, 대위력이 있는 까닭으로 사대천왕이 이르러 법을 듣고자 하였구나. 그러나 오히려 나와 같은 아라한은 아니다.'

이때 세존께서는 결발범지인 우루빈나가섭이 공양하는 음식을 받으셨고 무성하게 우거진 숲속에 머무르셨다.

[제이신통사를 마친다.]

---

103) 팔리어 cattāra mahārājāna(차따라 마하라자나)의 번역이다. 사대천왕은 동쪽의 Dhataraṭṭha(다타라따)이고, 남쪽의 Virūḷhaka(비루하카)이며, 서쪽의 Virūpakkha(비루파까)이고, 북쪽의 Vessarana(베싸라나)이다.

17) 제삼신통사(第三神通事)

17-1 이때 석제환인(釋提桓因)[104]이 깊은 밤에 수승한 색깔을 나타내면서 무성하게 우거진 숲속을 두루 비추면서 세존의 주처로 나아갔으며, 이르러 세존께 예경하고서 한쪽에 서 있었으므로 큰 불덩이와 같았고, 이전의 광휘(光輝)와 비교하여도 다시 미묘(美妙)하게 수승하였다.

17-2 이때 결발범지인 우루빈나가섭은 밤이 지난 뒤에 세존의 주처로 나아갔으며, 이르러 세존께 예경하고서 아뢰어 말하였다.

"대사문이여. 음식의 때에 이르렀습니다. 대사문이여. 누구의 사람이 깊은 밤에 수승한 색깔을 나타내면서 무성하게 우거진 숲속을 두루 비추면서 그대의 주처로 나아갔으며, 이르러 그대에게 예경하고서 한쪽에 서 있었는데, 큰 불덩이와 같았고, 이전의 광휘와 비교하여도 다시 미묘하게 수승하였습니까?"

"가섭이여. 그 석제환인이 나의 주처에 이르러 법을 듣고자 하였소."

이때 결발범지인 우루빈나가섭은 마음에서 사유하였다.

'대사문은 대신통이 있고, 대위력이 있는 까닭으로 석제환인이 이르러 법을 듣고자 하였구나. 그러나 오히려 나와 같은 아라한은 아니다.'

이때 세존께서는 결발범지인 우루빈나가섭이 공양하는 음식을 받으셨고 무성하게 우거진 숲속에 머무르셨다.

[제삼신통사를 마친다.]

---

104) 팔리어 sakka devānaminda(사까 데바나민다)의 음사이고, sakka와 devānaminda 의 합성어이다. Sakka는 '석(釋)'으로 번역되고 devānam은 '提桓'으로 번역되며, indra는 '因'으로 번역되며, 삼십삼천의 천주인 제석천을 가리킨다.

18) 제사신통사(第四神通事)

18-1 이때 삭하주범천(索訶主梵天)[105]이 깊은 밤에 수승한 색깔을 나타내면서 무성하게 우거진 숲속을 두루 비추면서 세존의 주처로 나아갔으며, 이르러 세존께 예경하고서 한쪽에 서 있었으므로 큰 불덩이와 같았고, 이전의 광휘와 비교하여도 다시 미묘하게 수승하였다.

18-2 이때 결발범지인 우루빈나가섭은 밤이 지난 뒤에 세존의 주처로 나아갔으며, 이르러 세존께 예경하고서 아뢰어 말하였다.

"대사문이여. 음식의 때에 이르렀습니다. 대사문이여. 누구의 사람이 깊은 밤에 수승한 색깔을 나타내면서 무성하게 우거진 숲속을 두루 비추면서 그대의 주처로 나아갔으며, 이르러 그대에게 예경하고서 한쪽에 서 있었는데, 큰 불덩이와 같았고, 이전의 광휘와 비교하여도 다시 미묘하게 수승하였습니까?"

"가섭이여. 그 삭하주 범천이 나의 주처에 이르러 법을 듣고자 하였소."

이때 결발범지인 우루빈나가섭은 마음에서 사유하였다.

'대사문은 대신통이 있고, 대위력이 있는 까닭으로 삭하주 범천이 이르러 법을 듣고자 하였구나. 그러나 오히려 나와 같은 아라한은 아니다.'

이때 세존께서는 결발범지인 우루빈나가섭이 공양하는 음식을 받으셨고 무성하게 우거진 숲속에 머무르셨다.

[제사신통사를 마친다.]

---

105) 팔리어 Brahmā sahampati(브라흐마 사함파티)의 번역이다.

19) 제오신통사(第五神通事)

19-1 그때 결발범지인 우루빈나가섭이 대제전(大祭典)을 거행하려고 하였으므로 대부분의 앙가국(鴦伽國)[106]과 마갈타국(摩竭陀國)[107] 사람들이 재물(齋物)인 작식(嚼食)과 담식(噉食)을 가지고 왔다. 이때 결발범지인 우루빈나가섭은 사유하였다.

'내가 지금 대제전을 거행하려고 하는데, 대부분의 앙가국과 마갈타국 사람들이 재물인 작식과 담식을 가지고 왔다. 만약 대사문이 대중들 가운데에서 신통을 행한다면, 곧 대사문에게 이양과 공경이 증대하고, 나의 이양과 공경이 쇠퇴하므로, 내일 대사문이 오지 않도록 희망해야겠다.'

19-2 이때 세존께서는 결발범지인 우루빈나가섭이 사유하는 것을 아시고서, 울단월(鬱單越)[108]에 이르셨으며, 이 처소에서 음식을 취하셨고, 아뇩달지(阿耨達池)[109]에 이르러 공양하셨으며, 이곳에서 낮의 시간을 보내셨다. 이때 결발범지인 우루빈나가섭은 밤이 지난 뒤에 세존의 주처로 나아갔으며, 이르러 세존께 예경하고서 아뢰어 말하였다.

"대사문이여. 음식의 때에 이르렀습니다. 대사문이여. 무슨 까닭으로 어제는 오지 않으셨습니까? 우리들은 그대를 기억하는데, 그대는 무슨 까닭으로 오지 않으셨습니까? 그대의 몫인 작식과 담식을 남겨두었습니다."

19-3 "가섭이여. 그대는 마음에서 사유하지 않았소?

'내가 대제전을 거행하려고 하므로 대부분의 앙가국과 마갈타국 사람들이 재물인 작식과 담식을 가지고 올 것이다. 만약 대사문이 대중들 가운데에서 신통을 행한다면, 곧 대사문에게 이양과 공경이 증대하고, 나의

---

106) 팔리어 Aṅga(앙가)의 음사이다.
107) 팔리어 Magadhā(마가다)의 음사이다.
108) 팔리어 Uttarakuru(우따라쿠루)의 음사이다.
109) 팔리어 Anotatta(아노타따)의 음사이다.

이양과 공경이 쇠퇴하므로, 내일 대사문이 오지 않기를 희망한다.'"

19-4 "가섭이여. 나는 그대가 사유하였던 것을 알았고, 울단월에 이르렀으며, 이 처소에서 음식을 취하였고, 아뇩달지에 이르러 공양하였으며, 이곳에서 낮의 시간을 앉아서 보냈소."

이때 결발범지인 우루빈나가섭은 마음에서 사유하였다.

'대사문은 대신통이 있고, 대위력이 있는 까닭으로 마음으로써 마음을 아는구나. 그러나 오히려 나와 같은 아라한은 아니다.'

이때 세존께서는 결발범지인 우루빈나가섭이 공양하는 음식을 받으셨고 무성하게 우거진 숲속에 머무르셨다.

[제오신통사를 마친다.]

20) 삼가섭(三迦葉)의 귀의

20-1 그때 세존께서는 분소의(糞掃衣)를 얻으셨다. 이때 세존께서는 마음에서 사유하셨다.

'나는 어느 곳에서 분소의로 세탁해야 하는가?'

이때 석제환인(釋提桓因)은 세존께서 마음으로 사유하신 것을 알았으므로 손으로써 연못을 팠으며 세존께 아뢰어 말하였다.

"세존이시여. 이곳에서 분소의를 세탁하십시오."

이때 세존께서는 마음에서 사유하셨다.

'나는 어느 곳에서 분소의를 문질러야 하는가?'

이때 석제환인은 세존께서 마음으로 사유하신 것을 알았으므로 곧 큰 바위를 앞에 놓아두고서 아뢰어 말하였다.

"세존이시여. 이곳에서 분소의를 문지르십시오."

20-2 이때 세존께서는 마음에서 사유하셨다.

'나는 무엇을 의지하여 연못에서 나가야 하는가?'

이때 가휴수(迦休樹)110)에 머무르고 있었던 천인(天人)은 세존께서 마음으로 사유하신 것을 알았으므로 곧 나뭇가지를 늘어트리고서 아뢰어 말하였다.

"세존이시여. 이것을 의지하여 나가십시오."

이때 세존께서는 마음에서 사유하셨다.

'나는 무엇을 의지하여 분소의를 말려야 하는가?'

이때 석제환인은 세존께서 마음으로 사유하신 것을 알았으므로 곧 큰 바위를 근처에 놓아두고서 아뢰어 말하였다.

"세존이시여. 이곳에서 분소의를 말리십시오."

20-3 이때 결발범지인 우루빈나가섭은 밤이 지난 뒤에 세존의 주처로 나아갔으며, 이르러 세존께 예경하고서 아뢰어 말하였다.

"대사문이여. 음식의 때에 이르렀습니다. 대사문이여. 이곳에는 본래 연못이 없었습니다. 어찌하여 이곳에 지금 연못이 있습니까? 이곳에는 본래 역시 바위가 없었습니다. 어찌하여 이곳에 바위가 놓여있습니까? 이곳에는 본래 나뭇가지가 아래로 드리워지지 않았습니다. 어찌하여 이곳에 나뭇가지가 아래로 드리워져 있습니까?"

20-4 "가섭이여. 나는 이곳에서 분소의를 얻었소. 이때 세존께서는 마음에서 사유하였소.

'나는 어느 곳에서 분소의로 세탁해야 하는가?'

이때 석제환인은 내가 마음으로 사유하는 것을 알았으므로 손으로써 연못을 팠으며 나에게 아뢰어 말하였소. '세존이시여. 이곳에서 분소의를 세탁하십시오.'

---

110) 팔리어 Kakudha(카쿠다)의 음사이고, Terminalia arjuna(터미날리아 아르주나)의 나무를 가리킨다.

이곳은 비인(非人)이 손으로써 팠던 곳이오.

가섭이여. 나는 마음에서 사유하였소.

'나는 어느 곳에서 분소의를 문질러야 하는가?'

가섭이여. 이때 석제환인은 내가 마음으로 사유하는 것을 알았으므로 곧 큰 바위를 앞에 놓아두고서 아뢰어 말하였소.

'세존이시여. 이곳에서 분소의를 주무르십시오.'

가섭이여. 이때 나는 마음에서 사유하였소.

'나는 무엇을 의지하여 연못에서 나가야 하는가?'

가섭이여. 이때 가휴수에 머무르고 있었던 천인은 내가 마음으로 사유하는 것을 알았으므로 곧 나뭇가지를 늘어트리고서 아뢰어 말하였소.

'세존이시여. 이것을 의지하여 나가십시오.'

이것은 나아가 가휴수를 그의 손으로 주었던 것이오.

가섭이여. 나는 마음에서 사유하였소.

'나는 어느 곳을 의지하여 분소의를 말려야 하는가?'

가섭이여. 이때 석제환인은 내가 마음으로 사유하는 것을 알았으므로 곧 큰 바위를 근처에 놓아두고서 아뢰어 말하였소.

'세존이시여. 이곳에서 분소의를 말리십시오.'

이 바위는 비인이 놓아두었소."

이때 결발범지인 우루빈나가섭은 마음에서 사유하였다.

'대사문은 대신통이 있고, 대위력이 있는 까닭으로 석제환인이 공급(供給)하려고 하는구나. 그러나 오히려 나와 같은 아라한은 아니다.'

이때 세존께서는 결발범지인 우루빈나가섭이 공양하는 음식을 받으셨고 무성하게 우거진 숲속에 머무르셨다.

20-5 이때 결발범지인 우루빈나가섭은 밤이 지난 뒤에 세존의 주처로 나아갔으며, 나아가서 세존께 예경하고서 아뢰어 말하였다.

"대사문이여. 음식의 때에 이르렀습니다."

"가섭이여. 가시오. 내가 장차 따라서 가겠소."

결발범지인 우루빈나가섭을 보내고서 뒤에 떠나셨으나, 곧 염부제(閻浮提)[111]라고 이름하는 유래(由來)이었던 염부수(閻浮樹)[112]의 열매를 취하셨으며, 먼저 제화당에 이르러 앉으셨다.

이때 결발범지인 우루빈나가섭은 세존께서 제화당에 앉아계신 것을 보았다. 보고서 세존께 아뢰어 말하였다.

"대사문이여. 그대는 어느 길로 왔습니까? 나는 그대보다 먼저 떠났는데, 그대가 먼저 제화당에 이르러 앉으셨습니다."

"가섭이여. 나는 그대가 떠난 뒤에 염부제라는 이름의 유래인 염부수의 열매를 취하였고, 먼저 제화당에 이르러 앉았소. 가섭이여. 염부수의 열매는 색깔을 갖추었고, 향기를 갖추었으며 맛을 갖추었으니, 만약 원한다면 드시오."

"대사문이여. 아닙니다. 그대가 혼자서 능히 가지고 왔으니, 그대가 스스로 드십시오."

이때 결발범지인 우루빈나가섭은 마음에서 사유하였다.

'대사문은 대신통이 있고, 대위력이 있는 까닭으로 먼저 나를 보내고서 뒤에 염부제라는 이름의 유래인 염부수의 열매를 취하였고, 먼저 제화당에 이르러서 앉았구나. 그러나 오히려 나와 같은 아라한은 아니다.'

이때 세존께서는 결발범지인 우루빈나가섭이 공양하는 음식을 받으셨고 무성하게 우거진 숲속에 머무르셨다.

20-6 이때 결발범지인 우루빈나가섭은 밤이 지난 뒤에 세존의 주처로 나아갔으며, 나아가서 세존께 예경하고서 아뢰어 말하였다.

"대사문이여. 음식의 때에 이르렀습니다."

"가섭이여. 가시오. 내가 곧 따라서 가겠소."

결발범지인 우루빈나가섭을 보내고서 뒤에 곧 염부제라는 이름의 유래인 염부수의 근처에서 자라났던 암바수(菴婆樹)[113]의 열매를 취하셨고,

---

111) 팔리어 Jambudīpo(잠부디포)의 음사이고, 인도의 국토를 가리키는 말이다.
112) 팔리어 Jambu(잠부)의 음사이다.

…… 나아가 …… 아마륵수(阿摩勒樹)114)에서 열매를 취하셨고, …… 나아가 …… 하리륵수(訶梨勒樹)115)에서 열매를 취하셨고, …… 나아가 …… 도리천(忉利天)116)으로 가시어 파리질다라화(波利質多羅華)117)를 취하셨으며, 먼저 제화당에 이르러 앉으셨다. 결발범지인 우루빈나가섭은 세존께서 제화당에 앉아계신 것을 보았다. 보고서 세존께 아뢰어 말하였다.

"대사문이여. 그대는 어느 길로 왔습니까? 나는 그대보다 먼저 떠났는데, 그대가 곧 먼저 제화당에 이르러 앉으셨습니다."

"가섭이여. 나는 그대가 보내고서 뒤에 도리천에 이르러 파리질다화를 취하였고, 먼저 제화당에 이르러 앉았소. 가섭이여. 파리질다화는 색깔을 갖추었고, 향기를 갖추었으니, 만약 원한다면 취하시오."

"대사문이여. 아닙니다. 그대가 혼자서 능히 가지고 왔으니, 그대가 스스로 취하십시오."

이때 결발범지인 우루빈나가섭은 마음에서 사유하였다.

'대사문은 대신통이 있고, 대위력이 있는 까닭으로 먼저 나를 보내고서 곧 염부제라는 이름의 유래인 염부수의 근처에서 자라났던 암바수의 열매를 취하셨고, …… 뒤에 곧 도리천에 이르러 파리질다화를 취하였고, 먼저 제화당에 이르러 앉았구나. 그러나 오히려 나와 같은 아라한은 아니다.'

이때 세존께서는 결발범지인 우루빈나가섭이 공양하는 음식을 받으셨고 무성하게 우거진 숲속에 머무르셨다.

20-7 이때 또한 결발범지들은 불에 공양하고자 하였으나, 능히 장작을 쪼개지 못하였다. 이때 결발범지들은 마음에서 사유하였다.

---

113) 팔리어 Amba(암바)의 음사이다.
114) 팔리어 Āmalakī(아마라키)의 음사이다.
115) 팔리어 Harītakī(하리타키)의 음사이다.
116) 팔리어 Tāvatiṃsa(타바팀사)의 번역이고, 삼십삼천을 가리킨다.
117) 팔리어 Pāricchattakapuppha(파리짜따카푸파)의 음사이다.

'우리들이 능히 장작을 쪼개지 못하는 것은 걸림이 없는 이 대사문에게
대신통과 대위력이 있기 때문이다.'

이때 세존께서는 결발범지인 우루빈나가섭에게 알려 말씀하셨다.

"가섭이여. 마땅히 장작을 쪼개야 하지 않소?"

"대사문이여. 마땅히 장작을 쪼개주십시오."

이때 500개의 장작이 한꺼번에 쪼개졌다. 이때 결발범지인 우루빈나가
섭은 마음에서 사유하였다.

'대사문은 대신통이 있고, 대위력이 있는 까닭으로 장작을 쪼갰구나.
그러나 오히려 나와 같은 아라한은 아니다.'

20-8 이때 또한 결발범지들은 불에 공양하고자 하였으나, 능히 불을
피우지 못하였다. 이때 결발범지들은 마음에서 사유하였다.

'우리들이 능히 불을 피우지 못하는 것은 걸림이 없는 이 대사문에게
대신통과 대위력이 있기 때문이다.'

이때 세존께서는 결발범지인 우루빈나가섭에게 알려 말씀하셨다.

"가섭이여. 마땅히 불을 피워야 하지 않소?"

"대사문이여. 마땅히 풀을 피워주십시오."

이때 500개의 장작이 한꺼번에 불이 피워졌다. 이때 결발범지인 우루빈
나가섭은 마음에서 사유하였다.

'대사문은 대신통이 있고, 대위력이 있는 까닭으로 불을 피웠구나.
그러나 오히려 나와 같은 아라한은 아니다.'

20-9 이때 또한 결발범지들은 불에 공양하였으나, 능히 불을 끄지 못하였
다. 이때 결발범지들은 마음에서 사유하였다.

'우리들이 능히 불을 끄지 못하는 것은 걸림이 없는 이 대사문에게
대신통과 대위력이 있기 때문이다.'

이때 세존께서는 결발범지인 우루빈나가섭에게 알려 말씀하셨다.

"가섭이여. 마땅히 불을 꺼야 하지 않소?"

"대사문이여. 마땅히 불을 꺼주십시오."

이때 500개의 장작불이 한꺼번에 꺼졌다. 이때 결발범지인 우루빈나가섭은 마음에서 사유하였다.

'대사문은 대신통이 있고, 대위력이 있는 까닭으로 불을 껐구나. 그러나 오히려 나와 같은 아라한은 아니다.'

20-10 이때 또한 결발범지들은 차가운 겨울밤에, 8일제(八日祭)와 그 다음의 8일제 사이의 눈이 내리는 때에, 니련선하에 들어갔으며, 혹은 가라앉았거나 혹은 떠있었고, 혹은 떠있었거나 혹은 가라앉았다. 이때 세존께서는 500개의 화로(火爐)로 변화를 지어서 그 결발범지들에게 나타나게 하셨고, 곧 스스로가 불로 그것들을 데우셨다. 이때 결발범지들은 마음에서 사유하였다.

'이러한 것 등의 화로로 변화를 지은 것은 걸림이 없는 이 대사문의 대신통과 대위력의 까닭이다.'

이때 결발범지인 우루빈나가섭은 마음에서 사유하였다.

'대사문은 대신통이 있고, 대위력이 있는 까닭으로 화로로 변화를 지었구나. 그러나 오히려 나와 같은 아라한은 아니다.'

20-11 또한 때가 아니었는데 큰 구름이 나타나서 비가 내렸고, 큰 홍수가 일어나서 세존의 주처에 물이 침범하였다. 이때 세존께서는 마음에서 사유하였다.

'나는 마땅히 네 모서리의 물을 물러나게 하고서, 마른 땅을 밟고 땅 위를 경행해야겠구나.'

이때 세존께서는 네 모서리의 물을 물러나게 하셨고, 마른 땅을 밟고서 땅위를 경행하셨다. 이때 결발범지인 우루빈나가섭은 마음에서 사유하였다.

'대사문은 물에 떠내려갔을 것이다.'

많은 결발범지들을 거느리고 배를 타고서 세존의 처소에 이르렀다. 결발범지인 우루빈나가섭은 세존께서는 네 모서리의 물을 물러나게 하셨고 마른 땅을 밟고서 땅위를 경행하시는 것을 보았다. 보고서 세존께 아뢰어 말하였다.

"대사문이여. 그대는 이곳에 계셨습니까?"

"가섭이여. 나는 이곳에 있었소."

세존께서는 곧 허공으로 날아올라서 배 위에 서서 계셨다. 이때 결발범지인 우루빈나가섭은 마음에서 사유하였다.

'대사문은 대신통이 있고, 대위력이 있는 까닭으로 물에 떠내려가지 않았구나. 그러나 오히려 나와 같은 아라한은 아니다.'

20-12 이때 세존께서는 마음에서 사유하였다.

'이 어리석은 사람은 오히려 오랫동안 마음으로 생각하는구나. 〈대사문은 대신통이 있고, 대위력이 있으나, 오히려 나와 같은 아라한은 아니다.〉 나는 마땅히 결발범지의 이러한 의혹을 없애주어야겠다.'

이때 세존께서는 결발범지인 우루빈나가섭에게 알려 말씀하셨다.

"가섭이여. 그대는 아라한이 아니고, 역시 아라한도(阿羅漢道)를 구족한 것이 아니오. 그대는 오히려 아라한이 아니고, 혹은 아라한도를 구족하지 않았소."

이때 결발범지인 우루빈나가섭은 머리 숙여 세존의 발에 예경하고서, 아뢰어 말하였다.

"나는 세존의 앞에서 출가하여 구족계를 얻겠습니다."

"가섭이여. 그대는 곧 500명의 결발범지의 도사, 인도자, 최상자, 상수, 최승자이고, 그들도 그러한 사유를 따라서 행하고 있소."

이때 결발범지인 우루빈나가섭은 그 결발범지들의 처소에 이르렀고, 그 여러 결발범지들에게 알려 말하였다.

"나는 대사문의 처소로 가서 범행을 수습(修習)하려고 하오. 그대들도 따르겠다고 사유하고서 행하겠는가?"

"우리들도 오랫동안 대사문을 믿고 즐거워하였습니다. 만약 처소에서 범행을 수습하고자 원한다면 우리들도 모두 대사문의 처소로 가서 범행을 수습하겠습니다.”

20-13 이때 여러 결발범지들은 모발(毛髮), 결발(結髮), 짐 꾸러미, 제화구(祭火具) 등을 모두 흐르는 물에 던지고서 세존의 주처로 나아갔다. 나아가서 세존의 발에 머리 숙여 예경하고서 아뢰어 말하였다.

“우리들은 세존의 앞에서 출가하여 구족계를 얻겠습니다.”

세존께서 말씀하셨다.

“잘 왔느니라! 비구여. 법은 잘 설하여져 있으니, 곧 고통을 모두 없애기 위한 까닭으로 범행을 수습할지니라.”

이때 그 장로들은 구족계를 갖추어졌다.

20-14 결발범지인 나제가섭은 모발, 결발, 짐 꾸러미, 제화구 등이 떠내려오는 것을 보고서 ‘원하건대 나의 형에게 재앙(災禍)이 없기를!’이라고 마음에서 사유하면서 말하였다.

“가서 나의 형님들을 방문해야겠네.”

곧 여러 결발범지를 보냈고, 또한 스스로가 300명의 결발범지를 거느리고 장로 우루빈나가섭의 주처로 이르렀다. 이르러서 장로 우루빈나가섭에게 말하였다.

“가섭이여. 이와 같은 것으로써 최승(最勝)을 삼았습니까?”

“그렇네. 이와 같은 것으로써 최승을 삼았네.”

이때 그 여러 결발범지들은 모발, 결발, 짐 꾸러미, 제화구 등을 모두 흐르는 물에 던지고서 세존의 주처로 나아갔다. 나아가서 세존의 발에 머리 숙여 예경하고서, 아뢰어 말하였다.

“우리들은 세존의 앞에서 출가하여 구족계를 얻겠습니다.”

세존께서 말씀하셨다.

“잘 왔느니라! 비구여. 법은 잘 설하여져 있으니, 곧 고통을 모두 없애기 위한 까닭으로 범행을 수습할지니라.”

이때 그 장로들은 구족계가 갖추어졌다.

20-15 결발범지인 가야가섭은 모발, 결발, 짐 꾸러미, 제화구 등이 떠내려 오는 것을 보고서 '원하건대 나의 형에게 재앙이 없기를!'이라고 마음에서 사유하였고, 말하였다.

"가서 나의 여러 형들을 방문해야겠네."

곧 여러 결발범지를 보냈고, 또한 스스로가 200명의 결발범지를 거느리고 장로 우루빈나가섭의 주처에 이르렀다. 이르러서 장로 우루빈나가섭에게 말하였다.

"가섭이여. 이와 같은 것으로써 최승을 삼았습니까?"

"그렇네. 이와 같은 것으로써 최승을 삼았네."

이때 그 여러 결발범지들은 모발, 결발, 짐 꾸러미, 제화구 등을 모두 흐르는 물에 던지고서 세존의 주처로 나아갔다. 나아가서 세존의 발에 머리 숙여 예경하고서, 아뢰어 말하였다.

"우리들은 세존의 앞에서 출가하여 구족계를 얻겠습니다."

세존께서 말씀하셨다.

"잘 왔느니라! 비구여. 법은 잘 설하여져 있으니, 곧 고통을 모두 없애기 위한 까닭으로 범행을 수습할지니라."

이때 그 장로들은 구족계가 갖추어졌다.

20-16 세존의 가지(加持)를 의지하였던 까닭으로

500개의 장작이 쪼개졌고 혹은 쪼개지지 않았으며

혹은 불이 타올랐고 혹은 타오르지 않았으며

혹은 꺼졌고 혹은 꺼지지 않았으며

아울러 500개의 화로를 지었고

이것을 의지하여 나아갔으므로

삼천오백의 신통한 변화가 일어났다네.

[삼가섭의 귀의를 마친다.]

21) 치연설법품(熾煙說法品)

21-1 이때 세존께서는 뜻을 따라서 우루빈나에서 머무르신 뒤에 일천의 대비구들과 가야국(伽耶國)[118]의 상두산(象頭山)[119]을 향하여 유행하셨는데, 이들은 모두가 옛날에 결발범지이었다.

이때 일천의 비구들과 함께 가야국의 상두산에서 머무르셨다. 이곳에서 세존께서는 이 비구들에게 알려 말씀하셨다.

"여러 비구들이여. 일체는 불타고 있느니라. 여러 비구들이여. 무엇과 같이 일체가 불타고 있는가? 여러 비구들이여. 눈(眼)이 불타고 있고, 형상(色)도 불타고 있으며, 눈의 의식(眼識)도 불타고 있고, 눈의 감촉(眼觸)도 불타고 있으며, 눈의 감촉을 인연하여 생겨나는, 혹은 즐거움(樂)이거나, 혹은 괴로움(苦)이거나, 혹은 괴롭지도 않고 즐겁지도 않음(不苦不樂)의 느낌(受)도 역시 불타고 있느니라.

무엇으로써 불타고 있는가? 나는 탐욕[120]의 불로써, 성냄[121]의 불로써, 어리석음의 불[122]로써 불타고 있고, 태어남(生)으로써, 늙음(老)으로써, 질병(病)으로써, 죽음(死)으로써, 근심(愁)으로써, 슬픔(悲)으로써, 고통(苦)으로써, 비통함(憂)으로써, 번뇌(惱)로써, 불타고 있느니라."

---

118) 팔리어 Gayā(가야)의 음사이다.
119) 팔리어 Gayāsīsa(가야시사)의 번역으로 언덕에 평평한 돌이 놓여있었는데, 코끼리의 머리 모양(gaja-sīsa-sadisa-piṭṭhipāsāṇa)이었다. 이 언덕은 가야에서 남서쪽으로 약 1마일이 떨어진 곳에 있었다.
120) 팔리어 Rāgagginā(라가끼나)의 번역이고, Rāga와 agginā의 합성어이다. Rāga는 '욕망', '열정'을 뜻하고 aggi는 '불'을 뜻하므로 '욕망의 불'을 가리킨다. 특히 사람들에게 일어나는 통제되지 않은 흥분인 정욕(情慾)을 가리킨다.
121) 팔리어 dosagginā(도사끼나)의 번역이고, dosa와 agginā의 합성어이다. dosa는 '분노', '손상', '결점'을 뜻하고 aggi는 '불'을 뜻하므로 '성냄의 불'을 가리킨다.
122) 팔리어 mohagginā(모하끼나)의 번역이고, moha와 agginā의 합성어이다. moha는 '어리석음', '망상'을 뜻하고 aggi는 '불'을 뜻하므로 '어리석음의 불'을 가리킨다. 특히 사람들에게 세속적인 대상의 물질적 실재를 믿게 하거나, 세속적이거나 감각적인 쾌락에 빠지게 하는 지혜의 무지(無知)를 뜻한다.

21-2 "귀(耳)가 불타고 있고, 소리(聲)도 불타고 있으며, ······ 나아가 ······ 코(鼻)가 불타고 있고, 냄새(香)도 불타고 있으며, ······ 나아가 ······ 혀(舌)가 불타고 있고, 맛(味)도 불타고 있으며, ······ 나아가 ······ 몸(身)이 불타고 있고, 감촉(聲)도 불타고 있으며, ······ 나아가 ······ 의식(意)도 불타고 있고, 법(法)도 불타고 있으며, 의식의 감촉도 불타고 있으며, 의식의 감촉을 인연하여 생겨나는 혹은 즐거움이고 혹은 괴로움이며 혹은 괴롭지도 않고 즐겁지도 않음의 느낌도 역시 불타고 있느니라.

　무엇으로써 불타고 있는가? 나의 탐욕의 불로써, 성냄의 불로써, 어리석음의 불로써 불타고 있고, 태어남·늙음·질병·죽음·근심·슬픔·고통·비통함·번뇌 등으로써 불타고 있느니라."

21-3 "여러 비구들이여. 다문(多聞)의 성문(聲聞)은 이와 같이 관찰해야 하느니라. 눈을 싫어하고 벗어나야 하고, 형상을 싫어하고 벗어나야 하며, 눈의 의식을 싫어하고 벗어나야 하고, 눈의 감촉을 싫어하고 벗어나야 하며, 눈의 감촉을 인연하여 생겨나는 혹은 즐거움(樂)이고 혹은 괴로움(苦)이며 혹은 괴롭지도 않고 즐겁지도 않은 것을 싫어하고 벗어나야 하느니라.

　눈을 싫어하고 벗어나야 하고, 형상을 싫어하고 벗어나야 하며, ······ 나아가 ······ 귀를 싫어하고 벗어나야 하고, 소리를 싫어하고 벗어나야 하며, ······ 나아가 ······ 코를 싫어하고 벗어나야 하고, 냄새를 싫어하고 벗어나야 하며, ······ 나아가 ······ 혀를 싫어하고 벗어나야 하고, 맛을 싫어하고 벗어나야 하며, ······ 나아가 ······ 몸을 싫어하고 벗어나야 하고, 감촉을 싫어하고 벗어나야 하며, ······ 나아가 ······ 뜻을 싫어하고 벗어나야 하고, 법을 싫어하고 벗어나야 하며, 의식의 감촉을 인연하여 생겨나는 혹은 즐거움이고 혹은 괴로움이며 혹은 괴롭지도 않고 즐겁지도 않은 것을 싫어하고 벗어나야 하느니라.

　만약 탐욕을 싫어하고서 곧 벗어났다면, 탐욕을 벗어난 것이 곧 해탈이니라. 해탈은 곧 이를테면, '나는 이미 해탈하였다.'라는 지혜가 생겨난 것이고, '나는 생(生)을 이미 마쳤고, 범행은 이미 섰으며, 지을 것은 이미 지었고, 후유(後有)를 받지 않는다.'라고 아는 것이다."

세존께서 이렇게 설법하시던 때에 그 일천의 비구들은 집착이 없어졌고, 마음으로 스스로가 여러 번뇌에서 해탈하였다.

[치연설법품을 마친다.]

○ 【셋째의 송출품을 마친다.】

4. 제4송출품(第四誦出品)

22) 빈비사라왕(頻毘娑羅王)의 귀의

22-1 이때 세존께서는 뜻을 따라서 상두산에서 머무르신 뒤에 일천의 대비구들과 함께 왕사성(王舍城)123)을 향하여 유행하셨는데, 이들은 모두가 옛날에 결발범지이었다.

이때 세존께서는 차례로 유행하시어 왕사성에 이르셨다. 이때 세존께서는 장림원(杖林園)124)의 선주영묘(善住靈廟)125)에 머무르셨다. 이때 마갈타국(摩竭陀國)126)의 왕인 사니야 빈비사라(斯尼耶頻毘娑羅)127)는 "석가종족(釋種)128)에서 출가한 사문(沙門)129)인 구담(瞿曇)130) 석자(釋子)131)

---

123) 팔리어 Rājagaha(라자가하)의 번역이다.
124) 팔리어 Laṭṭhivane(라띠바네)의 번역이다. Laṭṭhi는 '지팡이' 또는 '어린 나무'를 뜻하고, vane는 '숲'을 뜻하므로 어린나무의 숲이라는 뜻이다.
125) 팔리어 Suppatiṭṭha cetiye(수빠띠따 체티야)의 번역이다.
126) 팔리어 Māgadha(마가다)의 음사이다.
127) 팔리어 Seniya bimbisāra(세니야 빔비사라)의 음사이다.
128) 팔리어 Sakyakulā sakyaputta(사카쿨라 사키아푸따)의 음사이다.

는 왕사성에 이르렀고, 장림원의 선주영묘에 머무르고 있다. 그는 '세존이
신 구담'이라고 이와 같은 선한 이름으로 찬탄을 받았고, 그 세존은 아라한
(阿羅漢), 정등각(等正覺), 명행족(明行足)132), 선서(善逝)133), 세간해(世間
解)134), 무상사(無上士)135), 조어장부(調御丈夫)136), 천인사(天人師)137), 불
·세존(佛世尊)138)이다. 그는 스스로가 천계(天界)139), 마계(魔界)140), 범천
계(梵天界)141), 사문(沙門), 바라문(婆羅門), 인간(人間)142), 천중(天衆)143)
의 가운데에서 지혜의 법을 증득하였다고 설하고 있다. 그의 설법은
처음도 좋고, 중간도 좋으며, 말의 끝도 좋고, 문장의 법은 뜻과 이치를
갖추었고, 원만하고 청정한 범행을 보여주고 있다. 내가 이와 같은 아라한
을 볼 수 있다면 옳은 일이다.'라고 들었다.

22-2 이때 마갈타국의 왕인 사니야 빈비사라왕은 마갈타국의 12유순(由
旬)144)의 바라문과 거사들에게 위요(圍繞)되어 세존의 주처로 나아갔다.
나아가서 세존께 예경하고서 한쪽에 앉았고, 마갈타국의 12유순의 바라문

---

129) 팔리어 Samaṇa(사마나)의 음사이다.
130) 팔리어 Gotama(고타마)의 음사이다.
131) 팔리어 Sakyaputta(사키아푸따)의 번역이다.
132) 팔리어 Vijjācaraṇasampanna(비짜차라나삼판나)의 번역이다.
133) 팔리어 Sugata(수가타)의 번역이다.
134) 팔리어 Lokavidū(로카비두)의 번역이다.
135) 팔리어 Anuttara(아누따라)의 번역이다.
136) 팔리어 Purisadammasārathi satthā(푸리사담마사라티 사따)의 번역이다.
137) 팔리어 Devamanussāna(데바마누싸나)의 번역이다.
138) 팔리어 Buddho bhagavā(부또 바가바)의 번역이다.
139) 팔리어 Sadevaka(사데바카)의 번역이다.
140) 팔리어 Samāraka(사마라카)의 번역이다.
141) 팔리어 Sabrahmaka(사브라마카)의 번역이다.
142) 팔리어 Manussa(마누싸)의 번역이다.
143) 팔리어 Sadeva(사데바)의 번역이다.
144) 팔리어 Dvādasa nahutehi(드바다사 나후테히)의 번역이다. dvādasa는 숫자의
     12이고, nahutehii는 yojanā(요자나), 즉 유순(由旬)을 가리키는 것으로 추정된다.

과 거사들도 역시 세존께 예경하고서 한쪽에 앉았으며, 혹은 세존께 문신(問訊)하고 위문하였으며 환희하고 감명(感銘)받게 말하면서 한쪽에 앉았고, 혹은 세존을 향하여 합장하고서 앉았으며, 혹은 세존의 앞에서 이름을 부르면서 앉았고, 혹은 오직 묵연히 한쪽에 앉았다.

22-3 이때 그 마갈타국의 12유선의 바라문과 거사들은 마음에서 사유하였다.

'대사문이 우루빈나가섭을 쫓아서 범행을 닦는 것인가? 또한 혹은 우루빈나가섭이 대사문을 쫓아서 범행을 닦는 것인가?'

이때 세존께서는 마갈타국의 12유선의 바라문과 거사들이 사유하는 것을 아시고서 게송으로써 장로 우루빈나가섭에게 말씀하셨다.

(세존)
우루빈나의 거주인(居住人)이여!
매우 여위었던 몸의 사람이라고 찬탄되있는데
그대는 무슨 견해로 화천(火天)을 버렸고
그대는 무슨 까닭으로 화법(火法)의 일을 버렸는가를
나는 이러한 일로써 서로에게 묻습니다.

(가섭)
형상과 소리와 맛과 욕망과
여인 등에게 제사를 지낸다면
이러한 자는 번민에 집착한다고 알았으며
이러한 까닭으로 나는 제사를 즐기지 않는다네.

세존께서는 또한 말씀하셨다.

가섭이여. 만약 이 처소에서 그대가 마음에

형상, 소리, 맛, 인간, 천상 등을
사랑하고 집착하지 않는다면
세상의 어느 처소를 그대의 마음에서
사랑하고 집착하는가?
가섭이여. 이것을 다시 나에게 말해보시오.

(가섭)
나는 적정한 도(道)를 보았고 집착이 없으며
무소유이고 욕망에 집착이 없으며
변하지 않고 다르게 변화시키기 어려우므로
이러한 까닭으로 나는 제사를 즐기지 않는다네.

22-4 이때 장로 우루빈나가섭은 곧 자리에서 일어나서 오른쪽 어깨를 드러내고 머리 숙여 예경하고서 세존께 아뢰어 말하였다.

"세존께서는 이익을 증장시킨 나의 스승이시고, 나는 성문(聲聞)입니다. 세존께서는 이익을 증장시킨 나의 스승이시고, 나는 성문입니다."

이때 마갈타국의 12나유타의 바라문과 거사들이 사유하였다.

"우루빈나가섭은 대사문에게 의지하여 범행을 닦는 것이다.'

22-5 이때 세존께서는 마갈타국의 12나유타의 바라문과 거사들이 사유하는 것을 아시고서, 차례로 설법하셨으니 이를테면, 보시, 계율, 천상에 태어남, 여러 욕망의 허물, 퇴전, 염오, 출리의 공덕이었다. 그들에게 책무의 마음, 유연한 마음, 장애를 벗어난 마음, 환희의 마음, 청정한 마음이 생겨난 것을 아셨다. 세존께서는 곧 제불의 근본 진리인 법을 설하셨으니 이를테면, 고성제, 집성제, 멸성제, 도성제이었다.

오히려 깨끗하고 검은 얼룩이 없었던 원래의 옷감이 바르게 색깔을 받아들이는 것과 같아서 빈비사라왕으로써 상수(上首)로 삼아서 마갈타국의 12유순의 바라문과 거사들도 이와 같았고, 역시 그 자리에서 번뇌를 멀리 떠나서 법안을 얻었으며, "일반적으로 모여졌던 법은 이것은 모두 멸하는 법이다."라고 말하였다. 또한 12유순의 바라문과 거사들도 우바새가 되기를 원한다고 말하였다.

22-6 이때 마갈타국의 빈비사라왕은 법을 보았고, 법을 얻었으며, 법을 알았고, 법을 깨달아 들어갔으며, 의혹을 초월하였고, 의심을 버렸으며, 무소외를 얻었고, 다른 인연을 의지하지 않고서 스승의 가르침으로써 행하였으며, 세존께 아뢰어 말하였다.

"나는 태자가 되었을 때에 다섯 가지의 발원을 품고 있었는데, 나는 지금 이것들을 성취하였습니다. 나는 이전의 태자이었던 때에 마음에서 사유하였습니다.

'나는 관정(灌頂)을 받고서 왕이 되기를 원합니다.'

이것이 첫째의 발원이었는데. 나는 지금 이것을 성취하였습니다.

'응공과 정등각이 나의 국토에 강림(降臨)하시기를 발원합니다.'

이것이 둘째의 발원이었는데. 나는 지금 이것을 성취하였습니다.

'나는 그 세존을 받들어 모시기를 발원합니다.'

이것이 셋째의 발원이었는데. 나는 지금 이것을 성취하였습니다.

'세존께서 나에게 설법하시기를 발원합니다.'

이것이 넷째의 발원이었는데. 나는 지금 이것을 성취하였습니다.

'나는 세존의 법을 증오(證悟)하기를 발원합니다.'

이것이 다섯째의 발원이었는데. 나는 지금 이것을 성취하였습니다. 나는 이전의 태자이었던 때에 다섯 가지의 발원이 있었는데, 나는 지금 이것들을 성취하였습니다."

22-7 "묘합니다! 묘합니다! 비유한다면 넘어진 자를 일으킨 것과 같고, 덮였던 것을 드러내는 것과 같으며, 미혹한 자를 가르치는 것과 같고, 어둠속에서 횃불을 드는 것과 같으며, 눈이 있는 자에게 색깔을 보게 하는 것과 같습니다. 이와 같이 세존께서는 역시 여러 종류의 방편으로써

나타내어 보여주셨고 법을 가르치셨습니다. 나는 이곳에서 세존께 귀의
하겠고, 법과 비구 대중에게 귀의하겠사오니, 세존께서는 나에게 지금부
터 목숨을 마칠 때까지 귀의하여 우바새가 되는 것을 허락하시고, 세존과
여러 비구 대중이 내일에 나의 공양을 받기를 원합니다."

세존께서는 묵연히 청을 받아들이셨다.

22-8 이때 마갈타국의 사니야 빈비사라왕은 세존께서 청을 받아들이신
것을 알고서 곧 자리에서 일어났으며, 세존께 예경하고서 오른쪽으로
돌면서 떠나갔다. 이때 마갈타국의 사니야 빈비사라왕은 이 밤이 지난
뒤에 묘하고 맛있는 작식과 담식을 준비하고서 세존께 때에 이르렀음을
알렸다.

"공양의 때에 이르렀습니다."

이때 세존께서는 이른 아침에 하의를 입으셨고, 발우와 옷을 지니셨으
며, 대비구 1,000명을 데리고 왕사성으로 들어가셨는데, 이들은 모두가
옛날에 결발범지이었다.

이때 석제환인이 동자(童子)의 모습으로 변화하여 나타났으며, 세존을
상수(上首)로 삼은 대비구들의 앞에 서 있으면서 게송으로 말하였다.

이미 조어(調御)하시고 해탈하신 사람의 몸으로
결발범지의 무리를 거느리셨고
이미 조어하시고 해탈하신 사람의 몸으로
하나로 같이 왕사성에 들어오셨네.

이들은 금팔찌와 같고 금색(金色)의 세존께서는
옛날의 결발범지의 무리를 거느리셨고
지금은 이미 자유인이고 해탈하신 사람이시며
도탈자(度脫者)이신데 왕사성에 들어오셨네.

이들은 금팔찌와 같고 금색의 세존께서는
십거(十居)[145]와 십력(十力)[146]이 가득하시고
십법(十法)[147]과 십구족(十具足)[148]을 명료하게 아시는데
일천 명에게 위요(圍繞)되어 왕사성으로 들어왔다네.

22-9 이때 여러 사람들은 석제환인을 보고서 말하였다.

"이 동자는 아름답고 단정하며 이 동자는 매우 사랑스럽고 이 동자는 매우 미묘하구나! 이 동자는 누구를 따르는 사람인가?"

이와 같이 말하는 때에 석제환인은 그 사람들을 향하여 게송으로 설하여 말하였다.

---

145) 팔리어 Dasavāsa(다사바사)의 번역이다. 자세한 내용은 『팔리대장경』 「증지부(增支部)」 경장, p.269에서 설해지고 있다. 내용은 다섯 종류의 얽매인 것을 끊는 것, 여섯 종류를 갖추는 것, 한 종류를 보호하는 것, 네 가지를 의지하는 것, 스스로의 사견을 버리는 것, 욕망을 모두 버리는 것, 사유에 염오가 없는 것, 몸으로 적정을 행하는 것, 마음으로 해탈하는 것, 지혜로 해탈하는 것 등이다.
146) 팔리어 dasabala(다사바라)의 번역이다. 자세한 내용은 『팔리대장경』 「증지부(增支部)」 경장, p.270에서 설해지고 있다. 내용은 한역으로 처비처지력(處非處智力), 업이숙지력(業異熟智力), 정려해탈등지등지지력(靜慮解脫等持等至智力), 근상하지력(根上下智力), 종종승해지력(種種勝解智力), 종종계지력(種種界智力), 변취행지력(遍趣行智力), 숙주수념지력(宿住隨念智力), 사생지력(死生智力), 누진지력(漏盡智力) 등이다.
147) 팔리어dasadhammavidū(다사담마비두)의 번역이고, dasa와 dhammavidū의 합성어이다. dasa는 숫자 10을 뜻하고 dhammavidū는 dhamma와 vidū의 합성어이며, 다마를 이해하는 사람이라는 뜻이다. 즉, 십선업(十善業)을 다르게 말하는 것이니, 불살생(不殺生), 불투도(不偸盜), 불음(不淫), 불망어(不妄語), 불기어(不綺語), 불양설(不兩舌), 불악구(不惡口), 무탐욕(無貪慾), 무진에(無瞋恚), 무사견(無邪見) 등이다.
148) 팔리어 dasabhi cupeto(다사비 추페토)의 번역이다. 자세한 내용은 『팔리대장경』 「증지부(增支部)」 경장, p.271에서 설해지고 있다. 내용은 무학지정견(無學之正見), 무학지정사유(無學之正思惟), 무학지정어(無學之正語), 무학지정업(無學之正業), 무학지정명(無學之正命), 무학지정정진(無學之正精進), 무학지정념(無學之正念), 무학지정정(無學之正定), 무학지정지(無學之正智), 무학지정해탈(無學之正解脫) 등이다.

용맹하게 일체를 조어하셨으니
청정하시어 비교할 자가 없으시며
세간의 응공이시고 선서이신
나는 곧 그를 따르면서 시봉(侍奉)한다네.

22-10 이때 세존께서는 마갈타국의 사니야 빈비사라왕의 처소에 이르셨다. 이르러 비구 대중과 함께 펼쳐진 자리에 앉으셨다. 이때 마갈타국의 사니야 빈비사라왕은 세존과 비구 대중을 향하여 스스로가 손으로 미묘한 작식과 담식을 받들어 공양하였고 배부르게 먹게 하였다. 세존께서 공양을 마치시고 발우와 손을 씻었으므로 한쪽에 앉았다.

한쪽에 앉았던 때에 마갈타국의 사니야 빈비사라왕은 마음에서 사유하였다.

'세존께서 어느 처소에서 머무르셔야 하는가? 마땅히 성읍(城邑)에서 멀지도 않고 가깝지도 않아야 하며 왕래하면서 편리하고 간절히 구하는 사람들이 쉽게 갈 수 있으며 낮에는 소란과 다툼이 적고 저녁에는 소리가 적으며 인적(人跡)이 끊어지고 여러 사람들에게 벗어났으며 고요하고 묵연히 머물러야 하는 처소이다.'

이때 마갈타국의 사니야 빈비사라왕은 마음에서 사유하였다.

'나의 죽림원(竹林園)[149]은 성읍에서 멀지도 않고 가깝지도 않게 떨어져 있으며 왕래하면서 편리하고 간절히 구하는 사람들이 쉽게 갈 수 있으며 낮에는 소란과 다툼이 적고 저녁에는 소리가 적으며 인적이 끊어지고 여러 사람들에게 벗어났으며 고요하고 묵연하여 적합하다. 나는 죽림원을 세존과 상수인 비구 대중을 위하여 마땅히 보시해야겠다.'

22-11 이때 마갈타국의 사니야 빈비사라왕은 황금의 물병을 취하여 세존께 바치면서 말하였다.

---

149) 팔리어 Veḷuvana uyyāna(베루바나 유이야나)의 음사이다.

"나는 죽림원을 세존과 비구 승가께 보시하겠습니다."

세존께서는 이 원림(園林)을 받으셨다. 이때 세존께서는 설법하시어 사니야 빈비사라왕을 가르치셨고 보여주셨으며 권유하여 인도하셨고 장려하셨으며 환희하게 하시고서 자리에서 일어나서 떠나가셨다. 이때 세존께서는 이 인연으로써 설법하셨으며 비구들에게 알려 말씀하셨다.

"여러 비구들이여. 정사(精舍)150)를 받는 것을 허락하겠노라."

[빈비사라왕의 귀의를 마친다.]

23) 사리불·목건련(舍利弗目犍連)의 인연

23-1 이때 산야(刪若)151) 범지는 250명의 대중의 범지와 함께 왕사성에 머물렀다. 이때 사리불(舍利弗)152)과 목건련(目犍連)153)은 범지 산야를 따라서 범행을 수습하면서 약속하였다.

"만약 먼저 불사(不死)를 얻는 자는 반드시 알리도록 하세."

이때 장로 아설시(阿說示)154)는 이른 아침에 하의를 입고 발우와 옷을 지니고서 왕사성에 들어가서 걸식하였다. 그는 마음에서 애락(愛樂)하였고 나아가고 물러나거나, 만약 바라보고 돌아보거나, 만약 몸을 굽히고 몸을 펴면서 그의 눈으로 땅 위를 바라보았는데, 위의(威儀)가 구족되었다.

범지인 사리불은 장로 아설시가 왕사성에 들어가서 걸식하면서 마음에서 애락하였고 나아가고 물러나거나, 만약 바라보고 돌아보거나, 만약 몸을 굽히고 몸을 펴면서 그의 눈으로 땅 위를 바라보았는데, 위의가

---

150) 팔리어 Ārāma(아라마)의 번역이고, '정사(精舍)', '승원(僧園)' 등을 가리킨다.
151) 팔리어 Sañcaya(산차야)의 음사이다.
152) 팔리어 Sāriputta(사리푸따)의 음사이다.
153) 팔리어 Moggallānā(목갈라나)의 음사이다.
154) 팔리어 Assaji(아싸지)의 음사이다. 세존의 처음 제자들인 5비구의 한 명이고, 세존의 가르침을 마지막으로 이해하고 아라한을 성취하였다.

구족된 것을 보았다. 보고서 그는 마음에서 사유하였다.

'만약 세간에 아라한이 있고, 아라한도(阿羅漢道)를 구족하였다면, 이 비구가 곧 그러한 사람들의 가운데에서 한 명일 것이다. 나는 마땅히 이 비구의 처소에 이르러 청하여 물어야겠다. 〈그대는 누구를 의지하여 출가하였습니까? 누구로써 스승을 삼았습니까? 누구의 교법(敎法)을 애락(愛樂)합니까?〉'

23-2 이때 범지인 사리불은 마음에서 사유하였다.

'이 비구가 성읍에 들어가서 걸식하려고 다니는 까닭으로 지금은 물을 때가 아니다. 내가 마땅히 이 비구를 따라가서 뒤에 그가 간절히 구하는 것의 필요한 도를 배워야겠다.'

이때 아설시는 왕사성을 돌아다니면서 걸식하였고 베풀어주었던 음식을 취하여 돌아왔다. 이때 범지인 사리불은 아설시의 처소에 이르렀고, 장로 아설시와 함께 문신하고서 위로하였고 환희하며 감명받아서 말하면서 한쪽에 서 있었다. 서 있으면서 범지인 사리불은 장로 아설시에게 말하였다.

"그대는 여러 근이 조복되었고 그대의 피부색은 깨끗하고 매우 밝습니다. 그대는 누구를 의지하여 출가하였습니까? 누구로써 스승을 삼았습니까? 누구의 교법을 애락합니까?"

23-3 "석가 종족에서 출가한 대사문의 석자(釋子)가 있습니다. 나는 곧 이 세존에 의지하여 출가하였고, 이 세존을 스승으로 삼았으며, 그 세존의 교법을 애락합니다."

"장로인 존사(尊師)의 교법은 무엇입니까? 그가 열어서 보여주는 것은 무엇입니까?"

"나는 오히려 출가하였던 연한이 짧아서 소덕(小德)입니다. 새롭게 이 법과 율에 나아갔으므로 나는 능히 법을 넓게 열어서 보여줄 수 없고, 다만 능히 간략하게 그 뜻을 설명할 수 있습니다."

이때 범지인 사리불은 장로인 아설지에게 말하였다.

"알겠습니다. 적거나 많거나 설하여 주십시오. 오직 그 뜻을 설하여 주십시오. 내가 간절하게 구하는 것은 오직 뜻인데, 어찌 많은 문구(文句)를 사용하겠습니까?"

이때 장로인 아설지는 범지인 사리불을 위하여 이러한 법문을 설하였다.

제법(諸法)은 인연으로 생겨나고
여래는 그 인연을 설하시며
제법이 소멸(滅)함도 역시 그렇다고
이것을 대사문은 설하신다네.

이때 범지인 사리불은 이 법문을 듣고서 번민(塵垢)을 멀리 벗어나서 법안(法眼)을 얻었고, "일반적으로 모여졌던 법은 이것은 모두 멸하는 법이다."라고 말하였다. 그는 또한 말하였다.

"만약 오직 이것이 있더라도
역시 정법으로 구족되는데
그대들은 이미 근심이 없는 처소를
깨달았으니 그것은 우리들이
무수(無數)한 겁(劫)의 가운데에서
일찍이 보지 못하였던 것이라네."

23-4 이때 범지인 사리불은 범지인 목건련의 처소에 이르렀다. 범지인 목건련은 범지인 사리불이 멀리서 오는 것을 보았고, 보고서 범지인 사리불에게 알려 말하였다.

"그대는 여러 근이 조복되었고 그대의 피부색은 깨끗하고 매우 밝구려. 그대는 불사를 얻었는가?"

"그렇다네. 불사를 얻었다네."

"무엇으로 불사를 얻었는가?"

"나는 지금 비구인 아설시가 왕사성을 다니면서 걸식하는 것을 보았는데, 그는 마음에서 애락하였고 나아가고 물러나거나, 만약 바라보고 돌아보거나, 만약 몸을 굽히고 몸을 펴면서 그의 눈을 땅 위를 바라보았는데, 위의가 구족된 것을 보았고, 보고서 나는 마음에서 사유하였네.

'만약 세간에 아라한이 있고, 아라한도를 구족하였다면, 이 비구가 곧 그러한 사람들의 가운데에서 한 명일 것이다. 나는 마땅히 이 비구의 처소에 이르러 청하여 물어야겠다. 〈그대는 누구를 의지하여 출가하였습니까? 누구로써 스승을 삼았습니까? 누구의 교법을 애락합니까?〉'"

23-5 이때 나는 마음에서 사유하였네.

'이 비구가 성읍에 들어가서 걸식하려고 다니는 까닭으로 지금은 물을 때가 아니다. 내가 마땅히 이 비구를 따라가고 뒤에 그가 간절히 구하는 것의 필요한 도를 배워야겠다.'

이때 아설시는 왕사성을 돌아다니면서 걸식하였고 베풀어주었던 음식을 취하여 돌아왔네. 이때 나는 아설시의 처소에 이르렀고, 비구인 아설시와 함께 문신하고서 위로하였고 환희하며 감명받아 말하면서 한쪽에 서 있었네. 서 있으면서 나는 장로 아설시에게 말하였네.

"그대는 여러 근이 조복되었고 그대의 피부색은 깨끗하고 매우 밝습니다. 그대는 누구를 의지하여 출가하였습니까? 누구로써 스승을 삼았습니까? 누구의 교법을 애락합니까?"

"석가 종족에서 출가한 대사문의 석자가 있습니다. 나는 곧 이 세존에 의지하여 출가하였고, 이 세존을 스승으로 삼았으며, 그 세존의 교법을 애락합니다."

"장로인 존사의 교법은 무엇입니까? 그가 열어서 보여주는 것은 무엇입니까?"

"나는 오히려 출가하였던 연한이 짧아서 소덕입니다. 새롭게 이 법과 율에 나아갔으므로 나는 능히 법을 넓게 열어서 보여줄 수 없고, 다만 능히 간략하게 그 뜻을 설명할 수 있습니다."

이때 범지인 사리불은 장로인 아설시에게 말하였다.

"알겠습니다. 적거나 많거나 설하여 주십시오. 오직 그 뜻을 설하여 주십시오. 내가 간절하게 구하는 것은 오직 뜻인데, 어찌 많은 문구를 사용하겠습니까?"

23-6 이때 비구인 아설지는 이러한 법을 설하였네.

제법은 인연으로 생겨나고
여래는 그 인연을 설하시며
제법이 소멸함도 역시 그러하다고
이것을 대사문은 설하신다네.

이때 범지인 목건련은 이 법문을 듣고서 번뇌를 멀리 벗어나서 법안을 얻었고, "일반적으로 모여졌던 법은 이것은 모두 멸하는 법이다."라고 말하였다. 그는 또한 말하였다.

"만약 오직 이것이 있더라도
역시 정법으로 구족되는데
그대들은 이미 근심이 없는 처소를
깨달았으니 그것은 우리들이
무수(無數)한 겁(劫)의 가운데에서
일찍이 보지 못하였던 것이라네."

[사리불·목건련의 인연을 마친다.]

24) 사리불·목건련의 출가

24-1 이때 범지인 목건련은 범지인 사리불에게 알려 말하였다.

"우리들은 세존의 처소로 나아가서, 세존을 우리들의 스승으로 삼으세."

"벗이여.155) 이 처소에는 250명의 범지가 있는데, 우리들을 의지하고 우리들을 우러러보면서 이 처소에 머무르고 있네. 또한 그들에게 알려서 그들의 생각을 따라서 행하게 해야 하네."

이때 사리불과 목건련은 여러 범지들의 처소에 이르렀다. 이르러 여러 범지들에게 알려 말하였다.

"우리들은 세존의 처소로 나아가서 세존을 우리들의 스승으로 삼고자 하오."

"우리들은 스승을 의지하였고 우리들은 스승을 우러러보면서 이 처소에 머무르고 있습니다. 만약 스승들께서 대사문의 처소에서 범행을 행하겠다면, 우리들도 대사문의 처소에서 여러 범행을 행하겠습니다."

이때 사리불과 목건련은 범지 산야의 처소에 이르렀다. 이르러 범지인 산야에게 알려 말하였다.

"우리들은 세존의 처소로 나아가서 세존을 우리들의 스승으로 삼고자 합니다."

"그만두게. 벗들이여. 가지 말게. 우리들의 세 사람은 이 대중을 통솔해야 하네."

사리불과 목건련은 두 번째에도, …… 나아가 …… 세 번째에도 역시 범지인 산야에게 알려 말하였다.

"우리들은 세존의 처소로 나아가서, 세존을 우리들의 스승으로 삼고자 합니다."

"그만두게. 벗들이여. 가지 말게. 우리들의 세 사람은 이 대중을 통솔해

---

155) 팔리어 Āvuso(아부소)의 번역이다. 비불교도, 비구 또는 비구니 불자와 서로에게 사용하는 정중한 용어이다. 일반적으로 비구들 사이의 대화에서 공손한 말의 뜻인 '친구', '형제' '선생님' 등으로 사용하는 어휘이다.

야 하네."

24-2 이때 사리불과 목건련은 250명의 범지를 통솔하여 죽림원에 이르렀고, 범지인 산야는 이 처소에서 목에서 뜨거운 피를 토(吐)하였다. 세존께서는 사리불과 목건련이 멀리서 오는 것을 보셨다. 보시고서 여러 비구들에게 알려 말씀하셨다.

"저 처소에서 오는 두 벗들은 나아가 구율타(拘律陀)¹⁵⁶⁾와 우바제사(優波提舍)¹⁵⁷⁾이니라. 그들은 나의 성문들의 가운데에서 첫째의 상수(上首)인 한 쌍의 현자(賢者)를 성취할 것이다."

두 사람은 깊고 깊은 지혜의 경계에서 집착을 없애고 무상의 해탈을 얻었으며 죽림원에 이르렀다. 이때 세존께서는 두 사람에게 수기(授記)를 주셨다.

"이 처소로 오는 두 명의 벗은 구율타와 우바제사이며, 그들은 나의 성문제자의 가운데에서 첫째의 상수인 한 쌍의 성자(聖者)를 성취할 것이다."

이때 사리불과 목건련은 세존의 주처로 나아갔다. 이르러 머리 숙여 세존의 발에 예경하고서 세존께 아뢰어 말하였다.

"우리들은 오직 원하옵건대 세존의 처소에서 출가하여 구족계를 얻겠습니다."

세존께서 말씀하셨다.

"잘 왔느니라! 비구들이여. 법은 잘 설하여져 있으니, 곧 고통을 모두 없애기 위한 까닭으로 범행을 수습할지니라."

이때 그 장로들은 구족계를 갖추어졌다.

24-3 이때 마갈타국의 여러 수승(殊勝)한 족성자들이 세존의 처소에서 범행을 행하였다. 여러 사람들은 분노하고 비난하였다.

"사문 구담이 와서 우리들의 아들을 빼앗았다. 사문 구담이 와서 우리들

---

156) 팔리어 Kolita(코리타)의 음사이고, 목건련의 이름이다.
157) 팔리어 Upatissa(우파티싸)의 음사이고, 사리불의 이름이다.

의 남편을 빼앗았다. 사문 구담이 와서 우리들의 족성(族姓)이 끊어졌다. 그는 지금 일천 명의 결발범지를 출가시켰고, 250명의 산야범지를 출가시켰으며, 마갈타국의 여러 수승한 족성자들을 출가시켰고, 사문 구담의 처소에서 범행을 수습하게 한다."

또한 여러 비구들을 보았다면 이와 같은 게송으로써 비난하였다.

"이 마갈타국의 의리파자(義利巴奢)158)에 대사문이 왔고
산야의 도중(徒衆)을 유혹하였는데, 지금 다시 누구를 유혹할 것인가?"

이때 여러 비구들은 여러 사람들이 분노하고 비난하는 것을 들었다. 이때 여러 비구들은 이 일로써 세존께 아뢰었고, 세존께서는 말씀하셨다.
"여러 비구들이여. 이러한 소문은 마땅히 오래가지 않고, 오직 7일 동안 있을 것이니, 7일이 지난 뒤에 마땅히 소멸할 것이다. 이러한 까닭으로 여러 비구들이여. 만약 이러한 게송으로써 '이 마갈타국의 의리파자에 대사문이 왔고, 이미 산야의 도중을 유혹하였는데, 지금 다시 누구를 유혹할 것인가?'라고 그대들을 비난한다면, 그대들은 곧 게송으로써 그들에게 반대로 말하도록 하라.

위대한 영웅이신 여래께서는
정법(正法)으로 두루 유혹하셨고
법으로써 유혹하는 지혜로운 자인데
어찌하여 질투심이 생겨났는가?"

24-4 그때 여러 사람들은 여러 비구들을 보았다면 이와 같은 게송으로써

---

158) 팔리어 Giribbaja(기리빠자)의 음사이고, 산으로 둘러싸였다는 뜻이다. 마가다국의 왕도(王都)인 왕사성의 다른 이름이고, 기리빠자는 Isigili(이시기리), Vepulla(베풀라), Vebhara(베바라), Paṇḍava(판다바), Gijjhakūṭa(기자꾸타) 등의 산으로 둘러싸여 있어서 이렇게 불렸다.

비난하였다.

"이 마갈타국의 의리파자에 대사문이 왔고
산야의 도중을 유혹하였는데, 지금 다시 누구를 유혹할 것인가?"

여러 비구들은 이와 같은 게송으로써 반대로 말하였다.

"위대한 영웅이신 여래께서는
정법으로 두루 유혹하셨고
법으로써 유혹하는 지혜로운 자인데
어찌 질투심이 생겨났는가?"

여러 사람들은 "사문 석자가 법으로써 유도하였고 비법으로써 유도하지 않았다."라고 알았고, 이러한 비난의 소리는 7일 동안을 있었으며, 7일이 지난 뒤에 곧 소멸하였다.

[사리불·목건련의 출가를 마친다.]

○ 【넷째의 송출품을 마친다.】

5. 제5송출품(第五誦出品)

25) 화상(和尙)의 시봉(侍奉)

25-1 이때 여러 비구들은 화상(和尙)[159]의 하교(下敎)와 교계(敎誡)가 없어서 상의(上衣)와 하의(下衣)가 모두 가지런하지 않았고, 위의(威儀)를

갖추지 못하였으나, 걸식하려고 다녔다. 그들은 대중과 공양하는 때에
남은 담식(噉食) 위에 발우를 놓아두었고, 작식(嚼食) 위에 발우를 놓아두
었으며, 미식(味食) 위에 발우를 놓아두었고, 음료(飮料) 위에 발우를
놓아두었으며, 스스로가 국과 밥을 결정하여 구하여 먹었고, 식당(食堂)에
서 큰소리를 내었으며, 크게 떠들면서 머물렀다.

　이때 여러 사람들은 싫어하면서 비난하였다.

　"어찌하여 사문인 석자들은 상의와 하의가 모두 가지런하지 않았고,
위의를 갖추지 못하였는데, 걸식하려고 다니고, 대중과 공양하는 때에
남은 담식 위에 발우를 놓아두었고, 작식 위에 발우를 놓아두었으며,
미식 위에 발우를 놓아두었고, 음료 위에 발우를 놓아두었으며, 스스로가
국과 밥을 결정하여 구하여 먹었고, 식당에서 큰소리를 내었으며, 크게
떠들면서 머물렀으므로, 바라문(婆羅門)들이 음식을 먹는 때의 바라문들
과 같구나!"

25-2 이때 여러 비구들은 여러 사람들이 싫어하면서 비난하는 것을
들었다. 여러 비구들 가운데에서 욕심이 적어서 만족함을 알고, 부끄러움
을 알아서 참회하며, 배우기를 좋아하는 자들은 싫어하고 비난하였다.

　"무슨 까닭으로 사문인 석자들은 상의와 하의가 모두 가지런하지 않았
고, 위의를 갖추지 못하였는데, 걸식하려고 다니고, 대중과 공양하는
때에 남은 담식 위에 발우를 놓아두었고, 작식 위에 발우를 놓아두었으며,
미식 위에 발우를 놓아두었고, 음료 위에 발우를 놓아두었으며, 스스로가
국과 밥을 결정하여 구하여 먹었고, 식당에서 역시 큰소리를 내었으며,
크게 떠들면서 머무는가?"

25-3 이때 여러 비구들은 이 일로써 세존께 아뢰었고, 세존께서는 이
인연으로써 비구 승가를 모으셨으며, 여러 비구들에게 물어 말씀하셨다.

---

159) 팔리어 Upajjhāya(우파짜야)의 음사이고, 친교사(親敎師)를 가리킨다.

"여러 비구들이여. 그대들이 상의와 하의가 모두 가지런하지 않았고, 위의를 갖추지 못하였는데, 걸식하려고 다니고, 대중과 공양하는 때에 남은 담식 위에 발우를 놓아두었고, 작식 위에 발우를 놓아두었으며, 미식 위에 발우를 놓아두었고, 음료 위에 발우를 놓아두었으며, 스스로가 국과 밥을 결정하여 구하여 먹었고, 식당에서 역시 큰소리를 내었으며, 크게 떠들면서 머물렀는가?"

"진실로 그렇습니다. 세존이시여."

세존께서는 여러 방편으로 꾸짖으셨다.

"어리석은 사람들이여. 이것들은 어리석은 사람들의 알맞지 않은 행이고 수순하는 행이 아니며 상응하는 법이 아니고 사문의 법이 아니며 위의가 아니고 마땅히 할 것이 아니니라.

여러 비구들이여. 어찌하여 상의와 하의가 모두 가지런하지 않았고, 위의를 갖추지 못하였는데, 걸식하려고 다니고, 대중과 공양하는 때에 남은 담식 위에 발우를 놓아두었고, 작식 위에 발우를 놓아두었으며, 미식 위에 발우를 놓아두었고, 음료 위에 발우를 놓아두었으며, 스스로가 국과 밥을 결정하여 구하여 먹었고, 식당에서 역시 큰소리를 내었으며, 크게 떠들면서 머물렀는가?

여러 비구들이여. 이것은 믿지 않는 자는 신심이 생겨나지 않게 하고, 이미 믿었던 자는 증장시키지 않느니라. 어리석은 사람이여. 이것은 오히려 믿지 않는 자는 불신이 생겨나지 않는 것이 없게 하고, 믿었던 자는 전전하여 일부가 다른 곳을 향하여 떠나가게 하느니라."

25-4 이때 세존께서는 여러 종류의 방편(方便)으로써 그 비구들을 꾸짖고서 뒤에 부양하기 어렵고, 가르치고 양육함이 어려우며, 욕심이 많아서 만족함을 알지 못하고, 대중의 가운데에 참여하면서 방일하였던 허물을 설하셨다. 그러한 뒤에 여러 종류의 방편으로써 부양하기 쉽고, 가르치고 양육함이 쉬우며, 욕심이 적어서 만족함을 알고, 두타행(頭陀行)을 좋아하며, 신심(信心)으로 행하고, 장애를 감소시키며, 정진하는 것을 설하셨다.

아울러 또한 여러 비구들을 위하여 그 적절한 법을 수순하여 설하신 뒤에 여러 비구들에게 알려 말씀하셨다.

"여러 비구들이여. 나는 화상이 있도록 허락하겠노라. 여러 비구들이여. 화상은 제자를 보는 때에 마땅히 아들과 같이 생각해야 하고 제자는 화상을 보면서 마땅히 아버지처럼 생각해야 하느니라. 만약 이와 같이 서로가 공경하고 존중하며 화합(和合)하면서 머무른다면 곧 이 법과 율(律)의 가운데에서 증장(增長)하고 성숙(成熟)할 것이니라."

25-5 "여러 비구들이여. 화상을 청하는 때에는 마땅히 이와 같이 행해야 하느니라. 오른쪽 어깨를 드러내고 발에 예배하고서 호궤 합장하고서 이와 같이 말해야 한다.

'존자여. 나의 화상이 되어 주시기를 청합니다. 존자여. 나의 화상이 되어 주시기를 청합니다. 존자여. 나의 화상이 되어 주시기를 청합니다.'

만약 그가 '좋네.', '허락하겠네.', '알겠네.', '합당하네.', '신심으로써 정진하게.', 혹은 몸으로써 알렸거나, 혹은 몸으로써 알렸다면 곧 화상으로 삼는다. 곧 몸으로써 알리지 않았거나, 혹은 몸으로써 알리지 않았다면 곧 화상으로 삼지 않느니라."

25-6 "여러 비구들이여. 제자는 화상에게 마땅히 올바르게 시봉(侍奉)해야 하느니라. 바르게 시봉하는 것은 이와 같으니라. 마땅히 일찍 일어나서 신발을 벗고 오른쪽 어깨를 드러내고서, 마땅히 치목을 주어야 하고, 마땅히 양치하는 물을 주어야 하며, 좌구를 펼쳐야 하고, 만약 죽(粥)이 있다면 마땅히 발우를 씻어서 죽을 주어야 하며, 죽을 먹었던 때라면 발우를 받아서 물을 주어야 하고, 아래에 두고 씻어서 훼손되거나 깨지지 않게 잘 씻어서 보관해야 한다. 화상이 일어나는 때에는 마땅히 좌구를 거두고서 그 자리에 먼지와 오물이 있다면 마땅히 그곳을 청소해야 하느니라."

25-7 "만약 화상이 취락에 들어가려는 때라면 마땅히 하의를 주어야 하고 입었던 하의를 받아야 하며 허리띠를 주어야 하고 승가리를 접어서 주어야 하며 발우를 씻어야 하고 물을 담아서 주어야 한다. 만약 화상을 제자가 따르고자 하였다면 마땅히 하의를 입고 삼륜을 덮으며, 허리띠를 묶고 승가리를 접어서 묶으며 발우를 씻어서 지니고서 화상을 따라가야 하느니라.

　만약 화상이 말하는 때라면 마땅히 중간에 말을 잘라서는 아니되고, 만약 화상이 범하는 것과 비슷하게 말한다면 마땅히 막아서 멈추게 해야 한다. 돌아오는 때에는 먼저 돌아와서 좌구를 펼쳐야 하고, 발을 씻을 물, 발 받침대, 발수건 등을 취해서 와야 하며, 발우와 옷을 받아야 하고 입어야 하는 하의를 주어야 하며 벗었던 하의를 받아야 한다.

　만약 상의가 젖었던 때라면 잠시 더운 곳에서 말려야 하고, 다만 상의를 더운 곳에 방치하는 것은 마땅하지 않다. 마땅히 상의를 접는다면 상의를 접는 때에 '가운데를 손상시키지 않겠다.'라고 마음으로 생각하고서 네 모서리가 4뼘(指)을 넘도록 해야 한다. 허리띠는 옷이 접혀진 사이에 두어야 한다. 만약 베푸는 음식이 있었고 화상이 먹고자 하였다면 마땅히 물을 주고 음식을 주어야 하느니라."

25-8 "마땅히 화상에게 물이 필요한가를 물어야 하고, 만약 음식을 먹었다면 마땅히 물을 주어야 하며, 발우를 취하여 밑바닥을 씻으면서 파손되지 않게 하며 잘 씻어서 물을 버려야 하고 잠시 뜨거운 곳에서 말려야 하며 다만 발우를 더운 곳에 방치하여서는 아니된다.

　마땅히 옷과 발우를 보관해야 한다. 발우를 보관하는 때라면 한 손으로 발우를 취하고 한 손으로 평상의 아래이거나, 작은 평상의 상태를 어루만 져서 발우를 보관해야 하고 발우를 노지(露地)에 보관할 수 없다. 옷을 보관하는 때라면 한 손으로 옷을 취하고 한 손으로 옷시렁(衣架)이거나, 옷걸이의 끈을 털고서 옷의 끝자락이 밖으로 향하고 주름이 안으로 향하게 상의를 걸어두어야 한다.

화상이 떠나간 때라면 좌구(坐具)를 거두고 발을 씻는 물을 버리며 발 받침대와 발수건을 거두어서 치워두어야 하고, 만약 그곳에 먼지와 오물이 있다면 마땅히 그곳을 청소해야 하느니라."

25-9 "만약 화상이 목욕하려고 하는 때라면 곧 마땅히 목욕하는 것을 준비해야 한다. 만약 냉욕(冷欲)을 하려고 하였다면 곧 냉욕을 준비해야 하고, 만약 열욕(熱欲)을 하려고 하였다면 곧 열욕을 준비해야 한다.

만약 화상이 욕실에 들어가려고 하였다면 마땅히 고운 가루와 축축한 점토(粘土)로써 반죽해야 하고, 욕실에서 사용하는 작은 평상(小牀)을 가지고 화상의 뒤를 따라가야 하며, 욕실에서 사용하는 작은 평상을 주어야 하고, 상의를 취하여 한쪽에 걸어두어야 하며, 고운 가루와 축축한 점토를 주어야 한다. 만약 함께 들어갈 수 있으나, 들어가는 때에는 마땅히 점토로써 얼굴에 바르고, 마땅히 앞뒤를 덮고서 욕실에 들어가야 한다.

장로 비구를 밀쳐내고서 앉을 수 없고, 젊은 비구를 자리에서 물러나게 시켜서도 아니되고, 마땅히 욕실에서 화상을 시봉해야 한다. 욕실에서 나가고자 하는 때에는 욕실에서 사용하는 작은 평상을 가지고 마땅히 앞뒤를 덮고서 욕실에서 나와야 한다. 물속에서도 역시 화상을 시봉해야 하고 욕실에서 나오는 때에는 먼저 나와서 몸의 물을 닦고 하의를 입고서, 다시 화상 몸의 물을 닦아주고 하의를 주며 승가리를 주고서 욕실에서 사용하는 작은 평상을 가지고 먼저 가서 의자를 펼쳐놓고 발을 씻는 물, 발 받침대, 발수건을 놓아두어야 하고, 마땅히 화상에게 물이 필요한가를 물어야 한다."

25-10 "만약 화상이 계목(戒目)을 송출하려고 하였다면 마땅히 설법을 청해야 하고, 만약 화상이 질문을 원하였다면 마땅히 물어야 한다. 만약 화상이 머무르는 정사(精舍)가 먼지로 더럽혀졌다면 능히 곧 깨끗이 청소해야 한다. 정사를 깨끗하게 청소하는 때에는 마땅히 먼저 옷을 꺼내두고

발우를 한쪽에 놓아두며 좌구를 꺼내놓고 부구(敷具)를 한쪽에 치워두며 요와 베개를160) 꺼내어 한쪽에 놓아두어야 한다."

평상을 내려놓으면서 문(門)과 처마에 부딪히지 않게 하고, 밖으로 잘 꺼내는 것이 필요하며, 마땅히 한쪽에 놓아두어야 한다. 작은 평상을 내려놓으면서 문과 처마에 부딪히지 않게 하고, 밖으로 잘 꺼내는 것이 필요하며, 마땅히 한쪽에 놓아두어야 하고 한다. 평상을 꺼내면서 다리는 분리하여 한쪽에 놓아두어야 하고 침을 뱉는 그릇을 꺼내어 한쪽에 놓아두어야 하며 침판(枕板)161)을 꺼내어 한쪽에 놓아두고 바닥깔개를 꺼내면서 본래와 같은가를 사유하고서 한쪽에 놓아두어야 한다.

만약 정사에 거미줄이 있다면 마땅히 살펴서 털어내야 하고, 마땅히 창문과 네 모서리를 깨끗하게 청소해야 한다. 만약 붉은색의 흙으로 벽을 발랐는데 먼지가 있다면 마땅히 축축한 수건으로 그것을 닦아내야 하고, 만약 검은색의 흙으로 벽을 발랐는데 먼지가 있다면 마땅히 축축한 수건으로 그것을 닦아내야 한다. 만약 흙이 처리되지 않았다면 마땅히 물을 뿌려서 그것을 깨끗하게 청소해야 하고, '정사를 먼지로 더럽히지 않으려는 까닭이다.'라고 생각하고서 마땅히 청소하면서 한쪽에 지워두어야 한다."

25-11 "바닥깔개는 마땅히 말리고 깨끗이 청소하며 털어내고서 실내에 들여놓아야 하고, 이전과 같이 깔개를 펼쳐놓아야 한다. 평상의 다리는 마땅히 말리고 깨끗이 청소하며 털어내고서 실내에 들여놓아야 하고, 원래의 자리에 설치해야 한다. 사용하는 평상은 들여놓으면서 문과 처마에 부딪히지 않게 하고, 이전에 설치되었던 곳과 같게 그것을 설치해야 한다.

베개와 요는 마땅히 말리고 깨끗이 청소하며 털어내고서 실내에 들여놓

---

160) 팔리어 Bhisibimbohana(비시빔보하나)는 bhisi와 bimbohana의 합성어이다. Bhisi는 '요'를 가리키고, bimbohana는 '베개'를 가리킨다.
161) 머리나 팔꿈치 등을 기대는 판자를 가리킨다.

아야 하고, 이전에 있었던 곳과 같게 그것을 놓아두어야 한다. 좌구와 부구는 마땅히 말리고 깨끗이 청소하며 털어내고서 실내에 들여놓아야 하고, 이전에 있었던 곳과 같게 그것을 펼쳐두어야 한다.

침을 뱉는 그릇은 깨끗이 닦고서 실내에 들여놓아야 하고, 이전에 있었던 곳과 같게 그것을 펼쳐두어야 한다. 침판은 마땅히 말리고 깨끗이 청소하고서 실내에 들여놓아야 하고, 이전에 있었던 곳과 같게 그것을 펼쳐두어야 한다."

25-12 "마땅히 옷과 발우를 보관해야 한다. 발우를 보관하는 것은 마땅히 한 손으로 발우를 취하고 한 손으로 평상의 아래이거나, 혹은 작은 평상의 상태를 어루만져서 발우를 보관해야 하고 발우를 노지에 보관할 수 없다. 옷을 보관하는 것은 한 손으로 옷을 취하고 한 손으로 옷시렁이나, 혹은 옷걸이 끈을 털고서 옷의 끝자락이 밖으로 향하고 주름이 안으로 향하게 상의를 걸어두어야 한다.

만약 동쪽에서 바람이 불었고 먼지가 들어왔다면 마땅히 동쪽 창문을 닫아야 하며, 만약 서쪽에서 바람이 불었고 먼지가 들어왔다면 마땅히 서쪽 창문을 닫아야 하며, 만약 북쪽에서 바람이 불었고 먼지가 들어왔다면 마땅히 북쪽 창문을 닫아야 하며, 만약 남쪽에서 바람이 불었고 먼지가 들어왔다면 마땅히 남쪽 창문을 닫아야 한다. 만약 날씨가 추웠다면 낮에는 창문을 열고 밤에는 창문을 닫아야 한다. 만약 날씨가 더웠다면 낮에는 창문을 닫고 밤에는 창문을 열어야 한다."

25-13 "만약 방사에 먼지와 때가 있다면 마땅히 방사를 청소해야 하고, 문옥(門屋)162)에 먼지와 때가 있다면 마땅히 문옥을 청소해야 한다. 집회당(集會堂)에 먼지와 때가 있다면 마땅히 집회당을 청소해야 하고, 화당(火堂)163)에 먼지와 때가 있다면 마땅히 화당을 청소해야 한다.

---

162) 대문의 옆에 지은 작은 방사로 행랑채를 가리킨다.
163) 팔리어 Aggisālā(아끼사라)의 음사이다. 초기불교에서는 경전에 남아있는 호마(護

측간(廁間)에 먼지와 때가 있다면 마땅히 측간을 청소해야 한다. 만약 음료(飮料)가 없었다면 음료를 준비해야 하고, 세정수(洗淨水)가 없다면 세정수를 준비해야 하며, 쇄수병(灑水瓶)[164]에 물이 없다면 마땅히 쇄수병에 물을 채워야 한다."

25-14 "만약 화상에게 즐겁지 않는 때라면 제자는 마땅히 스스로가 가라앉혀야 하고, 혹은 다른 사람에게 가라앉히게 시켜야 하며, 혹은 스스로에게 설법해야 한다. 만약 화상에게 악작(惡作)[165]이 생겨나는 때라면 제자는 마땅히 스스로가 막아야 하고, 혹은 다른 사람에게 막게 시켜야 하며, 혹은 스스로에게 설법해야 한다. 만약 화상에게 사견(邪見)[166]이 생겨나는 때라면 제자는 마땅히 스스로가 떠나야 하고, 혹은 다른 사람에게 떠나게 시켜야 하며, 혹은 스스로에게 설법해야 한다."

25-15 "만약 화상이 무거운 법(重法)[167]을 범(犯)하여 마땅히 별주(別住)[168]를 받을 때라면 제자는 마땅히 승가가 화상에게 별주를 주게 시켜야 하고, 만약 화상이 본일치(本日治)[169]를 받을 때라면 제자는 마땅히 승가가 화상에게 별주를 주게 시켜야 하며, 만약 화상이 마나타(摩那埵)[170]를 받을 때라면 제자는 마땅히 승가가 화상에게 별주를 주게 시켜야 하며, 만약 화상이 출죄(出罪)[171]를 받을 때라면 제자는 마땅히 승가가 화상에게

摩)에 관련된 의식이 일정 부분에서 행하여졌다고 추정된다.

164) 대변을 보고서 뒤에 항문과 주위를 씻는 물을 담아놓는 병을 가리킨다.

165) 팔리어 Kukkucca(쿠꾸짜)의 음사이다.

166) 팔리어 Diṭṭhigata(디띠가타)의 음사이다.

167) 팔리어 Garudhamma(가루담마)의 번역이다.

168) 팔리어 Parivāsa(파리바사)의 번역이다.

169) 팔리어 Mūlāya paṭikassana(무라야 파티까사나)의 번역이고, 이전에 참회한 것이 무효가 되었으므로, 처음부터 다시 참회해야 하는 것이다.

170) 팔리어 Mānatta(마나따)의 번역이다.

171) 팔리어 Abbhāna(아빠나)의 번역이다.

별주를 주게 시켜야 한다.

　만약 승가가 화상에게 가책(呵責)[172], 의지(依止)[173], 구출(驅出)[174], 하의(下意)[175], 거죄(擧罪)[176] 등의 갈마(羯磨)[177]를 행하는 때라면, 제자는 마땅히 '어찌하여 화상에게 이것 등의 갈마를 행하는 것인가?'라고 생각하면서 방편을 구해야 한다.

　만약 승가가 화상에게 가책, 의지, 구출, 하의, 거죄 등의 갈마를 행하는 때라면, 제자는 마땅히 '어떻게 화상에게 갈마를 행하지 못하게 할 것인가? 혹은 감경(減輕)시킬 것인가?'라고 생각하면서 방편을 구해야 한다. 또한 혹은 승가가 화상에게 가책, 의지, 구출, 하의, 거죄 등의 갈마를 행하게 하였던 때라면, 제자는 마땅히 화상이 바르게 행하고 수순(隨順)하며 죄를 없애고자 애원하며 구하게 해야 하고, 승가에게 그 갈마를 풀어 주도록 애원해야 한다."

25-16 "만약 화상이 마땅히 상의(上衣)를 세탁하려고 하였다면 제자는 마땅히 스스로가 세탁하거나, 혹은 다른 사람을 시켜서 화상의 상의를 세탁하게 해야 한다. 만약 화상이 마땅히 상의를 지으려고 하였다면 제자는 마땅히 스스로가 짓거나, 혹은 다른 사람을 시켜서 화상의 상의를 짓게 해야 한다.

　만약 화상이 마땅히 염료(染料)를 끓이려고 하였다면 제자는 마땅히 스스로가 끓이거나, 혹은 다른 사람을 시켜서 염료를 끓이게 해야 한다. 만약 화상이 마땅히 상의를 염색하려고 하였다면 제자는 마땅히 스스로가 염색하거나, 혹은 다른 사람을 시켜서 화상의 상의를 염색하게 해야 한다. 상의를 염색하는 때라면 마땅히 잘 뒤집으면서 그것을 염색해야

---

172) 팔리어 Tajjanīya(타짜니야)의 번역이다.
173) 팔리어 Niyassa(니야싸)의 번역이다.
174) 팔리어 Pabbājanīya(파빠자니야)의 번역이다.
175) 팔리어 Paṭisāraṇīya(파티사라니야)의 번역이다.
176) 팔리어 Ukkhepanīya(우께파니야)의 번역이다.
177) 팔리어 Kamma(캄마)의 번역이다.

하고 만약 물방울이 멈추지 않은 때에는 마땅히 떠나갈 수 없다.

25-17 "화상에게 묻지 않았다면, 다른 사람에게 발우를 줄 수 없고, 다른 사람에게 발우를 받을 수 없다. 다른 사람에게 상의를 줄 수 없고, 다른 사람에게 상의를 받을 수 없다. 다른 사람에게 자구(資具)178)를 줄 수 없고, 다른 사람의 자구를 받을 수 없다.

다른 사람의 머리카락을 깎아줄 수 없고, 다른 사람에게 머리카락을 깎게 시킬 수 없다. 다른 사람에게 봉사(奉事)할 수 없고, 다른 사람의 봉사를 받을 수 없다. 다른 사람을 시봉(侍奉)할 수 없고, 다른 사람의 시봉을 받을 수 없다. 다른 사람을 따르는 사문이 될 수 없고, 다른 사람을 따르게 시키는 사문이 될 수 없다. 다른 사람에게 음식을 나누어줄 수 없고, 다른 사람이 나누어주는 음식을 받을 수 없다.

화상에게 묻지 않았다면, 취락에 들어갈 수 없고, 묘지에 갈 수 없으며, 다른 지역으로 갈 수 없다. 만약 화상이 병들었다면 목숨을 마치도록 마땅히 시봉하고 쾌유하기를 기다려야 하느니라."

[화상의 시봉을 마친다.]

26) 화상(和尙)의 책무(責務)

26-1 "여러 비구들이여. 화상은 제자를 마주하고서 바로 마땅하게 책무를 행해야 하느니라. 여러 비구들이여. 화상은 마땅히 설하여 보여주고 질문하며 충고하고 교계(敎誡)를 의지하면서 제자를 섭수하고 보호하는 것으로써 증장시켜야 하느니라.

만약 화상은 발우가 있었고 제자가 발우가 없는 때라면 화상은 마땅히

---

178) 비구들에게 필요한 생활용품을 가리킨다.

제자에게 발우를 주어야 하고, 혹은 다른 사람을 시켜서 발우를 주어야 한다. 만약 화상은 상의가 있었고 제자가 상의가 없는 때라면 화상은 마땅히 제자에게 상의를 주어야 하고, 혹은 다른 사람을 상의를 시켜서 주어야 한다. 만약 화상은 자구가 있었고 제자가 자구가 없는 때라면 화상은 마땅히 제자에게 자구를 주어야 하고, 혹은 다른 사람을 자구를 시켜서 주어야 한다."

26-2 "만약 제자가 병든 때라면 일찍 일어나서 마땅히 치목을 주고 양치할 물을 주며 좌구를 펼쳐놓아야 하고, 만약 죽이 있는 때라면 마땅히 발우를 씻어서 죽을 주어야 한다. 죽을 먹었다면 마땅히 물을 주고 발우를 취하여 밑바닥을 씻으면서 깨지지 않게 하고 잘 씻어서 보관해야 한다. 제자가 일어났다면 마땅히 와구를 거두고 만약 그곳에 먼지와 때가 있다면 마땅히 청소해야 한다."

26-3 "만약 제자가 취락에 들어가려는 때라면 마땅히 하의를 주어야 하고 입었던 하의를 받아야 하며 허리띠를 주어야 하고 승가리를 접어서 주어야 하며 발우를 씻어야 하고 물을 담아서 주어야 한다. 만약 제자가 돌아왔다고 생각하였다면 마땅히 좌구를 펼쳐야 하고, 발을 씻을 물, 발 받침대, 발수건 등을 놓아두고, 나와서 맞이하며 발우와 옷을 받아야 하고 입어야 하는 하의를 주어야 하며 벗었던 하의를 받아야 한다.
　만약 상의가 젖었던 때라면 잠시 더운 곳에서 말려야 하고, 다만 상의를 더운 곳에 방치하는 것은 마땅하지 않다. 마땅히 상의를 접는다면 상의를 접는 때에 '가운데를 손상시키지 않겠다.'라고 마음으로 생각하고서 네 모서리가 4뼘을 넘도록 해야 한다. 허리띠는 옷이 접혀진 사이에 두어야 한다. 만약 음식이 있었고 제자가 먹고자 하였다면 마땅히 물을 주고 음식을 주어야 하느니라."

26-4 "마땅히 제자에게 물이 필요한가를 물어야 하고, 만약 음식을 먹었다

면 마땅히 물을 주어야 하며, 발우를 취하여 밑바닥을 씻어서 파손되지 않게 하며 잘 씻어서 물을 버려야 하고 잠시 뜨거운 곳에서 말려야 하며, 다만 발우를 더운 곳에 방치하여서는 아니된다.

　마땅히 옷과 발우를 보관해야 한다. 발우를 보관하는 때라면 한 손으로 발우를 취하고 한 손으로 평상의 아래이거나, 작은 평상의 상태를 어루만져서 발우를 보관해야 하고 발우를 노지에 보관할 수 없다. 옷을 보관하는 때라면 한 손으로 옷을 취하고 한 손으로 옷시렁이거나, 옷걸이 끈을 털고서 옷의 끝자락이 밖으로 향하고 주름이 안으로 향하게 상의를 걸어두어야 한다. 제자가 일어난 때라면 좌구를 거두고 발을 씻는 물, 발 받침대, 발수건을 치워야 하고, 만약 그곳에 먼지와 오물이 있다면 마땅히 그곳을 청소해야 하느니라.”

26-5 “만약 제자가 목욕하려고 하는 때라면 곧 마땅히 목욕하는 것을 준비해야 한다. 만약 냉욕을 하려고 하였다면 곧 냉욕을 준비해야 하고, 만약 열욕을 하려고 하였다면 곧 열욕을 준비해야 한다.

　만약 제자가 욕실에 들어가려고 하였다면 마땅히 고운 가루와 축축한 점토로써 반죽해야 하고, 욕실에서 사용하는 작은 평상을 가지고 욕실에서 사용하는 작은 평상을 주어야 하며, 상의를 취하여 한쪽에 걸어두어야 하고, 고운 가루와 축축한 점토를 주어야 한다.

　만약 함께 들어갈 수 있으나, 들어가는 때에는 마땅히 점토로써 얼굴에 바르고, 마땅히 앞뒤를 덮고서 욕실에 들어가야 한다.

　장로 비구를 밀쳐내고서 앉을 수 없고, 젊은 비구를 자리에서 물러나게 시켜서도 아니되고, 마땅히 욕실에서 제자를 보살펴야 한다. 욕실에서 나오는 때에는 먼저 나와서 몸의 물을 닦고 하의를 입고서, 다시 제자 몸의 물을 닦아주고 하의를 주며 승가리를 주고서 욕실에서 사용하는 작은 평상을 가지고 먼저 가서 의자를 펼쳐놓고 발을 씻는 물, 발 받침대, 발수건을 놓아두어야 하고, 마땅히 제자에게 물이 필요한가를 물어야 한다.”

26-6 "만약 제자가 머무르는 정사가 먼지로 더럽혀졌다면 능히 곧 깨끗이 청소해야 한다. 정사를 깨끗하게 청소하는 때에는 마땅히 먼저 옷을 꺼내두고 발우를 한쪽에 놓아두며 좌구를 꺼내놓고 부구를 한쪽에 치워두며 요와 베개를 꺼내어 한쪽에 놓아두어야 한다.

평상을 내려놓으면서 문과 처마에 부딪히지 않게 하고, 밖으로 잘 꺼내는 것이 필요하며, 마땅히 한쪽에 놓아두어야 한다. 작은 평상을 내려놓으면서 문과 처마에 부딪히지 않게 하고, 밖으로 잘 꺼내는 것이 필요하며, 마땅히 한쪽에 놓아두어야 한다. 평상을 꺼내면서 다리는 분리하여 한쪽에 놓아두어야 하고 침을 뱉는 그릇을 꺼내어 한쪽에 놓아두어야 하며 침판을 꺼내어 한쪽에 놓아두고 바닥깔개를 꺼내면서 본래와 같은가를 사유하고서 한쪽에 놓아두어야 한다.

만약 정사에 거미줄이 있다면 마땅히 살펴서 털어내야 하고, 마땅히 창문과 네 모서리를 깨끗하게 청소해야 한다. 만약 붉은색의 흙으로 벽을 발랐는데 먼지가 있다면 마땅히 축축한 수건으로 그것을 닦아내야 하고, 만약 검은색의 흙으로 벽을 발랐는데 먼지가 있다면 마땅히 축축한 수건으로 그것을 닦아내야 한다. 만약 흙이 처리되지 않았다면 마땅히 물을 뿌려서 그것을 깨끗하게 청소해야 하고, '정사를 먼지로 더럽히지 않으려는 까닭이다.'라고 생각하고서 마땅히 청소하면서 한쪽에 지워두어야 한다."

26-7 "바닥깔개는 마땅히 말리고 깨끗이 청소하며 털어내고서 실내에 들여놓아야 하고, 이전과 같이 깔개를 펼쳐놓아야 한다. 평상의 다리는 마땅히 말리고 깨끗이 청소하며 털어내고서 실내에 들여놓아야 하고, 원래의 자리에 설치해야 한다. 사용하는 평상은 들여놓으면서 문과 처마에 부딪히지 않게 하고, 이전에 설치되었던 곳과 같게 그것을 설치해야 한다.

베개와 요는 마땅히 말리고 깨끗이 청소하며 털어내고서 실내에 들여놓아야 하고, 이전에 있었던 곳과 같게 그것을 놓아두어야 한다. 좌구와 부구는 마땅히 말리고 깨끗이 청소하며 털어내고서 실내에 들여놓아야

하고, 이전에 있었던 곳과 같게 그것을 펼쳐두어야 한다.

침을 뱉는 그릇은 깨끗이 닦고서 실내에 들여놓아야 하고, 이전에 있었던 곳과 같게 그것을 펼쳐두어야 한다. 침판은 마땅히 말리고 깨끗이 청소하고서 실내에 들여놓아야 하고, 이전에 있었던 곳과 같게 그것을 펼쳐두어야 한다."

26-8 "마땅히 옷과 발우를 보관해야 한다. 발우를 보관하는 것은 마땅히 한 손으로 발우를 취하고 한 손으로 평상의 아래이거나, 혹은 작은 평상의 상태를 어루만져서 발우를 보관해야 하고 발우를 노지에 보관할 수 없다. 옷을 보관하는 것은 한 손으로 옷을 취하고 한 손으로 옷시렁이거나, 혹은 옷걸이 끈을 털고서 옷의 끝자락이 밖으로 향하고 주름이 안으로 향하게 상의를 걸어두어야 한다."

만약 동쪽에서 바람이 불었고 먼지가 들어왔다면 마땅히 동쪽 창문을 닫아야 하며, 만약 서쪽에서 바람이 불었고 먼지가 들어왔다면 마땅히 서쪽 창문을 닫아야 하며, 만약 북쪽에서 바람이 불었고 먼지가 들어왔다면 마땅히 북쪽 창문을 닫아야 하며, 만약 남쪽에서 바람이 불었고 먼지가 들어왔다면 마땅히 남쪽 창문을 닫아야 한다.

만약 날씨가 추웠다면 낮에는 창문을 열고 밤에는 창문을 닫아야 한다. 만약 날씨가 더웠다면 낮에는 창문을 닫고 밤에는 창문을 열어야 한다."

26-9 "만약 방사에 먼지와 때가 있다면 마땅히 방사를 청소해야 하고, 문옥에 먼지와 때가 있다면 마땅히 문옥을 청소해야 한다. 집회당에 먼지와 때가 있다면 마땅히 집회당을 청소해야 하고, 화당에 먼지와 때가 있다면 마땅히 화당을 청소해야 한다.

측간에 먼지와 때가 있다면 마땅히 측간을 청소해야 한다. 만약 음료가 없었다면 음료를 준비해야 하고, 세정수가 없다면 세정수를 준비해야 하며, 쇄수병에 물이 없다면 마땅히 쇄수병에 물을 채워야 한다."

26-10 "만약 제자가 즐겁지 않는 때라면 화상은 마땅히 스스로가 가라앉혀야 하고, 혹은 다른 사람에게 가라앉히게 시켜야 하며, 혹은 스스로에게 설법해야 한다. 만약 제자가 악작이 생겨나는 때라면 화상은 마땅히 스스로가 막아야 하고, 혹은 다른 사람에게 막게 시켜야 하며, 혹은 스스로에게 설법해야 한다. 만약 제자에게 사견이 생겨나는 때라면 화상은 마땅히 스스로가 떠나야 하고, 혹은 다른 사람에게 떠나게 시켜야 하며, 혹은 스스로에게 설법해야 한다.

만약 제자가 무거운 법을 범하여 마땅히 별주를 받을 때라면 화상은 마땅히 승가가 제자에게 별주를 주게 시켜야 하고, 만약 제자가 본일치를 받을 때라면 화상은 마땅히 승가가 제자에게 별주를 주게 시켜야 하며, 만약 제자가 마나타를 받을 때라면 화상은 마땅히 승가가 제자에게 별주를 주게 시켜야 하며, 만약 제자가 출죄를 받을 때라면 화상은 마땅히 승가가 제자에게 별주를 주게 시켜야 한다.

만약 승가가 제자에게 가책, 의지, 구출, 하의, 거죄 등의 갈마를 행하는 때라면, 화상은 마땅히 '어찌 제자에게 이것 등의 갈마를 행하는 것인가?' 라고 생각하면서 방편을 구해야 한다.

만약 승가가 제자에게 가책, 의지, 구출, 하의, 거죄 등의 갈마를 행하는 때라면, 화상은 마땅히 '어떻게 화상에게 갈마를 행하지 못하게 할 것인가? 혹은 감경시킬 것인가?'라고 생각하면서 방편을 구해야 한다. 또한 혹은 승가가 제자에게 가책, 의지, 구출, 하의, 거죄 등의 갈마를 행하게 하였던 때라면, 화상은 마땅히 제자가 바르게 행하고 수순하며 죄를 없애고자 애원하며 구하게 해야 하고, 승가에게 그 갈마를 풀어 주도록 애원해야 한다."

26-11 "만약 제자가 상의를 세탁하려고 하였다면 화상은 마땅히 '이와 같이 세탁하게.'라고 가르쳐서 말하거나, 혹은 '제자의 상의를 마땅히 어떻게 세탁해야 하는가?'라고 사유하고서 방편을 행해야 한다. 만약 제자가 상의를 지으려고 하였다면 화상은 마땅히 '이와 같이 짓게.'라고

가르쳐서 말하거나, 혹은 '제자의 상의를 마땅히 어떻게 지어야 하는가?'
라고 사유하고서 방편을 행해야 한다.

만약 제자가 염료를 끓이려고 하였다면 화상은 마땅히 '이와 같이
끓이게.'라고 가르쳐서 말하거나, 혹은 '제자의 상의를 마땅히 어떻게
끓어야 하는가?'라고 사유하고서 방편을 행해야 한다. 만약 제자가 상의를
염색하려고 하였다면 화상은 마땅히 '이와 같이 염색하게.'라고 가르쳐서
말하거나, 혹은 '제자의 상의를 마땅히 어떻게 염색해야 하는가?'라고
사유하고서 방편을 행해야 한다.

상의를 염색하는 때라면 마땅히 잘 뒤집으면서 그것을 염색해야 하고
만약 물방울이 멈추지 않은 때에는 마땅히 떠나갈 수 없다. 만약 제자가
병들었다면 목숨을 마치도록 마땅히 보살피고 쾌유하기를 기다려야 하느
니라."

[화상의 책무를 마친다.]

27) 제자(弟子)의 빈출(擯出)

27-1 그때 여러 제자들이 화상을 바르게 시봉하지 않았다. 여러 비구들의
가운데에서 욕심이 적은 자들은 싫어하고 비난하였다.

"무슨 까닭으로 여러 제자들은 화상을 바르게 시봉하지 않는가?"

이때 여러 비구들은 이 일로써 세존께 아뢰었고, 세존께서는 여러
비구들에게 물어 말씀하셨다.

"여러 비구들이여. 여러 제자들이 화상을 바르게 시봉하지 않았는가?"

"진실로 그렇습니다. 세존이시여."

세존께서는 여러 방편으로 꾸짖으셨다.

"여러 비구들이여. 어찌하여 여러 제자들은 화상을 바르게 시봉하지
않았는가?"

세존께서는 꾸짖으셨고 설법하셨으며 여러 비구들에게 알려 말씀하셨다.

"여러 비구들이여. 여러 제자들이 화상을 바르게 시봉하지 않을 수 없느니라. 화상을 바르게 시봉하지 않는 자는 악작을 범하느니라."

27-2 오히려 바르게 시봉하지 않았으므로, 여러 비구들은 이 일로써 세존께 아뢰었으며, 세존께서는 말씀하셨다.

"여러 비구들이여. 화상을 바르게 시봉하지 않는다면 빈출(擯出)[179]하는 것을 허락하겠노라. 여러 비구들이여 마땅히 이와 같이 빈출해야 하느니라. '그대는 떠나가라. 이곳에 돌아오지 말라.', '그대의 옷과 발우를 가지고 떠나가라. 나를 시봉할 수 없다.' 혹은 몸으로써 보여주거나, 혹은 말로써 보여주거나, 혹은 몸으로써 말로써 그에게 보여주었다면 제자를 쫓아낸 것이니라. 혹은 몸으로써 보여주지 않았거나, 혹은 말로써 보여주지 않았거나, 혹은 몸으로써 말로써 그에게 보여주지 않았다면, 제자를 쫓아낸 것이 아니니라."

이때 제자들은 빈출을 당하였어도 허물을 참회하지 않았으므로, 여러 비구들은 이 일로써 세존께 아뢰었으며, 세존께서는 말씀하셨다.

"여러 비구들이여. 허물을 참회하는 것을 허락하겠노라."

오히려 허물을 참회하지 않았으므로, 여러 비구들은 이 일로써 세존께 아뢰었으며, 세존께서는 말씀하셨다.

"여러 비구들이여. 빈출을 당하였다면 허물을 참회해야 하느니라. 만약 참회하지 않는 자는 악작을 범하느니라."

27-3 이때 여러 화상들은 허물을 참회하는 것을 받아주지 않았으므로, 여러 비구들은 이 일로써 세존께 아뢰었으며, 세존께서는 말씀하셨다.

"여러 비구들이여. 허물을 참회하는 것을 받아주도록 허락하겠노라."

오히려 허물을 참회하는 것을 받아주지 않았으므로, 여러 제자들은

---

179) 무거운 죄를 범한 사문을 잠시 또는 영원히 승가에서 추방하는 것이다.

떠나가고 환속(還俗)하였으며 외도(外道)에 들어갔다. 그들은 이 일로써 세존께 아뢰었으며, 세존께서는 말씀하셨다.

"여러 비구들이여. 허물을 참회하는 것을 받아주어야 하느니라. 만약 허물을 참회하는 것을 받아주지 않는 자는 악작을 범하느니라."

27-4 이때 여러 화상들은 바르게 시봉하는 자는 빈출하고, 바르게 시봉하지 않는 자는 빈출하지 않았다. 그들은 이 일로써 세존께 아뢰었으며, 세존께서는 말씀하셨다.

"여러 비구들이여. 바르게 시봉하는 자는 빈출할 수 없나니, 빈출하는 자는 악작을 범하느니라. 바르게 시봉하지 않는 자는 빈출해야 하나니, 빈출하지 않는 자는 악작을 범하느니라."

27-5 "여러 비구들이여. 다섯 가지를 구족한 제자는 빈출할 수 있느니라. 이를테면, 화상을 마주하고서 최상(最上)의 사랑과 공경이 없고, 최상의 신심이 없으며, 최상의 부끄러움이 없고, 최상의 존경이 없으며, 최상의 수습이 없는 것이다. 여러 비구들이여. 마땅히 이와 같은 다섯 가지를 구족한 제자는 빈출할 수 있느니라.

여러 비구들이여. 다섯 가지를 구족한 제자는 빈출할 수 없느니라. 이를테면, 화상을 마주하고서 최상의 사랑과 공경이 있고, 최상의 신심이 있으며, 최상의 부끄러움이 있고, 최상의 존경이 있으며, 최상의 수습이 있는 것이다. 여러 비구들이여. 마땅히 이와 같은 다섯 가지를 구족한 제자는 빈출할 수 없느니라."

27-6 "여러 비구들이여. 다섯 가지를 구족한 제자는 마땅히 빈출해야 하느니라. 이를테면, 화상을 마주하고서 최상의 사랑과 공경이 없고, 최상의 신심이 없으며, 최상의 부끄러움이 없고, 최상의 존경이 없으며, 최상의 수습이 없는 것이다. 여러 비구들이여. 마땅히 이와 같은 다섯 가지를 구족한 제자는 빈출할 수 있느니라.

여러 비구들이여. 다섯 가지를 구족한 제자는 마땅히 빈출하지 않아야 하느니라. 이를테면, 화상을 마주하고서 최상의 사랑과 공경이 있고, 최상의 신심이 있으며, 최상의 부끄러움이 있고, 최상의 존경이 있으며, 최상의 수습이 있는 것이다. 여러 비구들이여. 마땅히 이와 같은 다섯 가지를 구족한 제자는 마땅히 빈출하지 않아야 하느니라."

27-7 "여러 비구들이여. 다섯 가지를 구족한 제자를 만약 빈출하지 않는다면 화상은 월법죄(越法罪)를 얻고, 만약 빈출한다면 월법죄를 얻지 않느니라. 이를테면, 화상을 마주하고서 최상의 사랑과 공경이 없고, 지극한 신심이 없으며, 최상의 부끄러움이 없고, 최상의 존경이 없으며, 최상의 수습이 없는 것이다. 여러 비구들이여. 마땅히 이와 같은 다섯 가지를 구족한 제자를 만약 빈출하지 않는다면 화상은 월법죄를 얻고, 만약 빈출한다면 월법죄를 얻지 않느니라.

여러 비구들이여. 다섯 가지를 구족한 제자를 만약 빈출한다면 화상은 월법죄를 얻고, 만약 빈출하지 않는다면 월법죄를 얻지 않느니라. 이를테면, 화상을 마주하고서 최상의 사랑과 공경이 있고, 최상의 신심이 있으며, 최상의 부끄러움이 있고, 최상의 존경이 있으며, 최상의 수습이 있는 것이다. 여러 비구들이여. 마땅히 이와 같은 다섯 가지를 구족한 제자를 만약 빈출한다면 화상은 월법죄를 얻고, 만약 빈출하지 않는다면 월법죄를 얻지 않느니라."

[제자의 빈출을 마친다.]

28) 백사갈마(白四羯磨) ①

28-1 그때 한 바라문이 있어 여러 비구들의 처소에 이르렀으며 출가를 구하였다. 여러 비구들은 그를 출가시키려고 하지 않았고, 그는 여러

비구들의 처소에서 출가하지 못하였으므로, 야위고 약하며 추루해졌고, 점차 몸이 노랗게 나빠졌으며, 핏줄이 노출되었다. 세존께서는 이 바라문이 야위고 약하며 추루해졌고, 점차 몸이 노랗게 나빠졌으며, 핏줄이 노출된 것을 보셨다. 보시고서 여러 비구들에게 알려 말씀하셨다.

"여러 비구들이여. 어찌하여 바라문이 야위고 약하며 추루해졌고, 점차 몸이 노랗게 나빠졌으며, 핏줄이 노출되었는가?"

"세존이시여. 그 바라문이 여러 비구들의 처소에 이르렀으며 출가를 구하였으나, 여러 비구들은 그를 출가시키려고 하지 않았고, 그는 여러 비구들의 처소에서 출가하지 못하였으므로, 야위고 약하며 추루해졌고, 점차 몸이 노랗게 나빠졌으며, 핏줄이 노출되었습니다."

28-2 이때 세존께서는 여러 비구들에게 알려 말씀하셨다.

"여러 비구들이여. 누가 그 바라문의 행을 기억하는가?"

이와 같이 말씀하시는 때에 장로 사리불이 세존께 아뢰어 말하였다.

"제가 그 바라문의 행을 기억하고 있습니다."

"사리불이여. 바라문의 행을 어떻게 기억하는가?"

"우리들이 처소인 왕사성에서 걸식하는 때에 이 바라문이 한 숟가락의 음식을 베풀었습니다. 우리들은 그 바라문의 이와 같은 행을 기억하고 있습니다."

"옳도다(善哉). 옳도다. 사리불이여. 선사(善士)는 은혜를 안다면 갚는 것도 아느니라. 사리불이여. 그러므로 그대는 마땅히 그 사리불을 출가시키고 구족계를 주도록 하게."

"제가 어떻게 그 바라문을 출가시키고 구족계를 주어야 합니까?"

이때 세존께서는 이 인연으로써 설법하셨으며 비구들에게 알려 말씀하셨다.

"여러 비구들이여. 나는 삼귀의로써 구족계를 삼는 것을 허락하였으나, 오늘부터는 그것을 버리겠으며, 백사갈마(白四羯磨)에 의지하여 구족계를 주는 것을 허락하겠노라."

28-3 "여러 비구들이여. 구족계를 주는 때에 마땅히 이와 같이 그것을 행해야 하느니라. 마땅히 한 총명하고 유능한 비구가 승가의 가운데에서 창언해야 한다.

'대덕 승가께서는 허락하십시오. 이 어느 처소의 누구는 장로 누구를 쫓아서 구족계를 받고자 합니다. 만약 승가께서 때에 이르렀다면 승가는 마땅히 누구로써 화상을 삼아서 누구에게 구족계를 주도록 하겠습니다. 이와 같이 아룁니다.'

'대덕 승가께서는 허락하십시오. 이 어느 처소의 누구는 장로 누구를 쫓아서 구족계를 받고자 합니다. 승가께서 마땅히 누구로써 화상을 삼아서 누구에게 구족계를 주겠습니다. 누구로써 화상을 삼아서 누구에게 구족계를 주는 것을 여러 대덕들께서 인정하신다면 묵연하시고 인정하지 않으신다면 말씀하십시오.'

저는 두 번째로 이 일을 아룁니다.

'대덕 승가께서는 허락하십시오. 이 어느 처소의 누구는 장로 누구를 쫓아서 구족계를 받고자 합니다. 승가께서 마땅히 누구로써 화상을 삼아서 누구에게 구족계를 주겠습니다. 누구로써 화상을 삼아서 누구에게 구족계를 주는 것을 여러 대덕들께서 인정하신다면 묵연하시고 인정하지 않으신다면 말씀하십시오.'

저는 세 번째로 이 일을 아룁니다.

'대덕 승가께서는 허락하십시오. 이 어느 처소의 누구는 장로 누구를 쫓아서 구족계를 받고자 합니다. 승가께서 마땅히 누구로써 화상을 삼아서 누구에게 구족계를 주겠습니다. 누구로써 화상을 삼아서 누구에게 구족계를 주는 것을 여러 대덕들께서 인정하신다면 묵연하시고 인정하지 않으신다면 말씀하십시오.'

'승가시여. 누구로써 화상을 삼아서 누구에게 구족계를 주는 것을 마쳤습니다. 승가께서 인정하신 것은 묵연하였던 까닭입니다. 나는 이와 같이 알고 이해하겠습니다.'"

29) 백사갈마(白四羯磨) ②

29-1 그때 한 비구가 있어 구족계를 받고서 오래지 않아서 비행(非行)을 행하였다. 여러 비구들이 말하였다.

"이와 같이 행하지 마시오. 이것은 위의(威儀)가 아닙니다."

그 비구가 말하였다.

"나는 대덕께 구족계를 주라고 청(請)하지 않았습니다. 어찌 내가 구족계를 청하지도 않았는데 구족계를 주었습니까?"

그 비구들은 이 일로써 세존께 아뢰었고, 세존께서는 말씀하셨다.

"여러 비구들이여. 청하지 않았다면 구족계를 줄 수 없느니라. 구족계를 주는 자는 악작을 범하느니라. 여러 비구들이여. 청한다면 구족계를 주도록 허락하겠노라."

29-2 "여러 비구들이여. 청하였다면 마땅히 이와 같이 그것을 행해야 하느니라. 구족계를 받고자 원하는 자는 마땅히 승가의 가운데에 이르러 오른쪽 어깨를 드러내고서 여러 비구들의 발에 예배하고서 호궤(胡跪) 합장하고 이와 같이 창언해야 한다.

'저는 승가를 향하여 구족계를 청합니다. 승가께서는 애민하게 생각하시어 저를 제도(濟度)하여 주십시오.'

두 번째에도 마땅히 이와 같이 청해야 하고, …… 나아가 …… 세 번째에도 마땅히 이와 같이 청해야 한다. 마땅히 한 총명하고 유능한 비구가 승가의 가운데에서 창언해야 한다.

'대덕 승가께서는 허락하십시오. 이 어느 처소의 누구는 장로 누구를 쫓아서 구족계를 받고자 합니다. 만약 승가께서 때에 이르렀다면 승가는 마땅히 누구로써 화상을 삼아서 누구에게 구족계를 주도록 하겠습니다. 이와 같이 아룁니다.'"

29-3 "대덕 승가께서는 허락하십시오. 이 어느 처소의 누구는 장로

누구를 쫓아서 구족계를 받고자 합니다. 승가께서 마땅히 누구로써 화상을 삼아서 누구에게 구족계를 주겠습니다. 누구로써 화상을 삼아서 누구에게 구족계를 주는 것을 여러 대덕들께서 인정하신다면 묵연하시고 인정하지 않으신다면 말씀하십시오.'

저는 두 번째로 이 일을 아룁니다.

'대덕 승가께서는 허락하십시오. 이 어느 처소의 누구는 장로 누구를 쫓아서 구족계를 받고자 합니다. 승가께서 마땅히 누구로써 화상을 삼아서 누구에게 구족계를 주겠습니다. 누구로써 화상을 삼아서 누구에게 구족계를 주는 것을 여러 대덕들께서 인정하신다면 묵연하시고 인정하지 않으신다면 말씀하십시오.'

저는 세 번째로 이 일을 아룁니다.

'대덕 승가께서는 허락하십시오. 이 어느 처소의 누구는 장로 누구를 쫓아서 구족계를 받고자 합니다. 승가께서 마땅히 누구로써 화상을 삼아서 누구에게 구족계를 주겠습니다. 누구로써 화상을 삼아서 누구에게 구족계를 주는 것을 여러 대덕들께서 인정하신다면 묵연하시고 인정하지 않으신다면 말씀하십시오.'

'승가시여. 누구로써 화상을 삼아서 누구에게 구족계를 주는 것을 마쳤습니다. 승가께서 인정하신 것은 묵연하였던 까닭입니다. 나는 이와 같이 알고 이해하겠습니다.'"

[백사갈마를 마친다.]

30) 네 가지의 의지(依止)

30-1 그때 왕사성에서는 계속하여 수승(殊勝)한 여러 음식을 준비하여 공양하였다. 이때 바라문이 있어 마음에서 사유하였다.

"그 여러 사문 석자(釋子)들은 계율이 쉽고 행이 쉬우며 받는 음식이 좋고 바람이 들어오지 않는 와구(臥具)에 눕는다. 나는 마땅히 여러 석자의 처소에서 출가해야겠다.”

이때 그 바라문은 여러 비구들의 처소에 나아가서 출가하는 것을 구하였고, 여러 비구들은 그 바라문을 출가시키고서 구족계를 주었다. 그는 출가한 뒤에 계속되었던 좋은 공양이 끊어졌으므로, 여러 비구들이 말하였다.

“장로여. 오십시오. 걸식하러 갑시다.”

그 비구가 말하였다.

“나는 걸식하려고 출가하지 않았습니다. 그대들이 만약 나에게 베풀어 준다면 먹겠으나, 만약 나에게 베풀어주지 않는다면 나는 곧 환속하겠습니다.”

“그대는 배(腹)를 위하여 와서 출가하였습니까?”

“여러 비구들이여. 그렇습니다.”

30-2 여러 비구들의 가운데에서 욕심이 적은 자들은 싫어하고 비난하였다.

“무슨 까닭으로써 이와 같이 선설(善說)하는 법과 율의 가운데에 배를 위하여 와서 출가하는가?”

이때 여러 비구들은 이 일로써 세존께 아뢰었고, 세존께서는 그 비구에게 물어 말씀하셨다.

“비구여. 그대는 진실로 배를 위하여 와서 출가하였는가?”

“진실로 그렇습니다. 세존이시여.”

세존께서는 여러 방편으로 꾸짖으셨다.

“어리석은 사람이여. 어찌하여 그대는 이와 같이 선설(善說)하는 법과 율의 가운데에 배를 위하여 와서 출가하였는가? 어리석은 사람이여. 이것은 오히려 믿지 않는 자는 신심이 생겨나지 않게 하고, 이미 믿었던 자에게 증장(增長)시키지 않느니라. …… 이미 믿었던 자는 일부가 전전하여 다른 곳을 향하여 떠나가게 하느니라.”

세존께서는 꾸짖으셨고 설법하셨으며 여러 비구들에게 알려 말씀하셨다.

30-3 "여러 비구들이여. 구족계를 주면서 4의지(四依止)180)를 설명하도록 허락하겠나니 이를테면, 출가한다면 걸식(乞食)181)을 의지해야 하고, 이것에서 나아가 목숨을 마치도록 마땅히 부지런히 행해야 한다. 나머지의 얻을 수 있는 것은 승차식(僧次食)182), 별청식(別請食)183), 청식(請食)184), 행주식(行籌食)185), 십오일식(十五日食)186), 포살식(布薩食)187), 월초일식(月初日食)188)이다.

출가한다면 분소의(糞掃衣)189)를 의지해야 하고, 이것에서 나아가 목숨을 마치도록 마땅히 부지런히 행해야 한다. 나머지의 얻을 수 있는 것은 아마의(亞麻衣)190), 면의(綿衣)191), 야잠의(野蠶衣)192), 갈의(褐衣)193), 마의(麻衣)194), 저의(紵衣)195)이다.

출가한다면 수하좌(糞掃衣)196)를 의지해야 하고, 이것에서 나아가 목숨

---

180) 팔리어 Cattāro nissaya(차따로 니싸야)의 번역이다.
181) 팔리어 Piṇḍiyālopabhojana(삔디야로파보자나)의 번역이다.
182) 팔리어 Saṅghabhatta(상가바따)의 번역이고, 승가에서 차례를 정하여 음식을 받게 하는 것이다.
183) 팔리어 Uddesabhatta(우떼사바따)의 번역이고, 별도로 청을 받아서 받는 음식을 가리킨다.
184) 팔리어 Nimantana(니만타나)의 번역이고, 청을 받아서 받는 음식을 가리킨다.
185) 팔리어 Salākabhatta(사라카바따)의 번역이고, 산가지를 뽑아서 받는 음식을 가리킨다.
186) 팔리어 Pakkhika(파끼카)의 번역이고, 매월 보름날에 받는 음식을 가리킨다.
187) 팔리어 Uposathika(우포사티카)의 번역이고, 매월 포살날에 받는 음식을 가리킨다.
188) 팔리어 Pāṭipadika(파티파디카)의 번역이고, 매월 첫날에 받는 음식을 가리킨다.
189) 팔리어 Paṃsukūlacīvara(팜수쿠라치바라)의 번역이다.
190) 팔리어 Khoma(코마)의 번역이고, 삼베를 가리킨다.
191) 팔리어 Kappāsika(카빠시카)의 번역이고, 면직물을 가리킨다.
192) 팔리어 Koseyya(코세야)의 번역이고, 비단을 가리킨다.
193) 팔리어 Kambala(캄바라)의 번역이고, 모직물을 가리킨다.
194) 팔리어 Sāṇa(사나)의 번역이고, 거친 삼베를 가리킨다.
195) 팔리어 Bhaṅga(방가)의 번역이고, 거친 삼베를 가리킨다.
196) 팔리어 Rukkhamūlasenāsana(루까무라세나사나)의 번역이다.

을 마치도록 마땅히 부지런히 행해야 한다. 나머지의 얻을 수 있는 것은 정사(精舍)197), 평부옥(平覆屋)198), 전루(殿樓)199), 루방(樓房)200), 동굴(洞窟)201)이다.

출가한다면 진기약(陳棄藥)202)을 의지해야 하고, 이것에서 나아가 목숨을 마치도록 마땅히 부지런히 행해야 한다. 나머지의 얻을 수 있는 것은 숙소(熟酥)203), 생소(生酥)204), 기름(油)205), 꿀(蜜)206), 사탕(糖)207)이니라."

[4의지품을 마친다.]

○ 【다섯째의 송출품을 마친다.】

6. 제6송출품(第六誦出品)

31) 십년의 법랍(法臘) ①

31-1 그때 한 동자(童子)가 있어 여러 비구들의 처소에 이르렀으며 출가를

---

197) 팔리어 Vihāra(비하라)의 번역이다.
198) 팔리어 Aḍḍhayoga(아따요가)의 번역이고, 독수리 날개 모양의 지붕이 있는 건물을 가리킨다.
199) 팔리어 Pāsāda(파사다)의 번역이고, 높은 기초 위의 건물을 가리킨다.
200) 팔리어 Hammiya(함미야)의 번역이고, 길고 위층이 있는 건물을 가리킨다.
201) 팔리어 Guhā(구하)의 번역이다.
202) 팔리어 Pūtimuttabhesajja(푸띠무따베사짜)의 번역이다.
203) 팔리어 Sappi(사삐)의 번역이다.
204) 팔리어 Navanīta(나바니타)의 번역이다.
205) 팔리어 Tela(테라)의 번역이다.
206) 팔리어 Madhu(마두)의 번역이다.
207) 팔리어 Phāṇita(파니타)의 번역이다.

구하였다. 여러 비구들은 그에게 먼저 4의지를 설하였으므로, 그가 말하였다.

"만약 내가 이미 출가하였는데, 만약 4의지를 설하였다면 마땅히 애락 (愛樂)하였을 것입니다. 나는 이러한 4의지를 싫어하고 애락하지 않으므로, 나는 지금 출가하지 않겠습니다."

여러 비구들은 이 일로써 세존께 아뢰었으며, 세존께서는 말씀하셨다.

"여러 비구들이여. 먼저 4의지를 설할 수 없느니라. 만약 허물을 설하는 자는 악작을 범하느니라. 여러 비구들이여. 구족계를 주고서 곧바로 4의지를 설하는 것을 허락하겠노라."

31-2 그때 여러 비구들은 두 명, 혹은 세 명의 승가(僧伽)가 구족계를 주었다. 그 비구들은 이 일로써 세존께 아뢰었으며, 세존께서는 말씀하셨다.

"여러 비구들이여. 10명을 채우지 않았다면 구족계를 줄 수 없느니라. 구족계를 주는 자는 악작을 범하느니라. 여러 비구들이여. 10명, 혹은 10명의 이상인 승가가 구족계를 주는 것을 허락하겠노라."

31-3 그때 비구의 법랍이 1년이었던 자가 제자에게 구족계를 주었다. 비구인 우파사나붕건다자(優波斯那崩犍多子)208)도 법랍이 1년이었는데 제자에게 구족계를 주었다. 그는 안거를 마치고서 뒤에 법랍이 2년이 되었는데, 법랍이 1년이었던 제자를 데리고 세존의 주처로 나아갔다. 이르러 세존께 예경하고서 한쪽에 앉았다. 여러 객비구(客比丘)들이 함께 서로가 친절하게 문신(問訊)하는 것은 제불(諸佛)의 상법(常法)이었다. 이때 세존께서는 비구인 우파사나붕건다자에게 말씀하셨다.

"비구여. 여러 일들은 견딜 수 있었는가? 만족하였는가? 먼 도로에서 피로하지 않았는가?"

"세존이시여. 여러 일들은 견딜 수 있었고 만족하였으며 먼 도로에서 피로하지 않았습니다."

---

208) 팔리어 Upasena vaṅgantaputta(우파세나 반간타푸따)의 음사이다.

모든 여래께서는 아시고서 묻는 것이고, 역시 아시면서도 묻지 않는 것이며, 때를 아시고 묻는 것이고, 때를 알았어도 묻지 않는 것이며, 모든 여래께서는 뜻의 이익이 있다면 묻는 것이고, 뜻의 이익이 없다면 묻지 않는 것이니, 뜻의 이익이 없다면 여래께서는 곧 파괴된 교량(橋梁)과 같은 것이다.

불·세존께서는 두 가지의 모습에 의지하여 여러 비구들에게 물으시는 것이니, 비구들을 위하여 설법하시거나, 혹은 성문 제자를 위하여 학처를 제정하여 세우시는 것이다.

31-4 이때 세존께서는 비구인 우파사나붕건다자에게 말씀하셨다.

"비구여. 그대의 법랍은 몇 년인가?"

"세존이시여. 저의 법랍은 2년입니다."

"이 비구의 법랍은 몇 년인가?"

"세존이시여. 법랍은 1년입니다."

"이 비구는 그대에게 어떤 사람인가?"

"세존이시여. 저의 제자입니다."

"어리석은 사람이여. 이것은 상응하는 법이 아니고, 수순하는 행도 아니며, 위의가 아니고, 사문의 행이 아니며, 청정한 행이 아니고, 마땅히 지을 것이 아니니라. 어리석은 사람이여. 오히려 그대는 스스로가 마땅히 다른 사람에게 교계와 인도를 받아야 하는데, 어떻게 교계하고 인도하겠는가? 어리석은 사람이여. 이와 같이 빠르게 대중을 거느린다면 그대가 사치(奢侈)에 떨어진 것이니라. 어리석은 사람이여. 이것은 오히려 믿지 않는 자에게 신심이 생겨나지 않게 하고, 이미 믿었던 자는 증장시키지 않느니라. …… 이미 믿었던 자는 일부가 전전하여 다른 곳을 향하여 떠나가게 하느니라."

세존께서는 꾸짖으셨고 설법하셨으며 여러 비구들에게 알려 말씀하셨다.

"여러 비구들이여. 법랍을 10년을 채우지 않은 자는 구족계를 줄 수 없나니, 구족계를 주는 자는 악작을 범하느니라. 여러 비구들이여. 법랍이

10년이거나, 혹을 10년을 넘겼다면 구족계를 주도록 허락하겠노라."

31-5 그때 여러 비구들은 어리석고 우매(愚昧)하였는데, "나는 법랍이 10년이다.", "나는 법랍이 10년이다."라고 말하면서 구족계를 주었다. 그러므로 어느 화상은 어리석었으나 제자는 현명(賢明)하였고, 어느 화상은 우매하였으나 제자는 총명(聰明)하였으며, 어느 화상은 지혜가 적었으나 제자는 지혜를 갖추었다. 옛날 외도 한 사람이 있었는데, 화상이 차례로 설법하는 때에 화상과 논쟁하고서 옛날 외도로 돌아갔다. 여러 비구들의 가운데에서 욕심이 적은 자들은 싫어하고 비난하였다.

"무슨 까닭으로써 여러 비구들은 '나는 법랍이 10년이다.', '나는 법랍이 10년이다.'라고 말하면서 어리석고 우매하였으나, 구족계를 주었는가? 그러므로 어느 화상은 어리석었으나 제자는 현명하였고, 어느 화상은 우매하였으나 제자는 총명하였으며, 어느 화상은 지혜가 적었으나 제자는 지혜를 갖추었구나."

그 여러 비구들은 이 일로써 세존께 아뢰었고, 세존께서는 여러 비구들에게 물어 말씀하셨다.

"여러 비구들이여. 여러 비구들은 '나는 법랍이 10년이다.', '나는 법랍이 10년이다.'라고 말하면서 어리석고 우매하였으나, 구족계를 주었는가? 그러므로 어느 화상은 어리석었으나 제자는 현명하였고, 어느 화상은 우매하였으나 제자는 총명하였으며, 어느 화상은 지혜가 적었으나 제자는 지혜를 갖추었는가?"

"진실로 그렇습니다. 세존이시여."

세존께서는 여러 방편으로 꾸짖으셨다.

"어리석은 사람이여. 어찌하여 그대는 여러 비구들은 "나는 법랍이 10년이다.", "나는 법랍이 10년이다."라고 말하면서 어리석고 우매하였으나, 구족계를 주었는가? 그러므로 어느 화상은 어리석었으나 제자는 현명하였고, 어느 화상은 우매하였으나 제자는 총명하였으며, 어느 화상은 지혜가 적었으나 제자는 지혜를 갖추었는가? 어리석은 사람들이여.

이것은 오히려 믿지 않는 자에게 신심이 생겨나지 않게 하고, 이미 믿었던 자는 증장시키지 않느니라. …… 이미 믿었던 자는 일부가 전전하여 다른 곳을 향하여 떠나가게 하느니라."

세존께서는 꾸짖으셨고 설법하셨으며 여러 비구들에게 알려 말씀하셨다.

"여러 비구들이여. 어리석고 우매한 자는 구족계를 줄 수 없나니, 구족계를 주는 자는 악작을 범하느니라. 여러 비구들이여. 현명하고 총명하며 유능한 비구는 법랍이 10년이거나, 혹을 10년을 넘겼다면 구족계를 주도록 허락하겠노라."

[십년의 법랍을 마친다.]

32) 아사리(阿闍梨)의 시봉

32-1 그때 여러 비구들은 화상이 떠나갔거나, 환속하였거나, 입적하였거나, 외도로 돌아갔던 때에 아사리가 없었으므로, 가르쳐서 인도하고 교계하는 사람이 없었으며 상의와 하의가 가지런하지 않았고 위의가 구족되지 않았으나, 걸식을 행하였다. 그들은 대중과 공양하는 때에 남은 담식 위에 발우를 놓아두었고, 작식 위에 발우를 놓아두었으며, 미식 위에 발우를 놓아두었고, 음료 위에 발우를 놓아두었으며, 스스로가 국과 밥을 결정하여 구하여 먹었고, 식당에서 큰소리를 내었으며, 크게 떠들면서 머물렀다. 이때 여러 사람들은 싫어하면서 비난하였다.

"어찌하여 사문인 석자들은 상의와 하의가 모두 가지런하지 않았고, 위의를 갖추지 못하였는데, 걸식하려고 다니고, 대중과 공양하는 때에 남은 담식 위에 발우를 놓아두었고, 작식 위에 발우를 놓아두었으며, 미식 위에 발우를 놓아두었고, 음료 위에 발우를 놓아두었으며, 스스로가 국과 밥을 결정하여 구하여 먹었고, 식당에서 큰소리를 내었으며, 크게 떠들면서 머물렀으므로, 바라문들이 음식을 먹는 때의 바라문들과 같구나!"

32-2 여러 비구들의 가운데에서 욕심이 적은 자들은 싫어하고 비난하였다.

"무슨 까닭으로 사문인 석자들은 상의와 하의가 모두 가지런하지 않았고, 위의를 갖추지 못하였는데, 걸식하려고 다니고, 대중과 공양하는 때에 남은 담식 위에 발우를 놓아두었고, 작식 위에 발우를 놓아두었으며, 미식 위에 발우를 놓아두었고, 음료 위에 발우를 놓아두었으며, 스스로가 국과 밥을 결정하여 구하여 먹었고, 식당에서 역시 큰소리를 내었으며, 크게 떠들면서 머무는가?"

32-3 이때 여러 비구들은 이 일로써 세존께 아뢰었고, 세존께서는 이 인연으로써 비구 승가를 모으셨으며, 여러 비구들에게 물어 말씀하셨다.

"여러 비구들이여. 그대들이 상의와 하의가 모두 가지런하지 않았고, 위의를 갖추지 못하였는데, 걸식하려고 다니고, 대중과 공양하는 때에 남은 담식 위에 발우를 놓아두었고, 작식 위에 발우를 놓아두었으며, 미식 위에 발우를 놓아두었고, 음료 위에 발우를 놓아두었으며, 스스로가 국과 밥을 결정하여 구하여 먹었고, 식당에서 역시 큰소리를 내었으며, 크게 떠들면서 머물렀는가?"

"진실로 그렇습니다. 세존이시여."

세존께서는 여러 방편으로 꾸짖으셨다.

"어리석은 사람들이여. 이것들은 어리석은 사람들의 알맞지 않은 행이고 수순하는 행이 아니며 상응하는 법이 아니고 사문의 법이 아니며 위의가 아니고 마땅히 할 것이 아니니라.

여러 비구들이여. 어찌하여 상의와 하의가 모두 가지런하지 않았고, 위의를 갖추지 못하였는데, 걸식하려고 다니고, 대중과 공양하는 때에 남은 담식 위에 발우를 놓아두었고, 작식 위에 발우를 놓아두었으며, 미식 위에 발우를 놓아두었고, 음료 위에 발우를 놓아두었으며, 스스로가 국과 밥을 결정하여 구하여 먹었고, 식당에서 역시 큰소리를 내었으며, 크게 떠들면서 머물렀는가?

여러 비구들이여. 이것은 믿지 않는 자는 신심이 생겨나지 않게 하고,

이미 믿었던 자는 증장시키지 않느니라. …… 이미 믿었던 자는 일부가 전전하여 다른 곳을 향하여 떠나가게 하느니라.”

　세존께서는 꾸짖으셨고 설법하셨으며 여러 비구들에게 알려 말씀하셨다.

　“여러 비구들이여. 아사리가 있도록 허락하겠노라. 여러 비구들이여. 아사리는 마땅히 시자(侍者)를 아들과 같이 돌봐야 하고, 시자는 마땅히 아사리를 아버지와 같이 섬겨야 하느니라. 만약 이와 같이 서로를 공경하고 존경하며 화합하며 머무른다면 곧 마땅히 증장할 것이고 이 법과 율에서 광대(廣大)하리라. 여러 비구들이여. 만약 법랍을 10년을 채우지 않았다면 의지하여 머물러야 하고, 만약 법랍을 10년을 채웠다면 아사리로 삼는 것을 허락하겠노라.”

32-4 “여러 비구들이여. 청하였다면 마땅히 이와 같이 그것을 행해야 하느니라. 마땅히 오른쪽 어깨를 드러내고서 장로의 발에 예배하고서 호궤 합장하고 이와 같이 창언해야 한다.

　‘저를 위하여 아사리가 되어주십시오. 저는 장로를 의지하겠습니다. 저를 위하여 아사리가 되어주십시오. 저는 장로를 의지하겠습니다.’

　만약 그 장로가 ‘좋소.’, ‘허락하겠소.’, ‘알겠소.’, ‘합당하오.’, ‘신심으로써 정진하시오.’, 혹은 몸으로써 알렸거나, 혹은 몸으로써 알렸다면 곧 화상으로 삼는다. 곧 몸으로써 알리지 않았거나, 혹은 몸으로써 알리지 않았다면 곧 화상으로 삼지 않느니라.”

32-5 “여러 비구들이여. 시자는 아사리에게 마땅히 바르게 시봉해야 하느니라. 바르게 시봉하는 것은 이와 같으니라. 마땅히 일찍 일어나서 신발을 벗고 오른쪽 어깨를 드러내고서, 마땅히 치목을 주어야 하고, 마땅히 양치하는 물을 주어야 하며, 좌구를 펼쳐야 하고, 만약 죽이 있다면 마땅히 발우를 씻어서 죽을 주어야 하며, 죽을 먹었던 때라면 발우를 받아서 물을 주어야 하고, 아래에 두고 씻어서 훼손되거나 깨지지 않게 잘 씻어서 보관해야 한다. 아사리가 일어나는 때에는 마땅히 좌구를 거두고서 그

자리에 먼지와 오물이 있다면 마땅히 그곳을 청소해야 하느니라."

32-6 "만약 아사리가 취락에 들어가려는 때라면 마땅히 하의를 주어야 하고 입었던 하의를 받아야 하며 허리띠를 주어야 하고 승가리를 접어서 주어야 하며 발우를 씻어야 하고 물을 담아서 주어야 한다. 만약 아사리를 시자가 따르고자 하였다면 마땅히 하의를 입고 삼륜을 덮으며, 허리띠를 묶고 승가리를 접어서 묶으며 발우를 씻어서 지니고서 아사리를 따라가야 하느니라.

만약 아사리가 말하는 때라면 마땅히 중간에 말을 잘라서는 아니되고, 만약 아사리가 범하는 것과 비슷하게 말한다면 마땅히 막아서 멈추게 해야 한다. 돌아오는 때에는 먼저 돌아와서 좌구를 펼쳐야 하고, 발을 씻을 물, 발 받침대, 발수건 등을 취하여 와야 하며, 발우와 옷을 받아야 하고 입을 하의를 주어야 하고 하의를 받아야 한다.

만약 상의가 젖었던 때라면 잠시 더운 곳에서 말려야 하고, 다만 상의를 더운 곳에 방치하는 것은 마땅하지 않다. 마땅히 상의를 접는다면 상의를 접는 때에 '가운데를 손상시키지 않겠다.'라고 마음으로 생각하고서 네 모서리가 4뼘을 넘도록 해야 한다. 허리띠는 옷이 접혀진 사이에 두어야 한다. 만약 베푸는 음식이 있었고 아사리가 먹고자 하였다면 마땅히 물을 주고 음식을 주어야 하느니라."

32-7 "마땅히 아사리에게 물이 필요한가를 물어야 하고, 만약 음식을 먹었다면 마땅히 물을 주어야 하며, 발우를 취하여 밑바닥을 씻어서 파손되지 않게 하며 잘 씻어서 물을 버려야 하고 잠시 뜨거운 곳에서 말려야 하며, 다만 발우를 더운 곳에 방치하여서는 아니된다.

마땅히 옷과 발우를 보관해야 한다. 발우를 보관하는 때라면 한 손으로 발우를 취하고 한 손으로 평상의 아래이거나, 작은 평상의 상태를 어루만져서 발우를 보관해야 하고 발우를 노지에 보관할 수 없다. 옷을 보관하는 때라면 한 손으로 옷을 취하고 한 손으로 옷시렁이나, 옷걸이 끈을 털고서

옷의 끝자락이 밖으로 향하고 주름이 안으로 향하게 상의를 걸어두어야
한다.

아사리가 떠나간 때라면 좌구를 거두고 발을 씻는 물을 버리며 발
받침대와 발수건을 거두어 치워두어야 하고, 만약 그곳에 먼지와 오물이
있다면 마땅히 그곳을 청소해야 하느니라."

32-8 "만약 아사리가 목욕하려고 하는 때라면 곧 마땅히 목욕하는 것을
준비해야 한다. 만약 냉욕을 하려고 하였다면 곧 냉욕을 준비해야 하고,
만약 열욕을 하려고 하였다면 곧 열욕을 준비해야 한다.

만약 아사리가 욕실에 들어가려고 하였다면 마땅히 고운 가루와 축축한
점토로써 반죽해야 하고, 욕실에서 사용하는 작은 평상을 가지고 화상의
뒤를 따라가야 하며, 욕실에서 사용하는 작은 평상을 주어야 하고, 상의를
취하여 한쪽에 걸어두어야 하며, 고운 가루와 축축한 점토를 주어야
한다.

만약 함께 들어갈 수 있으나, 들어가는 때에는 마땅히 점토로써 얼굴에
바르고, 마땅히 앞뒤를 덮고서 욕실에 들어가야 한다.

장로 비구를 밀쳐내고서 앉을 수 없고, 젊은 비구를 자리에서 물러나게
시켜서도 아니되고, 마땅히 욕실에서 아사리를 시봉해야 한다. 욕실에서
나가고자 하는 때에는 욕실에서 사용하는 작은 평상을 가지고 마땅히
앞뒤를 덮고서 욕실에서 나와야 한다. 물속에서도 역시 아사리를 시봉해
야 하고 욕실에서 나오는 때에는 먼저 나와서 몸의 물을 닦고 하의를
입고서, 다시 아사리 몸의 물을 닦아주고 하의를 주며 승가리를 주고서
욕실에서 사용하는 작은 평상을 가지고 먼저 가서 의자를 펼쳐놓고 발을
씻는 물, 발 받침대, 발수건을 놓아두어야 하고, 마땅히 아사리에게 물이
필요한가를 물어야 한다."

32-9 "만약 아사리가 계목을 송출하려고 하였다면 마땅히 설법을 청해야
하고, 만약 화상이 질문을 원하였다면 마땅히 물어야 한다. 만약 화상이

머무르는 정사가 먼지로 더럽혀졌다면 능히 곧 깨끗이 청소해야 한다. 정사를 깨끗하게 청소하는 때에는 마땅히 먼저 옷을 꺼내두고 발우를 한쪽에 놓아두며 좌구를 꺼내놓고 부구를 한쪽에 치워두며 요와 베개를 꺼내어 한쪽에 놓아두어야 한다.

평상을 내려놓으면서 문과 처마에 부딪히지 않게 하고, 밖으로 잘 꺼내는 것이 필요하며, 마땅히 한쪽에 놓아두어야 한다. 작은 평상을 내려놓으면서 문과 처마에 부딪히지 않게 하고, 밖으로 잘 꺼내는 것이 필요하며, 마땅히 한쪽에 놓아두어야 한다. 평상을 꺼내면서 다리는 분리하여 한쪽에 놓아두어야 하고 침을 뱉는 그릇을 꺼내어 한쪽에 놓아두어야 하며 침판을 꺼내어 한쪽에 놓아두고 바닥 깔개를 꺼내면서 본래와 같은가를 사유하고서 한쪽에 놓아두어야 한다.

만약 정사에 거미줄이 있다면 마땅히 살펴서 털어내야 하고, 마땅히 창문과 네 모서리를 깨끗하게 청소해야 한다. 만약 붉은색의 흙으로 벽을 발랐는데 먼지가 있다면 마땅히 축축한 수건으로 그것을 닦아내야 하고, 만약 검은색의 흙으로 벽을 발랐는데 먼지가 있다면 마땅히 축축한 수건으로 그것을 닦아내야 한다. 만약 흙이 처리되지 않았다면 마땅히 물을 뿌려서 그것을 깨끗하게 청소해야 하고, '정사를 먼지로 더럽히지 않으려는 까닭이다.'라고 생각하고서 마땅히 청소하면서 한쪽에 치워두어야 한다."

32-10 "바닥깔개는 마땅히 말리고 깨끗이 청소하며 털어내고서 실내에 들여놓아야 하고, 이전과 같이 깔개를 펼쳐놓아야 한다. 평상의 다리는 마땅히 말리고 깨끗이 청소하며 털어내고서 실내에 들여놓아야 하고, 원래의 자리에 설치해야 한다. 사용하는 평상은 들여놓으면서 문과 처마에 부딪히지 않게 하고, 이전에 설치되었던 곳과 같게 그것을 설치해야 한다.

베개와 요는 마땅히 말리고 깨끗이 청소하며 털어내고서 실내에 들여놓아야 하고, 이전에 있었던 곳과 같게 그것을 놓아두어야 한다. 좌구와 부구는 마땅히 말리고 깨끗이 청소하며 털어내고서 실내에 들여놓아야

하고, 이전에 있었던 곳과 같게 그것을 펼쳐두어야 한다.

침을 뱉는 그릇은 깨끗이 닦고서 실내에 들여놓아야 하고, 이전에 있었던 곳과 같게 그것을 펼쳐두어야 한다. 침판은 마땅히 말리고 깨끗이 청소하고서 실내에 들여놓아야 하고, 이전에 있었던 곳과 같게 그것을 펼쳐두어야 한다."

32-11 "마땅히 옷과 발우를 보관해야 한다. 발우를 보관하는 것은 마땅히 한 손으로 발우를 취하고 한 손으로 평상의 아래이거나, 혹은 작은 평상의 상태를 어루만져서 발우를 보관해야 하고 발우를 노지에 보관할 수 없다. 옷을 보관하는 것은 한 손으로 옷을 취하고 한 손으로 옷시렁이나, 혹은 옷걸이 끈을 털고서 옷의 끝자락이 밖으로 향하고 주름이 안으로 향하게 상의를 걸어두어야 한다.

만약 동쪽에서 바람이 불었고 먼지가 들어왔다면 마땅히 동쪽 창문을 닫아야 하며, 만약 서쪽에서 바람이 불었고 먼지가 들어왔다면 마땅히 서쪽 창문을 닫아야 하며, 만약 북쪽에서 바람이 불었고 먼지가 들어왔다면 마땅히 북쪽 창문을 닫아야 하며, 만약 남쪽에서 바람이 불었고 먼지가 들어왔다면 마땅히 남쪽 창문을 닫아야 한다. 만약 날씨가 추웠다면 낮에는 창문을 열고 밤에는 창문을 닫아야 한다. 만약 날씨가 더웠다면 낮에는 창문을 닫고 밤에는 창문을 열어야 한다."

만약 방사에 먼지와 때가 있다면 마땅히 방사를 청소해야 하고, 문옥에 먼지와 때가 있다면 마땅히 문옥을 청소해야 한다. 집회당에 먼지와 때가 있다면 마땅히 집회당을 청소해야 하고, 화당에 먼지와 때가 있다면 마땅히 화당을 청소해야 한다. 측간에 먼지와 때가 있다면 마땅히 측간을 청소해야 한다. 만약 음료가 없었다면 음료를 준비해야 하고, 세정수가 없다면 세정수를 준비해야 하며, 쇄수병에 물이 없다면 마땅히 쇄수병에 물을 채워야 한다."

32-12 "만약 아사리에게 즐겁지 않은 때라면 시자는 마땅히 스스로가

가라앉혀야 하고, 혹은 다른 사람에게 가라앉히게 시켜야 하며, 혹은 스스로에게 설법해야 한다. 만약 아사리가 악작이 생겨나는 때라면 시자는 마땅히 스스로가 막아야 하고, 혹은 다른 사람에게 막게 시켜야 하며, 혹은 스스로에게 설법해야 한다. 만약 아사리에게 사견이 생겨나는 때라면 시자는 마땅히 스스로가 떠나야 하고, 혹은 다른 사람에게 떠나게 시켜야 하며, 혹은 스스로에게 설법해야 한다.

만약 아사리가 무거운 법을 범하여 마땅히 별주를 받을 때라면 시자는 마땅히 승가가 아사리에게 별주를 주게 시켜야 하고, 만약 화상이 본일치를 받을 때라면 시자는 마땅히 승가가 아사리에게 별주를 주게 시켜야 하며, 만약 아사리가 마나타를 받을 때라면 시자는 마땅히 승가가 화상에게 별주를 주게 시켜야 하며, 만약 아사리가 출죄를 받을 때라면 시자는 마땅히 승가가 화상에게 별주를 주게 시켜야 한다.

만약 승가가 아사리에게 가책, 의지, 구출, 하의, 거죄 등의 갈마를 행하는 때라면, 시자는 마땅히 '어찌 아사리에게 이것 등의 갈마를 행하는 것인가?'라고 생각하면서 방편을 구해야 한다.

만약 승가가 아사리에게 가책, 의지, 구출, 하의, 거죄 등의 갈마를 행하는 때라면, 시자는 마땅히 '어떻게 아사리에게 갈마를 행하지 못하게 할 것인가? 혹은 감경시킬 것인가?'라고 생각하면서 방편을 구해야 한다. 또한 혹은 승가가 아사리에게 가책, 의지, 구출, 하의, 거죄 등의 갈마를 행하게 하였던 때라면, 시자는 마땅히 아사리가 바르게 행하고 수순하며 죄를 없애고자 애원하며 구하게 해야 하고, 승가에게 그 갈마를 풀어주게 애원해야 한다."

32-13 "만약 아사리가 마땅히 상의를 세탁하려고 하였다면 시자는 마땅히 스스로가 세탁하거나, 혹은 다른 사람을 시켜서 아사리의 상의를 세탁하게 해야 한다. 만약 아사리가 마땅히 상의를 지으려고 하였다면 시자는 마땅히 스스로가 짓거나, 혹은 다른 사람을 시켜서 아사리의 상의를 짓게 해야 한다.

만약 아사리가 마땅히 염료를 끓이려고 하였다면 시자는 마땅히 스스로 가 끓이거나, 혹은 다른 사람을 시켜서 염료를 끓이게 해야 한다. 만약 아사리가 마땅히 상의를 염색하려고 하였다면 시자는 마땅히 스스로가 염색하거나, 혹은 다른 사람을 시켜서 아사리의 상의를 염색하게 해야 한다. 상의를 염색하는 때라면 마땅히 잘 뒤집으면서 그것을 염색해야 하고 만약 물방울이 멈추지 않은 때에는 마땅히 떠나갈 수 없다."

32-14 "아사리에게 묻지 않았다면, 다른 사람에게 발우를 줄 수 없고, 다른 사람에게 발우를 받을 수 없다. 다른 사람에게 상의를 줄 수 없고, 다른 사람에게 상의를 받을 수 없다. 다른 사람에게 자구를 줄 수 없고, 다른 사람의 자구를 받을 수 없다.

다른 사람의 머리카락을 깎아줄 수 없고, 다른 사람에게 머리카락을 깎게 시킬 수 없다. 다른 사람에게 봉사할 수 없고, 다른 사람의 봉사를 받을 수 없다. 다른 사람에게 시봉할 수 없고, 다른 사람의 시봉을 받을 수 없다. 다른 사람을 따르는 사문이 될 수 없고, 다른 사람을 따르게 시키는 사문이 될 수 없다. 다른 사람에게 음식을 나누어줄 수 없고, 다른 사람이 나누어주는 음식을 받을 수 없다.

아사리에게 묻지 않았다면, 취락에 들어갈 수 없고, 묘지에 갈 수 없으며, 다른 지역으로 갈 수 없다. 만약 아사리가 병들었다면 목숨을 마치도록 마땅히 시봉하고 쾌유하기를 기다려야 하느니라."

[아사리의 시봉을 마친다.]

33) 아사리의 책무

33-1 "여러 비구들이여. 아사리는 기자를 마주하고서 바로 마땅하게 책무를 행해야 하느니라. 여러 비구들이여. 아사리는 마땅히 설하여

보여주고 질문하며 충고하고 교계(敎誡)를 의지하면서 제자를 섭수하고 보호하는 것으로써 증장시켜야 하느니라.

만약 아사리는 발우가 있었고 시자가 발우가 없는 때라면 아사리는 마땅히 시자에게 발우를 주어야 하고, 혹은 다른 사람을 시켜서 발우를 주어야 한다. 만약 아사리는 상의가 있었고 시자가 상의가 없는 때라면 아사리는 마땅히 시자에게 상의를 주어야 하고, 혹은 다른 사람을 상의를 시켜서 주어야 한다. 만약 아사리는 자구가 있었고 시자가 자구가 없는 때라면 아사리는 마땅히 시자에게 자구를 주어야 하고, 혹은 다른 사람을 자구를 시켜서 주어야 한다.

만약 시자가 병든 때라면 일찍 일어나서 마땅히 치목을 주고 양치할 물을 주며 좌구를 펼쳐놓고, 만약 죽이 있는 때라면 마땅히 발우를 씻어서 죽을 주어야 한다. 죽을 먹었다면 마땅히 물을 주고 발우를 취하여 밑바닥을 씻으면서 깨지지 않게 하고 잘 씻어서 보관해야 한다. 시자가 일어났다면 마땅히 와구를 거두고 만약 그곳에 먼지와 때가 있다면 마땅히 청소해야 한다."

33-2 "만약 시자가 취락에 들어가려는 때라면 마땅히 하의를 주어야 하고 입었던 하의를 받아야 하며 허리띠를 주어야 하고 승가리를 접어서 주어야 하며 발우를 씻어야 하고 물을 담아서 주어야 한다. 만약 시자가 돌아왔다고 생각하였다면 마땅히 좌구를 펼쳐야 하고, 발을 씻을 물, 발 받침대, 발수건 등을 놓아두고, 나와서 맞이하며 발우와 옷을 받아야 하고 입을 하의를 주어야 하고 하의를 받아야 한다.

만약 상의가 젖었던 때라면 잠시 더운 곳에서 말려야 하고, 다만 상의를 더운 곳에 방치하는 것은 마땅하지 않다. 마땅히 상의를 접는다면 상의를 접는 때에 '가운데를 손상시키지 않겠다.'라고 마음으로 생각하고서 네 모서리가 4뼘을 넘도록 해야 한다. 허리띠는 옷이 접혀진 사이에 두어야 한다. 만약 음식이 있었고 시자가 먹고자 하였다면 마땅히 물을 주고 음식을 주어야 하느니라."

33-3 "마땅히 시자에게 물이 필요한가를 물어야 하고, 만약 음식을 먹었다면 마땅히 물을 주어야 하며, 발우를 취하여 밑바닥을 씻어서 파손되지 않게 하며 잘 씻어서 물을 버려야 하고 잠시 뜨거운 곳에서 말려야 하며, 다만 발우를 더운 곳에 방치하여서는 아니된다.

마땅히 옷과 발우를 보관해야 한다. 발우를 보관하는 때라면 한 손으로 발우를 취하고 한 손으로 평상의 아래이거나, 작은 평상의 상태를 어루만져서 발우를 보관해야 하고 발우를 노지에 보관할 수 없다. 옷을 보관하는 때라면 한 손으로 옷을 취하고 한 손으로 옷시렁이나, 옷걸이 끈을 털고서 옷의 끝자락이 밖으로 향하고 주름이 안으로 향하게 상의를 걸어두어야 한다.

시자가 일어난 때라면 좌구를 거두고 발을 씻는 물, 발 받침대, 발수건을 치워야 하고, 만약 그곳에 먼지와 오물이 있다면 마땅히 그곳을 청소해야 하느니라."

33-4 "만약 시자가 목욕하려고 하는 때라면 곧 마땅히 목욕하는 것을 준비해야 한다. 만약 냉욕을 하려고 하였다면 곧 냉욕을 준비해야 하고, 만약 열욕을 하려고 하였다면 곧 열욕을 준비해야 한다.

만약 시자가 욕실에 들어가려고 하였다면 마땅히 고운 가루와 축축한 점토로써 반죽해야 하고, 욕실에서 사용하는 작은 평상을 가지고 욕실에서 사용하는 작은 평상을 주어야 하며, 상의를 취하여 한쪽에 걸어두어야 하고, 고운 가루와 축축한 점토를 주어야 한다.

만약 함께 들어갈 수 있으나, 들어가는 때에는 마땅히 점토로써 얼굴에 바르고, 마땅히 앞뒤를 덮고서 욕실에 들어가야 한다.

장로 비구를 밀쳐내고서 앉을 수 없고, 젊은 비구를 자리에서 물러나게 시켜서도 아니되고, 마땅히 욕실에서 제자를 보살펴야 한다. 욕실에서 나오는 때에는 먼저 나와서 몸의 물을 닦고 하의를 입고서, 다시 제자 몸의 물을 닦아주고 하의를 주며 승가리를 주고서 욕실에서 사용하는 작은 평상을 가지고 먼저 가서 의자를 펼쳐놓고 발을 씻는 물, 발 받침대, 발수건을 놓아두어야 하고, 마땅히 제자에게 물이 필요한가를 물어야 한다."

33-5 "만약 시자가 머무르는 정사가 먼지로 더럽혀졌다면 능히 곧 깨끗이 청소해야 한다. 정사를 깨끗하게 청소하는 때에는 마땅히 먼저 옷을 꺼내두고 발우를 한쪽에 놓아두며 좌구를 꺼내놓고 부구를 한쪽에 치워두며 요와 베개를 꺼내어 한쪽에 놓아두어야 한다.

평상을 내려놓으면서 문과 처마에 부딪히지 않게 하고, 밖으로 잘 꺼내는 것이 필요하며, 마땅히 한쪽에 놓아두어야 한다. 작은 평상을 내려놓으면서 문과 처마에 부딪히지 않게 하고, 밖으로 잘 꺼내는 것이 필요하며, 마땅히 한쪽에 놓아두어야 한다. 평상을 꺼내면서 다리는 분리하여 한쪽에 놓아두어야 하고 침을 뱉는 그릇을 꺼내어 한쪽에 놓아두어야 하며 침판을 꺼내어 한쪽에 놓아두고 바닥깔개를 꺼내면서 본래와 같은가를 사유하고서 한쪽에 놓아두어야 한다.

만약 정사에 거미줄이 있다면 마땅히 살펴서 털어내야 하고, 마땅히 창문과 네 모서리를 깨끗하게 청소해야 한다. 만약 붉은색의 흙으로 벽을 발랐는데 먼지가 있다면 마땅히 축축한 수건으로 그것을 닦아내야 하고, 만약 검은색의 흙으로 벽을 발랐는데 먼지가 있다면 마땅히 축축한 수건으로 그것을 닦아내야 한다. 만약 흙이 처리되지 않았다면 마땅히 물을 뿌려서 그것을 깨끗하게 청소해야 하고, '정사를 먼지로 더럽히지 않으려는 까닭이다.'라고 생각하고서 마땅히 청소하면서 한쪽에 지워두어야 한다."

33-6 "바닥깔개는 마땅히 말리고 깨끗이 청소하며 털어내고서 실내에 들여놓아야 하고, 이전과 같이 깔개를 펼쳐놓아야 한다. 평상의 다리는 마땅히 말리고 깨끗이 청소하며 털어내고서 실내에 들여놓아야 하고, 원래의 자리에 설치해야 한다. 사용하는 평상은 들여놓으면서 문과 처마에 부딪히지 않게 하고, 이전에 설치되었던 곳과 같게 그것을 설치해야 한다.

베개와 요는 마땅히 말리고 깨끗이 청소하며 털어내고서 실내에 들여놓아야 하고, 이전에 있었던 곳과 같게 그것을 놓아두어야 한다. 좌구와 부구는 마땅히 말리고 깨끗이 청소하며 털어내고서 실내에 들여놓아야

하고, 이전에 있었던 곳과 같게 그것을 펼쳐두어야 한다.

침을 뱉는 그릇은 깨끗이 닦고서 실내에 들여놓아야 하고, 이전에 있었던 곳과 같게 그것을 펼쳐두어야 한다. 침판은 마땅히 말리고 깨끗이 청소하고서 실내에 들여놓아야 하고, 이전에 있었던 곳과 같게 그것을 펼쳐두어야 한다."

33-7 "마땅히 옷과 발우를 보관해야 한다. 발우를 보관하는 것은 마땅히 한 손으로 발우를 취하고 한 손으로 평상의 아래이거나, 혹은 작은 평상의 상태를 어루만져서 발우를 보관해야 하고 발우를 노지에 보관할 수 없다. 옷을 보관하는 것은 한 손으로 옷을 취하고 한 손으로 옷시렁이나, 혹은 옷걸이 끈을 털고서 옷의 끝자락이 밖으로 향하고 주름이 안으로 향하게 상의를 걸어두어야 한다.

만약 동쪽에서 바람이 불었고 먼지가 들어왔다면 마땅히 동쪽 창문을 닫아야 하며, 만약 서쪽에서 바람이 불었고 먼지가 들어왔다면 마땅히 서쪽 창문을 닫아야 하며, 만약 북쪽에서 바람이 불었고 먼지가 들어왔다면 마땅히 북쪽 창문을 닫아야 하며, 만약 남쪽에서 바람이 불었고 먼지가 들어왔다면 마땅히 남쪽 창문을 닫아야 한다. 만약 날씨가 추웠다면 낮에는 창문을 열고 밤에는 창문을 닫아야 한다. 만약 날씨가 더웠다면 낮에는 창문을 닫고 밤에는 창문을 열어야 한다.

만약 방사에 먼지와 때가 있다면 마땅히 방사를 청소해야 하고, 문옥에 먼지와 때가 있다면 마땅히 문옥을 청소해야 한다. 집회당에 먼지와 때가 있다면 마땅히 집회당을 청소해야 하고, 화당에 먼지와 때가 있다면 마땅히 화당을 청소해야 한다.

측간에 먼지와 때가 있다면 마땅히 측간을 청소해야 한다. 만약 음료가 없었다면 음료를 준비해야 하고, 세정수가 없다면 세정수를 준비해야 하며, 쇄수병에 물이 없다면 마땅히 쇄수병에 물을 채워야 한다."

33-8 "만약 시자가 즐겁지 않는 때라면 화상은 마땅히 스스로가 가라앉혀

야 하고, 혹은 다른 사람에게 가라앉히게 시켜야 하며, 혹은 스스로에게
설법해야 한다. 만약 제자에게 악작이 생겨나는 때라면 아사리는 마땅히
스스로가 막아야 하고, 혹은 다른 사람에게 막게 시켜야 하며, 혹은
스스로에게 설법해야 한다. 만약 시자에게 사견이 생겨나는 때라면 아사
리는 마땅히 스스로가 떠나야 하고, 혹은 다른 사람에게 떠나게 시켜야
하며, 혹은 스스로에게 설법해야 한다.

만약 시자가 무거운 법을 범하여 마땅히 별주를 받을 때라면 아사리는
마땅히 승가가 시자에게 별주를 주게 시켜야 하고, 만약 시자가 본일치를
받을 때라면 아사리는 마땅히 승가가 시자에게 별주를 주게 시켜야 하며,
만약 시자가 마나타를 받을 때라면 아사리는 마땅히 승가가 시자에게
별주를 주게 시켜야 하며, 만약 시자가 출죄를 받을 때라면 아사리는
마땅히 승가가 시자에게 별주를 주게 시켜야 한다.

만약 승가가 시자에게 가책, 의지, 구출, 하의, 거죄 등의 갈마를 행하는
때라면, 아사리는 마땅히 '어찌 화상에게 이것 등의 갈마를 행하는 것인
가?'라고 생각하면서 방편을 구해야 한다.

만약 승가가 시자에게 가책, 의지, 구출, 하의, 거죄 등의 갈마를 행하는
때라면, 아사리는 마땅히 '어떻게 화상에게 갈마를 행하지 못하게 할
것인가? 혹은 감경시킬 것인가?'라고 생각하면서 방편을 구해야 한다.
또한 혹은 승가가 시자에게 가책, 의지, 구출, 하의, 거죄 등의 갈마를
행하게 하였던 때라면, 아사리는 마땅히 시자가 바르게 행하고 수순하며
죄를 없애고자 애원하며 구하게 해야 하고, 승가에게 그 갈마를 풀어
주도록 애원해야 한다."

33-9 "만약 시자가 상의를 세탁하려고 하였다면 아사리는 마땅히 '이와
같이 세탁하게.'라고 가르쳐서 말하거나, 혹은 '시자의 상의를 마땅히
어떻게 세탁해야 하는가?'라고 사유하고서 방편을 행해야 한다. 만약
시자가 상의를 지으려고 하였다면 아사리는 마땅히 '이와 같이 짓게.'라고
가르쳐서 말하거나, 혹은 '시자의 상의를 마땅히 어떻게 지어야 하는가?'

라고 사유하고서 방편을 행해야 한다.

만약 시자가 염료를 끓이려고 하였다면 아사리는 마땅히 '이와 같이 끓이게.'라고 가르쳐서 말하거나, 혹은 '시자의 상의를 마땅히 어떻게 끓어야 하는가?'라고 사유하고서 방편을 행해야 한다. 만약 시자가 상의를 염색하려고 하였다면 아사리는 마땅히 '이와 같이 염색하게.'라고 가르쳐서 말하거나, 혹은 '시자의 상의를 마땅히 어떻게 염색해야 하는가?'라고 사유하고서 방편을 행해야 한다.

상의를 염색하는 때라면 마땅히 잘 뒤집으면서 그것을 염색해야 하고 만약 물방울이 멈추지 않은 때에는 마땅히 떠나갈 수 없다. 만약 시자가 병이라면 목숨을 마치도록 마땅히 보살피고 쾌유하기를 기다려야 하느니라."

[아사리의 책무를 마친다.]

○ **【여섯째의 송출품을 마친다.】**

7. 제7송출품(第七誦出品)

34) 아사리의 제자 빈출

34-1 그때 여러 시자(侍者)들이 아사리를 바르게 시봉하지 않았다. 여러 비구들의 가운데에서 욕심이 적은 자들은 싫어하고 비난하였다.

"무슨 까닭으로 여러 시자들은 아사리를 바르게 시봉하지 않는가?"

이때 여러 비구들은 이 일로써 세존께 아뢰었고, 세존께서는 여러 비구들에게 물어 말씀하셨다.

"여러 비구들이여. 여러 시자들이 아사리를 바르게 시봉하지 않았는가?"

"진실로 그렇습니다. 세존이시여."

세존께서는 여러 방편으로 꾸짖으셨다.

"여러 비구들이여. 어찌하여 여러 시자들은 아사리를 바르게 시봉하지 않았는가?"

세존께서는 꾸짖으셨고 설법하셨으며 여러 비구들에게 알려 말씀하셨다.

"여러 비구들이여. 여러 시자들이 아사리를 바르게 시봉하지 않을 수 없느니라. 아사리를 바르게 시봉하지 않는 자는 악작을 범하느니라."

34-2 오히려 바르게 시봉하지 않았으므로, 여러 비구들은 이 일로써 세존께 아뢰었으며, 세존께서는 말씀하셨다.

"여러 비구들이여. 아사리를 바르게 시봉하지 않는다면 빈출하는 것을 허락하겠노라. 여러 비구들이여 마땅히 이와 같이 빈출해야 하느니라. '그대는 떠나가라. 이곳에 돌아오지 말라.', '그대의 옷과 발우를 가지고 떠나가라. 나를 시봉할 수 없다.' 혹은 몸으로써 보여주거나, 혹은 말로써 보여주거나, 혹은 몸으로써 말로써 그에게 보여주었다면 시자를 쫓아낸 것이니라. 혹은 몸으로써 보여주지 않았거나, 혹은 말로써 보여주지 않았거나, 혹은 몸으로써 말로써 그에게 보여주지 않았다면, 시자를 쫓아낸 것이 아니니라."

34-3 이때 시자들은 빈출을 당하였어도 허물을 참회하지 않았으므로, 여러 비구들은 이 일로써 세존께 아뢰었으며, 세존께서는 말씀하셨다.

"여러 비구들이여. 허물을 참회하는 것을 허락하겠노라."

오히려 허물을 참회하지 않았으므로, 여러 비구들은 이 일로써 세존께 아뢰었으며, 세존께서는 말씀하셨다.

"여러 비구들이여. 빈출을 당하였다면 허물을 참회해야 하느니라. 만약 참회하지 않는 자는 악작을 범하느니라."

34-4 이때 여러 아사리들은 허물을 참회하는 것을 받아주지 않았으므로, 여러 비구들은 이 일로써 세존께 아뢰었으며, 세존께서는 말씀하셨다.

"여러 비구들이여. 허물을 참회하는 것을 받아주도록 허락하겠노라."

오히려 허물을 참회하는 것을 받아주지 않았으므로, 여러 시자들은 떠나가고 환속하였으며 외도로 들어갔다. 그들은 이 일로써 세존께 아뢰었으며, 세존께서는 말씀하셨다.

"여러 비구들이여. 허물을 참회하는 것을 받아주어야 하느니라. 만약 허물을 참회하는 것을 받아주지 않는 자는 악작을 범하느니라."

34-5 이때 여러 아사리들은 바르게 시봉하는 자는 빈출하고, 바르게 시봉하지 않는 자는 빈출하지 않았다. 그들은 이 일로써 세존께 아뢰었으며, 세존께서는 말씀하셨다.

"여러 비구들이여. 바르게 시봉하는 자는 빈출할 수 없나니, 빈출하는 자는 악작을 범하느니라. 바르게 시봉하지 않는 자는 빈출해야 하나니, 빈출하지 않는 자는 악작을 범하느니라."

34-6 "여러 비구들이여. 다섯 가지를 구족하였던 시자는 빈출할 수 있느니라. 이를테면, 화상을 마주하고서 최상의 사랑과 공경이 없고, 최상의 신심이 없으며, 최상의 부끄러움이 없고, 최상의 존경이 없으며, 최상의 수습이 없는 것이다. 여러 비구들이여. 마땅히 이와 같은 다섯 가지를 구족한 시자는 빈출할 수 있느니라.

여러 비구들이여. 다섯 가지를 구족하였던 시자는 빈출할 수 없느니라. 이를테면, 화상을 마주하고서 최상의 사랑과 공경이 있고, 최상의 신심이 있으며, 최상의 부끄러움이 있고, 최상의 존경이 있으며, 최상의 수습이 있는 것이다. 여러 비구들이여. 마땅히 이와 같은 다섯 가지를 구족한 시자는 빈출할 수 없느니라."

34-7 "여러 비구들이여. 다섯 가지를 구족하였던 시자는 마땅히 빈출해야 하느니라. 이를테면, 화상을 마주하고서 최상의 사랑과 공경이 없고, 최상의 신심이 없으며, 최상의 부끄러움이 없고, 최상의 존경이 없으며,

최상의 수습이 없는 것이다. 여러 비구들이여. 마땅히 이와 같은 다섯 가지를 구족한 시자는 빈출할 수 있느니라.

여러 비구들이여. 다섯 가지를 구족하였던 시자는 마땅히 빈출하지 않아야 하느니라. 이를테면, 화상을 마주하고서 최상의 사랑과 공경이 있고, 최상의 신심이 있으며, 최상의 부끄러움이 있고, 최상의 존경이 있으며, 최상의 수습이 있는 것이다. 여러 비구들이여. 마땅히 이와 같은 다섯 가지를 구족한 시자는 마땅히 빈출하지 않아야 하느니라."

34-8 "여러 비구들이여. 다섯 가지를 구족하였던 시자를 만약 빈출하지 않는다면 화상은 월법죄를 얻고, 만약 빈출한다면 월법죄를 얻지 않느니라. 이를테면, 화상을 마주하고서 최상의 사랑과 공경이 없고, 최상의 신심이 없으며, 최상의 부끄러움이 없고, 최상의 존경이 없으며, 지극한 수습이 없는 것이다. 여러 비구들이여. 마땅히 이와 같은 다섯 가지를 구족한 시자를 만약 빈출하지 않는다면 화상은 월법죄를 얻고, 만약 빈출한다면 월법죄를 얻지 않느니라.

여러 비구들이여. 다섯 가지를 구족하였던 시자를 만약 빈출한다면 화상은 월법죄를 얻고, 만약 빈출하지 않는다면 월법죄를 얻지 않느니라. 이를테면, 화상을 마주하고서 최상의 사랑과 공경이 있고, 최상의 신심이 있으며, 최상의 부끄러움이 있고, 최상의 존경이 있으며, 지극한 수습이 있는 것이다. 여러 비구들이여. 마땅히 이와 같은 다섯 가지를 구족한 시자를 만약 빈출한다면 화상은 월법죄를 얻고, 만약 빈출하지 않는다면 월법죄를 얻지 않느니라."

35) 아사리 10년의 법랍

35-1 그때 여러 비구들은 어리석고 우매하였는데, "나는 법랍이 10년이다.", "나는 법랍이 10년이다."라고 말하면서 사람들에게 의지를 주었다.

그러므로 어느 아사리는 어리석었으나 제자는 현명하였고, 어느 아사리는 우매하였으나 제자는 총명하였으며, 어느 아사리는 지혜가 적었으나 제자는 지혜를 갖추었다. 여러 비구들의 가운데에서 욕심이 적은 자들은 싫어하고 비난하였다.

 "무슨 까닭으로써 여러 비구들은 '나는 법랍이 10년이다.', '나는 법랍이 10년이다.'라고 말하면서 어리석고 우매하였으나, 구족계를 주었는가? 그러므로 어느 화상은 어리석었으나 제자는 현명하였고, 어느 화상은 우매하였으나 제자는 총명하였으며, 어느 화상은 지혜가 적었으나 제자는 지혜를 갖추었구나."

35-2 이때 그 여러 비구들은 이 일로써 세존께 아뢰었고, 세존께서는 여러 비구들에게 물어 말씀하셨다.

 "여러 비구들이여. 여러 비구들은 '나는 법랍이 10년이다.', '나는 법랍이 10년이다.'라고 말하면서 어리석고 우매하였으나, 의지를 주었는가?"

 "진실로 그렇습니다. 세존이시여."

 세존께서는 꾸짖으셨고 설법하셨으며 여러 비구들에게 알려 말씀하셨다.

 "여러 비구들이여. 어리석고 우매한 자는 사람들에게 의지를 줄 수 없나니, 의지를 주는 자는 악작을 범하느니라. 여러 비구들이여. 현명하고 총명하며 유능한 비구는 법랍이 10년이거나, 혹을 10년을 넘겼다면 구족계를 주도록 허락하겠노라."

[아사리 10년의 법랍을 마친다.]

36) 수구족계지오분십육사(授具足戒之五分十六事)

36-1 그때 여러 비구들은 화상과 아사리가 떠나갔거나, 환속하였거나, 사망하였거나, 외도로 돌아갔던 때에 이 화상과 아사리에 의한 의지의

상실(喪失)을 알지 못하였다. 그들은 이 일로써 세존께 아뢰었고, 세존께서
는 말씀하셨다.

"화상과 아사리에 의한 의지의 상실에 다섯 종류가 있느니라. 화상이
떠나갔거나, 환속하였거나, 사망하였거나, 외도에 귀의하였거나, 명령하
였던 것이다. 여러 비구들이여. 이 다섯 종류와 같다면 화상과 아사리의
의지를 상실하는 것이다. 여러 비구들이여. 아사리의 의지 상실에 여섯
종류가 있느니라. 화상이 떠나갔거나, 환속하였거나, 사망하였거나, 외도
에 귀의하였거나, 명령하였거나, 또한 화상과 함께 같은 한 처소에 머무르
는 것이다. 이 다섯 종류와 같다면 아사리의 의지를 상실하는 것이다."

36-2 "여러 비구들이여. 다섯 가지를 갖추었던 비구는 구족계를 줄
수 없고, 의지를 줄 수 없으며, 사미를 양육할 수 없나니 이를테면, 무학계온
(無學戒蘊)[209]을 구족하지 않았고, 무학정온(無學定蘊)[210]을 구족하지 않
았으며, 무학혜온(無學慧蘊)[211]을 구족하지 않았고, 무학해탈온(無學解脫
蘊)[212]을 구족하지 않았으며, 무학해탈지견온(無學解脫知見蘊)[213]을 구족
하지 않은 것이니라.[214] 여러 비구들이여. 이와 같이 다섯 가지를 갖추었
던 비구는 구족계를 줄 수 없고, 의지를 줄 수 없으며, 사미를 양육할
수 없느니라."

36-3 "여러 비구들이여. 다섯 가지를 갖추었던 비구는 구족계를 줄
수 있고, 의지를 줄 수 있으며, 사미를 양육할 수 있나니 이를테면, 무학계온
을 구족하였고, 무학정온을 구족하였으며, 무학혜온을 구족하였고, 무학

---

209) 팔리어 Asekkhena sīlakkhandhena(아세께나 시라깐데나)의 번역이다.
210) 팔리어 Asekkhena samādhikkhandhena(아세께나 사마디깐데나)의 번역이다.
211) 팔리어 Asekkhena paññākkhandhena(아세께나 판냐깐데나)의 번역이다.
212) 팔리어 Asekkhena vimuttikkhandhena(아세께나 비무띠깐데나)의 번역이다.
213) 팔리어 Asekkhena vimuttiñāṇadassanakkhandhena(아세께나 비부띠냐나다싸
　　나깐데나)의 번역이다.
214) 한역에서는 오분법신으로 번역되면 '온(蘊)'을 '향(香)'으로 번역하고 있다.

해탈온을 구족하였으며, 무학해탈지견온을 구족한 것이니라. 여러 비구들이여. 이와 같이 다섯 가지를 갖추었던 비구는 구족계를 줄 수 없고, 의지를 줄 수 없으며, 사미를 양육할 수 있느니라."

36-4 "여러 비구들이여. 다섯 가지를 갖추었던 비구는 구족계를 줄 수 없고, 의지를 줄 수 없으며, 사미를 양육할 수 없나니 이를테면, 스스로가 무학계온을 구족하지 않고서 역시 다른 사람에게 무학계온을 구족시킬 수 없으며, 스스로가 무학정온을 구족하지 않고서 역시 다른 사람에게 무학정온을 구족시킬 수 없으며, 스스로가 무학혜온을 구족하지 않고서 역시 다른 사람에게 무학혜온을 구족시킬 수 없으며, 스스로가 무학해탈온을 구족하지 않고서 역시 다른 사람에게 무학해탈온을 구족시킬 수 없으며, 스스로가 무학해탈지견온을 구족하지 않고서 역시 다른 사람에게 무학해탈지견온을 구족시킬 수 없는 것이니라. 여러 비구들이여. 이와 같이 다섯 가지를 갖추었던 비구는 구족계를 줄 수 없고, 의지를 줄 수 없으며, 사미를 양육할 수 없느니라."

36-5 "여러 비구들이여. 다섯 가지를 갖추었던 비구는 구족계를 줄 수 있고, 의지를 줄 수 있으며, 사미를 양육할 수 있나니 이를테면, 스스로가 무학계온을 구족하였고 역시 다른 사람에게 무학계온을 구족시킬 수 있으며, 스스로가 무학정온을 구족하였다면 역시 다른 사람에게 무학정온을 구족시킬 수 있으며, 스스로가 무학혜온을 구족하였다면 역시 다른 사람에게 무학혜온을 구족시킬 수 있으며, 스스로가 무학해탈온을 구족하였다면 역시 다른 사람에게 무학해탈온을 구족시킬 수 있으며, 스스로가 무학해탈지견온을 구족하였다면 역시 다른 사람에게 무학해탈지견온을 구족시킬 수 있는 것이니라. 여러 비구들이여. 이와 같이 다섯 가지를 갖추었던 비구는 구족계를 줄 수 있고, 의지를 줄 수 없으며, 사미를 양육할 수 있느니라."

36-6 "여러 비구들이여. 다섯 가지를 갖추었던 비구는 구족계를 줄수 없고, 의지를 줄 수 없으며, 사미를 양육할 수 없나니 이를테면, 믿음이 없고, 스스로에게 부끄러움이 없으며, 다른 사람에게 부끄러움이 없고, 게으르며, 사념(思念)을 잃은 자이다. 여러 비구들이여. 이와 같이 다섯 가지를 갖추었던 비구는 구족계를 줄 수 없고, 의지를 줄 수 없으며, 사미를 양육할 수 없느니라."

36-7 "여러 비구들이여. 다섯 가지를 갖추었던 비구는 구족계를 줄수 있고, 의지를 줄 수 있으며, 사미를 양육할 수 있나니 이를테면, 믿음이 없고, 스스로에게 부끄러움이 있으며, 다른 사람에게 부끄러움이 있고, 정진하며, 사념(思念)을 잃지 않은 자이다. 여러 비구들이여. 이와 같이 다섯 가지를 갖추었던 비구는 구족계를 줄 수 있고, 의지를 줄 수 있으며, 사미를 양육할 수 있느니라."

36-8 "여러 비구들이여. 다섯 가지를 갖추었던 비구는 구족계를 줄수 없고, 의지를 줄 수 없으며, 사미를 양육할 수 없나니 이를테면, 증상계(增上戒)에서 계를 깨트렸고, 증상행(增上行)에서 행을 깨트렸으며, 증상견(增上見)215)에서 견을 깨트렸고, 들은 것이 적으며, 지혜가 적은 자이다. 여러 비구들이여. 이와 같이 다섯 가지를 갖추었던 비구는 구족계를 줄 수 없고, 의지를 줄 수 없으며, 사미를 양육할 수 없느니라."

36-9 "여러 비구들이여. 다섯 가지를 갖추었던 비구는 구족계를 줄수 있고, 의지를 줄 수 있으며, 사미를 양육할 수 있나니 이를테면, 증상계에서 계를 깨트리지 않았고, 증상행에서 행을 깨트리지 않았으며, 증상견에서 견을 깨트리지 않았고, 들은 것이 많으며, 지혜를 갖춘 자이다. 여러

---

215) 증상계는 바라이죄(波羅夷罪)와 승잔죄(僧殘罪)를 말하고, 증상행은 바라이죄와 승잔죄를 제외한 바일제죄, 사타죄, 투란차죄(미수죄) 등을 말하며, 증상견은 삿된 견해에 빠지지 않고 바른 견해를 지니는 것을 말한다.

비구들이여. 이와 같이 다섯 가지를 갖추었던 비구는 구족계를 줄 수 있고, 의지를 줄 수 있으며, 사미를 양육할 수 있느니라."

36-10 "여러 비구들이여. 다섯 가지를 갖추었던 비구는 구족계를 줄 수 없고, 의지를 줄 수 없으며, 사미를 양육할 수 없나니 이를테면, 시자이거나, 혹은 제자가 병들었는데 능히 스스로가 가까이서 보살피지 않고, 혹은 사람을 시켜서 보살피지 않았거나, 불만이 생겨났는데 능히 스스로가 없애지 않았고 다른 사람을 시켜서 없애지 않았거나, 악작이 생겨났는데 법에 의지하여 능히 스스로가 없애지 않았고 다른 사람을 시켜서 없애지 않았거나, 범한 것을 알지 못하거나, 출죄를 알지 못하는 자이다. 여러 비구들이여. 이와 같이 다섯 가지를 갖추었던 비구는 구족계를 줄 수 없고, 의지를 줄 수 없으며, 사미를 양육할 수 없느니라."

36-11 "여러 비구들이여. 다섯 가지를 갖추었던 비구는 구족계를 줄 수 있고, 의지를 줄 수 있으며, 사미를 양육할 수 있나니 이를테면, 시자이거나, 혹은 제자가 병들었다면 능히 스스로가 가까이서 보살폈고, 혹은 사람을 시켜서 보살피거나, 불만이 생겨났다면 능히 스스로가 없앴고 다른 사람을 시켜서 없앴거나, 악작이 생겨났다면 법에 의지하여 능히 스스로가 없앴고 다른 사람을 시켜서 없앴거나, 범한 것을 알거나, 출죄를 아는 자이다. 여러 비구들이여. 이와 같이 다섯 가지를 갖추었던 비구는 구족계를 줄 수 있고, 의지를 줄 수 있으며, 사미를 양육할 수 있느니라."

36-12 "여러 비구들이여. 다섯 가지를 갖추었던 비구는 구족계를 줄 수 없고, 의지를 줄 수 없으며, 사미를 양육할 수 없나니 이를테면, 시자이거나 혹은 제자로 능히 증상행의 위의를 배울 수 없거나, 능히 기본적인 범행을 수순하여 배울 수 없거나, 능히 증상법(增上法)을 수순하여 배울 수 없거나, 능히 증상율(增上律)을 수순하여 배울 수 없거나, 능히 법에 의지하여 스스로가 벗어날 수 없고 다른 사람을 벗어나게 할 수 없는

자이다. 여러 비구들이여. 이와 같이 다섯 가지를 갖추었던 비구는 구족계를 줄 수 없고, 의지를 줄 수 없으며, 사미를 양육할 수 없느니라."

36-13 "여러 비구들이여. 다섯 가지를 갖추었던 비구는 구족계를 줄 수 있고, 의지를 줄 수 있으며, 사미를 양육할 수 있나니 이를테면, 시자이거나 혹은 제자로 능히 증상행의 위의를 배울 수 있거나, 능히 기본적인 범행을 수순하여 배울 수 있거나, 능히 증상법을 수순하여 배울 수 있거나, 능히 증상율을 수순하여 배울 수 있거나, 능히 법에 의지하여 스스로가 벗어날 수 있고 다른 사람을 벗어나게 할 수 있는 자이다. 여러 비구들이여. 이와 같이 다섯 가지를 갖추었던 비구는 구족계를 줄 수 있고, 의지를 줄 수 있으며, 사미를 양육할 수 있느니라."

36-14 "여러 비구들이여. 다섯 가지를 갖추었던 비구는 구족계를 줄 수 없고, 의지를 줄 수 없으며, 사미를 양육할 수 없나니 이를테면, 범하는 것을 알지 못하고 범하지 않는 것을 알지 못하거나, 가벼운 죄를 범하는 것을 알지 못하고 무거운 죄를 범하는 것을 알지 못하거나, 2부중(部衆)의 바라제목차(波羅提木叉)[216]를 자세하게 알지 못하여서 잘 분별하지 못하거나, 잘 적용하지 못하거나, 계목의 내용을 잘 판결하지 못하는 자이다. 여러 비구들이여. 이와 같이 다섯 가지를 갖추었던 비구는 구족계를 줄 수 없고, 의지를 줄 수 없으며, 사미를 양육할 수 없느니라."

36-15 "여러 비구들이여. 다섯 가지를 갖추었던 비구는 구족계를 줄 수 있고, 의지를 줄 수 있으며, 사미를 양육할 수 있나니 이를테면, 범하는 것을 알고 범하지 않는 것을 알거나, 가벼운 죄를 범하는 것을 알고 무거운 죄를 범하는 것을 알거나, 2부중의 바라제목차를 자세하게 알아서 잘 분별하거나, 잘 적용하거나, 계목의 내용으로 잘 판결하는 자이다. 여러

---

216) 팔리어 pātimokkha(파티모까)의 음사이다.

비구들이여. 이와 같이 다섯 가지를 갖추었던 비구는 구족계를 줄 수 있고, 의지를 줄 수 있으며, 사미를 양육할 수 있느니라."

36-16 "여러 비구들이여. 다섯 가지를 갖추었던 비구는 구족계를 줄 수 없고, 의지를 줄 수 없으며, 사미를 양육할 수 없나니 이를테면, 범하는 것을 알지 못하거나, 범하지 않는 것을 알지 못하거나, 가벼운 죄를 범하는 것을 알지 못하거나, 무거운 죄를 범하는 것을 알지 못하거나, 법랍이 10년을 채우지 않은 자이다. 여러 비구들이여. 이와 같이 다섯 가지를 갖추었던 비구는 구족계를 줄 수 없고, 의지를 줄 수 없으며, 사미를 양육할 수 없느니라."

36-17 "여러 비구들이여. 다섯 가지를 갖추었던 비구는 구족계를 줄 수 있고, 의지를 줄 수 있으며, 사미를 양육할 수 있나니 이를테면, 범하는 것을 알거나, 범하지 않는 것을 알거나, 가벼운 죄를 범하는 것을 알거나, 무거운 죄를 범하는 것을 알거나, 법랍이 10년을 채운 자이다. 여러 비구들이여. 이와 같이 다섯 가지를 갖추었던 비구는 구족계를 줄 수 있고, 의지를 줄 수 있으며, 사미를 양육할 수 있느니라."

[수구족계지오분십육사를 마친다.]

37) 수구족계지육분십육사(授具足戒之六分十六事)

37-1 "여러 비구들이여. 여섯 가지를 갖추었던 비구는 구족계를 줄 수 없고, 의지를 줄 수 없으며, 사미를 양육할 수 없나니 이를테면, 무학계온을 구족하지 않았고, 무학정온을 구족하지 않았으며, 무학혜온을 구족하지 않았고, 무학해탈온을 구족하지 않았으며, 무학해탈지견온을 구족하지 않았고, 법랍이 10년을 채우지 않은 자이다. 여러 비구들이여. 이와

같이 여섯 가지를 갖추었던 비구는 구족계를 줄 수 없고, 의지를 줄 수 없으며, 사미를 양육할 수 없느니라."

37-2 "여러 비구들이여. 여섯 가지를 갖추었던 비구는 구족계를 줄 수 있고, 의지를 줄 수 있으며, 사미를 양육할 수 있나니 이를테면, 무학계온을 구족하였고, 무학정온을 구족하였으며, 무학혜온을 구족하였고, 무학해탈온을 구족하였으며, 무학해탈지견온을 구족하였고 법랍이 10년을 채웠거나, 혹은 10년을 넘긴 자이다. 여러 비구들이여. 이와 같이 여섯 가지를 갖추었던 비구는 구족계를 줄 수 있고, 의지를 줄 수 있으며, 사미를 양육할 수 있느니라."

37-3 "여러 비구들이여. 여섯 가지를 갖추었던 비구는 구족계를 줄 수 없고, 의지를 줄 수 없으며, 사미를 양육할 수 없나니 이를테면, 스스로가 무학계온을 구족하지 않았고 역시 다른 사람에게 무학계온을 구족시킬 수 없으며, 스스로가 무학정온을 구족하지 않았고 역시 다른 사람에게 무학정온을 구족시킬 수 없으며, 스스로가 무학혜온을 구족하지 않았고 역시 다른 사람에게 무학혜온을 구족시킬 수 없으며, 스스로가 무학해탈온을 구족하지 않았고 역시 다른 사람에게 무학해탈온을 구족시킬 수 없으며, 스스로가 무학해탈지견온을 구족하지 않고 역시 다른 사람에게 무학해탈지견온을 구족시킬 수 없으며, 법랍이 10년을 채우지 않은 자이다. 여러 비구들이여. 이와 같이 여섯 가지를 갖추었던 비구는 구족계를 줄 수 없고, 의지를 줄 수 없으며, 사미를 양육할 수 없느니라."

37-4 "여러 비구들이여. 여섯 가지를 갖추었던 비구는 구족계를 줄 수 있고, 의지를 줄 수 있으며, 사미를 양육할 수 있나니 이를테면, 스스로가 무학계온을 구족하였고 역시 다른 사람에게 무학계온을 구족시킬 수 있으며, 스스로가 무학정온을 구족하였고 역시 다른 사람에게 무학정온을 구족시킬 수 있으며, 스스로가 무학혜온을 구족하였고 역시 다른 사람에

게 무학혜온을 구족시킬 수 있으며, 스스로가 무학해탈온을 구족하였고 역시 다른 사람에게 무학해탈온을 구족시킬 수 있으며, 스스로가 무학해탈지견온을 구족하였고 역시 다른 사람에게 무학해탈지견온을 구족시킬 수 있으며, 법랍이 10년을 채웠거나, 혹은 10년을 넘긴 자이다. 여러 비구들이여. 이와 같이 여섯 가지를 갖추었던 비구는 구족계를 줄 수 있고, 의지를 줄 수 있으며, 사미를 양육할 수 있느니라."

37-5 "여러 비구들이여. 여섯 가지를 갖추었던 비구는 구족계를 줄 수 없고, 의지를 줄 수 없으며, 사미를 양육할 수 없나니 이를테면, 믿음이 없고, 스스로에게 부끄러움이 없으며, 다른 사람에게 부끄러움이 없고, 게으르며, 사념(思念)을 잃었고, 법랍이 10년을 채우지 않은 자이다. 여러 비구들이여. 이와 같이 여섯 가지를 갖추었던 비구는 구족계를 줄 수 없고, 의지를 줄 수 없으며, 사미를 양육할 수 없느니라."

37-6 "여러 비구들이여. 여섯 가지를 갖추었던 비구는 구족계를 줄 수 있고, 의지를 줄 수 있으며, 사미를 양육할 수 있나니 이를테면, 믿음이 있고, 스스로에게 부끄러움이 있으며, 다른 사람에게 부끄러움이 있고, 정진하며, 사념(思念)을 잃지 않았고, 법랍이 10년을 채웠거나, 혹은 10년을 넘긴 자이다. 여러 비구들이여. 이와 같이 여섯 가지를 갖추었던 비구는 구족계를 줄 수 있고, 의지를 줄 수 있으며, 사미를 양육할 수 있느니라."

37-7 "여러 비구들이여. 여섯 가지를 갖추었던 비구는 구족계를 줄 수 없고, 의지를 줄 수 없으며, 사미를 양육할 수 없나니 이를테면, 증상계에서 계를 깨트렸고, 증상행에서 행을 깨트렸으며, 증상에서 견을 깨트렸고, 들은 것이 적으며, 지혜가 적고, 법랍이 10년을 채우지 않은 자이다. 여러 비구들이여. 이와 같이 여섯 가지를 갖추었던 비구는 구족계를 줄 수 없고, 의지를 줄 수 없으며, 사미를 양육할 수 없느니라."

37-8 "여러 비구들이여. 여섯 가지를 갖추었던 비구는 구족계를 줄 수 있고, 의지를 줄 수 있으며, 사미를 양육할 수 있나니 이를테면, 증상계에서 계를 깨트리지 않았고, 증상행에서 행을 깨트리지 않았으며, 증상견에서 견을 깨트리지 않았고, 들은 것이 많으며, 지혜를 갖추었고, 법랍이 10년을 채웠거나, 혹은 10년을 넘긴 자이다. 여러 비구들이여. 이와 같이 여섯 가지를 갖추었던 비구는 구족계를 줄 수 있고, 의지를 줄 수 있으며, 사미를 양육할 수 있느니라."

37-9 "여러 비구들이여. 여섯 가지를 갖추었던 비구는 구족계를 줄 수 없고, 의지를 줄 수 없으며, 사미를 양육할 수 없나니 이를테면, 시자이거나, 혹은 제자가 병들었는데 능히 스스로가 가까이서 보살피지 않고, 혹은 사람을 시켜서 보살피지 않았거나, 불만이 생겨났는데 능히 스스로가 없애지 않았고 다른 사람을 시켜서 없애지 않았거나, 악작이 생겨났는데 법에 의지하여 능히 스스로가 없애지 않았고 다른 사람을 시켜서 없애지 않았거나, 범한 것을 알지 못하거나, 출죄를 알지 못하거나, 법랍이 10년을 채우지 않은 자이다. 여러 비구들이여. 이와 같이 여섯 가지를 갖추었던 비구는 구족계를 줄 수 없고, 의지를 줄 수 없으며, 사미를 양육할 수 없느니라."

37-10 "여러 비구들이여. 여섯 가지를 갖추었던 비구는 구족계를 줄 수 있고, 의지를 줄 수 있으며, 사미를 양육할 수 있나니 이를테면, 시자이거나, 혹은 제자가 병들었다면 능히 스스로가 가까이서 보살폈고, 혹은 사람을 시켜서 보살피거나, 불만이 생겨났다면 능히 스스로가 없앴고 다른 사람을 시켜서 없앴거나, 악작이 생겨났다면 법에 의지하여 능히 스스로가 없앴고 다른 사람을 시켜서 없앴거나, 범한 것을 알거나, 출죄를 알거나, 법랍이 10년을 채웠거나, 혹은 10년을 넘긴 자이다. 여러 비구들이여. 이와 같이 여섯 가지를 갖추었던 비구는 구족계를 줄 수 있고, 의지를 줄 수 있으며, 사미를 양육할 수 있느니라."

37-11 "여러 비구들이여. 여섯 가지를 갖추었던 비구는 구족계를 줄 수 없고, 의지를 줄 수 없으며, 사미를 양육할 수 없나니 이를테면, 시자이거나 혹은 제자로 능히 증상행의 위의를 배울 수 없거나, 능히 기본적인 범행을 수순하여 배울 수 없거나, 능히 증상법(增上法)을 수순하여 배울 수 없거나, 능히 증상율(增上律)을 수순하여 배울 수 없거나, 능히 법에 의지하여 스스로가 벗어날 수 없고 다른 사람을 벗어나게 할 수 없거나, 법랍이 10년을 채우지 않은 자이다. 여러 비구들이여. 이와 같이 여섯 가지를 갖추었던 비구는 구족계를 줄 수 없고, 의지를 줄 수 없으며, 사미를 양육할 수 없느니라."

37-12 "여러 비구들이여. 여섯 가지를 갖추었던 비구는 구족계를 줄 수 있고, 의지를 줄 수 있으며, 사미를 양육할 수 있나니 이를테면, 시자이거나 혹은 제자로 능히 증상행의 위의를 배울 수 있거나, 능히 기본적인 범행을 수순하여 배울 수 있거나, 능히 증상법을 수순하여 배울 수 있거나, 능히 증상율을 수순하여 배울 수 있거나, 능히 법에 의지하여 스스로가 벗어날 수 있고 다른 사람을 벗어나게 할 수 있거나, 법랍이 10년을 채웠거나, 혹은 10년을 넘긴 자이다. 여러 비구들이여. 이와 같이 여섯 가지를 갖추었던 비구는 구족계를 줄 수 있고, 의지를 줄 수 있으며, 사미를 양육할 수 있느니라."

37-13 "여러 비구들이여. 여섯 가지를 갖추었던 비구는 구족계를 줄 수 없고, 의지를 줄 수 없으며, 사미를 양육할 수 없나니 이를테면, 범하는 것을 알지 못하고 범하지 않는 것을 알지 못하거나, 가벼운 죄를 범하는 것을 알지 못하고 무거운 죄를 범하는 것을 알지 못하거나, 2부중의 바라제목차를 자세하게 알지 못하여 잘 분별하지 못하거나, 잘 적용하지 못하거나, 계목의 내용을 잘 판결하지 못하거나, 법랍이 10년을 채우지 않은 자이다. 여러 비구들이여. 이와 같이 여섯 가지를 갖추었던 비구는 구족계를 줄 수 없고, 의지를 줄 수 없으며, 사미를 양육할 수 없느니라."

37-14 "여러 비구들이여. 여섯 가지를 갖추었던 비구는 구족계를 줄 수 있고, 의지를 줄 수 있으며, 사미를 양육할 수 있나니 이를테면, 범하는 것을 알고 범하지 않는 것을 알거나, 가벼운 죄를 범하는 것을 알고 무거운 죄를 범하는 것을 알거나, 2부중의 바라제목차를 자세하게 알아서 잘 분별하거나, 잘 적용하거나, 계목의 내용을 잘 판결하거나, 법랍이 10년을 채웠거나, 혹은 10년을 넘긴 자이다. 여러 비구들이여. 이와 같이 여섯 가지를 갖추었던 비구는 구족계를 줄 수 있고, 의지를 줄 수 있으며, 사미를 양육할 수 있느니라."

[수구족계지육분십육사를 마친다.]

38) 옛 외도(外道)의 인연

38-1 그때 옛날에 외도이었던 자가 있었는데, 화상이 수순하여 설법하는 때에 화상과 논쟁하고서 옛날의 외도로 돌아갔다. 그는 다시 여러 비구들의 처소에 이르러 구족계를 청하였다. 여러 비구들은 이 일로써 세존께 아뢰었고, 세존께서는 말씀하셨다.

"여러 비구들이여. 화상이 수순하여 설법하는 때에 화상과 논쟁하고서 옛날의 외도로 돌아갔던 자가 비록 다시 왔더라도 구족계를 줄 수 없느니라. 여러 비구들이여. 만약 옛날의 외도가 이 법과 율에 의지하여 출가하고자 희망하였다면, 구족계를 희망하는 자는 마땅히 4개월을 별주해야 하느니라."

38-2 "여러 비구들이여. 이 자에게 별주를 주는 때에 마땅히 이와 같이 그것을 행해야 하느니라. 먼저 수염과 머리카락을 깎고 가사의 옷을 입게 시키며 오른쪽 어깨를 드러내고서 여러 비구들의 발에 예배하고서 호궤 합장하고 이와 같이 창언해야 한다.

'세존께 귀의합니다. 법에 귀의합니다. 승가께 귀의합니다.[217]

세존께 귀의합니다. 법에 귀의합니다. 승가께 귀의합니다.

세존께 귀의합니다. 법에 귀의합니다. 승가께 귀의합니다.'

두 번째에도 마땅히 이와 같이 청해야 하고, …… 나아가 …… 세 번째에도 마땅히 이와 같이 청해야 한다.

여러 비구들이여. 그 옛날의 외도는 승가의 가운데에 이르러 오른쪽 어깨를 드러내고서 여러 비구들의 발에 예배하고서 호궤 합장하고 이와 같이 창언해야 한다.

'나 누구는 옛날에 외도이었으나, 이 법과 율에서 구족계를 받고자 희망합니다. 나는 승가께서 4개월의 별주를 주시기를 청합니다.'

두 번째에도 청해야 하고, 세 번째에도 청해야 한다.

마땅히 한 총명하고 유능한 비구가 승가의 가운데에서 창언해야 한다.

'대덕 승가께서는 허락하십시오. 이 처소에서 옛날에 외도이었던 누구는 이 법과 율에서 구족계를 받고자 희망하였고, 그는 승가께서 4개월의 별주를 주시기를 청하였습니다. 만약 승가께서 때에 이르렀다면 승가께서는 마땅히 옛날에 외도이었던 누구에게 4개월의 별주를 주십시오. 이와 같이 아룁니다.'

'대덕 승가께서는 허락하십시오. 이 처소에서 옛날에 외도이었던 누구는 이 법과 율에서 구족계를 받고자 희망하였고, 그는 승가께서 4개월의 별주를 주시기를 청하였습니다. 지금 옛날에 외도이었던 누구에게 4개월의 별주를 주는 것을 여러 대덕들께서 인정하신다면 묵연하시고 인정하지 않으신다면 말씀하십시오.'

'승가시여. 옛날에 외도이었던 누구에게 4개월의 별주를 주는 것을 마쳤습니다. 승가께서 인정하신 것은 묵연하였던 까닭입니다. 나는 이와 같이 알고 이해하겠습니다.'"

---

217) 팔리어 'buddhaṃ saraṇaṃ gacchāmi, dhammaṃ saraṇaṃ gacchāmi, saṅghaṃ saraṇaṃ gacchāmi'의 번역이고, saraṇaṃ은 '보호처' 또는 '피난처'를 뜻하는 명사이고 gacchāmi는 1인칭 단수의 현재 시제로 '간다.'는 뜻이다.

38-3 "여러 비구들이여. 옛날에 외도는 이와 같이 승가의 뜻에 적합한 자이거나, 이와 같이 승가의 뜻에 적합하지 않는 자이다. 무엇이 옛날에 외도가 이와 같이 승가의 뜻과 적합하지 않는 자인가? 여러 비구들이여. 이 처소에서 외도이었던 자가 취락에 일찍 들어갔고 돌아오면서 너무 늦는 자이다. 여러 비구들이여. 이와 같은 옛날에 외도이었던 자는 승가의 뜻에 적합하지 않은 자이다.

다시 다음으로 여러 비구들이여. 옛날에 외도이었던 자는 음녀(淫女)와 친근하고 과부(寡婦)와 친근하며 어린 동녀(童女)와 친근하고 황문(黃門)과 친근하며 비구니와 친근하니라. 여러 비구들이여. 이와 같은 옛날에 외도이었던 자는 승가의 뜻에 적합하지 않은 자이다."

38-4 "다시 다음으로 여러 비구들이여. 옛날에 외도이었던 자는 범행인 제자의 여러 종류의 마땅한 행을 감당할 수 없고, 부지런하지 않으며, 그 방편을 위한 관찰을 구족하지 못하여서 능히 스스로가 짓지 못하며, 능히 지도할 수 없다. 여러 비구들이여. 이와 같은 옛날에 외도이었던 자는 승가의 뜻에 적합하지 않은 자이다.

다시 다음으로 여러 비구들이여. 옛날에 외도이었던 자는 질문과 증상계, 증상심, 증상혜의 교설(敎說)에서 발원하는 뜻이 없다. 여러 비구들이여. 이와 같은 옛날에 외도이었던 자는 승가의 뜻에 적합하지 않은 자이다."

38-5 "다시 다음으로 여러 비구들이여. 옛날에 외도이었던 자는 이전 외도 처소의 옛 스승의 견해, 인욕, 경향, 집착 등을 훼손하는 것을 듣는다면 성내고 즐거워하지 않고 기뻐하지 않으며, 불·법·승을 훼손하는 것을 듣는다면 곧 즐거워하고 기뻐하며 유쾌해 한다. 이전 외도 처소의 옛 스승의 견해, 인욕, 경향, 집착 등을 찬탄하는 것을 듣는다면 즐거워하고 기뻐하며 유쾌해 하며, 불·법·승을 찬탄하는 것을 듣는다면 성내고 즐거워하지 않고 기뻐하지 않는다.

여러 비구들이여. 이와 같다면 나아가 옛날에 외도이었던 자는 승가의

뜻에 적합하지 않은 것으로 결정된다. 여러 비구들이여. 이와 같은 옛날에
외도이었던 자는 승가의 뜻에 적합하지 않은 자이다. 여러 비구들이여.
이와 같이 승가의 뜻에 적합하지 않은 옛날에 외도이었던 자가 왔던
때에는 역시 구족계를 줄 수 없느니라."

38-6 "여러 비구들이여. 무엇이 옛날에 외도가 이와 같이 승가의 뜻과
적합한 자인가? 여러 비구들이여. 이 처소에서 외도이었던 자가 취락에
일찍 들어가지 않고 돌아오면서 늦지 않는 자이다. 여러 비구들이여.
이와 같은 옛날에 외도이었던 자는 승가의 뜻에 적합한 자이다.

　다시 다음으로 여러 비구들이여. 옛날에 외도이었던 자는 음녀와 친근
하지 않고 과부와 친근하지 않으며 어린 동녀와 친근하지 않고 황문과
친근하지 않으며 비구니와 친근하지 않느니라. 여러 비구들이여. 이와
같은 옛날에 외도이었던 자는 승가의 뜻에 적합한 자이다."

38-7 "다시 다음으로 여러 비구들이여. 옛날에 외도이었던 자는 범행인
제자의 여러 종류의 마땅한 행을 감당할 수 있고, 부지런하며, 그 방편을
위한 관찰을 구족하여서 능히 스스로가 지으며, 능히 지도할 수 있다. 여러
비구들이여. 이와 같은 옛날에 외도이었던 자는 승가의 뜻에 적합한 자이다.

　다시 다음으로 여러 비구들이여. 옛날에 외도이었던 자는 질문과 증상
계, 증상심, 증상혜의 교설(敎說)에서 발원하는 뜻이 있다. 여러 비구들이
여. 이와 같은 옛날에 외도이었던 자는 승가의 뜻에 적합한 자이다."

38-8 "다시 다음으로 여러 비구들이여. 옛날에 외도이었던 자는 이전
외도 처소의 옛 스승의 견해, 인욕, 경향, 집착 등을 훼손하는 것을 듣는다면
즐거워하고 기뻐하며 유쾌해 하며, 불·법·승을 훼손하는 것을 듣는다면
곧 성내고 즐거워하지 않고 기뻐하지 않는다. 이전 외도 처소의 옛 스승의
견해, 인욕, 경향, 집착 등을 찬탄하는 것을 듣는다면 성내고 즐거워하지
않고 기뻐하지 않으며, 불·법·승을 찬탄하는 것을 듣는다면 즐거워하고

기뻐하며 유쾌하게 생각한다.

여러 비구들이여. 이와 같다면 나아가 옛날에 외도이었던 자가 승가의 뜻에 적합한 것으로 결정된다. 여러 비구들이여. 이와 같은 옛날에 외도이었던 자는 승가의 뜻에 적합한 자이다. 여러 비구들이여. 이와 같이 승가의 뜻에 적합한 옛날에 외도이었던 자가 왔던 때에는 마땅히 구족계를 줄 수 없느니라."

38-9 "여러 비구들이여. 옛날에 외도이었던 자가 만약 나형(裸形)으로 왔던 자라면 옷을 애원하면서 청하여도 곧 화상에 의지해야 한다. 만약 머리카락을 깎지 않았던 자가 왔고 승가에게 머리카락을 깎는 것을 애원하였다면 마땅히 허락해야 한다.

여러 비구들이여. 만약 불을 섬기는 자들인 결발범지가[218] 왔던 때라면 마땅히 구족계를 주어야 하고, 별주를 줄 수 없다. 왜 그러한가? 여러 비구들이여. 그들은 찬탄되었던 업(業)이고, 찬탄되었던 것을 마땅히 짓는 까닭이니라.

여러 비구들이여. 만약 석가족에서 태어났던 옛날에 외도이었던 자가 왔던 때라면 마땅히 구족계를 주어야 하고, 별주를 줄 수 없다. 왜 그러한가? 여러 비구들이여. 나는 여러 친족들에게 이러한 특전(特典)을 주겠노라."

[옛 외도의 인연을 마친다.]

○ **【일곱째의 송출품을 마친다.】**

---

218) 팔리어 Aggikā jaṭilaka(아끼카 자티라카)의 번역이다. aggika는 '불을 섬기는 자'라는 뜻이고, jaṭilaka는 '자손'을 뜻한다.

8. 제8송출품(第八誦出品)

39) 출가할 수 없는 자 ①

39-1 그때 마갈타국에는 다섯 종류의 병이 있었으니, 나병(癩病)[219], 옹창(癰瘡)[220], 습진(濕疹)[221], 폐병(肺病)[222], 전광(癲狂)[223]이었다. 여러 사람들은 다섯 종류의 병이 있다면 기바(耆婆)[224] 동자의 처소에 이르러 말하였다.

"선생님! 원하건대 나를 치료하여 주십시오."

"나는 마땅히 지을 것이 많고 준비할 것도 많습니다. 나는 마갈타국의 사니야 빈비사라왕과 후궁 및 세존과 상수(上首)인 비구들에게도 역시 능히 봉사(奉事)할 수 없습니다. 나는 능히 그대들을 치료할 수 없습니다."

"선생님! 일체의 소유한 것을 그대에게 주겠습니다. 우리들을 장차 그대의 노비로 삼으십시오. 선생님! 원하건대 우리들을 치료하여 주십시오."

"나는 마땅히 지을 것이 많고 준비할 것도 많습니다. 나는 마갈타국의 사니야 빈비사라왕과 후궁 및 세존과 상수인 비구들에게도 역시 능히 봉사할 수 없습니다. 나는 능히 그대들을 치료할 수 없습니다."

39-2 이때 그 여러 사람들은 마음에서 사유하였다.

'그 여러 사문인 석자들의 계율은 쉽고 행도 쉬우며 좋은 음식을 먹고 바람이 들어오지 않는 와구에 눕는다. 우리들도 마땅히 여러 사문인

---

219) 팔리어 Kuṭṭha(쿠따)의 번역이다.
220) 팔리어 Gaṇḍa(간다)의 번역이다.
221) 팔리어 Kilāsa(키라사)의 번역이다.
222) 팔리어 Sosa(소사)의 번역이다.
223) 팔리어 Apamāra(아파마라)의 번역이고, 간질병을 가리킨다.
224) 팔리어 Jīvaka komārabhacca(지바카 코마라바짜)의 음사이다.

석자들의 처소에 출가해야겠다. 만약 그때 여러 비구들이 마땅히 우리들을 간병한다면 기바 동자가 마땅히 우리들을 치료할 것이다.'

이때 그 여러 사람들은 여러 비구들의 처소에 이르러 출가를 청하였고, 여러 비구들은 그들을 출가시키고 구족계를 주었으며, 여러 비구들을 위하여 간병하였고, 기바 동자는 그들을 치료하였다.

이때 여러 사람들은 매우 많은 병든 비구를 간병하였고, 여러 곳에서 구걸하였으며, 많은 곳에서 구하면서 "병자에게 음식을 주십시오. 간병하는 자에게 음식을 주십시오. 병자에게 약물(藥物)을 주십시오."라고 말하였다. 기바 동자도 이 여러 병든 비구를 치료하였던 인연을 까닭으로 이때 왕의 치료에 소홀하였다.

39-3 한 사람이 다섯 종류의 병이 있었으므로 기바의 처소에 이르러 말하였다.

"선생님! 원하건대 나를 치료하여 주십시오."

"나는 마땅히 지을 것이 많고 준비할 것도 많습니다. 나는 마갈타국의 사니야 빈비사라왕과 후궁 및 세존과 상수인 비구들에게도 역시 능히 봉사할 수 없습니다. 나는 능히 그대들을 치료할 수 없습니다."

"선생님! 일체의 소유한 것을 그대에게 주겠습니다. 나를 장차 그대의 노비로 삼으십시오. 선생님! 원하건대 나를 치료하여 주십시오."

"나는 마땅히 지을 것이 많고 준비할 것도 많습니다. 나는 마갈타국의 사니야 빈비사라왕과 후궁 및 세존과 상수인 비구들에게도 역시 능히 봉사할 수 없습니다. 나는 능히 그대를 치료할 수 없습니다."

이때 그 사람은 마음에서 사유하였다.

'그 여러 사문인 석자들의 계율은 쉽고 행도 쉬우며 좋은 음식을 먹고 바람이 들어오지 않는 와구에 눕는다. 나는 마땅히 여러 사문인 석자들의 처소에 출가해야겠다. 만약 그때 여러 비구들이 마땅히 나를 간병한다면 기바 동자가 역시 나를 치료할 것이다.'

이때 이 사람은 여러 비구들의 처소에 이르러 출가를 청하였고, 여러

비구들은 그를 출가시키고 구족계를 주었으며, 여러 비구들을 위하여
간병하였고, 기바 동자는 그를 치료하였다. 그는 병을 치료하고서 환속하
였고, 기바 동자는 이 사람이 환속한 것을 보았다. 보고서 이 사람에게
말하였다.

"그대는 여러 비구들의 처소에 이르러 출가하지 않았습니까?"

"선생님. 그렇습니다."

"그러하였는데, 어떻게 이와 같은 일을 지었습니까?"

이때 이 사람은 이 일로써 기바 동자에게 알려 말하였다.

39-4 기바 동자는 싫어하고 비난하였다.

"어찌하여 여러 존자들은 다섯 종류의 병이 있는 자를 출가시키는가?"

이때 기바 동자는 세존의 처소로 나아갔고, 이르러서 세존께 예경하고
서 한쪽에 앉았다. 한쪽에 앉고서 기바 동자는 세존께 아뢰어 말하였다.

"세존이시여. 원하건대 다섯 종류의 병이 있는 자를 출가시키지 마십시오."

이때 세존께서는 설법하시어 가르쳐서 보여주셨고 인도하셨으며 권장
하시어 기바 동자를 환희하게 하셨다. 기바 동자는 세존께서는 설법하시
어 가르쳐서 보여주셨고 인도하셨으며 권장하셨으므로 기뻐하면서 자리
에서 일어나서 세존께 예경하고 오른쪽으로 돌면서 떠나갔다. 이때 세존
께서는 이 인연으로써 설법하셨으며 여러 비구들에게 알려 말씀하셨다.

"여러 비구들이여. 다섯 종류의 병이 있는 자를 출가시킬 수 없느니라.
출가시키는 자는 악작을 범하느니라."

40) 출가할 수 없는 자 ②

40-1 그때 마갈타국의 사니야 빈비사라왕의 국경(國境)에서 반란이 일어
났다. 이때 마갈타국의 사니야 빈비사라왕은 장수(長帥)와 대신(大臣)에게
명령하였다.

"그대들이 가서 국경을 진정시키시오."

장수와 대신은 사니야 빈비사라왕에게 대답하여 말하였다.

"알겠습니다. 대왕이시여."

그때 알려진 군사(軍士)들은 마음에서 사유하였다.

'우리들이 만약 전쟁을 즐거워하면서 간다면 곧 악행(惡行)이고 복이 아닌 것을 많이 쌓는다. 장차 어느 방편을 의지해야 악행을 벗어나고 선행(善行)을 짓겠는가?'

이때 그 여러 군사들도 마음에서 사유하였다.

'그 여러 사문 석자들의 행법(行法)은 평등을 행하고 범행을 닦으며 진실을 말하고 계율을 지니며 선법이 있다. 만약 우리들이 여러 사문의 처소로 가서 출가한다면 곧 우리들은 악을 벗어나고 선을 지을 것이다.'

이때 그 군사들은 곧 여러 비구들의 처소에 이르러 출가를 청하였으므로, 여러 비구들은 그들을 출가시키고서 구족계를 주었다.

40-2 그때 장수와 대신은 왕의 신하에게 말하였다.

"어찌하여 누구 등의 군사가 없습니까?"

"누구 등의 군사들은 비구들의 처소에서 출가하였습니다."

장수와 대신은 싫어하고 비난하였다.

"어찌하여 여러 사문 석자들은 왕의 신하를 출가시키는가?"

장수와 대신은 이 일로써 마갈타국의 사니야 빈비사라왕에게 알렸고, 빈비사라왕은 사법대신(司法大臣)에게 물어 말하였다.

"왕의 신하로써 출가한 자는 마땅히 무슨 죄인가?"

"대왕이시여. 마땅히 화상은 머리를 잘라야 하고 아뢰었던 스승은 혀를 뽑아야 하며 모였던 대중은 갈비뼈를 부러트려야 합니다."

이때 마갈타국의 사니야 빈비사라왕은 세존의 주처로 나아갔고, 이르러서 세존께 예경하고서 한쪽에 앉았다. 한쪽에 앉고서 사니야 빈비사라왕은 세존께 아뢰어 말하였다.

"세존이시여. 여러 왕의 가운데에는 신심이 없는 자도 있고 청정한 마음이 없는 자도 있으며 이 일로써 여러 비구들을 해칠 수 있습니다. 원하건대 세존께서는 왕의 신하를 출가시키지 마십시오."

이때 세존께서는 설법하시어 가르쳐서 보여주셨고 인도하셨으며 권장하시어 사니야 빈비사라왕을 환희하게 하셨다. 이때 마갈타국의 사니야 빈비사라왕은 세존께서는 설법하시어 가르쳐서 보여주셨고 인도하셨으며 권장하셨으므로 기뻐하면서 자리에서 일어나서 세존께 예경하고 오른쪽으로 돌면서 떠나갔다. 이때 세존께서는 이 인연으로써 설법하셨으며 여러 비구들에게 알려 말씀하셨다.

"여러 비구들이여. 왕의 신하를 출가시킬 수 없느니라. 출가시키는 자는 악작을 범하느니라."

41) 출가할 수 없는 자 ③

41-1 그때 도둑이었던 앙굴마라(鴦崛摩羅)[225]가 비구의 처소에서 출가하였다. 많은 사람들이 그를 보고서 두려워서 달아났고 도로를 피하였으며 얼굴을 돌리고 문을 닫으면서 싫어하고 비난하였다.

"어찌하여 여러 사문 석자들은 도둑을 출가시키는가?"

여러 비구들은 여러 사람들이 싫어하고 비난하는 것을 들었다. 이때 여러 비구들은 이 일로써 세존께 아뢰었고, 세존께서는 여러 비구들에게 알려 말씀하셨다.

"여러 비구들이여. 도둑을 출가시킬 수 없느니라. 출가시키는 자는 악작을 범하느니라."

---

225) 팔리어 Aṅgulimāla(앙굴리마라)의 음사이다.

42) 출가할 수 없는 자 ④

42-1 그때 마갈타국의 사니야 빈비사라왕은 하명(下命)하여 말하였다.
"여러 사문인 석자들에게 출가한 자들은 처벌할 수 없나니, 다만 선법을 설하고 범행을 행하며 바로 고통을 끝내고자 하느니라."
그때 한 사람이 있어서 훔쳤으므로 감옥에 갇혔으나, 감옥을 부수고 달아났으며, 여러 비구들의 처소에서 출가하였다.

42-2 많은 사람들이 보고서 말하였다.
"이자는 곧 그 감옥을 부수었던 도둑이다. 마땅히 그를 붙잡아야 한다."
혹은 말하였다.
"그럴 수 없습니다. 마갈타국의 사니야 빈비사라왕은 이와 같이 하명하여 말하였습니다. '여러 사문인 석자들에게 출가한 자들은 처벌할 수 없나니, 다만 선법을 설하고 범행을 행하며 바로 고통을 끝내고자 하느니라.'"
많은 사람들이 싫어하고 비난하였다.
"그들을 처벌할 수 없으니, 그 여러 사문인 석자들은 두려움이 없는 것이다. 어찌하여 감옥을 부수었던 도둑을 출가시키는가?"
여러 비구들은 여러 사람들이 싫어하고 비난하는 것을 들었다. 이때 여러 비구들은 이 일로써 세존께 아뢰었고, 세존께서는 여러 비구들에게 알려 말씀하셨다.
"여러 비구들이여. 감옥을 부수었던 도둑을 출가시킬 수 없느니라. 출가시키는 자는 악작을 범하느니라."

43) 출가할 수 없는 자 ⑤

43-1 그때 한 사람이 있어서 도둑질하고서 달아났으며, 여러 비구들의 처소에서 출가하였다. 왕의 후궁(後宮)에서는 고시(告示)하였으니 이를테

면, "만약 보았다면 마땅히 죽이시오."라는 것이었다. 많은 사람들이 보고서 말하였다.

"이자는 곧 그 고시하였던 도둑이니 마땅히 죽여야 합니다."

혹은 말하였다.

"그럴 수 없습니다. 마갈타국의 사니야 빈비사라왕은 이와 같이 하명하여 말하였습니다. '여러 사문인 석자들에게 출가한 자들은 처벌할 수 없나니, 다만 선법을 설하고 범행을 행하며 바로 고통을 끝내고자 하느니라.'"

많은 사람들이 싫어하고 비난하였다.

"그들을 처벌할 수 없으니, 그 여러 사문인 석자들은 두려움이 없는 것이다. 어찌하여 고시하였던 그 도둑을 출가시키는가?"

여러 비구들은 여러 사람들이 싫어하고 비난하는 것을 들었다. 이때 여러 비구들은 이 일로써 세존께 아뢰었고, 세존께서는 여러 비구들에게 알려 말씀하셨다.

"여러 비구들이여. 고시하였던 도둑을 출가시킬 수 없느니라. 출가시키는 자는 악작을 범하느니라."

44) 출가할 수 없는 자 ⑥

44-1 그때 한 태형(笞刑)[226]을 받았던 자가 여러 비구들의 처소에서 출가하였다.

많은 사람들이 싫어하고 비난하였다.

"어찌하여 여러 사문 석자들은 태형을 받았던 자를 출가시키는가?"

여러 비구들은 여러 사람들이 싫어하고 비난하는 것을 들었다. 이때 여러 비구들은 이 일로써 세존께 아뢰었고, 세존께서는 여러 비구들에게 알려 말씀하셨다.

---

226) 곤장이나 채찍 등으로 때리는 형벌을 가리킨다.

"여러 비구들이여. 태형을 받았던 자를 출가시킬 수 없느니라. 출가시키는 자는 악작을 범하느니라."

45) 출가할 수 없는 자 ⑦

45-1 그때 한 낙형(烙刑)²²⁷⁾을 받았던 자가 여러 비구들의 처소에서 출가하였다.

많은 사람들이 싫어하고 비난하였다.

"어찌하여 여러 사문 석자들은 태형을 받았던 자를 출가시키는가?"

여러 비구들은 여러 사람들이 싫어하고 비난하는 것을 들었다. 이때 여러 비구들은 이 일로써 세존께 아뢰었고, 세존께서는 여러 비구들에게 알려 말씀하셨다.

"여러 비구들이여. 낙형을 받았던 자를 출가시킬 수 없느니라. 출가시키는 자는 악작을 범하느니라."

46) 출가할 수 없는 자 ⑧

46-1 그때 한 채무자(債務者)가 여러 비구들의 처소에서 출가하였다.

여러 채권자(債權者)들이 보고서 말하였다.

"이자는 곧 우리들의 채무자이니 그를 붙잡아야 합니다."

혹은 말하였다.

"그럴 수 없습니다. 마갈타국의 사니야 빈비사라왕은 이와 같이 하명하여 말하였습니다. '여러 사문인 석자들에게 출가한 자들은 처벌할 수 없나니, 다만 선법을 설하고 범행을 행하며 바로 고통을 끝내고자 하느니라.'"

---

227) 불에 달군 철로 몸을 지지는 형벌을 가리킨다.

많은 사람들이 싫어하고 비난하였다.

"그들을 처벌할 수 없으니, 그 여러 사문인 석자들은 두려움이 없는 것이다. 어찌하여 채무자를 출가시키는가?"

여러 비구들은 여러 사람들이 싫어하고 비난하는 것을 들었다. 이때 여러 비구들은 이 일로써 세존께 아뢰었고, 세존께서는 여러 비구들에게 알려 말씀하셨다.

"여러 비구들이여. 채무자를 출가시킬 수 없느니라. 출가시키는 자는 악작을 범하느니라."

47) 출가할 수 없는 자 ⑨

47-1 그때 한 노비(奴僕)가 여러 비구들의 처소에서 출가하였다.

여러 주인들이 보고서 말하였다.

"이자는 곧 우리들의 노비이니, 그를 붙잡아야 합니다."

혹은 말하였다.

"그럴 수 없습니다. 마갈타국의 사니야 빈비사라왕은 이와 같이 하명하여 말하였습니다. '여러 사문인 석자들에게 출가한 자들은 처벌할 수 없나니, 다만 선법을 설하고 범행을 행하며 바로 고통을 끝내고자 하느니라.'"

많은 사람들이 싫어하고 비난하였다.

"그들을 처벌할 수 없으니, 그 여러 사문인 석자들은 두려움이 없는 것이다. 어찌하여 노비를 출가시키는가?"

여러 비구들은 여러 사람들이 싫어하고 비난하는 것을 들었다. 이때 여러 비구들은 이 일로써 세존께 아뢰었고, 세존께서는 여러 비구들에게 알려 말씀하셨다.

"여러 비구들이여. 노비를 출가시킬 수 없느니라. 출가시키는 자는 악작을 범하느니라."

48) 출가할 수 없는 자 ⑩

48-1 그때 한 명의 대머리 연금술사(鍊金術師)가 부모와 함께 다투고서 승원(僧園)의 여러 비구들의 처소에서 출가하였다.

그 대머리 연금술사의 부모가 그 대머리 연금술사를 찾기 위하여 승원에 이르렀고 여러 비구들에게 알려 말하였다.

"이와 같은 동자를 보았습니까?"

여러 비구들은 알지 못하였으므로 "우리들은 알지 못합니다."라고 말하였고, 보지 못하였으므로 "우리들은 보지 못하였습니다."라고 말하였다.

48-2 그때 그 대머리 연금술사의 부모는 그 대머리 연금술사를 찾으면서 여러 비구들의 처소에서 출가한 것을 보았고, 싫어하고 비난하였다.

"이 여러 사문 석자들은 부끄러움이 없고 망어하면서 파계하였으며 알고서도 알지 못한다고 말하였고 보았어도 보지 못하였다고 말하였으나, 이 동자는 여러 비구들의 처소에서 출가하였다."

여러 비구들은 그 대머리 연금술사의 부모가 싫어하고 비난하는 것을 들었다. 이때 여러 비구들은 이 일로써 세존께 아뢰었고, 세존께서는 여러 비구들에게 알려 말씀하셨다.

"여러 비구들이여. 마땅히 승가에게 삭발하는 것에 허가를 구하는 것을 허락하겠노라."

49) 출가할 수 없는 자 ⑪

49-1 그때 왕사성에는 한 무리의 17명의 동자들이 좋은 벗이 되었고, 우바리(優波離)[228] 동자로서 상수(上首)로 삼았다. 이때 우바리의 부모는

---

228) 팔리어 Upāli(우파리)의 음사이다.

마음에서 사유하였다.

'우리들은 죽은 뒤에 무슨 방편으로써 우바리가 생활이 안락하고 고통이 없게 시키겠는가?'

이때 우바리의 부모는 마음에서 사유하였다.

'만약 우바리에게 서기(書記)를 배우게 시킨다면 우리들이 죽은 뒤에도 생활이 안락하고 고통이 없을 것이다.'

이때 우바리의 부모는 마음에서 사유하였다.

'만약 우바리에게 서기를 배우게 시킨다면 손가락에 고통이 있을 것이니, 만약 우바리에게 산수(算數)를 배우게 시킨다면 그는 우리들이 죽은 뒤에도 생활이 안락하고 고통이 없을 것이다.'

49-2 이때 우바리의 부모는 마음에서 사유하였다.

'만약 우바리에게 산수를 배우게 시킨다면 가슴에 고통이 있을 것이니, 만약 우바리에게 환전(換錢)을 배우게 시킨다면 그는 우리들이 죽은 뒤에도 생활이 안락하고 고통이 없을 것이다.'

이때 우바리의 부모는 마음에서 사유하였다.

'만약 우바리에게 환전을 배우게 시킨다면 눈에 고통이 있을 것이다. 만약 그가 여러 사문 석자라면 계율이 쉽고 행이 쉬우며 좋은 음식을 먹고 바람이 통하지 않은 와구에서 누울 것이다. 만약 우바리가 여러 석자의 처소에서 출가한다면 우리들이 죽은 뒤에도 생활이 안락하고 고통이 없을 것이다.'

49-3 우바리 동자는 부모가 마주하고서 이야기하는 것을 들었다. 이때 우바리 동자는 그 동자들의 처소에 이르렀다. 이르러 그 여러 동자들에게 말하였다.

"오게. 우리들은 여러 사문 석자의 처소에서 출가하세."

"그대가 만약 출가한다면 우리들도 역시 출가하겠네."

이때 그 동자들은 각자 부모가 있는 곳에 가서 이와 같이 말하였다.

"우리들이 집을 벗어나서 출가하는 것을 허락하십시오."

그 동자의 부모들은 이 동자들의 소원이 모두 같고 뜻도 역시 좋았던 까닭으로 출가를 허락하였다. 그들은 여러 비구들의 처소에 이르렀고 출가를 청하였다. 여러 비구들은 그들을 출가시키고서 구족계를 주었다.

49-4 그들은 밤에 아직 날이 밝지 않았는데 일찍 일어나서 울부짖으면서 말하였다.

"죽을 주세요. 음식을 주세요. 단단한 음식을 주세요."

여러 비구들이 말하였다.

"마땅히 날이 밝기를 기다리게. 죽이 있다면 마실 수 있고, 음식이 있다면 먹을 수 있으며, 단단한 음식이 있다면 먹을 수 있네. 만약 죽이 없고 음식이 없으며 혹은 단단한 음식이 없다면 곧 걸식을 가야 하네."

여러 비구들이 이와 같이 말하는 때에 그들은 오직 "죽을 주세요. 음식을 주세요. 단단한 음식을 주세요."라고 울부짖었고, 와상을 더럽히고 젖게 하였다. 세존께서는 날이 밝지 않았으나 일어나셨고, 동자들의 소리를 들으셨으며, 장로 아난다에게 말씀하셨다.

"아난이여. 무슨 까닭으로 동자들이 울부짖는가?"

그때 아난은 이 일로써 세존께 아뢰었고, 세존께서는 이 인연으로써 물어 말씀하셨다.

"여러 비구들이여. 그대들이 진실로 20세를 채우지 않은 동자라고 분명하게 알고서도 진실로 구족계를 주어서 받게 하였는가?"

"진실로 그렇습니다. 세존이시여."

세존께서는 여러 방편으로 꾸짖으셨다.

"여러 비구들이여. 어찌하여 그대들 어리석은 사람들은 20세(歲)를 채우지 않은 동자라고 분명하게 알고서도 구족계를 받게 하였는가?"

49-5 "여러 비구들이여. 20세를 채우지 않은 자는 능히 추위, 더위, 굶주림, 갈증, 등에, 모기, 바람, 열기, 벌레, 뱀 등과의 접촉을 견딜

수 없고, 또한 능히 악한 말, 비방을 받아들여서 능히 견디지 못하며, 육신으로 받는 괴로움인 극심한 고통, 격렬한 괴로움, 불쾌함, 비참(悲慘)함을 받아들여서 능히 견디지 못하느니라.

여러 비구들이여. 20세의 이상인 자는 능히 추위, 더위, 굶주림, 갈증, 등에, 모기, 바람, 열기, 벌레, 뱀 등과의 접촉을 견딜 수 있고, 또한 능히 악한 말, 비방을 받아들여서 능히 견딜 수 있으며, 육신으로 받는 괴로움인 극심한 고통, 격렬한 괴로움, 불쾌함, 비참함을 받아들여서 능히 견딜 수 있느니라. 여러 비구들이여. 이것은 오히려 믿지 않는 자는 신심이 생겨나지 않게 하고, 이미 믿었던 자는 증장시키지 않느니라. …… 이미 믿었던 자는 일부가 전전하여 다른 곳을 향하여 떠나가게 하느니라."

이와 같이 세존께서는 여러 종류의 방편으로써 꾸짖으셨고 설법하셨으며 여러 비구들에게 알려 말씀하셨다.

"여러 비구들이여. 20세를 채우지 않은 동자라고 알았다면 구족계를 주어서 받게 할 수 없느니라. 구족계를 주었던 자는 법에 의지하여 처분해야 하느니라."

50) 출가할 수 없는 자 ⑫

50-1 그때 한 가족이 있었는데, 사풍병(蛇風病)229)을 인연하여 목숨을 마쳤고 오직 아버지와 아들이 남겨졌으므로, 그들은 여러 비구들의 처소에서 출가하였다. 함께 걸식하는 때에 그 동자가 마땅히 그의 아버지가 뜨거운 죽을 얻었으므로 말하였다.

"아버지. 나에게도 주세요. 아버지. 나에게도 주세요."

여러 사람들이 싫어하고 비난하였다.

"그 사문 석자들은 범행자(梵行者)가 아니구나. 이 동자는 곧 비구니의

---

229) 팔리어 Ahivātakaroga(아히바타카로가)의 번역이고, 말라리아병을 가리킨다.

처소에서 태어났구나."

여러 비구들은 그 여러 사람들이 싫어하고 비난하는 것을 들었다. 이때 여러 비구들은 이 일로써 세존께 아뢰었고, 세존께서는 여러 비구들에게 알려 말씀하셨다.

"여러 비구들이여. 15살의 미만인 동자는 출가시킬 수 없느니라. 출가시키는 자는 악작을 범하느니라."

[출가할 수 없는 자를 마친다.]

51) 출가할 수 있는 자

51-1 그때 한 가족이 있어 아난에게 귀의하였는데 신심이 있었고 청정한 마음이 있었으나, 사풍병을 인연하여 목숨을 마쳤고 오직 두 아들이 남겨졌다. 그들은 옛날의 습관을 의지하여 비구들이 있는 것을 보았다면 앞으로 달려갔다. 여러 비구들은 야단쳐서 쫓아냈고, 그들은 여러 비구들이 야단쳐서 쫓아냈으므로 곧 크게 울었다. 이때 장로 아난은 마음에서 사유하였다.

'세존께서는 15살의 미만인 동자는 출가시킬 수 없다고 제정하셨으나, 이 동자들은 모두 15살의 미만이다. 무슨 방편을 의지해야 이 동자들을 잃어버리지 않겠는가?'

이때 아난은 이 일로써 세존께 아뢰었고, 세존께서는 아난에게 알려 말씀하셨다.

"아난이여. 이 동자들이 까마귀를 쫓을 수 있겠는가?"

"세존이시여. 쫓을 수 있습니다."

이때 세존께서는 이 인연으로써 설법하셨으며 여러 비구들에게 알려 말씀하셨다.

"여러 비구들이여. 15살의 미만인 동자를 까마귀를 쫓아내기 위하여 출가시키는 것을 허락하겠노라."

[출가할 수 있는 자를 마친다.]

52) 두 사미를 양육할 수 없음

52-1 그때 장로 우파난타(優波難陀)[230] 석자에게 두 명의 사미가 있었다. 건다(騫荼)[231]와 마갈(磨竭)[232]이라고 이름하였는데 그들은 다시 서로에게 음행(淫行)하였다. 여러 비구들은 싫어하고 비난하였다.

"무슨 까닭으로 사문이 이와 같은 비법(非法)을 행하는가?"

이때 여러 비구들은 이 일로써 세존께 아뢰었고, 세존께서는 여러 비구들에게 알려 말씀하셨다.

"여러 비구들이여. 한 사람이 두 사미를 양육할 수 없느니라. 양육하는 자는 악작을 범하느니라."

[두 사미를 양육할 수 없음을 마친다.]

53) 무외품(無畏品)

53-1 그때 세존께서는 왕사성에서 우기(雨期)를 지내셨고, 또한 여름과 겨울을 보내셨다. 여러 사람들은 싫어하고 비난하였다.

"여러 사문 석자들이 사방(四方)에 있으므로 어두워서 길이 없구나. 그들 때문에 길을 알 수 없다."

여러 비구들은 그 여러 사람들이 싫어하고 비난하는 것을 들었다. 이때 여러 비구들은 이 일로써 세존께 아뢰었다. 이때 세존께서는 아난에

---

230) 팔리어 Upananda(우파난다)의 음사이다.
231) 팔리어 Kaṇṭaka(칸타카)의 음사이다.
232) 팔리어 Mahaka(마하카)의 음사이다.

게 알려 말씀하셨다.

"아난이여. 열쇠를 가지고 가서 각 방사의 비구들에게 알리도록 하게. '세존께서 남산(南山)[233]으로 유행(遊行)하고자 합니다. 따르고자 하는 자는 오십시오.'"

"알겠습니다. 세존이시여."

장로 아난은 세존께 대답하고서 곧 열쇠를 가지고 갔으며 각 방사의 비구들에게 알려 말하였다.

"세존께서 남방으로 유행하고자 하시므로, 따르고자 하는 자는 오십시오."

53-2 여러 비구들은 아난에게 말하였다.

"아난이여. 세존께서는 법랍이 10년의 미만이라면 의지하여 머물도록 하셨고, 10년이 지났다면 의지를 주도록 제정하셨습니다. 만약 우리들이 마땅히 그 처소로 간다면 마땅히 의지를 취(取)하여야 합니다. 짧은 시간을 머문다면 다시 돌아오는 때에 곧 능히 다시 의지를 취할 수 없습니다. 만약 우리들이 아사리와 화상과 간다면 우리들도 역시 가겠습니다. 만약 우리들이 아사리와 화상과 가지 않는다면 우리들도 역시 가지 않겠습니다. 만약 그렇지 않는다면 우리들은 경솔(輕率)한 자일 것입니다."

53-3 이때 세존께서는 적은 비구 대중과 함께 남산으로 유행하셨다.

이때 세존께서는 뜻을 따라서 남산에 머무셨으며, 다시 왕사성으로 돌아오셨다. 이때 세존께서는 장로 아난에게 알려 말씀하셨다.

"무슨 까닭으로 여래가 남산으로 유행하였는데, 오직 적은 숫자의 비구들이 함께 유행하였는가?"

---

233) 팔리어 Dakkhiṇāgiri(다끼나기리)의 번역이다. dakkhiṇāgiri는 왕사성의 남서쪽에 도시를 둘러싸고 있는 언덕의 너머에 있었고, 그 지역에는 브라만의 마을인 Ekanāla 가 있었다. 세존께서는 마가다국을 주기적으로 유행하시면서 에카나라의 다끼나 기리에 있는 정사에 머무르셨으며, Kasī-Bhāradvāja(카시 바라드바자)와 Dhammasava(담마사바) 및 그의 아버지를 교화하셨다.

이때 장로 아난은 이 일로써 세존께 아뢰었고, 세존께서는 이 인연으로써 설법하셨으며 여러 비구들에게 알려 말씀하셨다.

"여러 비구들이여. 총명하고 현명하며 유능한 비구는 5년을 의지하도록 허락하겠으며, 우둔한 자는 나아가 목숨을 마치도록 마땅히 의지하여 머물러야 하느니라."

53-4 "여러 비구들이여. 다섯 가지를 갖추었던 비구는 의지하지 않고서 머무를 수 없느니라. 이를테면, 무학계온을 구족하지 않았고, 무학정온을 구족하지 않았으며, 무학혜온을 구족하지 않았고, 무학해탈온을 구족하지 않았으며, 무학해탈지견온을 구족하지 않은 것이니라. 여러 비구들이여. 이와 같이 다섯 가지를 갖추었던 비구는 의지하지 않고서 머무를 수 없느니라.

여러 비구들이여. 다섯 가지를 갖추었던 비구는 의지하지 않고서 머무를 수 있느니라. 이를테면, 무학계온을 구족하였고, 무학정온을 구족하였으며, 무학혜온을 구족하였고, 무학해탈온을 구족하였으며, 무학해탈지견온을 구족한 것이니라. 여러 비구들이여. 이와 같이 다섯 가지를 갖추었던 비구는 의지하지 않고서 머무를 수 있느니라."

53-5 "여러 비구들이여. 다섯 가지를 갖추었던 비구는 의지하지 않고서 머무를 수 없느니라. 이를테면, 믿음이 없고, 스스로에게 부끄러움이 없으며, 다른 사람에게 부끄러움이 없고, 게으르며, 사념을 잃은 자이다. 여러 비구들이여. 이와 같이 다섯 가지를 갖추었던 비구는 의지하지 않고서 머무를 수 없느니라.

여러 비구들이여. 다섯 가지를 갖추었던 비구는 의지하지 않고서 머무를 수 있느니라. 이를테면, 믿음이 있고, 스스로에게 부끄러움이 있으며, 다른 사람에게 부끄러움이 있고, 정진하며, 사념을 잃지 않은 자이다. 여러 비구들이여. 이와 같이 다섯 가지를 갖추었던 비구는 의지하지 않고서 머무를 수 있느니라."

53-6 "여러 비구들이여. 다섯 가지를 갖추었던 비구는 의지하지 않고서 머무를 수 없느니라. 이를테면, 증상계에서 계를 깨트렸고, 증상행에서 행을 깨트렸으며, 증상견에서 견을 깨트렸고, 들은 것이 적으며, 지혜가 적은 자이다. 여러 비구들이여. 이와 같이 다섯 가지를 갖추었던 비구는 의지하지 않고서 머무를 수 없느니라.

여러 비구들이여. 다섯 가지를 갖추었던 비구는 의지하지 않고서 머무를 수 있느니라. 이를테면, 증상계에서 계를 깨트리지 않았고, 증상행에서 행을 깨트리지 않았으며, 증상견에서 견을 깨트리지 않았고, 들은 것이 많으며, 지혜를 갖춘 자이다. 여러 비구들이여. 이와 같이 다섯 가지를 갖추었던 비구는 의지하지 않고서 머무를 수 있느니라."

53-7 "여러 비구들이여. 다섯 가지를 갖추었던 비구는 의지하지 않고서 머무를 수 없느니라. 이를테면, 범하는 것을 알지 못하고 범하지 않는 것을 알지 못하거나, 가벼운 죄를 범하는 것을 알지 못하고 무거운 죄를 범하는 것을 알지 못하거나, 2부중의 바라제목차를 자세하게 알지 못하여서 잘 분별하지 못하거나, 잘 적용하지 못하거나, 계목의 내용을 잘 판결하지 못하는 자이다. 여러 비구들이여. 이와 같이 다섯 가지를 갖추었던 비구는 의지하지 않고서 머무를 수 없느니라.

여러 비구들이여. 다섯 가지를 갖추었던 비구는 의지하지 않고서 머무를 수 있느니라. 이를테면, 범하는 것을 알고 범하지 않는 것을 알거나, 가벼운 죄를 범하는 것을 알고 무거운 죄를 범하는 것을 알거나, 2부중의 바라제목차를 자세하게 알아서 잘 분별하거나, 잘 적용하거나, 계목의 내용으로 잘 판결하는 자이다. 여러 비구들이여. 이와 같이 다섯 가지를 갖추었던 비구는 의지하지 않고서 머무를 수 있느니라."

53-8 "여러 비구들이여. 다섯 가지를 갖추었던 비구는 의지하지 않고서 머무를 수 없느니라. 이를테면, 범하는 것을 알지 못하거나, 범하지 않는 것을 알지 못하거나, 가벼운 죄를 범하는 것을 알지 못하거나, 무거운

죄를 범하는 것을 알지 못하거나, 법랍이 5년을 채우지 않은 자이다. 여러 비구들이여. 이와 같이 다섯 가지를 갖추었던 비구는 의지하지 않고서 머무를 수 없느니라.

여러 비구들이여. 다섯 가지를 갖추었던 비구는 의지하지 않고서 머무를 수 있느니라. 이를테면, 범하는 것을 알거나, 범하지 않는 것을 알거나, 가벼운 죄를 범하는 것을 알거나, 무거운 죄를 범하는 것을 알거나, 법랍이 5년을 채웠거나 5년을 넘긴 자이다. 여러 비구들이여. 이와 같이 다섯 가지를 갖추었던 비구는 의지하지 않고서 머무를 수 있느니라."

53-9 "여러 비구들이여. 여섯 가지를 갖추었던 비구는 의지하지 않고서 머무를 수 없느니라. 이를테면, 무학계온을 구족하지 않았고, 무학정온을 구족하지 않았으며, 무학혜온을 구족하지 않았고, 무학해탈온을 구족하지 않았으며, 무학해탈지견온을 구족하지 않았고, 법랍이 5년을 채우지 않은 자이다. 여러 비구들이여. 이와 같이 여섯 가지를 갖추었던 비구는 의지하지 않고서 머무를 수 없느니라.

여러 비구들이여. 여섯 가지를 갖추었던 비구는 의지하지 않고서 머무를 수 있느니라. 이를테면, 무학계온을 구족하였고, 무학정온을 구족하였으며, 무학혜온을 구족하였고, 무학해탈온을 구족하였으며, 무학해탈지견온을 구족하였고, 법랍이 5년을 채웠거나 혹은 5년을 넘긴 자이다. 여러 비구들이여. 이와 같이 여섯 가지를 갖추었던 비구는 의지하지 않고서 머무를 수 있느니라."

53-10 "여러 비구들이여. 여섯 가지를 갖추었던 비구는 의지하지 않고서 머무를 수 없느니라. 이를테면, 믿음이 없고, 스스로에게 부끄러움이 없으며, 다른 사람에게 부끄러움이 없고, 게으르며, 사념을 잃었고, 법랍이 5년을 채우지 않은 자이다. 여러 비구들이여. 이와 같이 여섯 가지를 갖추었던 비구는 의지하지 않고서 머무를 수 없느니라.

여러 비구들이여. 여섯 가지를 갖추었던 비구는 의지하지 않고서 머무를 수 있느니라. 이를테면, 믿음이 있고, 스스로에게 부끄러움이 있으며, 다른 사람에게 부끄러움이 있고, 정진하며, 사념을 잃지 않았고, 법랍이 5년을 채웠거나 혹은 5년을 넘긴 자이다. 여러 비구들이여. 이와 같이 여섯 가지를 갖추었던 비구는 의지하지 않고서 머무를 수 있느니라."

53-11 "여러 비구들이여. 여섯 가지를 갖추었던 비구는 의지하지 않고서 머무를 수 없느니라. 이를테면, 증상계에서 계를 깨트렸고, 증상행에서 행을 깨트렸으며, 증상견에서 견을 깨트렸고, 들은 것이 적으며, 지혜가 적고, 법랍이 5년을 채우지 않은 자이다. 여러 비구들이여. 이와 같이 여섯 가지를 갖추었던 비구는 의지하지 않고서 머무를 수 없느니라.
　여러 비구들이여. 여섯 가지를 갖추었던 비구는 의지하지 않고서 머무를 수 있느니라. 이를테면, 증상계에서 계를 깨트리지 않았고, 증상행에서 행을 깨트리지 않았으며, 증상견에서 견을 깨트리지 않았고, 들은 것이 많으며, 지혜를 갖추었고, 법랍이 5년을 채웠거나 혹은 5년을 넘긴 자이다. 여러 비구들이여. 이와 같이 여섯 가지를 갖추었던 비구는 의지하지 않고서 머무를 수 있느니라."

53-12 "여러 비구들이여. 여섯 가지를 갖추었던 비구는 의지하지 않고서 머무를 수 없느니라. 이를테면, 범하는 것을 알지 못하고 범하지 않는 것을 알지 못하거나, 가벼운 죄를 범하는 것을 알지 못하고 무거운 죄를 범하는 것을 알지 못하거나, 2부중의 바라제목차를 자세하게 알지 못하여 잘 분별하지 못하거나, 잘 적용하지 못하거나, 계목의 내용을 잘 판결하지 못하거나, 법랍이 5년을 채우지 않은 자이다. 여러 비구들이여. 이와 같이 여섯 가지를 갖추었던 비구는 의지하지 않고서 머무를 수 없느니라.
　여러 비구들이여. 여섯 가지를 갖추었던 비구는 의지하지 않고서 머무를 수 있느니라. 이를테면, 범하는 것을 알고 범하지 않는 것을 알거나, 가벼운 죄를 범하는 것을 알고 무거운 죄를 범하는 것을 알거나, 2부중의 바라제목차를 자세하게 알아서 잘 분별하거나, 잘 적용하거나, 계목의 내용을 잘 판결하거나, 법랍이 5년을 채웠거나 혹은 5년을 넘긴 자이다. 여러 비구들이여. 이와 같이 여섯 가지를 갖추었던 비구는 의지하지 않고서 머무를 수 있느니라."

[무외품을 마친다.]

54) 라후라(羅睺羅)의 출가

54-1 이때 세존께서는 뜻을 따라서 왕사성에 머무셨으며, 뒤에 가유라위국 (迦維羅衛國)[234]으로 가셨으며, 점차로 유행하시어 가유라위국에 이르셨다.

이때 세존께서는 가유라위국의 니구율수원(尼拘律樹園)[235]에 머무르셨다. 이때 세존께서는 이른 아침에 하의를 입고서 옷과 발우를 지니고서 석씨(釋氏) 정반왕(淨飯王)[236]의 처소에 이르셨다. 이르러 펼쳐진 자리에 앉으셨다. 이때 라후라의 어머니는 라후라 왕자에게 말하였다.

"라후라여. 그는 너의 아버지이다. 가서 남은 재물을 구하여라."

54-2 이때 라후라는 세존의 처소로 나아갔으며, 나아가서 세존의 앞에 서 있으면서 말하였다.

"사문이시여. 그대의 그림자에 환희합니다."

이때 세존께서는 곧 자리에서 일어나서 떠나가셨다. 이때 라후라 왕자는 세존을 따라서 갔고 세존의 뒤에서 말하였다.

"사문이시여. 나에게 남은 재물을 주십시오. 사문이시여. 나에게 남은 재물을 주십시오."

이때 세존께서는 사리불에게 알리셨다.

---

234) 팔리어 Kapilavatthu(카피라바뚜)의 음사이다.
235) 팔리어 Nigrodhārāma(니그로다라마)의 음사이다.
236) 팔리어 Suddhodana(수또다나)의 번역이고, '순수한 쌀을 재배하는 자'라는 뜻이다.

"사리불이여. 그대가 라후라를 출가시키게."

"제가 어떻게 라후라를 출가시켜야 합니까?"

이때 세존께서는 이 인연에 의지하여 설법하셨으며 여러 비구들에게 알려 말씀하셨다.

"여러 비구들이여. 삼귀의로써 사미를 출가시키는 것을 허락하겠노라. 여러 비구들이여. 출가시키는 자는 마땅히 이와 같이 그것을 지어야 하느니라. 먼저 머리카락을 깎고 가사를 입히며 오른쪽 어깨를 드러내고 비구들의 발에 예배하고서 호궤 합장하고 이와 같이 창언해야 하느니라.

'부처님께 귀의합니다. 가르침에 귀의합니다. 승가께 귀의합니다.

부처님께 귀의합니다. 가르침에 귀의합니다. 승가께 귀의합니다.

부처님께 귀의합니다. 가르침에 귀의합니다. 승가께 귀의합니다.'

여러 비구들이여. 삼귀의로써 사미를 출가시키는 것을 허락하겠노라."

54-3 이때 장로 사리불은 라후라를 출가시켰다. 이때 석씨 정반왕은 세존의 처소로 나아갔다. 이르러 세존께 예경하고서 한쪽에 앉았다. 석씨 정반왕은 한쪽에 앉고서 세존께 아뢰어 말하였다.

"나는 오직 하나의 소원을 세존께 구하려고 합니다."

"구담(瞿曇)237)이시여. 모든 여래는 소원을 초월하였습니다."

"나의 소원은 상응(相應)하고 허물이 없습니다."

"구담이시여. 말씀하십시오."

"세존께서 출가하던 때에 나의 고통은 적지 않았습니다. 난타의 때에도 역시 같았으며, 라후라에게 이르니 매우 큽니다. 자식에 대한 사랑을 마주하였던 까닭으로 피부를 자른 것과 같고, 피부를 자르고서 살을 찢는 것과 같으며, 살을 찢고서 힘줄을 자르는 것과 같고, 힘줄을 자르고서 뼈를 부수는 것과 같으며, 뼈를 부수고서 골수를 뚫는 것과 같습니다. 원하건대 부모가 허락하지 않는다면 자식의 출가를 허락하지 마십시오."

---

237) 팔리어 Gotama(고타마)의 음사이다.

54-4 이때 세존께서는 설법하시어 가르쳐서 보여주셨고 인도하셨으며 권장하시어 석씨 정반왕을 환희하게 하셨다. 이때 석씨 정반왕은 세존께서는 설법하시어 가르쳐서 보여주셨고 인도하셨으며 권장하셨으므로 기뻐하면서 자리에서 일어나서 세존께 예경하고 오른쪽으로 돌면서 떠나갔다. 이때 세존께서는 이 인연에 의지하여 설법하셨으며 여러 비구들에게 알려 말씀하셨다.

"여러 비구들이여. 부모의 허락이 없는 자식들을 출가시킬 수 없느니라. 출가시키는 자는 악작을 범하느니라."

[라후라의 출가를 마친다.]

55) 두 사미의 양육

55-1 이때 세존께서는 뜻을 따라서 가유라위성에 머무셨으며, 사위성을 향하여 유행하셨다.

점차로 유행하시어 사위성에 이르셨고, 이때 세존께서는 사위성의 기수림급고독원(祇樹林給孤獨園)238)에 머무르셨다. 그때 한 가족이 장로 사리불에게 귀의하였고, 구수 사리불에게 한 동자를 보냈다. 이때 사리불은 마음에서 사유하였다.

'세존께서는 한 사람으로 학처(學處)를 제정하시어 두 번째의 사미를 양육할 수 없다. 나는 이미 라후라가 있는데, 내가 어찌 이 동자를 출가시키겠는가?'

사리불은 이 일로써 세존께 아뢰었고, 세존께서는 말씀하셨다.

"여러 비구들이여. 총명하고 현명하며 유능한 한 비구가 두 사미를 양육하도록 허락하겠노라. 다만 능히 교수(敎授)하고 교계(敎誡)할 수

---

238) 팔리어 jetavane anāthapiṇḍika(제타바네 아나타핀디카)의 번역이다.

있다면 사미를 양육하는 것을 허락하겠노라."

[두 사미의 양육을 마친다.]

56) 사미십학처(沙彌十學處)

56-1 이때 여러 사미들은 마음에서 사유하였다.

"우리들의 학처는 무엇들이 있는가? 우리들은 마땅히 무엇을 배워야 하는가?"

그 사미들은 이 일로써 세존께 아뢰었고, 세존께서는 말씀하셨다.

"여러 비구들이여. 사미들은 10학처가 있나니, 사미가 이 학처를 배우는 것을 허락하겠노라. 이를테면 살생하지 않고, 훔치지 않으며, 범행이 아닌 것을 행하지 않고, 망어하지 않으며, 술을 마시지 않고, 때가 아니면 먹지 않으며, 노래하고 춤추는 것을 가서 구경하지 않으며, 꽃과 향을 지니거나 바르지 않고, 높은 평상에서 잠자지 않으며, 금·은을 받지 않는 것이니라. 사미는 이와 같은 10학처가 있느니라. 사미는 마땅히 이 학처를 배울지니라."

[사미십학처를 마친다.]

57) 사미의 처벌(處罰) ①

57-1 그때 여러 사미들은 존경하지도 않았고 공경하지도 않았으며 여러 비구들과 함께 화합하며 머무르지도 않았다. 여러 비구들은 싫어하고 비난하였다.

"무슨 까닭으로써 여러 사미들은 존경하지도 않았고 공경하지도 않았으며 여러 비구들과 함께 화합하며 머무르지도 않는가?"

그 비구들은 이 일로써 세존께 아뢰었고, 세존께서는 말씀하셨다.

"여러 비구들이여. 다섯 가지를 갖추었다면 사미를 처벌하는 것을 허락하겠노라. 이를테면, 여러 비구들이 얻는 것이 없도록 모의하였거나, 여러 비구들이 불리(不利)하게 모의하였거나, 여러 비구들을 비방하였거나, 비구와 비구를 이간질하는 것이다. 여러 비구들이여. 다섯 가지를 갖추었다면 사미를 처벌하는 것을 허락하겠노라.

57-2 이때 여러 비구들은 마음에서 사유하였다.

"마땅히 어떻게 처벌해야 하는가?"

그 비구들은 이 일로써 세존께 아뢰었고, 세존께서는 말씀하셨다.

"여러 비구들이여. 금지시키는 것을 허락하겠노라."

이때 여러 비구들은 사미가 정사에 들어오는 것을 금지시켰다. 여러 사미들은 정사에 들어갈 수 없었으므로, 혹은 떠나갔고, 혹은 환속하였으며, 혹은 외도로 돌아갔다. 그 비구들은 이 일로써 세존께 아뢰었고, 세존께서는 말씀하셨다.

"여러 비구들이여. 모든 정사에 금지시킬 수 없느니라. 금지시키는 자는 악작을 범하느니라. 여러 비구들이여. 주처이거나, 혹은 돌아갈 처소를 금지시키는 것을 허락하겠노라."

57-3 이때 여러 비구들은 사미들에게 먹는 음식을 금지시켰다. 여러 사람들이 죽을 끓였거나, 혹은 승가가 먹는다면 사미들에게 말하였다.

"와서 죽을 먹게. 와서 음식을 먹게."

여러 사미들은 말하였다.

"우리들은 먹을 수 없습니다. 비구들이 금지시켰습니다."

여러 비구들은 싫어하고 비난하였다.

"무슨 까닭으로써 여러 대덕들은 여러 사미들의 음식을 금지시키는가?"

그 비구들은 이 일로써 세존께 아뢰었고, 세존께서는 말씀하셨다.

"여러 비구들이여. 모든 음식을 금지시킬 수 없느니라. 금지시키는 자는 악작을 범하느니라."

○ 【여덟째의 송출품을 마친다.】

9. 제9송출품(第九誦出品)

58) 사미의 처벌 ②

58-1 이때 육군비구들은 화상에게 묻지 않고서 사미들을 금지시켰다. 여러 화상들은 찾으면서 말하였다.
"무슨 까닭으로 우리들의 사미가 없는가?"
여러 비구들이 말하였다.
"육군비구들이 금지시켰습니다."
여러 비구들은 싫어하고 비난하였다.
"무슨 까닭으로써 육군비구들은 우리들에게 묻지 않고 여러 사미들을 금지시키는가?"
그 비구들은 이 일로써 세존께 아뢰었고, 세존께서는 말씀하셨다.
"여러 비구들이여. 화상에게 묻지 않고 금지시킬 수 없느니라. 금지시키는 자는 악작을 범하느니라."

[사미의 처벌을 마친다.]

59) 사미의 유혹

59-1 이때 육군비구들은 장로 비구들의 사미들을 유혹하였다. 여러 장로들은 스스로가 치목과 양치물을 취하였으므로 피로하였다. 그 비구들은 이 일로써 세존께 아뢰었고, 세존께서는 말씀하셨다.

"여러 비구들이여. 다른 사문들의 도중을 유혹할 수 없느니라. 유혹하는 자는 악작을 범하느니라."

[사미의 유혹을 마친다.]

60) 사미의 멸빈(滅擯)

60-1 그때 우파난타 석자의 사미인 건다(騫茶)[239]는 비구니 강달가(康達迦)[240]를 염오(染汚)시켰다. 여러 비구들은 싫어하고 비난하였다.

"어찌하여 사미의 행이 이와 같은 비행(非行)의 모습인가?"

여러 비구들은 이 일로써 세존께 아뢰었고, 세존께서는 말씀하셨다.

"여러 비구들이여. 열 가지를 갖춘 사미라면 멸빈(滅擯)시키는 것을 허락하겠노라. 이를테면 살생하거나, 훔치거나, 범행이 아닌 것을 행하거나, 망어하거나, 술을 마시거나, 때가 아닌 때에 먹거나, 노래하고 춤추는 것을 가서 구경하거나, 꽃과 향을 지니고 바르거나, 높은 평상에서 잠자거나, 금·은을 받는 것이니라. 여러 비구들이여. 열 가지를 갖춘 사미라면 멸빈시키는 것을 허락하겠노라."

[사미의 멸빈을 마친다.]

---

239) 팔리어 Kaṇṭaka(칸다카)의 음사이다.
240) 팔리어 Kaṇṭakā(칸다카)의 음사이다.

(61) 구족계를 받을 수 없는 자 ①

61-1 그때 한 황문(黃門)241)이 있어 여러 비구들의 처소에서 출가하였다. 그는 젊은 비구들의 처소에 이르러 말하였다.

"오시오. 나와 함께 부정법을 행합시다."

여러 비구들이 쫓아내면서 말하였다.

"황문이여. 떠나가라. 황문이여. 사라져라. 그대가 무슨 소용이 있겠는가?"

여러 비구들에게 쫓겨났으므로 장대(長大)하고 비대한 사미들의 처소에 이르러 말하였다.

"오게. 나와 함께 부정법을 행하세."

여러 사미들이 쫓아내면서 말하였다.

"황문이여. 떠나가라. 황문이여. 사라져라. 그대가 무슨 소용이 있겠는가?"

여러 사미들에게 쫓겨났으므로 코끼리의 조련사와 말의 조련사들이 있던 곳에 이르러 말하였다.

"오시오. 나와 함께 부정법을 행합시다."

코끼리의 조련사와 말의 조련사들은 함께 부정법을 행하였다. 그들은 싫어하고 비난하였다.

"그 여러 사문 석자들은 바로 황문이다. 그들 가운데에서 황문이 아닌 자들이 황문을 염오시켰다. 이와 같으므로 그들은 모두 범행자가 아니다."

이때 여러 비구들은 코끼리의 조련사와 말의 조련사들이 싫어하고 비난하는 것을 들었다. 이때 여러 비구들은 이 일로써 세존께 아뢰었고, 세존께서는 말씀하셨다.

"여러 비구들이여. 황문이 구족계를 받지 않았다면 구족계를 줄 수 없느니라. 이미 구족계를 받았다면 마땅히 그를 멸빈시켜야 하느니라."

---

241) 팔리어 Paṇḍaka(판다카)의 번역이다.

(62) 구족계를 받을 수 없는 자 ②

62-1 그때 옛날에 한 족성자가 있었는데, 집안이 쇠락하였고, 그의 몸도 유약(柔弱)하였다. 이때 그 집안이 쇠락하였으므로 그 족성자는 마음에서 사유하였다.

'나는 몸이 유약하여 능히 부유함을 얻을 수 없고, 이미 얻었던 부유함도 증대시킬 수 없다. 무슨 방편이라면 생활이 안락(安樂)하고 곤란이 없겠는가?'

이때 그 집안이 쇠락한 족성자는 마음에서 사유하였다.

'그 여러 사문인 석자라면 계율이 쉽고 행이 쉬우며 좋은 음식을 먹고 바람이 통하지 않은 와구에서 누울 것이다. 나는 마땅히 스스로가 발우와 옷을 준비하고 머리카락과 수염을 깎고 가사를 입고서 정사로 가서 여러 비구들과 함께 머물러야겠다.'

62-2 이때 그 집안이 쇠락한 족성자는 스스로가 발우와 옷을 준비하고 머리카락과 수염을 깎고 가사를 입고서 정사로 가서 여러 비구들에게 예배하였다. 여러 비구들이 말하였다.

"그대의 법랍은 얼마인가?"

"법랍은 무엇이오?"

"그대의 화상은 누구인가?"

"화상은 무엇이오?"

여러 비구들이 장로 우바리(優波離)에게 말하였다.

"이 출가자를 심문(尋問)하여 주십시오."

이때 장로 우바리는 그 집안이 쇠락한 족성자에게 자세하게 물었고, 그는 이 일로써 알렸다. 우바리는 이 일로써 여러 비구들에게 알렸고, 여러 비구들은 이 일로써 세존께 아뢰었으며, 세존께서는 말씀하셨다.

"여러 비구들이여. 적주(賊住)인 자가 구족계를 받지 않았다면 장차 구족계를 줄 수 없느니라. 이미 구족계를 받았다면 마땅히 그를 멸빈시켜야 하느니라. 여러 비구들이여. 외도로 돌아간 자가 구족계를 받지 않았다

면 구족계를 줄 수 없느니라. 이미 구족계를 받았다면 마땅히 그를 멸빈시
켜야 하느니라."

(63) 구족계를 받을 수 없는 자 ③

63-1 그때 한 용(龍)이 있었는데, 용으로 태어난 것을 한탄하고 부끄러워
하였으며 싫어하였다. 이때 그 용은 마음에서 사유하였다.
 '무슨 방편이라면 용으로 태어난 것을 벗어나서 빠르게 인성(人性)을
얻겠는가?'
 이때 그 용은 마음에서 사유하였다.
 '그 여러 사문인 석자의 행법은 평등하게 행하고 범행을 닦으며 진실하
게 말하고 지계에 선법이 있다. 내가 만약 여러 사문인 석자의 처소에
이르러 출가하는 때라면 마땅히 용으로 태어나는 것을 벗어나고 빠르게
인성을 얻을 것이다.'

63-2 이때 그 용은 바라문 동자의 모습으로 변화하였고, 여러 비구들의
처소에서 출가하였다. 그때 그 용은 한 비구와 함께 변두리의 정사에
머물렀다. 이때 비구는 밤이 지나지 않았는데 일찍 일어나서 노지(露地)를
경행하였다. 이때 그 용은 비구가 외출하였으므로 안심하고 잠이 들었는
데, 용의 모습이 나타나서 정사를 가득 채웠고, 또아리가 창문 밖으로
튀어나왔다.
 이때 그 비구는 문을 열고 정사에 들어가고자 하였는데, 용의 몸이
정사를 가득 채웠고, 또아리가 창문 밖으로 튀어나온 것을 보았다. 보고
두려워서 큰소리를 질렀고 여러 비구들이 달려와서 그에게 말하였다.
 "무슨 까닭으로써 큰소리를 질렀는가?"
 "용의 몸이 정사를 가득 채웠고, 또아리가 창문 밖으로 튀어나왔습니다."
 이때 그 용은 그 소리에 놀라서 깨어났고 자리에 앉아있었다. 여러

비구들이 말하였다.

"그대는 누구인가?"

"나는 용입니다."

"어찌하여 그대는 이와 같은 모습을 나타내었는가?"

이때 그 용은 이 일로써 여러 비구들에게 알렸고, 여러 비구들은 이 일로써 세존께 아뢰었다.

63-3 이때 세존께서는 이 인연에 의지하여 이때의 기회로 여러 비구들을 모으셨으며 그 용에게 알려 말씀하셨다.

"그대들 여러 용들은 이 법과 율에서 증장하지 않느니라. 용이여. 떠나가라. 마땅히 14일과 15일에 제8일의 재계(齋戒)를 지니도록 하라. 이와 같다면 그대는 용으로 태어나는 것을 벗어나서 인성을 얻을 것이다."

이때 그 용은 이 법과 율에서 증장하지 않는 것을 알았고 고뇌하고 한탄하였으며 눈물을 흘리면서 떠나갔다.

63-4 이때 세존께서는 여러 비구들에게 알려 말씀하셨다.

"여러 비구들이여. 용이 스스로의 모습을 나타내는 두 가지의 인연이 있느니라. 이를테면, 동족과 함께 교회(交會)하는 때이거나, 안심하고 잠자는 때이니라. 여러 비구들이여. 축생이 구족계를 받지 않았다면 구족계를 줄 수 없느니라. 이미 구족계를 받았다면 마땅히 그를 멸빈시켜야 하느니라."

(64) 구족계를 받을 수 없는 자 ④

64-1 그때 한 바라문 동자가 있어 어머니를 죽였다. 그는 악업을 까닭으로써 한탄하고 부끄러워하였으며 싫어하였다. 이때 그 바라문 동자는 마음에서 사유하였다.

'무슨 방편이라면 이 악업을 벗어나겠는가?'

이때 그 바라문 동자는 마음에서 사유하였다.

'그 여러 사문인 석자의 행법은 평등하게 행하고 범행을 닦으며 진실하게 말하고 지계에 선법이 있다. 내가 만약 여러 사문인 석자의 처소에 이르러 출가하는 때라면 그 악업을 벗어날 것이다.'

64-2 이때 그 바라문 동자는 여러 비구들의 처소에서 출가를 구하면서 청하였다. 여러 비구들이 장로 우바리에게 말하였다.

"우바리여. 이전에 용이 바라문 동자의 모습으로 변화하여 여러 비구들의 처소에서 출가를 구하면서 청하였습니다. 우바리여. 이 바라문 동자를 자세하게 물어주십시오."

이때 장로 우바리는 그 바라문 동자에게 자세하게 물었고, 그는 그러한 일을 알렸다. 우바리는 이 일로써 여러 비구들에게 알렸고, 여러 비구들은 이 일로써 세존께 아뢰었으며, 세존께서는 말씀하셨다.

"여러 비구들이여. 어머니를 죽였던 자가 구족계를 받지 않았다면 장차 구족계를 줄 수 없느니라. 이미 구족계를 받았다면 마땅히 그를 멸빈시켜야 하느니라."

65) 구족계를 받을 수 없는 자 ⑤

65-1 그때 한 바라문 동자가 있어 아버지를 죽였다. 그는 악업을 까닭으로써 한탄하고 부끄러워하였으며 싫어하였다. 이때 그 바라문 동자는 마음에서 사유하였다.

'무슨 방편이라면 이 악업을 벗어나겠는가?'

이때 그 바라문 동자는 마음에서 사유하였다.

'그 여러 사문인 석자의 행법은 평등하게 행하고 범행을 닦으며 진실하게 말하고 지계에 선법이 있다. 내가 만약 여러 사문인 석자의 처소에

이르러 출가하는 때라면 그 악업을 벗어날 것이다.'

65-2 이때 그 바라문 동자는 여러 비구들의 처소에서 출가를 구하면서 청하였다. 여러 비구들이 장로 우바리에게 말하였다.

"우바리여. 이전에 용이 바라문 동자의 모습으로 변화하여 여러 비구들의 처소에서 출가를 구하면서 청하였습니다. 우바리여. 이 바라문 동자를 자세하게 물어주십시오."

이때 장로 우바리는 그 바라문 동자에게 자세하게 물었고, 그는 그러한 일을 알렸다. 우바리는 이 일로써 여러 비구들에게 알렸고, 여러 비구들은 이 일로써 세존께 아뢰었으며, 세존께서는 말씀하셨다.

"여러 비구들이여. 아버지를 죽였던 자가 구족계를 받지 않았다면 장차 구족계를 줄 수 없느니라. 이미 구족계를 받았다면 마땅히 그를 멸빈시켜야 하느니라."

(66) 구족계를 받을 수 없는 자 ⑥

66-1 그때 많은 비구들이 사지(沙祇)²⁴²)를 떠나서 사위성의 도로에 이르렀다. 도로에 여러 도둑이 나타나서 일부의 비구들을 겁탈하였고, 일부의 비구들을 죽였다. 왕의 신하들이 사위성에서 왔으며, 일부의 도둑들을 붙잡았고, 일부는 달아났다. 그 달아났던 자들은 여러 비구들의 처소에서 출가하였고, 여러 붙잡혔던 자들은 사형을 시키려고 끌려갔다.

66-2 그 여러 출가자들은 여러 도둑들이 사형을 당하려고 끌려가는 것을 보았다. 보고서 말하였다.

"우리들은 잘 달아났소. 만약 잡혔던 때라면 우리들도 역시 이와 같이

---

242) 팔리어 Sāketa(사케타)의 음사이다.

죽었을 것이오."

여러 비구들이 말하였다.

"그대들은 무슨 일을 지었는가?"

그 여러 출가자들은 이 일로써 여러 비구들에게 알렸고, 여러 비구들은 이 일로써 세존께 아뢰었으며, 세존께서는 말씀하셨다.

"여러 비구들이여. 그 여러 비구들은 바로 아라한이었느니라. 여러 비구들이여. 아라한을 죽였던 자가 구족계를 받지 않았다면 장차 구족계를 줄 수 없느니라. 이미 구족계를 받았다면 마땅히 그를 멸빈시켜야 하느니라."

67) 구족계를 받을 수 없는 자 ⑦

67-1 그때 많은 비구니들이 사지를 떠나서 사위성의 도로에 이르렀다. 도로에 여러 도둑이 나타나서 일부의 비구니들을 겁탈하였고, 일부의 비구니들을 염오시켰다. 왕의 신하들이 사위성에서 왔으며, 일부의 도둑들을 붙잡았고, 일부는 달아났다. 그 달아났던 자들은 여러 비구들의 처소에서 출가하였고, 여러 붙잡혔던 자들은 사형을 당하려고 끌려갔다.

67-2 그 여러 출가자들은 여러 도둑들이 사형을 당하려고 끌려가는 것을 보았다. 보고서 말하였다.

"우리들은 잘 달아났소. 만약 잡혔던 때라면 우리들도 역시 이와 같이 죽었을 것이오."

여러 비구들이 말하였다.

"그대들은 무슨 일을 지었는가?"

그 여러 출가자들은 이 일로써 여러 비구들에게 알렸고, 여러 비구들은 이 일로써 세존께 아뢰었으며, 세존께서는 말씀하셨다.

"여러 비구들이여. 여러 비구니들을 염오시켰던 자가 구족계를 받지 않았다면 장차 구족계를 줄 수 없느니라. 이미 구족계를 받았다면 마땅히 그를 멸빈시켜야 하느니라. 여러 비구들이여. 화합승가(和合僧伽)를 파괴하였던 자가 구족계를 받지 않았다면 장차 구족계를 줄 수 없느니라. 이미 구족계를 받았다면 마땅히 그를 멸빈시켜야 하느니라. 여러 비구들이여. 세존의 몸에서 피를 흐르게 하였던 자가 구족계를 받지 않았다면 장차 구족계를 줄 수 없느니라. 이미 구족계를 받았다면 마땅히 그를 멸빈시켜야 하느니라."

(68) 구족계를 받을 수 없는 자 ⑧

68-1 그때 한 사람이 2근(二根)이 있었는데, 여러 비구들의 처소에서 출가하였다. 그는 스스로가 부정을 행하였고 다른 사람을 시켜서 행하였다. 그 비구들은 이 일로써 여러 비구들에게 알렸고, 여러 비구들은 이 일로써 세존께 아뢰었으며, 세존께서는 말씀하셨다.

"여러 비구들이여. 2근이었던 자가 구족계를 받지 않았다면 장차 구족계를 줄 수 없느니라. 이미 구족계를 받았다면 마땅히 그를 멸빈시켜야 하느니라."

(69) 구족계를 받을 수 없는 자 ⑨

69-1 그때 여러 비구들이 화상을 청하지 않고서 구족계를 주었다. 그 비구들은 이 일로써 여러 비구들에게 알렸고, 여러 비구들은 이 일로써 세존께 아뢰었으며, 세존께서는 말씀하셨다.

"여러 비구들이여. 화상을 청하지 않았다면 구족계를 줄 수 없느니라. 구족계를 주는 자는 악작을 범하느니라."

69-2 그때 여러 비구들이 승가로써 화상을 삼아서 구족계를 주었다. 그 비구들은 이 일로써 여러 비구들에게 알렸고, 여러 비구들은 이 일로써 세존께 아뢰었으며, 세존께서는 말씀하셨다.

"여러 비구들이여. 승가로써 화상을 삼았다면 구족계를 줄 수 없느니라. 구족계를 주는 자는 악작을 범하느니라."

69-3 그때 여러 비구들이 대중으로써 화상을 삼아서 구족계를 주었다. 그들은 이 일로써 여러 비구들에게 알렸고, 여러 비구들은 이 일로써 세존께 아뢰었으며, 세존께서는 말씀하셨다.

"여러 비구들이여. 대중으로써 화상을 삼았다면 구족계를 줄 수 없느니라. 구족계를 주는 자는 악작을 범하느니라."

69-4 그때 여러 비구들이 황문으로써 화상을 삼아서 구족계를 주었고, …… 나아가 …… 적주(賊住)로써 화상을 삼아서 구족계를 주었고, …… 나아가 …… 외도(外道)로써 화상을 삼아서 구족계를 주었고, …… 나아가 …… 축생(畜生)으로써 화상을 삼아서 구족계를 주었고, …… 나아가 …… 어머니를 죽인 자로써 화상을 삼아서 구족계를 주었고, …… 나아가 …… 아버지를 죽인 자로써 화상을 삼아서 구족계를 주었고, …… 나아가 …… 아라한을 죽인 자로써 화상을 삼아서 구족계를 주었고, …… 나아가 …… 비구니를 염오시킨 자로써 화상을 삼아서 구족계를 주었고, …… 나아가 …… 화합승가를 파괴한 자로써 화상을 삼아서 구족계를 주었고, …… 나아가 …… 세존의 몸에서 피를 흐르게 하였던 자로써 화상을 삼아서 구족계를 주었고, …… 나아가 …… 2근이었던 자로써 화상을 삼아서 구족계를 주었다.

그 비구들은 이 일로써 여러 비구들에게 알렸고, 여러 비구들은 이 일로써 세존께 아뢰었으며, 세존께서는 말씀하셨다.

"여러 비구들이여. 황문으로써 화상을 삼았다면 구족계를 줄 수 없느니라. 구족계를 주는 자는 악작을 범하느니라. …… 2근이었던 자로써

화상을 삼았다면 구족계를 줄 수 없느니라. 구족계를 주는 자는 악작을
범하느니라."

70) 구족계를 받을 수 없는 자 ⑩

70-1 그때 여러 비구들이 발우를 갖추지 않은 자에게 구족계를 주었다.
그들은 손으로써 음식을 받았고 걸식하였다. 여러 사람들이 싫어하고
비난하였다.

"오히려 외도와 같구나."

그 비구들은 이 일로써 여러 비구들에게 알렸고, 여러 비구들은 이
일로써 세존께 아뢰었으며, 세존께서는 말씀하셨다.

"여러 비구들이여. 발우를 갖추지 않은 자에게 구족계를 줄 수 없느니라.
구족계를 주는 자는 악작을 범하느니라."

70-2 그때 여러 비구들이 옷을 갖추지 않은 자에게 구족계를 주었다.
그들은 나형으로 걸식하였다. 여러 사람들이 싫어하고 비난하였다.

"오히려 외도와 같구나."

그 비구들은 이 일로써 여러 비구들에게 알렸고, 여러 비구들은 이
일로써 세존께 아뢰었으며, 세존께서는 말씀하셨다.

"여러 비구들이여. 옷을 갖추지 않은 자에게 구족계를 줄 수 없느니라.
구족계를 주는 자는 악작을 범하느니라."

70-3 그때 여러 비구들이 발우와 옷을 갖추지 않은 자에게 구족계를
주었다. 그 비구들은 나형(裸形)이었고 손으로써 음식을 받으면서 걸식하
였다. 여러 사람들이 싫어하고 비난하였다.

"오히려 외도와 같구나."

그 비구들은 이 일로써 여러 비구들에게 알렸고, 여러 비구들은 이

일로써 세존께 아뢰었으며, 세존께서는 말씀하셨다.

"여러 비구들이여. 발우와 옷을 갖추지 않은 자에게 구족계를 줄 수 없느니라. 구족계를 주는 자는 악작을 범하느니라."

70-4 그때 여러 비구들이 발우를 빌렸던 자에게 구족계를 주었으므로, 구족계를 받고서 발우를 되돌려주었다. 그 비구들은 손으로써 음식을 받았고 걸식하였다. 여러 사람들이 싫어하고 비난하였다.

"오히려 외도와 같구나."

그들은 이 일로써 여러 비구들에게 알렸고, 여러 비구들은 이 일로써 세존께 아뢰었으며, 세존께서는 말씀하셨다.

"여러 비구들이여. 발우를 빌렸던 자에게 구족계를 줄 수 없느니라. 구족계를 주는 자는 악작을 범하느니라."

70-5 그때 여러 비구들이 옷을 빌렸던 자에게 구족계를 주었으므로, 구족계를 받고서 옷을 되돌려주었다. 그 비구들은 나형으로 걸식하였다. 여러 사람들이 싫어하고 비난하였다.

"오히려 외도와 같구나."

그 비구들은 이 일로써 여러 비구들에게 알렸고, 여러 비구들은 이 일로써 세존께 아뢰었으며, 세존께서는 말씀하셨다.

"여러 비구들이여. 옷을 빌렸던 자에게 구족계를 줄 수 없느니라. 구족계를 주는 자는 악작을 범하느니라."

70-6 그때 여러 비구들이 발우와 옷을 빌렸던 자에게 구족계를 주었다. 그들은 나형이었고 손으로써 음식을 받으면서 걸식하였다. 여러 사람들이 싫어하고 비난하였다.

"오히려 외도와 같구나."

그 비구들은 이 일로써 여러 비구들에게 알렸고, 여러 비구들은 이 일로써 세존께 아뢰었으며, 세존께서는 말씀하셨다.

"여러 비구들이여. 발우와 옷을 빌린 자에게 구족계를 줄 수 없느니라. 구족계를 주는 자는 악작을 범하느니라."

[구족계를 받을 수 없는 20종류를 마친다.]

71) 구족계를 받을 수 없는 자 ⑪

71-1 그때 여러 비구들이 손이 잘렸던 자를 출가시켰고, …… 나아가 …… 발이 잘렸던 자를 출가시켰고, …… 나아가 …… 손과 발이 잘렸던 자를 출가시켰고, …… 나아가 …… 귀가 잘렸던 자를 출가시켰고, …… 나아가 …… 코가 잘렸던 자를 출가시켰고, …… 나아가 …… 코와 귀가 잘렸던 자를 출가시켰고, …… 나아가 …… 손가락이 잘렸던 자를 출가시켰고, …… 나아가 …… 손·발톱이 잘렸던 자를 출가시켰고, …… 나아가 …… 힘줄이 잘렸던 자를 출가시켰고, …… 나아가 …… 손이 뱀대가리와 같았던 자를 출가시켰고, …… 나아가 …… 곱추였던 자를 출가시켰고, …… 나아가 …… 난쟁이었던 자를 출가시켰고, …… 나아가 …… 혹부리이었던 자를 출가시켰고, …… 나아가 …… 낙인을 받았던 자를 출가시켰고, …… 나아가 …… 태형을 받았던 자를 출가시켰고, …… 나아가 …… 죄의 내용을 몸에 새겼던 자를 출가시켰고, …… 나아가 …… 상피병(象皮病)이었던 자를 출가시켰고, …… 나아가 …… 악한 병이었던 자를 출가시켰고, …… 나아가 …… 대중을 모욕하였던 자를 출가시켰고, …… 나아가 …… 애꾸눈이었던 자를 출가시켰고, …… 나아가 …… 손이 굽어졌던 자를 출가시켰고, …… 나아가 …… 절름발이이었던 자를 출가시켰고, …… 나아가 …… 반신불수(半身不遂)이었던 자를 출가시켰고, …… 나아가 …… 불구자(不具者)이었던 자를 출가시켰고, …… 나아가 …… 노약자이었던 자를 출가시켰고, …… 나아가 …… 장님이었던 자를 출가시켰고, …… 나아가 …… 벙어리이었던 자를 출가시켰고, …… 나아가 …… 귀머거

리이었던 자를 출가시켰고, …… 나아가 …… 장님이고 벙어리이었던
자를 출가시켰고, …… 나아가 …… 장님이고 귀머거리이었던 자를 출가시
켰고, …… 나아가 …… 귀머거리이고 벙어리이었던 자를 출가시켰고,
…… 나아가 …… 장님이고 귀머거리이며 벙어리이었던 자를 출가시켰다.

그 비구들은 이 일로써 여러 비구들에게 알렸고, 여러 비구들은 이
일로써 세존께 아뢰었으며, 세존께서는 말씀하셨다.

"여러 비구들이여. 손이 잘렸던 자를 출가시킬 수 없고, …… 장님이고
귀머거리이며 벙어리이었던 자를 출가시킬 수 없느니라. 출가시키는
자는 악작을 범하느니라."

[구족계를 받을 수 없는 30종류를 마친다.]

○ **【아홉째의 송출품을 마친다.】**

10. 제10송출품(第十誦出品)

72) 의지를 받을 수 없는 자

72-1 그때 육군비구들이 부끄러움이 없는 자에게 의지를 주었다. 그들은
이 일로써 여러 비구들에게 알렸고, 여러 비구들은 이 일로써 세존께
아뢰었으며, 세존께서는 말씀하셨다.

"여러 비구들이여. 부끄러움이 없는 자에게 의지를 줄 수 없느니라.
주는 자는 악작을 범한다."

그때 여러 비구들이 여러 부끄러움이 없는 자에게 의지하고 머물렀는데
오래지 않아서 부끄러움이 없고 악한 비구가 되었다. 그들은 이 일로써
여러 비구들에게 알렸고, 여러 비구들은 이 일로써 세존께 아뢰었으며,

세존께서는 말씀하셨다.

"여러 비구들이여. 부끄러움이 없는 자에게 의지하여 머무를 수 없느니라. 의지하여 머무르는 자는 악작을 범한다."

72-2 그때 여러 비구들은 마음에서 사유하였다.

"세존께서 제정하셨으므로 부끄러움이 없는 자에게 의지를 줄 수 없고, 부끄러움이 없는 자에게 의지하여 머무를 수 없다. 우리들이 어떻게 해야 부끄러움이 있거나, 부끄러움을 없는 것을 알겠는가?"

여러 비구들은 이 일로써 세존께 아뢰었으며, 세존께서는 말씀하셨다.

"여러 비구들이여. 4·5일을 기다려서 비구의 습성(習性)을 아는 것을 허락하겠노라."

[의지를 받을 수 없는 자를 마친다.]

73) 의지가 없이 머무르는 것

73-1 그때 한 비구가 교살라국을 유행하는 도중이었다. 그때 그 비구는 마음에서 사유하였다.

"세존께서 제정하셨으므로 의지가 없다면 머무를 수 없다. 나는 마땅히 유행하는 도중에 의지가 있어야 한다. 나는 마땅히 어떻게 해야 하는가?"

여러 비구들은 이 일로써 세존께 아뢰었으며, 세존께서는 말씀하셨다.

"여러 비구들이여. 유행하는 도중에 의지를 얻을 수 없는 때라면, 의지가 없이 머무르는 것을 허락하겠노라."

73-2 그때 두 비구가 교살라국을 유행하는 도중이었다. 그들은 한 주처에 이르렀는데, 이 처소에는 한 병든 비구가 있었다. 그때 그 비구들은 마음에서 사유하였다.

　　"세존께서 제정하셨으므로 의지가 없다면 머무를 수 없다. 우리들은
의지를 찾았으나, 다만 병든 자이다. 우리들은 마땅히 어떻게 해야 하는
가?"

　　여러 비구들은 이 일로써 세존께 아뢰었으며, 세존께서는 말씀하셨다.

　　"여러 비구들이여. 비구가 병들어서 의지를 얻을 수 없는 때라면, 의지가
없이 머무르는 것을 허락하겠노라."

73-3 이때 그 병든 비구는 마음에서 사유하였다.

　　"세존께서 제정하셨으므로 의지가 없다면 머무를 수 없다. 내가 의지를
얻고자 하여도 다만 이 비구는 병든 자이다. 나는 마땅히 어떻게 해야
하는가?"

　　여러 비구들은 이 일로써 세존께 아뢰었으며, 세존께서는 말씀하셨다.

　　"여러 비구들이여. 간병하는 비구가 의지를 얻을 수 없는 때라면, 의지가
없이 머무르는 것을 허락하겠노라."

73-4 그때 한 비구가 숲속에서 머물렀는데, 좌선하거나, 눕는 처소가
안은(安隱)하였다. 이때 그 비구는 마음에서 사유하였다.

　　"세존께서 제정하셨으므로 의지가 없다면 머무를 수 없다. 나는 마땅히
의지를 찾아서 얻어야 하는데, 다만 숲속에서 머무른다면 이곳은 좌선하
거나, 눕는 처소로 안은하다. 나는 마땅히 어떻게 해야 하는가?"

　　여러 비구들은 이 일로써 세존께 아뢰었으며, 세존께서는 말씀하셨다.

　　"여러 비구들이여. 다만 숲속에서 안은하게 머무르는 비구가 의지를
얻을 수 없는 때라면, 의지가 없이 머무르는 것을 허락하겠노라. 다만
함께 의지가 상응하는 자라면 마땅히 의지하여 머무르도록 하라."

　[의지가 없이 머무르는 것을 마친다.]

74) 구족계의 계문(戒文)을 송출하는 것

74-1 그때 장로 마하가섭(摩訶迦葉)[243]은 구족계를 받으려는 발원이 있었다.

이때 장로 마하가섭은 장로를 보내어 장로 아난에게 말하였다.

"아난이여. 와서 이 사람을 위하여 구족계문(具足戒文)을 송출하시겠소?"

장로 아난은 말하였다.

"나는 능히 장로의 이름을 부를 수 없습니다. 장로는 바로 내가 존중하는 자입니다."

여러 비구들은 이 일로써 세존께 아뢰었으며, 세존께서는 말씀하셨다.

"여러 비구들이여. 오직 구족계문을 송출하면서 이름을 부르는 것을 허락하겠노라."

74-2 그때 두 사람이 장로 마하가섭에게 구족계를 받으려는 발원이 있었다. 그들은 다투면서 말하였다.

"내가 먼저 구족계를 받겠습니다. 내가 먼저 구족계를 받겠습니다."

여러 비구들은 이 일로써 세존께 아뢰었으며, 세존께서는 말씀하셨다.

"여러 비구들이여. 한 번에 구족계문을 송출하면서 두 사람에게 구족계를 주는 것을 허락하겠노라."

74-3 그때 매우 많은 사람이 장로를 쫓아서 구족계를 받으려는 발원이 있었다. 그들은 다투면서 말하였다.

"내가 먼저 구족계를 받겠습니다. 내가 먼저 구족계를 받겠습니다."

여러 비구들은 이 일로써 세존께 아뢰었으며, 세존께서는 말씀하셨다.

"여러 비구들이여. 한 번에 구족계문을 송출하면서 두 사람, 혹은 세 사람에게 구족계를 주는 것을 허락하겠노라. 다만 마땅히 동일(同一)한

---

243) 팔리어 Mahākassapa(마하카싸파)의 음사이다.

화상을 의지해야 하고, 다른 화상을 의지할 수 없느니라."

[구족계의 계문을 송출하는 것을 마친다.]

75) 태에서 구족계를 받는 것

75-1 그때 장로 구마라가섭(鳩摩羅迦葉)[244]은 입태(入胎)를 따라서 계산하였고, 20세에 이르러 구족계를 받으려고 하였다. 이때 장로 구마라가섭은 마음에서 사유하였다.

"세존께서 제정하셨으므로 20세를 채우지 않은 자는 구족계를 받을 수 없으나, 입태를 따라서 계산한다면 20세를 채웠다. 나는 구족계를 받으면서 계산해야 하는가? 혹은 구족계를 받으면서 계산하지 않아야 하는가?"

여러 비구들은 이 일로써 세존께 아뢰었으며, 세존께서는 말씀하셨다.

"여러 비구들이여. 어머니의 태에서 처음으로 마음에서 제1식(識)이 나타났다면 이것을 까닭으로 태어남이 있는 것이다. 여러 비구들이여. 입태를 따라서 계산하여 20세에 이르렀다면 구족계를 줄 수 있느니라."

[태에서 구족계를 받는 것을 마친다.]

76) 구족계(具足戒)의 갈마

76-1 그때 구족계를 받은 자들에게 나병, 옹창, 습진, 폐병, 전광이 있었다. 여러 비구들은 이 일로써 세존께 아뢰었으며, 세존께서는 말씀하

---

244) 팔리어 Kumārakassapa(쿠마라 카싸파)의 음사이다.

셨다.

"여러 비구들이여. 구족계를 주면서 형벌인 자와 장애하는 법을 자세하게 묻는 것을 허락하겠노라. 여러 비구들이여. 자세하게 묻는 때에 이와 같이 해야 하나니 이를테면, '그대는 나병, 옹창, 습진, 폐병, 전광 등의 병이 있는가? 그대는 사람인가? 그대는 남자의 사람인가? 자재(自在)한가? 부채(負債)는 없는가? 왕의 신하는 아닌가? 부모는 허락하였는가? 20세를 채웠는가? 발우와 옷을 원만하게 갖추었는가? 이름은 무엇인가? 화상의 이름은 무엇인가?'라고 말하는 것이다."

76-2 그때 여러 비구들이 구족계를 원하는 자를 마주하고 교계(教誡)를 주지 않고서 장애하는 법을 물었다. 구족계를 원하는 자들은 곤혹스럽고 부끄러워서 능히 대답하지 못하였다. 여러 비구들은 이 일로써 세존께 아뢰었으며, 세존께서는 말씀하셨다.

"여러 비구들이여. 먼저 교계하고서 뒤에 장애하는 법을 물어야 하느니라."

76-3 그때 승가의 가운데에서 교계를 주면서 장애하는 법을 물었다. 구족계를 원하는 자들은 곤혹스럽고 부끄러워서 능히 대답하지 못하였다. 여러 비구들은 이 일로써 세존께 아뢰었으며, 세존께서는 말씀하셨다.

"여러 비구들이여. 한쪽에서 교계를 주고서 뒤에 장애하는 법을 묻는 것을 허락하겠노라. 여러 비구들이여. 교계를 주는 때에 이와 같이 해야 하나니, 마땅히 먼저 화상을 선택해야 하고, 화상을 선택한 뒤에 마땅히 발우와 옷을 보여주고서 말해야 한다.

'이것이 그대의 발우(鉢盂)245)이고, 이것이 승가리(僧伽梨)246)이며, 이것이 울다라승(鬱多羅僧)247)이며, 이것이 그대의 안타회(安陀會)248)이니,

---

245) 팔리어 Patta(파따)의 번역이다.
246) 팔리어 Saṅghāṭi(산가티)의 음사이다.
247) 팔리어 Uttarāsaṅga(우따라산가)의 음사이다.
248) 팔리어 Antaravāsaka(안타라바사카)의 음사이다.

그 처소로 가서 서 있도록 하라.'"

76-4 우치(愚痴)하고 어리석은 자에게 교계를 주었다. 구족계를 원하는 자들은 교계를 주는 때에 곤혹스럽고 부끄러워서 능히 대답하지 못하였다. 여러 비구들은 이 일로써 세존께 아뢰었으며, 세존께서는 말씀하셨다.
　"여러 비구들이여. 우치하고 어리석은 자를 교계를 줄 수 없느니라. 교계하는 자는 악작을 범하느니라. 여러 비구들이여. 총명하고 현명하며 유능한 비구가 교계를 주는 것을 허락하겠노라."

76-5 마땅히 뽑히지 않았던 자가 교계하였다. 여러 비구들은 이 일로써 세존께 아뢰었으며, 세존께서는 말씀하셨다.
　"여러 비구들이여. 뽑히지 않은 자는 교계를 줄 수 없느니라. 교계를 주는 자는 악작을 범하느니라. 여러 비구들이여. 마땅히 뽑혔던 자가 교계를 주는 것을 허락하겠노라. 여러 비구들이여. 뽑는 때에는 마땅히 이와 같이 해야 하나니, 혹은 자신을 뽑거나, 혹은 다른 사람을 뽑는 것이다.
　무엇이 자신을 뽑는 것인가? 총명하고 현명하며 유능한 비구는 마땅히 승가에게 창언해야 한다.
　'대덕 승가께서는 허락하십시오. 누구는 장로 누구를 쫓아서 구족계를 받으려고 원하고 있습니다. 만약 승가께서 때라면 마땅히 제가 누구에게 교계를 주겠습니다.'
　이와 같이 자신을 뽑을 수 있느니라."

76-6 "무엇이 다른 사람을 뽑는 것인가? 총명하고 현명하며 유능한 비구는 마땅히 승가에게 창언해야 한다.
　'대덕 승가께서는 허락하십시오. 누구는 장로 누구를 쫓아서 구족계를 받고자 원합니다. 만약 승가께서 때에 이르렀다면 마땅히 누구가 누구에게 교계를 주도록 시키겠습니다.'

이와 같이 자신을 뽑을 수 있느니라."

76-7 마땅히 뽑혔던 비구는 구족계를 원하는 자가 있는 곳에 이르러 그들에게 말해야 한다.

"누구는 들으라. 지금 그대는 진리를 말할 때이고 진실을 말할 때이니라. 승가가 묻는 때에 있다면 있다고 말하고 없다면 없다고 말하라. 곤혹스러워 하지 말고 부끄러워하지 말라. 마땅히 이와 같이 그대에게 묻겠노라.

'그대는 나병, 옹창, 습진, 폐병, 전광 등의 병이 있는가? 그대는 사람인가? 그대는 남자의 사람인가? 자재한가? 부채는 없는가? 왕의 신하는 아닌가? 부모는 허락하였는가? 20세를 채웠는가? 발우와 옷을 원만하게 갖추었는가? 이름은 무엇인가? 화상의 이름은 무엇인가?'"

76-8 교계하는 자는 받는 자가 함께 왔더라도, 함께 다닐 수 없느니라. 교계하는 자가 먼저 와서 승가에 창언해야 한다.

'대덕 승가께서는 허락하십시오. 누구는 장로 누구를 쫓아서 구족계를 받고자 원하였고, 저는 그에게 교계를 주었습니다. 만약 승가께서 때에 이르렀다면 마땅히 누구를 오게 시키겠습니다.'

마땅히 말해야 한다.

'오게 하십시오.'

곧 오른쪽 어깨를 드러내고 여러 비구들의 발에 예배하고서 호궤 합장하고 구족계를 받는 것을 청해야 한다.

'저는 승가께서 구족계를 주시기를 청하나니, 승가께서는 저를 애민하게 생각하시어 제도하여 주십시오. 저는 승가께서 구족계를 주시기를 청하나니, 승가께서는 저를 애민하게 생각하시어 제도하여 주십시오. 저는 승가께서 구족계를 주시기를 청하나니, 승가께서는 저를 애민하게 생각하시어 제도하여 주십시오.'

76-9 총명하고 현명하며 유능한 비구는 마땅히 승가에게 창언해야 한다.

"대덕 승가께서는 허락하십시오. 이 처소의 누구는 장로 누구를 쫓아서 구족계를 받고자 원합니다. 만약 승가께서 때에 이르렀다면 제가 누구에게 장애하는 법을 묻겠습니다. 누구는 들으라. 지금 그대는 진리를 말할 때이고 진실을 말할 때이니라. 내가 그대에게 일을 묻겠나니, 있으면 있다고 말하고 없으면 없다고 말하라.

'그대는 나병, 옹창, 습진, 폐병, 전광 등의 병이 있는가? …… 화상의 이름은 무엇인가?'"

76-10 총명하고 현명하며 유능한 비구는 마땅히 승가에게 창언해야 한다.

"대덕 승가께서는 허락하십시오. 이 처소의 누구는 장로 누구를 쫓아서 구족계를 받고자 원합니다. 장애하는 법이 없고 발우와 옷을 갖추었습니다. 누구는 승가께 누구로써 화상을 삼아서 구족계를 주시기를 청하고 있습니다. 만약 승가께서 때에 이르렀다면 승가께서는 마땅히 누구로써 화상을 삼아서 누구에게 구족계를 주십시오. 이와 같이 아룁니다.'

'대덕 승가께서는 허락하십시오. 이 처소의 누구는 장로 누구를 쫓아서 구족계를 받고자 원합니다. 장애하는 법이 없고 발우와 옷을 갖추었습니다. 누구는 승가께 누구로써 화상을 삼아서 구족계를 주시기를 청하고 있습니다. 만약 승가께서 때에 이르렀다면 승가께서는 마땅히 누구로써 화상을 삼아서 누구에게 구족계를 주겠습니다. 누구로써 화상을 삼아서 누구에게 구족계를 주는 것을 인정하신다면 묵연(默然)하시고 인정하지 않으신다면 말씀하십시오.'

저는 두 번째로 이 일을 아룁니다.

'대덕 승가께서는 허락하십시오. 이 처소의 누구는 장로 누구를 쫓아서 구족계를 받고자 원합니다. 장애하는 법이 없고 발우와 옷을 갖추었습니다. 누구는 승가께 누구로써 화상을 삼아서 구족계를 주시기를 청하고 있습니다. 만약 승가께서 때에 이르렀다면 승가께서는 마땅히 누구로써 화상을 삼아서 누구에게 구족계를 주겠습니다. 누구로써 화상을 삼아서

누구에게 구족계를 주는 것을 인정하신다면 묵연하시고 인정하지 않으신
다면 말씀하십시오.'

저는 세 번째로 이 일을 아룁니다.

'대덕 승가께서는 허락하십시오. 이 처소의 누구는 장로 누구를 쫓아서
구족계를 받고자 원합니다. 장애하는 법이 없고 발우와 옷을 갖추었습니
다. 누구는 승가께 누구로써 화상을 삼아서 구족계를 주시기를 청하고
있습니다. 만약 승가께서 때에 이르렀다면 승가께서는 마땅히 누구로써
화상을 삼아서 누구에게 구족계를 주겠습니다. 누구로써 화상을 삼아서
누구에게 구족계를 주는 것을 인정하신다면 묵연하시고 인정하지 않으신
다면 말씀하십시오.'

승가시여. 누구로써 화상을 삼아서 누구에게 구족계를 주는 것을 마쳤
습니다. 승가께서 인정하신 것은 묵연하였던 까닭입니다. 나는 이와
같이 알고 이해하겠습니다."

[구족계의 갈마를 마친다.]

77) 네 가지의 의지(依止)

다음으로 해의 길이를 측정해야 하고, 계절의 시간을 알려주어야 하며,
하루의 부분을 알려주어야 하고, 법식(法式)을 알려주어야 하며, 마땅히
4의지를 알려주어야 한다. 이를테면, 출가한다면 걸식(乞食)을 의지해야
하고, 이것에서 나아가 목숨을 마치도록 마땅히 부지런히 행해야 한다.
나머지의 얻을 수 있는 것은 승차식(僧次食), 별청식(別請食), 청식(請食),
행주식(行籌食), 십오일식(十五日食), 포살식(布薩食), 월초일식(月初日食)
이다.

출가한다면 분소의(糞掃衣)를 의지해야 하고, 이것에서 나아가 목숨을
마치도록 마땅히 부지런히 행해야 한다. 나머지의 얻을 수 있는 것은

아마의(亞麻衣), 면의(綿衣), 야잠의(野蠶衣), 갈의(褐衣), 마의(麻衣), 저의(紵衣)이다.

출가한다면 수하좌(糞掃衣)를 의지해야 하고, 이것에서 나아가 목숨을 마치도록 마땅히 부지런히 행해야 한다. 나머지의 얻을 수 있는 것은 정사(精舍), 평부옥(平覆屋), 전루(殿樓), 누방(樓房), 동굴(洞窟)이다.

출가한다면 진기약(陳棄藥)을 의지해야 하고, 이것에서 나아가 목숨을 마치도록 마땅히 부지런히 행해야 한다. 나머지의 얻을 수 있는 것은 숙소(熟酥), 생소(生酥), 기름(油), 꿀(蜜), 사탕(糖)이니라."

[네 가지의 의지를 마친다.]

78) 네 가지의 일이 아닌 것

78-1 그때 여러 비구들이 한 비구에게 구족계를 주었고, 오직 그 한 사람을 남겨두고서 떠나갔다. 그는 뒤에 혼자 머물렀고, 도중에서 그 옛날의 아내를 만났는데, 그녀가 말하였다.

"그대는 지금 출가하였습니까?"

"그렇소. 나는 출가하였소."

"출가하였다면 음법(婬法)을 만나기 어려울 것이에요. 와서 음법을 행하세요."

그는 그녀와 함께 음법을 행하였다. 오래 지나서 비로소 왔으므로 비구들이 말하였다.

"그대는 어찌하여 지체하면서 왔는가?"

이때 그 비구들은 이 일로써 여러 비구들에게 알렸고, 여러 비구들은 이 일로써 세존께 아뢰었으며, 세존께서는 말씀하셨다.

"여러 비구들이여. 구족계를 주었던 자는 도반을 주어야 하고 네 가지를 짓지 않게 알려주도록 허락하겠노라.

'구족계를 받은 비구는 곧 축생을 마주하고서도 역시 음법을 행할 수 없나니, 비구가 음법을 행한 자는 사문이 아니고 석자도 아니며 오히려 어느 사람이 한 번에 목을 자른다면 그 목숨이 끊어진 것과 같이, 비구가 만약 음법을 행한 것과 같다면 그 석자의 계명(戒命)이 역시 끊어진 것과 같으니라. 이것은 곧 목숨을 마치도록 얻고자 할 것이 아니니라.'

78-2 '구족계를 받은 비구는 곧 주지 않았는데 취한다면 훔치는 것이니, 나아가 하나의 풀잎이라도 훔쳐서 역시 그것을 얻고자 할 것이 아니니라. 5전(錢)이거나, 혹은 5전의 물건이거나, 혹은 넘겼던 물건을 주지 않았는데 취하는 자는 사문이 아니고 석자도 아니며 오히려 마른 나무의 가지가 부러지면 다시 푸른색을 회복할 수 없는 것과 같이, 비구가 5전(錢)이거나, 혹은 5전의 물건이거나, 혹은 넘겼던 물건을 주지 않았는데 취하는 자는 사문이 아니고 석자도 아닌 것과 같으니라. 이것은 곧 목숨을 마치도록 얻고자 할 것이 아니니라.'

78-3 '구족계를 받은 비구는 고의로 유정과 나아가 개미의 생명까지도 빼앗을 수 없나니, 비구가 고의로 생명을 빼앗고 나아가 태(胎)를 낙태시키는 자는 사문이 아니고 석자도 아니며 오히려 큰 돌을 두 부분으로 쪼개면 다시 붙일 수 없는 것과 같이, 비구가 고의로 사람의 목숨을 빼앗는 자는 사문이 아니고 석자도 아닌 것과 같으니라. 이것은 곧 목숨을 마치도록 얻고자 할 것이 아니니라.'

78-4 '구족계를 받은 비구는 상인법(上人法)을 얻지 않았다면 나아가 〈나는 공허한 집에서 쾌락을 받는다.〉라고 말할 수 없나니, 비구가 악한 욕망이 있고 악한 것에 핍박을 받아서 진실이 아닌 상인법, 선정(禪定), 해탈(解脫), 삼매(三昧), 정수(正受), 도과(道果)를 주장하는 자는 사문이 아니고 석자도 아니며 오히려 다라수를 자른다면 그 새싹이 다시 자라날 수 없는 것과 같으니라. 비구가 악한 욕망이 있고 악한 것에 핍박을

받아서 진실이 아닌 것과 진실이 아닌 상인법을 주장하는 자는 사문이
아니고 석자도 아니니라. 이것은 곧 목숨을 마치도록 얻고자 할 것이
아니니라.'"

[네 가지의 일이 아닌 것을 마친다.]

79) 환속자의 재출가(再出家)

79-1 그때 한 비구가 있어 스스로가 죄를 드러내지 않고서 환속하였다.
　그는 다시 돌아왔고 여러 비구들을 향하여 구족계를 받는 것을 청하였
다. 여러 비구들은 이 일로써 세존께 아뢰었으며, 세존께서는 말씀하셨다.
　"여러 비구들이여. 이 처소에 있었던 비구가 스스로가 죄를 드러내지
않고서 환속하였으나, 다시 돌아와서 여러 비구들을 향하여 구족계를
받는 것을 청하였다면 마땅히 그에게 말해야 한다.
　'그대는 그 죄를 알았는가?'
　만약 알았다고 말하는 자는 출가시킬 수 있으나, 만약 알지 못하였다고
말하는 자는 출가시킬 수 없느니라."

79-2 "출가시키고서 뒤에 마땅히 그에게 말해야 한다.
　'그대는 그 죄를 알았는가?'
　만약 알았다고 말하는 자는 구족계를 줄 수 있으나, 만약 알지 못하였다
고 말하는 자는 구족계를 줄 수 없다. 구족계를 주고서 뒤에 마땅히
그에게 말해야 한다.
　'그대는 그 죄를 알았는가?'
　만약 알았다고 말하는 자는 갈마를 풀어줄 수 있으나, 만약 알지 못하였
다고 말하는 자는 갈마를 풀어줄 수 없다. 갈마를 풀어주고서 뒤에 마땅히
그에게 말해야 한다.

'그대는 그 죄를 알았는가?'

만약 알았다고 말하는 자는 좋은 것이다. 만약 알지 못하였다고 말하는 자는 만약 승가가 화합하였다면 그것을 다시 거론(擧論)할 수 있으나, 만약 승가가 화합하지 않았다면 그와 함께 머무르고 함께 먹어야 하며, 역시 죄도 성립하지 않느니라."

79-3 "여러 비구들이여. 이 처소에 있었던 비구가 죄가 있었으나 참회하지 않고서 환속하였으나, 다시 돌아와서 여러 비구들을 향하여 구족계를 받는 것을 청하였다면 마땅히 그에게 말해야 한다.

'그대는 그 죄를 참회하였는가?'

만약 참회하였다고 말하는 자는 출가시킬 수 있으나, 만약 참회하지 않았다고 말하는 자는 출가시킬 수 없다. 출가시키고서 뒤에 마땅히 그에게 말해야 한다.

'그대는 그 죄를 참회하였는가?'

만약 참회하였다고 말하는 자는 구족계를 줄 수 있으나, 만약 참회하지 않았다고 말하는 자는 구족계를 줄 수 없다. 구족계를 주고서 뒤에 마땅히 그에게 말해야 한다.

'그대는 그 죄를 참회하였는가?'

만약 참회하였다고 말하는 자는 갈마를 풀어줄 수 있으나, 만약 참회하지 않았다고 말하는 자는 갈마를 풀어줄 수 없다. 갈마를 풀어주고서 뒤에 마땅히 그에게 말해야 한다.

'그대는 그 죄를 참회하였는가?'

만약 참회하였다고 말하는 자는 좋은 것이다. 만약 참회하지 않았다고 말하는 자는 만약 승가가 화합하였다면 그것을 다시 거론할 수 있으나, 만약 승가가 화합하지 않았다면 그와 함께 머무르고 함께 먹어야 하며, 역시 죄도 성립하지 않느니라."

79-4 "여러 비구들이여. 이 처소에 있었던 비구가 악견(惡見)을 버리지

않았고 거론하지 않고서 환속하였으나, 다시 돌아와서 여러 비구들을 향하여 구족계를 받는 것을 청하였다면 마땅히 그에게 말해야 한다.

'그대는 그 악견을 버렸는가?'

만약 버렸다고 말하는 자는 출가시킬 수 있으나, 만약 버리지 않았다고 말하는 자는 출가시킬 수 없다. 출가시키고서 뒤에 마땅히 그에게 말해야 한다.

'그대는 그 악견을 버렸는가?'

만약 버렸다고 말하는 자는 구족계를 줄 수 있으나, 만약 버리지 않았다고 말하는 자는 구족계를 줄 수 없다. 구족계를 주고서 뒤에 마땅히 그에게 말해야 한다.

'그대는 그 악견을 버렸는가?'

만약 버렸다고 말하는 자는 갈마를 풀어줄 수 있으나, 만약 버리지 않았다고 말하는 자는 갈마를 풀어줄 수 없다. 갈마를 풀어주고서 뒤에 마땅히 그에게 말해야 한다.

'그대는 그 악견을 버렸는가?'

만약 버렸다고 말하는 자는 좋은 것이다. 만약 버리지 않았다고 말하는 자는 만약 승가가 화합하였다면 그것을 다시 거론할 수 있으나, 만약 승가가 화합하지 않았다면 그와 함께 머무르고 함께 먹어야 하며, 역시 죄도 성립하지 않느니라."

[환속자의 재출가를 마친다.]

○ 【열째의 송출품을 마친다.】

율장에서의 바로 큰 뜻은
선하고 바른 자는 매우 즐겁게 하고
악한 욕망의 사람을 제어하며
부끄러움이 있는 자를 섭수한다네.

가르침을 지닌 자가 행하면
모두가 수승한 자의 경계를 알고
의심이 없는 선을 베풀었다면
안은한 경계와 다르겠는가!

건도와 부수(附隨)와
아울러 비니모(毘尼母)에서
뜻과 같게 선을 행하면
능(能)한 자가 이치를 깨닫는 것과 같다네.

만약 사람이 소(牛)를 알지 못하면
능히 소들을 보호할 수 없나니
계율을 알지 못하는 자가
어찌 율의(律儀)를 보호하고 행하겠는가!
경과 논을 잃어버렸어도
율에는 가르침이 항상 있다네.

이러한 까닭으로 곧 총섭(總攝)을 따라서 알고서 나아가고
차례로 섭송(攝頌)을 내가 설하리니 잠깐이라도 들으시오.

일(事), 인연(因), 이취(理趣), 광설(廣說) 등의 모든 이것을
비록 널리 아는 것이 어렵더라도 다만 이치에 의지하여 아십시오.

섭송(攝頌)으로 말하겠노라.

보리수의 아래와 아사파라용수와
나사야타나수와 삭하주 범천과
아라라가라마와 울다가라마자와

비구와 우바가와

교진여와 바파와
발제와 마하남과 아설시와
야시와 네 명과 오십 명과
여러 지방과 일체 그물망과

일과 악마와 삼십 명과
우루빈라와 결발범지와
화당과 대왕과 제석천과 범천과
제사의 화합과 분소의와

연못과 바위와 가휴수와
바위와 도부와 암바수와
아마륵과 취파와 이질다라화와
가섭의 장작 쪼개기와 불 피우기와

가섭의 불끄기와 가라앉음과
화로와 구름과 가야와 장림원과
마갈타국과 우바제사와
구율타와 족성자와 출가와

하의가 가지런하지 않음과
발우를 놓는 것과 추루한 바라문과
비행을 행하는 것과
배를 채우는 것과 바라문 청년과

두 사람과 혹은 세 사람과

대중이 구족계를 받는 것과
법랍과 우치한 것과
구족계를 주는 것과

화상을 떠나는 것과
십년의 법랍과 의지와
봉사하지 않는 것과 구출과
우치한 것과 의지를 잃는 것과

다섯 분류의 비구와
여섯 분류의 비구와
옛날 외도와 나형과
결발 범지와 석자와

마갈타국의 다섯 가지의 병과
신하와 도둑 앙굴마라와
마가다국왕의 하명과
감옥과 표기와 태형과

낙인의 형벌과 부채와
노비와 대머리와
우바리와 사풍병과
한 가족의 신심과

건다와 길이 없는데 떠나는 것과
가유라위성과
동자와 받는 처소와
화합하지 않고 머무른 것과

처벌하는 것과
소유한 승원과
화상에게 묻지 않고 먹는 것과
데려가는 것과 건타와

황문과 적주자와
외도에 귀의한 자와 용과
어머니를 죽인 자와 아버지를 죽인 자와
아라한을 죽인 자와

비구니를 염오시킨 자와
화합승가를 깨트린 자와
세존의 몸에 피가 흐르게 한 자와
이근인 자와

화상을 청하지 않은 자와
승가를 화상으로 삼은 자와
대중을 화상으로 삼은 자와
황문을 화상으로 삼은 자와

발우가 없는 자와
빌린 자와 세 사람과
손이 잘린 자와
발이 잘린 자와

손발이 잘린 자와
귀가 잘린 자와
코가 잘린 자와

귀와 코가 잘린 자와

손가락이 잘린 자와
엄지 손가락이 잘린 자와
발꿈치가 잘린 자와
뱀의 머리와 같은 자와

곱추와 난쟁이와
혹이 있는 자와 태형자와
낙인의 형벌인 자와
표기의 형벌인 자와

상피병자와 악질병과
애꾸눈과 대중을 욕한 자와
손에 혹이 있는 자와 절름발이와
반신불수인 자와

불구인 자와 노약자와
장님과 귀머거리와 벙어리와
장님이고 벙어리와 장님이고 귀머거리와
장님이고 귀머거리이며 벙어리와

부끄러움이 없는 자에게 의지를 주는 것과
부끄러움이 없는 자가 의지를 줄 수 없는 것과
여행의 도중과 청하는 자와
희망하는 것과 오는 것과 투쟁과

한 사람의 화상을 의지하는 것과

구마라가섭과
구족계를 받은 자의 병과
교계를 받지 않아서 곤혹스러운 것과

교계와 승가의 가운에서의 교계와
어리석은 자의 교계와
교계에서 마땅히 뽑히지 않은 자와
교계를 받고서 오는 자와

자신의 제도를 청하는 것과
구족계와 의지와
한 사람을 남기는 것과
세 부류의 사람이 있다.

○ 이 건도는 하나가 있으며, 172사(事)가 있느니라.

◎ 【제1장의 대건도를 마치겠노라.】

대건도 제2권

제2장 포살건도(布薩犍度)[1]

1. 제1송출품(第一誦出品)

1) 포살(布薩)[2]의 연기(緣起)

1-1 그때 불·세존께서는 왕사성(王舍城)의 기사굴산(耆闍崛山)[3]에 머무르셨다. 그때 여러 외도인 범지(梵志)[4]들은 14일, 15일, 8일에 모여서 설법하였으므로, 여러 사람들은 법을 듣고자 그곳에 이르렀다. 여러 사람들은 여러 외도인 범지들을 사랑스럽게 생각하면서 신심을 얻었고 여러 외도인 범지들은 곧 신도(信徒)를 얻었다.

---

1) 팔리어 Uposathakkhandhak(우포사타깐다카)의 번역이다.
2) 팔리어 Uposatha(우포사타)의 번역이다.
3) 팔리어 Gijjhakūṭa pabbata(기짜쿠타 파빠타)의 음사로, gijjhakūṭa는 지명이고 pabbata는 산이라는 뜻이다.
4) 팔리어 Paribbājaka(파리빠자카)의 음사이고, 외도의 사문들을 가리킨다.

1-2 그때 마갈타국의 사니야 빈비사라왕은 고요하게 머무르면서 묵연(默然)하였고 마음에서 사유하였다.

'지금 여러 외도인 범지들은 14일, 15일, 8일에 모여서 설법하였고, 여러 사람들은 법을 듣고자 그곳에 이르렀다. 여러 사람들은 여러 외도인 범지들을 사랑스럽게 생각하면서 신심을 얻었고 여러 외도인 범지들은 곧 신도(信徒)를 얻었다. 마땅히 여러 존자들도 14일과 15일, 8일에 모이게 해야겠다.'

그때 마갈타국의 사니야 빈비사라왕은 세존의 처소로 나아갔다. 이르러서 세존께 예경하고서 한쪽에 앉았다. 한쪽에 앉아서 마갈타국의 사니야 빈비사라왕은 세존께 아뢰어 말하였다.

"나는 고요한 곳에서 머무르면서 묵연하였고 마음에서 사유하였습니다. '지금 여러 외도인 범지들은 14일과 15일, 8일에 모여서 설법하였고, 여러 사람들은 법을 듣고자 그곳에 이르렀다. 여러 사람들은 여러 외도인 범지들을 사랑스럽게 생각하면서 신심을 얻었고 여러 외도인 범지들은 곧 신도를 얻었다.' 여러 존자들도 역시 14일, 15일, 8일에 모일 수 있습니까?"

1-3 그때 세존께서는 설법하시어 가르쳐서 보여주셨고 인도하셨으며 권장하시어 왕을 환희하게 하셨다. 이때 사니야 빈비사라왕은 세존께서 설법하시어 가르쳐서 보여주셨고 인도하셨으며 권장하셨으므로 기뻐하면서 자리에서 일어나서 세존께 예경하고 오른쪽으로 돌면서 떠나갔다. 이때 세존께서는 이 인연에 의지하여 설법하셨으며 여러 비구들에게 알려 말씀하셨다.

"여러 비구들이여. 14일, 15일, 8일에 모이도록 허락하겠노라."

[포살의 연기를 마친다.]

2) 포살일의 설법

2-1 그때 세존께서는 14일, 15일, 8일에 모이는 것을 허락하셨다. 여러 비구들은 모였고 묵연히 앉아 있었으나, 여러 사람들은 그곳에서 법을 들으려고 먼저 왔다. 여러 사람들은 싫어하고 비난하였다.

"어찌하여 여러 사문인 석자들은 14일, 15일, 8일에 모였으나 묵연하게 앉아있어서 오히려 벙어리인 돼지와 같구나. 모였던 자들이 마땅히 설법하지 않는가?"

이때 여러 비구들은 여러 사람들이 싫어하고 비난하는 것을 들었다. 이때 여러 비구들은 이 일로써 세존께 아뢰었고, 세존께서는 이 인연으로써 설법하셨으며 여러 비구들에게 알려 말씀하셨다.

"여러 비구들이여. 14일과 15일 및 8일에 모여서 설법하도록 허락하겠노라."

[포살일의 설법을 마친다.]

3) 포살갈마 ①

3-1 그때 세존께서는 고요하게 머무르면서 묵연하셨고 마음에서 사유하였다.

'나는 여러 비구들을 위하여 학처를 제정하였으니, 나는 마땅히 이 바라제목차(波羅提木叉)를 송출하도록 허락하겠으며, 이것으로써 포살갈마(布薩羯磨)5)를 삼아야겠다.'

그때 세존께서는 이른 새벽의 때에 자리에서 일어나셨고, 이 인연으로써 설법하셨으며, 여러 비구들에게 알려 말씀하셨다.

─────────────

5) 팔리어 Uposathakamma(우포사타캄카)의 번역이다.

"여러 비구들이여. 고요하게 머무르면서 묵연하였고 마음에서 사유하였느니라.

'나는 여러 비구들을 위하여 학처를 제정하겠으니, 나는 마땅히 이 바라제목차를 송출하도록 허락하겠으며, 이것으로써 포살갈마를 삼아야 한다.'"

3-2 "여러 비구들이여. 송출하는 때에 마땅히 이와 같이 행해야 하느니라. 총명하고 현명하며 유능한 비구가 마땅히 승가의 가운데에서 창언해야 한다.

"대덕 승가께서는 허락하십시오. 오늘 15일은 포살하는 날입니다. 만약 승가께서 때에 이르렀다면 승가는 마땅히 포살을 행하겠으며, 바라제목차를 송출하겠습니다. 무엇이 승가를 위한 첫 번째의 행입니까? 장로들은 마땅히 스스로의 청정(淸淨)을 알리는 것이고, 우리들은 마땅히 바라제목차를 송출하는 것이며, 우리들 모두가 이 처소에서 한 명·한 명이고, 그것을 자세하게 들으면서 뜻을 짓는 것입니다.

죄가 있는 자는 마땅히 드러내시고 죄가 없는 자는 묵연하십시오. 여러 대덕들께서 묵연하신 까닭으로 우리들은 청정하다고 알겠습니다. 곧 매번 한 번을 묻는다면 곧 한 번의 대답이 있는 것과 같이, 이와 같은 모였던 대중들의 가운데에서 역시 이와 같이 세 번을 창언할 것입니다. 세 번을 창언하여 마쳤는데 비구가 죄가 있는 것을 억념(憶念)하였으나 드러내지 않는 자는 곧 고의로 망어하는 것입니다. 여러 장로들이여. 이것은 세존께서 장애하는 법(障法)이라고 말씀하셨습니다. 그러므로 이미 죄를 범한 비구가 억념하고서 청정하려고 한다면 마땅히 그 죄를 드러내십시오. 만약 드러낸다면 안은함을 얻을 것입니다."

3-3 "'바라제목차'는 여러 선법의 근본이고 이것은 얼굴이며 이것은 머리이므로 바라제목차라고 이름합니다.

'장로'는 사랑하는 말이고 공경하는 말이며 존중하는 말이고 높게 받드는 수승한 말이므로 장로라고 이름합니다.

'송출하다.'는 열어서 해석하고 자세하게 가르치며 베풀어 설하고 건립하며 아뢰고 분별하며 드러내어 보여주는 것입니다.

'이것'은 바라제목차를 말합니다.

'우리들의 모두가 이 처소에서 한 명·한 명이다.'는 모여있는 대중인 장로(上座), 하좌(下座), 중좌(中座)를 말하는 것이니, 이것을 우리들 모두가 이 처소에서 한 명·한 명이라고 말합니다.

'자세하게 듣다.'는 곧 전심(專心)으로 억념(憶念)하고 사유하면서 이렇게 뜻을 짓는 것입니다.

'뜻을 짓다.'는 한 경계의 마음으로, 산란(散亂)함이 없는 마음으로 집중하고 들으면서 마음에 분란(紛亂)이 없는 것입니다."

3-4 "'죄가 있는 자'는 장로, 하좌, 중좌들이 다섯 종류의 죄에서 어느 하나라도 범하였거나, 혹은 다섯 종류의 죄에서 어느 하나라도 범한 것입니다.

'드러내다.'는 승가에서, 혹은 대중에서, 혹은 한 사람의 앞에서, 아뢰고 설명하며, 나타내어 보여주는 것입니다.

'죄가 없는 자'는 범하지 않았거나, 혹은 범하고서 이미 벗어난 것입니다.

'묵연하다.'는 뜻이 마땅하다면 말하지 않는 것입니다.

'우리들은 청정하다고 알다.'는 우리들이 알고서 그것을 수지(受持)하는 것입니다."

3-5 "'매번 한 번을 묻는다면 곧 한 번의 대답이 있는 것과 같다.'는 곧 한 사람이 질문을 받는다면 대답하는 것과 같이, 이것도 역시 〈그가 나에게 질문한다.〉라고 이와 같이 모인 대중에게 알리는 것입니다.

'이와 같은 모였던 대중'은 비구들이 모였던 대중을 말합니다.

'세 번을 창언하다.'는 첫 번째로 창언하고, 두 번째로 창언하며, 세 번째로 창언하는 것입니다.

'억념하다.'는 역시 알았고, 역시 생각한 것을 말합니다.

'죄가 있다.'는 범하였다고 의심하였거나, 혹은 아직 벗어나지 못한 것입니다.

　'드러내지 않다.'는 승가에서 혹은 대중에서, 혹은 한 사람의 앞에서 아뢰지 않고 설명하지 않으며 나타내어 보여주지 않는 것입니다."

3-6 "'고의로 망어하다.'는 무엇이 고의로 망어하는 것인가? 이것은 악작을 범하는 것입니다.

　'세존께서 장애하는 법이라고 말씀하셨다.'는 무엇이 장애하는 법인가? 초선정(初禪定)6)을 증득하는 것의 장애이고, 2선정(二禪定)7)을 증득하는 것의 장애이며, 3선정(三禪定)8)을 증득하는 것의 장애이고, 4선정(四禪定)9)을 증득하는 것의 장애이다. 정려(靜慮)10), 해탈(解脫)11), 삼매(三昧)12), 삼마발저(三摩鉢底)13), 떠나가는 것(出去)14), 출리(出離)15), 원리(遠離)16)의 선법(善法)을 증득하는 것에 장애입니다.

　'그러므로'는 이러한 까닭을 말합니다.

　'억념하다.'는 역시 알았고, 역시 생각한 것을 말합니다.

　'청정하려고 한다.'는 벗어나서 청정하려는 것을 말합니다."

3-7 "'죄가 있다.'는 범하였다고 의심하였거나, 혹은 아직 벗어나지 못한 것입니다.

---

　6) 팔리어 Paṭhama jhāna(파타마 자나)의 번역이다.
　7) 팔리어 Dutiya jhāna(두티야 자나)의 번역이다.
　8) 팔리어 Tatiya jhāna(타티야 자나)의 번역이다.
　9) 팔리어 Catuttha jhāna(차투따 자나)의 번역이다.
　10) 팔리어 Jhāna(자나)의 번역이다.
　11) 팔리어 Vimokkha(비모카)의 번역이다.
　12) 팔리어 Samādhī(사마디)의 음사이다.
　13) 팔리어 Samāpattī(사미파띠)의 음사이고, 등지(等至), 정수(正受) 등으로 번역되며, 등지(等持)의 상태가 진전되어 더 깊은 경지에 이르렀음을 의미한다.
　14) 팔리어 Nekkhamma(네깜마)의 번역이다.
　15) 팔리어 Nissaraṇa(니싸라나)의 번역이다.
　16) 팔리어 Paviveka(파비베카)의 번역이다.

'드러내다.'는 승가에서 혹은 대중에서, 혹은 한 사람의 앞에서 고백하고
설명하며, 나타내어 보여주는 것입니다.

'만약 드러낸다면 안은함을 얻다.'는 또한 어느 때에 안은한 것인가?
초선정을 증득하면서 안은하고, 2선을 증득하면서 안은하며, 3선정을
증득하면서 안은하고, 4선정을 증득하면서 안은합니다. 정려, 해탈, 삼매,
삼마발저, 떠나가는 것, 출리, 원리의 선법을 증득하면서 안은합니다."

4) 바라제목차의 송출

4-1 이때 여러 비구들은 세존께서는 바라제목차를 송출하는 것을 허락하
셨다고 알았으므로, 날마다 그 바라제목차를 송출하였다. 여러 비구들은
이 일로써 세존께 아뢰었고, 세존께서는 말씀하셨다.

"여러 비구들이여. 날마다 바라제목차를 송출할 수 없느니라. 송출하는
자는 악작을 범하느니라. 여러 비구들이여. 포살일에 의지하여 바라제목
차를 송출할지니라."

4-2 이때 여러 비구들은 세존께서는 바라제목차를 송출하는 것을 허락하신
까닭으로, 여러 비구들은 14일, 15일, 8일에 세 번의 바라제목차를 송출하였
다. 여러 비구들은 이 일로써 세존께 아뢰었고, 세존께서는 말씀하셨다.

"여러 비구들이여. 보름의 가운데에서 세 번의 바라제목차를 송출할
수 없느니라. 송출하는 자는 악작을 범하느니라. 여러 비구들이여. 보름의
가운데에 한 번의 바라제목차를 14일이거나, 혹은 15일에 송출할 수
있느니라."

[바라제목차의 송출을 마친다.]

5) 포살갈마 ②

5-1 이때 육군비구들은 각자 스스로가 모였던 대중의 앞에서 모였던 대중을 따라서 바라제목차를 송출하였다. 그 비구들은 이 일로써 세존께 아뢰었고, 세존께서는 말씀하셨다.

"여러 비구들이여. 각자 스스로가 모였던 대중의 앞에서 모였던 대중을 따라서 바라제목차를 송출할 수 없느니라. 송출하는 자는 악작을 범하느니라. 여러 비구들이여. 화합하여 포살갈마를 행하는 것을 허락하겠노라."

5-2 이때 여러 비구들은 사유하였다.

'세존께서는 화합하여 포살갈마를 행하는 것을 허락하셨다. 어느 정도가 곧 화합하는 것인가? 한 주처인가? 혹은 일체의 처소인가?'

그 비구들은 이 일로써 세존께 아뢰었고, 세존께서는 말씀하셨다.

"여러 비구들이여. 한 주처로써 화합하는 것을 허락하겠노라."

5-3 이때 장로 마하겁빈나(摩訶劫賓那)[17]는 왕사성(王舍城) 근처의 만직 녹원(曼直鹿園)[18]에 머물렀다. 이때 장로 마하겁빈나는 적정하게 머무르면서 마음에서 사유하였다.

'나는 포살에 가야 하는가? 가지 않아야 하는가? 승가의 갈마에 가야 하는가? 가지 않아야 하는가? 그러나 나는 제일의 청정으로써 청정을 삼고 있다.'

5-4 이때 세존께서는 장로 마하겁빈나가 사유하는 것을 아셨고, 역사(力士)가 그의 팔을 굽혔다가 그의 팔을 펴는 순간과 같이, 역시 이 기사굴산에서 은몰(隱沒)하시어 만직녹원의 장로 마하겁빈나 앞에 나타나셨다. 세존

---

17) 팔리어 Mahākappina(마하카삐나)의 음사이다.
18) 팔리어 Maddakucchi migadāya(마따쿠찌 미가다야)의 음사이고, maddakucchi는 지명이고 migadāya는 사슴공원을 가리킨다.

께서는 펼쳐진 자리에 앉으셨고 장로 마하겁빈나는 세존께 예경하고서 한쪽에 앉았다.

5-5 한쪽에 앉으시고서 세존께서는 장로 마하겁빈나에게 알려 말씀하셨다.

"겁빈나여. 그대는 적정하게 머무르면서 '나는 포살에 가야 하는가? 가지 않아야 하는가? 승가의 갈마에 가야 하는가? 가지 않아야 하는가? 그러나 나는 제일의 청정으로써 청정을 삼고 있다.'라고 마음에서 사유하는가?"

"그렇습니다."

"만약 그대들 바라문이 포살하는 자를 공경하지 않고 존중하지 않으며 공양하지 않는데, 누가 마땅히 포살하는 자를 공경하고 존중하며 공양하겠는가? 바라문이여. 포살에 가도록 하라. 반드시 가야 하느니라."

"알겠습니다. 세존이시여."

장로 마하겁빈나는 대답하였다.

5-6 이때 세존께서는 설법하시어 가르쳐서 보여주셨고 인도하셨으며 권장하시어 장로 마하겁빈나를 환희하게 하셨으며, 역사가 그의 팔을 굽혔다가 그 팔을 펴는 순간과 같이, 역시 이 만직녹원의 장로 마하겁빈나 앞에서 은몰하시고서 기사굴산에 나타나셨다.

[포살갈마를 마친다.]

6) 포살의 결계 ①

6-1 이때 여러 비구들은 마음에서 사유하였다.

'세존께서는 이미 제정하시어 한 주처에서 화합하라고 하셨는데, 어느 정도가 한 주처인가?'

그 비구들은 이 일로써 세존께 아뢰었고, 세존께서는 말씀하셨다.

"여러 비구들이여. 결계(結界)를 결정하는 것을 허락하겠노라. 여러 비구들이여. 마땅히 이와 같이 결정해야 하느니라. 마땅히 먼저 서로에게 창언해야 하나니 이를테면, 산의 형상, 바위의 형상, 숲의 형상, 나무의 형상, 도로의 형상, 개미의 형상, 강물의 형상, 물의 형상이니라."

형상을 창언하고서 뒤에 총명하고 현명하며 유능한 비구가 마땅히 승가의 가운데에서 창언해야 한다.

"대덕 승가께서는 허락하십시오. 이미 사방(四方)의 형상을 창언하였습니다. 만약 승가께서 때에 이르렀다면 승가께서는 이러한 형상을 의지하여 동일한 한 주처와 동일한 포살의 경계로 결정하여 주십시오. 이와 같이 아룁니다."

6-2 "대덕 승가께서는 허락하십시오. 이미 사방(四方)의 형상을 창언하였고, 이러한 형상을 의지하여 마땅히 동일한 한 주처와 동일한 포살의 경계로 결정하겠습니다. 이러한 형상을 의지하여 마땅히 동일한 한 주처와 동일한 포살의 경계로 결정하는 것을 여러 대덕들께서 인정하신다면 묵연하시고 인정하지 않으신다면 말씀하십시오.

승가시여. 이러한 형상을 의지하여 마땅히 동일한 한 주처와 동일한 포살의 경계로 결정하는 것을 마쳤습니다. 승가께서 인정하신 것은 묵연하였던 까닭입니다. 나는 이와 같이 알고 이해하겠습니다."

7) 포살의 결계 ②

7-1 이때 육군비구들은 세존께서 경계를 결정하는 것을 허락하신 까닭으로 지나치게 크게 경계를 결정하였는데, 4유순(由旬)[19]도 있었고, 5유순도 있었으며, 6유순도 있었다. 여러 비구들이 포살에 오면서 바로 바라제목차

---

19) 팔리어 yojana(요자나)의 음사이고, 고대 인도에서 사용된 거리의 척도로서 약 12~15㎞로 추정된다.

를 송출하는 때에 이르렀던 비구도 있었고, 이미 바라제목차를 송출하였던 때에 이르렀던 비구도 있었으며, 도중에서 묵었던 비구도 있었다. 여러 비구들은 이 일로써 세존께 아뢰었고, 세존께서는 말씀하셨다.

"여러 비구들이여. 4유순, 5유순, 6유순으로 너무 크게 결정할 수 없느니라. 이와 같이 정하는 자는 악작을 범하느니라. 여러 비구들이여. 3유순을 최대의 경계로 결정하는 것을 허락하겠노라."

7-2 이때 육군비구들이 강변을 경계로 결정하였다. 여러 비구들이 포살에 오면서 물에 떠내려갔고, 발우가 물에 떠내려갔으며, 옷이 물에 떠내려갔다. 여러 비구들은 이 일로써 세존께 아뢰었고, 세존께서는 말씀하셨다.

"여러 비구들이여. 강변을 경계로 결정할 수 없느니라. 이와 같이 정하는 자는 악작을 범하느니라. 여러 비구들이여. 항상 배가 있거나, 혹은 다리가 있는 처소라면 강변을 경계로 결정하는 것을 허락하겠노라."

[포살의 경계를 마친다.]

8) 포살당(布薩堂) ①

8-1 이때 여러 비구들은 표시를 짓지 않았고, 다만 각자의 방사에서 바라제목차를 송출하였다. 객비구들은 알지 못하였고, 혹은 마음에서 생각하였다.

'오늘 어느 곳에서 포살을 행하는가?'

그 비구들은 이 일로써 세존께 아뢰었고, 세존께서는 말씀하셨다.

"여러 비구들이여. 표시를 짓지 않은 때에 각자의 방사에서 바라제목차를 송출할 수 없느니라. 송출하는 자는 악작을 범하느니라. 여러 비구들이여. 승가의 처소로서 정사, 혹은 평부옥, 전루, 누각, 동굴을 포살당으로서 결정하고, 포살을 행하는 것을 허락하겠노라."

8-2 "여러 비구들이여. 마땅히 이와 같이 행해야 하느니라. 총명하고 현명하며 유능한 비구가 마땅히 승가의 가운데에서 창언해야 한다.

'대덕 승가께서는 허락하십시오. 만약 승가께서 때에 이르렀다면 어느 정사로써 포살당으로 결정하겠습니다. 어느 정사로써 포살당으로 결정하는 것을 여러 대덕들께서 인정하신다면 묵연하시고 인정하지 않으신다면 말씀하십시오.

승가시여. 어느 정사로써 포살당으로 결정하는 것을 마쳤습니다. 승가께서 인정하신 것은 묵연하였던 까닭입니다. 나는 이와 같이 알고 이해하겠습니다.'"

8-3 그때 한 주처에서 두 곳의 포살당을 결정하였다. 여러 비구들은 두 처소의 집회(集會)를 마음으로 생각하였다.

'이 처소에서 장차 포살하는가? 저 처소에서 장차 포살하는가?'

여러 비구들은 이 일로써 세존께 아뢰었고, 세존께서는 말씀하셨다.

"여러 비구들이여. 한 주처에서 두 곳의 포살당을 결정할 수 없느니라. 결정하는 자는 악작을 범하느니라. 여러 비구들이여. 한 처소를 해지(解止)하고 한 처소에서 포살을 행하는 것을 허락하겠노라."

8-4 "여러 비구들이여. 마땅히 이와 같이 해지를 행해야 하느니라. 총명하고 현명하며 유능한 비구가 마땅히 승가의 가운데에서 창언해야 한다.

'만약 승가께서 때에 이르렀다면 어느 포살당을 해지하겠습니다. 이와 같이 아룁니다.'

'대덕 승가께서는 허락하십시오. 승가는 어느 포살당을 해지하겠습니다. 승가께서 어느 포살당을 해지하는 것을 여러 대덕들께서 인정하신다면 묵연하시고 인정하지 않으신다면 말씀하십시오. 승가시여. 어느 포살당을 해지하는 것을 마쳤습니다. 승가께서 인정하신 것은 묵연하였던 까닭입니다. 나는 이와 같이 알고 이해하겠습니다.'"

9) 포살당 ②

9-1 그때 매우 작은 한 주처를 포살당으로 결정하였다. 포살일에 매우 많은 비구 승가가 집회에 왔으며, 여러 비구들은 결정된 바깥의 땅 위에서 바라제목차를 들었다. 이때 그 여러 비구들은 마음에서 사유하였다.

'세존께서는 계율을 제정하시어 먼저 포살당을 결정하고서, 포살을 행하게 하셨다. 우리들의 자리는 바깥의 땅 위에서 포살을 듣는 것으로 결정하였다. 그 포살을 우리들이 행한 것인가? 혹은 행하지 않은 것인가?'

여러 비구들은 이 일로써 세존께 아뢰었고, 세존께서는 말씀하셨다.

"여러 비구들이여. 사람이 땅위에 앉은 것과 같다면 결정하였거나, 혹은 결정하지 않았는가를 논하지 않으며, 만약 바라제목차를 들었다면 그 포살을 행한 것이니라."

9-2 이러한 까닭으로 여러 비구들이여. 한 승가가 최대(最大) 크기의 포살당을 구하려고 하였다면, 곧 그들에게 이와 같은 크기의 포살당을 결정하게 해야 하느니라. 여러 비구들이여. 마땅히 이와 같이 그것을 행해야 한다. 마땅히 먼저 형상을 창언하고서 형상을 창언하였다면, 총명하고 현명하며 유능한 비구가 마땅히 승가의 가운데에서 창언해야 한다.

"대덕 승가께서는 허락하십시오. 이미 사방의 형상을 창언하였습니다. 만약 승가께서 때에 이르렀다면 승가께서는 마땅히 이러한 형상을 의지하여 포살당의 최대의 크기를 결정하여 주십시오. 이와 같이 아룁니다.'

'대덕 승가께서는 허락하십시오. 이미 사방의 형상을 창언하였으니, 마땅히 이러한 형상을 의지하여 포살당의 최대의 크기를 결정하겠습니다. 이러한 형상을 의지하여 포살당의 최대의 크기를 결정하는 것을 여러 대덕들께서 인정하신다면 묵연하시고 인정하지 않으신다면 말씀하십시오. 승가시여. 이러한 형상을 의지하여 포살당의 최대의 크기를 결정하는 것을 마쳤습니다. 승가께서 인정하신 것은 묵연하였던 까닭입니다. 나는 이와 같이 알고 이해하겠습니다.'"

[포살당을 마친다.]

10) 포살의 집회

10-1 그때 한 주처에 포살일이 있었는데, 젊은 비구들이 먼저 모여서 말하였다.
"장로들께서 오지 않았습니다."
곧 떠나갔다. 포살을 행하는 날이 아닌 때에 여러 비구들은 이 일로써 세존께 아뢰었고, 세존께서는 말씀하셨다.
"여러 비구들이여. 포살일에 장로 비구들이 먼저 모이는 것을 허락하겠 노라."

[포살의 집회를 마친다.]

11) 포살의 주처

11-1 그때 왕사성의 동일한 경계에 많은 주처가 있었다. 여러 비구들은 이것을 언쟁(言爭)하였다.
"우리들의 주처에서 포살을 행해야 합니다. 우리들의 주처에서 포살을 행해야 합니다."
여러 비구들은 이 일로써 세존께 아뢰었고, 세존께서는 말씀하셨다.
"여러 비구들이여. 이곳에 동일한 경계에 많은 주처가 있더라도, 여러 비구들이 '우리들의 주처에서 포살을 행해야 합니다. 우리들의 주처에서 포살을 행해야 합니다.'라고 언쟁하지 않아야 하느니라. 여러 비구들이여.

이곳의 비구들은 모두가 마땅히 한곳에 모여서 포살을 행하거나, 혹은 장로 비구의 주처에 모여서 포살을 행하여야 하고, 별중(別衆)으로 포살을 행할 수 없느니라. 행하는 자는 악작을 범하느니라."

[포살의 주처를 마친다.]

12) 삼의(三衣)를 떠나지 못하는 것

12-1 그때 장로 마하가섭(摩訶迦葉)은 아나가빈두국(阿那伽賓頭國)[20]에서 왕사성으로 가서 포살을 행하였다. 도중에 강을 건너는 때에 그 물속에 빠져서 떠내려갔으므로 옷이 물에 젖었다. 여러 비구들은 장로 마하가섭에게 말하였다.

"어찌하여 그대의 옷은 젖었습니까?"

"나는 지금 아나가빈두국에서 왕사성으로 가서 포살하였는데, 도중에 강을 건너는 때에 그 물속에 빠져서 떠내려갔던 까닭으로 나의 옷이 물에 젖었습니다."

여러 비구들은 이 일로써 세존께 아뢰었고, 세존께서는 말씀하셨다.

"여러 비구들이여. 승가가 동일한 주처 및 동일한 포살의 경계로 결정하였다면, 그 승가는 그 경계 안에서 3의(衣)를 떠나지 못하게 하는 것이니라."

12-2 "여러 비구들이여. 마땅히 이와 같이 결정해야 하느니라. 총명하고 현명하며 유능한 비구가 마땅히 승가의 가운데에서 창언해야 한다.

'대덕 승가께서는 허락하십시오. 이전에 승가가 동일한 주처를 동일한 포살의 경계로 결정하였습니다. 만약 승가께서 때에 이르렀다면 승가께서는 마땅히 그 경계에서 3의를 떠나지 못하게 결정하여 주십시오. 이와

---

20) 팔리어 Andhakavinda(안다카빈다)의 음사이다.

같이 아룁니다.'

'대덕 승가께서는 허락하십시오. 이전에 승가가 동일한 주처 및 동일한 포살의 경계로 결정하였고, 곧 그 승가는 이 경계에서 3의를 떠나지 못하게 결정하였습니다. 이 경계에서 3의를 떠나지 못하게 결정하는 것을 여러 대덕들께서 인정하신다면 묵연하시고 인정하지 않으신다면 말씀하십시오. 승가시여. 이 경계에서 3의를 떠나지 못하게 결정하는 것을 마쳤습니다. 승가께서 인정하신 것은 묵연하였던 까닭입니다. 나는 이와 같이 알고 이해하겠습니다.'"

12-3 이때 여러 비구들은 세존께서 3의를 떠나지 못하게 결정하는 것을 허락하셨으므로, 옷을 실내에 놓아두었다. 그 옷을 잃어버렸고, 불탔으며, 쥐들이 씹었으므로, 여러 비구들은 곧 그 찢어지고 낡은 나쁜 옷을 입었다. 여러 비구들이 말하였다.

"무슨 까닭으로 여러 장로들은 찢어지고 낡은 나쁜 옷을 입었습니까?"

"우리들은 3의를 떠나지 못하게 결정하는 것을 허락하셨으므로, 옷을 실내에 놓아두었는데, 그 옷을 잃어버렸고, 불탔으며, 쥐들이 씹었습니다. 이러한 까닭으로, 우리들은 곧 그 찢어지고 낡은 나쁜 옷을 입었습니다."

여러 비구들은 이 일로써 세존께 아뢰었고, 세존께서는 말씀하셨다.

"여러 비구들이여. 이전에 승가가 동일한 주처 및 동일한 포살의 경계로 결정하였다면, 마땅히 그 승가는 그 경계 안에서 3의를 떠나지 못하게 결정할 수 있으나, 다만 취락(聚落)과 취락의 근처는 제외하느니라."

12-4 "여러 비구들이여. 마땅히 이와 같이 결정해야 하느니라. 총명하고 현명하며 유능한 비구가 마땅히 승가의 가운데에서 창언해야 한다.

'대덕 승가께서는 허락하십시오. 이전에 승가가 동일한 주처 및 동일한 포살의 경계로 결정하였습니다. 만약 승가께서 때에 이르렀다면 승가께서는 마땅히 이 경계에서 3의를 떠나지 못할지라도, 다만 취락과 취락의 근처는 제외하는 것을 결정하여 주십시오. 이와 같이 아룁니다.'

'대덕 승가께서는 허락하십시오. 이전에 승가가 동일한 주처 및 동일한 포살의 경계로 결정하였고, 곧 그 승가는 이 경계에서 3의를 떠나지 못할지라도, 다만 취락과 취락의 근처는 제외하는 것을 결정하였습니다. 이 경계에서 3의를 떠나지 못할지라도, 다만 취락과 취락의 근처는 제외하는 것을 결정하는 것을 여러 대덕들께서 인정하신다면 묵연하시고 인정하지 않으신다면 말씀하십시오.

승가시여. 이 경계에서 3의를 떠나지 못하게 결정하는 것을 마쳤습니다. 승가께서 인정하신 것은 묵연하였던 까닭입니다. 나는 이와 같이 알고 이해하겠습니다.'"

12-5 "여러 비구들이여. 하나의 경계를 결정하는 때에 마땅히 동일한 주처의 경계를 결정하고서 뒤에 3의를 떠나지 못하는 것을 결정해야 한다. 여러 비구들이여. 경계를 해지(解止)하는 때에 마땅히 3의를 떠나지 못하는 것을 해지하고서 그러한 뒤에 동일한 주처의 경계를 해지해야 한다.

여러 비구들이여. 3의를 떠나지 못하는 것을 해지하는 것은 마땅히 이와 같이 행해야 하느니라. 총명하고 현명하며 유능한 비구가 마땅히 승가의 가운데에서 창언해야 한다.

'대덕 승가께서는 허락하십시오. 이전에 승가가 3의를 떠나지 못하게 결정하였습니다. 만약 승가께서 때에 이르렀다면 승가께서는 마땅히 3의를 떠나지 못하게 하였던 것을 해지하여 주십시오. 이와 같이 아룁니다.'

'대덕 승가께서는 허락하십시오. 이전에 승가가 3의를 떠나지 못하게 결정하였습니다. 승가는 마땅히 3의를 떠나지 못하게 하였던 것을 해지하겠습니다. 승가께서 마땅히 3의를 떠나지 못하게 하였던 것을 해지하는 것을 여러 대덕들께서 인정하신다면 묵연하시고 인정하지 않으신다면 말씀하십시오. 승가시여. 이 3의를 떠나지 못하게 하였던 것을 해지하는 것을 마쳤습니다. 승가께서 인정하신 것은 묵연하였던 까닭입니다. 나는 이와 같이 알고 이해하겠습니다.'"

12-6 "여러 비구들이여. 경계를 해지하는 것은 마땅히 이와 같이 행해야 하느니라. 총명하고 현명하며 유능한 비구가 마땅히 승가의 가운데에서 창언해야 한다.

'대덕 승가께서는 허락하십시오. 이전에 승가가 동일한 주처 및 동일한 포살의 경계로 결정하였습니다. 만약 승가께서 때에 이르렀다면 승가께서는 마땅히 이 경계를 해지하여 주십시오. 이와 같이 아룁니다.'

'대덕 승가께서는 허락하십시오. 이전에 승가가 동일한 주처 및 동일한 포살의 경계로 결정하였습니다. 승가는 마땅히 이 경계를 해지하겠습니다. 동일한 주처를 동일한 포살의 경계로 결정하였던 것을 해지하는 것을 여러 대덕들께서 인정하신다면 묵연하시고 인정하지 않으신다면 말씀하십시오.

승가시여. 동일한 주처 및 동일한 포살의 경계로 결정하였던 것을 해지하는 것을 마쳤습니다. 승가께서 인정하신 것은 묵연하였던 까닭입니다. 나는 이와 같이 알고 이해하겠습니다.'"

12-7 "여러 비구들이여. 마땅히 결정하지 않았고, 경계를 세우지 않는 때에, 취락이나 성읍(城邑)에 머물렀다면 그 취락과 그 취락의 경계로써, 그 성읍과 그 성읍의 경계로써, 동일한 주처 및 동일한 포살의 경계로 삼아야 한다.

여러 비구들이여. 만약 취락이 없는 숲속이라면 네 방향의 7아판다라(阿阪陀羅)21)로써 동일한 주처 및 동일한 포살의 경계로 삼아야 한다. 여러 비구들이여. 일체의 강(江)은 경계가 없고, 일체의 바다도 경계가 없으며, 일체의 호수도 경계가 없다. 여러 비구들이여. 일반적으로 강, 바다, 하천이 있었다면 곧 하나의 가운데에서 사람이 네 방향으로 물을 뿌려서 닿는 거리인 그것으로써 동일한 주처 및 동일한 포살의 경계로 삼아야 하느니라."

[삼의를 떠나지 못하는 것을 마친다.]

---

21) 팔리어 Abbhantarā(아빤타라)의 음사이고, 약14m의 거리이다.

13) 경계의 합치(合致)

13-1 그때 육군비구들이 한 경계로써 이전의 한 경계에 합쳤다. 여러 비구들은 이 일로써 세존께 아뢰었고, 세존께서는 말씀하셨다.

"여러 비구들이여. 그것들은 이미 이전에 경계로 결정한 것이니, 그 비구들이 지은 것은 여법하고 변경할 수 없으며 합당하느니라. 여러 비구들이여. 한 경계로써 이전의 한 경계에 합칠 수 없나니, 합치는 자는 악작을 범하느니라."

13-2 그때 육군비구들이 한 경계로써 이전의 한 경계를 덮었다. 여러 비구들은 이 일로써 세존께 아뢰었고, 세존께서는 말씀하셨다.

"여러 비구들이여. 그것들은 이미 이전에 경계로 결정한 것이니, 그 비구들이 지은 것은 여법하고 변경할 수 없으며 합당하느니라. 여러 비구들이여. 그들이 만약 뒤에 경계를 결정하였다면, 그 비구들이 지은 것은 여법하지 않고 변경할 수 있으며 합당하지 않느니라.

여러 비구들이여. 한 경계로써 이전의 한 경계를 덮을 수 없나니, 덮는 자는 악작을 범하느니라. 여러 비구들이여. 한 경계를 결정하는 때에 두 경계의 중간의 지역을 남겨두고서, 한 경계로서 결정하는 것을 허락하겠노라."

[경계의 합치를 마친다.]

14) 포살갈마의 종류

14-1 그때 여러 비구들은 마음에서 사유하였다.
'포살일은 어느 날짜가 있는가?'
여러 비구들은 이 일로써 세존께 아뢰었고, 세존께서는 말씀하셨다.

"여러 비구들이여. 두 종류의 포살일이 있나니, 14일과 15일이니라. 여러 비구들이여. 이것의 두 종류로 포살일을 삼느니라."

14-2 그때 여러 비구들은 마음에서 사유하였다.

'포살갈마(布薩羯磨)는 무슨 종류가 있는가?'

여러 비구들은 이 일로써 세존께 아뢰었고, 세존께서는 말씀하셨다.

"여러 비구들이여. 네 종류의 포살갈마가 있나니, 비법별중(非法別衆)의 포살갈마, 비법화합(非法和合)의 포살갈마, 여법별중(如法別衆)의 포살갈마, 여법화합(如法和合)의 포살갈마이니라. 여러 비구들이여. 이 가운데에서 비법별중의 포살갈마는 곧 여법하지 않나니, 여러 비구들이여. 이와 같은 포살갈마는 행할 수 없고, 역시 이와 같은 포살갈마는 허락하지 않겠노라.

여러 비구들이여. 이 가운데에서 비법화합의 포살갈마가 있으나, 여러 비구들이여. 이와 같은 포살갈마는 행할 수 없고, 역시 이와 같은 포살갈마는 허락하지 않겠노라."

14-3 "여러 비구들이여. 이 가운데에서 여법별중의 포살갈마가 있으나, 여러 비구들이여. 이와 같은 포살갈마는 행할 수 없고, 역시 이와 같은 포살갈마는 허락하지 않겠노라. 여러 비구들이여. 이 가운데에서 여법화합의 포살갈마가 있다, 여러 비구들이여. 이와 같은 포살갈마는 행할 수 있고, 역시 이와 같은 포살갈마는 허락하겠노라.

여러 비구들이여. 마땅히 이와 같이 사유해야 한다.

'나는 이와 같은 여법화합의 포살갈마를 행하겠다.'

여러 비구들이여. 그대들은 마땅히 이와 같이 배울지니라."

[포살갈마의 종류를 마친다.]

15) 바라제목차의 송출 ①

15-1 그때 여러 비구들은 마음에서 사유하였다.

'무슨 종류의 바라제목차를 송출해야 하는가?'

여러 비구들은 이 일로써 세존께 아뢰었고, 세존께서는 말씀하셨다.

"여러 비구들이여. 바라제목차를 송출하는 다섯 종류가 있느니라. 서문을 외우고서 나머지는 항상 듣는 것과 같다고 창언하는 것이니, 이것이 첫째로 바라제목차를 송출하는 것이니라. 서문과 바라이를 외우고서 나머지는 항상 듣는 것과 같다고 창언하는 것이니, 이것이 둘째로 바라제목차를 송출하는 것이니라. 서문, 4바라이, 13승잔을 외우고서 나머지는 항상 듣는 것과 같다고 창언하는 것이니, 이것이 셋째로 바라제목차를 송출하는 것이니라. 서문, 4바라이, 13승잔, 2부정법을 외우고서 나머지는 항상 듣는 것과 같다고 창언하는 것이니, 이것이 넷째로 바라제목차를 송출하는 것이니라. 다섯째는 일체를 자세하게 송출하는 것이니라. 여러 비구들이여. 이와 같이 바라제목차를 송출하는 다섯 종류가 있느니라."

15-2 그때 세존께서 바라제목차를 간략하게 송출하는 것을 허락하셨으므로, 여러 비구들은 일체의 때에 바라제목차를 간략하게 송출하였다. 여러 비구들은 이 일로써 세존께 아뢰었고, 세존께서는 말씀하셨다.

"여러 비구들이여. 바라제목차를 간략하게 송출할 수 없느니라. 간략하게 송출하는 자는 악작을 범하느니라."

15-3 그때 교살라국의 한 주처에서 포살일에 야만족의 공포가 생겨났다. 여러 비구들은 바라제목차를 자세하게 송출할 수 없었다. 여러 비구들은 이 일로써 세존께 아뢰었고, 세존께서는 말씀하셨다.

"여러 비구들이여. 만약 위험이 생겨났다면 바라제목차를 간략하게 송출하는 것을 허락하겠노라."

15-4 그때 육군비구들은 위험이 생겨나지 않았는데, 바라제목차를 간략하게 송출하였다. 여러 비구들은 이 일로써 세존께 아뢰었고, 세존께서는 말씀하셨다.

"여러 비구들이여. 만약 위험이 생겨나지 않았다면 바라제목차를 간략하게 송출할 수 없느니라. 간략하게 송출하는 자는 악작을 범하느니라. 여러 비구들이여. 만약 위험이 생겨났다면 바라제목차를 간략하게 송출하는 것을 허락하겠노라. 이 가운데에서 위험은 왕의 위험, 도둑의 위험, 불의 위험, 물의 위험, 사람의 위험, 비인의 위험, 맹수의 위험, 뱀의 위험, 생명의 위험, 범행의 위험 등이니라. 여러 비구들이여. 만약 이와 같은 위험이 있다면 바라제목차를 간략하게 송출할 수 있으나, 만약 위험이 없다면 마땅히 자세하게 송출해야 하느니라."

15-5 그때 육군비구들은 승가의 가운데에서 청을 받지 않고서 설법하였다. 여러 비구들은 이 일로써 세존께 아뢰었고, 세존께서는 말씀하셨다.

"여러 비구들이여. 승가의 가운데에서 청을 받지 않고서 설법할 수 없느니라. 설법하는 자는 악작을 범하느니라. 여러 비구들이여. 장로인 비구들은 스스로가 설법하거나, 혹은 설법하기 위하여 다른 사람을 구하는 것을 허락하겠노라."

15-6 그때 육군비구들은 승가의 가운데에서 뽑히지 않고서 계율을 물었다. 여러 비구들은 이 일로써 세존께 아뢰었고, 세존께서는 말씀하셨다.

"여러 비구들이여. 승가의 가운데에서 뽑히지 않고서 계율을 물을 수 없느니라. 묻는 자는 악작을 범하느니라. 여러 비구들이여. 승가의 가운데에서 계율을 묻는 자를 마땅히 뽑는 것을 허락하겠노라."

15-7 "여러 비구들이여. 이와 같이 행해야 하느니라. 스스로를 뽑거나, 혹은 다른 사람을 뽑는 것이다. 무엇이 스스로를 뽑는 것인가? 총명하고 현명하며 유능한 비구가 마땅히 승가의 가운데에서 창언해야 한다.

'대덕 승가께서는 허락하십시오. 만약 승가께서 때에 이르렀다면 저는 마땅히 누구에게 계율을 묻겠습니다.'

이와 같이 스스로를 뽑는 것이다.

무엇이 다른 사람을 뽑는 것인가? 총명하고 현명하며 유능한 비구가 마땅히 승가의 가운데에서 창언해야 한다.

'대덕 승가께서는 허락하십시오. 만약 승가께서 때에 이르렀다면 마땅히 누구가 누구에게 계율을 묻도록 하겠습니다.'

마땅히 이와 같이 다른 사람을 뽑는 것이다."

15-8 그때 선한 여러 비구들을 마땅하게 뽑았고, 승가의 가운데에서 질문하게 하였다. 육군비구들은 질투가 생겨났고 분노하면서 그들을 협박하는 악한 일을 지었다. 여러 비구들은 이 일로써 세존께 아뢰었고, 세존께서는 말씀하셨다.

"여러 비구들이여. 승가의 가운데에서 뽑혔던 자는 역시 마땅히 대중의 모임을 관찰하고 그 사람들의 숫자를 평가하고서 뒤에 계율을 묻는 것을 허락하겠노라."

15-9 그때 육군비구들은 승가의 가운데에서 뽑히지 않고서 계율을 대답하였다. 여러 비구들은 이 일로써 세존께 아뢰었고, 세존께서는 말씀하셨다.

"여러 비구들이여. 승가의 가운데에서 뽑히지 않고서 계율을 대답할 수 없느니라. 여러 비구들이여. 이와 같이 행해야 하느니라. 스스로를 뽑거나, 혹은 다른 사람을 뽑는 것이다."

15-10 "무엇이 스스로를 뽑는 것인가? 총명하고 현명하며 유능한 비구가 마땅히 승가의 가운데에서 창언해야 한다.

'대덕 승가께서는 허락하십시오. 만약 승가께서 때에 이르렀다면 저는 마땅히 누구가 계율을 묻는 것에 대답하겠습니다.'

이와 같이 스스로를 뽑는 것이다.

　　무엇이 다른 사람을 뽑는 것인가? 총명하고 현명하며 유능한 비구가 마땅히 승가의 가운데에서 창언해야 한다.

　　'대덕 승가께서는 허락하십시오. 만약 승가께서 때에 이르렀다면 마땅히 누구에게 누가 계율을 묻는 것을 대답하도록 하겠습니다.'

　　마땅히 이와 같이 다른 사람을 뽑는 것이다."

15-11 그때 선한 여러 비구들을 마땅하게 뽑았고, 승가의 가운데에서 대답하게 하였다. 육군비구들은 질투가 생겨났고 분노하면서 그들을 협박하는 악한 일을 지었다. 여러 비구들은 이 일로써 세존께 아뢰었고, 세존께서는 말씀하셨다.

　　"여러 비구들이여. 승가의 가운데에서 뽑혔던 자는 역시 마땅히 대중의 모임을 관찰하고 그 사람들의 숫자를 평가하고서 뒤에 계율을 대답하는 것을 허락하겠노라."

16) 바라제목차의 송출 ②

16-1 그때 육군비구들은 승가의 허락을 얻지 않고서 비구를 꾸짖었다. 여러 비구들은 이 일로써 세존께 아뢰었고, 세존께서는 말씀하셨다.

　　"여러 비구들이여. 승가의 허락을 얻지 않았다면 마땅히 비구를 꾸짖을 수 없느니라. 여러 비구들이여. '장로여. 우리들은 그대를 향하여 말하겠으니 허락하십시오.'라고 말하고서 허락을 구한 까닭이라면 비로소 능히 꾸짖을 수 있느니라."

16-2 그때 선한 비구들은 육군비구들에게 허락을 얻은 뒤에 그들을 꾸짖었다. 육군비구들은 성내고 분노하면서 그들을 협박하는 악한 일을 지었다. 여러 비구들은 이 일로써 세존께 아뢰었고, 세존께서는 말씀하셨다.

　　"여러 비구들이여. 역시 마땅히 그 사람들을 헤아리고서 뒤에 비로소 능히 꾸짖을 수 있도록 곧 허락하겠노라.”

16-3 그때 육군비구들은 사유하였다.

‘여러 선한 비구들은 마땅히 우리들을 향하여 먼저 허락을 구하였다.’

먼저 일이 없었고 인연도 없었으며 청정하고 무죄(無罪)인 여러 비구들에게 허락을 구하였다. 여러 비구들은 이 일로써 세존께 아뢰었고, 세존께서는 말씀하셨다.

“여러 비구들이여. 먼저 일이 없었고 인연도 없었으며 청정하고 무죄(無罪)인 여러 비구들에게 허락을 구할 수 없느니라. 구하는 자는 악작을 범하느니라. 여러 비구들이여. 그 사람들을 헤아리고서 뒤에 비로소 허락을 구하는 것을 허락하겠노라.”

16-4 그때 육군비구들은 승가의 가운데에서 비법갈마(非法羯磨)를 행하였다. 여러 비구들은 이 일로써 세존께 아뢰었고, 세존께서는 말씀하셨다.

“여러 비구들이여. 승가의 가운데에서 비법갈마를 행할 수 없느니라. 행하는 자는 악작을 범하느니라.”

그 육군비구들은 여전히 비법갈마를 행하였다. 여러 비구들은 이 일로써 세존께 아뢰었고, 세존께서는 말씀하셨다.

“여러 비구들이여. 비법갈마를 행하는 때라면 의논하지 않는 것을 허락하겠노라.”

16-5 그때 육군비구들은 비법갈마를 행하였고, 여러 선한 비구들은 의논하지 않았다. 육군비구들은 성내고 분노하면서 그들을 협박하는 악한 일을 지었다. 여러 비구들은 이 일로써 세존께 아뢰었고, 세존께서는 말씀하셨다.

“여러 비구들이여. 그것에 견해를 말하는 것을 허락하겠노라.”

그 육군비구들의 앞에서 견해를 말하였는데, 육군비구들은 성내고 분노하면서 그들을 협박하는 악한 일을 지었다. 여러 비구들은 이 일로써 세존께 아뢰었고, 세존께서는 말씀하셨다.

"여러 비구들이여. 만약 4·5명의 사람이라면 의논하지 않겠고, 만약 2·3명의 사람이라면 그것에 견해를 말하겠으며, 만약 한 사람이라면 '나는 이것을 듣지 않겠다.'라는 것을 허락하겠노라."

16-6 그때 육군비구들은 승가의 가운데에서 바라제목차를 송출하는 때에 고의로 듣지 않았다. 여러 비구들은 이 일로써 세존께 아뢰었고, 세존께서는 말씀하셨다.

"여러 비구들이여. 바라제목차를 송출하는 때에 고의로 듣지 않을 수 없느니라. 듣지 않는 자는 악작을 범하느니라."

16-7 그때 장로 우타이(優陀夷)22)가 승가의 가운데에서 바라제목차를 송출하는 때에 까마귀의 소리가 있었다. 이때 장로 우타이는 마음에서 사유하였다.

'세존께서는 바라제목차를 송출하는 때에 마땅히 능히 들을 수 있게 계율을 제정하셨다. 나에게는 까마귀의 소리가 있는데, 마땅히 그것을 어떻게 해야 하는가?'

우타이는 이 일로써 세존께 아뢰었고, 세존께서는 말씀하셨다.

"여러 비구들이여. 바라제목차를 송출하는 때에 마땅히 전념(專念)으로 들어야 하느니라. 전념이었던 자는 무죄이니라."

16-8 그때 제바달다(提婆達多)23)는 재가의 모임에 있으면서 바라제목차를 송출하였다. 여러 비구들은 이 일로써 세존께 아뢰었고, 세존께서는 말씀하셨다.

"여러 비구들이여. 재가의 모임에 있으면서 바라제목차를 송출할 수 없느니라. 송출하는 자는 악작을 범하느니라."

---

22) 팔리어 Udāyi(우다이)의 음사이다.
23) 팔리어 Devadatta(데바다따)의 음사이다.

16-9 그때 육군비구들은 승가의 가운데에서 청하지 않았는데, 바라제목차를 송출하였다. 여러 비구들은 이 일로써 세존께 아뢰었고, 세존께서는 말씀하셨다.

"여러 비구들이여. 승가의 가운데에서 청하지 않았는데, 바라제목차를 송출할 수 없느니라. 송출하는 자는 악작을 범하느니라."

[바라제목차의 송출을 마친다.]

○ 【첫째의 송출품을 마친다.】

2. 제2송출품(第二誦出品)

17) 바라제목차의 송출자

17-1 이때 세존께서는 왕사성에서 뜻을 따라서 머무르셨고, 주다나와도(周多那瓦睹)[24]를 향하여 유행하셨으며, 차례로 유행하여 주다나와도에 이르셨다. 그때 한 주처에는 비구가 매우 많았는데, 그 가운데에서 한 장로 비구는 어리석었고, 우매(愚昧)하였다. 그는 포살, 포살갈마, 바라제목차를 알지 못하였고, 역시 바라제목차를 송출하는 것을 알지 못하였다.

17-2 이때 그 여러 비구들은 마음에서 사유하였다.

'세존께서는 바라제목차를 장로에게 의지하도록 계율을 제정하셨다. 그러나 우리들의 장로인 비구는 어리석고, 우매하며, 포살, 포살갈마, 바라제목차를 알지 못하였고, 역시 바라제목차를 송출하는 것을 알지

---

24) 팔리어 Codanāvatthu(초다나바뚜)의 음사이다.

못한다. 우리들은 그것을 어떻게 해야 하는가?'

그 여러 비구들은 이 일로써 세존께 아뢰었고, 세존께서는 말씀하셨다.

"여러 비구들이여. 바라제목차를 그 가운데의 총명하고 현명하며 유능한 비구에게 청하여 구하는 것을 허락하겠노라."

17-3 그때 한 주처에서 어리석고 무능한 비구가 많았으므로, 그들은 포살, 포살갈마, 바라제목차를 의논하지 못하였고, 바라제목차를 송출하는 것을 모두가 알지 못하였다. 그들은 장로에게 애원하였다.

"장로여. 바라제목차를 송출하는 것을 청합니다."

그는 말하였다.

"나는 능히 송출할 수 없습니다."

그들은 두 번째 장로에게 애원하였다.

"장로여. 바라제목차를 송출하는 것을 청합니다."

그도 역시 말하였다.

"나는 능히 송출할 수 없습니다."

그들은 세 번째 장로에게 애원하였다.

"장로여. 바라제목차를 송출하는 것을 청합니다."

그도 역시 말하였다.

"나는 능히 송출할 수 없습니다."

이와 같은 방편으로써 나아가 여러 승가의 하좌인 비구에게 말하였다.

"비구여. 바라제목차를 송출하는 것을 청합니다."

그도 역시 말하였다.

"나는 능히 송출할 수 없습니다."

17-4 그 여러 비구들은 이 일로써 세존께 아뢰었고, 세존께서는 말씀하셨다.

"여러 비구들이여. 한 주처에서 어리석고 우매한 비구가 많았으므로, 그들은 포살, 포살갈마, 바라제목차를 의논하지 못하였고, 역시 바라제목차를 송출하는 것을 모두가 알지 못하였다면, 그들은 장로에게 '장로여.

바라제목차를 송출하는 것을 청합니다.'라고 애원하여 말해야 한다. 그가 '나는 능히 송출할 수 없습니다.'라고 말하였다면, 두 번째 장로에게 '장로여. 바라제목차를 송출하는 것을 청합니다.'라고 애원하여 말해야 한다. 그가 '나는 능히 송출할 수 없습니다.'라고 말하였다면, 세 번째 장로에게 '장로여. 바라제목차를 송출하는 것을 청합니다.'라고 애원하여 말해야 한다.

그가 '나는 능히 송출할 수 없습니다.'라고 말하였고, 이와 같은 방편으로써 나아가 여러 승가의 하좌인 비구에게 '구수여. 바라제목차를 송출하는 것을 청합니다.'라고 말하였고, 그가 '나는 능히 송출할 수 없습니다.'라고 말하였다면, 여러 비구들이여. 그 여러 비구들은 마땅히 다급하게 한 비구를 사방의 주처로 보내면서 말해야 한다.

'구수여. 가서 개략적으로, 혹은 자세하게 바라제목차를 수학하고서 오십시오.'"

17-5 이때 여러 비구들은 마음에서 사유하였다.

'마땅히 누구의 비구를 보내야 하는가?'

그 여러 비구들은 이 일로써 세존께 아뢰었고, 세존께서는 말씀하셨다.

"여러 비구들이여. 장로 비구가 하좌 비구에게 명령하는 것을 허락하겠노라."

장로 비구가 하좌 비구에게 명령하였으나, 역시 가지 않았다. 그 여러 비구들은 이 일로써 세존께 아뢰었고, 세존께서는 말씀하셨다.

"여러 비구들이여. 장로 비구가 명령하는 때에 병이 없는 자는 떠나가지 않을 수 없느니라. 떠나가지 않는 자는 악작을 범하느니라."

[바라제목차의 송출품을 마친다.]

18) 포살일의 계산

18-1 이때 세존께서는 주다나와도에서 뜻을 따라서 머무르셨고, 다시 왕사성으로 돌아오셨다. 그때 여러 비구들이 걸식하려고 다니는 때에 여러 사람들이 물어 말하였다.

"지금은 보름의 시절인데 몇 일입니까?"

여러 비구들은 말하였다.

"우리들은 알지 못합니다."

여러 사람들은 싫어하고 비난하였다.

"이 사문 석자들은 오히려 보름 동안을 계산하여 알지 못하는구나! 어떻게 다른 선한 일을 알겠는가?"

18-2 이때 그 여러 비구들은 마음에서 사유하였다.

'누구인 사람이 마땅히 보름 동안을 계산해야 하는가?'

그 여러 비구들은 이 일로써 세존께 아뢰었고, 세존께서는 말씀하셨다.

"여러 비구들이여. 모두가 보름 동안을 계산하는 것을 허락하겠노라."

18-3 그때 여러 비구들이 걸식하려고 다니는 때에 여러 사람들이 물어 말하였다.

"비구들은 몇 명이 있습니까?"

여러 비구들은 말하였다.

"우리들은 알지 못합니다."

여러 사람들은 싫어하고 비난하였다.

"이 사문 석자들은 스스로를 서로가 알지 못하는구나! 어떻게 다른 선한 일을 알겠는가?"

그 여러 비구들은 이 일로써 세존께 아뢰었고, 세존께서는 말씀하셨다.

"여러 비구들이여. 비구를 헤아리는 것을 허락하겠노라."

18-4 이때 그 여러 비구들은 마음에서 사유하였다.

'마땅히 어느 때에 비구들을 계산해야 하는가?'

그 여러 비구들은 이 일로써 세존께 아뢰었고, 세존께서는 말씀하셨다.

"여러 비구들이여. 포살일에 대중을 모으거나, 혹은 산가지(籌)를 취하고서 계산하는 것을 허락하겠노라."

[포살일의 계산을 마친다.]

19) 포살의 고지(告知)

19-1 그때 여러 비구들은 오늘이 포살일이라고 알지 못하였으므로, 먼 곳의 취락으로 걸식하려고 갔다. 그들은 혹은 바로 바라제목차를 설하는 때이거나, 혹은 송출을 마친 시간에 돌아왔다. 그 여러 비구들은 이 일로써 세존께 아뢰었고, 세존께서는 말씀하셨다.

"여러 비구들이여. 그대들에게 포살일을 고지하는 것을 허락하겠노라."

19-2 이때 그 여러 비구들은 마음에서 사유하였다.

'마땅히 누구인 사람이 고지해야 하는가?'

그 여러 비구들은 이 일로써 세존께 아뢰었고, 세존께서는 말씀하셨다.

"여러 비구들이여. 그대들에게 장로인 비구가 마땅한 때를 고지하는 것을 허락하겠노라."

그때 한 장로가 마땅한 때를 기억하는 것을 잊어버렸다. 그 여러 비구들은 이 일로써 세존께 아뢰었고, 세존께서는 말씀하셨다.

"여러 비구들이여. 공양하는 때에 고지하도록 하라."

그 장로는 공양하는 때에도 역시 기억하는 것을 잊어버렸다. 그 여러 비구들은 이 일로써 세존께 아뢰었고, 세존께서는 말씀하셨다.

"여러 비구들이여. 그대들에게 그 장로가 능히 기억하는 때에 고지하는 것을 허락하겠노라."

[포살일의 고지를 마친다.]

20) 포살당의 장엄

20-1 그때 한 주처의 포살당이 먼지로 더럽혀졌다. 여러 객비구들은 싫어하고 비난하였다.

"어찌하여 여러 비구들은 포살당의 부정(不淨)을 청소하지 않는가?"

그 여러 비구들은 이 일로써 세존께 아뢰었고, 세존께서는 말씀하셨다.

"여러 비구들이여. 그대들에게 포살당의 부정을 청소하는 것을 허락하겠노라."

20-2 이때 그 여러 비구들은 마음에서 사유하였다.

'마땅히 어떤 사람이 포살당의 부정을 청소해야 하는가?'

그 여러 비구들은 이 일로써 세존께 아뢰었고, 세존께서는 말씀하셨다.

"여러 비구들이여. 그대들에게 장로인 비구가 하좌인 비구에게 청소하게 명령하는 것을 허락하겠노라."

장로 비구가 하좌 비구에게 명령하였으나, 역시 부정을 청소하지 않았다. 그 여러 비구들은 이 일로써 세존께 아뢰었고, 세존께서는 말씀하셨다.

"여러 비구들이여. 장로 비구가 명령하는 때에 병이 없는 자는 부정을 청소하지 않을 수 없느니라. 부정을 청소하지 않는 자는 악작을 범하느니라."

20-3 그때 포살당에 자리를 설치하지 않았고, 비구들은 땅위에 앉았는데, 몸과 옷이 먼지로 더럽혀졌다. 그 여러 비구들은 이 일로써 세존께 아뢰었고, 세존께서는 말씀하셨다.

"여러 비구들이여. 그대들에게 포살당에 자리를 설치하는 것을 허락하

겠노라."

이때 그 여러 비구들은 마음에서 사유하였다.

'마땅히 어떤 사람이 포살당에 자리를 설치해야 하는가?'

그 여러 비구들은 이 일로써 세존께 아뢰었고, 세존께서는 말씀하셨다.

"여러 비구들이여. 그대들에게 장로인 비구가 하좌인 비구에게 설치하게 명령하는 것을 허락하겠노라."

장로 비구가 하좌 비구에게 명령하였으나, 역시 자리를 설치하지 않았다. 그 여러 비구들은 이 일로써 세존께 아뢰었고, 세존께서는 말씀하셨다.

"여러 비구들이여. 장로 비구가 명령하는 때에 병이 없는 자는 자리를 설치하지 않을 수 없느니라. 자리를 설치하지 않는 자는 악작을 범하느니라."

20-4 그때 포살당에 등불이 없었고, 여러 비구들은 어둠 속에서 몸과 옷을 밟았다. 그 여러 비구들은 이 일로써 세존께 아뢰었고, 세존께서는 말씀하셨다.

"여러 비구들이여. 그대들에게 포살당에 등불을 설치하는 것을 허락하겠노라."

이때 그 여러 비구들은 마음에서 사유하였다.

'마땅히 어떤 사람이 포살당에 등불을 설치해야 하는가?'

그 여러 비구들은 이 일로써 세존께 아뢰었고, 세존께서는 말씀하셨다.

"여러 비구들이여. 그대들에게 장로인 비구가 하좌인 비구에게 설치하게 명령하는 것을 허락하겠노라."

장로 비구가 하좌 비구에게 명령하였으나, 역시 등불을 설치하지 않았다. 그 여러 비구들은 이 일로써 세존께 아뢰었고, 세존께서는 말씀하셨다.

"여러 비구들이여. 장로 비구가 명령하는 때에 병이 없는 자는 등불을 설치하지 않을 수 없느니라. 등불을 설치하지 않는 자는 악작을 범하느니라."

20-5 그때 한 주처에서 그 주처의 여러 비구들은 마시는 물과 음식을 준비하지 않았다. 여러 객비구들은 싫어하고 비난하였다.

"어찌하여 이 주처에서는 마시는 물과 음식을 준비하지 않는가?"

그 여러 비구들은 이 일로써 세존께 아뢰었고, 세존께서는 말씀하셨다.

"여러 비구들이여. 그대들에게 마시는 물과 음식을 준비하는 것을 허락하겠노라."

20-6 이때 그 여러 비구들은 마음에서 사유하였다.

'마땅히 어떤 사람이 마시는 물과 음식을 준비해야 하는가?'

그 여러 비구들은 이 일로써 세존께 아뢰었고, 세존께서는 말씀하셨다.

"여러 비구들이여. 그대들에게 장로인 비구가 하좌인 비구에게 준비하게 명령하는 것을 허락하겠노라."

장로 비구가 하좌 비구에게 명령하였으나, 역시 마시는 물과 음식을 준비하지 않았다. 그 여러 비구들은 이 일로써 세존께 아뢰었고, 세존께서는 말씀하셨다.

"여러 비구들이여. 장로 비구가 명령하는 때에 병이 없는 자는 준비하지 않을 수 없느니라. 준비하지 않는 자는 악작을 범하느니라."

[포살당의 장엄을 마친다.]

21) 우치(愚癡)한 승가

21-1 그때 매우 많은 비구가 있었는데, 어리석었고, 우매하여서 아사리와 화상 등에게 묻지 않고서 사방으로 떠나갔다. 그 여러 비구들은 이 일로써 세존께 아뢰었고, 세존께서는 말씀하셨다.

"여러 비구들이여. 이 처소에 매우 많은 비구가 있었는데, 어리석었고, 우매하여서 아사리와 화상 등에게 묻지 않고서 사방으로 떠나갔느니라. 여러 비구들이여. 그 아사리와 화상 등은 마땅히 물어야 하느니라. '그대들은 어느 곳으로 가는가? 누구의 사람과 함께 가는가?'

여러 비구들이여. 만약 그 어리석고, 우매한 자가 그 다른 어리석고, 우매한 자와 함께 간다고 말하였다면, 여러 비구들이여. 아사리와 화상 등은 그에게 허락하지 않아야 하느니라. 만약 허락하는 자는 악작을 범하느니라. 여러 비구들이여. 그 어리석고, 우매한 자가 아사리와 화상 등의 허락을 얻지 않고서 떠나가는 자는 악작을 범하느니라."

21-2 "여러 비구들이여. 한 주처에 어리석고 우매한 비구가 매우 많았으므로, 그들은 포살, 포살갈마, 바라제목차를 알지 못하였고, 역시 바라제목차를 송출하는 것을 알지 못하였는데, 이 처소에 한 비구가 와서 있었는데, 다문(多聞)으로 아함(阿含)25)을 통달하였고 법을 지녔으며 지율(持律)이고 마이(摩夷)26)를 지녔으며 현명하고 총명하며 지혜를 갖추었고 부끄러움을 알아서 배우려고 하는 자이었다.

여러 비구들이여. 그 비구들은 이 비구를 마땅히 세면(細麵)27), 점토(粘土), 치목(齒木), 양치하는 물로써 섭수(攝受)하여 보호하며 봉송(奉送)하고 시봉해야 한다. 만약 세면, 점토, 치목, 양치하는 물로써 섭수하여 보호하며 봉송하고 시봉하지 않는 악작을 범하느니라."

21-3 "여러 비구들이여. 이 한 주처에 어리석고 우매한 비구가 매우 많았으므로, 그들은 포살, 포살갈마, 바라제목차를 알지 못하였고, 역시 바라제목차를 송출하는 것을 알지 못하였다면, 여러 비구들이여. 그 여러 비구들은 마땅히 곧 한 비구를 사방의 주처로 보내면서 말해야 한다. '가서 간략하거나, 혹은 자세하게 바라제목차를 수학하고 오십시오.'

만약 이와 같이 그것을 얻었다면 좋으나, 만약 얻지 못하였고, 포살, 포살갈마, 바라제목차를 알지 못하였고, 역시 바라제목차를 송출하는

---

25) 팔리어 Agama(아가마)의 음사이다.
26) 팔리어 mātika(마티카)의 음사이고, 논모(論母), 본모(本母) 등으로 번역되며, 논장의 서분에 서술된 목차와 같은 것이다.
27) 실국수인 가늘게 뽑아낸 면발이 가는 국수를 가리킨다.

것을 알지 못하였던 주처에서 보내지 않는 자는 악작을 범하느니라."

21-4 "여러 비구들이여. 이 한 주처에 어리석고 우매한 비구가 매우 많았으므로, 그들은 포살, 포살갈마, 바라제목차를 알지 못하였고, 역시 바라제목차를 송출하는 것을 알지 못하였다면, 여러 비구들이여. 그 여러 비구들은 마땅히 곧 한 비구를 사방의 주처로 보내면서 말해야 한다. '가서 간략하거나, 혹은 자세하게 바라제목차를 수학하고 오십시오.'

만약 이와 같이 그것을 얻었다면 좋으나, 만약 얻지 못하였다면 마땅히 7일 사이에 한 비구를 사방의 주처로 보내면서 말해야 한다. '가서 간략하거나, 혹은 자세하게 바라제목차를 수학하고 오십시오.' 만약 이와 같이 그것을 얻었다면 좋으나, 만약 얻지 못하였는데, 포살, 포살갈마, 바라제목차를 알지 못하였다면, 그 여러 비구들은 그 주처에서 안거하면서 머무를 수 없느니라. 만약 머무르는 자는 악작을 범하느니라."

[우치한 승가를 마친다.]

22) 청정(淸淨)한 여욕(與欲) ①

22-1 이때 세존께서는 여러 비구들에게 알려 말씀하셨다.

"여러 비구들이여. 모이도록 하라. 승가는 포살을 행하겠노라."

이와 같이 말씀하시는 때에 한 비구가 아뢰어 말하였다.

"병든 비구가 오지 않았습니다."

세존께서는 말씀하셨다.

"여러 비구들이여. 병든 비구가 청정한 욕(欲)을 주는 것을 허락하겠노라. 여러 비구들이여. 욕을 주는 자는 마땅히 이와 같이 행해야 하느니라. 그 병든 비구는 한 비구의 처소에 이르러 오른쪽 어깨를 드러내고 무릎을 꿇고 합장하고서 말해야 한다.

'나는 청정을 주겠습니다. 나의 청정을 지녀주십시오. 나는 청정을 알려주십시오.'

이와 같이 몸으로써 욕을 알리고, 말로써 욕을 알리며, 몸과 말로써 욕을 알리는 자는 곧 청정한 욕을 주었던 것이다. 몸으로써 욕을 알리지 않고, 말로써 욕을 알리지 않으며, 몸과 말로써 욕을 알리지 않은 자는 곧 청정한 욕을 주었던 것이 아니니라."

22-2 "이와 같이 그것을 얻었다면 좋으나, 만약 얻지 못하였다면, 여러 비구들이여. 마땅히 평상이나, 혹은 소상(小牀)을 사용하여 그 병든 비구를 실고서 승가의 가운데에 와서 포살을 행해야 한다. 여러 비구들이여. 만약 그를 보고서 여러 비구들이 마음에서 '만약 병자를 데리고 이것을 이류로 이동한다면 마땅히 병이 심해지는 까닭으로 죽음에 이를 수 있다.'라고 사유하였다면, 이때 여러 비구들이여. 그곳에서 병자를 이동시킬 수 없느니라. 승가는 마땅히 그 처소로 가서 포살을 행해야 하느니라. 다만 별중이 포살을 행할 수 없나니, 행하는 자는 악작을 범하느니라."

22-3 "여러 비구들이여. 청정을 지녔던 자가 만약 청정한 욕을 받았는데, 승가를 떠나가는 자는 마땅히 청정한 욕을 다른 사람에게 주어야 하느니라.

여러 비구들이여. 청정을 지녔던 자가 만약 청정한 욕을 받았는데, 환속하였거나, 목숨을 마쳤거나, 스스로가 사미라고 말하였거나, 스스로가 배움을 버렸다고 말하였거나, 스스로가 무거운 죄를 범하였다고 말하였거나, 미쳤던 사람이었거나, …… 마음이 어지러운 자이었거나, …… 고통받는 자이었거나, …… 죄를 인연하여 거론된 자이었거나, …… 죄를 참회하지 않아서 거론된 자이었거나, …… 악한 견해를 버리지 않아서 거론된 자이었거나, …… 황문이었거나, …… 적주(賊住)하는 자이었거나, …… 외도로 돌아갔던 자이었거나, …… 축생이었거나, …… 아버지를 죽인 자이었거나, …… 어머니를 죽인 자이었거나, …… 아라한을 죽인 자이었거나, …… 비구니를 더럽혔던 자이었거나, …… 화합승가를 파괴한 자이었거나, …… 세존의 몸에 피를 흐르게 하였던 자이었거나, ……
스스로가 이근(二根)이라고 말하였던 자였다면, 마땅히 다른 사람에게
청정의 욕을 주어야 하느니라."

22-4 "여러 비구들이여. 청정을 지녔던 자가 만약 청정한 욕을 받았는데,
도중에서 승가를 떠나가는 자는 청정한 욕을 지니고서 왔던 것이 아니니
라. 여러 비구들이여. 청정을 지녔던 자가 만약 청정한 욕을 받았는데,
도중에서 환속하였거나, 목숨을 마쳤거나, 스스로가 사미라고 말하였거
나, …… 스스로가 이근이라고 말하였던 자였다면, 청정한 욕을 지니고서
왔던 것이 아니니라.

　여러 비구들이여. 청정을 지녔던 자가 만약 청정의 욕을 받았고, 승가에
이르렀으며, 뒤에 떠나갔다면 곧 청정한 욕을 지니고서 왔던 것이니라.
여러 비구들이여. 청정을 지녔던 자가 만약 청정의 욕을 받았고, 승가에
이르렀으며, 뒤에 환속하였거나, 목숨을 마쳤거나, 스스로가 사미라고
말하였거나, …… 스스로가 이근이라고 말하였던 자이었더라도, 청정한
욕을 지니고서 왔던 것이니라.

　여러 비구들이여. 청정을 지녔던 자가 만약 청정한 욕을 받았고, 승가에
이르렀는데, 잠을 잤던 인연으로 알리지 않았거나, 방일하여 알리지 않았
거나, 선정(禪定)에 들어가서 알리지 않았다면, 바로 청정한 욕을 지니고서
왔던 것이고, 청정을 지녔던 자는 무죄이다. 여러 비구들이여. 청정을
지녔던 자가 만약 청정한 욕을 받았고, 승가에 이르렀는데, 고의로 알리지
않았다면, 바로 청정한 욕을 지니고서 왔던 것이고, 청정을 지녔던 자는
악작을 범하느니라."

23) 청정한 여욕 ②

23-1 이때 세존께서는 여러 비구들에게 알려 말씀하셨다.

"여러 비구들이여. 모이도록 하라. 승가는 포살을 행하겠노라."

이와 같이 말씀하시는 때에 한 비구가 아뢰어 말하였다.

"병든 비구가 오지 않았습니다."

세존께서는 말씀하셨다.

"여러 비구들이여. 병든 비구는 청정한 욕을 주어야 한다. 여러 비구들이여. 욕을 주는 자는 마땅히 이와 같이 행해야 하느니라. 그 병든 비구는 한 비구의 처소에 이르러 오른쪽 어깨를 드러내고 무릎을 꿇고 합장하고서 말해야 한다.

'나는 청정을 주겠습니다. 나의 청정을 지녀주십시오. 나는 청정을 알려주십시오.'

이와 같이 몸으로써 욕을 알리고, 말로써 욕을 알리며, 몸과 말로써 욕을 알리는 자는 곧 청정한 욕을 주었던 것이다. 몸으로써 욕을 알리지 않고, 말로써 욕을 알리지 않으며, 몸과 말로써 욕을 알리지 않은 자는 곧 청정한 욕을 주었던 것이 아니니라."

23-2 "이와 같이 그것을 얻었다면 좋으나, 만약 얻지 못하였다면, 여러 비구들이여. 마땅히 평상이나, 혹은 소상을 사용하여 그 병든 비구를 실고서 승가의 가운데에 와서 포살을 행해야 한다. 여러 비구들이여. 만약 그를 보고서 여러 비구들이 마음에서 '만약 병자를 데리고 이것을 까닭으로 이동한다면 마땅히 병이 심해지는 까닭으로 죽음에 이를 수 있다.'라고 사유하였다면, 이때 여러 비구들이여. 그곳에서 병자를 이동시킬 수 없느니라. 승가는 마땅히 그 처소로 가서 포살을 행해야 하느니라. 다만 별중이 포살을 행할 수 없나니, 행하는 자는 악작을 범하느니라."

23-3 "여러 비구들이여. 청정을 지녔던 자가 만약 청정한 욕을 받았는데, 승가를 떠나가는 자는 마땅히 청정한 욕을 다른 사람에게 주어야 하느니라. 여러 비구들이여. 청정을 지녔던 자가 만약 청정한 욕을 받았는데, 환속하였거나, 목숨을 마쳤거나, 스스로가 사미라고 말하였거나, ……

스스로가 이근이라고 말하였던 자였다면, 마땅히 다른 사람에게 청정의
욕을 주어야 하느니라."

여러 비구들이여. 청정을 지녔던 자가 만약 청정한 욕을 받았는데,
도중에서 승가를 떠나가는 자는 청정한 욕을 지니고서 왔던 것이 아니니
라. 여러 비구들이여. 청정을 지녔던 자가 만약 청정한 욕을 받았는데,
도중에서 환속하였거나, 목숨을 마쳤거나, 스스로가 사미라고 말하였거
나, …… 스스로가 이근이라고 말하였던 자였다면, 청정한 욕을 가지고서
왔던 것이 아니니라.

여러 비구들이여. 청정을 지녔던 자가 만약 청정의 욕을 받았고, 승가에
이르렀으며, 뒤에 떠나갔다면 곧 청정한 욕을 가지고서 왔던 것이니라.
여러 비구들이여. 청정을 지녔던 자가 만약 청정의 욕을 받았고, 승가에
이르렀으며, 뒤에 환속하였거나, 목숨을 마쳤거나, 스스로가 사미라고
말하였거나, …… 스스로가 이근이라고 말하였던 자이었더라도, 청정한
욕을 가지고서 왔던 것이니라.

여러 비구들이여. 청정을 지녔던 자가 만약 청정한 욕을 받았고, 승가에
이르렀는데, 잠을 잤던 인연으로 알리지 않았거나, 방일하여 알리지 않았
거나, 선정에 들어가서 알리지 않았다면, 바로 청정한 욕을 가지고서
왔던 것이고, 청정을 지녔던 자는 무죄이다. 여러 비구들이여. 청정을
지녔던 자가 만약 청정한 욕을 받았고, 승가에 이르렀는데, 고의로 알리지
않았다면, 바로 청정한 욕을 가지고서 왔던 것이고, 청정을 지녔던 자는
악작을 범하느니라."

[청정한 여욕을 마친다.]

24) 포살일에 붙잡힌 비구

24-1 그때 한 비구가 포살일에 친족들에게 붙잡혔다. 그 여러 비구들은

이 일로써 세존께 아뢰었고, 세존께서는 말씀하셨다.

"여러 비구들이여. 이 처소의 비구가 포살일에 친족들에게 붙잡혔다면 여러 비구들은 그 친족들을 향하여 말해야 하느니라. '현자들이여. 이 비구는 포살을 행하고 있으니, 청하건대 그가 떠나가게 잠시 놓아주십시오.'"

24-2 "이와 같이 만약 놓아준다면 좋으나, 만약 놓아주지 않았다면 여러 비구들은 그 친족들을 향하여 말해야 하느니라. '현자들이여. 원하건대 이 비구는 청정한 욕을 주는 때이니, 청하건대 잠시 한쪽에 머무르게 하십시오.' 이와 같이 만약 놓아준다면 좋으나, 만약 놓아주지 않았다면 여러 비구들은 그 친족들을 향하여 말해야 하느니라. '현자들이여. 승가가 포살을 행하는 때이니, 청하건대 이 비구를 잠시 경계의 밖으로 데려가게 하십시오.' 이와 같이 만약 놓아준다면 좋으나, 만약 놓아주지 않았더라도 별중이 포살을 행할 수 없나니, 행하는 자는 악작을 범하느니라."

24-3 "여러 비구들이여. 이 처소의 비구가 포살일에 왕에게 붙잡혔다면, …… 나아가 …… 도둑들에게 붙잡혔다면, …… 나아가 …… 포악(暴惡)한 사람들에게 붙잡혔다면, …… 나아가 …… 원수(怨敵)인 사람들에게 붙잡혔다면, 여러 비구들은 그 사람들을 향하여 말해야 하느니라. '왕이여. …… 나아가 …… 현자들이여. 이 비구는 포살을 행하고 있으니, 청하건대 그가 떠나가게 잠시 놓아주십시오.'

이와 같이 만약 놓아준다면 좋으나, 만약 놓아주지 않았다면 여러 비구들은 그 친족들을 향하여 말해야 하느니라. '왕이여. …… 나아가 …… 현자들이여. 원하건대 이 비구는 청정한 욕을 주는 때이니, 청하건대 잠시 한쪽에 머무르게 하십시오.' 이와 같이 만약 놓아준다면 좋으나, 만약 놓아주지 않았다면 여러 비구들은 그 사람들을 향하여 말해야 하느니라. '왕이여. …… 나아가 …… 현자들이여. 승가가 포살을 행하는 때이니, 청하건대 이 비구를 잠시 경계의 밖으로 데려가게 하십시오.' 이와 같이 만약 놓아준다면 좋으나, 만약 놓아주지 않았더라도 별중이 포살을 행할 수 없나니, 행하는 자는 악작을 범하느니라."

[포살일에 붙잡힌 비구를 마친다.]

25) 미쳤던 비구

25-1 이때 세존께서는 여러 비구들에게 알려 말씀하셨다.
"여러 비구들이여. 모이도록 하라. 승가는 포살을 행하겠노라."
이와 같이 말씀하시는 때에 한 비구가 아뢰어 말하였다.
"가가(伽伽)[28]라고 이름하는 비구가 있으나, 미쳐서 오지 않았습니다."
세존께서는 말씀하셨다.
"여러 비구들이여. 미친 자는 두 부류가 있느니라. 미친 비구가 포살을
혹은 기억하거나 혹은 기억하지 못하거나, 승가의 갈마를 기억하거나
혹은 기억하지 못하거나, 결정적으로 기억하지 못하는 자이다. 포살이
있어도 혹은 왔거나 혹은 오지 않았거나, 승가의 갈마에 혹은 왔거나
혹은 오지 않았거나, 결정적으로 오지 않는 자이니라."

25-2 "여러 비구들이여. 이 가운데에서 미친 자를 마주하였는데, 포살을
혹은 기억하거나 혹은 기억하지 못하거나, 승가의 갈마를 기억하거나
혹은 기억하지 못하거나, 포살에 혹은 왔거나 혹은 오지 않았거나, 승가의
갈마에 혹은 왔거나 혹은 오지 않았다면, 이와 같은 미친 자에게 광갈마(狂
羯磨)를 주는 것을 허락하겠노라."

25-3 "여러 비구들이여. 주는 자는 마땅히 이와 같이 행해야 하느니라.
총명하고 현명하며 유능한 비구가 마땅히 승가의 가운데에서 창언해야

---

28) 팔리어 Gagga(가까)의 음사이다.

한다.

'대덕 승가께서는 허락하십시오. 가가 비구는 미친 자이므로 포살을 혹은 기억하거나 혹은 기억하지 못하거나, 승가의 갈마를 기억하거나 혹은 기억하지 못하거나, 포살에 혹은 왔거나 혹은 오지 않았거나, 승가의 갈마에 혹은 왔거나 혹은 오지 않았습니다. 만약 승가께서 때에 이르렀다면 승가께서는 마땅히 미친 가가 비구에게 광갈마를 주시어 가가 비구가 포살을 혹은 기억하거나 혹은 기억하지 못하는 것을 논(論)하지 않고, 승가의 갈마를 기억하거나 혹은 기억하지 못하는 것을 논하지 않으며, 포살에 혹은 왔거나 혹은 오지 않는 것을 논하지 않고, 승가의 갈마에 혹은 왔거나 혹은 오지 않는 것을 논하지 않으며, 가가 비구가 현재에 있거나 있지 않은 것을 논하지 않으면서 승가는 마땅히 포살을 행하고, 승가의 갈마를 행하여 주십시오. 이와 같이 아룁니다.'"

25-4 "'대덕 승가께서는 허락하십시오. 가가 비구는 미친 자이므로 포살을 혹은 기억하거나 혹은 기억하지 못하거나, 승가의 갈마를 기억하거나 혹은 기억하지 못하거나, 포살에 혹은 왔거나 혹은 오지 않았거나, 승가의 갈마에 혹은 왔거나 혹은 오지 않았습니다. 만약 승가께서 때에 이르렀다면 승가께서는 마땅히 미친 가가 비구에게 광갈마를 주시어 가가 비구가 포살을 혹은 기억하거나 혹은 기억하지 못하는 것을 논하지 않고, 승가의 갈마를 기억하거나 혹은 기억하지 못하는 것을 논하지 않으며, 포살에 혹은 왔거나 혹은 오지 않는 것을 논하지 않고, 승가의 갈마에 혹은 왔거나 혹은 오지 않는 것을 논하지 않으며, 가가 비구가 현재에 있거나 있지 않은 것을 논하지 않으면서 승가는 마땅히 포살을 행하고, 승가의 갈마를 행하는 것을 여러 대덕들께서 인정하신다면 묵연하시고 인정하지 않으신다면 말씀하십시오.

승가시여. 가가 비구가 포살을 혹은 기억하거나 혹은 기억하지 못하는 것을 논하지 않고, 승가의 갈마를 기억하거나 혹은 기억하지 못하는 것을 논하지 않으며, 포살에 혹은 왔거나 혹은 오지 않는 것을 논하지 않고, 승가의 갈마에 혹은 왔거나 혹은 오지 않는 것을 논하지 않으며, 가가 비구가 현재에 있거나 있지 않은 것을 논하지 않으면서 승가는 마땅히 포살을 행하겠습니다. 승가께서 인정하신 것은 묵연하였던 까닭입니다. 나는 이와 같이 알고 이해하겠습니다.'"

[미쳤던 비구를 마친다.]

26) 네 명의 비구

26-1 그때 포살일에 한 주처에서 네 명의 비구들이 있었다. 이때 그 비구들은 마음에서 사유하였다.

'세존께서는 포살을 행하게 계율을 제정하셨다. 우리들은 어떻게 포살을 행해야 하는가?'

그 여러 비구들은 이 일로써 세존께 아뢰었고, 세존께서는 말씀하셨다. "여러 비구들이여. 네 명이 바라제목차를 송출하는 것을 허락하겠노라."

26-2 그때 포살일에 한 주처에서 세 명의 비구들이 있었다. 이때 그 비구들은 마음에서 사유하였다.

'세존께서는 네 명이 바라제목차를 송출하는 것을 허락하셨는데, 우리는 세 사람이다. 우리들은 어떻게 포살을 행해야 하는가?'

그 여러 비구들은 이 일로써 세존께 아뢰었고, 세존께서는 말씀하셨다. "여러 비구들이여. 세 명이 청정하게 포살하는 것을 허락하겠노라."

26-3 "여러 비구들이여. 마땅히 이와 같이 행해야 하느니라. 총명하고 현명하며 유능한 비구가 마땅히 여러 비구들에게 창언해야 한다.

'대덕 승가께서는 허락하십시오. 지금 15일은 포살일입니다. 만약 승가께서 때에 이르렀다면 우리들은 서로가 청정하게 포살을 행하겠습니다.'

장로인 비구는 오른쪽 어깨를 드러내고 무릎을 꿇고 합장하고서 여러 비구들에게 말해야 한다.

'우리들은 청정합니다. 우리들이 청정한 것을 아십시오. 우리들은 청정합니다. 우리들이 청정한 것을 아십시오. 우리들은 청정합니다. 우리들이 청정한 것을 아십시오.'

하좌인 비구는 오른쪽 어깨를 드러내고 무릎을 꿇고 합장하고서 여러 비구들에게 말해야 한다.

'우리들은 청정합니다. 우리들이 청정한 것을 아십시오. 우리들은 청정합니다. 우리들이 청정한 것을 아십시오. 우리들은 청정합니다. 우리들이 청정한 것을 아십시오.'"

26-4 그때 포살일에 한 주처에서 두 명의 비구들이 있었다. 이때 그 비구들은 마음에서 사유하였다.

'세존께서는 네 명이 바라제목차를 송출하는 것과 세 사람이 청정하게 포살하는 것을 허락하셨는데, 우리는 두 사람이다. 우리들은 어떻게 포살을 행해야 하는가?'

그 여러 비구들은 이 일로써 세존께 아뢰었고, 세존께서는 말씀하셨다.

"여러 비구들이여. 두 명이 청정하게 포살하는 것을 허락하겠노라."

26-5 "여러 비구들이여. 마땅히 이와 같이 행해야 하느니라. 장로인 비구는 오른쪽 어깨를 드러내고 무릎을 꿇고 합장하고서 하좌인 비구들에게 말해야 한다.

'우리들은 청정합니다. 우리들이 청정한 것을 아십시오. 우리들은 청정합니다. 우리들이 청정한 것을 아십시오. 우리들은 청정합니다. 우리들이 청정한 것을 아십시오.'"

하좌인 비구는 오른쪽 어깨를 드러내고 무릎을 꿇고 합장하고서 장로인 비구에게 말해야 한다.

'우리들은 청정합니다. 우리들이 청정한 것을 아십시오. 우리들은 청정

합니다. 우리들이 청정한 것을 아십시오. 우리들은 청정합니다. 우리들이 청정한 것을 아십시오.'

26-6 그때 포살일에 한 주처에서 한 명의 비구가 있었다. 이때 그 비구는 마음에서 사유하였다.

'세존께서는 네 명이 바라제목차를 송출하는 것과 세 사람이 청정하게 포살하는 것을 허락하셨고, 두 사람이 청정하게 포살하는 것을 허락하셨는데, 나는 한 사람이다. 우리는 어떻게 포살을 행해야 하는가?'

그 여러 비구들은 이 일로써 세존께 아뢰었고, 세존께서는 말씀하셨다.

26-7 "여러 비구들이여. 포살일에 한 주처에서 한 명의 비구이었다면, 여러 비구들이여. 그 비구는 곧 여러 비구들이 돌아오는 근행당(勤行堂)이거나, 누각이거나, 혹은 나무 아래를 깨끗하게 청소하고서 마시는 물, 음식, 자리를 준비하고 등불을 설치해야 한다. 만약 다른 여러 비구들이 왔다면 곧 함께 포살을 행하고, 만약 오지 않았다면 곧 마땅히 마음으로 '오늘 나는 포살합니다.'라고 생각해야 한다. 만약 마음으로 생각하지 않는 자는 악작을 범하느니라."

26-8 "여러 비구들이여. 이 가운데에서 만약 네 명이 머물렀는데, 한 사람이 청정한 욕을 가지고 왔다면 세 사람은 바라제목차를 송출할 수 없느니라. 만약 송출하는 자는 악작을 범하느니라. 여러 비구들이여. 이 가운데에서 만약 세 명이 머물렀는데, 한 사람이 청정한 욕을 가지고 왔다면 두 사람은 바라제목차를 송출할 수 없느니라. 만약 송출하는 자는 악작을 범하느니라. 여러 비구들이여. 이 가운데에서 만약 두 명이 머물렀는데, 한 사람이 청정한 욕을 가지고 왔다면 한 사람은 바라제목차를 송출할 수 없느니라. 만약 송출하는 자는 악작을 범하느니라."

[네 명의 비구를 마친다.]

27) 포살일의 죄

27-1 그때 한 비구가 포살일에 죄를 범하였다. 이때 그 비구는 마음에서 사유하였다.

　'세존께서는 죄가 있는 자는 포살을 행할 수 없게 제정하셨는데, 나는 죄를 범하였다. 나는 마땅히 그것을 어떻게 해야 하는가?'

　그 여러 비구들은 이 일로써 세존께 아뢰었고, 세존께서는 말씀하셨다.

　"여러 비구들이여. 이 처소에 있는 비구가 포살일에 죄를 범하였다면, 여러 비구들이여. 그 비구는 마땅히 한 비구의 처소에 이르러 오른쪽 어깨를 드러내고 무릎을 꿇고 합장하고서 말해야 한다.

　'나는 무슨 죄를 범하였습니다. 이것으로써 참회합니다.'

　이 비구는 말한다.

　'그대는 죄를 보았습니까?'

　'그렇습니다. 나는 죄를 보았습니다.'

　'지금부터는 그것을 범하지 마십시오.'"

27-2 "여러 비구들이여. 어느 비구가 이 처소에서 포살일에 죄에 의심이 있었다면, 여러 비구들이여. 그 비구는 마땅히 한 비구의 처소에 이르러 오른쪽 어깨를 드러내고 무릎을 꿇고 합장하고서 말해야 한다.

　'나는 죄에 의심이 있습니다. 걸림이 없는 때에 이르도록 마땅히 그 죄를 참회합니다.'

　이와 같이 말하고서 뒤에 포살을 행하고 바라제목차를 들어야 하나니, 다만 이 인연으로써 포살의 장애로 삼을 수 없느니라."

27-3 그때 육군비구들이 동분(同分)[29]의 죄를 참회하였다. 그 여러 비구들은 이 일로써 세존께 아뢰었고, 세존께서는 말씀하셨다.

---

29) 계목을 따라서 죄를 나누는 분류를 가리킨다. 이를테면 바라이와 바라이는 동분이고, 나아가 바일제와 바일제는 동분의 죄이다.

"여러 비구들이여. 동분의 죄를 참회할 수 없느니라. 참회하는 자는 악작을 범하느니라."

그때 육군비구들이 동분의 죄를 참회하는 것을 받아주었다. 그 여러 비구들은 이 일로써 세존께 아뢰었고, 세존께서는 말씀하셨다.

"여러 비구들이여. 동분의 죄를 참회하는 것을 받아줄 수 없느니라. 받아주는 자는 악작을 범하느니라."

27-4 그때 한 비구가 바라제목차를 송출하는 때에 죄를 기억하였다. 이때 그 비구는 마음에서 사유하였다.

'세존께서는 죄가 있는 자는 포살을 행할 수 없게 제정하셨는데, 나는 죄를 범하였다. 나는 마땅히 그것을 어떻게 해야 하는가?'

그 여러 비구들은 이 일로써 세존께 아뢰었고, 세존께서는 말씀하셨다.

"여러 비구들이여. 이 처소에 있는 비구가 바라제목차를 송출하는 때에 죄를 기억하였다면, 여러 비구들이여. 그 비구는 마땅히 옆에 있는 비구를 향하여 말해야 한다.

'나는 무슨 죄를 범하였고, 이것을 따라서 그 죄를 참회합니다.'

이와 같이 말하고서 뒤에 포살을 행하고 바라제목차를 들어야 하나니, 다만 이 인연으로써 포살의 장애로 삼을 수 없느니라."

27-5 그때 한 비구가 바라제목차를 송출하는 때에 죄를 의심하였다면, 여러 비구들이여. 그 비구는 마땅히 옆에 있는 비구를 향하여 말해야 한다.

'나는 죄에 의심이 있습니다. 걸림이 없는 때에 이르도록 마땅히 그 죄를 참회합니다.'

이와 같이 말하고서 뒤에 포살을 행하고 바라제목차를 들어야 하나니, 다만 이 인연으로써 포살의 장애로 삼을 수 없느니라."

27-6 그때 포살일에 한 주처의 승가가 동분의 죄를 범하였다. 이때 그 비구들은 마음에서 사유하였다.

'세존께서는 동분의 죄를 참회할 수 없고, 동분의 죄를 참회하는 것을 받아주지 못하게 제정하셨는데, 이 승가는 동분의 죄를 범하였다. 우리들은 마땅히 그것을 어떻게 해야 하는가?'

그 여러 비구들은 이 일로써 세존께 아뢰었고, 세존께서는 말씀하셨다.

"여러 비구들이여. 그때 포살일에 한 주처의 승가가 동분의 죄를 범하였다면, 여러 비구들이여. 그 여러 비구들은 마땅히 곧 한 비구를 가까운 주처에 보내어 말해야 한다.

'청하건대 가서 그에게 우리들 주처의 죄를 참회하고 오십시오. 우리들은 그대의 앞에서 그 죄를 참회하겠습니다.'"

27-7 "만약 이와 같이 그것을 얻었다면 좋으나, 만약 얻지 못하였다면 총명하고 현명하며 유능한 비구가 마땅히 승가의 가운데에서 창언해야 한다.

'대덕 승가께서는 허락하십시오. 이 승가는 동분의 죄를 범하였습니다. 그 다른 비구가 청정하고 무죄인 것을 보는 때에 이른다면 마땅히 그의 앞에서 이 죄를 참회하겠습니다.'"

이와 같이 말하고서 뒤에 포살을 행하고 바라제목차를 들어야 하나니, 다만 이 인연으로써 포살의 장애로 삼을 수 없느니라."

27-8 "여러 비구들이여. 그때 포살일에 한 주처의 승가가 동분의 죄를 의심하였다면, 여러 비구들이여. 총명하고 현명하며 유능한 비구가 마땅히 승가의 가운데에서 창언해야 한다.

'대덕 승가께서는 허락하십시오. 이 승가는 동분의 죄가 의심스럽습니다. 걸림이 없는 때에 이르도록 마땅히 그 죄를 참회합니다.'

이와 같이 말하고서 뒤에 포살을 행하고 바라제목차를 들어야 하나니, 다만 이 인연으로써 포살의 장애로 삼을 수 없느니라."

27-9 "여러 비구들이여. 한 주처에서 안거에 들어간 때에 승가가 동분의

죄를 범하였다면, 여러 비구들이여. 그 여러 비구들은 마땅히 곧 한 비구를 가까운 주처에 보내어 말해야 한다.

'청하건대 가서 그 비구에게 우리들 주처의 죄를 참회하고 오십시오. 우리들은 그대의 앞에서 그 죄를 참회하겠습니다.'

만약 이와 같이 그것을 얻었다면 좋으나, 만약 얻지 못하였다면 7일 사이에 곧 한 비구를 가까운 주처에 보내어 말해야 한다.

'청하건대 가서 그 비구에게 우리들 주처의 죄를 참회하고 오십시오. 우리들은 마땅히 그대의 앞에서 그 죄를 참회하겠습니다.'"

27-10 그때 한 주처의 승가가 동분의 죄를 범하였는데, 모두가 그 죄의 계상(戒相)을 알지 못하였고 동분을 알지 못하였다. 그때 다른 비구가 왔는데, 다문으로 아함을 통달하였고, 법을 지녔으며 지율이고 마이(摩夷)를 지녔으며 현명하고 총명하며 지혜를 갖추었고 부끄러움을 알아서 배우려고 하는 자이었다. 한 비구가 있어 그 비구의 처소로 갔으며 이르러 그 비구에게 말하였다.

"만약 이와 같고 이와 같은 일을 행한다면 이것은 무슨 죄를 범합니까?"

그 비구는 말하였다.

"이와 같고 이와 같은 일을 행한다면 무슨 죄를 범합니다. 그대가 이와 같은 죄를 범하는 때라면 그 죄를 참회해야 합니다."

그 비구가 말하였다.

"나 혼자서 이러한 죄를 범한 것이 아니고, 이 승가 모두가 이러한 죄를 범하였습니다."

그 비구가 말하였다.

"다른 사람이 범하였거나, 범하지 않았어도 그대에게 무슨 소용이 있습니까? 청하건대 그 죄를 벗어나십시오."

27-11 이때 그 비구는 이 비구의 말에 의지하여 그 죄를 참회하였고, 뒤에 그 여러 비구들의 처소로 갔다. 이르러 그 여러 비구들에게 말하였다.

"이와 같고 이와 같은 일을 행한다면 무슨 죄를 범합니다. 그대들은 이러한 죄를 범하였으니, 곧 그 죄를 참회해야 합니다."

그때 그 여러 비구들은 그 비구의 말을 의지하여 그 죄를 참회하려고 하지 않았다. 그 여러 비구들은 이 일로써 세존께 아뢰었고, 세존께서는 말씀하셨다.

"여러 비구들이여. 그때 한 주처의 승가가 동분의 죄를 범하였는데, 모두가 그 죄의 계상을 알지 못하였고 동분을 알지 못하였다. 그때 다른 비구가 왔는데, 다문으로 아함을 통달하였고, 법을 지녔으며 지율이고 마의를 지녔으며 현명하고 총명하며 지혜를 갖추었고 부끄러움을 알아서 배우려고 하는 자이었다.

한 비구가 있어 그 비구의 처소로 갔으며 이르러 '만약 이와 같고 이와 같은 일을 행한다면 이것은 무슨 죄를 범합니까?'라고 그 비구에게 말하였고, 이 비구가 '이와 같고 이와 같은 일을 행한다면 무슨 죄를 범합니다. 그대가 이와 같은 죄를 범하는 때라면 그 죄를 참회해야 합니다.'라고 말하였으며, 이 비구가 '나 혼자서 이러한 죄를 범한 것이 아니고, 이 승가 모두가 이러한 죄를 범하였습니다.'라고 말하였고, 그 비구가 '다른 사람이 범하였거나, 범하지 않았어도 그대에게 무슨 소용이 있습니까? 청하건대 그 죄를 벗어나십시오.'라고 말하였으며, 이 비구는 이 비구의 말에 의지하여 그 죄를 참회하였고, 뒤에 그 여러 비구들의 처소로 갔고, 이르러 그 여러 비구들에게 '이와 같고 이와 같은 일을 행한다면 무슨 죄를 범합니다.

그대들은 이러한 죄를 범하였으니, 곧 그 죄를 참회해야 합니다.'라고 말하였는데, 여러 비구들이여. 만약 여러 비구들이 그 비구의 말을 의지하여 죄를 참회하였다면 좋으나, 만약 참회하지 않았다면, 여러 비구들이여. 그 비구들이 참회하지 않으려고 하였다면 곧 그 비구들에게 말할 필요가 없느니라."

[포살일의 죄를 마친다.]

○ 【둘째의 송출품을 마친다.】

3. 제3송출품(第三誦出品)

28) 무죄의 열다섯 종류

28-1 그때 한 주처의 포살일에 그 주처에 많은 여러 비구들이 모였고, 네 명이거나, 혹은 네 명을 넘겼다. 그 비구들은 그 주처에 다른 비구들이 오지 않은 것을 알지 못하였고, 그들은 여법한 것으로써, 계율과 같은 것으로써, 화합한 것으로써, 포살을 행하였고, 바라제목차를 송출하였다. 그 비구들이 바로 바라제목차를 송출하는 때에 그 주처에 다른 비구들이 왔으며, 그 숫자는 매우 많았다. 그 여러 비구들은 이 일로써 세존께 아뢰었고, 세존께서는 말씀하셨다.

28-2 "여러 비구들이여. 그때 한 주처의 포살일에 그 주처에 많은 여러 비구들이 모였고, 네 명이거나, 혹은 네 명을 넘겼으며, 그 비구들은 그 주처에 다른 비구들이 오지 않은 것을 알지 못하였고, 그들은 여법한 것으로써, 계율과 같은 것으로써, 화합한 것으로써, 포살을 행하였고, 바라제목차를 송출하였다. 그 비구들이 바로 바라제목차를 송출하는 때에 그 주처에 다른 비구들이 왔으며, 그 숫자가 매우 많았다면, 여러 비구들이여. 그 여러 비구들은 마땅히 바라제목차를 다시 송출해야 하고, 송출하였던 자는 무죄이니라."

28-3 "여러 비구들이여. 그때 한 주처의 포살일에 그 주처에 많은 여러 비구들이 모였고, 네 명이거나, 혹은 네 명을 넘겼으며, 그 비구들은 그 주처에 다른 비구들이 오지 않은 것을 알지 못하였고, 그들은 여법한

것으로써, 계율과 같은 것으로써, 화합한 것으로써, 포살을 행하였고, 바라제목차를 송출하였다. 그들이 바로 바라제목차를 송출하는 때에 그 주처에 다른 비구들이 왔으며, 그 숫자가 같았는데, 이미 송출한 부분이 좋았다면 나머지의 부분을 마땅히 들어야 하고, 송출하였던 자는 무죄이니라.

여러 비구들이여. 그때 한 주처의 포살일에 그 주처에 많은 여러 비구들이 모였고, 네 명이거나, 혹은 네 명을 넘겼으며, …… 그 비구들이 바로 바라제목차를 송출하는 때에 그 주처에 다른 비구들이 왔으며, 그 숫자가 매우 적었는데, 이미 송출한 부분이 좋았다면 나머지의 부분을 마땅히 들어야 하고, 송출하였던 자는 무죄이니라.”

28-4 “여러 비구들이여. 그때 한 주처의 포살일에 그 주처에 많은 여러 비구들이 모였고, 네 명이거나, 혹은 네 명을 넘겼으며, …… 그 비구들이 이미 바라제목차를 송출하여 마쳤는데, 그 주처에 다른 비구들이 왔으며, 그 숫자가 매우 많았다면, 여러 비구들이여. 그 여러 비구들은 마땅히 바라제목차를 다시 송출해야 하고, 송출하였던 자는 무죄이니라.

여러 비구들이여. 그때 한 주처의 포살일에 그 주처에 많은 여러 비구들이 모였고, 네 명이거나, 혹은 네 명을 넘겼으며, …… 그 비구들이 이미 바라제목차를 송출하여 마쳤는데, 그 주처에 다른 비구들이 왔으며, 그 숫자가 서로 같았고, 이미 송출한 부분이 좋았다면 마땅히 그들에게 청정함을 알려야 하고, 송출하였던 자는 무죄이니라.

여러 비구들이여. 그때 한 주처의 포살일에 그 주처에 많은 여러 비구들이 모였는데, 네 명이거나, 혹은 네 명을 넘겼고, …… 그 비구들이 이미 바라제목차를 송출하여 마쳤는데, 그 주처에 다른 비구들이 왔으며, 그 숫자가 매우 적었고, 이미 송출한 부분이 좋았다면 마땅히 그들에게 청정함을 알려야 하고, 송출하였던 자는 무죄이니라.”

28-5 “여러 비구들이여. 그때 한 주처의 포살일에 그 주처에 많은 여러 비구들이 모였고, 네 명이거나, 혹은 네 명을 넘겼으며, …… 그 비구들이

이미 바라제목차를 송출하여 마쳤고 모였던 대중이 자리에서 벗어나지 않은 때에, 그 주처에 다른 비구들이 왔으며, 그 숫자가 매우 많았다면, 여러 비구들이여. 그 여러 비구들은 마땅히 바라제목차를 다시 송출해야 하고, 송출하였던 자는 무죄이니라.

여러 비구들이여. 그때 한 주처의 포살일에 그 주처에 많은 여러 비구들이 모였고, 네 명이거나, 혹은 네 명을 넘겼으며, …… 그 비구들이 이미 바라제목차를 송출하여 마쳤고 모였던 대중이 자리에서 벗어나지 않은 때에, 그 주처에 다른 비구들이 왔으며, 그 숫자가 서로 같았고, 이미 송출한 부분이 좋았다면 마땅히 그들에게 청정함을 알려야 하고, 송출하였던 자는 무죄이니라.

여러 비구들이여. 그때 한 주처의 포살일에 그 주처에 많은 여러 비구들이 모였는데, 네 명이거나, 혹은 네 명을 넘겼고, …… 그 비구들이 이미 바라제목차를 송출하여 마쳤고 모였던 대중이 자리에서 벗어나지 않은 때에, 그 주처에 다른 비구들이 왔으며, 그 숫자가 매우 적었고, 이미 송출한 부분이 좋았다면 마땅히 그들에게 청정함을 알려야 하고, 송출하였던 자는 무죄이니라."

28-6 "여러 비구들이여. 그때 한 주처의 포살일에 그 주처에 많은 여러 비구들이 모였고, 네 명이거나, 혹은 네 명을 넘겼으며, …… 그 비구들이 이미 바라제목차를 송출하여 마쳤고 모였던 일부의 대중이 자리에서 벗어났던 때에, 그 주처에 다른 비구들이 왔으며, 그 숫자가 매우 많았다면, 여러 비구들이여. 그 여러 비구들은 마땅히 바라제목차를 다시 송출해야 하고, 송출하였던 자는 무죄이니라.

여러 비구들이여. 그때 한 주처의 포살일에 그 주처에 많은 여러 비구들이 모였고, 네 명이거나, 혹은 네 명을 넘겼으며, …… 그 비구들이 이미 바라제목차를 송출하여 마쳤고 모였던 일부의 대중이 자리에서 벗어났던 때에, 그 주처에 다른 비구들이 왔으며, 그 숫자가 서로 같았고, 이미 송출한 부분이 좋았다면 마땅히 그들에게 청정함을 알려야 하고, 송출하였던 자는 무죄이니라.

　여러 비구들이여. 그때 한 주처의 포살일에 그 주처에 많은 여러 비구들이 모였는데, 네 명이거나, 혹은 네 명을 넘겼고, …… 그 비구들이 이미 바라제목차를 송출하여 마쳤고 모였던 일부의 대중이 자리에서 벗어났던 때에, 그 주처에 다른 비구들이 왔으며, 그 숫자가 매우 적었고, 이미 송출한 부분이 좋았다면 마땅히 그들에게 청정함을 알려야 하고, 송출하였던 자는 무죄이니라."

28-7 "여러 비구들이여. 그때 한 주처의 포살일에 그 주처에 많은 여러 비구들이 모였고, 네 명이거나, 혹은 네 명을 넘겼으며, …… 그 비구들이 이미 바라제목차를 송출하여 마쳤고 모였던 일체의 대중이 자리에서 벗어났던 때에, 그 주처에 다른 비구들이 왔으며, 그 숫자가 매우 많았다면, 여러 비구들이여. 그 여러 비구들은 마땅히 바라제목차를 다시 송출해야 하고, 송출하였던 자는 무죄이니라.

　여러 비구들이여. 그때 한 주처의 포살일에 그 주처에 많은 여러 비구들이 모였고, 네 명이거나, 혹은 네 명을 넘겼으며, …… 그 비구들이 이미 바라제목차를 송출하여 마쳤고 모였던 일체의 대중이 자리에서 벗어났던 때에, 그 주처에 다른 비구들이 왔으며, 그 숫자가 서로 같았고, 이미 송출한 부분이 좋았다면 마땅히 그들에게 청정함을 알려야 하고, 송출하였던 자는 무죄이니라.

　여러 비구들이여. 그때 한 주처의 포살일에 그 주처에 많은 여러 비구들이 모였는데, 네 명이거나, 혹은 네 명을 넘겼고, …… 그 비구들이 이미 바라제목차를 송출하여 마쳤고 모였던 일체의 대중이 자리에서 벗어났던 때에, 그 주처에 다른 비구들이 왔으며, 그 숫자가 매우 적었고, 이미 송출한 부분이 좋았다면 마땅히 그들에게 청정함을 알려야 하고, 송출하였던 자는 무죄이니라."

[무죄의 열다섯 종류를 마친다.]

29) 별중을 위한 별중의 열다섯 종류

29-1 "여러 비구들이여. 그때 한 주처의 포살일에 그 주처에 많은 여러 비구들이 모였고, 네 명이거나, 혹은 네 명을 넘겼으며, 그 비구들은 그 주처에 다른 비구들이 오지 않은 것을 알았으나, 그들은 여법한 것으로써, 계율과 같은 것으로써, 별중이라고 알고서도 포살을 행하였고, 바라제목차를 송출하였다. 그 비구들이 바로 바라제목차를 송출하는 때에 그 주처에 다른 비구들이 왔으며, 그 숫자가 매우 많았다면, 여러 비구들이여. 그 여러 비구들은 마땅히 바라제목차를 다시 송출해야 하나니, 송출하였던 자는 악작을 범하느니라."

29-2 "여러 비구들이여. 그때 한 주처의 포살일에 그 주처에 많은 여러 비구들이 모였고, 네 명이거나, 혹은 네 명을 넘겼으며, 그 비구들은 그 주처에 다른 비구들이 오지 않은 것을 알았으나, 그들은 여법한 것으로써, 계율과 같은 것으로써, 별중이라고 알고서도 포살을 행하였고, 바라제목차를 송출하였다. 그들이 바로 바라제목차를 송출하는 때에 그 주처에 다른 비구들이 왔으며, 그 숫자가 서로 같았고, 이미 송출한 부분이 좋았다면 나머지의 부분을 마땅히 들어야 하고, 송출하였던 자는 악작을 범하느니라.

여러 비구들이여. 그때 한 주처의 포살일에 그 주처에 많은 여러 비구들이 모였고, 네 명이거나, 혹은 네 명을 넘겼으며, …… 그 비구들이 바로 바라제목차를 송출하는 때에 그 주처에 다른 비구들이 왔으며, 그 숫자가 매우 적었고, 이미 송출한 부분이 좋았다면 나머지의 부분을 마땅히 들어야 하고, 송출하였던 자는 악작을 범하느니라."

29-3 여러 비구들이여. 그때 한 주처의 포살일에 그 주처에 많은 여러 비구들이 모였고, 네 명이거나, 혹은 네 명을 넘겼으며, …… 별중이라고 알고서도 포살을 행하였고, …… 그 비구들이 이미 바라제목차를 송출하여

마쳤던 때에 그 주처에 다른 비구들이 왔으며, 그 숫자가 매우 많았다면, 여러 비구들이여. 그 여러 비구들은 마땅히 바라제목차를 다시 송출해야 하나니, 송출하였던 자는 악작을 범하느니라.

여러 비구들이여. 그때 한 주처의 포살일에 그 주처에 많은 여러 비구들이 모였고, 네 명이거나, 혹은 네 명을 넘겼으며, …… 별중이라고 알고서도 포살을 행하였고, …… 그 비구들이 이미 바라제목차를 송출하여 마쳤던 때에 그 주처에 다른 비구들이 왔으며, 그 숫자가 서로 같았고, 이미 송출한 부분이 좋았다면 마땅히 그들에게 청정함을 알려야 하고, 송출하였던 자는 악작을 범하느니라.

여러 비구들이여. 그때 한 주처의 포살일에 그 주처에 많은 여러 비구들이 모였고, 네 명이거나, 혹은 네 명을 넘겼으며, …… 별중이라고 알고서도 포살을 행하였고, …… 그 비구들이 이미 바라제목차를 송출하여 마쳤던 때에 그 주처에 다른 비구들이 왔으며, 그 숫자가 매우 적었고, 이미 송출한 부분이 좋았다면 마땅히 그들에게 청정함을 알려야 하고, 송출하였던 자는 악작을 범하느니라."

29-4 "여러 비구들이여. 그때 한 주처의 포살일에 그 주처에 많은 여러 비구들이 모였고, 네 명이거나, 혹은 네 명을 넘겼으며, …… 별중이라고 알고서도 포살을 행하였고, …… 그 비구들이 이미 바라제목차를 송출하여 마쳤고 모였던 대중이 자리에서 벗어나지 않은 때에, 그 주처에 다른 비구들이 왔으며, 그 숫자가 매우 많았다면, 여러 비구들이여. 그 여러 비구들은 마땅히 바라제목차를 다시 송출해야 하고, 송출하였던 자는 악작을 범하느니라.

여러 비구들이여. 그때 한 주처의 포살일에 그 주처에 많은 여러 비구들이 모였고, 네 명이거나, 혹은 네 명을 넘겼으며, …… 별중이라고 알고서도 포살을 행하였고, …… 그 비구들이 이미 바라제목차를 송출하여 마쳤고 모였던 대중이 자리에서 벗어나지 않은 때에, 그 주처에 다른 비구들이 왔으며, 그 숫자가 서로 같았고, 이미 송출한 부분이 좋았다면 마땅히 그들에게 청정함을 알려야 하고, 송출하였던 자는 악작을 범하느니라.

여러 비구들이여. 그때 한 주처의 포살일에 그 주처에 많은 여러 비구들이 모였는데, 네 명이거나, 혹은 네 명을 넘겼고, …… 별중이라고 알고서도 포살을 행하였고, …… 그 비구들이 이미 바라제목차를 송출하여 마쳤고 모였던 대중이 자리에서 벗어나지 않은 때에, 그 주처에 다른 비구들이 왔으며, 그 숫자가 매우 적었고, 이미 송출한 부분이 좋았다면 마땅히 그들에게 청정함을 알려야 하고, 송출하였던 자는 악작을 범하느니라."

29-5 "여러 비구들이여. 그때 한 주처의 포살일에 그 주처에 많은 여러 비구들이 모였고, 네 명이거나, 혹은 네 명을 넘겼으며, …… 별중이라고 알고서도 포살을 행하였고, …… 그 비구들이 이미 바라제목차를 송출하여 마쳤고 모였던 일부의 대중이 자리에서 벗어났던 때에, 그 주처에 다른 비구들이 왔으며, 그 숫자가 매우 많았다면, 여러 비구들이여. 그 여러 비구들은 마땅히 바라제목차를 다시 송출해야 하고, 송출하였던 자는 악작을 범하느니라.

여러 비구들이여. 그때 한 주처의 포살일에 그 주처에 많은 여러 비구들이 모였고, 네 명이거나, 혹은 네 명을 넘겼으며, …… 별중이라고 알고서도 포살을 행하였고, …… 그 비구들이 이미 바라제목차를 송출하여 마쳤고 모였던 일부의 대중이 자리에서 벗어났던 때에, 그 주처에 다른 비구들이 왔으며, 그 숫자가 서로 같았고, 이미 송출한 부분이 좋았다면 마땅히 그들에게 청정함을 알려야 하고, 송출하였던 자는 악작을 범하느니라.

여러 비구들이여. 그때 한 주처의 포살일에 그 주처에 많은 여러 비구들이 모였는데, 네 명이거나, 혹은 네 명을 넘겼고, …… 별중이라고 알고서도 포살을 행하였고, …… 그 비구들이 이미 바라제목차를 송출하여 마쳤고 모였던 일부의 대중이 자리에서 벗어났던 때에, 그 주처에 다른 비구들이 왔으며, 그 숫자가 매우 적었고, 이미 송출한 부분이 좋았다면 마땅히 그들에게 청정함을 알려야 하고, 송출하였던 자는 악작을 범하느니라."

29-6 "여러 비구들이여. 그때 한 주처의 포살일에 그 주처에 많은 여러 비구들이 모였고, 네 명이거나, 혹은 네 명을 넘겼으며, …… 별중이라고 알고서도 포살을 행하였고, …… 그 비구들이 이미 바라제목차를 송출하여 마쳤고 모였던 일체의 대중이 자리에서 벗어났던 때에, 그 주처에 다른 비구들이 왔으며, 그 숫자가 매우 많았다면, 여러 비구들이여. 그 여러 비구들은 마땅히 바라제목차를 다시 송출해야 하고, 송출하였던 자는 악작을 범하느니라.

여러 비구들이여. 그때 한 주처의 포살일에 그 주처에 많은 여러 비구들이 모였고, 네 명이거나, 혹은 네 명을 넘겼으며, …… 별중이라고 알고서도 포살을 행하였고, …… 그 비구들이 이미 바라제목차를 송출하여 마쳤고 모였던 일체의 대중이 자리에서 벗어났던 때에, 그 주처에 다른 비구들이 왔으며, 그 숫자가 서로 같았고, 이미 송출한 부분이 좋았다면 마땅히 그들에게 청정함을 알려야 하고, 송출하였던 자는 악작을 범하느니라.

여러 비구들이여. 그때 한 주처의 포살일에 그 주처에 많은 여러 비구들이 모였는데, 네 명이거나, 혹은 네 명을 넘겼고, …… 별중이라고 알고서도 포살을 행하였고, …… 그 비구들이 이미 바라제목차를 송출하여 마쳤고 모였던 일체의 대중이 자리에서 벗어났던 때에, 그 주처에 다른 비구들이 왔으며, 그 숫자가 매우 적었고, 이미 송출한 부분이 좋았다면 마땅히 그들에게 청정함을 알려야 하고, 송출하였던 자는 악작을 범하느니라.

[별중을 위한 별중의 열다섯 종류를 마친다.]

30) 의혹(疑惑)의 열다섯 종류

30-1 "여러 비구들이여. 그때 한 주처의 포살일에 그 주처에 많은 여러 비구들이 모였고, 네 명이거나, 혹은 네 명을 넘겼으며, 그 비구들은 그 주처에 다른 비구들이 오지 않은 것을 알았으나, 그 비구들은 스스로가

포살을 행하면서 상응(相應)하는가 혹은 상응하지 않는가를 오히려 의혹
하였으나, 포살을 행하였고 바라제목차를 송출하였다. 그 비구들이 바로
바라제목차를 송출하는 때에 그 주처에 다른 비구들이 왔으며, 그 숫자가
매우 많았다면, 여러 비구들이여. 그 여러 비구들은 마땅히 바라제목차를
다시 송출해야 하나니, 송출하였던 자는 악작을 범하느니라."

30-2 "여러 비구들이여. 그때 한 주처의 포살일에 그 주처에 많은 여러
비구들이 모였고, 네 명이거나, 혹은 네 명을 넘겼으며, 그 비구들은
그 주처에 다른 비구들이 오지 않은 것을 알았으나, 그 비구들은 스스로가
포살을 행하면서 상응하는가 혹은 상응하지 않는가를 오히려 의혹하였으
나, 포살을 행하였고 바라제목차를 송출하였다. 그 비구들이 바로 바라제
목차를 송출하는 때에 그 주처에 다른 비구들이 왔으며, 그 숫자가 서로
같았고, 이미 송출한 부분이 좋았다면 나머지의 부분을 마땅히 들어야
하고, 송출하였던 자는 악작을 범하느니라.

　여러 비구들이여. 그때 한 주처의 포살일에 그 주처에 많은 여러 비구들
이 모였고, 네 명이거나, 혹은 네 명을 넘겼으며, …… 그 비구들은 스스로가
포살을 행하면서 상응하는가 혹은 상응하지 않는가를 오히려 의혹하였으
나, …… 그 비구들이 바로 바라제목차를 송출하는 때에 그 주처에 다른
비구들이 왔으며, 그 숫자가 매우 적었고, 이미 송출한 부분이 좋았다면
나머지의 부분을 마땅히 들어야 하고, 송출하였던 자는 악작을 범하느니라."

30-3 여러 비구들이여. 그때 한 주처의 포살일에 그 주처에 많은 여러
비구들이 모였고, 네 명이거나, 혹은 네 명을 넘겼으며, …… 그 비구들은
스스로가 포살을 행하면서 상응하는가 혹은 상응하지 않는가를 오히려
의혹하였으나, …… 그 비구들이 이미 바라제목차를 송출하여 마쳤던
때에 그 주처에 다른 비구들이 왔으며, 그 숫자가 매우 많았다면, 여러
비구들이여. 그 여러 비구들은 마땅히 바라제목차를 다시 송출해야 하나
니, 송출하였던 자는 악작을 범하느니라.

여러 비구들이여. 그때 한 주처의 포살일에 그 주처에 많은 여러 비구들이 모였고, 네 명이거나, 혹은 네 명을 넘겼으며, …… 그 비구들은 스스로가 포살을 행하면서 상응하는가 혹은 상응하지 않는가를 오히려 의혹하였으나, …… 그 비구들이 이미 바라제목차를 송출하여 마쳤던 때에 그 주처에 다른 비구들이 왔으며, 그 숫자가 서로 같았고, 이미 송출한 부분이 좋았다면 마땅히 그들에게 청정함을 알려야 하고, 송출하였던 자는 악작을 범하느니라.

여러 비구들이여. 그때 한 주처의 포살일에 그 주처에 많은 여러 비구들이 모였고, 네 명이거나, 혹은 네 명을 넘겼으며, …… 그 비구들은 스스로가 포살을 행하면서 상응하는가 혹은 상응하지 않는가를 오히려 의혹하였으나, …… 그 비구들이 이미 바라제목차를 송출하여 마쳤던 때에 그 주처에 다른 비구들이 왔으며, 그 숫자가 매우 적었고, 이미 송출한 부분이 좋았다면 마땅히 그들에게 청정함을 알려야 하고, 송출하였던 자는 악작을 범하느니라."

30-4 "여러 비구들이여. 그때 한 주처의 포살일에 그 주처에 많은 여러 비구들이 모였고, 네 명이거나, 혹은 네 명을 넘겼으며, …… 그 비구들은 스스로가 포살을 행하면서 상응하는가 혹은 상응하지 않는가를 오히려 의혹하였으나, …… 그 비구들이 이미 바라제목차를 송출하여 마쳤고 모였던 대중이 자리에서 벗어나지 않은 때에, 그 주처에 다른 비구들이 왔으며, 그 숫자가 매우 많았다면, 여러 비구들이여. 그 여러 비구들은 마땅히 바라제목차를 다시 송출해야 하고, 송출하였던 자는 악작을 범하느니라.

여러 비구들이여. 그때 한 주처의 포살일에 그 주처에 많은 여러 비구들이 모였고, 네 명이거나, 혹은 네 명을 넘겼으며, …… 그 비구들은 스스로가 포살을 행하면서 상응하는가 혹은 상응하지 않는가를 오히려 의혹하였으나, …… 그 비구들이 이미 바라제목차를 송출하여 마쳤고 모였던 대중이 자리에서 벗어나지 않은 때에, 그 주처에 다른 비구들이 왔으며, 그 숫자가 서로 같았고, 이미 송출한 부분이 좋았다면 마땅히 그들에게 청정함을 알려야 하고, 송출하였던 자는 악작을 범하느니라.

여러 비구들이여. 그때 한 주처의 포살일에 그 주처에 많은 여러 비구들이 모였는데, 네 명이거나, 혹은 네 명을 넘겼고, …… 그 비구들은 스스로가 포살을 행하면서 상응하는가 혹은 상응하지 않는가를 오히려 의혹하였으나, …… 그 비구들이 이미 바라제목차를 송출하여 마쳤고 모였던 대중이 자리에서 벗어나지 않은 때에, 그 주처에 다른 비구들이 왔으며, 그 숫자가 매우 적었고, 이미 송출한 부분이 좋았다면 마땅히 그들에게 청정함을 알려야 하고, 송출하였던 자는 악작을 범하느니라."

30-5 "여러 비구들이여. 그때 한 주처의 포살일에 그 주처에 많은 여러 비구들이 모였고, 네 명이거나, 혹은 네 명을 넘겼으며, …… 그 비구들은 스스로가 포살을 행하면서 상응하는가 혹은 상응하지 않는가를 오히려 의혹하였으나, …… 그 비구들이 이미 바라제목차를 송출하여 마쳤고 모였던 일부의 대중이 자리에서 벗어났던 때에, 그 주처에 다른 비구들이 왔으며, 그 숫자가 매우 많았다면, 여러 비구들이여. 그 여러 비구들은 마땅히 바라제목차를 다시 송출해야 하고, 송출하였던 자는 악작을 범하느니라.

여러 비구들이여. 그때 한 주처의 포살일에 그 주처에 많은 여러 비구들이 모였고, 네 명이거나, 혹은 네 명을 넘겼으며, …… 그 비구들은 스스로가 포살을 행하면서 상응하는가 혹은 상응하지 않는가를 오히려 의혹하였으나, …… 그 비구들이 이미 바라제목차를 송출하여 마쳤고 모였던 일부의 대중이 자리에서 벗어났던 때에, 그 주처에 다른 비구들이 왔으며, 그 숫자가 서로 같았고, 이미 송출한 부분이 좋았다면 마땅히 그들에게 청정함을 알려야 하고, 송출하였던 자는 악작을 범하느니라.

여러 비구들이여. 그때 한 주처의 포살일에 그 주처에 많은 여러 비구들이 모였는데, 네 명이거나, 혹은 네 명을 넘겼고, …… 그 비구들은 스스로가 포살을 행하면서 상응하는가 혹은 상응하지 않는가를 오히려 의혹하였으

나, …… 그 비구들이 이미 바라제목차를 송출하여 마쳤고 모였던 일부의
대중이 자리에서 벗어났던 때에, 그 주처에 다른 비구들이 왔으며, 그
숫자가 매우 적었고, 이미 송출한 부분이 좋았다면 마땅히 그들에게
청정함을 알려야 하고, 송출하였던 자는 악작을 범하느니라."

30-6 "여러 비구들이여. 그때 한 주처의 포살일에 그 주처에 많은 여러
비구들이 모였고, 네 명이거나, 혹은 네 명을 넘겼으며, …… 그 비구들은
스스로가 포살을 행하면서 상응하는가 혹은 상응하지 않는가를 오히려
의혹하였으나, …… 그 비구들이 이미 바라제목차를 송출하여 마쳤고 모였
던 일체의 대중이 자리에서 벗어났던 때에, 그 주처에 다른 비구들이 왔으며,
그 숫자가 매우 많았다면, 여러 비구들이여. 그 여러 비구들은 마땅히 바라제
목차를 다시 송출해야 하고, 송출하였던 자는 악작을 범하느니라.

　여러 비구들이여. 그때 한 주처의 포살일에 그 주처에 많은 여러 비구들
이 모였고, 네 명이거나, 혹은 네 명을 넘겼으며, …… 그 비구들은 스스로가
포살을 행하면서 상응하는가 혹은 상응하지 않는가를 오히려 의혹하였으
나, …… 그 비구들이 이미 바라제목차를 송출하여 마쳤고 모였던 일체의
대중이 자리에서 벗어났던 때에, 그 주처에 다른 비구들이 왔으며, 그
숫자가 서로 같았고, 이미 송출한 부분이 좋았다면 마땅히 그들에게
청정함을 알려야 하고, 송출하였던 자는 악작을 범하느니라.

　여러 비구들이여. 그때 한 주처의 포살일에 그 주처에 많은 여러 비구들
이 모였는데, 네 명이거나, 혹은 네 명을 넘겼고, …… 그 비구들은 스스로가
포살을 행하면서 상응하는가 혹은 상응하지 않는가를 오히려 의혹하였으
나, …… 그 비구들이 이미 바라제목차를 송출하여 마쳤고 모였던 일체의
대중이 자리에서 벗어났던 때에, 그 주처에 다른 비구들이 왔으며, 그
숫자가 매우 적었고, 이미 송출한 부분이 좋았다면 마땅히 그들에게
청정함을 알려야 하고, 송출하였던 자는 악작을 범하느니라."

　[의혹의 열다섯 종류를 마친다.]

31) 악성(惡性)으로 지은 열다섯 종류

31-1 "여러 비구들이여. 그때 한 주처의 포살일에 그 주처에 많은 여러 비구들이 모였고, 네 명이거나, 혹은 네 명을 넘겼으며, 그 비구들은 그 주처에 다른 비구들이 오지 않은 것을 알았으나, 그 비구들은 스스로가 포살을 행하면서 '상응하는 것이고 상응하지 않는 것이 아니다.'라는 것으로써 악(惡)한 성품을 지으면서 포살을 행하였고 바라제목차를 송출하였다. 그 비구들이 바로 바라제목차를 송출하는 때에 그 주처에 다른 비구들이 왔으며, 그 숫자가 매우 많았다면, 여러 비구들이여. 그 여러 비구들은 마땅히 바라제목차를 다시 송출해야 하나니, 송출하였던 자는 악작을 범하느니라."

31-2 "여러 비구들이여. 그때 한 주처의 포살일에 그 주처에 많은 여러 비구들이 모였고, 네 명이거나, 혹은 네 명을 넘겼으며, 그 비구들은 그 주처에 다른 비구들이 오지 않은 것을 알았으나, 그 비구들은 스스로가 포살을 행하였고 '상응하는 것이고 상응하지 않는 것이 아니다.'라는 것으로써 악한 성품을 지으면서 포살을 행하였고 바라제목차를 송출하였다. 그 비구들이 바로 바라제목차를 송출하는 때에 그 주처에 다른 비구들이 왔으며, 그 숫자가 서로 같았고, 이미 송출한 부분이 좋았다면 나머지의 부분을 마땅히 들어야 하고, 송출하였던 자는 악작을 범하느니라.

여러 비구들이여. 그때 한 주처의 포살일에 그 주처에 많은 여러 비구들이 모였고, 네 명이거나, 혹은 네 명을 넘겼으며, …… 그 비구들은 스스로가 포살을 행하면서 '상응하는 것이고 상응하지 않는 것이 아니다.'라는 것으로써 악한 성품을 지으면서 …… 그 비구들이 바로 바라제목차를 송출하는 때에 그 주처에 다른 비구들이 왔으며, 그 숫자가 매우 적었고, 이미 송출한 부분이 좋았다면 나머지의 부분을 마땅히 들어야 하고, 송출하였던 자는 악작을 범하느니라."

31-3 여러 비구들이여. 그때 한 주처의 포살일에 그 주처에 많은 여러 비구들이 모였고, 네 명이거나, 혹은 네 명을 넘겼으며, …… 그 비구들은 스스로가 포살을 행하면서 '상응하는 것이고 상응하지 않는 것이 아니다.'라는 것으로써 악한 성품을 지으면서 …… 그 비구들이 이미 바라제목차를 송출하여 마쳤던 때에 그 주처에 다른 비구들이 왔으며, 그 숫자가 매우 많았다면, 여러 비구들이여. 그 여러 비구들은 마땅히 바라제목차를 다시 송출해야 하나니, 송출하였던 자는 악작을 범하느니라.

여러 비구들이여. 그때 한 주처의 포살일에 그 주처에 많은 여러 비구들이 모였고, 네 명이거나, 혹은 네 명을 넘겼으며, …… 그 비구들은 스스로가 포살을 행하면서 '상응하는 것이고 상응하지 않는 것이 아니다.'라는 것으로써 악한 성품을 지으면서 …… 그 비구들이 이미 바라제목차를 송출하여 마쳤던 때에 그 주처에 다른 비구들이 왔으며, 그 숫자가 서로 같았고, 이미 송출한 부분이 좋았다면 마땅히 그들에게 청정함을 알려야 하고, 송출하였던 자는 악작을 범하느니라.

여러 비구들이여. 그때 한 주처의 포살일에 그 주처에 많은 여러 비구들이 모였고, 네 명이거나, 혹은 네 명을 넘겼으며, …… 그 비구들은 스스로가 포살을 행하면서 '상응하는 것이고 상응하지 않는 것이 아니다.'라는 것으로써 악한 성품을 지으면서 …… 그 비구들이 이미 바라제목차를 송출하여 마쳤던 때에 그 주처에 다른 비구들이 왔으며, 그 숫자가 매우 적었고, 이미 송출한 부분이 좋았다면 마땅히 그들에게 청정함을 알려야 하고, 송출하였던 자는 악작을 범하느니라."

31-4 "여러 비구들이여. 그때 한 주처의 포살일에 그 주처에 많은 여러 비구들이 모였고, 네 명이거나, 혹은 네 명을 넘겼으며, …… 그 비구들은 스스로가 포살을 행하면서 '상응하는 것이고 상응하지 않는 것이 아니다.'라는 것으로써 악한 성품을 지으면서 …… 그 비구들이 이미 바라제목차를 송출하여 마쳤고 모였던 대중이 자리에서 벗어나지 않은 때에, 그 주처에 다른 비구들이 왔으며, 그 숫자가 매우 많았다면, 여러 비구들이여. 그

여러 비구들은 마땅히 바라제목차를 다시 송출해야 하고, 송출하였던 자는 악작을 범하느니라.

여러 비구들이여. 그때 한 주처의 포살일에 그 주처에 많은 여러 비구들이 모였고, 네 명이거나, 혹은 네 명을 넘겼으며, …… 그 비구들은 스스로가 포살을 행하면서 '상응하는 것이고 상응하지 않는 것이 아니다.'라는 것으로써 악한 성품을 지으면서 …… 그 비구들이 이미 바라제목차를 송출하여 마쳤고 모였던 대중이 자리에서 벗어나지 않은 때에, 그 주처에 다른 비구들이 왔으며, 그 숫자가 서로 같았고, 이미 송출한 부분이 좋았다면 마땅히 그들에게 청정함을 알려야 하고, 송출하였던 자는 악작을 범하느니라.

여러 비구들이여. 그때 한 주처의 포살일에 그 주처에 많은 여러 비구들이 모였는데, 네 명이거나, 혹은 네 명을 넘겼고, …… 그 비구들은 스스로가 포살을 행하면서 '상응하는 것이고 상응하지 않는 것이 아니다.'라는 것으로써 악한 성품을 지으면서 …… 그 비구들이 이미 바라제목차를 송출하여 마쳤고 모였던 대중이 자리에서 벗어나지 않은 때에, 그 주처에 다른 비구들이 왔으며, 그 숫자가 매우 적었고, 이미 송출한 부분이 좋았다면 마땅히 그들에게 청정함을 알려야 하고, 송출하였던 자는 악작을 범하느니라."

31-5 "여러 비구들이여. 그때 한 주처의 포살일에 그 주처에 많은 여러 비구들이 모였고, 네 명이거나, 혹은 네 명을 넘겼으며, …… 그 비구들은 스스로가 포살을 행하면서 '상응하는 것이고 상응하지 않는 것이 아니다.' 라는 것으로써 악한 성품을 지으면서 …… 그 비구들이 이미 바라제목차를 송출하여 마쳤고 모였던 일부의 대중이 자리에서 벗어났던 때에, 그 주처에 다른 비구들이 왔으며, 그 숫자가 매우 많았다면, 여러 비구들이여. 그 여러 비구들은 마땅히 바라제목차를 다시 송출해야 하고, 송출하였던 자는 악작을 범하느니라.

여러 비구들이여. 그때 한 주처의 포살일에 그 주처에 많은 여러 비구들이 모였고, 네 명이거나, 혹은 네 명을 넘겼으며, …… 그 비구들은 스스로가 포살을 행하면서 '상응하는 것이고 상응하지 않는 것이 아니다.'라는 것으로써 악한 성품을 지으면서 …… 그 비구들이 이미 바라제목차를 송출하여 마쳤고 모였던 일부의 대중이 자리에서 벗어났던 때에, 그 주처에 다른 비구들이 왔으며, 그 숫자가 서로 같았고, 이미 송출한 부분이 좋았다면 마땅히 그들에게 청정함을 알려야 하고, 송출하였던 자는 악작을 범하느니라.

여러 비구들이여. 그때 한 주처의 포살일에 그 주처에 많은 여러 비구들이 모였는데, 네 명이거나, 혹은 네 명을 넘겼고, …… 그 비구들은 스스로가 포살을 행하면서 '상응하는 것이고 상응하지 않는 것이 아니다.'라는 것으로써 악한 성품을 지으면서 …… 그 비구들이 이미 바라제목차를 송출하여 마쳤고 모였던 일부의 대중이 자리에서 벗어났던 때에, 그 주처에 다른 비구들이 왔으며, 그 숫자가 매우 적었고, 이미 송출한 부분이 좋았다면 마땅히 그들에게 청정함을 알려야 하고, 송출하였던 자는 악작을 범하느니라."

31-6 "여러 비구들이여. 그때 한 주처의 포살일에 그 주처에 많은 여러 비구들이 모였고, 네 명이거나, 혹은 네 명을 넘겼으며, …… 그 비구들은 스스로가 포살을 행하면서 '상응하는 것이고 상응하지 않는 것이 아니다.' 라는 것으로써 악한 성품을 지으면서 …… 그 비구들이 이미 바라제목차를 송출하여 마쳤고 모였던 일체의 대중이 자리에서 벗어났던 때에, 그 주처에 다른 비구들이 왔으며, 그 숫자가 매우 많았다면, 여러 비구들이여. 그 여러 비구들은 마땅히 바라제목차를 다시 송출해야 하고, 송출하였던 자는 악작을 범하느니라.

여러 비구들이여. 그때 한 주처의 포살일에 그 주처에 많은 여러 비구들이 모였고, 네 명이거나, 혹은 네 명을 넘겼으며, …… 그 비구들은 스스로가 포살을 행하면서 '상응하는 것이고 상응하지 않는 것이 아니다.'라는 것으로써 악한 성품을 지으면서 …… 그 비구들이 이미 바라제목차를 송출하여 마쳤고 모였던 일체의 대중이 자리에서 벗어났던 때에, 그 주처에 다른 비구들이 왔으며, 그 숫자가 서로 같았고, 이미 송출한 부분이 좋았다면 마땅히 그들에게 청정함을 알려야 하고, 송출하였던 자는 악작을 범하느니라.

　여러 비구들이여. 그때 한 주처의 포살일에 그 주처에 많은 여러 비구들이 모였는데, 네 명이거나, 혹은 네 명을 넘겼고, …… 그 비구들은 스스로가 포살을 행하면서 '상응하는 것이고 상응하지 않는 것이 아니다.'라는 것으로써 악한 성품을 지으면서 …… 그 비구들이 이미 바라제목차를 송출하여 마쳤고 모였던 일체의 대중이 자리에서 벗어났던 때에, 그 주처에 다른 비구들이 왔으며, 그 숫자가 매우 적었고, 이미 송출한 부분이 좋았다면 마땅히 그들에게 청정함을 알려야 하고, 송출하였던 자는 악작을 범하느니라."

[악성으로 지은 열다섯 종류를 마친다.]

32) 불화합(不和合)의 열다섯 종류

32-1 "여러 비구들이여. 그때 한 주처의 포살일에 그 주처에 많은 여러 비구들이 모였고, 네 명이거나, 혹은 네 명을 넘겼으며, 그 비구들은 그 주처에 다른 비구들이 오지 않은 것을 알았으나, 그 비구들은 '오지 않은 자는 장차 죽을 것이고, 장차 소멸할 것인데, 그들이 그대들에게 무슨 이익이겠는가?'라고 말하면서 그들은 화합하지 않는 것을 원하면서 포살을 행하였고 바라제목차를 송출하였다. 그 비구들이 바로 바라제목차를 송출하는 때에 그 주처에 다른 비구들이 왔으며, 그 숫자가 매우 많았다면, 여러 비구들이여. 그 여러 비구들은 마땅히 바라제목차를 다시 송출해야 하나니, 송출하였던 자는 악작을 범하느니라."

32-2 "여러 비구들이여. 그때 한 주처의 포살일에 그 주처에 많은 여러 비구들이 모였고, 네 명이거나, 혹은 네 명을 넘겼으며, 그 비구들은 그 주처에 다른 비구들이 오지 않은 것을 알았으나, 그들은 '오지 않은 자는 장차 죽을 것이고, 장차 소멸할 것인데, 그 비구들이 그대들에게 무슨 이익이겠는가?'라고 말하면서 그들은 화합하지 않는 것을 원하면서 포살을 행하였고 바라제목차를 송출하였다. 그들이 바로 바라제목차를 송출하는 때에 그 주처에 다른 비구들이 왔으며, 그 숫자가 서로 같았고, 이미 송출한 부분이 좋았다면 나머지의 부분을 마땅히 들어야 하고, 송출하였던 자는 악작을 범하느니라.

여러 비구들이여. 그때 한 주처의 포살일에 그 주처에 많은 여러 비구들이 모였고, 네 명이거나, 혹은 네 명을 넘겼으며, …… 그 비구들은 '오지 않은 자는 장차 죽을 것이고, 장차 소멸할 것인데, 그들이 그대들에게 무슨 이익이겠는가?'라고 말하면서 그들은 화합하지 않는 것을 원하면서 …… 그 비구들이 바로 바라제목차를 송출하는 때에 그 주처에 다른 비구들이 왔으며, 그 숫자가 매우 적었고, 이미 송출한 부분이 좋았다면 나머지의 부분을 마땅히 들어야 하고, 송출하였던 자는 악작을 범하느니라."

32-3 여러 비구들이여. 그때 한 주처의 포살일에 그 주처에 많은 여러 비구들이 모였고, 네 명이거나, 혹은 네 명을 넘겼으며, …… 그 비구들은 '오지 않은 자는 장차 죽을 것이고, 장차 소멸할 것인데, 그들이 그대들에게 무슨 이익이겠는가?'라고 말하면서 그들은 화합하지 않는 것을 원하면서 …… 그 비구들이 이미 바라제목차를 송출하여 마쳤던 때에 그 주처에 다른 비구들이 왔으며, 그 숫자가 매우 많았다면, 여러 비구들이여. 그 여러 비구들은 마땅히 바라제목차를 다시 송출해야 하나니, 송출하였던 자는 악작을 범하느니라.

여러 비구들이여. 그때 한 주처의 포살일에 그 주처에 많은 여러 비구들이 모였고, 네 명이거나, 혹은 네 명을 넘겼으며, …… 그 비구들은 '오지 않은 자는 장차 죽을 것이고, 장차 소멸할 것인데, 그들이 그대들에게 무슨 이익이겠는가?'라고 말하면서 그들은 화합하지 않는 것을 원하면서 …… 그 비구들이 이미 바라제목차를 송출하여 마쳤던 때에 그 주처에 다른 비구들이 왔으며, 그 숫자가 서로 같았고, 이미 송출한 부분이 좋았다면 마땅히 그들에게 청정함을 알려야 하고, 송출하였던 자는 악작을 범하느니라.

여러 비구들이여. 그때 한 주처의 포살일에 그 주처에 많은 여러 비구들이 모였고, 네 명이거나, 혹은 네 명을 넘겼으며, …… 그 비구들은 '오지 않은 자는 장차 죽을 것이고, 장차 소멸할 것인데, 그들이 그대들에게 무슨 이익이겠는가?'라고 말하면서 그들은 화합하지 않는 것을 원하면서 …… 그 비구들이 이미 바라제목차를 송출하여 마쳤던 때에 그 주처에 다른 비구들이 왔으며, 그 숫자가 매우 적었고, 이미 송출한 부분이 좋았다면 마땅히 그들에게 청정함을 알려야 하고, 송출하였던 자는 악작을 범하느니라."

32-4 "여러 비구들이여. 그때 한 주처의 포살일에 그 주처에 많은 여러 비구들이 모였고, 네 명이거나, 혹은 네 명을 넘겼으며, …… 그 비구들은 '오지 않은 자는 장차 죽을 것이고, 장차 소멸할 것인데, 그들이 그대들에게 무슨 이익이겠는가?'라고 말하면서 그들은 화합하지 않는 것을 원하면서 …… 그 비구들이 이미 바라제목차를 송출하여 마쳤고 모였던 대중이 자리에서 벗어나지 않은 때에, 그 주처에 다른 비구들이 왔으며, 그 숫자가 매우 많았다면, 여러 비구들이여. 그 여러 비구들은 마땅히 바라제목차를 다시 송출해야 하고, 송출하였던 자는 악작을 범하느니라.

여러 비구들이여. 그때 한 주처의 포살일에 그 주처에 많은 여러 비구들이 모였고, 네 명이거나, 혹은 네 명을 넘겼으며, …… 그 비구들은 '오지 않은 자는 장차 죽을 것이고, 장차 소멸할 것인데, 그들이 그대들에게 무슨 이익이겠는가?'라고 말하면서 그들은 화합하지 않는 것을 원하면서 …… 그 비구들이 이미 바라제목차를 송출하여 마쳤고 모였던 대중이 자리에서 벗어나지 않은 때에, 그 주처에 다른 비구들이 왔으며, 그 숫자가 서로 같았고, 이미 송출한 부분이 좋았다면 마땅히 그들에게 청정함을 알려야 하고, 송출하였던 자는 악작을 범하느니라.

여러 비구들이여. 그때 한 주처의 포살일에 그 주처에 많은 여러 비구들이 모였는데, 네 명이거나, 혹은 네 명을 넘겼고, …… 그 비구들은 '오지 않은 자는 장차 죽을 것이고, 장차 소멸할 것인데, 그들이 그대들에게 무슨 이익이겠는가?'라고 말하면서 그들은 화합하지 않는 것을 원하면서 …… 그 비구들이 이미 바라제목차를 송출하여 마쳤고 모였던 대중이 자리에서 벗어나지 않은 때에, 그 주처에 다른 비구들이 왔으며, 그 숫자가 매우 적었고, 이미 송출한 부분이 좋았다면 마땅히 그들에게 청정함을 알려야 하고, 송출하였던 자는 악작을 범하느니라."

32-5 "여러 비구들이여. 그때 한 주처의 포살일에 그 주처에 많은 여러 비구들이 모였고, 네 명이거나, 혹은 네 명을 넘겼으며, …… 그 비구들은 '오지 않은 자는 장차 죽을 것이고, 장차 소멸할 것인데, 그들이 그대들에게 무슨 이익이겠는가?'라고 말하면서 그들은 화합하지 않는 것을 원하면서 …… 그 비구들이 이미 바라제목차를 송출하여 마쳤고 모였던 일부의 대중이 자리에서 벗어났던 때에, 그 주처에 다른 비구들이 왔으며, 그 숫자가 매우 많았다면, 여러 비구들이여. 그 여러 비구들은 마땅히 바라제목차를 다시 송출해야 하고, 송출하였던 자는 악작을 범하느니라.

여러 비구들이여. 그때 한 주처의 포살일에 그 주처에 많은 여러 비구들이 모였고, 네 명이거나, 혹은 네 명을 넘겼으며, …… 그 비구들은 '오지 않은 자는 장차 죽을 것이고, 장차 소멸할 것인데, 그들이 그대들에게 무슨 이익이겠는가?'라고 말하면서 그들은 화합하지 않는 것을 원하면서 …… 그 비구들이 이미 바라제목차를 송출하여 마쳤고 모였던 일부의 대중이 자리에서 벗어났던 때에, 그 주처에 다른 비구들이 왔으며, 그 숫자가 서로 같았고, 이미 송출한 부분이 좋았다면 마땅히 그들에게 청정함을 알려야 하고, 송출하였던 자는 악작을 범하느니라.

여러 비구들이여. 그때 한 주처의 포살일에 그 주처에 많은 여러 비구들이 모였는데, 네 명이거나, 혹은 네 명을 넘겼고, …… 그 비구들은 '오지 않은 자는 장차 죽을 것이고, 장차 소멸할 것인데, 그들이 그대들에게 무슨 이익이겠는가?'라고 말하면서 그들은 화합하지 않는 것을 원하면서 …… 그 비구들이 이미 바라제목차를 송출하여 마쳤고 모였던 일부의 대중이 자리에서 벗어났던 때에, 그 주처에 다른 비구들이 왔으며, 그 숫자가 매우 적었고, 이미 송출한 부분이 좋았다면 마땅히 그들에게 청정함을 알려야 하고, 송출하였던 자는 악작을 범하느니라."

32-6 "여러 비구들이여. 그때 한 주처의 포살일에 그 주처에 많은 여러 비구들이 모였고, 네 명이거나, 혹은 네 명을 넘겼으며, …… 그 비구들은 '오지 않은 자는 장차 죽을 것이고, 장차 소멸할 것인데, 그들이 그대들에게 무슨 이익이겠는가?'라고 말하면서 그들은 화합하지 않는 것을 원하면서 …… 그 비구들이 이미 바라제목차를 송출하여 마쳤고 모였던 일체의 대중이 자리에서 벗어났던 때에, 그 주처에 다른 비구들이 왔으며, 그 숫자가 매우 많았다면, 여러 비구들이여. 그 여러 비구들은 마땅히 바라제목차를 다시 송출해야 하고, 송출하였던 자는 악작을 범하느니라.

여러 비구들이여. 그때 한 주처의 포살일에 그 주처에 많은 여러 비구들이 모였고, 네 명이거나, 혹은 네 명을 넘겼으며, …… 그 비구들은 '오지 않은 자는 장차 죽을 것이고, 장차 소멸할 것인데, 그들이 그대들에게 무슨 이익이겠는가?'라고 말하면서 그들은 화합하지 않는 것을 원하면서 …… 그 비구들이 이미 바라제목차를 송출하여 마쳤고 모였던 일체의 대중이 자리에서 벗어났던 때에, 그 주처에 다른 비구들이 왔으며, 그 숫자가 서로 같았고, 이미 송출한 부분이 좋았다면 마땅히 그들에게 청정함을 알려야 하고, 송출하였던 자는 악작을 범하느니라.

여러 비구들이여. 그때 한 주처의 포살일에 그 주처에 많은 여러 비구들이 모였는데, 네 명이거나, 혹은 네 명을 넘겼고, …… 그 비구들은 '오지 않은 자는 장차 죽을 것이고, 장차 소멸할 것인데, 그들이 그대들에게

무슨 이익이겠는가?'라고 말하면서 그들은 화합하지 않는 것을 원하면서
…… 그 비구들이 이미 바라제목차를 송출하여 마쳤고 모였던 일체의
대중이 자리에서 벗어났던 때에, 그 주처에 다른 비구들이 왔으며, 그
숫자가 매우 적었고, 이미 송출한 부분이 좋았다면 마땅히 그들에게
청정함을 알려야 하고, 송출하였던 자는 악작을 범하느니라."

[불화합의 열다섯 종류를 마친다.]

33) 칠십오사광설(七十五事廣說)

33-1 "여러 비구들이여. 그때 한 주처의 포살일에 그 주처에 많은 여러
비구들이 모였는데, 네 명이거나, 혹은 네 명을 넘겼고, 그 여러 비구들이
그 주처에 다른 비구들이 바로 경계 안으로 들어오는 것을 알았거나,
그 주처에 다른 비구들이 이미 경계 안으로 들어왔던 것을 알았거나,
그 주처에 다른 비구들이 바로 경계 안으로 들어오는 것을 보았거나,
그 주처에 다른 비구들이 이미 경계 안으로 들어왔던 것을 보았거나,
그 주처에 다른 비구들이 바로 경계 안으로 들어오는 것을 들었거나,
그 주처에 다른 비구들이 이미 경계 안으로 들어왔던 것을 들었던 것이
있다.

그 주처의 비구들과 그 주처의 다른 비구들에 대하여 세 번의 175종류가
있다.(합한다면 525종류이다.) 그 주처의 비구들과 객비구들, 그 주처의
다른 비구들과 객비구들에 대하여도 이와 같으므로, 만약 자세하게 설한
다면 세 번의 700종류가 있다.(합한다면 2100종류이다.)

[칠십오사광설을 마친다.]

34) 포살일의 날짜

34-1 "여러 비구들이여. 이 처소에서 그 구주비구(舊住比丘)는 14일로써, 객비구(客比丘)는 15일로써 포살을 행하였는데, 만약 그 구주비구가 많았다면 객비구들은 마땅히 그 구주비구를 따라야 하고, 만약 숫자가 서로 같았어도 객비구들은 마땅히 그 구주비구를 따라야 하며, 만약 객비구가 많았다면 그 구주비구는 객비구를 따라야 하느니라."

34-2 "여러 비구들이여. 이 처소에서 그 구주비구는 15일로써, 객비구는 14일로써 포살을 행하였는데, 만약 구주비구가 많았다면 객비구들은 마땅히 그 구주비구를 따라야 하고, 만약 숫자가 서로 같았어도 객비구들은 마땅히 그 구주비구를 따라야 하며, 만약 객비구가 많았다면 그 구주비구는 객비구들을 따라야 하느니라."

34-3 "여러 비구들이여. 이 처소에서 그 구주비구는 1일로써, 객비구는 15일로써 포살을 행하였는데, 만약 구주비구가 많았고 그 구주비구들이 객비구들과 화합하여 만약 포살하려고 하지 않는 때라면 객비구들은 마땅히 경계의 밖으로 나가서 포살을 행해야 하고, 만약 숫자가 서로 같았고 그 구주비구들이 객비구들과 화합하여 만약 포살하려고 하지 않는 때라면 객비구들은 마땅히 경계의 밖으로 나가서 포살을 행해야 하며, 만약 객비구가 많았다면 구주비구들이 화합하거나, 혹은 그 구주비구들이 마땅히 경계의 밖으로 나가서 포살을 행해야 하느니라."

34-4 "여러 비구들이여. 이 처소에서 그 구주비구는 15일로써, 객비구는 1일로써 포살을 행하였는데, 만약 구주비구가 많았다면 객비구들은 구주비구들이 화합하거나, 혹은 마땅히 경계의 밖으로 나가서 포살을 행해야 하고, 만약 숫자가 서로 같았다면 객비구들은 구주비구들이 화합하거나, 혹은 마땅히 경계의 밖으로 나가서 포살을 행해야 하며, 만약 객비구가

많았고, 객비구들이 그 구주비구들과 화합하여 만약 포살을 하려고 하지 않는 때라면 구주비구들은 마땅히 경계의 밖으로 나가서 포살을 행해야하 느니라."

34-5 "여러 비구들이여. 이 처소에서 객비구들이 있어서 그 구주비구들의 주거(住居) 형태, 주거의 특징, 주거의 인상(因相), 주거의 표시(標示) 등을 보았고, 아울러 합당하게 준비된 평상, 소상, 부구(敷具), 베개, 마시는 물, 음식, 매우 깨끗한 방사 등을 보았다. 보고서 그 주처에 비구가 있는가? 혹은 없는가를 의심하였다.

그 비구들은 의심하였으나 찾아서 묻지 않았고 일찍이 찾아서 묻지 않고서 포살을 행하였다면 곧 악작을 범한다. 그 비구들은 의심하였고 찾아서 물었으며, 찾아서 물었으나 보이지 않았으므로 포살을 행하였다면 곧 무죄이다. 그 비구들은 의심하였고 찾아서 물었으며, 찾아서 물어서 보았으므로 함께 포살을 행하였다면 곧 무죄이다. 그 비구들은 의심하였고 찾아서 물었으며, 찾아서 물어서 보았으나, 별도로 포살을 행하였다면 곧 악작을 범한다.

그 비구들은 의심하였고 찾아서 물었으며, 찾아서 물어서 보았으나, 보고서 생각하면서 '쇠퇴(衰退)하고 있다. 소멸하고 있다. 그 비구들이 그대들에게 무슨 이익이 있겠는가?'라고 말하면서 화합하여 포살을 행하는 것을 원하지 않았다면 곧 투란차(偸蘭遮)를 범하느니라."

34-6 "여러 비구들이여. 이 처소에서 객비구들이 있어서 그 구주비구들의 주거 형태, 주거의 특징, 주거의 인상, 주거의 표시 등을 보았고, 아울러 경행(經行)하는 발자국 소리, 독송하는 소리, 침을 뱉는 소리, 재채기하는 소리 등을 들었다. 듣고서 그 주처에 비구가 있는가? 혹은 없는가를 의심하였다.

그 비구들은 의심하였으나 찾아서 묻지 않았고 일찍이 찾아서 묻지 않고서 포살을 행하였다면 곧 악작을 범한다. 그 비구들은 의심하였고 찾아서 물었으며, 찾아서 물었으나 보이지 않았으므로 포살을 행하였다면 곧 무죄이다. 그 비구들은 의심하였고 찾아서 물었으며, 찾아서 물어서 보았으므로 함께 포살을 행하였다면 곧 무죄이다. 그 비구들은 의심하였고 찾아서 물었으며, 찾아서 물어서 보았으나, 별도로 포살을 행하였다면 곧 악작을 범한다.

그 비구들은 의심하였고 찾아서 물었으며, 찾아서 물어서 보았으나, 보고서 생각하면서 '쇠퇴하고 있다. 소멸하고 있다. 그 비구들이 그대들에게 무슨 이익이 있겠는가?'라고 말하면서 화합하여 포살을 행하는 것을 원하지 않았다면 곧 투란차를 범하느니라."

34-7 "여러 비구들이여. 이 처소에서 구주비구들이 있어서 객비구들의 주거 형태, 주거의 특징, 주거의 인상, 주거의 표시 등을 보았고, 아울러 알지 못하는 발우, 알지 못하는 옷, 알지 못하는 자리, 발을 씻은 물이 흐르는 것 등을 보았다. 보고서 객비구가 왔는가? 혹은 오지 않았는가를 의심하였다.

그 비구들은 의심하였으나 찾아서 묻지 않았고 일찍이 찾아서 묻지 않고서 포살을 행하였다면 곧 악작을 범한다. 그 비구들은 의심하였고 찾아서 물었으며, 찾아서 물었으나 보이지 않았으므로 포살을 행하였다면 곧 무죄이다. 그 비구들은 의심하였고 찾아서 물었으며, 찾아서 물어서 보았으므로 함께 포살을 행하였다면 곧 무죄이다. 그 비구들은 의심하였고 찾아서 물었으며, 찾아서 물어서 보았으나, 별도로 포살을 행하였다면 곧 악작을 범한다.

그 비구들은 의심하였고 찾아서 물었으며, 찾아서 물어서 보았으나, 보고서 생각하면서 '쇠퇴하고 있다. 소멸하고 있다. 그 비구들이 그대들에게 무슨 이익이 있겠는가?'라고 말하면서 화합하여 포살을 행하는 것을 원하지 않았다면 곧 투란차를 범하느니라."

34-8 "여러 비구들이여. 이 처소에서 구주비구들이 있어서 객비구들의

주거 형태, 주거의 특징, 주거의 인상, 주거의 표시 등을 보았고, 아울러 경행하는 발자국 소리, 독송하는 소리, 침을 뱉는 소리, 재채기하는 소리 등을 들었다. 듣고서 객비구가 왔는가? 혹은 오지 않았는가를 의심하였다.

그 비구들은 의심하였으나 찾아서 묻지 않았고 일찍이 찾아서 묻지 않고서 포살을 행하였다면 곧 악작을 범한다. 그 비구들은 의심하였고 찾아서 물었으며, 찾아서 물었으나 보이지 않았으므로 포살을 행하였다면 곧 무죄이다. 그 비구들은 의심하였고 찾아서 물었으며, 찾아서 물어서 보았으므로 함께 포살을 행하였다면 곧 무죄이다. 그 비구들은 의심하였고 찾아서 물었으며, 찾아서 물어서 보았으나, 별도로 포살을 행하였다면 곧 악작을 범한다.

그 비구들은 의심하였고 찾아서 물었으며, 찾아서 물어서 보았으나, 보고서 생각하면서 '쇠퇴하고 있다. 소멸하고 있다. 그 객비구들이 그대들에게 무슨 이익이 있겠는가?'라고 말하면서 화합하여 포살을 행하는 것을 원하지 않았다면 곧 투란차를 범하느니라."

34-9 "여러 비구들이여. 이 처소에서 객비구들이 있어서 그 구주비구들을 보았고 다른 주처의 비구였으나, 그 비구들은 같은 주처의 비구라고 생각하였다. 같은 주처의 비구라고 생각하였던 까닭으로써 묻지도 않았고, 묻지도 않고서 함께 포살을 행하였다면 곧 무죄이다. 그 비구들은 물었고, 물었어도 유의(留意)하지 않았으며, 유의하지 않고서 함께 포살을 행하였다면 곧 악작을 범한다. 그 비구들은 물었고, 물었어도 유의하지 않았으며, 유의하지 않았으나 별도로 포살을 행하였다면 곧 무죄이니라."

34-10 "여러 비구들이여. 이 처소에서 객비구들이 있어서 그 구주비구들을 보았고 같이 머물렀으나, 그 비구들은 다른 주처의 비구라고 생각하였다. 다른 주처의 비구라고 생각하였던 까닭으로써 묻지도 않았고, 묻지도 않고서 함께 포살을 행하였다면 곧 악작을 범한다. 그 비구들은 물었고, 물었어도 유의하지 않았으며, 유의하지 않고서 별도로 포살을 행하였다면

곧 악작을 범한다. 그 비구들은 물었고, 묻고서 유의하였으며, 함께 포살을
행하였다면 곧 무죄이니라."

34-11 "여러 비구들이여. 이 처소에서 구주비구들이 있어서 객비구들을
보았고 다른 주처의 비구였으나, 그 비구들은 같은 주처의 비구라고
생각하였다. 같은 주처의 비구라고 생각하였던 까닭으로써 묻지도 않았
고, 묻지도 않고서 함께 포살을 행하였다면 곧 무죄이다. 그 비구들은
물었고, 물었어도 유의하지 않았으며, 유의하지 않고서 함께 포살을 행하
였다면 곧 악작을 범한다. 그 비구들은 물었고, 물었어도 유의하지 않았으
며, 유의하지 않았으나 별도로 포살을 행하였다면 곧 무죄이니라."

34-12 "여러 비구들이여. 이 처소에서 구주비구들이 있어서 객비구들을
보았고 같이 머물렀으나, 그 비구들은 다른 주처의 비구라고 생각하였다.
다른 주처의 비구라고 생각하였던 까닭으로써 묻지도 않았고, 묻지도
않고서 함께 포살을 행하였다면 곧 악작을 범한다. 그 비구들은 물었고,
물었어도 유의하지 않았으며, 유의하지 않고서 별도로 포살을 행하였다면
곧 악작을 범한다. 그 비구들은 물었고, 묻고서 유의하였으며, 함께 포살을
행하였다면 곧 무죄이니라."

  [포살일의 날짜를 마친다.]

  ## 35) 포살일에 처소의 변경

35-1 "여러 비구들이여. 포살일에 비구들이 있는 주처에서 비구들이
없는 비구들의 주처로 떠나갈 수 없으나, 다만 승가가 함께 떠났거나,
혹은 장애가 있다면 제외하느니라. 여러 비구들이여. 포살일에 비구들이
있는 주처에서 비구들이 없는 비구들의 주처가 아닌 곳으로 떠나갈 수

없으나, 다만 승가가 함께 떠났거나, 혹은 장애가 있다면 제외하느니라. 여러 비구들이여. 포살일에 비구들이 있는 주처에서 비구들이 없는 비구들의 주처이거나 혹은 주처가 아닌 곳으로 떠나갈 수 없으나, 다만 승가가 함께 떠났거나, 혹은 장애가 있다면 제외하느니라."

35-2 "여러 비구들이여. 포살일에 비구들이 있는 주처가 아닌 곳에서 비구들이 없는 비구들의 주처로 떠나갈 수 없으나, 다만 승가가 함께 떠났거나, 혹은 장애가 있다면 제외하느니라. 여러 비구들이여. 포살일에 비구들이 있는 주처가 아닌 곳에서 비구들이 없는 비구들의 주처가 아닌 곳으로 떠나갈 수 없으나, 다만 승가가 함께 떠났거나, 혹은 장애가 있다면 제외하느니라. 여러 비구들이여. 포살일에 비구들이 있는 주처가 아닌 곳에서 비구들이 없는 비구들의 주처이거나 주처가 아닌 곳으로 떠나갈 수 없으나, 다만 승가가 함께 떠났거나, 혹은 장애가 있다면 제외하느니라."

35-3 "여러 비구들이여. 포살일에 비구들이 있는 주처이거나 혹은 주처가 아닌 곳에서 비구들이 없는 비구들의 주처로 떠나갈 수 없으나, 다만 승가가 함께 떠났거나, 혹은 장애가 있다면 제외하느니라. 여러 비구들이여. 포살일에 비구들이 있는 주처이거나 혹은 주처가 아닌 곳에서 비구들이 없는 비구들의 주처로 떠나갈 수 없으나, 다만 승가가 함께 떠났거나, 혹은 장애가 있다면 제외하느니라. 여러 비구들이여. 포살일에 비구들이 있는 주처이거나, 혹은 주처가 아닌 곳에서 비구들이 없는 주처이거나 혹은 주처가 아닌 곳으로 떠나갈 수 없으나, 다만 승가가 함께 떠났거나, 혹은 장애가 있다면 제외하느니라."

35-4 "여러 비구들이여. 포살일에 비구들이 있는 주처에서 다른 주처의 비구들이 머무르고 있는 비구들의 주처로 떠나갈 수 없으나, 다만 승가가 함께 떠났거나, 혹은 장애가 있다면 제외하느니라. 여러 비구들이여.

포살일에 비구들이 있는 주처에서 다른 주처의 비구들이 머무르고 있는 비구들의 주처가 아닌 곳으로 떠나갈 수 없으나, 다만 승가가 함께 떠났거나, 혹은 장애가 있다면 제외하느니라. 여러 비구들이여. 포살일에 비구들이 있는 주처에서 다른 주처의 비구들이 머무르고 있는 비구들의 주처이거나, 주처가 아닌 곳으로 떠나갈 수 없으나, 다만 승가가 함께 떠났거나, 혹은 장애가 있다면 제외하느니라."

35-5 "여러 비구들이여. 포살일에 비구들이 있는 주처가 아닌 곳에서 다른 주처의 비구들이 머무르고 있는 비구들의 주처로 떠나갈 수 없으나, 다만 승가가 함께 떠났거나, 혹은 장애가 있다면 제외하느니라. 여러 비구들이여. 포살일에 비구들이 있는 주처가 아닌 곳에서 다른 주처의 비구들이 머무르고 있는 비구들의 주처가 아닌 곳으로 떠나갈 수 없으나, 다만 승가가 함께 떠났거나, 혹은 장애가 있다면 제외하느니라. 여러 비구들이여. 포살일에 비구들이 있는 주처가 아닌 곳에서 다른 주처의 비구들이 머무르고 있는 비구들의 주처이거나, 주처가 아닌 곳으로 떠나갈 수 없으나, 다만 승가가 함께 떠났거나, 혹은 장애가 있다면 제외하느니라."

35-6 "여러 비구들이여. 포살일에 비구들이 있는 주처이거나, 혹은 주처가 아닌 곳에서 다른 비구들이 머무르고 있는 비구들의 주처로 떠나갈 수 없으나, 다만 승가가 함께 떠났거나, 혹은 장애가 있다면 제외하느니라. 여러 비구들이여. 포살일에 비구들이 있는 주처이거나, 혹은 주처가 아닌 곳에서 다른 비구들이 머무르고 있는 비구들의 주처가 아닌 곳으로 떠나갈 수 없으나, 다만 승가가 함께 떠났거나, 혹은 장애가 있다면 제외하느니라. 여러 비구들이여. 포살일에 비구들이 있는 주처이거나, 혹은 주처가 아닌 곳에서 다른 비구들이 머무르고 있는 비구들의 주처이거나, 주처가 아닌 곳으로 떠나갈 수 없으나, 다만 승가가 함께 떠났거나, 혹은 장애가 있다면 제외하느니라."

35-7 "여러 비구들이여. 포살일에 비구들이 있는 주처에서 동일한 주처의 비구들이 머무르고 있는 비구들의 주처로 떠나갈 수 있으나, 다만 마땅히 그날에 반드시 간다고 아는 것이니라. 여러 비구들이여. 포살일에 비구들이 있는 주처에서 동일한 주처의 비구들이 머무르고 있는 비구들의 주처가 아닌 곳으로 떠나갈 수 있으나, 다만 마땅히 그날에 반드시 간다고 아는 것이니라. 여러 비구들이여. 포살일에 비구들이 있는 주처에서 동일한 주처의 비구들이 머무르고 있는 비구들의 주처이거나, 주처가 아닌 곳으로 떠나갈 수 있으나, 다만 마땅히 그날에 반드시 가야한다고 아는 것이니라."

35-8 "여러 비구들이여. 포살일에 비구들이 있는 주처가 아닌 곳에서 동일한 주처의 비구들이 머무르고 있는 비구들의 주처로 떠나갈 수 없으나, 다만 승가가 함께 떠났거나, 혹은 장애가 있다면 제외하느니라. 여러 비구들이여. 포살일에 비구들이 있는 주처가 아닌 곳에서 동일한 주처의 비구들이 머무르고 있는 비구들의 주처가 아닌 곳으로 떠나갈 수 없으나, 다만 승가가 함께 떠났거나, 혹은 장애가 있다면 제외하느니라. 여러 비구들이여. 포살일에 비구들이 있는 주처가 아닌 곳에서 동일한 주처의 비구들이 머무르고 있는 비구들의 주처이거나, 주처가 아닌 곳으로 떠나갈 수 없으나, 다만 승가가 함께 떠났거나, 혹은 장애가 있다면 제외하느니라."

35-9 "여러 비구들이여. 포살일에 비구들이 있는 주처이거나, 혹은 주처가 아닌 곳에서 동일한 주처의 비구들이 머무르고 있는 비구들의 주처로 떠나갈 수 없으나, 다만 승가가 함께 떠났거나, 혹은 장애가 있다면 제외하느니라. 여러 비구들이여. 포살일에 비구들이 있는 주처이거나, 혹은 주처가 아닌 곳에서 동일한 주처의 비구들이 머무르고 있는 비구들의 주처가 아닌 곳으로 떠나갈 수 없으나, 다만 승가가 함께 떠났거나, 혹은 장애가 있다면 제외하느니라. 여러 비구들이여. 포살일에 비구들이 있는 주처이거나, 혹은 주처가 아닌 곳에서 동일한 주처의 비구들이 머무르고 있는 비구들의 주처이거나, 주처가 아닌 곳으로 떠나갈 수

없으나, 다만 승가가 함께 떠났거나, 혹은 장애가 있다면 제외하느니라."

[포살일에 처소의 변경을 마친다.]

36) 바라제목차의 송출 금지

36-1 "여러 비구들이여. 비구니들이 모였던 대중에 앉아있었다면 바라제목차를 송출할 수 없나니, 송출하는 자는 악작을 범한다. 여러 비구들이여. 식차마나(式叉摩那)가 모였던 대중에 앉아있었다면, …… 나아가 …… 사미(沙彌)가 모였던 대중에 앉아있었다면, …… 나아가 …… 사미니(沙彌尼)가 모였던 대중에 앉아있었다면, …… 나아가 …… 법을 버린 자가 모였던 대중에 앉아있었다면, …… 나아가 …… 무거운 죄를 범한 자가 모였던 대중에 앉아있었다면 바라제목차를 송출할 수 없나니, 송출하는 자는 악작을 범하느니라."

36-2 "죄를 인정하지 않아서 거론되었던 자가 모였던 대중에 앉아있었다면 바라제목차를 송출할 수 없나니, 송출하는 자는 법에 의지하여 처벌해야 한다. 죄를 참회하지 않아서 거론되었던 자가 모였던 대중에 앉아있었다면 바라제목차를 송출할 수 없나니, 송출하는 자는 법에 의지하여 처벌해야 한다. 악한 견해를 버리지 않아서 거론되었던 자가 모였던 대중에 앉아있었다면 바라제목차를 송출할 수 없나니, 송출하는 자는 법에 의지하여 처벌해야 하느니라."

36-3 "황문이 모였던 대중에 앉아있었다면 바라제목차를 송출할 수 없나니, 송출하는 자는 악작을 범한다. 적주(賊住)인 자가 모였던 대중에 앉아있었다면, …… 나아가 …… 외도(外道)인 자가 모였던 대중에 앉아있었다면, …… 나아가 …… 축생인 자가 모였던 대중에 앉아있었다면,

······ 나아가 ······ 어머니를 죽인 자가 모였던 대중에 앉아있었다면, ······ 나아가 ······ 아버지를 죽인 자가 모였던 대중에 앉아있었다면, ······ 나아가 ······ 아라한을 죽인 자가 모였던 대중에 앉아있었다면, ······ 나아가 ······ 비구니를 염오시킨 자가 모였던 대중에 앉아있었다면, ······ 나아가 ······ 승가의 화합을 파괴한 자가 모였던 대중에 앉아있었다면, ······ 나아가 ······ 세존의 몸에서 피를 흐르게 하였던 자가 모였던 대중에 앉아있었다면, ······ 나아가 ······ 이근(二根)인 자가 모였던 대중에 앉아있었다면 바라제목차를 송출할 수 없나니, 송출하는 자는 악작을 범하느니라.”

36-4 “여러 비구들이여. 별주하는 자가 청정한 욕을 주었던 것에 의지하여 포살을 행할 수 없으나, 모였던 대중에 일어나지 않은 때는 제외하느니라. 여러 비구들이여. 포살일이 아니라면 포살을 행할 수 없으나, 다만 승가가 화합하는 때는 제외하느니라.”

[바라제목차의 변경 금지를 마친다.]

○ 【셋째의 송출품을 마친다.】

이 건도에는 86사(事)가 있느니라. 섭송(攝頌)으로 말하겠노라.

외도와 빈비사라왕과
모임에서 묵연한 것과
설법과 혼자서 머무는 것과
바라제목차와

날마다 독송하는 것과
보름에 한 번을 독송하는 것과

모였던 대중을 따라서 독송하는 것과
한 주처에서 화합하는 것과

화합과 만직(曼直)과
경계가 매우 큰 것과
과하(跨河)와 각자의 방사와
두 개의 포살당과

매우 작은 포살당과
하좌와 왕사성과
삼의를 떠나지 않는 것과
먼저 경계를 결정하는 것과

뒤에 경계를 해지하는 것과
취락의 수용을 결정하지 않은 것과
강, 바다, 호수의 경계와
경계를 벗어나고 덮는 것과

포살일의 날짜와
갈마 및 독송과
바라제목차와
야만족과 장애가 없는 것과

법, 율, 협박, 죄를 범하였다면
허락할 수 없는 것과
의논하지 않는 비법과
4·5명이 견해를 말하는 것과

고의로 듣지 않는 것과
부지런한 것과 재가의 모였던 대중과
독송을 구하지 않는 것과
주다나와도와

알지 못하는 것과 숫자를 알지 못하는 것과
급하게 보내는 것과 가지 않는 것과
보름 안의 몇 일과 비구의 많고 적음과
먼 지방과 함께 알리는 것과

억념하지 않는 것과 먼지로 더럽혀진 것과
자리와 등불과 사방과
다른 다문이었던 비구와
급한 것과 안거와 포살과

청정한 갈마와 친족과
가가와 네 명의 비구와
세 명, 두 명의 비구와
죄와 동분과 억념과

승가가 모두 죄를 범한 것과
유죄를 의심하고서 알지 못하는 것과
다문의 비구와
숫자와 같은 숫자와

적은 숫자의 대중이 떠나지 않은 것과
일부가 일어난 것과 자리를 떠난 것과
모두 자리를 떠난 것과 아는 것과

의심스러운 것과 상응하는 것과

악한 성품을 짓는 것과 아는 것과
보았던 것과 들었던 것과
구주비구 및 객비구와
14일과 15일과

1일과 15일과
형상이 있는 것과
특징있는 두 부류가 함께 머무르는 것과
별주자가 포살하는 것과

만약 승가가 화합하지 않은 때라면
포살하는 것과 포살하지 못하는 것을
이와 같이 섭송으로 설하면서
포살의 일을 설명하는 것이 있다.

◎ 포살건도를 마친다.

대건도 제3권

제3장 입우안거건도(入雨安居犍度)[1]

1. 제1송출품(第一誦出品)

1) 안거(安居)의 연기(緣起)

1-1 그때 불·세존께서는 왕사성(王舍城)의 가란타죽림원(迦蘭陀竹林園)[2]에 머무르셨다. 그때 세존께서는 여러 비구들을 위하여 우기의 안거를 제정하지 않으셨으므로, 이 처소에서 그 여러 비구들은 여름, 겨울, 우기의 때에 모두가 유행하였다. 그때 여러 사람들은 싫어하고 비난하였다.

"어찌하여 여러 사문인 석자들은 여름, 겨울, 우기의 때에 모두가 유행하면서 푸른 풀을 밟아서 한 뿌리의 생명을 해치고 많은 작은 생명을 죽이는가? 그 여러 외도들은 그 법을 악하게 설하여도 역시 이러한 우기의 때에 안거하고자 준비하고 있고, 그 새들도 역시 나무 위에 둥지를 지으면서 우기의 때에 안거하려고 준비하고 있다. 그러나 그 사문인 석자들은

---

1) 팔리어 Vassūpanāyikakkhandhaka(바쑤파나이카 깐다카)의 번역이다.
2) 팔리어 Kalandakanivāpa(카란다카 니바파)의 음사이다.

여름, 겨울, 우기의 때를 구분하지 않고 모두가 유행하면서 푸른 풀을 밟아서 한 뿌리의 생명을 해치고 많은 작은 생명을 죽이는가?"

1-2 이때 여러 비구들은 여러 사람들이 싫어하고 비난하는 것을 들었다. 그 여러 비구들은 이 일로써 세존께 아뢰었고, 세존께서는 말씀하셨다. "여러 비구들이여. 우안거에 들어가는 것을 허락하겠노라."

[안거의 연기를 마친다.]

2) 안거의 시기

2-1 그때 여러 비구들은 마음에서 사유하였다.
'어느 때에 마땅히 우안거에 들어가야 하는가?'
그 여러 비구들은 이 일로써 세존께 아뢰었고, 세존께서는 이 인연으로써 설법하셨으며 여러 비구들에게 알려 말씀하셨다.
"여러 비구들이여. 우기에 우안거에 들어가는 것을 허락하겠노라."

2-2 이때 여러 비구들은 마음에서 사유하였다.
'우안거에 들어가는 것에 몇 종류가 있는가?'
그 여러 비구들은 이 일로써 세존께 아뢰었고, 세존께서는 말씀하셨다.
"여러 비구들이여. 우안거에 들어가는 것은 두 가지가 있나니, 앞의 때와 뒤의 때이니라. 앞의 때는 알사다(頞沙茶)[3] 만월(滿月)[4]의 다음날에 들어가는 것이고, 뒤의 때는 알사다 만월의 1개월 뒤에 들어가는 것이니라. 여러 비구들이여. 이와 같이 두 번의 때에 우안거에 들어가느니라."

---

3) 팔리어 Āsāḷhi(아사르히)의 음사이고, 보름달을 가리킨다.
4) 음력 15일(보름날)을 가리킨다.

[안거의 시기를 마친다.]

3) 안거 중간의 유행 금지

3-1 그때 육군비구들은 우안거에 들어갔으나, 우안거의 가운데에서 역시 유행을 떠나갔다. 그때 여러 사람들은 싫어하고 비난하였다.

"어찌하여 여러 사문인 석자들은 여름, 겨울, 우기의 때에 모두가 유행하면서 푸른 풀을 밟아서 한 뿌리의 생명을 해치고 많은 작은 생명을 죽이는가? 그 여러 외도들은 그 법을 악하게 설하여도 역시 이러한 우기의 때에 안거하려고 준비하고 있고, 그 새들도 역시 나무 위에 둥지를 지으면서 우기의 때에 안거하려고 준비하고 있다. 그러나 그 사문인 석자들은 여름, 겨울, 우기의 때를 구분하지 않고 모두가 유행하면서 푸른 풀을 밟아서 한 뿌리의 생명을 해치고 많은 작은 생명을 죽이는가?"

3-2 이때 여러 비구들은 여러 사람들이 싫어하고 비난하는 것을 들었다. 여러 비구들의 가운데에서 욕심이 적은 자들은 싫어하고 비난하였다.

"무슨 까닭으로써 육군비구들은 우안거에 들어갔는데, 우안거의 가운데에서 역시 유행을 떠나가는가?"

그 여러 비구들은 이 일로써 세존께 아뢰었고, 세존께서는 이 인연으로써 이것을 기회로 설법하셨으며 여러 비구들에게 알려 말씀하셨다.

"여러 비구들이여. 우안거에 들어가서 3개월을 채우지 않았거나, 혹은 후안거(後安居)를 채우지 않고서 밖으로 나가서 유행할 수 없나니, 밖으로 나가는 자는 악작을 범하느니라."

[안거 중간의 유행 금지를 마친다.]

4) 안거의 연기(延期)

4-1 그때 육군비구들은 우안거에 들어가지 않으려고 하였다. 그 여러 비구들은 이 일로써 세존께 아뢰었고, 세존께서는 말씀하셨다.

"여러 비구들이여. 우안거에 들어가지 않을 수 없나니, 들어가지 않는 자는 악작을 범하느니라."

4-2 그때 육군비구들은 우안거의 날짜에 안거하지 않으려고 하면서 고의로 주처를 떠나갔다. 그 여러 비구들은 이 일로써 세존께 아뢰었고, 세존께서는 말씀하셨다.

"여러 비구들이여. 우안거에 들어가는 날짜에 안거하지 않으려고 고의로 주처를 떠나갈 수 없나니, 떠나가는 자는 악작을 범하느니라."

4-3 그때 마갈타국의 사니야 빈비사라왕은 우안거를 연기하려고 하면서 사자(使者)를 보내었고 비구들의 처소에 이르러 말하였다.

"다음의 보름날에 우안거에 들어가시라고 청합니다."

그 여러 비구들은 이 일로써 세존께 아뢰었고, 세존께서는 말씀하셨다.

"여러 비구들이여. 왕의 의견을 수순(隨順)할지니라."

[안거의 연기를 마친다.]

5) 안거 중간의 유행 ①

5-1 그때 세존께서 뜻을 따라서 왕사성에 머무르셨고, 뒤에 사위성으로 유행하셨다. 그때 세존께서는 사위성의 기수급고독원(祇樹給孤獨園)5)에

---

5) 팔리어 Jetavane anāthapiṇḍika(제타바네 아나타핀디카)의 음사이다.

머무르셨다. 그때 교살라국(憍薩羅國)[6]에 우타연(憂陀延)[7]이라는 우바새(優婆塞)가 있었는데, 승가를 위하여 정사를 조성(造成)하였고, 사자를 보내어 그 여러 비구들의 처소에서 말하였다.

"오시기를 청합니다. 나는 보시를 행하고 법을 들으면서 비구들을 보고자 합니다."

여러 비구들은 말하였다.

"세존께서 계율을 제정하시어 우안거에 들어가 머무르면서 3개월을 채우지 않았거나, 혹은 후안거의 3개월을 채우지 않았다면 밖으로 나가서 유행할 수 없습니다. 우타연 우바새여. 여러 비구들이 우안거에 머무르는 것을 잠시 기다려 주십시오. 만약 우안거를 마친다면 곧 가겠습니다. 만약 그대가 급한 때라면 청하건대 그 주처의 여러 비구들에게 정사를 봉헌(奉獻)하십시오."

5-2 우타연 우바새는 싫어하고 비난하였다.

"내가 사자를 보냈는데도 어찌하여 오지 않는가? 나는 바로 시주자이고, 짓는 자이며, 승가를 가까이서 시봉하는 자이다."

그때 여러 비구들은 우타연 우바새가 싫어하고 비난하는 것을 들었다. 이때 그 여러 비구들은 이 일로써 세존께 아뢰었고, 이때 세존께서는 이 인연으로써 설법하셨으며 여러 비구들에게 알려 말씀하셨다.

"여러 비구들이여. 만약 일곱 종류의 사람이 청하였고, 다만 7일 안의 일이었으며, 사자를 보낼 수 없다면, 곧 떠나가는 것을 허락하겠나니, 비구, 비구니, 식차마나, 사미, 사미니, 우바새, 우바이이니라. 여러 비구들이여. 이와 같은 일곱 종류의 처소에서 청하였고, 7일 안의 일이었으며, 사자를 보낼 수 없다면 허락하겠나니, 마땅히 7일 안에 돌아와야 하느니라."

---

6) 팔리어 Kosala(코살라)의 음사이다.
7) 팔리어 Udena(우데나)의 음사이다.

5-3 "여러 비구들이여. 이 처소에 있는 우바새가 승가를 위하여 정사를 조성하였고, 사자를 보내어 '오시기를 청합니다. 나는 보시를 행하고 법을 들으면서 비구들을 보고자 합니다.'라고 말하였고, 여러 비구들이여. 이와 같은 일곱 종류의 처소에서 청하였고, 7일안의 일이었으며, 사자를 보낼 수 없다면 허락하겠나니, 마땅히 7일안에 돌아와야 하느니라."

5-4 "여러 비구들이여. 이 처소에 있는 우바새가 승가를 위하여 정사를 조성하였고, 승가를 위하여 평부옥(平覆屋)을 조성하였고, 전루(殿樓)를 조성하였으며, 동굴(洞窟)을 조성하였고, 방사(房舍)를 조성하였으며, 창고(藏庫)를 조성하였고, 근행당(勤行堂)을 조성하였고, 화당(火堂)을 조성하였으며, 용방(用房)8)을 조성하였고, 측간(廁間)을 조성하였으며, 경행처(經行處)를 조성하였고, 경행당(經行堂)을 조성하였으며, 우물(水井)을 조성하였고, 정자(亭子)를 조성하였으며, 욕실(浴室)을 조성하였고, 목욕탕(浴室堂)을 조성하였고, 작은 연못(小池)을 조성하였으며, 임시 창고(延堂)9)를 조성하였고, 정원(庭園)을 조성하였으며, 원림(園林)을 조성하였고, 자를 보내어 '오시기를 청합니다. 나는 보시를 행하고 법을 들으면서 비구들을 보고자 합니다.'라고 말하였고, 여러 비구들이여. 만약 7일 안에 행하는 일이었으며, 사자를 보낼 수 없다면 허락하겠나니, 마땅히 7일 안에 마땅히 돌아와야 하느니라."

5-5 "여러 비구들이여. 이 처소에 있는 우바새가 여러 비구를 위하여, …… 나아가 …… 한 비구를 위하여 정사를 조성하였고, 평부옥을 조성하였고, 전루를 조성하였으며, …… 만약 7일 안에 행하는 일이었으며, 사자를 보낼 수 없다면 허락하겠나니, 마땅히 7일 안에 돌아와야 하느니라."

5-6 "여러 비구들이여. 이 처소에 있는 우바새가 비구니 승가를 위하여,

---

8) 수납공간을 가리킨다.
9) 특별하게 또는 축제 행사에 세워진 임시 창고 또는 홀, 천막 등을 가리킨다.

······ 나아가 ······ 여러 비구니를 위하여, ······ 나아가 ······ 한 비구니를
위하여, ······ 나아가 ······ 여러 식차마나를 위하여, ······ 나아가 ······
한 식차마나를 위하여, ······ 나아가 ······ 여러 사미를 위하여, ······ 나아가
······ 한 사미를 위하여, ······ 나아가 ······ 여러 사미니를 위하여, ······
나아가 ······ 한 사미니를 위하여 평부옥을 조성하였고, 전루를 조성하였으
며, 동굴을 조성하였고, 방사를 조성하였으며, 창고를 조성하였고, 근행당
을 조성하였고, 화당을 조성하였으며, 용방을 조성하였고, 측간을 조성하
였으며, 경행처를 조성하였고, 경행당을 조성하였으며, 우물을 조성하였
고, 정자를 조성하였으며, 욕실을 조성하였고, 목욕탕을 조성하였고,
작은 연못을 조성하였으며, 임시 창고를 조성하였고, 정원을 조성하였으
며, 원림을 조성하였고, 사자를 보내어 '오시기를 청합니다. 나는 보시를
행하고 법을 들으면서 비구들을 보고자 합니다.'라고 말하였고, 여러
비구들이여. 만약 7일 안에 행하는 일이었으며, 사자를 보낼 수 없다면
허락하겠나니, 마땅히 7일 안에 돌아와야 하느니라."

5-7 "여러 비구들이여. 이 처소에 있는 우바새가 스스로를 위하여 주택10)
을 지었고, ······ 나아가 ······ 침실11)을 지었으며, 작은 집12)을 지었고,
망루13)를 지었으며, 원형의 공간14)을 지었고, 상점(商店)15)을 지었으며,
술집16)을 지었고, 전루17)를 지었고, 동굴을 지었고, 방사를 지었으며,
창고를 지었고, 근행당을 지었으며, 화당을 지었고, 부엌(廚房)을 지었으

---

10) 팔리어 Nivesana(니베사나)의 번역이고, 거주지나 주택을 가리킨다.
11) 팔리어 Sayanighara(사야니가라)의 번역이고, 잠자는 방을 가리킨다.
12) 팔리어 Udosita(우도시타)의 번역이고, 작은 집을 가리킨다.
13) 팔리어 Aṭṭa(아따)의 번역이고, 위층 옥상에 있는 집을 가리킨다.
14) 팔리어 Māḷa(마라)의 번역이고, 원형의 홀(hall)을 가리킨다.
15) 팔리어 Āpaṇa(아파나)의 번역이고, 상점을 가리킨다.
16) 팔리어 Āpaṇasālā(아파나사라)의 번역이고, sālā는 홀 또는 창고의 뜻이며, 따라서
    선술집으로 번역된다.
17) 팔리어 Hammiya(함미야)의 번역이고, 관례적으로 '꼭대기에 위층 방이 있는
    길고 복층이 있는 저택'을 가리킨다.

며, 측간을 지었고, 경행처를 지었으며, 경행당을 지었고, 우물을 지었으
며, 정자를 지었고, 욕실을 지었으며, 목욕탕을 지었고, 작은 연못을
지었으며, 임시 창고를 지었고, 정원을 지었으며, 원림을 지었거나, 혹은
그 아들의 혼례(婚禮)를 위하여, 혹은 그 딸의 혼례를 위하여, 혹은 병이었
거나, 혹은 알려진 경전을 독송하려고 하면서 만약 그가 비구의 처소에
사자를 보내어 '오시기를 청합니다. 이 경전이 사라지기 전에 곧 이
경전을 배우고자 합니다.'라고 말하였거나, 혹은 다른 필요가 있었고
짓는 것이 있었거나, 혹은 그가 비구의 처소에 사자를 보내어 '오시기를
청합니다. 혹은 나는 보시를 행하고 법을 듣고 비구들을 보고자 합니다.'라
고 말하였고, 여러 비구들이여. 만약 7일 안에 행하는 일이었으며, 사자를
보낼 수 없다면 허락하겠나니, 7일 안에 마땅히 돌아와야 하느니라."

5-8 "여러 비구들이여. 이 처소에 있는 우바이가 승가를 위하여 정사를
조성하였고, 사자를 보내어 '오시기를 청합니다. 나는 보시를 행하고
법을 듣고 비구들을 보고자 합니다.'라고 말하였고, 여러 비구들이여.
이와 같은 일곱 종류의 처소에서 청하였고, 7일 안의 일이었으며, 사자를
보낼 수 없다면 허락하겠나니, 7일 안에 마땅히 돌아와야 하느니라."

5-9 "여러 비구들이여. 이 처소에 있는 우바새가 승가를 위하여 정사를
건립하였고, 승가를 위하여 평부옥을 조성하였고, 전루를 조성하였으며,
동굴을 조성하였고, 방사를 조성하였으며, 창고를 조성하였고, 근행당을
조성하였고, 화당을 조성하였으며, 용방을 조성하였고, 측간을 조성하였
으며, 경행처를 조성하였고, 경행당을 조성하였으며, 우물을 조성하였고,
정자를 조성하였으며, 욕실을 조성하였고, 목욕탕을 조성하였고, 작은
연못을 조성하였으며, 임시 창고를 조성하였고, 정원을 조성하였으며,
원림을 조성하였고, 만약 그녀가 사자를 비구의 처소로 보내어 '오시기를
청합니다. 나는 보시를 행하고 법을 듣고 비구들을 보고자 합니다.'라고
말하였고, 여러 비구들이여. 만약 7일 안에 행하는 일이었으며, 사자를

보낼 수 없다면 허락하겠나니, 7일 안에 마땅히 돌아와야 하느니라."

5-10 "여러 비구들이여. 이 처소에 있는 우바이가 여러 비구를 위하여, …… 나아가 …… 한 비구를 위하여, …… 나아가 …… 비구니 승가를 위하여, …… 나아가 …… 여러 비구니를 위하여, …… 나아가 …… 한 비구니를 위하여, …… 나아가 …… 여러 식차마나를 위하여, …… 나아가 …… 한 식차마나를 위하여, …… 나아가 …… 여러 사미를 위하여, …… 나아가 …… 한 사미를 위하여, …… 나아가 …… 여러 사미니를 위하여, …… 나아가 …… 한 사미니를 위하여 정사를 건립하였고, 승가를 위하여 평부옥을 조성하였고, 전루를 조성하였으며, 동굴을 조성하였고, 방사를 조성하였으며, 창고를 조성하였고, 근행당을 조성하였고, 화당을 조성하였으며, 용방을 조성하였고, 측간을 조성하였으며, 경행처를 조성하였고, 경행당을 조성하였으며, 우물을 조성하였고, 정자를 조성하였으며, 욕실을 조성하였고, 목욕탕을 조성하였고, 작은 연못을 조성하였으며, 임시 창고를 조성하였고, 정원을 조성하였으며, 원림을 조성하였고, …… 나아가 …… 스스로를 위하여 주택을 지었고, …… 나아가 …… 침실을 지었으며, 작은 집을 지었고, 망루를 지었으며, 원형의 공간을 지었고, 상점을 지었으며, 술집을 지었고, 전루를 지었고, 동굴을 지었고, 방사를 지었으며, 창고를 지었고, 근행당을 지었으며, 화당을 지었고, 부엌을 지었으며, 측간을 지었고, 경행처를 지었으며, 경행당을 지었고, 우물을 지었으며, 정자를 지었고, 욕실을 지었으며, 목욕탕을 지었고, 작은 연못을 지었으며, 임시 창고를 지었고, 정원을 지었으며, 원림을 지었거나, 혹은 그 아들의 혼례를 위하여, 혹은 그 딸의 혼례를 위하여, 혹은 병이었거나, 혹은 알려진 경전을 독송하려고 하면서 만약 그가 비구의 처소에 사자를 보내어 '오시기를 청합니다. 이 경전이 사라지기 전에 곧 이 경전을 배우고자 합니다.'라고 말하였거나, 혹은 다른 필요가 있었고 짓는 것이 있었거나, 혹은 그가 비구의 처소에 사자를 보내어 '오시기를 청합니다. 혹은 나는 보시를 행하고 법을 듣고 비구들을 보고자 합니다.'라고 말하였고, 여러

비구들이여. 만약 7일 안에 행하는 일이었으며, 사자를 보낼 수 없다면 허락하겠나니, 7일 안에 마땅히 돌아와야 하느니라."

5-11 "여러 비구들이여. 이 처소의 어느 비구가 승가를 위하여, …… 어느 비구니가 승가를 위하여, …… 어느 식차마나가 승가를 위하여, …… 어느 사미가 승가를 위하여, …… 어느 사미니가 승가를 위하여, 여러 비구를 위하여, …… 한 비구를 위하여, …… 비구니 승가를 위하여, …… 여러 비구니를 위하여, …… 한 비구니를 위하여, …… 여러 식차마나를 위하여, …… 한 식차마나를 위하여, …… 여러 사미를 위하여, …… 한 사미를 위하여, …… 여러 사미니를 위하여, …… 한 사미니를 위하여 정사를 건립하였고, 승가를 위하여 평부옥을 조성하였고, 전루를 조성하였으며, 동굴을 조성하였고, 방사를 조성하였으며, 창고를 조성하였고, 근행당을 조성하였고, 화당을 조성하였으며, 용방을 조성하였고, 측간을 조성하였으며, 경행처를 조성하였고, 경행당을 조성하였으며, 우물을 조성하였고, 정자를 조성하였으며, 욕실을 조성하였고, 목욕탕을 조성하였고, 작은 연못을 조성하였으며, 임시 창고를 조성하였고, 정원을 조성하였으며, 원림을 조성하였고, 만약 그들이 비구의 처소에 사자를 보내어 '오시기를 청합니다. 혹은 나는 보시를 행하고 법을 들으면서 비구들을 보고자 합니다.'라고 말하였고, 여러 비구들이여. 만약 7일 안에 행하는 일이었으며, 사자를 보낼 수 없다면 허락하겠나니, 7일 안에 마땅히 돌아와야 하느니라."

6) 안거 중간의 유행 ②

6-1 그때 한 비구에게 병이 있었다. 그 비구는 사자를 보내었고 여러 비구들의 처소에 이르러 말하였다.

"나는 병들었습니다. 여러 비구들께서 오시기를 청합니다. 여러 비구들께서는 와주십시오.”

그 여러 비구들은 이 일로써 세존께 아뢰었고, 이때 세존께서는 말씀하셨다.

“여러 비구들이여. 만약 다섯 종류의 사람은 7일 안에 일을 행할 수 있다면, 비록 청을 받지 않았어도 역시 떠나가는 것을 허락하겠나니, 하물며 청을 받은 것이겠는가! 다섯 종류의 사람은 비구, 비구니, 식차마나, 사미, 사미니이니라. 여러 비구들이여. 이와 같은 다섯 종류의 사람은 7일 안에 일을 행할 수 있다면, 비록 청을 받지 않았어도 역시 떠나가는 것을 허락하겠나니, 하물며 청을 받은 것이겠는가? 마땅히 7일 안에 마땅히 돌아와야 하느니라.”

6-2 “여러 비구들이여. 한 비구에게 병이 있었으므로, 그 비구가 사자를 보내었고, ‘나는 병들었습니다. 여러 비구들께서 오시기를 청합니다. 여러 비구들께서는 와주십시오.’라고 여러 비구들의 처소에 이르러 말하였다면, 여러 비구들이여. 7일 안에 일을 행할 수 있다면, 비록 청을 받지 않았어도 역시 떠나가는 것을 허락하겠나니, 하물며 청을 받은 것이겠는가? 또한 마땅히 ‘나는 병자의 음식을 구하는 것, 간병자의 음식을 구하는 것, 병자의 약을 구하는 것이 필요하다. 문신(問訊)하고서 간병해야겠다.’라고 사유해야 하고, 마땅히 7일 안에 마땅히 돌아와야 하느니라.”

6-3 “여러 비구들이여. 이 처소에 있는 비구에게 불만족[18]이 생겨났으므로, 만약 그 비구가 사자를 보내었고, ‘나는 불만족이 생겨났습니다. 여러 비구들께서 오시기를 청합니다. 여러 비구들께서는 와주십시오.’라고 여러 비구들의 처소에 이르러 말하였으며, 여러 비구들이여. 7일 안에 일을 행할 수 있다면, 비록 청을 받지 않았어도 역시 떠나가는 것을 허락하겠나니, 하물며 청을 받은 것이겠는가? 또한 마땅히 ‘나는

---

18) 팔리어 Anabhirati(아나비라티)의 번역으로 범행을 따르는 수행에 대한 불만을 뜻한다.

불만족을 소멸시키겠다. 불만족을 소멸시키게 설법해야겠다.'라고 사유
해야 하고, 마땅히 7일 안에 마땅히 돌아와야 하느니라."

6-4 "여러 비구들이여. 이 처소에 있는 비구에게 의혹[19]이 생겨났으므로,
만약 그 비구가 사자를 보내었고, '나는 불만족이 생겨났습니다. 여러
비구들께서 오시기를 청합니다. 여러 비구들께서는 와주십시오.'라고
여러 비구들의 처소에 이르러 말하였으며, 여러 비구들이여. 7일 안에
일을 행할 수 있다면, 비록 청을 받지 않았어도 역시 떠나가는 것을
허락하겠나니, 하물며 청을 받은 것이겠는가? 또한 마땅히 '나는 의혹을
소멸시키겠다. 의혹을 소멸시키게 설법해야겠다.'라고 사유해야 하고,
마땅히 7일 안에 돌아와야 하느니라."

6-5 "여러 비구들이여. 이 처소에 있는 비구에게 사견(邪見)[20]이 생겨났으
므로, 만약 그 비구가 사자를 보내었고, '나는 불만족이 생겨났습니다.
여러 비구들께서 오시기를 청합니다. 여러 비구들께서는 와주십시오.'라
고 여러 비구들의 처소에 이르러 말하였으며, 여러 비구들이여. 7일
안에 일을 행할 수 있다면, 비록 청을 받지 않았어도 역시 떠나가는
것을 허락하겠나니, 하물며 청을 받은 것이겠는가? 또한 마땅히 '나는
사견을 벗어나게 하겠다. 사견을 벗어나게 설법해야겠다.'라고 사유해야
하고, 마땅히 7일 안에 돌아와야 하느니라."

6-6 "여러 비구들이여. 이 처소에 있는 비구가 존법(尊法)을 범하였고
별주(別住)[21]하였으므로, 만약 그 비구가 사자를 보내었고, '나는 존법을

---

19) 팔리어 Kukkuccai(쿠꾸짜이)의 번역으로 후회나 양심의 가책을 가리킨다.
20) 팔리어 Diṭṭhigata(디띠가타)의 번역으로 근거없는 의견이나 거짓된 가르침을
    가리킨다.
21) 팔리어 Parivāsa(파리바사)의 번역으로 계율을 범한 비구를 다른 곳에 별도로
    머물게 하는 것이다.

범하였고 별주하고 있습니다. 여러 비구들께서 오시기를 청합니다. 여러 비구들께서는 와주십시오.'라고 여러 비구들의 처소에 이르러 말하였으며, 여러 비구들이여. 7일 안에 일을 행할 수 있다면, 비록 청을 받지 않았어도 역시 떠나가는 것을 허락하겠나니, 하물며 청을 받은 것이겠는가? 또한 마땅히 '나는 힘으로 별주를 주게 하겠다. 혹은 창언(唱言)해야겠다. 혹은 모였던 대중에 들어가서 승가의 숫자를 채워야겠다.'라고 사유해야 하고, 마땅히 7일 안에 돌아와야 하느니라."

6-7 "여러 비구들이여. 이 처소에 있는 비구가 본일치(本日治)22)를 받았으므로, 만약 그 비구가 사자를 보내었고, '나는 마땅히 본일치를 하고 있습니다. 여러 비구들께서 오시기를 청합니다. 여러 비구들께서는 와주십시오.'라고 여러 비구들의 처소에 이르러 말하였으며, 여러 비구들이여. 7일 안에 일을 행할 수 있다면, 비록 청을 받지 않았어도 역시 떠나가는 것을 허락하겠나니, 하물며 청을 받은 것이겠는가? 또한 마땅히 '나는 힘으로 본일치를 주게 하겠다. 혹은 창언해야겠다. 혹은 모였던 대중에 들어가서 승가의 숫자를 채워야겠다.'라고 사유해야 하고, 마땅히 7일 안에 돌아와야 하느니라."

6-8 "여러 비구들이여. 이 처소에 있는 비구가 마나타(摩那埵)23)를 받아야 하는 까닭으로 만약 그 비구가 사자를 보내었고, '나는 마나타를 하고 있습니다. 여러 비구들께서 오시기를 청합니다. 여러 비구들께서는 와주십시오.'라고 여러 비구들의 처소에 이르러 말하였으며, 여러 비구들이여. 7일 안에 일을 행할 수 있다면, 비록 청을 받지 않았어도 역시 떠나가는 것을 허락하겠나니, 하물며 청을 받은 것이겠는가? 또한 마땅히 '나는 힘으로 마나타를 주게 하겠다. 혹은 창언해야겠다. 혹은 모였던 대중에

22) 팔리어 Mūlāya paṭikassana(무라야 파티카싸나)의 번역이고, 참회한 것이 무효가 되고, 처음부터 다시 해야 하는 것을 말한다.
23) 팔리어 Mānatta(마나따)의 번역이고, 6일 동안 범한 계율을 참회하는 것이다.

들어가서 승가의 숫자를 채워야겠다.'라고 사유해야 하고, 마땅히 7일 안에 돌아와야 하느니라."

6-9 "여러 비구들이여. 이 처소에 있는 비구가 마땅히 출죄(出罪)[24]하려고 하였으므로, 만약 그 비구가 사자를 보내어 '나는 마땅히 출죄하려고 합니다. 여러 비구들께서 오시기를 청합니다. 여러 비구들께서는 와주십시오.'라고 여러 비구들의 처소에 이르러 말하였으며, 여러 비구들이여. 7일 안에 일을 행할 수 있다면, 비록 청을 받지 않았어도 역시 떠나가는 것을 허락하겠나니, 하물며 청을 받은 것이겠는가? 또한 마땅히 '나는 힘으로 출죄하게 하겠다. 혹은 창언해야겠다. 혹은 모였던 대중에 들어가서 승가의 숫자를 채워야겠다.'라고 사유해야 하고, 마땅히 7일 안에 돌아와야 하느니라."

6-10 "여러 비구들이여. 이 처소에 있는 비구에 승가가 가책갈마(呵責羯磨), 의지갈마(依止羯磨), 구출갈마(驅出羯磨), 하의갈마(下意羯磨), 거죄갈마(擧罪羯磨) 등을 행하려고 하였으므로, 만약 그 비구가 사자를 보내어 '승가는 나에게 갈마를 행하려고 합니다. 여러 비구들께서 오시기를 청합니다. 여러 비구들께서는 와주십시오.'라고 여러 비구들의 처소에 이르러 말하였으며, 여러 비구들이여. 7일 안에 일을 행할 수 있다면, 비록 청을 받지 않았어도 역시 떠나가는 것을 허락하겠나니, 하물며 청을 받은 것이겠는가? 또한 마땅히 '어떻게 해야 승가의 갈마를 행하게 하거나, 혹은 전전하여 가볍게 할 수 있겠는가?'라고 사유해야 하고, 마땅히 7일 안에 돌아와야 하느니라."

6-11 "여러 비구들이여. 이 처소에 있는 비구에 승가가 가책갈마, …… 거죄갈마 등을 행하려고 하였으므로, 만약 그 비구가 사자를 보내어

---

24) 팔리어 Abbhāna(아빠나)의 번역이고, 죄를 참회하고서 죄에서 벗어나는 것이다.

'승가는 나에게 갈마를 행하려고 합니다. 여러 비구들께서 오시기를 청합니다. 여러 비구들께서는 와주십시오.'라고 여러 비구들의 처소에 이르러 말하였으며, 여러 비구들이여. 7일 안에 일을 행할 수 있다면, 비록 청을 받지 않았어도 역시 떠나가는 것을 허락하겠나니, 하물며 청을 받은 것이겠는가? 또한 마땅히 '어떻게 해야 바르게 행하고, 수순하며, 죄를 벗어나고, 승가의 갈마를 멈추게 해야 하는가?'라고 사유해야 하고, 마땅히 7일 안에 돌아와야 하느니라."

6-12 "여러 비구들이여. 이 처소의 비구니에게 병이 있으므로, 만약 그 비구니가 사자를 보내었고, '나는 병들었습니다. 여러 대덕(大德)들께서 오시기를 청합니다. 여러 대덕들께서는 와주십시오.'라고 여러 비구들의 처소에 이르러 말하였다면, 여러 비구들이여. 7일 안에 일을 행할 수 있다면, 비록 청을 받지 않았어도 역시 떠나가는 것을 허락하겠나니, 하물며 청을 받은 것이겠는가? 또한 마땅히 '나는 병자의 음식을 구하는 것, 간병자의 음식을 구하는 것, 병자의 약을 구하는 것이 필요하다. 문신하고서 보살펴야겠다.'라고 사유해야 하고, 마땅히 7일 안에 돌아와야 하느니라."

6-13 "여러 비구들이여. 이 처소에 있는 비구니에게 불만족이 생겨났으므로, 만약 그 비구니가 사자를 보내었고, '나는 불만족이 생겨났습니다. 여러 대덕들께서 오시기를 청합니다. 여러 대덕들께서는 와주십시오.'라고 여러 비구들의 처소에 이르러 말하였으며, 여러 비구들이여. 7일 안에 일을 행할 수 있다면, 비록 청을 받지 않았어도 역시 떠나가는 것을 허락하겠나니, 하물며 청을 받은 것이겠는가? 또한 마땅히 '나는 불만족을 소멸시키겠다. 불만족을 소멸시키게 설법해야겠다.'라고 사유해야 하고, 마땅히 7일 안에 돌아와야 하느니라."

6-14 "여러 비구들이여. 이 처소에 있는 비구니에게 의혹이 생겨났으므

로, 만약 그 비구니가 사자를 보내었고, '나는 불만족이 생겨났습니다. 여러 대덕들께서 오시기를 청합니다. 여러 대덕들께서는 와주십시오.'라고 여러 비구들의 처소에 이르러 말하였으며, 여러 비구들이여. 7일 안에 일을 행할 수 있다면, 비록 청을 받지 않았어도 역시 떠나가는 것을 허락하겠나니, 하물며 청을 받은 것이겠는가? 또한 마땅히 '나는 의혹을 소멸시키겠다. 의혹을 소멸시키게 설법해야겠다.'라고 사유해야 하고, 마땅히 7일 안에 돌아와야 하느니라."

6-15 "여러 비구들이여. 이 처소에 있는 비구니에게 사견이 생겨났으므로, 만약 그 비구니가 사자를 보내었고, '나는 불만족이 생겨났습니다. 여러 대덕들께서 오시기를 청합니다. 여러 대덕들께서는 와주십시오.'라고 여러 비구들의 처소에 이르러 말하였으며, 여러 비구들이여. 7일 안에 일을 행할 수 있다면, 비록 청을 받지 않았어도 역시 떠나가는 것을 허락하겠나니, 하물며 청을 받은 것이겠는가? 또한 마땅히 '나는 사견을 벗어나게 하겠다. 사견을 벗어나게 설법해야겠다.'라고 사유해야 하고, 마땅히 7일 안에 돌아와야 하느니라."

6-16 "여러 비구들이여. 이 처소에 있는 비구니가 존법을 범하였고 마땅히 마나타(摩那埵)를 하였으므로, 만약 그 비구가 사자를 보내었고, '나는 존법을 범하였고 별주하고 있습니다. 여러 대덕들께서 오시기를 청합니다. 여러 대덕들께서는 와주십시오.'라고 여러 비구들의 처소에 이르러 말하였으며, 여러 비구들이여. 7일 안에 일을 행할 수 있다면, 비록 청을 받지 않았어도 역시 떠나가는 것을 허락하겠나니, 하물며 청을 받은 것이겠는가? 또한 마땅히 '나는 힘으로 별주를 주게 하겠다.'라고 사유해야 하고, 마땅히 7일 안에 돌아와야 하느니라."

6-17 "여러 비구들이여. 이 처소에 있는 비구니가 본일치를 받아야 하였으므로, 만약 그 비구가 사자를 보내었고, '나는 마땅히 본일치를

하고 있습니다. 여러 대덕들께서 오시기를 청합니다. 여러 대덕들께서는 와주십시오.'라고 여러 비구들의 처소에 이르러 말하였으며, 여러 비구들이여. 7일 안에 일을 행할 수 있다면, 비록 청을 받지 않았어도 역시 떠나가는 것을 허락하겠나니, 하물며 청을 받은 것이겠는가? 또한 마땅히 '나는 힘으로 본일치를 주게 하겠다.'라고 사유해야 하고, 마땅히 7일 안에 돌아와야 하느니라."

6-18 "여러 비구들이여. 이 처소에 있는 비구니가 마땅히 출죄하려고 하므로, 만약 그 비구가 사자를 보내어 '나는 마땅히 출죄하려고 합니다. 여러 대덕들께서 오시기를 청합니다. 여러 대덕들께서는 와주십시오.'라고 여러 비구들의 처소에 이르러 말하였으며, 여러 비구들이여. 7일 안에 일을 행할 수 있다면, 비록 청을 받지 않았어도 역시 떠나가는 것을 허락하겠나니, 하물며 청을 받은 것이겠는가? 또한 마땅히 '나는 힘으로 출죄하게 하겠다. 혹은 창언해야겠다. 혹은 모였던 대중에 들어가서 승가의 숫자를 채워야겠다.'라고 사유해야 하고, 마땅히 7일 안에 돌아와야 하느니라."

6-19 "여러 비구들이여. 이 처소에 있는 비구니에게 승가가 가책갈마, 의지갈마, 구출갈마, 하의갈마, 거죄갈마 등을 행하려고 하였으므로, 만약 그 비구니가 사자를 보내어 '승가는 나에게 갈마를 행하려고 합니다. 여러 대덕들께서 오시기를 청합니다. 여러 대덕들께서는 와주십시오.'라고 여러 비구들의 처소에 이르러 말하였으며, 여러 비구들이여. 7일 안에 일을 행할 수 있다면, 비록 청을 받지 않았어도 역시 떠나가는 것을 허락하겠나니, 하물며 청을 받은 것이겠는가? 또한 마땅히 '어떻게 해야 승가의 갈마를 행하게 하거나, 혹은 전전하여 가볍게 할 수 있겠는가?'라고 사유해야 하고, 마땅히 7일 안에 돌아와야 하느니라."

6-20 "여러 비구들이여. 이 처소에 있는 비구니에게 승가가 가책갈마,

…… 거죄갈마 등을 행하려고 하였으므로, 만약 그 비구니가 사자를 보내어 '승가는 나에게 갈마를 행하려고 합니다. 여러 비구들께서 오시기를 청합니다. 여러 비구들께서는 와주십시오.'라고 여러 비구들의 처소에 이르러 말하였으며, 여러 비구들이여. 7일 안에 일을 행할 수 있다면, 비록 청을 받지 않았어도 역시 떠나가는 것을 허락하겠나니, 하물며 청을 받은 것이겠는가? 또한 마땅히 '어떻게 해야 바르게 행하고, 수순하며, 죄를 벗어나고, 승가의 갈마를 멈추게 해야 하는가?'라고 사유해야 하고, 마땅히 7일 안에 돌아와야 하느니라."

6-21 "여러 비구들이여. 이 처소의 식차마나에게 병이 있었으므로, 만약 그 식차마나가 사자를 보내었고, '나는 병들었습니다. 여러 대덕들께서 오시기를 청합니다. 여러 대덕들께서는 와주십시오.'라고 여러 비구들의 처소에 이르러 말하였다면, 여러 비구들이여. 7일 안에 일을 행할 수 있다면, 비록 청을 받지 않았어도 역시 떠나가는 것을 허락하겠나니, 하물며 청을 받은 것이겠는가? 또한 마땅히 '나는 병자의 음식을 구하는 것, 간병자의 음식을 구하는 것, 병자의 약을 구하는 것이 필요하다. 문신하고서 보살펴야겠다.'라고 사유해야 하고, 마땅히 7일 안에 돌아와야 하느니라."

6-22 "여러 비구들이여. 이 처소에서 있는 식차마나에게 불만족이 생겨났으므로, …… 나아가 …… 의혹이 생겨났으므로, …… 나아가 …… 사견이 생겨났으므로, …… 나아가 …… 학처(學處)를 범하였으므로, 만약 그 식차마나가 사자를 보내었고, '나는 학처를 범하였습니다. 여러 대덕들께서 오시기를 청합니다. 여러 대덕들께서는 와주십시오.'라고 여러 비구들의 처소에 이르러 말하였으며, 여러 비구들이여. 7일 안에 일을 행할 수 있다면, 비록 청을 받지 않았어도 역시 떠나가는 것을 허락하겠나니, 하물며 청을 받은 것이겠는가? 또한 마땅히 '나는 힘으로 학처를 다시 받게 해야겠다.'라고 사유해야 하고, 마땅히 7일 안에 돌아와야 하느니라."

6-23 "여러 비구들이여. 이 처소에서 있는 식차마나가 구족계를 받고자 하였으므로, 만약 그 식차마나가 사자를 보내었고, '나는 구족계를 받고자 합니다. 여러 대덕들께서 오시기를 청합니다. 여러 대덕들께서는 와주십시오.'라고 여러 비구들의 처소에 이르러 말하였으며, 여러 비구들이여. 7일 안에 일을 행할 수 있다면, 비록 청을 받지 않았어도 역시 떠나가는 것을 허락하겠나니, 하물며 청을 받은 것이겠는가? 또한 마땅히 '나는 힘으로 구족계를 받게 하겠다. 혹은 창언해야겠다. 혹은 모였던 대중에 들어가서 승가의 숫자를 채워야겠다.'라고 사유해야 하고, 마땅히 7일 안에 돌아와야 하느니라."

6-24 "여러 비구들이여. 이 처소의 사미에게 병이 있었으므로, 만약 그 사미가 사자를 보내었고, '나는 병들었습니다. 여러 대덕들께서 오시기를 청합니다. 여러 대덕들께서는 와주십시오.'라고 여러 비구들의 처소에 이르러 말하였으며, 여러 비구들이여. 7일 안에 일을 행할 수 있다면, 비록 청을 받지 않았어도 역시 떠나가는 것을 허락하겠나니, 하물며 청을 받은 것이겠는가? 또한 마땅히 '나는 병자의 음식을 구하는 것, 간병자의 음식을 구하는 것, 병자의 약을 구하는 것이 필요하다. 문신하고서 보살펴야겠다.'라고 사유해야 하고, 마땅히 7일 안에 돌아와야 하느니라."

6-25 "여러 비구들이여. 이 처소에서 있는 사미에게 불만족이 생겨났으므로, …… 나아가 …… 의혹이 생겨났으므로, …… 나아가 …… 사견이 생겨났으므로, …… 나아가 …… 안거의 숫자를 묻고자 하였으므로, 만약 그 사미가 사자를 보내었고, '나는 안거의 숫자를 묻고자 합니다. 여러 대덕들께서 오시기를 청합니다. 여러 대덕들께서는 와주십시오.'라고 여러 비구들의 처소에 이르러 말하였으며, 여러 비구들이여. 7일 안에 일을 행할 수 있다면, 비록 청을 받지 않았어도 역시 떠나가는 것을 허락하겠나니, 하물며 청을 받은 것이겠는가? 또한 마땅히 '나는 자세하게

묻고서 해설(解說)해야겠다.'라고 사유해야 하고, 마땅히 7일 안에 돌아와
야 하느니라."

6-26 "여러 비구들이여. 이 처소에 있는 사미가 구족계를 받고자 하였으므
로, 만약 그 사미가 사자를 보내었고, '나는 구족계를 받고자 합니다.
여러 대덕들께서 오시기를 청합니다. 여러 대덕들께서는 와주십시오.'라
고 여러 비구들의 처소에 이르러 말하였으며, 여러 비구들이여. 7일
안에 일을 행할 수 있다면, 비록 청을 받지 않았어도 역시 떠나가는
것을 허락하겠나니, 하물며 청을 받은 것이겠는가? 또한 마땅히 '나는
힘으로 구족계를 받게 하겠다. 혹은 창언해야겠다. 혹은 모였던 대중에
들어가서 승가의 숫자를 채워야겠다.'라고 사유해야 하고, 마땅히 7일
안에 돌아와야 하느니라."

6-27 "여러 비구들이여. 이 처소의 사미니에게 병이 있었으므로, 만약
그 사미니가 사자를 보내었고, '나는 병들었습니다. 여러 대덕들께서
오시기를 청합니다. 여러 대덕들께서는 와주십시오.'라고 여러 비구들의
처소에 이르러 말하였으며, 여러 비구들이여. 7일 안에 일을 행할 수
있다면, 비록 청을 받지 않았어도 역시 떠나가는 것을 허락하겠나니,
하물며 청을 받은 것이겠는가? 또한 마땅히 '나는 병자의 음식을 구하는
것, 간병자의 음식을 구하는 것, 병자의 약을 구하는 것이 필요하다.
문신하고서 보살펴야겠다.'라고 사유해야 하고, 마땅히 7일 안에 돌아와
야 하느니라."

6-28 "여러 비구들이여. 이 처소에 있는 사미니에게 불만족이 생겨났으므
로, …… 나아가 …… 의혹이 생겨났으므로, …… 나아가 …… 사견이
생겨났으므로, …… 나아가 …… 안거의 숫자를 묻고자 하였으므로, 만약
그 사미니가 사자를 보내었고, '나는 안거의 숫자를 묻고자 합니다. 여러
대덕들께서 오시기를 청합니다. 여러 대덕들께서는 와주십시오.'라고

여러 비구들의 처소에 이르러 말하였으며, 여러 비구들이여. 7일 안에 일을 행할 수 있다면, 비록 청을 받지 않았어도 역시 떠나가는 것을 허락하겠나니, 하물며 청을 받은 것이겠는가? 또한 마땅히 '나는 자세하게 묻고서 해설(解說)해야겠다.'라고 사유해야 하고, 마땅히 7일 안에 돌아와 야 하느니라."

6-29 "여러 비구들이여. 이 처소에 있는 사미가 6법학처를 받고자 하였으 므로, 만약 그 사미가 사자를 보내었고, '나는 6법학처를 받고자 합니다. 여러 대덕들께서 오시기를 청합니다. 여러 대덕들께서는 와주십시오.'라 고 여러 비구들의 처소에 이르러 말하였으며, 여러 비구들이여. 7일 안에 일을 행할 수 있다면, 비록 청을 받지 않았어도 역시 떠나가는 것을 허락하겠나니, 하물며 청을 받은 것이겠는가? 또한 마땅히 '나는 힘으로 6법학처를 받게 하겠다.'라고 사유해야 하고, 마땅히 7일 안에 돌아와야 하느니라."

7) 안거 중간의 유행 ③

7-1 그때 한 비구의 어머니에게 병이 생겨났으므로, 그 여인은 사자를 보내었고, 그 비구의 처소에 이르러 말하였다.

"나는 병들었습니다. 나의 아들이여. 돌아오십시오. 아들이 돌아오기 를 바랍니다."

이때 그 비구들은 마음에서 사유하였다.

'세존께서 계율을 제정하시어 만약 일곱 종류의 사람에게 7일 안에 행하는 일이며, 청을 받은 자는 떠나갈 수 있고, 청을 받지 않았다면 떠나갈 수 없다. 세존께서 계율을 제정하시어 다섯 종류의 사람에게 7일 안에 행하는 일이며, 청을 받은 자도 역시 떠나도록 허락하셨는데 하물며 청을 받은 것이겠는가? 나의 어머니는 병들었으나 우바이는 아니

다. 나는 마땅히 어떻게 해야 하는가?'

7-2 그 비구는 이 일로써 세존께 아뢰었고, 세존께서는 말씀하셨다.
"여러 비구들이여. 만약 일곱 종류의 사람은 7일 안에 일을 행할 수
있다면, 비록 청을 받지 않았어도 역시 떠나가는 것을 허락하겠나니,
하물며 청을 받은 것이겠는가! 일곱 종류의 사람은 비구, 비구니, 식차마나,
사미, 사미니, 어머니, 아버지이니라. 여러 비구들이여. 이와 같은 일곱
종류의 사람은 만약 7일 안에 일을 행할 수 있다면, 비록 청을 받지
않았어도 역시 떠나가는 것을 허락하겠나니, 하물며 청을 받은 것이겠는
가? 마땅히 7일 안에 돌아와야 하느니라."

7-3 "여러 비구들이여. 이 처소에 비구가 있었고 그의 어머니에게 병이
있었으므로, 만약 그 어머니가 사자를 보내었고, '나는 병들었습니다.
나의 아들이여. 돌아오십시오. 아들이 돌아오기를 바랍니다.'라고 아들인
비구의 처소에 이르러 말하였으며, 여러 비구들이여. 7일 안에 일을
행할 수 있다면, 비록 청을 받지 않았어도 역시 떠나가는 것을 허락하겠나
니, 하물며 청을 받은 것이겠는가? 또한 마땅히 '나는 병자의 음식을
구하는 것, 간병자의 음식을 구하는 것, 병자의 약을 구하는 것이 필요하다.
문신하고서 보살펴야겠다.'라고 사유해야 하고, 마땅히 7일 안에 돌아와
야 하느니라."

7-4 "여러 비구들이여. 이 처소에 비구가 있었고 그의 아버지에게 병이
있었으므로, 만약 그 아버지가 사자를 보내었고, '나는 병들었습니다.
나의 아들이여. 돌아오십시오. 아들이 돌아오기를 바랍니다.'라고 아들인
비구의 처소에 이르러 말하였으며, …… 문신하고서 보살펴야겠다.'라고
사유해야 하고, 마땅히 7일 안에 돌아와야 하느니라."

7-5 "여러 비구들이여. 이 처소에 비구가 있었고 그의 형제에게 병이

있었으므로, 만약 그 아버지가 사자를 보내었고, '나는 병들었습니다. 나의 형제여. 돌아오십시오. 형제가 돌아오기를 바랍니다.'라고 형제인 비구의 처소에 이르러 말하였으며, …… 문신하고서 보살펴야겠다.'라고 사유해야 하고, 마땅히 7일 안에 돌아와야 하느니라."

7-6 "여러 비구들이여. 이 처소에 비구가 있었고 그의 자매에게 병이 있었으므로, 만약 그 아버지가 사자를 보내었고, '나는 병들었습니다. 나의 남매여. 돌아오십시오. 남매가 돌아오기를 바랍니다.'라고 남매인 비구의 처소에 이르러 말하였으며, …… 문신하고서 보살펴야겠다.'라고 사유해야 하고, 마땅히 7일 안에 마땅히 돌아와야 하느니라."

7-7 "여러 비구들이여. 이 처소에 비구가 있었고 그의 친족에게 병이 있었으므로, 만약 그 친족이 사자를 보내었고, '나는 병들었습니다. 나의 친족이여. 돌아오십시오. 친족이 돌아오기를 바랍니다.'라고 친족인 비구의 처소에 이르러 말하였으며, …… 문신하고서 보살펴야겠다.'라고 사유해야 하고, 마땅히 7일 안에 돌아와야 하느니라."

7-8 "여러 비구들이여. 이 처소에 비구가 있었고 그의 벗에게 병이 있었으므로, 만약 그 벗이 사자를 보내었고, '나는 병들었습니다. 나의 벗이여. 돌아오십시오. 벗이 돌아오기를 바랍니다.'라고 벗인 비구의 처소에 이르러 말하였으며, …… 문신하고서 보살펴야겠다.'라고 사유해야 하고, 마땅히 7일 안에 돌아와야 하느니라."

8) 안거 중간의 유행 ④

8-1 그때 승가의 정사가 쇠락(衰落)하였다. 한 우바새가 숲속에서 나무를 베었으므로 사자를 보내었고, 그 여러 비구들의 처소에 이르러 말하였다.

"만약 그 목재들을 운반하겠다면, 나는 그 목재들을 주겠습니다."

그 비구들은 이 일로써 세존께 아뢰었고, 세존께서는 말씀하셨다.

"여러 비구들이여. 승가의 일을 인연하였다면 떠나가는 것을 허락하겠나니, 마땅히 7일 안에 마땅히 돌아와야 하느니라."

[안거 중간의 유행을 마친다.]

○ **【첫째의 송출품을 마친다.】**

2. 제2송출품(第二誦出品)

9) 안거의 파기(破棄) ①

9-1 그때 교살라국의 한 주처에서 여러 비구들이 안거에 들어갔는데, 맹수(猛獸)들에게 고뇌를 당하거나, 혹은 붙잡혔거나, 혹은 살해되었다. 그 비구들은 이 일로써 세존께 아뢰었고, 세존께서는 말씀하셨다.

"여러 비구들이여. 이 처소에서 여러 비구들이 우안거에 들어가 있었는데, 맹수들에게 고뇌를 당하거나, 혹은 붙잡히거나, 혹은 살해되었으며, 이것이 장애가 되었다면 마땅히 떠나가야 하며, 우안거를 깨트려도 무죄이니라.

여러 비구들이여. 이 처소에서 여러 비구들이 우안거에 들어가 있었는데, 뱀(蛇)들에게 고뇌를 당하거나, 혹은 깨물리거나, 혹은 살해되었으며, 이것이 장애가 되었다면 마땅히 떠나가야 하며, 우안거를 깨트렸어도 무죄이니라."

9-2 "여러 비구들이여. 이 처소에서 여러 비구들이 우안거에 들어가

있었는데, 도둑들에게 고뇌를 당하거나, 혹은 약탈을 당하거나, 혹은 구타를 당하였으며, 이것이 장애가 되었다면 마땅히 떠나가야 하며, 우안거를 깨트렸어도 무죄이니라.

여러 비구들이여. 이 처소에서 여러 비구들이 우안거에 들어가 있었는데, 필사차(畢舍遮)[25]들에게 고뇌를 당하거나, 혹은 빙의(憑依)[26]되거나, 혹은 정기(精氣)를 빼앗겼으며, 이것으로 장애가 되었다면 마땅히 떠나가야 하며, 우안거를 깨트렸어도 무죄이니라."

9-3 "여러 비구들이여. 이 처소에서 여러 비구들이 우안거에 들어가 있었는데, 그 취락이 불태워졌고, 여러 비구들이 걸식이 곤란하고 피로하였으며, 이것이 장애가 되었다면 마땅히 떠나가야 하며, 우안거를 깨트렸어도 무죄이니라.

여러 비구들이여. 이 처소에서 여러 비구들이 우안거에 들어가 있었는데, 그 와구와 좌상이 불태워졌고, 여러 비구들이 와구와 좌상으로 곤란하고 피로하였으며, 이것으로 장애가 되었다면 마땅히 떠나가야 하며, 우안거를 깨트렸어도 무죄이니라."

9-4 "여러 비구들이여. 이 처소에서 여러 비구들이 우안거에 들어가 있었는데, 그 취락이 물에 떠내려갔고, 여러 비구들이 걸식이 곤란하고 피로하였으며, 이것이 장애가 되었다면 마땅히 떠나가야 하며, 우안거를 깨트렸어도 무죄이니라.

여러 비구들이여. 이 처소에서 여러 비구들이 우안거에 들어가 있었는데, 그 와구와 좌상이 물에 떠내려갔고, 여러 비구들이 와구와 좌상으로 곤란하고 피로하였으며, 이것으로 장애가 되었다면 마땅히 떠나가야 하며, 우안거를 깨트렸어도 무죄이니라."

---

25) 팔리어 pisāca(피사차)의 음사이고, '악령(惡靈)'을 뜻하고 항상 사납고 악의적이라고 전해진다.
26) 다른 존재의 영혼이 사람의 몸에 들어오는 것을 말한다.

10) 안거의 파기 ②

10-1 그때 한 주처에서 여러 비구들이 안거에 들어갔는데, 그 취락이 도둑들을 피해서 이주(移住)하였다. 그 비구들은 이 일로써 세존께 아뢰었고, 세존께서는 말씀하셨다.

"여러 비구들이여. 취락이 이주한 곳으로 떠나가는 것을 허락하겠노라."

취락이 두 부분으로 나누어졌다. 그 비구들은 이 일로써 세존께 아뢰었고, 세존께서는 말씀하셨다.

"여러 비구들이여. 많은 자들이 있는 곳으로 떠나가는 것을 허락하겠노라."

많은 자들이 있는 곳에는 신심도 없었고, 청정한 마음도 없었다. 그 비구들은 이 일로써 세존께 아뢰었고, 세존께서는 말씀하셨다.

"여러 비구들이여. 신심도 있고, 청정한 마음이 있는 곳으로 떠나가는 것을 허락하겠노라."

11) 안거의 파기 ③

11-1 그때 교살라국의 한 주처에서 여러 비구들이 안거에 들어갔는데, 거칠거나, 묘한 음식을 모두 만족하게 얻지 못하였고, 마땅히 구할 수 없었다. 그 비구들은 이 일로써 세존께 아뢰었고, 세존께서는 말씀하셨다.

"여러 비구들이여. 이 처소에서 여러 비구들이 우안거에 들어가 있었는데, 거칠거나, 묘한 음식을 모두 만족하게 얻지 못하였고, 마땅히 구할 수 없었으며, 이것이 장애가 되었다면 마땅히 떠나가야 하며, 우안거를 깨트렸어도 무죄이니라.

여러 비구들이여. 이 처소에서 여러 비구들이 우안거에 들어가 있었는데, 거칠거나, 묘한 음식을 모두 만족하게 얻었고, 마땅히 구할 수 있었는데, 다만 만족하는 음식의 양을 얻지 못하였으며, 이것이 장애가 되었다면 마땅히 떠나가야 하며, 우안거를 깨트렸어도 무죄이니라."

11-2 "여러 비구들이여. 이 처소에서 여러 비구들이 우안거에 들어갔는데, 거칠거나, 묘한 음식을 모두 만족하게 얻었고, 마땅히 구할 수 있었으며, 만족하는 음식의 양을 얻었는데, 다만 마땅히 의약품을 얻지 못하였으며, 이것이 장애가 되었다면 마땅히 떠나가야 하며, 우안거를 깨트렸어도 무죄이니라.

여러 비구들이여. 이 처소에서 여러 비구들이 우안거에 들어갔는데, 거칠거나, 묘한 음식을 모두 만족하게 얻었고, 마땅히 구할 수 있었으며, 만족하는 음식의 양을 얻었고, 다만 마땅히 의약품을 얻었으나, 서로가 찬탄하고 모시는 자를 얻지 못하였으며, 이것이 장애가 되었다면 마땅히 떠나가야 하며, 우안거를 깨트렸어도 무죄이니라.

11-3 "여러 비구들이여. 이 처소에서 여러 비구들이 우안거에 들어갔는데, 여인이 그 비구를 유혹(誘惑)하면서 '오세요. 그대에게 황금을 주겠어요. 그대에게 묘한 색깔의 금을 주겠어요. 그대에게 밭을 주겠어요. 그대에게 토지를 주겠어요. 그대에게 황소(牡牛)를 주겠어요. 그대에게 암소(牝牛)를 주겠어요. 그대에게 딸을 주어서 아내로 삼게 하겠어요. 내가 그대의 아내가 되겠어요. 다른 아내를 데리고 오겠어요.'라고 말하였고, 이때 만약 비구가 마음에서 '세존께서는 마음이 쉽게 변한다고 설하셨는데, 혹은 나의 범행에 장애일 것이다.'라고 생각하였다면 마땅히 떠나가야 하며, 우안거를 깨트렸어도 무죄이니라."

11-4 "여러 비구들이여. 이 처소에서 여러 비구들이 우안거에 들어갔는데, 음녀(婬女)가 그 비구를 유혹하면서, …… 나아가 …… 장대(長大)한 동녀(童女)가 그 비구를 유혹하면서, …… 나아가 …… 황문이 그 비구를 유혹하면서, …… 나아가 …… 친족이 그 비구를 유혹하면서, …… 나아가

…… 국왕이 그 비구를 유혹하면서, …… 나아가 …… 도둑이 그 비구를 유혹하면서, …… 나아가 …… 악인(惡人)이 그 비구를 유혹하면서 '오세요. 그대에게 황금을 주겠어요. 그대에게 묘한 색깔의 금을 주겠어요. …… 내가 그대의 아내가 되겠어요. 다른 아내를 데리고 오겠어요.'라고 말하였고, 이때 만약 비구가 마음에서 '세존께서는 마음이 쉽게 변한다고 설하셨는데, 혹은 나의 범행에 장애일 것이다.'라고 생각하였다면 마땅히 떠나가야 하며, 우안거를 깨트렸어도 무죄이니라.

여러 비구들이여. 이 처소에서 여러 비구들이 우안거에 들어갔는데, 주인이 없는 재물을 발견하였고, 이때 만약 비구가 마음에서 '세존께서는 마음이 쉽게 변한다고 설하셨는데, 혹은 나의 범행에 장애일 것이다.'라고 생각하였다면 마땅히 떠나가야 하며, 우안거를 깨트렸어도 무죄이니라."

11-5 "여러 비구들이여. 이 처소에서 여러 비구들이 우안거에 들어갔는데, 여러 비구들이 승가를 파괴하려고 시도(試圖)하는 것을 보았고, 이때 만약 비구가 마음에서 '세존께서는 파승사는 최고의 무거운 죄라고 설하셨으므로, 나는 현전에서 파승사를 시도할 수 없다.'라고 생각하였다면 마땅히 떠나가야 하며, 우안거를 깨트렸어도 무죄이니라.

여러 비구들이여. 이 처소에서 여러 비구들이 우안거에 들어갔는데, 여러 비구들이 승가를 파괴하려고 시도한다고 들었고, …… 나는 현전에서 파승사를 시도할 수 없다.'라고 생각하였다면 마땅히 떠나가야 하며, 우안거를 깨트렸어도 무죄이니라."

11-6 "여러 비구들이여. 이 처소에서 여러 비구들이 우안거에 들어갔는데, 누구의 주처에서 여러 비구들이 승가를 파괴하려고 시도한다고 들었고, 이때 만약 비구가 마음에서 '그 여러 비구들은 나의 도반들이다. 내가 그들에게 〈세존께서는 파승사는 최고의 무거운 죄라고 설하셨으니, 여러 비구들께서는 파승사를 즐기지 마십시오.〉라고 말하더라도, 그들은 나의 말을 따르지 않을 것이고, 공손하게 듣지 않을 것이다.'라고 생각하였

다면 마땅히 떠나가야 하며, 우안거를 깨트렸어도 무죄이니라."

11-7 "여러 비구들이여. 이 처소에서 여러 비구들이 우안거에 들어갔는데, 누구의 주처에서 여러 비구들이 승가를 파괴하려고 시도한다고 들었고, 이때 만약 비구가 마음에서 '그 여러 비구들은 비록 나의 도반들이 아니더라도 나의 도반들의 도반들이다. 내가 그들에게 〈세존께서는 파승사는 최고의 무거운 죄라고 설하셨으니, 여러 비구들께서는 파승사를 즐기지 마십시오.〉라고 말하더라도, 그들은 나의 말을 따르지 않을 것이고, 공손하게 듣지 않을 것이다.'라고 생각하였다면 마땅히 떠나가야 하며, 우안거를 깨트려도 무죄이니라."

11-8 "여러 비구들이여. 이 처소에서 여러 비구들이 우안거에 들어갔는데, 누구의 주처에서 여러 비구들이 승가를 파괴하였다고 들었고, 이때 만약 비구가 마음에서 '그 여러 비구들은 나의 도반들이다. 내가 그들에게 〈세존께서는 파승사는 최고의 무거운 죄라고 설하셨으니, 여러 비구들께서는 파승사를 즐기지 마십시오.〉라고 말하더라도, 그들은 나의 말을 따르지 않을 것이고, 공손하게 듣지 않을 것이다.'라고 생각하였다면 마땅히 떠나가야 하며, 우안거를 깨트렸어도 무죄이니라."

11-9 "여러 비구들이여. 이 처소에서 여러 비구들이 우안거에 들어갔는데, 누구의 주처에서 여러 비구들이 승가를 파괴하였다고 들었고, 이때 만약 비구가 마음에서 '그 여러 비구들은 비록 나의 도반들이 아니더라도 나의 도반들의 도반들이다. 내가 그들에게 〈세존께서는 파승사는 최고의 무거운 죄라고 설하셨으니, 여러 비구들께서는 파승사를 즐기지 마십시오.〉라고 말하더라도, 그들은 나의 말을 따르지 않을 것이고, 공손하게 듣지 않을 것이다.'라고 생각하였다면 마땅히 떠나가야 하며, 우안거를 깨트렸어도 무죄이니라."

11-10 "여러 비구들이여. 이 처소에서 여러 비구니들이 우안거에 들어갔는데, 누구의 주처에서 여러 비구니들이 승가를 파괴하려고 시도한다고 들었고, 이때 만약 비구가 마음에서 '그 여러 비구니들은 나의 도반들이다. 내가 그녀들에게 〈세존께서는 파승사는 최고의 무거운 죄라고 설하셨으니, 여러 비구니들께서는 파승사를 즐기지 마십시오.〉라고 말하더라도, 그녀들은 나의 말을 따르지 않을 것이고, 공손하게 듣지 않을 것이다.'라고 생각하였다면 마땅히 떠나가야 하며, 우안거를 깨트렸어도 무죄이니라."

11-11 "여러 비구들이여. 이 처소에서 여러 비구니들이 우안거에 들어갔는데, 누구의 주처에서 여러 비구니들이 승가를 파괴하려고 시도한다고 들었고, 이때 만약 비구가 마음에서 '그 여러 비구니들은 비록 나의 도반들이 아니더라도 나의 도반들의 도반들이다. 내가 그녀들에게 〈세존께서는 파승사는 최고의 무거운 죄라고 설하셨으니, 여러 비구니들께서는 파승사를 즐기지 마십시오.〉라고 말하더라도, 그녀들은 나의 말을 따르지 않을 것이고, 공손하게 듣지 않을 것이다.'라고 생각하였다면 마땅히 떠나가야 하며, 우안거를 깨트렸어도 무죄이니라."

11-12 "여러 비구들이여. 이 처소에서 여러 비구니들이 우안거에 들어갔는데, 누구의 주처에서 여러 비구니들이 승가를 파괴하였다고 들었고, 이때 만약 비구가 마음에서 '그 여러 비구니들은 나의 도반들이다. 내가 그녀들에게 〈세존께서는 파승사는 최고의 무거운 죄라고 설하셨으니, 여러 비구니들께서는 파승사를 즐기지 마십시오.〉라고 말하더라도, 그녀들은 나의 말을 따르지 않을 것이고, 공손하게 듣지 않을 것이다.'라고 생각하였다면 마땅히 떠나가야 하며, 우안거를 깨트렸어도 무죄이니라."

11-13 "여러 비구들이여. 이 처소에서 여러 비구니들이 우안거에 들어갔는데, 누구의 주처에서 여러 비구니들이 승가를 파괴하였다고 들었고, 이때 만약 비구가 마음에서 '그 여러 비구니들은 비록 나의 도반들이

아니더라도 나의 도반들의 도반들이다. 내가 그들에게 〈세존께서는 파승
사는 최고의 무거운 죄라고 설하셨으니, 여러 비구니들께서는 파승사를
즐기지 마십시오.〉라고 말하더라도, 그녀들은 나의 말을 따르지 않을
것이고, 공손하게 듣지 않을 것이다.'라고 생각하였다면 마땅히 떠나가야
하며, 우안거를 깨트렸어도 무죄이니라."

[안거의 파기를 마친다.]

12) 안거의 처소

12-1 그때 한 비구가 소(牛)의 외양간에서 우안거에 들어가고자 하였고,
그 비구는 이 일로써 세존께 아뢰었고, 세존께서는 말씀하셨다.

"여러 비구들이여. 소의 외양간에서 우안거에 들어가는 것을 허락하겠
노라."

소의 외양간을 옮겨갔으므로, 그 비구는 이 일로써 세존께 아뢰었고,
세존께서는 말씀하셨다.

"여러 비구들이여. 소의 외양간에서 옮겨가는 것을 허락하겠노라."

12-2 그때 한 비구가 우안거에 들어가는 때에 가까웠는데, 상단(商團)과
함께 떠나가려고 하였다. 그 비구는 이 일로써 세존께 아뢰었고, 세존께서
는 말씀하셨다.

"여러 비구들이여. 상단의 가운데에서 우안거에 들어가는 것을 허락하
겠노라."

그때 한 비구가 우안거에 들어가는 때에 가까웠는데, 배(船)를 타고서
떠나가려고 하였다. 그 비구는 이 일로써 세존께 아뢰었고, 세존께서는
말씀하셨다.

"여러 비구들이여. 배의 가운데에서 우안거에 들어가는 것을 허락하겠

노라."

12-3 그때 여러 비구들이 나무의 동굴에서 우안거에 들어갔는데, 여러 사람들이 싫어하고 비난하였다.

"오히려 수신(樹神)과 같구나."

그 여러 비구들은 이 일로써 세존께 아뢰었고, 세존께서는 말씀하셨다.

"여러 비구들이여. 나무의 동굴에서 우안거에 들어갈 수 없느니라. 들어가는 자는 악작을 범하느니라."

12-4 그때 여러 비구들이 나무의 위에서 우안거에 들어갔는데, 여러 사람들이 싫어하고 비난하였다.

"오히려 사냥꾼(獵師)과 같구나."

그 여러 비구들은 이 일로써 세존께 아뢰었고, 세존께서는 말씀하셨다.

"여러 비구들이여. 나무의 위에서 우안거에 들어갈 수 없느니라. 들어가는 자는 악작을 범하느니라."

12-5 그때 여러 비구들이 노지(露地)에서 우안거에 들어갔는데, 하늘에서 비가 내리면 혹은 나무 아래로 피하거나, 혹은 점파수(拈笆樹)²⁷⁾의 동굴로 피하였다. 그 여러 비구들은 이 일로써 세존께 아뢰었고, 세존께서는 말씀하셨다.

"여러 비구들이여. 노지에서 우안거에 들어갈 수 없느니라. 들어가는 자는 악작을 범하느니라."

12-6 그때 여러 비구들이 와구가 없이 와상 위에서 우안거에 들어갔는데, 추위에 피로하였고, 더위에 피로하였다. 그 여러 비구들은 이 일로써 세존께 아뢰었고, 세존께서는 말씀하셨다.

---

27) 팔리어 Nimbakosa(님바코사)의 번역이고, nimba는 인도 라일락으로 알려진 나무이며, kosa는 동굴을 뜻하므로, 나뭇가지의 아래가 동굴과 비슷하여 부르는 말이다.

"여러 비구들이여. 와구가 없이 와상 위에서 우안거에 들어갈 수 없느니라. 들어가는 자는 악작을 범하느니라."

12-7 그때 여러 비구들이 영안실(靈安室)에서 우안거에 들어갔는데, 여러 사람들이 싫어하고 비난하였다.

"오히려 화장(火葬)하는 사람과 같구나."

그 여러 비구들은 이 일로써 세존께 아뢰었고, 세존께서는 말씀하셨다.

"여러 비구들이여. 영안실에서 우안거에 들어갈 수 없느니라. 들어가는 자는 악작을 범하느니라."

12-8 그때 여러 비구들이 천막(傘蓋)의 아래에서 우안거에 들어갔는데, 여러 사람들이 싫어하고 비난하였다.

"오히려 목동(牧者)과 같구나."

그 여러 비구들은 이 일로써 세존께 아뢰었고, 세존께서는 말씀하셨다.

"여러 비구들이여. 천막의 아래에서 우안거에 들어갈 수 없느니라. 들어가는 자는 악작을 범하느니라."

12-9 그때 여러 비구들이 항아리의 가운데에서 우안거에 들어갔는데, 여러 사람들이 싫어하고 비난하였다.

"오히려 외도(外道)와 같구나."

그 여러 비구들은 이 일로써 세존께 아뢰었고, 세존께서는 말씀하셨다.

"여러 비구들이여. 항아리의 가운데에서 우안거에 들어갈 수 없느니라. 들어가는 자는 악작을 범하느니라."

[안거의 처소를 마친다.]

13) 안거 중의 출가

13-1 그때 사위국(舍衛國)[28]의 승가는 우안거 기간에 출가시키지 않겠다고 서로가 약속하였는데, 비사거녹자모(毘舍佉鹿子母)[29]의 손자가 여러 비구들의 처소에 이르러 출가를 구하였다. 여러 비구들이 말하였다.

"승가는 우안거 기간에 출가시키지 않겠다고 서로가 약속하였습니다. 잠시 여러 비구들의 우안거를 기다린다면 우안거를 마치는 때에 곧 출가시키겠습니다."

이때 여러 비구들이 우안거를 마쳤던 때에 비사거녹자모의 손자에게 말하였다.

"지금 출가하십시오."

그는 말하였다.

"만약 내가 이미 출가하였다면 나는 환희하였을 것입니다. 지금 나는 출가하지 않겠습니다."

13-2 비사거녹자모는 싫어하고 비난하였다.

"어찌하여 여러 비구들은 우안거 기간에 출가시키지 않겠다고 이와 같이 서로가 약속하였는가? 어느 때에 법을 행할 수 없겠는가?"

여러 비구들은 비사거녹자모가 싫어하고 비난하는 것을 들었다. 그 여러 비구들은 이 일로써 세존께 아뢰었고, 세존께서는 말씀하셨다.

"여러 비구들이여. 안거 기간에 출가시키지 않겠다고 이와 같이 서로가 약속할 수 없느니라. 약속하는 자는 악작을 범하느니라."

[안거 중의 출가를 마친다.]

---

28) 팔리어 Sāvatthi(사바띠)의 음사이다.
29) 팔리어 Visākha migāramāta(비사카 미가라마타)의 음사이다.

14) 안거의 약속

14-1 그때 장로 우파난타(優波難陀)[30] 석자(釋子)는 교살라국의 파사닉왕
(波斯匿王)[31]에게 서로가 우안거를 하겠다고 이전에 약속하였으므로,
그는 그곳의 주처로 갔다. 도중에 많은 옷과 물건이 있는 두 번째의
주처를 보았으므로, 그는 마음에서 생각하였다.

'나는 마땅히 두 주처에서 우안거를 머물러야겠다. 이곳에서는 많은
옷과 물건을 얻을 것이다.'

그는 이 두 주처에서 우안거를 머물렀으므로, 교살라국의 파사닉왕은
싫어하고 비난하였다.

"어찌하여 우파난타 석자는 나와 함께 약속한 것을 깨트리는가? 세존께
서는 어찌 무수(無數)한 방편으로 망어(妄語)를 꾸짖으셨고, 망어를 떠난
것을 찬탄하지 않았는가?"

14-2 여러 비구들은 교살라국의 파사닉왕이 싫어하고 비난하는 것을
들었고 욕심이 적은 비구들은 싫어하고 비난하였다. 그 여러 비구들은
이 일로써 세존께 아뢰었고, 세존께서는 말씀하셨다.

"무슨 까닭으로써 우파난타 석자는 교살라국의 파사닉왕과 함께 약속
한 것을 깨트리는가? 세존께서는 어찌 무수한 방편으로 망어를 꾸짖으셨
고, 망어를 떠난 것을 찬탄하지 않았는가?"

이때 그 여러 비구들은 이 일로써 세존께 아뢰었다. 이때 세존께서는
이 인연으로써 비구승가를 모으셨으며, 장로 우파난타 석자에게 물어
말씀하셨다.

"우파난타여. 그대는 진실로 교살라국의 파사닉왕과 함께 약속한 것을
깨트렸는가?"

"진실로 그렇습니다. 세존이시여."

---

30) 팔리어 Upanada(우파난다)의 음사이다.
31) 팔리어 Pasenadi(파세나디)의 음사이다.

세존께서는 꾸짖으셨다.

"어리석은 사람이여. 어찌하여 교살라국의 파사닉왕과 함께 약속한 것을 위반하였는가? 어리석은 사람이여. 내가 어찌 무수한 방편으로 망어를 꾸짖었고, 망어를 떠난 것을 찬탄하지 않았는가? 어리석은 사람이여. 이것은 믿지 않는 자는 신심이 생겨나지 않게 하고, 이미 믿었던 자는 증장시키지 않느니라. 어리석은 사람이여. 이것은 오히려 믿지 않는 자는 불신이 생겨나지 않는 것이 없게 하고, 믿었던 자는 전전하여 일부가 다른 곳을 향하여 떠나가게 하느니라."

이때 세존께서는 여러 방편으로써 꾸짖으셨고 설법하셨으며, 여러 비구들에게 알려 말씀하셨다.

14-3 "여러 비구들이여. 이 처소에서 어느 비구가 이전에 우안거를 함께 약속하였고, 그 비구가 그 처소로 가면서 도중에 많은 옷과 물건이 있는 두 번째 주처를 보았으므로, 그는 마음에서 '나는 마땅히 두 번째 주처에서 우안거를 머물러야겠다. 이곳에서는 많은 옷과 물건을 얻을 것이다.'라고 생각하였고, 그 비구가 그 두 번째 주처에서 우안거를 하였다면, 여러 비구들이여. 그 비구는 전우안거(前雨安居)를 행하겠다는 약속을 깨트렸으므로 악작을 범하느니라."

14-4 "여러 비구들이여. 이 처소에서 어느 비구가 전우안거를 서로가 약속하였고, 그 비구가 그 처소로 가면서 밖에서 포살을 행하였으며, 보름의 처음 날에 정사(精舍)에 이르렀고, 와구와 좌상을 펼쳐놓고 음식을 조리하며 방사를 청소하고서 그날에 일이 없더라도 떠나갔다면, 여러 비구들이여. 그 비구는 전우안거를 행하겠다는 약속을 깨트렸으므로 악작을 범하느니라.

여러 비구들이여. 이 처소에서 어느 비구가 전우안거를 서로가 약속하였고, …… 그날에 일이 있더라도 떠나갔다면, 여러 비구들이여. 그 비구는 전우안거를 행하겠다는 약속을 깨트렸으므로 악작을 범하느니라.

14-5 "여러 비구들이여. 이 처소에서 어느 비구가 전우안거를 서로가 약속하였고, …… 2·3일을 머물렀으며 일이 없더라도 떠나갔다면, 여러 비구들이여. 그 비구는 전우안거를 행하겠다는 약속을 깨트렸으므로 악작을 범하느니라. 여러 비구들이여. 이 처소에서 어느 비구가 전우안거를 서로가 약속하였고, …… 2·3일을 머물렀으며 일이 있더라도 떠나갔다면, 여러 비구들이여. 그 비구는 전우안거를 행하겠다는 약속을 깨트렸으므로 악작을 범하느니라.

여러 비구들이여. 이 처소에서 어느 비구가 전우안거를 서로가 약속하였고, …… 2·3일을 머물렀으며 7일간의 행할 일이 있어서 떠나갔으며, 그 비구가 밖에서 7일을 지냈다면, 여러 비구들이여. 그 비구는 전우안거를 행하겠다는 약속을 깨트렸으므로 악작을 범하느니라. 여러 비구들이여. 이 처소에서 어느 비구가 전우안거를 서로가 약속하였고, …… 2·3일을 머물렀으며 7일간의 행할 일이 있어서 떠나갔으며, 그 비구가 7일의 중간에 돌아왔다면, 여러 비구들이여. 그 비구는 전우안거를 행하겠다는 약속을 깨트렸던 것이 아니므로 무죄이니라."

14-6 "여러 비구들이여. 이 처소에서 어느 비구가 전우안거를 서로가 약속하였고, …… 자자를 행하기 이전에 7일간의 행할 일이 있어서 떠나갔다면, 그 비구가 주처에 돌아왔거나, 혹은 주처에 돌아오지 않았더라도, 여러 비구들이여. 그 비구는 전우안거를 행하겠다는 약속을 깨트렸던 것이 아니므로 무죄이니라."

14-7 "여러 비구들이여. 이 처소에서 어느 비구가 전우안거를 서로가 약속하였고, 그 비구가 그 처소로 가서 포살을 행하였으며, 보름의 처음 날에 정사에 이르렀고, 와구와 좌상을 펼쳐놓고 음식을 조리하며 방사를 청소하고서 그날에 일이 없더라도 떠나갔다면, 여러 비구들이여. 그 비구는 전우안거를 행하겠다는 약속을 깨트렸으므로 악작을 범하느니라."

14-8 "여러 비구들이여. 이 처소에서 어느 비구가 전우안거를 서로가 함께 약속하였고, …… 행할 일이 있어서 그날에 떠나갔거나, …… 나아가 …… 2·3일을 머물렀으며 행할 일이 없어도 떠나갔거나, …… 나아가 …… 2·3일을 머물렀으며 행할 일이 있어서 떠나갔거나, …… 나아가 …… 2·3일을 머물렀으며 7일간의 행할 일이 있어서 떠나갔으며, 그 비구가 밖에서 7일을 지냈다면, 여러 비구들이여. 그 비구는 전우안거를 행하겠다는 약속을 깨트렸으므로 악작을 범하느니라."

14-9 "여러 비구들이여. 이 처소에서 어느 비구가 전우안거를 서로가 약속하였고, …… 2·3일을 머물렀으며 7일간의 행할 일이 있어서 떠나갔으며, 그 비구가 7일의 중간에 돌아왔다면, 여러 비구들이여. 그 비구는 전우안거를 행하겠다는 약속을 깨트렸던 것이 아니므로 무죄이니라.

여러 비구들이여. 이 처소에서 어느 비구가 전우안거를 서로가 약속하였고, …… 자자를 행하기 이전에 7일간의 행할 일이 있어서 떠나갔다면, 그 비구가 주처에 돌아왔거나, 혹은 주처에 돌아오지 않았더라도, 여러 비구들이여. 그 비구는 전우안거를 행하겠다는 약속을 깨트렸던 것이 아니므로 무죄이니라."

14-10 "여러 비구들이여. 이 처소에서 어느 비구가 후우안거(後雨安居)를 서로가 약속하였고, 그 비구가 그 처소로 가면서 밖에서 포살을 행하였으며, 보름의 처음 날에 정사에 이르렀고, 와구와 좌상을 펼쳐놓고 음식을 조리하며 방사를 청소하고서 그날에 행할 일이 없더라도 떠나갔다면, 여러 비구들이여. 그 비구는 후우안거를 행하겠다는 약속을 깨트렸으므로 악작을 범하느니라.

여러 비구들이여. 이 처소에서 어느 비구가 후우안거를 서로가 약속하였고, …… 그날에 일이 있더라도 떠나갔다면, 여러 비구들이여. 그 비구는 후우안거를 행하겠다는 약속을 깨트렸으므로 악작을 범하느니라.

14-11 "여러 비구들이여. 이 처소에서 어느 비구가 후우안거를 서로가 약속하였고, …… 2·3일을 머물렀으며 일이 없더라도 떠나갔다면, 여러 비구들이여. 그 비구는 후우안거를 행하겠다는 약속을 깨트렸으므로 악작을 범하느니라. 여러 비구들이여. 이 처소에서 어느 비구가 후우안거를 서로가 약속하였고, …… 2·3일을 머물렀으며 일이 있더라도 떠나갔다면, 여러 비구들이여. 그 비구는 후우안거를 행하겠다는 약속을 깨트렸으므로 악작을 범하느니라.

여러 비구들이여. 이 처소에서 어느 비구가 후우안거를 서로가 약속하였고, …… 2·3일을 머물렀으며 7일의 행할 일이 있어서 떠나갔으며, 그 비구가 밖에서 7일을 지냈다면, 여러 비구들이여. 그 비구는 후우안거를 행하겠다는 약속을 깨트렸으므로 악작을 범하느니라. 여러 비구들이여. 이 처소에서 어느 비구가 후우안거를 서로가 약속하였고, …… 2·3일을 머물렀으며 7일의 행할 일이 있어서 떠나갔으며, 그 비구가 7일의 중간에 돌아왔다면, 여러 비구들이여. 그 비구는 후우안거를 행하겠다는 약속을 깨트렸던 것이 아니므로 무죄이니라."

14-12 "여러 비구들이여. 이 처소에서 어느 비구가 후우안거를 서로가 약속하였고, …… 자자를 행하기 이전에 7일의 행할 일이 있어서 떠나갔다면, 그 비구가 주처에 돌아왔거나, 혹은 주처에 돌아오지 않았더라도, 여러 비구들이여. 그 비구는 후우안거를 행하겠다는 약속을 깨트렸던 것이 아니므로 무죄이니라."

14-13 "여러 비구들이여. 이 처소에서 어느 비구가 후우안거를 서로가 약속하였고, 그 비구가 그 처소로 가서 포살을 행하였으며, 보름의 처음 날에 정사에 이르렀고, 와구와 좌상을 펼쳐놓고 음식을 조리하며 방사를 청소하고서 그날에 일이 없더라도 떠나갔다면, 여러 비구들이여. 그 비구는 후우안거를 행하겠다는 약속을 깨트렸으므로 악작을 범하느니라."

14-14 "여러 비구들이여. 이 처소에서 어느 비구가 후우안거를 서로가 약속하였고, …… 행할 일이 있어서 그날에 떠나갔거나, …… 나아가 …… 2·3일을 머물렀으며 행할 일이 없어도 떠나갔거나, …… 나아가 …… 2·3일을 머물렀으며 행할 일이 있어서 떠나갔거나, …… 나아가 …… 2·3일을 머물렀으며 7일의 행할 일이 있어서 떠나갔으며, 그 비구가 밖에서 7일을 지냈다면, 여러 비구들이여. 그 비구는 후우안거를 행하겠다는 약속을 깨트렸으므로 악작을 범하느니라."

14-15 "여러 비구들이여. 이 처소에서 어느 비구가 후우안거를 서로가 약속하였고, …… 2·3일을 머물렀으며 7일의 행할 일이 있어서 떠나갔으며, 그 비구가 7일의 중간에 돌아왔다면, 여러 비구들이여. 그 비구는 후우안거를 행하겠다는 약속을 깨트렸던 것이 아니므로 무죄이니라.

　여러 비구들이여. 이 처소에서 어느 비구가 후우안거를 서로가 약속하였고, …… 자자를 행하기 이전에 7일의 행할 일이 있어서 떠나갔다면, 그 비구가 주처에 돌아왔거나, 혹은 주처에 돌아오지 않았더라도, 여러 비구들이여. 그 비구는 후우안거를 행하겠다는 약속을 깨트렸던 것이 아니므로 무죄이니라."

　[안거의 약속을 마친다.]

　○ 【둘째의 송출품을 마친다.】

이 건도를 섭송으로 설하겠노라.

우안거에 들어가는 것과
어느 때와 몇 일과

중간에 유행하는 것과
들어가지 않는 것과 고의와

연기하는 것과 우바새와
병, 어머니, 아버지, 형제와
자매와 친족과
비구의 벗과 정사와

맹수와 뱀과
도둑과 필사차와
불의 재난 두 가지와
물난리와 취락을 옮긴 것과

많은 촌락의 시주자와
거칠고 묘한 음식과
의약품과 시자와
여인과 음녀와

황문과 친족과
국왕과 도둑과
악인과 재물과
파승사의 여덟 가지와

소의 외양간과 상단과
배, 동굴, 나무 동굴과
노지의 우안거와
와구가 없는 것과 와상과

영안실과 천막과
항아리에서 안거하는 것과
승가와의 약속과 어기는 것과
밖에서 포살하는 것과

전우안거와
후우안거와
일이 있어 7일을 떠나는 것과
일이 없어도 떠나는 것과

일이 있어 다만 떠나는 것과
2일, 3일, 7일의 행할 일과
먼저 7일을 떠나가는 것과
돌아오거나, 돌아오지 않아도 무죄인 것과

마땅히 이 여러 일을 듣는다면
섭송의 가운데에서 중요한 말이고
이 건도의 가운데에는
52사(事)가 있다.

◎ 포살건도를 마친다.

대건도 제4권

제4장 자자건도(自恣犍度)¹⁾

1. 제1송출품(第一誦出品)

1) 자자(自恣)²⁾의 연기(緣起)

1-1 그때 불·세존께서는 사위성(舍衛城)의 기수급고독원(祇樹給孤獨園)에 머무르셨다. 그때 많이 보아서 서로가 친근하였던 여러 비구들이 교살라국의 한 처소에서 우안거에 들어갔다. 이때 그 여러 비구들은 마음에서 사유하였다.

'우리들은 무슨 방편이라면 화합하고 환희하며 서로가 투쟁하지 않고 우안거를 안락하게 머무르며 음식을 얻으면서 피로함이 없을까?'

이때 그 여러 비구들은 마음에서 사유하였다.

'우리들은 함께 말하지 않고 문신하지 않으며 먼저 취락에서 걸식하고 돌아오는 자는 좌상을 펼치고 발을 씻는 물과 발 받침대와 발수건을

---

1) 팔리어 Pavāraṇākkhandhaka(파바라나 깐다카)의 번역이다.
2) 팔리어 Pavāraṇā(파바라나)의 번역이다.

준비하며, 잔식(殘食)과 그릇을 준비하고 음식을 준비해야 한다.

뒤에 취락에서 걸식하고 돌아오는 자가 만약 남은 음식이 있는데 먹으려는 자는 그것을 먹고, 먹으려고 하지 않는 자는 곧 푸른 풀이 없는 곳이거나, 혹은 벌레가 없는 깊은 물속에 그것을 버려야 하며 그 좌상을 치우고 발을 씻는 물과 발 받침대와 발수건을 치우며 잔식(殘食)과 그릇을 치우고 식당을 청정하게 청소해야 한다.

만약 마시는 물병, 씻는 물병, 화장실의 항아리의 물이 비었다면 그 사람이 마땅히 그것을 준비해야 한다. 만약 그가 능히 준비할 수 없다면 손짓으로 다른 비구를 불러서 그것을 준비하면서 다만 몸으로 행동하고 말이 없어야 한다. 만약 이와 같다면 우리들은 화합하고 환희하며 서로가 투쟁하지 않고 우안거를 안락하게 머무르며 음식을 얻으면서 피로함이 없을 것이다.'

1-2 이때 그 여러 비구들은 함께 말하지 않았고 문신하지 않았으며 먼저 취락에서 걸식하고서 돌아왔던 자는 좌상을 펼쳤고 발을 씻는 물과 발 받침대와 발수건을 준비하였으며, 잔식과 그릇을 준비하였고 음식을 준비하였다.

뒤에 취락에서 걸식하고 돌아왔던 자는 만약 남은 음식이 있는데 먹으려는 자는 그것을 먹었고, 먹으려고 하지 않았던 자는 곧 푸른 풀이 없는 곳이거나, 혹은 벌레가 없는 깊은 물속에 그것을 버렸으며 그 좌상을 치웠고 발을 씻는 물과 발 받침대와 발수건을 치웠으며 잔식과 그릇을 치웠고 식당을 청정하게 청소하였으며, 만약 마시는 물병, 씻는 물병, 화장실의 항아리의 물이 비었다면 그 사람이 마땅히 그것을 준비하였고, 만약 그가 능히 준비할 수 없다면 손짓으로 다른 비구를 불러서 그것을 준비하면서 다만 몸으로 행동하고 말이 없었다.

1-3 이때 우안거를 마친 여러 비구들은 세존께 나아가서 예경하는 것이 상법(常法)이었다. 이때 그 여러 비구들은 3개월의 우안거를 마치고 와구

와 좌상을 거두었으며 옷과 발우를 지니고 사위성으로 떠나갔다. 점차 유행하여 사위성의 기수급고독원 세존의 주처로 나아갔다. 이르러 세존께 예경하고서 한쪽에 앉았다. 불·세존께서는 객비구들과 함께 서로가 친절하게 문신하는 것이 상법이었다. 이때 세존께서는 여러 비구들에게 물어 말씀하였다.

"여러 비구들이여. 견딜 수 있었는가? 만족하였는가? 화합하였고 환희 하였으며 투쟁하지 않고 안락하게 우안거를 머물렀는가? 걸식은 피로하지 않았는가?"

"세존이시여. 견딜 수 있었고 만족하였습니다. 화합하였고 환희하였으며 투쟁하지 않고 안락하게 우안거를 머물렀으며 걸식을 위하여 피로하지 않았습니다."

1-4 모든 여래께서는 지혜가 있으시므로 알고도 묻는 것이고, 알고도 묻지 않으시는 것이며, 때를 알고서 물으시는 것이고, 때를 알고도 묻지 않으시는 것이며, 이익이 있다면 묻는 것이고, 이익이 없다면 묻지 않으시는 것이니, 모든 여래께 곧 이익이 없다면 교량(橋梁)을 훼손하는 것이다. 불·세존께서는 두 가지의 모습에 의지하여 여러 비구들에게 묻는 것이니, 비구들을 위하여 설법하시거나, 혹은 성문 제자를 위하여 학처를 제정하여 세우시는 것이다.

"여러 비구들이여. 그대들은 어찌 화합하였고 환희하였으며 투쟁하지 않고 안락하게 우안거를 머물렀으며 걸식을 위하여 피로하지 않았는가?"

1-5 "이 처소의 우리들은 많이 보아서 서로가 친근하였던 여러 비구들이 교살라국의 한 처소에서 우안거에 들어갔으며, 이때 그 여러 비구들은 마음에서 사유하였습니다.

'우리들은 무슨 방편이라면 화합하고 환희하며 서로가 투쟁하지 않고 우안거를 안락하게 머무르며 음식을 얻으면서 피로함이 없을까?'

우리들은 마음에서 사유하였습니다.

'우리들은 함께 말하지 않고 문신하지 않으며 먼저 취락에서 걸식하고 돌아오는 자는 좌상을 펼치고 발을 씻는 물과 발 받침대와 발수건을 준비하며, …… 만약 이와 같다면 우리들은 화합하고 환희하며 서로가 투쟁하지 않고 우안거를 안락하게 머무르며 음식을 얻으면서 피로함이 없을 것이다.'

이때 그 여러 비구들은 함께 말하지 않았고 문신하지 않았으며 먼저 취락에서 걸식하고서 돌아왔던 자는 좌상을 펼쳤고 발을 씻는 물과 발 받침대와 발수건을 준비하였으며, …… 만약 그가 능히 준비할 수 없다면 손짓으로 다른 비구를 불러서 그것을 준비하면서 다만 몸으로 행동하고 말이 없었습니다. 이와 같아서 화합하였고 환희하였으며 투쟁하지 않고 안락하게 우안거를 머물렀으며 걸식을 위하여 피로하지 않았습니다."

1-6 이때 세존께서는 여러 비구들에게 알려 말씀하셨다.

"여러 비구들이여. 이 어리석은 사람들은 안락하게 머무르지 않았으나 안락하게 머물렀다고 말하는구나! 여러 비구들이여. 이 어리석은 사람들은 축생들과 함께 머물렀으나 안락하게 머물렀다고 말하는구나! 여러 비구들이여. 이 어리석은 사람들은 하얀 양(白羊)들과 함께 머물렀으나 안락하게 머물렀다고 말하는구나! 여러 비구들이여. 이 어리석은 사람들은 방일하게 머물렀으나 안락하게 머물렀다고 말하는구나! 여러 비구들이여. 어찌하여 이 어리석은 사람들은 외도의 처소에서 지녔던 벙어리의 계율을 지녔었는가?

여러 비구들이여. 이것은 믿지 않는 자는 신심이 생겨나지 않게 하고, 이미 믿었던 자는 증장시키지 않느니라. 어리석은 사람이여. 이것은 오히려 믿지 않는 자는 불신이 생겨나지 않는 것이 없게 하고, 믿었던 자는 전전하여 일부가 다른 곳을 향하여 떠나가게 하느니라."

이때 세존께서는 여러 방편으로써 꾸짖으셨고 설법하셨으며, 여러 비구들에게 알려 말씀하셨다.

"여러 비구들이여. 외도의 처소에서 지녔던 벙어리의 계율을 지닐 수 없느니라. 지니는 자는 악작을 범한다. 여러 비구들이여. 우안거를 머물렀다면 비구들은 3사(事)에 의지하여 자자를 행해야 하나니, 보았거나, 들었거나, 의심스러운 것이니라. 그대들은 이것에 의지하여 서로가 수순하고 죄를 벗어나며 계율을 존중할지니라."

1-7 "여러 비구들이여. 자자를 행하는 자는 마땅히 이와 같이 행해야 하느니라. 총명하고 유능한 비구가 승가의 가운데에서 창언해야 한다.

'대덕 승가께서는 허락하십시오. 오늘은 자자를 행해야 합니다. 만약 승가께서 때에 이르렀다면 승가께서는 마땅히 자자를 행하겠습니다.'

장로인 비구는 마땅히 오른쪽 어깨를 드러내고 호궤(胡跪) 합장하고서 말해야 한다.

'나는 보았고 들었으며, 의심스러운 것으로써 승가에서 자자를 행하겠습니다. 여러 대덕들께서는 나를 애민하게 생각하시는 까닭으로 내가 죄를 짓는 것을 보았거나, 들었거나, 의심스러운 것을 말씀하신다면 나는 곧 그것을 없애겠습니다.'

두 번째에도 역시 이와 같고, …… 세 번째에도 역시 이와 같다.

하좌인 비구도 마땅히 오른쪽 어깨를 드러내고 호궤 합장하고서 말해야 한다.

'나는 보았고 들었으며, 의심스러운 것으로써 승가에서 자자를 행하겠습니다. 여러 대덕들께서는 나를 애민하게 생각하시는 까닭으로 내가 죄를 짓는 것을 보았거나, 들었거나, 의심스러운 것을 말씀하신다면 나는 곧 그것을 없애겠습니다.'

두 번째에도 역시 이와 같고, …… 세 번째에도 역시 이와 같느니라.

[자자의 연기를 마친다.]

2) 자자의 모습

2-1 그때 육군비구들은 여러 장로 비구들이 호궤 합장하고 자자를 행하는 때에 자리에 앉았다. 그때 욕심이 적은 여러 비구들은 싫어하고 비난하였다.

"무슨 까닭으로 육군비구들은 여러 장로 비구들이 호궤 합장하고 자자를 행하는 때에 자리에 앉는가?"

이때 그 여러 비구들은 이 일로써 세존께 아뢰었다. 이때 세존께서는 이 인연으로써 비구승가를 모으셨으며, 육군비구들에게 물어 말씀하셨다.

"육군비구들이여. 그대들이 진실로 여러 장로 비구들이 호궤 합장하고 자자를 행하는 때에 자리에 앉았는가?"

"진실로 그렇습니다. 세존이시여."

세존께서는 꾸짖으셨다.

"어리석은 사람들이여. 어찌하여 여러 장로 비구들이 호궤 합장하고 자자를 행하는 때에 자리에 앉았는가? 어리석은 사람들이여. 이것은 믿지 않는 자는 신심이 생겨나지 않게 하고, 이미 믿었던 자는 증장시키지 않느니라. 어리석은 사람이여. 이것은 오히려 믿지 않는 자는 불신이 생겨나지 않는 것이 없게 하고, 믿었던 자는 전전하여 일부가 다른 곳을 향하여 떠나가게 하느니라."

이때 세존께서는 여러 방편으로써 꾸짖으셨고 설법하셨으며, 여러 비구들에게 알려 말씀하셨다.

"여러 비구들이여. 여러 장로 비구들이 호궤 합장하고 자자를 행하는 때에 자리에 앉을 수 없느니라. 앉는 자는 악작을 범한다. 여러 비구들이여. 일체의 비구들이 호궤 합장하고 자자를 행하는 것을 허락하겠노라."

2-2 그때 한 명의 늙고 마른 비구가 일체의 비구들이 자자를 행하는 때에 호궤 합장하고 기다렸으나, 기절하여 넘어졌다. 그 여러 비구들은 이 일로써 세존께 아뢰었고, 세존께서는 말씀하셨다.

"여러 비구들이여. 자자를 행하는 틈새이거나, 호궤 합장하고 자자를 마치는 때에는 자리에 앉을 수 있느니라."

[자자의 모습을 마친다.]

3) 자자의 날짜와 여욕(與欲)

3-1 이때 그 여러 비구들은 마음에서 사유하였다.

'자자의 날짜는 어느 때인가?'

그 여러 비구들은 이 일로써 세존께 아뢰었고, 세존께서는 말씀하셨다.

"여러 비구들이여. 자자는 두 번의 날짜가 있나니, 14일과 15일이니라. 여러 비구들이여. 이와 같이 자자는 두 번의 날이 있느니라."

3-2 이때 그 여러 비구들은 마음에서 사유하였다.

'자자갈마(自恣羯磨)는 몇 종류가 있는가?'

그 여러 비구들은 이 일로써 세존께 아뢰었고, 세존께서는 말씀하셨다.

"여러 비구들이여. 네 종류의 자자갈마가 있나니, 비법별중(非法別衆)의 자자갈마, 비법화합(非法和合)의 자자갈마, 여법별중(如法別衆)의 자자갈마, 여법화합(如法和合)의 자자갈마이니라. 여러 비구들이여. 이 가운데에서 비법별중의 자자갈마는 곧 여법하지 않나니, 여러 비구들이여. 이와 같은 자자갈마는 행할 수 없고, 역시 이와 같은 자자갈마는 허락하지 않겠노라.

여러 비구들이여. 이 가운데에서 비법화합의 자자갈마가 있으나, 여러 비구들이여. 이와 같은 자자갈마는 행할 수 없고, 역시 이와 같은 자자갈마는 허락하지 않겠노라.

여러 비구들이여. 이 가운데에서 여법별중의 자자갈마가 있으나, 여러 비구들이여. 이와 같은 자자갈마는 행할 수 없고, 역시 이와 같은 자자갈마는 허락하지 않겠노라. 여러 비구들이여. 이 가운데에서 여법화합의 포살갈마가 있다. 여러 비구들이여. 이와 같은 자자갈마는 행할 수 있고, 역시 이와 같은 자자갈마는 허락하겠노라.

여러 비구들이여. 마땅히 이와 같이 사유해야 한다.

'나는 이와 같은 여법화합의 자자갈마를 행하겠다.'

여러 비구들이여. 그대들은 마땅히 이와 같이 배울지니라."

3-3 이때 세존께서는 여러 비구들에게 알려 말씀하셨다.

"여러 비구들이여. 모이도록 하라! 승가는 자자를 행할지니라."

이와 같이 말씀하시는 때에 한 비구가 아뢰어 말하였다.

"병든 비구가 오지 않았습니다."

세존께서는 말씀하셨다.

"여러 비구들이여. 병든 비구가 자자의 욕(欲)을 주는 것을 허락하겠노라. 여러 비구들이여. 자자의 욕을 주는 자는 마땅히 이와 같이 행해야 하느니라. 병든 비구는 마땅히 한 비구의 처소에 이르러 오른쪽 어깨를 드러내고 호궤 합장하고서 창언해야 한다.

'나는 자자의 욕을 주겠습니다. 나의 자자의 욕을 취하십시오. 나의 자자를 행하십시오.'

이와 같이 몸으로써 욕을 알리고, 말로써 욕을 알리며, 몸과 말로써 욕을 알리는 자는 곧 자자의 욕을 주었던 것이다. 몸으로써 욕을 알리지 않고, 말로써 욕을 알리지 않으며, 몸과 말로써 욕을 알리지 않은 자는 곧 자자의 욕을 주었던 것이 아니니라."

3-4 "이와 같이 욕을 얻었다면 좋으나, 만약 얻지 못하였다면, 여러 비구들이여. 마땅히 평상이나, 혹은 소상(小牀)을 사용하여 그 병든 비구를 싣고서 승가의 가운데에 와서 자자를 행해야 한다. 여러 비구들이여. 만약 그를 보고서 여러 비구들이 마음에서 '만약 병자를 데리고 이것을 까닭으로 이동한다면 마땅히 병이 심해지는 까닭으로 죽음에 이를 수

있다.'라고 사유하였다면, 이때 여러 비구들이여. 그곳에서 병자를 이동시킬 수 없느니라. 승가는 마땅히 그 처소로 가서 자자를 행해야 하느니라. 다만 별중이 자자를 행할 수 없나니, 행하는 자는 악작을 범하느니라."

3-5 "여러 비구들이여. 청정을 지녔던 자가 만약 청정한 욕을 받았는데, 승가를 떠나가는 자는 마땅히 청정한 욕을 다른 사람에게 주어야 하느니라.

여러 비구들이여. 청정을 지녔던 자가 만약 청정한 욕을 받았는데, 환속하였거나, 목숨을 마쳤거나, 스스로가 사미라고 말하였거나, 스스로가 배움을 버렸다고 말하였거나, 스스로가 무거운 죄를 범하였다고 말하였거나, 미쳤던 사람이었거나, …… 마음이 어지러운 자이었거나, …… 고통받는 자이었거나, …… 죄를 인연하여 거론된 자이었거나, …… 죄를 참회하지 않아서 거론된 자이었거나, …… 악한 견해를 버리지 않아서 거론된 자이었거나, …… 황문이었거나, …… 적주하는 자이었거나, …… 외도로 돌아갔던 자이었거나, …… 축생이었거나, …… 아버지를 죽인 자이었거나, …… 어머니를 죽인 자이었거나, …… 아라한을 죽인 자이었거나, …… 비구니를 더럽혔던 자이었거나, …… 화합승가를 파괴한 자이었거나, …… 세존의 몸에 피를 흐르게 하였던 자이었거나, …… 스스로가 이근이라고 말하였던 자였다면, 마땅히 다른 사람에게 자자의 욕을 주어야 하느니라."

3-6 "여러 비구들이여. 자자의 욕을 지녔던 자가 만약 자자의 욕을 받았는데, 도중에서 승가를 떠나가는 자는 자자의 욕을 지니고서 왔던 것이 아니니라. 여러 비구들이여. 자자의 욕을 지녔던 자가 만약 자자의 욕을 받았는데, 도중에서 환속하였거나, 목숨을 마쳤거나, 스스로가 사미라고 말하였거나, …… 스스로가 이근이라고 말하였던 자였다면, 자자의 욕을 지니고서 왔던 것이 아니니라.

여러 비구들이여. 자자의 욕을 지녔던 자가 만약 자자의 욕을 받았고, 승가에 이르렀으며, 뒤에 떠나갔다면 곧 자자의 욕을 지니고서 왔던 것이니라. 여러 비구들이여. 자자의 욕을 지녔던 자가 만약 자자의 욕을 받았고, 승가에 이르렀으며, 뒤에 환속하였거나, 목숨을 마쳤거나, 스스로가 사미라고 말하였거나, …… 스스로가 이근이라고 말하였던 자이었더라도, 자자의 욕을 지니고서 왔던 것이니라.

여러 비구들이여. 자자의 욕을 지녔던 자가 만약 청자자의 욕을 받았고, 승가에 이르렀는데, 잠을 잤던 인연으로 알리지 않았거나, 방일하여 알리지 않았거나, 선정에 들어가서 알리지 않았다면, 바로 자자의 욕을 지니고서 왔던 것이고, 자자의 욕을 지녔던 자는 무죄이다. 여러 비구들이여. 자자의 욕을 지녔던 자가 만약 자자의 욕을 받았고, 승가에 이르렀는데, 고의로 알리지 않았다면, 바로 자자의 욕을 지니고서 왔던 것이고, 청정을 지녔던 자는 악작을 범하느니라."

[자자의 날짜와 여욕을 마친다.]

4) 자자일에 붙잡힌 비구

4-1 그때 한 비구가 자자일에 친족들에게 붙잡혔다. 그 여러 비구들은 이 일로써 세존께 아뢰었고, 세존께서는 말씀하셨다.

"여러 비구들이여. 이 처소의 비구가 자자일에 친족들에게 붙잡혔다면 여러 비구들은 그 친족들을 향하여 말해야 하느니라. '현자들이여. 이 비구는 자자를 행하고 있으니, 청하건대 그가 떠나가게 잠시 놓아주십시오.'

이와 같이 만약 놓아준다면 좋으나, 만약 놓아주지 않았다면 여러 비구들은 그 친족들을 향하여 말해야 하느니라.

'현자들이여. 원하건대 이 비구는 자자의 욕을 주는 때이니, 청하건대 잠시 한쪽에 머무르게 하십시오.'

이와 같이 만약 놓아준다면 좋으나, 만약 놓아주지 않았다면 여러 비구들은 그 친족들을 향하여 말해야 하느니라.

'현자들이여. 승가가 자자를 행하는 때이니, 청하건대 이 비구를 잠시 경계의 밖으로 데려가게 하십시오.'

이와 같이 만약 놓아준다면 좋으나, 만약 놓아주지 않았더라도 별중이 자자를 행할 수 없나니, 행하는 자는 악작을 범하느니라."

4-2 "여러 비구들이여. 이 처소의 비구가 자자일에 왕에게 붙잡혔다면, …… 나아가 …… 도둑들에게 붙잡혔다면, …… 나아가 …… 포악한 사람들에게 붙잡혔다면, …… 나아가 …… 원수인 사람들에게 붙잡혔다면, 여러 비구들은 그 사람들을 향하여 말해야 하느니라.

'왕이여. …… 나아가 …… 현자들이여. 이 비구는 자자를 행하고 있으니, 청하건대 그가 떠나가게 잠시 놓아주십시오.'

이와 같이 만약 놓아준다면 좋으나, 만약 놓아주지 않았다면 여러 비구들은 그 친족들을 향하여 말해야 하느니라.

'왕이여. …… 나아가 …… 현자들이여. 원하건대 이 비구는 자자의 욕을 주는 때이니, 청하건대 잠시 한쪽에 머무르게 하십시오.'

이와 같이 만약 놓아준다면 좋으나, 만약 놓아주지 않았다면 여러 비구들은 그 사람들을 향하여 말해야 하느니라.

'왕이여. …… 나아가 …… 현자들이여. 승가가 자자를 행하는 때이니, 청하건대 이 비구를 잠시 경계의 밖으로 데려가게 하십시오.'

이와 같이 만약 놓아준다면 좋으나, 만약 놓아주지 않았더라도 별중이 자자를 행할 수 없나니, 행하는 자는 악작을 범하느니라."

[자자일에 붙잡힌 비구를 마친다.]

5) 다섯 명의 비구

5-1 그때 자자일에 한 주처에는 다섯 명의 비구들이 머물렀다. 이때

그 비구들은 마음에서 사유하였다.

'세존께서는 자자를 행하게 계율을 제정하셨다. 우리들은 어떻게 자자를 행해야 하는가?'

그 여러 비구들은 이 일로써 세존께 아뢰었고, 세존께서는 말씀하셨다.

"여러 비구들이여. 다섯 명의 승가에서 자자를 행하는 것을 허락하겠노라."

5-2 그때 자자일에 한 주처에는 네 명의 비구들이 머물렀다. 이때 그 비구들은 마음에서 사유하였다.

'세존께서는 다섯 명의 승가에서 자자를 행하게 계율을 제정하셨다. 우리들은 네 명이다. 우리들은 어떻게 자자를 행해야 하는가?'

그 여러 비구들은 이 일로써 세존께 아뢰었고, 세존께서는 말씀하셨다.

"여러 비구들이여. 네 명이 서로가 자자를 행하는 것을 허락하겠노라."

5-3 "여러 비구들이여. 자자를 행하는 자는 마땅히 이와 같이 행해야 하느니라. 총명하고 현명하며 유능한 비구가 마땅히 여러 비구들에게 창언해야 한다.

'대덕 승가께서는 허락하십시오. 지금은 자자일입니다. 만약 승가께서 때에 이르렀다면 우리들은 서로가 자자를 행하겠습니다.'

장로인 비구는 오른쪽 어깨를 드러내고 호궤 합장하고서 그 여러 비구들에게 말해야 한다.

'나는 보았고 들었으며 의심스러운 것으로써 승가에서 자자를 행하겠습니다. 여러 대덕들께서는 나를 애민하게 생각하시는 까닭으로 내가 죄를 짓는 것을 보았거나, 들었거나, 의심스러운 것을 말씀하신다면 나는 곧 그것을 없애겠습니다.'

두 번째에도 역시 이와 같고, …… 세 번째에도 역시 이와 같다.

하좌인 비구도 마땅히 오른쪽 어깨를 드러내고 호궤 합장하고서 말해야 한다.

'나는 보았고 들었으며, 의심스러운 것으로써 승가에서 자자를 행하겠습니다. 여러 대덕들께서는 나를 애민하게 생각하시는 까닭으로 내가 죄를 짓는 것을 보았거나, 들었거나, 의심스러운 것을 말씀하신다면 나는 곧 그것을 없애겠습니다.'

두 번째에도 역시 이와 같고, …… 세 번째에도 역시 이와 같으니라."

5-4 그때 자자일에 한 주처에서 세 명의 비구들이 머물렀다. 이때 그 비구들은 마음에서 사유하였다.

'세존께서는 다섯 명의 승가에서 자자를 행하는 것을 허락하셨고, 네 명이 서로가 자자를 행하는 것을 허락하셨는데, 우리는 다만 세 사람이다. 우리들은 어떻게 자자를 행해야 하는가?'

그 여러 비구들은 이 일로써 세존께 아뢰었고, 세존께서는 말씀하셨다.

"여러 비구들이여. 세 명이 청정하게 자자하는 것을 허락하겠노라. 여러 비구들이여. 자자를 행하는 자는 마땅히 이와 같이 행해야 하느니라. 총명하고 현명하며 유능한 비구가 마땅히 여러 비구들에게 창언해야 한다.

'대덕 승가께서는 허락하십시오. 지금은 자자일입니다. 만약 승가께서 때에 이르렀다면 우리들은 서로가 자자를 행하겠습니다.'

한 비구는 오른쪽 어깨를 드러내고 호궤 합장하고서 그 여러 비구들에게 말해야 한다.

'나는 보았고 들었으며 의심스러운 것으로써 승가에서 자자를 행하겠습니다. 여러 대덕들께서는 나를 애민하게 생각하시는 까닭으로 내가 죄를 짓는 것을 보았거나, 들었거나, 의심스러운 것을 말씀하신다면 나는 곧 그것을 없애겠습니다.'

두 번째에도 역시 이와 같고, …… 세 번째에도 역시 이와 같다.

하좌인 비구도 마땅히 오른쪽 어깨를 드러내고 호궤 합장하고서 말해야 한다.

'나는 보았고 들었으며, 의심스러운 것으로써 승가에서 자자를 행하겠

습니다. 여러 대덕들께서는 나를 애민하게 생각하시는 까닭으로 내가
죄를 짓는 것을 보았거나, 들었거나, 의심스러운 것을 말씀하신다면 나는
곧 그것을 없애겠습니다.'

두 번째에도 역시 이와 같고, …… 세 번째에도 역시 이와 같으니라."

5-5 그때 자자일에 한 주처에서 두 명의 비구들이 머물렀다. 이때 그
비구들은 마음에서 사유하였다.

'세존께서는 다섯 명의 승가에서 자자를 행하는 것을 허락하셨고, 네
명이 서로가 자자를 행하는 것을 허락하셨으며, 세 명이 서로가 자자를
행하는 것을 허락하셨는데, 우리는 다만 두 사람이다. 우리들은 어떻게
자자를 행해야 하는가?'

그 여러 비구들은 이 일로써 세존께 아뢰었고, 세존께서는 말씀하셨다.

"여러 비구들이여. 두 명이 청정하게 자자하는 것을 허락하겠노라.
여러 비구들이여. 자자를 행하는 자는 마땅히 이와 같이 행해야 하느니라.
총명하고 현명하며 유능한 비구가 마땅히 여러 비구들에게 창언해야
한다.

'대덕께서는 허락하십시오. 지금은 자자일입니다. 만약 대덕께서 때에
이르렀다면 우리들은 서로가 자자를 행하겠습니다.'

한 비구는 오른쪽 어깨를 드러내고 호궤 합장하고서 그 여러 비구들에게
말해야 한다.

'나는 보았고 들었으며 의심스러운 것으로써 승가에서 자자를 행하겠습
니다. 대덕께서는 나를 애민하게 생각하시는 까닭으로 내가 죄를 짓는
것을 보았거나, 들었거나, 의심스러운 것을 말씀하신다면 나는 곧 그것을
없애겠습니다.'

두 번째에도 역시 이와 같고, …… 세 번째에도 역시 이와 같다.

하좌인 비구도 마땅히 오른쪽 어깨를 드러내고 호궤 합장하고서 말해야
한다.

'나는 보았고 들었으며, 의심스러운 것으로써 승가에서 자자를 행하겠

습니다. 여러 대덕들께서는 나를 애민하게 생각하시는 까닭으로 내가
죄를 짓는 것을 보았거나, 들었거나, 의심스러운 것을 말씀하신다면 나는
곧 그것을 없애겠습니다.'

　두 번째에도 역시 이와 같고, …… 세 번째에도 역시 이와 같으니라."

5-6 그때 자자일에 한 주처에서 한 명의 비구가 머물렀다. 이때 그
비구들은 마음에서 사유하였다.

　'세존께서는 다섯 명의 승가에서 자자를 행하는 것을 허락하셨고, 네
명이 서로가 자자를 행하는 것을 허락하셨으며, 세 명이 서로가 자자를
행하는 것을 허락하셨고, 두 명이 서로가 자자를 행하는 것을 허락하셨는
데, 그러나 나는 다만 한 사람이다. 나는 어떻게 자자를 행해야 하는가?'

　그 여러 비구들은 이 일로써 세존께 아뢰었고, 세존께서는 말씀하셨다.

　"여러 비구들이여. 자자일에 한 주처에서 한 명의 비구이었다면, 여러
비구들이여. 그 비구는 곧 여러 비구들이 돌아오는 근행당이거나, 누각이
거나, 혹은 나무 아래를 깨끗하게 청소하고서 마시는 물·음식·자리를
준비하고 등불을 설치해야 한다. 만약 다른 여러 비구들이 왔다면 곧
함께 자자를 행해야 하고, 만약 오지 않았다면 곧 마땅히 마음으로 '오늘
나는 자자합니다.'라고 생각해야 한다. 만약 마음으로 생각하지 않는
자는 악작을 범하느니라."

5-7 "여러 비구들이여. 다섯 명의 주처에서 한 사람이 자자의 욕을 가지고
왔다면 네 사람의 승가에서 자자를 행할 수 없느니라. 만약 자자를 행하는
자는 악작을 범하느니라. 여러 비구들이여. 네 명의 주처에서 한 사람이
자자의 욕을 가지고 왔다면 세 사람은 서로가 자자를 행할 수 없느니라.
만약 자자를 행하는 자는 악작을 범하느니라.

　여러 비구들이여. 세 명의 주처에서 한 사람이 자자의 욕을 가지고
왔다면 두 사람은 서로가 자자를 행할 수 없느니라. 만약 자자를 행하는
자는 악작을 범하느니라. 여러 비구들이여. 두 명의 주처에서 한 사람이

자자의 욕을 가지고 왔다면 한 사람은 서로가 자자를 행할 수 없느니라.
만약 자자를 행하는 자는 악작을 범하느니라.”

[다섯 명의 비구를 마친다.]

6) 자자일의 죄

6-1 그때 한 비구가 자자일에 죄를 범하였다. 이때 그 비구는 마음에서
사유하였다.

‘세존께서는 죄가 있는 자는 자자를 행할 수 없게 제정하셨는데, 나는
죄를 범하였다. 나는 마땅히 그것을 어떻게 해야 하는가?’

그 여러 비구들은 이 일로써 세존께 아뢰었고, 세존께서는 말씀하셨다.

“여러 비구들이여. 이 처소에 있는 비구가 자자일에 죄를 범하였다면,
여러 비구들이여. 그 비구는 마땅히 한 비구의 처소에 이르러 오른쪽
어깨를 드러내고 호궤 합장하고서 말해야 한다.

‘나는 무슨 죄를 범하였습니다. 이것으로써 참회합니다.’

이 비구는 말한다.

‘그대는 죄를 보았습니까?’

‘그렇습니다. 나는 죄를 보았습니다.’

‘지금부터는 그것을 범하지 마십시오.’”

6-2 “여러 비구들이여. 어느 비구가 이 처소에서 자자일에 죄에 의심이
있었다면, 여러 비구들이여. 그 비구는 마땅히 한 비구의 처소에 이르러
오른쪽 어깨를 드러내고 호궤 합장하고서 말해야 한다.

‘나는 죄에 의심이 있습니다. 걸림이 없는 때에 이르도록 마땅히 그
죄를 참회합니다.’

이와 같이 말하고서 뒤에 자자를 행해야 하나니, 다만 이 인연으로써

자자의 장애로 삼을 수 없느니라."

6-3 그때 한 비구가 바로 자자하는 때에 죄를 기억하였다. 이때 그 비구는 마음에서 사유하였다.

'세존께서는 죄가 있는 자는 자자를 행할 수 없게 제정하셨는데, 나는 죄를 범하였다. 나는 마땅히 그것을 어찌해야 하는가?'

그 여러 비구들은 이 일로써 세존께 아뢰었고, 세존께서는 말씀하셨다.

"여러 비구들이여. 이 처소에 있는 비구가 자자를 행하는 때에 죄를 기억하였다면, 여러 비구들이여. 그 비구는 마땅히 옆에 있는 비구를 향하여 말해야 한다.

'나는 무슨 죄를 범하였고, 이것을 따라서 그 죄를 참회합니다.'

이와 같이 말하고서 뒤에 자자를 행해야 하나니, 다만 이 인연으로써 포살의 장애로 삼을 수 없느니라."

6-4 그때 한 비구가 자자를 행하는 때에 죄를 의심하였다면, 여러 비구들이여. 그 비구는 마땅히 옆에 있는 비구를 향하여 말해야 한다.

'나는 죄에 의심이 있습니다. 걸림이 없는 때에 이르도록 마땅히 그 죄를 참회합니다.'

이와 같이 말하고서 뒤에 자자를 행해야 하나니, 다만 이 인연으로써 포살의 장애로 삼을 수 없느니라."

6-5 그때 포살일에 한 주처의 승가가 동분(同分)3)의 죄를 범하였다. 이때 그 비구들은 마음에서 사유하였다.

'세존께서는 동분의 죄를 참회할 수 없고, 동분의 죄를 참회하는 것을 받아주지 못하게 제정하셨는데, 이 승가는 동분의 죄를 범하였다. 우리들은 마땅히 그것을 어떻게 해야 하는가?'

---

3) 같은 부류의 바라제목차를 범한 것을 가리킨다.

그 여러 비구들은 이 일로써 세존께 아뢰었고, 세존께서는 말씀하셨다.

"여러 비구들이여. 그때 자자일에 한 주처의 승가가 동분의 죄를 범하였다면, 여러 비구들이여. 그 여러 비구들은 마땅히 곧 한 비구를 가까운 주처에 보내어 말해야 한다.

'청하건대 가서 그 장로에게 우리 주처의 죄를 참회하고 오십시오. 우리들은 그대의 앞에서 그 죄를 참회하겠습니다."

6-6 "만약 이와 같이 그것을 얻었다면 좋으나, 만약 얻지 못하였다면 총명하고 현명하며 유능한 비구가 마땅히 승가의 가운데에서 창언해야 한다.

'대덕 승가께서는 허락하십시오. 이 승가는 동분의 죄를 범하였습니다. 그 다른 비구가 청정하고 무죄인 것을 보는 때에 이른다면 마땅히 그의 앞에서 이 죄를 참회하겠습니다.'"

이와 같이 말하고서 뒤에 자자를 행해야 하나니, 다만 이 인연으로써 자자의 장애로 삼을 수 없느니라."

6-7 "여러 비구들이여. 그때 자자일에 한 주처의 승가가 동분의 죄를 의심하였다면, 여러 비구들이여. 총명하고 현명하며 유능한 비구가 마땅히 승가의 가운데에서 창언해야 한다.

'대덕 승가께서는 허락하십시오. 이 승가는 동분의 죄가 의심스럽습니다. 걸림이 없는 때에 이르도록 마땅히 그 죄를 참회합니다.'

이와 같이 말하고서 뒤에 자자를 행해야 하나니, 다만 이 인연으로써 자자의 장애로 삼을 수 없느니라."

[자자일의 죄를 마친다.]

○ **【첫째의 송출품을 마친다.】**

2. 제2송출품(第二誦出品)

7) 무죄의 열다섯 종류

7-1 그때 한 주처에서 자자일에 많은 그 주처의 비구들이 모였는데, 다섯 명이거나 혹은 다섯 명을 넘겼으며, 그들은 그 주처에 있는 그 다른 비구가 오지 않은 자를 알지 못하였다. 그들은 법이라고 사유하였고, 율이라고 사유하였으며, 화합한 별중이라고 사유하고서 자자를 행하였다. 그들이 바로 자자를 행하는 때에 그 주처에 있는 그 다른 비구들이 왔는데, 그 숫자가 매우 많았다. 그 여러 비구들은 이 일로써 세존께 아뢰었고, 세존께서는 말씀하셨다.

　"여러 비구들이여. 한 주처에서 자자일에 많은 그 주처의 비구들이 모였는데, 다섯 명이거나 혹은 다섯 명을 넘겼다. 그들은 그 주처에 있는 그 다른 비구가 오지 않은 자를 알지 못하였고, 그들은 법이라고 사유하였으며, 율이라고 사유하였고, 화합한 별중이라고 사유하고서 자자를 행하였는데, 그들이 바로 자자를 행하는 때에 그 주처에 있는 그 다른 비구들이 왔는데, 그 숫자가 매우 많았다면, 여러 비구들이여. 그 여러 비구들은 마땅히 다시 자자를 행해야 하고, 이미 자자를 행한 자는 무죄이니라."

7-2 "여러 비구들이여. 한 주처에서 자자일에 많은 그 주처의 비구들이 모였는데, 다섯 명이거나 혹은 다섯 명을 넘겼다. 그들은 그 주처에 있는 그 다른 비구가 오지 않은 자를 알지 못하였고, 그들은 법이라고 사유하였으며, 율이라고 사유하였고, 화합한 별중이라고 사유하고서 자자를 행하였는데, 그들이 바로 자자를 행하는 때에 그 주처에 있는 그 다른 비구들이 왔는데, 그 숫자가 같았으며, 이미 자자를 행하면서 잘 행하였다면, 나머지의 비구들은 마땅히 다시 자자를 행해야 하고, 이미

자자를 행한 자는 무죄이니라.

여러 비구들이여. 한 주처에서 자자일에 많은 그 주처의 비구들이 모였는데, …… 그들이 바로 자자를 행하는 때에 그 주처에 있는 그 다른 비구들이 왔는데, 그 숫자가 작았으며, 이미 자자를 행하면서 잘 행하였다면, 나머지의 비구들은 마땅히 다시 자자를 행해야 하고, 이미 자자를 행한 자는 무죄이니라."

7-3 "여러 비구들이여. 한 주처에서 자자일에 많은 그 주처의 비구들이 모였는데, …… 그들이 이미 자자를 행하였던 때에 그 주처에 있는 그 다른 비구들이 왔는데, 그 숫자가 매우 많았다면, 여러 비구들이여. 그 여러 비구들은 마땅히 다시 자자를 행해야 하고, 이미 자자를 행한 자는 무죄이니라.

여러 비구들이여. 한 주처에서 자자일에 많은 그 주처의 비구들이 모였는데, …… 그들이 이미 자자를 행하였던 때에 그 주처에 있는 그 다른 비구들이 왔는데, 그 숫자가 같았으며, 이미 자자를 행하면서 잘 행하였다면, 뒤에 왔던 비구들은 마땅히 이전의 비구들의 앞에서 자자를 행해야 하고, 이미 자자를 행한 자는 무죄이니라.

여러 비구들이여. 한 주처에서 자자일에 많은 그 주처의 비구들이 모였는데, …… 그들이 이미 자자를 행하였던 때에 그 주처에 있는 그 다른 비구들이 왔는데, 그 숫자가 적었으며, 이미 자자를 행하면서 잘 행하였다면, 뒤에 왔던 비구들은 마땅히 이전의 비구들의 앞에서 자자를 행해야 하고, 이미 자자를 행한 자는 무죄이니라."

7-4 "여러 비구들이여. 한 주처에서 자자일에 많은 그 주처의 비구들이 모였는데, …… 그들이 이미 자자를 행하고서 모였던 대중이 자리를 벗어나지 않은 때에, 그 주처에 있는 그 다른 비구들이 왔는데, 그 숫자가 매우 많았다면, 여러 비구들이여. 그 여러 비구들은 마땅히 다시 자자를 행해야 하고, 이미 자자를 행한 자는 무죄이니라.

여러 비구들이여. 한 주처에서 자자일에 많은 그 주처의 비구들이 모였는데, …… 그들이 이미 자자를 행하고서 모였던 대중이 자리를 벗어나지 않은 때에, 그 주처에 있는 그 다른 비구들이 왔는데, 그 숫자가 같았으며, 이미 자자를 행하면서 잘 행하였다면, 뒤에 왔던 비구들은 마땅히 이전의 비구들의 앞에서 자자를 행해야 하고, 이미 자자를 행한 자는 무죄이니라.

여러 비구들이여. 한 주처에서 자자일에 많은 그 주처의 비구들이 모였는데, …… 그들이 이미 자자를 행하고서 모였던 대중이 자리를 벗어나지 않은 때에, 그 주처에 있는 그 다른 비구들이 왔는데, 그 숫자가 적었으며, 이미 자자를 행하면서 잘 행하였다면, 뒤에 왔던 비구들은 마땅히 이전의 비구들의 앞에서 자자를 행해야 하고, 이미 자자를 행한 자는 무죄이니라."

7-5 "여러 비구들이여. 한 주처에서 자자일에 많은 그 주처의 비구들이 모였는데, …… 그들이 이미 자자를 행하고서 모였던 대중의 일부가 자리를 벗어난 때에, 그 주처에 있는 그 다른 비구들이 왔는데, 그 숫자가 매우 많았다면, 여러 비구들이여. 그 여러 비구들은 마땅히 다시 자자를 행해야 하고, 이미 자자를 행한 자는 무죄이니라.

여러 비구들이여. 한 주처에서 자자일에 많은 그 주처의 비구들이 모였는데, …… 그들이 이미 자자를 행하고서 모였던 대중의 일부가 자리를 벗어난 때에, 그 주처에 있는 그 다른 비구들이 왔는데, 그 숫자가 같았으며, 이미 자자를 행하면서 잘 행하였다면, 뒤에 왔던 비구들은 마땅히 이전의 비구들의 앞에서 자자를 행해야 하고, 이미 자자를 행한 자는 무죄이니라.

여러 비구들이여. 한 주처에서 자자일에 많은 그 주처의 비구들이 모였는데, …… 그들이 이미 자자를 행하고서 모였던 대중의 일부가 자리를 벗어난 때에, 그 주처에 있는 그 다른 비구들이 왔는데, 그 숫자가 적었으며, 이미 자자를 행하면서 잘 행하였다면, 뒤에 왔던 비구들은 마땅히 이전의 비구들의 앞에서 자자를 행해야 하고, 이미 자자를 행한 자는 무죄이니라."

7-6 "여러 비구들이여. 한 주처에서 자자일에 많은 그 주처의 비구들이 모였는데, …… 그들이 이미 자자를 행하고서 모였던 일체의 대중이 자리를 벗어난 때에, 그 주처에 있는 그 다른 비구들이 왔는데, 그 숫자가 매우 많았다면, 여러 비구들이여. 그 여러 비구들은 마땅히 다시 자자를 행해야 하고, 이미 자자를 행한 자는 무죄이니라.

여러 비구들이여. 한 주처에서 자자일에 많은 그 주처의 비구들이 모였는데, …… 그들이 이미 자자를 행하고서 모였던 일체의 대중이 자리를 벗어난 때에, 그 숫자가 같았으며, 이미 자자를 행하면서 잘 행하였다면, 뒤에 왔던 비구들은 마땅히 이전의 비구들의 앞에서 자자를 행해야 하고, 이미 자자를 행한 자는 무죄이니라.

여러 비구들이여. 한 주처에서 자자일에 많은 그 주처의 비구들이 모였는데, …… 그들이 이미 자자를 행하고서 모였던 일체의 대중이 자리를 벗어난 때에, 그 숫자가 적었으며, 이미 자자를 행하면서 잘 행하였다면, 뒤에 왔던 비구들은 마땅히 이전의 비구들의 앞에서 자자를 행해야 하고, 이미 자자를 행한 자는 무죄이니라."

[무죄의 열다섯 종류를 마친다.]

8) 별중을 위한 별중의 열다섯 종류

8-1 "여러 비구들이여. 그때 한 주처의 자자일에 그 주처에 많은 여러 비구들이 모였고, 다섯 명을 넘겼으며, 그 비구들은 그 주처에 다른 비구들이 오지 않은 것을 알았으나, 그들은 여법한 것으로써, 계율과 같은 것으로써, 별중이라고 알고서도 자자를 행하였다. 그 비구들이

바로 자자를 행하는 때에 그 주처에 다른 비구들이 왔으며, 그 숫자가 매우 많았다면, 여러 비구들이여. 그 여러 비구들은 마땅히 다시 자자를 행해야 하나니, 자자를 행하였던 자는 악작을 범하느니라."

8-2 "여러 비구들이여. 그때 한 주처의 자자일에 그 주처에 많은 여러 비구들이 모였고, 다섯 명을 넘겼으며, 그 비구들은 그 주처에 다른 비구들이 오지 않은 것을 알았으나 그들은 여법한 것으로써, 계율과 같은 것으로써, 별중이라고 알고서도 자자를 행하였다. 그들이 바로 자자를 행하는 때에 그 주처에 다른 비구들이 왔으며, 그 숫자가 서로 같았고, 이미 좋게 자자를 행하였다면 뒤에 왔던 비구들은 그 비구들의 앞에서 자자를 행해야 하고, 자자를 행하였던 자는 악작을 범하느니라.

　여러 비구들이여. 그때 한 주처의 자자일에 그 주처에 많은 여러 비구들이 모였고, 다섯 명을 넘겼으며, …… 그 비구들이 바로 자자를 행하는 때에 그 주처에 다른 비구들이 왔으며, 그 숫자가 매우 적었고, 이미 좋게 자자를 행하였다면 뒤에 왔던 비구들은 그 비구들의 앞에서 자자를 행해야 하고, 자자를 행하였던 자는 악작을 범하느니라.

8-3 여러 비구들이여. 그때 한 주처의 자자일에 그 주처에 많은 여러 비구들이 모였고, 다섯 명을 넘겼으며, …… 별중이라고 알고서도 자자를 행하였고, …… 그 비구들이 이미 자자를 행하여 마쳤던 때에 그 주처에 다른 비구들이 왔으며, 그 숫자가 매우 많았다면, 여러 비구들이여. 그 여러 비구들은 마땅히 다시 자자를 행해야 하나니, 행하였던 자는 악작을 범하느니라.

　여러 비구들이여. 그때 한 주처의 자자일에 그 주처에 많은 여러 비구들이 모였고, 다섯 명을 넘겼으며, …… 별중이라고 알고서도 자자를 행하였고, …… 그 비구들이 이미 자자를 행하여 마쳤던 때에 그 주처에 다른 비구들이 왔으며, 그 숫자가 서로 같았고, 이미 좋게 자자를 행하였다면 뒤에 왔던 비구들은 그 비구들의 앞에서 자자를 행해야 하고, 자자를 행하였던 자는 악작을 범하느니라.

　여러 비구들이여. 그때 한 주처의 자자일에 그 주처에 많은 여러 비구들이 모였고, 다섯 명을 넘겼으며, …… 별중이라고 알고서도 자자를 행하였고, …… 그 비구들이 이미 자자를 행하여 마쳤던 때에 그 주처에 다른 비구들이 왔으며, 그 숫자가 매우 적었고, 이미 좋게 자자를 행하였다면 뒤에 왔던 비구들은 그 비구들의 앞에서 자자를 행해야 하고, 자자를 행하였던 자는 악작을 범하느니라.

8-4 "여러 비구들이여. 그때 한 주처의 자자일에 그 주처에 많은 여러 비구들이 모였고, 다섯 명을 넘겼으며, …… 별중이라고 알고서도 포살을 행하였고, …… 그 비구들이 이미 자자를 행하여 마쳤고 모였던 대중이 자리를 벗어나지 않은 때에, 그 주처에 다른 비구들이 왔으며, 그 숫자가 매우 많았다면, 여러 비구들이여. 그 여러 비구들은 마땅히 다시 자자를 행해야 하나니, 행하였던 자는 악작을 범하느니라.

　여러 비구들이여. 그때 한 주처의 포살일에 그 주처에 많은 여러 비구들이 모였고, 다섯 명을 넘겼으며, …… 별중이라고 알고서도 포살을 행하였고, …… 그 비구들이 이미 자자를 행하여 마쳤고 모였던 대중이 자리를 벗어나지 않은 때에, 그 주처에 다른 비구들이 왔으며, 그 숫자가 서로 같았고, 이미 좋게 자자를 행하였다면 뒤에 왔던 비구들은 그 비구들의 앞에서 자자를 행해야 하고, 자자를 행하였던 자는 악작을 범하느니라.

　여러 비구들이여. 그때 한 주처의 자자일에 그 주처에 많은 여러 비구들이 모였는데, 다섯 명을 넘겼고, …… 별중이라고 알고서도 포살을 행하였고, …… 그 비구들이 이미 자자를 행하여 마쳤고 모였던 대중이 자리를 벗어나지 않은 때에, 그 주처에 다른 비구들이 왔으며, 그 숫자가 매우 적었고, 이미 좋게 자자를 행하였다면 뒤에 왔던 비구들은 그 비구들의 앞에서 자자를 행해야 하고, 자자를 행하였던 자는 악작을 범하느니라.

8-5 "여러 비구들이여. 그때 한 주처의 포살일에 그 주처에 많은 여러

비구들이 모였고, 다섯 명을 넘겼으며, …… 별중이라고 알고서도 포살을 행하였고, …… 그 비구들이 이미 자자를 행하여 마쳤고 모였던 일부의 대중이 자리에서 벗어났던 때에, 그 주처에 다른 비구들이 왔으며, 그 숫자가 매우 많았다면, 여러 비구들이여. 그 여러 비구들은 마땅히 다시 자자를 행해야 하나니, 행하였던 자는 악작을 범하느니라.

　여러 비구들이여. 그때 한 주처의 포살일에 그 주처에 많은 여러 비구들이 모였고, 다섯 명을 넘겼으며, …… 별중이라고 알고서도 포살을 행하였고, …… 그 비구들이 이미 자자를 행하여 마쳤고 모였던 일부의 대중이 자리에서 벗어났던 때에, 그 주처에 다른 비구들이 왔으며, 그 숫자가 서로 같았고, 이미 좋게 자자를 행하였다면 뒤에 왔던 비구들은 그 비구들의 앞에서 자자를 행해야 하고, 자자를 행하였던 자는 악작을 범하느니라.

　여러 비구들이여. 그때 한 주처의 포살일에 그 주처에 많은 여러 비구들이 모였는데, 다섯 명을 넘겼고, …… 별중이라고 알고서도 포살을 행하였고, …… 그 비구들이 이미 자자를 행하여 마쳤고 모였던 일부의 대중이 자리에서 벗어났던 때에, 그 주처에 다른 비구들이 왔으며, 그 숫자가 매우 적었고, 이미 좋게 자자를 행하였다면 뒤에 왔던 비구들은 그 비구들의 앞에서 자자를 행해야 하고, 자자를 행하였던 자는 악작을 범하느니라.

8-6 "여러 비구들이여. 그때 한 주처의 자자일에 그 주처에 많은 여러 비구들이 모였고, 다섯 명을 넘겼으며, …… 별중이라고 알고서도 포살을 행하였고, …… 그 비구들이 이미 자자를 행하여 마쳤고 모였던 일체의 대중이 자리에서 벗어났던 때에, 그 주처에 다른 비구들이 왔으며, 그 숫자가 매우 많았다면, 여러 비구들이여. 그 여러 비구들은 마땅히 다시 자자를 행해야 하나니, 행하였던 자는 악작을 범하느니라.

　여러 비구들이여. 그때 한 주처의 포살일에 그 주처에 많은 여러 비구들이 모였고, 다섯 명을 넘겼으며, …… 별중이라고 알고서도 포살을 행하였고, …… 그 비구들이 이미 자자를 행하여 마쳤고 모였던 일체의 대중이 자리에서 벗어났던 때에, 그 주처에 다른 비구들이 왔으며, 그 숫자가 서로 같았고, 이미 좋게 자자를 행하였다면 뒤에 왔던 비구들은 그 비구들의 앞에서 자자를 행해야 하고, 자자를 행하였던 자는 악작을 범하느니라.

여러 비구들이여. 그때 한 주처의 포살일에 그 주처에 많은 여러 비구들이 모였는데, 다섯 명을 넘겼고, …… 별중이라고 알고서도 포살을 행하였고, …… 그 비구들이 이미 자자를 행하여 마쳤고 모였던 일체의 대중이 자리에서 벗어났던 때에, 그 주처에 다른 비구들이 왔으며, 그 숫자가 매우 적었고, 이미 좋게 자자를 행하였다면 뒤에 왔던 비구들은 그 비구들의 앞에서 자자를 행해야 하고, 자자를 행하였던 자는 악작을 범하느니라.

[별중을 위한 별중의 열다섯 종류를 마친다.]

9) 의혹의 열다섯 종류

9-1 "여러 비구들이여. 그때 한 주처의 자자일에 그 주처에 많은 여러 비구들이 모였고, 다섯 명을 넘겼으며, 그 비구들은 그 주처에 다른 비구들이 오지 않은 것을 알았으나, 그 비구들은 스스로가 자자를 행하면서 상응하는가 혹은 상응하지 않는가를 오히려 의혹하였으나, 자자를 행하였다. 그 비구들이 바로 자자를 행하는 때에 그 주처에 다른 비구들이 왔으며, 그 숫자가 매우 많았다면, 여러 비구들이여. 그 여러 비구들은 마땅히 다시 자자를 행해야 하나니, 자자하였던 자는 악작을 범하느니라."

9-2 "여러 비구들이여. 그때 한 주처의 자자일에 그 주처에 많은 여러 비구들이 모였고, 다섯 명을 넘겼으며, 그 비구들은 그 주처에 다른 비구들이 오지 않은 것을 알았으나, 그 비구들은 스스로가 자자를 행하면서 상응하는가 혹은 상응하지 않는가를 오히려 의혹하였으나, 자자를 행하였다. 그 비구들이 바로 자자를 행하는 때에 그 주처에 다른 비구들이 왔으며, 그 숫자가 서로 같았고, 이미 좋게 자자를 행하였다면 뒤에

왔던 비구들은 그 비구들의 앞에서 자자를 행해야 하고, 자자를 행하였던
자는 악작을 범하느니라.

여러 비구들이여. 그때 한 주처의 자자일에 그 주처에 많은 여러 비구들
이 모였고, 다섯 명을 넘겼으며, …… 그 비구들은 스스로가 자자를 행하면
서 상응하는가 혹은 상응하지 않는가를 오히려 의혹하였으나, …… 그
비구들이 바로 자자를 행하는 때에 그 주처에 다른 비구들이 왔으며,
그 숫자가 매우 적었고, 이미 좋게 자자를 행하였다면 뒤에 왔던 비구들은
그 비구들의 앞에서 자자를 행해야 하고, 자자를 행하였던 자는 악작을
범하느니라."

9-3 여러 비구들이여. 그때 한 주처의 자자일에 그 주처에 많은 여러
비구들이 모였고, 다섯명을 넘겼으며, …… 그 비구들은 스스로가 자자를
행하면서 상응하는가 혹은 상응하지 않는가를 오히려 의혹하였으나,
…… 그 비구들이 이미 자자를 행하여 마쳤던 때에 그 주처에 다른 비구들이
왔으며, 그 숫자가 매우 많았다면, 여러 비구들이여. 그 여러 비구들은
마땅히 다시 자자를 행해야 하나니, 자자하였던 자는 악작을 범하느니라."

여러 비구들이여. 그때 한 주처의 자자일에 그 주처에 많은 여러 비구들
이 모였고, 다섯 명을 넘겼으며, …… 그 비구들은 스스로가 자자를 행하면
서 상응하는가 혹은 상응하지 않는가를 오히려 의혹하였으나, …… 그
비구들이 이미 자자를 행하여 마쳤던 때에 그 주처에 다른 비구들이
왔으며, 그 숫자가 서로 같았고, 이미 좋게 자자를 행하였다면 뒤에
왔던 비구들은 그 비구들의 앞에서 자자를 행해야 하고, 자자를 행하였던
자는 악작을 범하느니라.

여러 비구들이여. 그때 한 주처의 자자일에 그 주처에 많은 여러 비구들
이 모였고, 다섯 명을 넘겼으며, …… 그 비구들은 스스로가 자자를 행하면
서 상응하는가 혹은 상응하지 않는가를 오히려 의혹하였으나, …… 그
비구들이 이미 자자를 행하여 마쳤던 때에 그 주처에 다른 비구들이
왔으며, 그 숫자가 매우 적었고, 이미 좋게 자자를 행하였다면 뒤에

왔던 비구들은 그 비구들의 앞에서 자자를 행해야 하고, 자자를 행하였던
자는 악작을 범하느니라."

9-4 "여러 비구들이여. 그때 한 주처의 자자일에 그 주처에 많은 여러
비구들이 모였고, 다섯 명을 넘겼으며, …… 그 비구들은 스스로가 포살을
행하면서 상응하는가 혹은 상응하지 않는가를 오히려 의혹하였으나,
…… 그 비구들이 이미 자자를 행하여 마쳤고 모였던 대중이 자리에서
벗어나지 않은 때에, 그 주처에 다른 비구들이 왔으며, 그 숫자가 매우
많았다면, 여러 비구들이여. 그 여러 비구들은 마땅히 다시 자자를 행해야
하나니, 자자하였던 자는 악작을 범하느니라."

여러 비구들이여. 그때 한 주처의 자자일에 그 주처에 많은 여러 비구들
이 모였고, 다섯 명을 넘겼으며, …… 그 비구들은 스스로가 자자를 행하면
서 상응하는가 혹은 상응하지 않는가를 오히려 의혹하였으나, …… 그
비구들이 이미 자자를 행하여 마쳤고 모였던 대중이 자리에서 벗어나지
않은 때에, 그 주처에 다른 비구들이 왔으며, 그 숫자가 서로 같았고,
이미 좋게 자자를 행하였다면 뒤에 왔던 비구들은 그 비구들의 앞에서
자자를 행해야 하고, 자자를 행하였던 자는 악작을 범하느니라.

여러 비구들이여. 그때 한 주처의 자자일에 그 주처에 많은 여러 비구들
이 모였는데, 다섯 명을 넘겼고, …… 그 비구들은 스스로가 자자를 행하면
서 상응하는가 혹은 상응하지 않는가를 오히려 의혹하였으나, …… 그
비구들이 이미 자자를 행하여 마쳤고 모였던 대중이 자리에서 벗어나지
않은 때에, 그 주처에 다른 비구들이 왔으며, 그 숫자가 매우 적었고,
이미 좋게 자자를 행하였다면 뒤에 왔던 비구들은 그 비구들의 앞에서
자자를 행해야 하고, 자자를 행하였던 자는 악작을 범하느니라."

9-5 "여러 비구들이여. 그때 한 주처의 자자일에 그 주처에 많은 여러
비구들이 모였고, 다섯 명을 넘겼으며, …… 그 비구들은 스스로가 자자를
행하면서 상응하는가 혹은 상응하지 않는가를 오히려 의혹하였으나,

…… 그 비구들이 이미 자자를 행하여 마쳤고 모였던 일부의 대중이 자리에서 벗어났던 때에, 그 주처에 다른 비구들이 왔으며, 그 숫자가 매우 많았다면, 여러 비구들이여. 그 여러 비구들은 마땅히 다시 자자를 행해야 하나니, 자자하였던 자는 악작을 범하느니라."

　여러 비구들이여. 그때 한 주처의 자자일에 그 주처에 많은 여러 비구들이 모였고, 다섯 명을 넘겼으며, …… 그 비구들은 스스로가 자자를 행하면서 상응하는가 혹은 상응하지 않는가를 오히려 의혹하였으나, …… 그 비구들이 이미 자자를 행하여 마쳤고 모였던 일부의 대중이 자리에서 벗어났던 때에, 그 주처에 다른 비구들이 왔으며, 이미 좋게 자자를 행하였다면 뒤에 왔던 비구들은 그 비구들의 앞에서 자자를 행해야 하고, 자자를 행하였던 자는 악작을 범하느니라.

　여러 비구들이여. 그때 한 주처의 자자일에 그 주처에 많은 여러 비구들이 모였는데, 다섯 명을 넘겼고, …… 그 비구들은 스스로가 자자를 행하면서 상응하는가 혹은 상응하지 않는가를 오히려 의혹하였으나, …… 그 비구들이 이미 자자를 행하여 마쳤고 모였던 일부의 대중이 자리에서 벗어났던 때에, 그 주처에 다른 비구들이 왔으며, 그 숫자가 매우 적었고, 이미 좋게 자자를 행하였다면 뒤에 왔던 비구들은 그 비구들의 앞에서 자자를 행해야 하고, 자자를 행하였던 자는 악작을 범하느니라."

9-6 "여러 비구들이여. 그때 한 주처의 자자일에 그 주처에 많은 여러 비구들이 모였고, 다섯 명을 넘겼으며, …… 그 비구들은 스스로가 자자를 행하면서 상응하는가 혹은 상응하지 않는가를 오히려 의혹하였으나, …… 그 비구들이 이미 자자를 행하여 마쳤고 모였던 일체의 대중이 자리에서 벗어났던 때에, 그 주처에 다른 비구들이 왔으며, 그 숫자가 매우 많았다면, 여러 비구들이여. 그 여러 비구들은 마땅히 다시 자자를 행해야 하나니, 자자하였던 자는 악작을 범하느니라.

　여러 비구들이여. 그때 한 주처의 자자일에 그 주처에 많은 여러 비구들이 모였고, 다섯 명을 넘겼으며, …… 그 비구들은 스스로가 포살을 행하면서 상응하는가 혹은 상응하지 않는가를 오히려 의혹하였으나, …… 그 비구들이 이미 자자를 행하여 마쳤고 모였던 일체의 대중이 자리에서 벗어났던 때에, 그 주처에 다른 비구들이 왔으며, 그 숫자가 서로 같았고, 이미 좋게 자자를 행하였다면 뒤에 왔던 비구들은 그 비구들의 앞에서 자자를 행해야 하고, 자자를 행하였던 자는 악작을 범하느니라.

여러 비구들이여. 그때 한 주처의 자자일에 그 주처에 많은 여러 비구들이 모였는데, 다섯 명을 넘겼고, …… 그 비구들은 스스로가 포살을 행하면서 상응하는가 혹은 상응하지 않는가를 오히려 의혹하였으나, …… 그 비구들이 이미 자자를 행하여 마쳤고 모였던 일체의 대중이 자리에서 벗어났던 때에, 그 주처에 다른 비구들이 왔으며, 그 숫자가 매우 적었고, 이미 좋게 자자를 행하였다면 뒤에 왔던 비구들은 그 비구들의 앞에서 자자를 행해야 하고, 자자를 행하였던 자는 악작을 범하느니라.”

[의혹의 열다섯 종류를 마친다.]

10) 악한 성품으로 짓는 열다섯 종류

10-1 “여러 비구들이여. 그때 한 주처의 자자일에 그 주처에 많은 여러 비구들이 모였고, 다섯 명을 넘겼으며, 그 비구들은 그 주처에 다른 비구들이 오지 않은 것을 알았으나, 그 비구들은 스스로가 자자를 행하면서 ‘상응하는 것이고 상응하지 않는 것이 아니다.’라고 하면서 악한 성품을 지으면서 자자를 행하였다. 그 비구들이 바로 자자를 행하는 때에 그 주처에 다른 비구들이 왔으며, 그 숫자가 매우 많았다면, 여러 비구들이여. 그 여러 비구들은 마땅히 다시 자자를 행해야 하나니, 자자하였던 자는 악작을 범하느니라.”

10-2 “여러 비구들이여. 그때 한 주처의 자자일에 그 주처에 많은 여러

비구들이 모였고, 다섯 명을 넘겼으며, 그 비구들은 그 주처에 다른 비구들이 오지 않은 것을 알았으나, 그 비구들은 스스로가 자자를 행하면서 '상응하는 것이고 상응하지 않는 것이 아니다.'라고 하면서 악한 성품을 지으면서 자자를 행하였다. 그 비구들이 바로 자자를 행하는 때에 그 주처에 다른 비구들이 왔으며, 그 숫자가 서로 같았고, 이미 좋게 자자를 행하였다면 뒤에 왔던 비구들은 그 비구들의 앞에서 자자를 행해야 하고, 자자를 행하였던 자는 악작을 범하느니라.

여러 비구들이여. 그때 한 주처의 자자일에 그 주처에 많은 여러 비구들이 모였고, 다섯 명을 넘겼으며, …… 그 비구들은 스스로가 자자를 행하면서 '상응하는 것이고 상응하지 않는 것이 아니다.'라고 하면서 악한 성품을 지으면서 …… 그 비구들이 바로 자자를 행하는 때에 그 주처에 다른 비구들이 왔으며, 그 숫자가 매우 적었고, 이미 좋게 자자를 행하였다면 뒤에 왔던 비구들은 그 비구들의 앞에서 자자를 행해야 하고, 자자를 행하였던 자는 악작을 범하느니라."

10-3 여러 비구들이여. 그때 한 주처의 자자일에 그 주처에 많은 여러 비구들이 모였고, 다섯 명을 넘겼으며, …… 그 비구들은 스스로가 자자를 행하면서 '상응하는 것이고 상응하지 않는 것이 아니다.'라고 하면서 악한 성품을 지으면서 …… 그 비구들이 이미 자자를 행하여 마쳤던 때에 그 주처에 다른 비구들이 왔으며, 그 숫자가 매우 많았다면, 여러 비구들이여. 그 여러 비구들은 마땅히 다시 자자를 행해야 하나니, 자자하였던 자는 악작을 범하느니라.

여러 비구들이여. 그때 한 주처의 자자일에 그 주처에 많은 여러 비구들이 모였고, 다섯 명을 넘겼으며, …… 그 비구들은 스스로가 자자를 행하면서 '상응하는 것이고 상응하지 않는 것이 아니다.'라고 하면서 악한 성품을 지으면서 …… 그 비구들이 이미 자자를 행하여 마쳤던 때에 그 주처에 다른 비구들이 왔으며, 그 숫자가 서로 같았고, 이미 좋게 자자를 행하였다면 뒤에 왔던 비구들은 그 비구들의 앞에서 자자를 행해야 하고, 자자를 행하였던 자는 악작을 범하느니라.

여러 비구들이여. 그때 한 주처의 자자일에 그 주처에 많은 여러 비구들이 모였고, 다섯 명을 넘겼으며, …… 그 비구들은 스스로가 포살을 행하면서 '상응하는 것이고 상응하지 않는 것이 아니다.'라고 하면서 악한 성품을 지으면서 …… 그 비구들이 이미 자자를 행하여 마쳤던 때에 그 주처에 다른 비구들이 왔으며, 그 숫자가 매우 적었고, 이미 좋게 자자를 행하였다면 뒤에 왔던 비구들은 그 비구들의 앞에서 자자를 행해야 하고, 자자를 행하였던 자는 악작을 범하느니라."

10-4 "여러 비구들이여. 그때 한 주처의 자자일에 그 주처에 많은 여러 비구들이 모였고, 다섯 명을 넘겼으며, …… 그 비구들은 스스로가 자자를 행하면서 '상응하는 것이고 상응하지 않는 것이 아니다.'라고 하면서 악한 성품을 지으면서 …… 그 비구들이 이미 자자를 행하여 마쳤고 모였던 대중이 자리에서 벗어나지 않은 때에, 그 주처에 다른 비구들이 왔으며, 그 숫자가 매우 많았다면, 여러 비구들이여. 그 여러 비구들은 마땅히 다시 자자를 행해야 하나니, 자자하였던 자는 악작을 범하느니라.

여러 비구들이여. 그때 한 주처의 자자일에 그 주처에 많은 여러 비구들이 모였고, 다섯 명을 넘겼으며, …… 그 비구들은 스스로가 자자를 행하면서 '상응하는 것이고 상응하지 않는 것이 아니다.'라고 하면서 악한 성품을 지으면서 …… 그 비구들이 이미 자자를 행하여 마쳤고 모였던 대중이 자리에서 벗어나지 않은 때에, 그 주처에 다른 비구들이 왔으며, 그 숫자가 서로 같았고, 이미 좋게 자자를 행하였다면 뒤에 왔던 비구들은 그 비구들의 앞에서 자자를 행해야 하고, 자자를 행하였던 자는 악작을 범하느니라.

여러 비구들이여. 그때 한 주처의 자자일에 그 주처에 많은 여러 비구들이 모였는데, 다섯 명을 넘겼고, …… 그 비구들은 스스로가 자자를 행하면서 '상응하는 것이고 상응하지 않는 것이 아니다.'라고 하면서 악한 성품을 지으면서 …… 그 비구들이 이미 자자를 행하여 마쳤고 모였던 대중이 자리에서 벗어나지 않은 때에, 그 주처에 다른 비구들이 왔으며, 그 숫자가 매우 적었고, 이미 좋게 자자를 행하였다면 뒤에 왔던 비구들은 그 비구들의 앞에서 자자를 행해야 하고, 자자를 행하였던 자는 악작을 범하느니라."

10-5 "여러 비구들이여. 그때 한 주처의 자자일에 그 주처에 많은 여러 비구들이 모였고, 다섯 명을 넘겼으며, …… 그 비구들은 스스로가 자자를 행하면서 '상응하는 것이고 상응하지 않는 것이 아니다.'라고 하면서 악한 성품을 지으면서 …… 그 비구들이 이미 자자를 행하여 마쳤고 모였던 일부의 대중이 자리에서 벗어났던 때에, 그 주처에 다른 비구들이 왔으며, 그 숫자가 매우 많았다면, 여러 비구들이여. 그 여러 비구들은 마땅히 다시 자자를 행해야 하나니, 자자하였던 자는 악작을 범하느니라.

　여러 비구들이여. 그때 한 주처의 자자일에 그 주처에 많은 여러 비구들이 모였고, 다섯 명을 넘겼으며, …… 그 비구들은 스스로가 자자를 행하면서 '상응하는 것이고 상응하지 않는 것이 아니다.'라고 하면서 악한 성품을 지으면서 …… 그 비구들이 이미 자자를 행하여 마쳤고 모였던 일부의 대중이 자리에서 벗어났던 때에, 그 주처에 다른 비구들이 왔으며, 그 숫자가 서로 같았고, 이미 좋게 자자를 행하였다면 뒤에 왔던 비구들은 그 비구들의 앞에서 자자를 행해야 하고, 자자를 행하였던 자는 악작을 범하느니라.

　여러 비구들이여. 그때 한 주처의 자자일에 그 주처에 많은 여러 비구들이 모였는데, 다섯 명을 넘겼고, …… 그 비구들은 스스로가 자자를 행하면서 '상응하는 것이고 상응하지 않는 것이 아니다.'라고 하면서 악한 성품을 지으면서 …… 그 비구들이 이미 자자를 행하여 마쳤고 모였던 일부의 대중이 자리에서 벗어났던 때에, 그 주처에 다른 비구들이 왔으며, 그 숫자가 매우 적었고, 이미 좋게 자자를 행하였다면 뒤에 왔던 비구들은 그 비구들의 앞에서 자자를 행해야 하고, 자자를 행하였던 자는 악작을 범하느니라."

10-6 "여러 비구들이여. 그때 한 주처의 자자일에 그 주처에 많은 여러 비구들이 모였고, 다섯 명을 넘겼으며, …… 그 비구들은 스스로가 자자를 행하면서 '상응하는 것이고 상응하지 않는 것이 아니다.'라고 하면서 악한 성품을 지으면서 …… 그 비구들이 이미 자자를 행하여 마쳤고 모였던 일체의 대중이 자리에서 벗어났던 때에, 그 주처에 다른 비구들이 왔으며, 그 숫자가 매우 많았다면, 여러 비구들이여. 그 여러 비구들은 마땅히 다시 자자를 행해야 하나니, 자자하였던 자는 악작을 범하느니라.

　여러 비구들이여. 그때 한 주처의 자자일에 그 주처에 많은 여러 비구들이 모였고, 다섯 명을 넘겼으며, …… 그 비구들은 스스로가 자자를 행하면서 '상응하는 것이고 상응하지 않는 것이 아니다.'라고 하면서 악한 성품을 지으면서 …… 그 비구들이 이미 자자를 행하여 마쳤고 모였던 일체의 대중이 자리에서 벗어났던 때에, 그 주처에 다른 비구들이 왔으며, 그 숫자가 서로 같았고, 이미 좋게 자자를 행하였다면 뒤에 왔던 비구들은 그 비구들의 앞에서 자자를 행해야 하고, 자자를 행하였던 자는 악작을 범하느니라.

　여러 비구들이여. 그때 한 주처의 자자일에 그 주처에 많은 여러 비구들이 모였는데, 다섯 명을 넘겼고, …… 그 비구들은 스스로가 자자를 행하면서 '상응하는 것이고 상응하지 않는 것이 아니다.'라고 하면서 악한 성품을 지으면서 …… 그 비구들이 이미 자자를 행하여 마쳤고 모였던 일체의 대중이 자리에서 벗어났던 때에, 그 주처에 다른 비구들이 왔으며, 그 숫자가 매우 적었고, 이미 좋게 자자를 행하였다면 뒤에 왔던 비구들은 그 비구들의 앞에서 자자를 행해야 하고, 자자를 행하였던 자는 악작을 범하느니라."

[악한 성품으로 짓는 열다섯 종류를 마친다.]

11) 화합하지 않는 열다섯 종류

11-1 "여러 비구들이여. 그때 한 주처의 자자일에 그 주처에 많은 여러 비구들이 모였고, 다섯 명을 넘겼으며, 그 비구들은 그 주처에 다른 비구들이 오지 않은 것을 알았으나, 그 비구들은 '오지 않은 자는 장차 죽을 것이고, 장차 소멸할 것인데, 그들이 그대들에게 무슨 이익이겠는가?'라고 말하면서 그들은 화합하지 않는 것을 원하면서 자자를 행하였다. 그 비구들이 바로 자자를 행하는 때에 그 주처에 다른 비구들이 왔으며, 그 숫자가 매우 많았다면, 여러 비구들이여. 그 여러 비구들은 마땅히 다시 자자를 행해야 하나니, 자자하였던 자는 악작을 범하느니라."

11-2 "여러 비구들이여. 그때 한 주처의 자자일에 그 주처에 많은 여러 비구들이 모였고, 다섯 명을 넘겼으며, 그 비구들은 그 주처에 다른 비구들이 오지 않은 것을 알았으나, 그들은 '오지 않은 자는 장차 죽을 것이고, 장차 소멸할 것인데, 그 비구들이 그대들에게 무슨 이익이겠는가?'라고 말하면서 그들은 화합하지 않는 것을 원하면서 자자를 행하였다. 그들이 바로 자자를 행하는 때에 그 주처에 다른 비구들이 왔으며, 그 숫자가 서로 같았고, 이미 좋게 자자를 행하였다면 뒤에 왔던 비구들은 그 비구들의 앞에서 자자를 행해야 하고, 자자를 행하였던 자는 악작을 범하느니라.

　여러 비구들이여. 그때 한 주처의 자자일에 그 주처에 많은 여러 비구들이 모였고, 다섯 명을 넘겼으며, …… 그 비구들은 '오지 않은 자는 장차 죽을 것이고, 장차 소멸할 것인데, 그들이 그대들에게 무슨 이익이겠는가?'라고 말하면서 그들은 화합하지 않는 것을 원하면서 …… 그 비구들이 바로 자자를 행하는 때에 그 주처에 다른 비구들이 왔으며, 그 숫자가 매우 적었고, 이미 좋게 자자를 행하였다면 뒤에 왔던 비구들은 그 비구들의 앞에서 자자를 행해야 하고, 자자를 행하였던 자는 악작을 범하느니라."

11-3 여러 비구들이여. 그때 한 주처의 포살일에 그 주처에 많은 여러 비구들이 모였고, 다섯 명을 넘겼으며, …… 그 비구들은 '오지 않은 자는 장차 죽을 것이고, 장차 소멸할 것인데, 그들이 그대들에게 무슨 이익이겠는가?'라고 말하면서 그들은 화합하지 않는 것을 원하면서 …… 그 비구들이 바로 바라제목차를 송출하여 마쳤던 때에 그 주처에 다른 비구들이 왔으며, 그 숫자가 매우 많았다면, 여러 비구들이여. 그 여러 비구들은 마땅히 다시 자자를 행해야 하나니, 자자하였던 자는 악작을 범하느니라.

여러 비구들이여. 그때 한 주처의 포살일에 그 주처에 많은 여러 비구들이 모였고, 다섯 명을 넘겼으며, …… 그 비구들은 '오지 않은 자는 장차 죽을 것이고, 장차 소멸할 것인데, 그들이 그대들에게 무슨 이익이겠는가?'라고 말하면서 그들은 화합하지 않는 것을 원하면서 …… 그 비구들이 바로 바라제목차를 송출하여 마쳤던 때에 그 주처에 다른 비구들이 왔으며, 그 숫자가 서로 같았고, 이미 좋게 자자를 행하였다면 뒤에 왔던 비구들은 그 비구들의 앞에서 자자를 행해야 하고, 자자를 행하였던 자는 악작을 범하느니라.

여러 비구들이여. 그때 한 주처의 포살일에 그 주처에 많은 여러 비구들이 모였고, 다섯 명을 넘겼으며, …… 그 비구들은 '오지 않은 자는 장차 죽을 것이고, 장차 소멸할 것인데, 그들이 그대들에게 무슨 이익이겠는가?'라고 말하면서 그들은 화합하지 않는 것을 원하면서 …… 그 비구들이 바로 바라제목차를 송출하여 마쳤던 때에 그 주처에 다른 비구들이 왔으며, 그 숫자가 매우 적었고, 이미 좋게 자자를 행하였다면 뒤에 왔던 비구들은 그 비구들의 앞에서 자자를 행해야 하고, 자자를 행하였던 자는 악작을 범하느니라."

11-4 "여러 비구들이여. 그때 한 주처의 자자일에 그 주처에 많은 여러 비구들이 모였고, 다섯 명을 넘겼으며, …… 그 비구들은 '오지 않은 자는 장차 죽을 것이고, 장차 소멸할 것인데, 그들이 그대들에게 무슨

이익이겠는가?'라고 말하면서 그들은 화합하지 않는 것을 원하면서 ……
그 비구들이 이미 자자를 행하여 마쳤고 모였던 대중이 자리에서 벗어나지
않은 때에, 그 주처에 다른 비구들이 왔으며, 그 숫자가 매우 많았다면,
여러 비구들이여. 그 여러 비구들은 마땅히 다시 자자를 행해야 하나니,
자자하였던 자는 악작을 범하느니라.

　여러 비구들이여. 그때 한 주처의 자자일에 그 주처에 많은 여러 비구들
이 모였고, 다섯 명을 넘겼으며, …… 그 비구들은 '오지 않은 자는 장차
죽을 것이고, 장차 소멸할 것인데, 그들이 그대들에게 무슨 이익이겠는
가?'라고 말하면서 그들은 화합하지 않는 것을 원하면서 …… 그 비구들이
이미 자자를 행하여 마쳤고 모였던 대중이 자리에서 벗어나지 않은 때에,
그 주처에 다른 비구들이 왔으며, 그 숫자가 서로 같았고, 이미 좋게
자자를 행하였다면 뒤에 왔던 비구들은 그 비구들의 앞에서 자자를 행해야
하고, 자자를 행하였던 자는 악작을 범하느니라.

　여러 비구들이여. 그때 한 주처의 자자일에 그 주처에 많은 여러 비구들
이 모였는데, 다섯 명을 넘겼고, …… 그 비구들은 '오지 않은 자는 장차
죽을 것이고, 장차 소멸할 것인데, 그들이 그대들에게 무슨 이익이겠는
가?'라고 말하면서 그들은 화합하지 않는 것을 원하면서 …… 그 비구들이
이미 자자를 행하여 마쳤고 모였던 대중이 자리에서 벗어나지 않은 때에,
그 주처에 다른 비구들이 왔으며, 그 숫자가 매우 적었고, 이미 좋게
자자를 행하였다면 뒤에 왔던 비구들은 그 비구들의 앞에서 자자를 행해야
하고, 자자를 행하였던 자는 악작을 범하느니라."

11-5 "여러 비구들이여. 그때 한 주처의 자자일에 그 주처에 많은 여러
비구들이 모였고, 다섯 명을 넘겼으며, …… 그 비구들은 '오지 않은
자는 장차 죽을 것이고, 장차 소멸할 것인데, 그들이 그대들에게 무슨
이익이겠는가?'라고 말하면서 그들은 화합하지 않는 것을 원하면서 ……
그 비구들이 이미 자자를 행하여 마쳤고 모였던 일부의 대중이 자리에서
벗어났던 때에, 그 주처에 다른 비구들이 왔으며, 그 숫자가 매우 많았다면,

여러 비구들이여. 그 여러 비구들은 마땅히 다시 자자를 행해야 하나니, 자자하였던 자는 악작을 범하느니라.

여러 비구들이여. 그때 한 주처의 포살일에 그 주처에 많은 여러 비구들이 모였고, 다섯 명을 넘겼으며, …… 그 비구들은 '오지 않은 자는 장차 죽을 것이고, 장차 소멸할 것인데, 그들이 그대들에게 무슨 이익이겠는가?'라고 말하면서 그들은 화합하지 않는 것을 원하면서 …… 그 비구들이 이미 자자를 행하여 마쳤고 모였던 일부의 대중이 자리에서 벗어났던 때에, 그 주처에 다른 비구들이 왔으며, 그 숫자가 서로 같았고, 이미 좋게 자자를 행하였다면 뒤에 왔던 비구들은 그 비구들의 앞에서 자자를 행해야 하고, 자자를 행하였던 자는 악작을 범하느니라.

여러 비구들이여. 그때 한 주처의 포살일에 그 주처에 많은 여러 비구들이 모였는데, 다섯 명을 넘겼고, …… 그 비구들은 '오지 않은 자는 장차 죽을 것이고, 장차 소멸할 것인데, 그들이 그대들에게 무슨 이익이겠는가?'라고 말하면서 그들은 화합하지 않는 것을 원하면서 …… 그 비구들이 이미 자자를 행하여 마쳤고 모였던 일부의 대중이 자리에서 벗어났던 때에, 그 주처에 다른 비구들이 왔으며, 그 숫자가 매우 적었고, 이미 좋게 자자를 행하였다면 뒤에 왔던 비구들은 그 비구들의 앞에서 자자를 행해야 하고, 자자를 행하였던 자는 악작을 범하느니라."

11-6 "여러 비구들이여. 그때 한 주처의 포살일에 그 주처에 많은 여러 비구들이 모였고, 다섯 명을 넘겼으며, …… 그 비구들은 '오지 않은 자는 장차 죽을 것이고, 장차 소멸할 것인데, 그들이 그대들에게 무슨 이익이겠는가?'라고 말하면서 그들은 화합하지 않는 것을 원하면서 …… 그 비구들이 이미 자자를 행하여 마쳤고 모였던 일체의 대중이 자리에서 벗어났던 때에, 그 주처에 다른 비구들이 왔으며, 그 숫자가 매우 많았다면, 여러 비구들이여. 그 여러 비구들은 마땅히 다시 자자를 행해야 하나니, 자자하였던 자는 악작을 범하느니라.

여러 비구들이여. 그때 한 주처의 포살일에 그 주처에 많은 여러 비구들이 모였고, 다섯 명을 넘겼으며, …… 그 비구들은 '오지 않은 자는 장차 죽을 것이고, 장차 소멸할 것인데, 그들이 그대들에게 무슨 이익이겠는 가?'라고 말하면서 그들은 화합하지 않는 것을 원하면서 …… 그 비구들이 이미 자자를 행하여 마쳤고 모였던 일체의 대중이 자리에서 벗어났던 때에, 그 주처에 다른 비구들이 왔으며, 그 숫자가 서로 같았고, 이미 좋게 자자를 행하였다면 뒤에 왔던 비구들은 그 비구들의 앞에서 자자를 행해야 하고, 자자를 행하였던 자는 악작을 범하느니라.

여러 비구들이여. 그때 한 주처의 포살일에 그 주처에 많은 여러 비구들이 모였는데, 다섯 명을 넘겼고, …… 그 비구들은 '오지 않은 자는 장차 죽을 것이고, 장차 소멸할 것인데, 그들이 그대들에게 무슨 이익이겠는 가?'라고 말하면서 그들은 화합하지 않는 것을 원하면서 …… 그 비구들이 이미 자자를 행하여 마쳤고 모였던 일체의 대중이 자리에서 벗어났던 때에, 그 주처에 다른 비구들이 왔으며, 그 숫자가 매우 적었고, 이미 좋게 자자를 행하였다면 뒤에 왔던 비구들은 그 비구들의 앞에서 자자를 행해야 하고, 자자를 행하였던 자는 악작을 범하느니라."

[화합하지 않는 열다섯 종류를 마친다.]

12) 칠십오사(七十五事)의 광설(廣說)

12-1 "여러 비구들이여. 그때 한 주처의 자자일에 그 주처에 많은 여러 비구들이 모였는데, 다섯 명을 넘겼고, 그 여러 비구들이 그 주처에 다른 비구들이 바로 경계 안으로 들어오는 것을 알았거나, 그 주처에 다른 비구들이 이미 경계 안으로 들어왔던 것을 알았거나, 그 주처에 다른 비구들이 바로 경계 안으로 들어오는 것을 보았거나, 그 주처에 다른 비구들이 이미 경계 안으로 들어왔던 것을 보았거나, 그 주처에 다른 비구들이 바로 경계 안으로 들어오는 것을 들었거나, 그 주처에

다른 비구들이 이미 경계 안으로 들어왔던 것을 들었던 것이 있다.

그 주처의 비구들과 그 주처의 다른 비구들에 대하여 세 번의 175종류가 있다.(합한다면 525종류이다.) 그 주처의 비구들과 객비구들, 그 주처의 다른 비구들과 객비구들에 대하여도 이와 같으므로, 만약 자세하게 설한 다면 세 번의 700종류가 있다.(합한다면 2100종류이다.)

[칠십오사의 광설을 마친다.]

13) 자자일의 날짜와 처소의 변경

13-1 "여러 비구들이여. 이 처소에서 그 구주비구(舊住比丘)는 14일로써, 객비구(客比丘)는 15일로써 자자를 행하였는데, 만약 그 구주비구가 많았 다면 객비구들은 마땅히 그 구주비구를 따라야 하고, 만약 숫자가 서로 같았어도 객비구들은 마땅히 그 구주비구를 따라야 하며, 만약 객비구가 많았다면 그 구주비구는 객비구를 따라야 하느니라."

13-2 "여러 비구들이여. 이 처소에서 그 구주비구는 15일로써, 객비구는 14일로써 자자를 행하였는데, 만약 구주비구가 많았다면 객비구들은 마땅히 그 구주비구를 따라야 하고, 만약 숫자가 서로 같았어도 객비구들 은 마땅히 그 구주비구를 따라야 하며, 만약 객비구가 많았다면 그 구주비 구는 객비구들을 따라야 하느니라."

13-3 "여러 비구들이여. 이 처소에서 그 구주비구는 14일로써, 객비구는 15일로써 자자를 행하였는데, 만약 구주비구가 많았고 그 구주비구들이 객비구들과 화합하여 만약 자자를 하려고 하지 않는 때라면 객비구들은 마땅히 경계의 밖으로 나가서 자자를 행해야 하고, 만약 숫자가 서로 같았고 그 구주비구들이 객비구들과 화합하여 만약 자자를 하려고 하지

않는 때라면 객비구들은 마땅히 경계의 밖으로 나가서 자자를 행해야 하며, 만약 객비구가 많았다면 구주비구들이 화합하거나, 혹은 그 구주비구들이 마땅히 경계의 밖으로 나가서 자자를 행해야 하느니라.”

13-4 “여러 비구들이여. 이 처소에서 그 구주비구는 15일로써, 객비구는 14일로써 자자를 행하였는데, 만약 구주비구가 많았다면 객비구들은 구주비구들이 화합하거나, 혹은 마땅히 경계의 밖으로 나가서 자자를 행해야 하고, 만약 숫자가 서로 같았다면 객비구들은 구주비구들이 화합하거나, 혹은 마땅히 경계의 밖으로 나가서 자자를 행해야 하며, 만약 객비구가 많았고, 객비구들이 그 구주비구들과 화합하여 만약 자자를 하려고 하지 않는 때라면 구주비구들은 마땅히 경계의 밖으로 나가서 자자를 행해야 하느니라.”

13-5 “여러 비구들이여. 이 처소에서 객비구들이 있어서 그 구주비구들의 주거 형태, 주거의 특징, 주거의 인상, 주거의 표시 등을 보았고, 아울러 합당하게 준비된 평상, 소상, 부구, 베개, 마시는 물, 음식, 매우 깨끗한 방사 등을 보았다. 보고서 그 주처에 비구가 있는가? 혹은 없는가를 의심하였다.

　그 비구들은 의심하였으나 찾아서 묻지 않았고 일찍이 찾아서 묻지 않고서 자자를 행하였다면 곧 악작을 범한다. 그 비구들은 의심하였고 찾아서 물었으며, 찾아서 물었으나 보이지 않았으므로 자자를 행하였다면 곧 무죄이다. 그 비구들은 의심하였고 찾아서 물었으며, 찾아서 물어서 보았으므로 함께 자자를 행하였다면 곧 무죄이다. 그 비구들은 의심하였고 찾아서 물었으며, 찾아서 물어서 보았으나, 별도로 자자를 행하였다면 곧 악작을 범한다.

　그 비구들은 의심하였고 찾아서 물었으며, 찾아서 물어서 보았으나, 보고서 생각하면서 ‘쇠퇴하고 있다. 소멸하고 있다. 그 비구들이 그대들에게 무슨 이익이 있겠는가?’라고 말하면서 화합하여 자자를 행하는 것을 원하지 않았다면 곧 투란차를 범하느니라."

13-6 "여러 비구들이여. 이 처소에서 객비구들이 있어서 그 구주비구들의
주거 형태, 주거의 특징, 주거의 인상, 주거의 표시 등을 보았고, 아울러
경행하는 발자국 소리, 독송하는 소리, 침을 뱉는 소리, 재채기하는
소리 등을 들었다. 듣고서 그 주처에 비구가 있는가? 혹은 없는가를
의심하였다.

그 비구들은 의심하였으나 찾아서 묻지 않았고 일찍이 찾아서 묻지
않고서 자자를 행하였다면 곧 악작을 범한다. 그 비구들은 의심하였고
찾아서 물었으며, 찾아서 물었으나 보이지 않았으므로 자자를 행하였다면
곧 무죄이다. 그 비구들은 의심하였고 찾아서 물었으며, 찾아서 물어서
보았으므로 함께 자자를 행하였다면 곧 무죄이다. 그 비구들은 의심하였
고 찾아서 물었으며, 찾아서 물어서 보았으나, 별도로 자자를 행하였다면
곧 악작을 범한다.

그 비구들은 의심하였고 찾아서 물었으며, 찾아서 물어서 보았으나,
보고서 생각하면서 '쇠퇴하고 있다. 소멸하고 있다. 그 비구들이 그대들에
게 무슨 이익이 있겠는가?'라고 말하면서 화합하여 자자를 행하는 것을
원하지 않았다면 곧 투란차를 범하느니라."

13-7 "여러 비구들이여. 이 처소에서 구주비구들이 있어서 객비구들의
주거 형태, 주거의 특징, 주거의 인상, 주거의 표시 등을 보았고, 아울러
알지 못하는 발우, 알지 못하는 옷, 알지 못하는 자리, 발을 씻은 물이
흐르는 것 등을 보았다. 보고서 객비구가 왔는가? 혹은 오지 않았는가를
의심하였다.

그 비구들은 의심하였으나 찾아서 묻지 않았고 일찍이 찾아서 묻지
않고서 자자를 행하였다면 곧 악작을 범한다. 그 비구들은 의심하였고
찾아서 물었으며, 찾아서 물었으나 보이지 않았으므로 자자를 행하였다면
곧 무죄이다. 그 비구들은 의심하였고 찾아서 물었으며, 찾아서 물어서

보았으므로 함께 자자를 행하였다면 곧 무죄이다. 그 비구들은 의심하였고 찾아서 물었으며, 찾아서 물어서 보았으나, 별도로 자자를 행하였다면 곧 악작을 범한다.

　그 비구들은 의심하였고 찾아서 물었으며, 찾아서 물어서 보았으나, 보고서 생각하면서 '쇠퇴하고 있다. 소멸하고 있다. 그 비구들이 그대들에게 무슨 이익이 있겠는가?'라고 말하면서 화합하여 자자를 행하는 것을 원하지 않았다면 곧 투란차를 범하느니라."

13-8 "여러 비구들이여. 이 처소에서 구주비구들이 있어서 객비구들의 주거 형태, 주거의 특징, 주거의 인상, 주거의 표시 등을 보았고, 아울러 경행하는 발자국 소리, 독송하는 소리, 침을 뱉는 소리, 재채기하는 소리 등을 들었다. 듣고서 객비구가 왔는가? 혹은 오지 않았는가를 의심하였다.

　그 비구들은 의심하였으나 찾아서 묻지 않았고 일찍이 찾아서 묻지 않고서 자자를 행하였다면 곧 악작을 범한다. 그 비구들은 의심하였고 찾아서 물었으며, 찾아서 물었으나 보이지 않았으므로 자자를 행하였다면 곧 무죄이다. 그 비구들은 의심하였고 찾아서 물었으며, 찾아서 물어서 보았으므로 함께 자자를 행하였다면 곧 무죄이다. 그 비구들은 의심하였고 찾아서 물었으며, 찾아서 물어서 보았으나, 별도로 자자를 행하였다면 곧 악작을 범한다.

　그 비구들은 의심하였고 찾아서 물었으며, 찾아서 물어서 보았으나, 보고서 생각하면서 '쇠퇴하고 있다. 소멸하고 있다. 그 객비구들이 그대들에게 무슨 이익이 있겠는가?'라고 말하면서 화합하여 자자를 행하는 것을 원하지 않았다면 곧 투란차를 범하느니라."

13-9 "여러 비구들이여. 이 처소에서 객비구들이 있어서 그 구주비구들을 보았고 다른 주처의 비구였으나, 그 비구들은 같은 주처의 비구라고 생각하였다. 같은 주처의 비구라고 생각하였던 까닭으로써 묻지도 않았고, 묻지도 않고서 함께 자자를 행하였다면 곧 무죄이다. 그 비구들은

물었고, 물었어도 유의하지 않았으며, 유의하지 않고서 함께 자자를
행하였다면 곧 악작을 범한다. 그 비구들은 물었고, 물었어도 유의하지
않았으며, 유의하지 않았으나 별도로 자자를 행하였다면 곧 무죄이니라."

13-10 "여러 비구들이여. 이 처소에서 객비구들이 있어서 그 구주비구들
을 보았고 같이 머물렀으나, 그 비구들은 다른 주처의 비구라고 생각하였
다. 다른 주처의 비구라고 생각하였던 까닭으로써 묻지도 않았고, 묻지도
않고서 함께 자자를 행하였다면 곧 악작을 범한다. 그 비구들은 물었고,
물었어도 유의하지 않았으며, 유의하지 않고서 별도로 자자를 행하였다면
곧 악작을 범한다. 그 비구들은 물었고, 묻고서 유의하였으며, 함께 자자를
행하였다면 곧 무죄이니라."

13-11 "여러 비구들이여. 이 처소에서 구주비구들이 있어서 객비구들을
보았고 다른 주처의 비구였으나, 그 비구들은 같은 주처의 비구라고
생각하였다. 같은 주처의 비구라고 생각하였던 까닭으로써 묻지도 않았
고, 묻지도 않고서 함께 자자를 행하였다면 곧 무죄이다. 그 비구들은
물었고, 물었어도 유의하지 않았으며, 유의하지 않고서 함께 자자를
행하였다면 곧 악작을 범한다. 그 비구들은 물었고, 물었어도 유의하지
않았으며, 유의하지 않았으나 별도로 자자를 행하였다면 곧 무죄이니라."

13-12 "여러 비구들이여. 이 처소에서 구주비구들이 있어서 객비구들을
보았고 같이 머물렀으나, 그 비구들은 다른 주처의 비구라고 생각하였다.
다른 주처의 비구라고 생각하였던 까닭으로써 묻지도 않았고, 묻지도
않고서 함께 자자를 행하였다면 곧 악작을 범한다. 그 비구들은 물었고,
물었어도 유의하지 않았으며, 유의하지 않고서 별도로 자자를 행하였다면
곧 악작을 범한다. 그 비구들은 물었고, 묻고서 유의하였으며, 함께 자자를
행하였다면 곧 무죄이니라."

13-13 "여러 비구들이여. 자자일에 비구들이 있는 주처에서 비구들이 없는 비구들의 주처로 떠나갈 수 없으나, 다만 승가가 함께 떠났거나, 혹은 장애가 있다면 제외하느니라. 여러 비구들이여. 자자일에 비구들이 있는 주처에서 비구들이 없는 비구들의 주처가 아닌 곳으로 떠나갈 수 없으나, 다만 승가가 함께 떠났거나, 혹은 장애가 있다면 제외하느니라. 여러 비구들이여. 자자일에 비구들이 있는 주처에서 비구들이 없는 비구들의 주처이거나, 혹은 주처가 아닌 곳으로 떠나갈 수 없으나, 다만 승가가 함께 떠났거나, 혹은 장애가 있다면 제외하느니라."

13-14 "여러 비구들이여. 자자일에 비구들이 있는 주처가 아닌 곳에서 비구들이 없는 비구들의 주처로 떠나갈 수 없으나, 다만 승가가 함께 떠났거나, 혹은 장애가 있다면 제외하느니라. 여러 비구들이여. 자자일에 비구들이 있는 주처가 아닌 곳에서 비구들이 없는 비구들의 주처가 아닌 곳으로 떠나갈 수 없으나, 다만 승가가 함께 떠났거나, 혹은 장애가 있다면 제외하느니라. 여러 비구들이여. 자자일에 비구들이 있는 주처가 아닌 곳에서 비구들이 없는 비구들의 주처이거나, 주처가 아닌 곳으로 떠나갈 수 없으나, 다만 승가가 함께 떠났거나, 혹은 장애가 있다면 제외하느니라."

13-15 "여러 비구들이여. 자자일에 비구들이 있는 주처이거나, 혹은 주처가 아닌 곳에서 비구들이 없는 비구들의 주처로 떠나갈 수 없으나, 다만 승가가 함께 떠났거나, 혹은 장애가 있다면 제외하느니라. 여러 비구들이여. 자자일에 비구들이 있는 주처이거나, 혹은 주처가 아닌 곳에서 비구들이 없는 주처가 아닌 곳으로 떠나갈 수 없으나, 다만 승가가 함께 떠났거나, 혹은 장애가 있다면 제외하느니라. 여러 비구들이여. 자자일에 비구들이 있는 비구들의 주처이거나, 혹은 주처가 아닌 곳에서 비구들이 없는 주처이거나, 혹은 주처가 아닌 곳으로 떠나갈 수 없으나, 다만 승가가 함께 떠났거나, 혹은 장애가 있다면 제외하느니라."

13-16 "여러 비구들이여. 자자일에 비구들이 있는 주처에서 다른 (주처의) 비구들이 머무르고 있는 비구들의 주처로 떠나갈 수 없으나, 다만 승가가 함께 떠났거나, 혹은 장애가 있다면 제외하느니라. 여러 비구들이여. 자자일에 비구들이 있는 주처에서 다른 비구들이 머무르고 있는 비구들의 주처가 아닌 곳으로 떠나갈 수 없으나, 다만 승가가 함께 떠났거나, 혹은 장애가 있다면 제외하느니라. 여러 비구들이여. 자자일에 비구들이 있는 주처에서 다른 비구들이 머무르고 있는 비구들의 주처이거나, 주처가 아닌 곳으로 떠나갈 수 없으나, 다만 승가가 함께 떠났거나, 혹은 장애가 있다면 제외하느니라."

13-17 "여러 비구들이여. 자자일에 비구들이 있는 주처가 아닌 곳에서 동일한 주처의 다른 비구들이 머무르고 있는 비구들의 주처로 떠나갈 수 없으나, 다만 승가가 함께 떠났거나, 혹은 장애가 있다면 제외하느니라. 여러 비구들이여. 자자일에 비구들이 있는 주처가 아닌 곳에서 동일한 주처의 다른 비구들이 머무르고 있는 비구들의 주처가 아닌 곳으로 떠나갈 수 없으나, 다만 승가가 함께 떠났거나, 혹은 장애가 있다면 제외하느니라. 여러 비구들이여. 자자일에 비구들이 있는 주처가 아닌 곳에서 다른 비구들이 머무르는 있는 비구들의 주처이거나, 주처가 아닌 곳으로 떠나갈 수 없으나, 다만 승가가 함께 떠났거나, 혹은 장애가 있다면 제외하느니라."

13-18 "여러 비구들이여. 자자일에 비구들이 있는 주처이거나, 혹은 주처가 아닌 곳에서 동일한 주처의 다른 비구들이 머무르고 있는 주처로 떠나갈 수 없으나, 다만 승가가 함께 떠났거나, 혹은 장애가 있다면 제외하느니라. 여러 비구들이여. 자자일에 비구들이 있는 주처이거나, 혹은 주처가 아닌 곳에서 동일한 주처의 다른 비구들이 머무르고 있는 비구들의 주처로 떠나갈 수 없으나, 다만 승가가 함께 떠났거나, 혹은 장애가 있다면 제외하느니라. 여러 비구들이여. 자자일에 비구들이 있는

주처이거나, 혹은 주처가 아닌 곳에서 다른 비구들이 머무르고 있는 비구들의 주처로 떠나갈 수 없으나, 다만 승가가 함께 떠났거나, 혹은 장애가 있다면 제외하느니라."

13-19 "여러 비구들이여. 자자일에 비구들이 있는 주처에서 동일한 주처의 비구들이 머무르고 있는 비구들의 주처로 떠나갈 수 있으나, 다만 마땅히 그날에 반드시 간다고 아는 것이니라. 여러 비구들이여. 자자일에 비구들이 있는 주처에서 동일한 주처의 비구들이 머무르고 있는 주처가 아닌 곳으로 떠나갈 수 있으나, 다만 마땅히 그날에 반드시 간다고 아는 것이니라. 여러 비구들이여. 자자일에 비구들이 있는 주처에서 동일한 주처의 비구들이 머무르고 있는 비구들의 주처이거나, 주처가 아닌 곳으로 떠나갈 수 있으나, 다만 마땅히 그날에 반드시 가야한다고 아는 것이니라."

13-20 "여러 비구들이여. 자자일에 비구들이 있는 주처가 아닌 곳에서 동일한 주처의 비구들이 머무르고 있는 비구들의 주처로 떠나갈 수 없으나, 다만 승가가 함께 떠났거나, 혹은 장애가 있다면 제외하느니라. 여러 비구들이여. 자자일에 비구들이 있는 주처가 아닌 곳에서 동일한 주처의 비구들이 머무르고 있는 비구들의 주처가 아닌 곳으로 떠나갈 수 없으나, 다만 승가가 함께 떠났거나, 혹은 장애가 있다면 제외하느니라. 여러 비구들이여. 자자일에 비구들이 있는 주처가 아닌 곳에서 동일한 주처의 비구들이 머무르고 있는 비구들의 주처이거나, 동일한 주처의 비구들이 머무르고 주처가 아닌 곳으로 떠나갈 수 없으나, 다만 승가가 함께 떠났거나, 혹은 장애가 있다면 제외하느니라."

13-21 "여러 비구들이여. 자자일에 비구들이 있는 주처이거나, 혹은 주처가 아닌 곳에서 동일한 주처의 비구들이 머무르고 있는 비구들의 주처로 떠나갈 수 없으나, 다만 승가가 함께 떠났거나, 혹은 장애가

있다면 제외하느니라. 여러 비구들이여. 자자일에 비구들이 있는 주처이
거나, 혹은 주처가 아닌 곳에서 동일한 주처의 비구들이 머무르고 있는
비구들의 주처가 아닌 곳으로 떠나갈 수 없으나, 다만 승가가 함께 떠났거
나, 혹은 장애가 있다면 제외하느니라. 여러 비구들이여. 자자일에 비구들
이 있는 주처이거나, 혹은 주처가 아닌 곳에서 동일한 주처의 비구들이
머무르고 있는 비구들의 주처이거나, 주처가 아닌 곳으로 떠나갈 수
없으나, 다만 승가가 함께 떠났거나, 혹은 장애가 있다면 제외하느니라."

[자자일의 날짜와 처소의 변경을 마친다.]

14) 자자의 금지

14-1 "여러 비구들이여. 비구니들이 모였던 대중에 앉아있었다면 자자를
행할 수 없나니, 자자하는 자는 악작을 범한다. 여러 비구들이여. 식차마나
가 모였던 대중에 앉아있었다면, …… 나아가 …… 사미가 모였던 대중에
앉아있었다면, …… 나아가 …… 사미니가 모였던 대중에 앉아있었다면,
…… 나아가 …… 법을 버린 자가 모였던 대중에 앉아있었다면, ……
나아가 …… 무거운 죄를 범한 자가 모였던 대중에 앉아있었다면 자자를
행할 수 없나니, 송출하는 자는 악작을 범하느니라."

14-2 "죄를 인정하지 않아서 거론되었던 자가 모였던 대중에 앉아있었다
면 자자를 행할 수 없나니, 자자를 행하는 자는 법에 의지하여 처벌해야
한다. 죄를 참회하지 않아서 거론되었던 자가 모였던 대중에 앉아있었다
면 자자를 행할 수 없나니, 행하는 자는 법에 의지하여 처벌해야 한다.
악한 견해를 버리지 않아서 거론되었던 자가 모였던 대중에 앉아있었다면
자자를 행할 수 없나니, 행하는 자는 법에 의지하여 처벌해야 하느니라."

14-3 "황문이 모였던 대중에 앉아있었다면 자자를 행할 수 없나니, 송출하는 자는 악작을 범한다. 적주인 자가 모였던 대중에 앉아있었다면, …… 나아가 …… 외도인 자가 모였던 대중에 앉아있었다면, …… 나아가 …… 축생인 자가 모였던 대중에 앉아있었다면, …… 나아가 …… 어머니를 죽인 자가 모였던 대중에 앉아있었다면, …… 나아가 …… 아버지를 죽인 자가 모였던 대중에 앉아있었다면, …… 나아가 …… 아라한을 죽인 자가 모였던 대중에 앉아있었다면, …… 나아가 …… 비구니를 염오시킨 자가 모였던 대중에 앉아있었다면, …… 나아가 …… 승가의 화합을 파괴한 자가 모였던 대중에 앉아있었다면, …… 나아가 …… 세존의 몸에서 피를 흐르게 하였던 자가 모였던 대중에 앉아있었다면, …… 나아가 …… 이근인 자가 모였던 대중에 앉아있었다면 자자를 행할 수 없나니, 행하는 자는 악작을 범하느니라."

14-4 "여러 비구들이여. 별주하는 자가 청정한 욕을 주었던 것에 의지하여 자자를 행할 수 없으나, 모였던 대중에 일어나지 않은 때는 제외하느니라. 여러 비구들이여. 자자일이 아니라면 자자를 행할 수 없으나, 다만 승가가 화합하는 때는 제외하느니라."

[자자의 금지를 마친다.]

15) 자자일의 장애

15-1 그때 교살라국의 한 주처에서 자자일에 야만족의 공포가 발생하였고, 여러 비구들은 법을 설하지 않았으며, 세 번을 아뢰는 것으로써 자자를 행하였다. 그 비구들은 이 일로써 세존께 아뢰었고, 세존께서는 말씀하셨다.

"여러 비구들이여. 두 번을 아뢰는 것으로써 자자를 행하는 것을 허락하

겠노라."

다만 야만족의 공포가 더욱 격렬(激烈)해졌고, 비구들은 법을 설하지 않았으며, 두 번을 아뢰는 것으로써 자자를 행하였다. 그 비구들은 이 일로써 세존께 아뢰었고, 세존께서는 말씀하셨다.

"여러 비구들이여. 한 번을 아뢰는 것으로써 자자를 행하는 것을 허락하겠노라."

야만족의 공포가 더욱 격렬해졌고, 비구들은 법을 설하지 않았으며, 한 번을 아뢰는 것으로써 자자를 행하였다. 그 비구들은 이 일로써 세존께 아뢰었고, 세존께서는 말씀하셨다.

"여러 비구들이여. 우안거에 머무르던 자들이 가지런하게 창언하여 자자를 행하는 것을 허락하겠노라."

15-2 그때 한 주처에서 자자일에 여러 사람들이 공양하고 보시를 행하면서 늦은 밤에 이르렀다. 이때 여러 비구들은 마음에서 사유하였다.

'여러 사람들이 공양하고 보시를 행하면서 늦은 밤에 이르렀다. 만약 승가가 세 번을 아뢰는 것으로써 자자를 행하는 때라면 승가는 자자를 마치지 못할 것이고, 다만 날이 밝을 것이다. 우리들은 어떻게 해야 하는가?'

15-3 그 비구들은 이 일로써 세존께 아뢰었고, 세존께서는 말씀하셨다.

"여러 비구들이여. 한 주처에서 자자일에 여러 사람들이 공양하고 보시를 행하면서 늦은 밤에 이르렀으며, 이때 여러 비구들이 '여러 사람들이 공양하고 보시를 행하면서 늦은 밤에 이르렀다. 만약 승가가 세 번을 아뢰는 것으로써 자자를 행하는 때라면 승가는 자자를 마치지 못할 것이고, 다만 날이 밝을 것이다. 우리들은 어떻게 해야 하는가?'라고 마음에서 사유하였다면 이때 총명하고 현명하며 유능한 비구가 마땅히 승가의 가운데에서 창언해야 한다.

'대덕 승가께서는 허락하십시오. 여러 사람들이 공양하고 보시를 행하면서 늦은 밤에 이르렀으며, 만약 승가가 세 번을 아뢰는 것으로써 자자를 행하는 때라면 승가는 자자를 마치지 못할 것이고, 다만 날이 밝을 것입니다. 만약 승가께서 때에 이르렀다면 승가는 마땅히 두 번을 아뢰는 것으로써, 한 번을 아뢰는 것으로써, 우안거에 머무르던 자가 가지런하게 창언하여 자자를 행하겠습니다.'"

15-4 "여러 비구들이여. 한 주처에서 자자일에 여러 비구들이 설법하면서, 경사(經師)는 여러 경전을 결집(結集)하였고, 지율자(持律者)는 계율을 결정하였으며 선법자(宣法者)는 법을 담론하였고, 여러 비구들이 논쟁하면서 늦은 밤에 이르렀으며, 이때 만약 여러 비구들이 '여러 비구들이 논쟁하면서 늦은 밤에 이르렀는데, 만약 승가가 세 번을 아뢰는 것으로써 자자를 행하는 때라면 승가는 자자를 마치지 못할 것이고, 다만 날이 밝을 것이다.'라고 마음에서 사유하였다면 이때 총명하고 현명하며 유능한 비구가 마땅히 승가의 가운데에서 창언해야 한다.

 '대덕 승가께서는 허락하십시오. 여러 비구들이 논쟁하면서 늦은 밤에 이르렀는데, 만약 승가가 세 번을 아뢰는 것으로써 자자를 행하는 때라면 승가는 자자를 마치지 못할 것이고, 다만 날이 밝을 것입니다. 만약 승가께서 때에 이르렀다면 승가는 마땅히 두 번을 아뢰는 것으로써, 한 번을 아뢰는 것으로써, 우안거에 머무르던 자가 가지런하게 창언하여 자자를 행하겠습니다.'"

15-5 그때 교살라국의 한 주처에서 자자일에 대비구(大比丘) 승가가 모였다. 비를 피하는 곳이 작았는데 큰 구름이 일어났으며, 이때 여러 비구들은 마음에서 사유하였다.

 '이 처소는 대비구 승가가 모였는데, 비를 피하는 곳이 작았고 큰 구름이 일어났구나! 만약 승가가 세 번을 아뢰는 것으로써 자자를 행하는 때라면 승가는 자자를 마치지 못할 것이고, 장차 비가 내릴 것이다. 우리들은 어떻게 해야 하는가?'

그 비구들은 이 일로써 세존께 아뢰었고, 세존께서는 말씀하셨다.

15-6 "여러 비구들이여. 한 주처에서 자자일에 대비구 승가가 모였고 비를 피하는 곳이 작았는데 큰 구름이 일어났으며, 이때 여러 비구들은 마음에서 '이 처소는 대비구 승가가 모였는데, 비를 피하는 곳이 작았고 큰 구름이 일어났구나! 만약 승가가 세 번을 아뢰는 것으로써 자자를 행하는 때라면 승가는 자자를 마치지 못할 것이고, 장차 비가 내릴 것이다. 우리들은 어떻게 해야 하는가?'라고 마음에서 사유하였다면 이때 총명하고 현명하며 유능한 비구가 마땅히 승가의 가운데에서 창언해야 한다.

'대덕 승가께서는 허락하십시오. 대비구 승가가 모였고 비를 피하는 곳이 작았고 큰 구름이 일어났는데, 만약 승가가 세 번을 아뢰는 것으로써 자자를 행하는 때라면 승가는 자자를 마치지 못할 것이고, 장차 비가 내릴 것입니다. 만약 승가께서 때에 이르렀다면 승가는 마땅히 두 번을 아뢰는 것으로써, 한 번을 아뢰는 것으로써, 우안거에 머무르던 자가 가지런하게 창언하여 자자를 행하겠습니다.'"

15-7 "여러 비구들이여. 한 주처에서 자자일에 국왕의 장애가 있었거나, …… 나아가 …… 도둑들의 장애가 있었거나, …… 나아가 …… 불의 장애가 있었거나, …… 나아가 …… 물의 장애가 있었거나, …… 나아가 …… 사람들의 장애가 있었거나, …… 나아가 …… 비인(非人)들의 장애가 있었거나, …… 나아가 …… 사나운 짐승들의 장애가 있었거나, …… 나아가 …… 뱀들의 장애가 있었거나, …… 나아가 …… 목숨의 장애가 있었거나, …… 나아가 …… 범행의 장애가 있었으며, 이때 여러 비구들은 마음에서 '이 처소는 …… 범행에 장애가 있구나! 만약 승가가 세 번을 아뢰는 것으로써 자자를 행하는 때라면 승가는 자자를 마치지 못할 것이고, 범행에 장애가 생겨날 것이다!'라고 마음에서 사유하였다면 이때 총명하고 현명하며 유능한 비구가 마땅히 승가의 가운데에서 창언해야 한다.

'대덕 승가께서는 허락하십시오. ······ 범행에 장애가 있으며, 만약 승가가 세 번을 아뢰는 것으로써 자자를 행하는 때라면 승가는 자자를 마치지 못할 것이고, 범행에 장애가 생겨날 것입니다. 만약 승가께서 때에 이르렀다면 승가는 마땅히 두 번을 아뢰는 것으로써, 한 번을 아뢰는 것으로써, 우안거에 머무르던 자가 가지런하게 창언하여 자자를 행하겠습니다.'"

[자자일의 장애를 마친다.]

16) 자자의 중지(中止)

16-1 그때 육군비구들은 죄가 있었으나 자자를 행하였다. 그 비구들은 이 일로써 세존께 아뢰었고, 세존께서는 말씀하셨다.

"여러 비구들이여. 죄가 있는 자는 자자를 행할 수 없느니라. 자자를 행하는 자는 악작을 범하느니라. 여러 비구들이여. 죄가 있는 자는 스스로 자자를 행하였다면 승가가 그 죄를 거론하는 것을 허락하겠노라."

16-2 그때 육군비구들은 이미 애원하는 것을 허락하였으나, 허락을 받아들이려고 하지 않았다. 그 비구들은 이 일로써 세존께 아뢰었고, 세존께서는 말씀하셨다.

"여러 비구들이여. 허락을 받아들이려고 하지 않는 자는 그가 자자하는 것을 금지하도록 허락하겠노라. 여러 비구들이여. 금지하는 자는 마땅히 이와 같이 그것을 해야 하느니라. 자자일이 14일이거나, 혹은 15일에 그 사람이 나타나는 때에 마땅히 승가의 가운데에서 창언해야 한다.

'대덕 승가께서는 허락하십시오. 누구인 그 비구는 죄가 있으니, 우리들은 그 비구의 자자를 중지하겠습니다. 그 비구가 이전에 나타난 처소는 자자를 행한 것이 아닙니다.'

이와 같이 자자를 금지해야 하느니라."

16-3 그때 육군비구들은 '선한 비구들이 우리들의 자자를 금지할 것이다.' 라고 생각하면서, 먼저 청정을 주었고 무죄인 여러 비구들의 일이 없으며 인연이 없는 자자를 중지시켰고, 이미 행하였던 여러 자자들도 역시 중지시켰다. 그 비구들은 이 일로써 세존께 아뢰었고, 세존께서는 말씀하셨다.

"여러 비구들이여. 청정하고 무죄인 비구들을 마주하고서 일이 없고 인연이 없다면 그 자자를 중지시킬 수 없나니, 중지시키는 자는 악작을 범하느니라. 여러 비구들이여. 이미 행하였던 여러 자자를 중지시킬 수 없나니, 중지시키는 자는 악작을 범하느니라."

16-4 "여러 비구들이여. 자자를 이와 같은 자는 중지시킬 수 없고, 이와 같은 자는 중지시킬 수 있느니라. 여러 비구들이여. 무엇과 같다면 능히 자자를 중지시킬 수 없는가? 여러 비구들이여. 만약 세 번을 아뢰는 것으로써 자자의 말을 모두 마쳤던 때에 만약 자자를 중지시켰더라도 이것은 중지될 수 없느니라.

여러 비구들이여. 만약 두 번을 아뢰는 것으로써, …… 여러 비구들이여. 만약 한 번을 아뢰는 것으로써, …… 우안거에 머무르던 자가 가지런하게 창언하여 자자하는 것으로써 말을 모두 마쳤던 때에, 만약 자자를 중지시켰다면 이것은 중지될 수 없느니라. 여러 비구들이여. 이와 같은 것은 중지시킬 수 없느니라."

16-5 "여러 비구들이여. 무엇과 같다면, 자자를 금지시킬 수 있는가? 여러 비구들이여. 만약 세 번을 아뢰는 것으로써 자자의 말을 모두 마치지 않았던 때에 만약 자자를 중지시켰다면 이것은 중지될 수 있느니라.

여러 비구들이여. 만약 두 번을 아뢰는 것으로써, …… 여러 비구들이여. 만약 한 번을 아뢰는 것으로써, …… 우안거에 머무르던 자가 가지런하게 창언하여 자자하는 것으로써 말을 모두 마치지 않았던 때에, 만약 자자를 중지시켰다면 이것은 중지될 수 있느니라. 여러 비구들이여. 이와 같은 것은 중지시킬 수 있느니라.”

16-6 “여러 비구들이여. 이 처소에서 자자일에 비구가 다른 비구의 자자를 중지시킨 것이 있었는데, 만약 그 비구가 다른 비구들에게 ‘이 비구들의 몸의 행이 부정하고 말의 행이 부정하며 생활(命)이 부정하고 어리석으며 도리에 어둡고 질문을 받아도 능히 대답하지 못한다.’라고 마음으로 알았다면, 곧 ‘비구여! 그만두십시오. 시비(是非)하지 말고 투쟁하지 말고 언쟁하지 말고 논쟁하지 마십시오.’라고 그를 제지하여 말해야 하고, 승가는 마땅히 자자를 행해야 하느니라.”

16-7 “여러 비구들이여. 이 처소에서 자자일에 비구가 다른 비구의 자자를 중지시킨 것이 있었는데, 만약 그 비구가 다른 비구들에게 ‘이 비구들의 몸의 행이 청정하였으나, 말의 행이 부정하며 생활이 부정하고 어리석으며 도리에 어둡고 질문을 받아도 대답하지 못한다.’라고 마음으로 알았다면, 곧 ‘비구여! 그만두십시오. 시비하지 말고 투쟁하지 말고 언쟁하지 말고 논쟁하지 마십시오.’라고 그를 제지하여 말해야 하고, 승가는 마땅히 자자를 행해야 하느니라.”

16-8 “여러 비구들이여. 이 처소에서 자자일에 비구가 다른 비구의 자자를 중지시킨 것이 있었는데, 만약 그 비구가 다른 비구들에게 ‘이 비구들의 몸의 행이 청정하고 말의 행이 청정하였으나, 생활이 부정하고 어리석으며 도리에 어둡고 질문을 받아도 능히 대답하지 못한다.’라고 마음으로 알았다면, …… 승가는 마땅히 자자를 행해야 하느니라.”

16-9 “여러 비구들이여. 이 처소에서 자자일에 비구가 다른 비구의 자자를 중지시킨 것이 있었는데, 만약 그 비구가 다른 비구들에게 ‘이

비구들의 몸의 행이 청정하고 말의 행이 청정하며 생활이 청정하였으나, 어리석으며 도리에 어둡고 질문을 받아도 능히 대답하지 못한다.'라고 마음으로 알았다면, …… 승가는 마땅히 자자를 행해야 하느니라."

16-10 "여러 비구들이여. 이 처소에서 자자일에 비구가 다른 비구의 자자를 중지시킨 것이 있었는데, 만약 그 비구가 다른 비구에게 '이 비구들의 몸의 행이 청정하고 말의 행이 청정하며 생활이 청정하고 현명하며 질문을 받아도 능히 대답한다.'라고 마음으로 알았다면, 이때 마땅히 그에게 '그대가 이 비구의 자자를 중지시켰는데, 이것은 무슨 인연으로 중지시켰습니까? 계율을 깨트린 인연으로 중지시켰습니까? 행을 깨트린 인연으로 중지시켰습니까? 견해를 깨트린 인연으로 중지시켰습니까?'라고 말해야 하느니라."

16-11 "만약 그 비구가 '나는 곧 계율을 깨트린 인연으로 중지시켰고 행을 깨트린 인연으로 중지시켰으며 견해를 깨트린 인연으로 중지시켰습니다.'라고 말하였다면, 그때에 그를 향하여 '장로여. 계율을 깨트린 것을 알았습니까? 행을 깨트린 것을 알았습니까? 견해를 깨트린 것을 알았습니까?'라고 말해야 하고, 만약 그 비구가 '계율을 깨트린 것을 알았고 행을 깨트린 것을 알았으며 견해를 깨트린 것을 알았습니다.'라고 말하였다면, 그때에 마땅히 그를 향하여 '무슨 계율을 깨트렸습니까? 무슨 행을 깨트렸습니까? 무슨 견해를 깨트린 것을 알았습니까?'라고 말해야 하느니라."

16-12 "만약 그 비구가 '4바라이와 13승잔의 계율을 깨트린 것이고, 투란차, 바일제, 바라제제사니, 악작, 악설 등으로 행을 깨트린 것이며, 사견과 변집견이 견해를 깨트린 것입니다.'라고 말하였다면, 그때에 마땅히 그를 향하여 '그대가 이 비구의 자자를 중지시켰는데, 이것을 보았던 까닭으로 중지시켰습니까? 이것을 들었던 까닭으로 중지시켰습니까? 이것을 의심하였던 까닭으로 중지시켰습니까?'라고 말해야 하느니라."

16-13 "만약 그 비구가 '나는 이것을 보았던 까닭으로 중지시켰고 이것을 들었던 까닭으로 중지시켰으며 이것을 의심하였던 까닭으로 중지시켰습니다.'라고 말하였다면, 그때에 마땅히 그를 향하여 '그대가 이 비구의 자자를 보았던 인연으로 중지시켰는데, 그대가 보았던 것은 무엇입니까? 무엇을 위하여 보았습니까? 어느 때에 보았습니까? 어디에서 보았습니까? 바라이를 범하는 것을 보았습니까? 승잔을 범하는 것을 보았습니까? 투란차를 범하는 것을 보았습니까? 바일제, 바라제제사니, 악작, 악설 등을 범하는 것을 보았습니까? 그대는 어디에 있었습니까? 이 비구는 어디에 있었습니까? 그대는 무슨 일을 하였습니까? 이 비구는 무슨 일을 하였습니까?'라고 말해야 하느니라."

16-14 "만약 그 비구가 '나는 이 비구에게 그것을 보았던 까닭으로 자자를 중지시켰던 인연이 아니고 그것을 들었던 까닭으로 자자를 중지시켰던 인연입니다.'라고 말하였다면, 그때에 마땅히 그를 향하여 '그대가 이 비구의 자자를 들었던 까닭으로 중지시켰는데, 그대가 들었던 것은 무엇입니까? 무엇을 위하여 들었습니까? 어느 때에 들었습니까? 어디에서 들었습니까? 바라이를 범하는 것을 들었습니까? 승잔을 범하는 것을 들었습니까? 투란차를 범하는 것을 들었습니까? 바일제, 바라제제사니, 악작, 악설 등을 범하는 것을 들었습니까? 비구를 까닭으로 들었습니까? 비구니를 까닭으로 들었습니까? 식차마나를 까닭으로 들었습니까? 사미를 까닭으로 들었습니까? 사미니를 까닭으로 들었습니까? 우바새를 까닭으로 들었습니까? 우바이를 까닭으로 들었습니까? 국왕을 까닭으로 들었습니까? 왕의 대신을 까닭으로 들었습니까? 외도를 까닭으로 들었습니까? 외도의 제자를 까닭으로 들었습니까?'라고 말해야 하느니라."

16-15 "만약 그 비구가 '나는 이 비구에게 그것을 들었던 까닭으로 자자를 중지시켰던 인연이 아니고 그것을 의심하였던 까닭으로 자자를 중지시켰습니다.'라고 말하였다면, 그때에 마땅히 그를 향하여 '그대가

이 비구의 자자를 의심하였던 까닭으로 중지시켰는데, 그대가 의심하였던 것은 무엇입니까? 무엇을 위하여 의심하였습니까? 어느 때에 의심하였습니까? 어디에서 의심하였습니까? 바라이를 범하는 것을 의심하였습니까? 승잔을 범하는 것을 의심하였습니까? 투란차를 범하는 것을 의심하였습니까? 바일제, 바라제제사니, 악작, 악설 등을 범하는 것을 의심하였습니까? 비구를 까닭으로 의심하였습니까? 비구니를 까닭으로 의심하였습니까? …… 외도의 제자를 까닭으로 의심하였습니까?'라고 말해야 하느니라."

16-16 "만약 그 비구가 '나는 이 비구에게 그것을 의심하였던 까닭으로 자자를 중지시켰던 인연이 아니고 이 비구의 자자를 중지시켰으나 이유를 나는 알지 못합니다.'라고 말하였고, 여러 비구들이여. 만약 그 비구가 다른 비구를 힐난(詰難)하였는데, 매우 작고 적합하지 않은 이유이고 같은 범행자의 마음을 알았다면 곧 말해야 한다.
  '힐난을 받은 비구는 허물이 없습니다.'
  이와 같다면 마땅히 그 말을 멈추게 해야 한다."

16-17 "여러 비구들이여. 만약 그 비구가 다른 비구를 힐난하면서 근거가 없는 바라이로써 힐난한 자는 승잔으로 다스리고서 승가는 마땅히 자자를 행해야 한다. 여러 비구들이여. 만약 그 비구가 다른 비구를 힐난하면서 근거가 없는 승잔으로써 힐난한 자는 여법하게 다스리고서 승가는 마땅히 자자를 행해야 한다. 여러 비구들이여. 만약 그 비구가 다른 비구를 힐난하면서 근거가 없는 투란차, 바일제, 바라제제사니, 악작, 악설 등으로써 힐난한 자는 여법하게 다스리고서 승가는 마땅히 자자를 행해야 하느니라."

16-18 "여러 비구들이여. 만약 그 비구가 다른 비구를 힐난하였는데, 스스로가 바라이를 범하였다고 말하였다면 멸빈시키고서 승가는 마땅히

자자를 행해야 한다. 여러 비구들이여. 만약 그 비구가 다른 비구를 힐난하였는데, 스스로가 승잔을 범하였다고 말하였다면 승잔으로 다스리고서 승가는 마땅히 자자를 행해야 한다. 여러 비구들이여. 만약 그 비구가 다른 비구를 힐난하였는데, 스스로가 투란차, 바일제, 바라제제사니, 악작, 악설 등을 범하였다고 말하였다면 여법하게 다스리고서 승가는 마땅히 자자를 행해야 한다.

16-19 "여러 비구들이여. 만약 이 처소에 있는 비구가 자자일에 투란차를 범하였는데, 일부의 비구들은 투란차를 범하였다고 보았고 일부의 비구들은 승잔을 범하였다고 보았다면, 여러 비구들이여. 투란차를 범하였다고 보았던 여러 비구들은 그 비구를 한쪽으로 데리고 가서 여법하게 다스리고서 뒤에 승가에 이르러 말해야 한다.

'그 비구의 죄는 여법하게 없애주었습니다. 만약 승가께서 때에 이르렀다면 승가는 마땅히 자자를 행하겠습니다.'"

16-20 "여러 비구들이여. 만약 이 처소에 있는 비구가 자자일에 투란차를 범하였는데, 일부의 비구들은 투란차를 범하였다고 보았고 일부의 비구들은 바일제를 범하였다고 보았거나, 일부의 비구들은 투란차를 범하였다고 보았고 일부의 비구들은 바라제제사니를 범하였다고 보았거나, 일부의 비구들은 투란차를 범하였다고 보았고 일부의 비구들은 악작을 범하였다고 보았거나, 일부의 비구들은 투란차를 범하였다고 보았고 일부의 비구들은 이 악설을 범하였다고 보았다면, 여러 비구들이여. 바일제를 범하였다고 보았던 여러 비구들은 그 비구를 데리고 한쪽으로 가서, …… 바라제제사니를 범하였다고 보았던 여러 비구들은, …… 바라제제사니를 범하였다고 보았던 여러 비구들은, …… 악작을 범하였다고 보았던 여러 비구들은, …… 바라제제사니를 범하였다고 보았던 여러 비구들은, …… 악설을 범하였다고 보았던 여러 비구들은, …… '그 비구의 죄는 여법하게 없애주었습니다. 만약 승가께서 때에 이르렀다면 승가는 마땅히 자자를 행하겠

습니다.'"

16-21 "여러 비구들이여. 만약 이 처소에 있는 비구가 자자일에 바일제를 범하였고, …… 바라제제사니를 범하였고, …… 악작을 범하였고, …… 악설을 범하였고, …… 일부의 비구들은 바일제를 범하였다고 보았고 일부의 비구들은 승잔을 범하였다고 보았거나, …… 일부의 비구들은 악작을 범하였다고 보았고 일부의 비구들은 승잔을 범하였다고 보았다면 악설을 범하였다고 보았던 여러 비구들은 그 비구를 데리고 한쪽으로 가서 여법하게 다스리고서 뒤에 승가에 이르러 말해야 한다.

'그 비구의 죄는 여법하게 없애주었습니다. 만약 승가께서 때에 이르렀다면 승가는 마땅히 자자를 행하겠습니다.'"

16-22 "여러 비구들이여. 만약 이 처소에 있는 비구가 자자일에 악설을 범하였는데, 일부의 비구들은 악설을 범하였다고 보았고 일부의 비구들은 투란차를 범하였다고 보았거나, 일부의 비구들은 악설을 범하였다고 보았고 일부의 비구들은 바일제를 범하였다고 보았거나, 일부의 비구들은 악설을 범하였다고 보았고 일부의 비구들은 바라제제사니를 범하였다고 보았거나, 일부의 비구들은 악설을 범하였다고 보았고 일부의 비구들은 이 악작을 범하였다고 보았다면, 악설을 범하였다고 보았던 여러 비구들은 그 비구를 한쪽으로 데리고 가서 여법하게 다스리고서 뒤에 승가에 이르러 말해야 한다.

'그 비구의 죄는 여법하게 없애주었습니다. 만약 승가께서 때에 이르렀다면 승가는 마땅히 자자를 행하겠습니다.'"

16-23 "여러 비구들이여. 만약 이 처소에 있는 비구가 자자일에 승가의 가운데에서 '대덕 승가께서는 허락하십시오. 이와 같은 일은 알려졌으나, 다만 그 사람은 알려지지 않았습니다. 만약 승가께서 때에 이르렀다면 사람의 허물을 없애고서 뒤에 승가는 마땅히 자자를 행하겠습니다.'라고

말하였다면 마땅히 그 비구에게 '세존께서는 계율을 제정하시어 마땅히 화합하여 자자를 행하게 하셨습니다. 만약 일은 알려졌으나 사람이 알려지지 않았다면 곧 이 일을 말하여 주십시오.'라고 말해야 한다."

16-24 "여러 비구들이여. 만약 이 처소에 있는 비구가 자자일에 승가의 가운데에서 '대덕 승가께서는 허락하십시오. 이와 같은 사람은 알려졌으나, 다만 그 일은 알려지지 않았습니다. 만약 승가께서 때에 이르렀다면 사람의 허물을 없애고서 뒤에 승가는 마땅히 자자를 행하겠습니다.'라고 말하였다면 마땅히 그 비구에게 '세존께서는 계율을 제정하시어 마땅히 화합하여 자자를 행하게 하셨습니다. 만약 사람이 알려졌으나 일이 알려지지 않았다면 곧 이 사람을 말하여 주십시오.'라고 말해야 한다."

16-25 "여러 비구들이여. 만약 이 처소에 있는 비구가 자자일에 승가의 가운데에서 '대덕 승가께서는 허락하십시오. 이와 같은 일과 사람이 알려졌습니다. 만약 승가께서 때에 이르렀다면 이 일과 사람의 허물을 없애고서 뒤에 승가는 마땅히 자자를 행하겠습니다.'라고 말하였다면 마땅히 그 비구에게 '세존께서는 계율을 제정하시어 마땅히 화합하여 자자를 행하게 하셨습니다. 만약 일과 사람이 알려졌다면 곧 이 일과 사람을 말하여 주십시오.'라고 말해야 한다."

16-26 "여러 비구들이여. 만약 자자일의 이전에 일이 알려지고 뒤에 사람이 알려졌다면 말하는 것이 좋은 것이고, 여러 비구들이여. 만약 자자일의 이전에 사람이 알려지고 뒤에 일이 알려졌다면 말하는 것이 좋은 것이며, 여러 비구들이여. 만약 자자일의 이전에 일과 사람이 알려졌는데, 자자를 행한 뒤에 만약 그것을 일으켰다면, 일으킨 자는 바일제를 범하느니라."

[자자의 중지를 마친다.]

17) 승가의 투쟁

17-1 그때 많은 숫자의 같은 견해이고 서로가 친근하였던 여러 비구들이 교살라국의 한 주처에서 우안거에 들어갔다. 그들은 근처에 있는 다른 비구들과 시비하고 투쟁하며 언쟁하고 논쟁하였고, 승가에서 투쟁의 일을 행하면서 안거에 들어갔으므로 그들은 사유하였다.

'우리들은 그 비구들과 우안거를 머무르고 자자를 행하는 때에 그들의 자자를 금지해야겠다.'

그 비구들은 들었다.

"우리들이 근처에 있는 다른 여러 비구들과 시비하고 투쟁하며 언쟁하고 논쟁하였고, 승가에서 투쟁의 일을 행하였는데 그들도 역시 우안거에 들어갔다. '우리들이 그 비구들과 우안거를 머무르면서 자자를 행하는 때에 그들의 자자를 중지시키겠다.'라고 말하였다."

그 비구들은 듣고서 생각하였다.

'우리들은 어떻게 해야 하는가?'

그 비구들은 이 일로써 세존께 아뢰었고, 세존께서는 말씀하셨다.

17-2 "여러 비구들이여. 이 처소에 있는 많은 숫자의 같은 견해이고 서로가 친근하였던 여러 비구들이 한 주처에서 우안거에 들어갔다. 그들은 근처에 있는 다른 비구들과 시비하고 투쟁하며 언쟁하고 논쟁하였고, 승가에서 투쟁의 일을 행하면서 안거에 들어갔는데, 그 비구들도 역시 우안거에 들어갔으며, '우리들은 그 비구들과 우안거를 머무르고서 자자를 행하는 때에 그들의 자자를 중지시키겠다.'라고 생각하였다면, 여러 비구들이여. 그 여러 비구들이 14일에 두 번이거나, 세 번의 포살을 행하는 것을 허락하겠으며, 이것으로써 마땅히 다른 비구들의 앞에서 자자를 행하는 것도 허락하겠노라.

여러 비구들이여. 만약 그 비구들이 시비하고 투쟁하며 언쟁하고 논쟁하였고, 승가에서 투쟁의 일을 행하였던 그 비구들이 주처에 이르렀다면,

그 주처에 머물렀던 비구들이 마땅히 빠르게 모여서 자자를 행하는 것을 허락하겠나니, 자자를 행하고서 마땅히 말해야 한다.

'우리들은 이미 자자를 행하였습니다. 여러 장로들도 뜻을 따라서 자자를 행하십시오.'"

17-3 "여러 비구들이여. 만약 그 비구들이 시비하고 투쟁하며 언쟁하고 논쟁하였고, 승가에서 투쟁의 일을 행하였던 그 비구들이 갑자기 주처에 이르렀다면, 여러 비구들이여. 그 주처의 비구들은 평상과 자리를 펼치고 발을 씻는 물, 발 받침대, 발수건을 준비하고서 맞이하여 옷과 발우를 들어주며 물이 필요한가를 물어야 하고, 마땅히 그들을 부르고 뒤에 경계의 밖으로 가서 자자를 행해야 하며, 자자를 행하면서 마땅히 말해야 한다.

'우리들은 이미 자자를 행하였습니다. 여러 장로들도 뜻을 따라서 자자를 행하십시오.'"

17-4 "이와 같이 얻을 수 있다면 좋으나, 만약 얻지 못하였다면, 그 주처의 총명하고 현명하며 유능한 비구가 마땅히 그 주처의 여러 비구들에게 창언해야 한다.

'이 주처의 대덕 승가께서는 허락하십시오. 만약 승가께서 때에 이르렀다면 지금 포살을 행하겠고 바라제목차를 송출하겠으며, 다음의 신월(新月)[4]에 자자를 행하겠습니다.'

만약 그 비구들이 시비하고 투쟁하며 언쟁하고 논쟁하였고, 승가에서 투쟁의 일을 행하였던 그 여러 비구들을 향하여 '좋습니다. 지금 우리들과 함께 자자를 행하십시오.'라고 말하였다면, 그들에게 마땅히 '그대들은 우리들의 자자의 주인이 아니고, 우리들은 오히려 자자를 행하지 않겠습니다.'라고 창언해야 한다."

---

4) 팔리어 Kāla(카라)의 번역으로 음력 초하루를 가리킨다.

17-5 "여러 비구들이여. 만약 그 비구들이 시비하고 투쟁하며 언쟁하고 논쟁하였고, 승가에서 투쟁의 일을 행하였던 그 비구들이 신월의 때까지 함께 머물렀다면, 그 주처의 총명하고 현명하며 유능한 비구가 마땅히 그 주처의 여러 비구들에게 창언해야 한다.

'이 주처의 대덕 승가께서는 허락하십시오. 만약 승가께서 때에 이르렀다면 지금 포살을 행하겠고 바라제목차를 송출하겠으며, 다음의 만월(新月)5)에 자자를 행하겠습니다.'

만약 그 비구들이 시비하고 투쟁하며 언쟁하고 논쟁하였고, 승가에서 투쟁의 일을 행하였던 그 여러 비구들을 향하여 '좋습니다. 지금 우리들과 함께 자자를 행하십시오.'라고 말하였다면, 그들에게 마땅히 '그대들은 우리들의 자자의 주인이 아니고, 우리들은 오히려 자자를 행하지 않겠습니다.'라고 창언해야 한다."

17-6 "여러 비구들이여. 만약 그 비구들이 시비하고 투쟁하며 언쟁하고 논쟁하였고, 승가에서 투쟁의 일을 행하였던 그 비구들이 만월의 때까지 함께 머물렀으며 일체의 비구들이 자자하지 않으려고 하였다면, 그 주처의 총명하고 현명하며 유능한 비구가 마땅히 그 주처의 여러 비구들에게 창언해야 한다.

'이 주처의 대덕 승가께서는 허락하십시오. 만약 승가께서 때에 이르렀다면 지금 포살을 행하겠고 바라제목차를 송출하겠으며, 다음 가제월(迦提月)의 만월(滿月)6)에 자자를 행하겠습니다.'

만약 그 비구들이 시비하고 투쟁하며 언쟁하고 논쟁하였고, 승가에서 투쟁의 일을 행하였던 그 여러 비구들을 향하여 '좋습니다. 지금 우리들과 함께 자자를 행하십시오.'라고 말하였다면, 그들에게 마땅히 '그대들은 우리들의 자자의 주인이 아니고, 우리들은 오히려 자자를 행하지 않겠습

---

5) 팔리어 Juṇha(준하)의 번역으로 보름날을 가리킨다.
6) 팔리어 Komudi cātumāsini(코무디 차투마시니)의 음사이고, Kattika의 달에 수행되는 Cātumāsya 축제를 가리키며, Komudi는 Kattika의 보름달을 가리킨다.

니다.'라고 창언해야 한다."

17-7 "여러 비구들이여. 만약 그 여러 비구들이 자자를 행하는 때에 병든 자가 병들지 않은 자의 자자를 중지시켰다면, 곧 마땅히 그 비구에게 말해야 한다.

'장로는 병이 있습니다. 세존께서는 병든 자는 질문을 감당할 수 없다고 설하셨으니, 잠시 병이 치료되는 것을 기다리십시오. 병이 치료된 뒤에 힐난하고자 한다면 그 비구를 힐난하십시오.'

만약 이와 같이 말하는 때에 그 비구가 오히려 힐난하는 자라면 공경하지 않으므로 바일제를 범하느니라."

17-8 "여러 비구들이여. 만약 그 여러 비구들이 자자를 행하는 때에 병이 없는 자가 병든 자의 자자를 중지시켰다면, 곧 마땅히 그 비구에게 말해야 한다.

'이 비구는 바로 병자입니다. 세존께서는 병든 자는 질문을 감당할 수 없다고 설하셨으니, 잠시 이 비구가 병이 치료되는 것을 기다리십시오. 병이 치료된 뒤에 만약 힐난하고자 한다면 그 비구를 힐난하십시오.'

만약 이와 같이 말하는 때에 그 비구가 오히려 힐난하는 자라면 공경하지 않으므로 바일제를 범하느니라."

17-9 "여러 비구들이여. 만약 그 여러 비구들이 자자를 행하는 때에 병든 자가 병든 자의 자자를 중지시켰다면, 곧 마땅히 그 비구에게 말해야 한다.

'여러 장로들은 병이 있습니다. 세존께서는 병든 자는 질문을 감당할 수 없다고 설하셨으니, 그대들은 잠시 병이 치료되는 것을 기다리십시오. 병이 치료된 뒤에 힐난하고자 한다면 그 비구를 힐난하십시오.'

만약 이와 같이 말하는 때에 그 비구가 오히려 힐난하는 자라면 공경하지 않으므로 바일제를 범하느니라."

17-10 "여러 비구들이여. 만약 그 여러 비구들이 자자를 행하는 때에 병이 없는 자가 병이 없는 자의 자자를 중지시켰다면, 승가는 두 사람들에게 자세하게 묻고서 여법하게 다스려야 하며 뒤에 곧 마땅히 자자를 행해야 하느니라."

[승가의 투쟁을 마친다.]

18) 승가의 화합

18-1 그때 많은 숫자의 같은 견해이고 서로가 친근하였던 여러 비구들이 교살라국의 한 주처에서 우안거에 들어갔다. 그들은 화합하였고 환희하였으며 투쟁이 없었으므로 정사에서 안락하게 머물렀다. 이때 그 여러 비구들은 마음에서 사유하였다.

'우리들은 화합하였고 환희하였으며 투쟁이 없었으므로 정사에서 안락하게 머물렀다. 만약 우리들이 지금 자자를 행한다면 여러 비구들은 자자를 마치고서 유행을 떠날 것이다. 만약 이와 같다면 곧 우리들은 장차 이 안락한 정사를 잃을 것이다. 우리들은 마땅히 어떻게 해야 하는가?'

18-2 "여러 비구들이여. 이 처소에 있는 많은 숫자의 같은 견해이고 서로가 친근하였던 여러 비구들이 한 주처에서 우안거에 들어갔고, 그들은 화합하였고 환희하였으며 투쟁이 없었으므로 정사에서 안락하게 머물렀으며, 이때 그 여러 비구들은 이것을 우리들은 화합하였고 환희하였으며 투쟁이 없었으므로 정사에서 안락하게 머물렀다. 만약 우리들이 지금 자자를 행한다면 여러 비구들은 자자를 마치고서 유행을 떠날 것이다. 만약 이와 같다면 곧 우리들은 장차 이 안락한 정사를 잃을 것이다.'라고 마음에서 사유하였다면, 여러 비구들이여. 그 여러 비구들이 자자를 행하면서 섭수하여 취하는 것을[7] 허락하겠노라."

18-3 "여러 비구들이여. 이것을 행하는 자는 마땅히 이와 같이 그것을 행해야 하느니라. 일체의 대중들이 한 처소에 모여야 하고 모였다면 총명하고 현명하며 유능한 비구가 마땅히 승가의 가운데에서 창언해야 한다.

'대덕 승가께서는 허락하십시오. 우리들은 화합하였고 환희하였으며 투쟁이 없었으므로 정사에서 안락하게 머물렀으나, 만약 우리들이 지금 자자를 행한다면 여러 비구들은 자자를 마치고서 유행을 떠날 것입니다. 만약 이것이라면 곧 우리들은 장차 이 안락한 정사를 잃을 것입니다. 만약 승가께서 때에 이르렀다면 승가는 자자를 행하면서 섭수하여 취하겠고 지금 포살을 행하겠으며 바라제목차를 송출하겠고 다음 가제월의 만월에 승가는 마땅히 자자를 행하겠습니다. 이와 같이 아룁니다.'"

18-4 "대덕 승가께서는 허락하십시오. 우리들은 화합하였고 환희하였으며 투쟁이 없었으므로 정사에서 안락하게 머물렀으나, 만약 우리들이 지금 자자를 행한다면 여러 비구들은 자자를 마치고서 유행을 떠날 것입니다. 만약 이것이라면 곧 우리들은 장차 이 안락한 정사를 잃을 것입니다. 승가는 자자를 행하면서 섭수하여 취하겠고 지금 포살을 행하겠으며 바라제목차를 송출하겠고 다음 가제월의 만월에 승가는 마땅히 자자를 행하겠습니다.

여러 대덕들께서 자자를 행하면서 섭수하여 취하겠고 지금 포살을 행하겠으며 바라제목차를 송출하겠고 다음 가제월의 만월에 승가는 마땅히 자자를 행하는 것을 대덕들께서 인정하신다면 묵연하시고 인정하지 않는다면 말씀하십시오.

승가시여. 자자를 행하면서 섭수하여 취하겠고 지금 포살을 행하겠으며 바라제목차를 송출하겠고 다음 가제월의 만월에 승가는 마땅히 자자를 행하겠습니다. 승가께서 인정하신 것은 묵연하였던 까닭입니다. 나는

---

7) 자자를 우안거의 마지막으로 연기하며 머무르는 것을 가리킨다.

이와 같이 알고 이해하겠습니다.'"

18-5 "여러 비구들이여. 자자를 행하면서 섭수하는 때에 만약 한 비구가 '나는 밖으로 나가서 유행하고자 합니다. 나는 밖에 일이 있습니다.'라고 말하는 자가 있다면 마땅히 그 비구에게 '좋습니다. 자자를 마치면 떠나가십시오.'라고 말해야 하느니라.

여러 비구들이여. 만약 그 비구가 자자를 행하는 때에 다른 한 비구의 자자를 중지시켰다면 마땅히 그 비구에게 '그대는 우리들의 자자의 주인이 아니고 우리들은 오히려 자자를 행하지 않겠습니다.'라고 알려서 말해야 한다.

만약 그 비구가 자자를 행하는 때에 한 비구가 그 비구의 자자를 중지시켰다면, 승가는 두 사람에게 자세하게 묻고서 여법하게 다스려야 하느니라."

18-6 "여러 비구들이여. 만약 그 비구가 밖의 일을 마치고서 가제월 만월의 이전에 그의 주처로 돌아왔으며, 여러 비구들이여. 만약 여러 비구들이 자자를 행하는 때에 한 비구가 그 비구의 자자를 금지시켰다면 마땅히 그 비구에게 '그대는 우리들의 자자의 주인이 아니고 우리들은 이미 자자를 행하였습니다.'라고 알려서 말해야 한다.

여러 비구들이여. 만약 여러 비구들이 자자를 행하는 때에 그 비구가 다른 한 비구의 자자를 중지시켰다면 마땅히 승가는 두 사람에게 자세하게 묻고서 여법하게 다스리고서 뒤에 승가는 마땅히 자자를 행해야 하느니라."

[승가의 화합을 마친다.]

○ 【둘째의 송출품을 마친다.】

이 건도에는 46사(事)가 있느니라. 섭송으로 말하겠노라.

교살라국에서
안거에 들어가는 것과
세존을 보려고 가는 것과
나아가 안락하지 않은 것과

축생과 같이 머무르는 것과
자자를 행하는 것과 자리와
자자일의 두 가지와
자자의 갈마와

병든 비구와 친족과
왕과 도둑과 악인과
원수인 비구와
다섯 사람과 네 사람과

세 사람과 두 사람과
한 사람과 죄를 범한 것과
의심과 죄를 기억하는 것과
일체의 승가와

의심이 많고 같으며 적은 것과
그 주처의 비구와
14일과 표시와
두 종류의 공주자와

마땅히 가는 것과 가지 않는 것과

비구니가 모였던 대중에 있는 것과
욕을 주는 것과 자자와
야만족과 밤을 넘기는 것과 구름과

장애와 자자와
주지 않는 것과 먼저 자자하는 것과
허락되지 않는 것과
비구가 의지하여 금지하는 것과

무엇이 계를 깨트리는 것과
행을 깨트리고 견해를 깨트리는 것과
나아가 보았고 들었으며 의심한 것과
비구를 힐난하는 것과

비구에게 힐난을 당하는 것과
투란차와 일과 시비와
자자를 섭수하는 것과
자자의 주인이 아닌 것이 있다.

◎ 자자건도를 마친다.

대건도 제5권

제5장 피혁건도(皮革犍度)¹⁾

1. 제1송출품(第一誦出品)

1) 신발의 허락

1-1 그때 불·세존께서는 왕사성(王舍城)의 기사굴산(耆闍崛山)²⁾에 머무르셨다.

그때 마갈타국(摩竭陀國)의 사니야 빈비사라왕(斯尼耶頻毘娑羅王)³⁾은 8만 취락의 주인이었던 왕이었다. 그때 첨파성(瞻波城)⁴⁾에는 수루나 이십억(首樓那二十億)⁵⁾이라고 이름하는 장자의 아들이 있었는데, 태어나면서

---

1) 팔리어 Cammakkhandhaka(참마 깐타카)의 번역이다.
2) 팔리어 Gijjhakūṭa pabbata(기짜구타 파빠타)의 음사이고, gijjhakūṭa는 독수리의 봉우리의 뜻이고, pabbata는 산의 뜻이다. 『법화경』등에서는 산의 모양이 독수리와 비슷하다고 영취산(靈鷲山)으로 번역하고 있다.
3) 팔리어 Seniya bimbisāra(세니야 빔비사라)의 음사이다.
4) 팔리어 Campā(참파)의 음사이다.
5) 팔리어 Soṇa koḷivisa(소나 코리비사)의 음사이다.

두 발에 부드러운 털이 있었다. 이때 마갈타국의 사니야 빈비사라왕은
8만 취락의 촌장(村長)들을 모이도록 명령하였던 때에 하나의 일이 있었으
므로, 사자를 수루나 이십억의 처소에 보내어 말하였다.

"수루나여. 오시오. 나는 수루나가 오는 것을 바라오."

이때 수루나 이십억의 부모는 수루나 이십억에게 말하였다.

"수루나여. 왕이 그대의 발을 보고자 하네. 수루나여. 발을 왕의 방향으
로 펼치지 말게. 왕의 앞에서 마땅히 가부좌를 맺는다면 앉는 때에 왕이
그대의 발을 바라볼 것이네."

이때 그들은 수루나 이십억에게 가마를 태웠고 반려가 그를 따르게
하였다. 이때 수루나 이십억은 마갈타국의 사니야 빈비사라왕의 처소에
이르렀다. 이르러서 마갈타국의 사니야 빈비사라왕에게 예배하고 왕의
앞에서 마땅히 가부좌를 맺었으며, 앉는 때에 사니야 빈비사라왕은 수루
나 이십억의 발에 털이 있는 것을 보았다.

1-2 그때 마갈타국의 사니야 빈비사라왕은 그 8만 취락의 촌장들을
현법(現法)의 뜻으로 교계한 뒤에 권유하며 말하였다.

"나는 그대들을 마주하고서 현법의 뜻으로 교계하였습니다. 그대들은
세존께 공경하고 예배하십시오. 세존께서는 장차 내세(來世)의 뜻으로
교계를 행할 것입니다."

이때 그 8만 취락의 촌장들은 기사굴산으로 갔다. 그때 장로 사갈타(娑竭
陀)[6]는 세존의 시자(侍者)이었다. 이때 그 8만 취락의 촌장들은 장로
사갈타의 처소에 이르렀으며, 장로 사갈타에게 말하였다.

"우리들 8만 취락의 촌장들은 세존을 뵙고자 이 처소에 이르렀습니다.
우리들은 마음에서 세존을 보고자 원합니다."

"잘 오셨습니다. 여러 현자들이여. 그대들은 이곳에서 잠시 기다리십시
오. 내가 가서 세존께 아뢰겠습니다."

---

6) 팔리어 sāgata(사가타)의 음사이다.

이때 장로 사갈타는 8만 취락의 촌장들의 앞에서 돌을 밟은 곳에서 사라져서 세존의 앞에 나타났으며, 세존께 아뢰어 말하였다.

"이 8만 취락의 촌장들은 세존을 뵙고자 이 처소에 이르렀습니다. 세존께서는 이때를 아셨습니까?"

"사갈타여. 그러하네. 곧 정사의 뒤에 자리를 설치하게."

"알겠습니다. 세존이시여."

1-3 장로 사갈타는 대답하고서 곧 작은 의자를 가지고 세존의 앞에서 사라져서 8만 취락의 촌장들의 앞의 돌을 밟은 곳에 나타났으며, 정사의 뒤에 자리를 설치하였다. 이때 세존께서는 정사에서 나오셨으며, 전사 뒤에 설치된 자리에 앉으셨다. 이때 그 8만 취락의 촌장들은 세존의 앞으로 나아가서 세존께 예경하고서 한쪽에 앉았다.

이때 그 8만 취락의 촌장들은 오직 장로 사갈타를 존경하였고, 이와 같이 세존을 존경하지 않았다. 이때 세존께서는 그 8만 취락의 촌장들의 마음을 사유하시고서 장로 사갈타에게 알려 말씀하셨다.

"사갈타여. 여러 종류 상인법(上人法)의 신통한 변화를 나타내도록 하게."

"알겠습니다. 세존이시여."

장로 사갈타는 대답하고서 공중으로 날아올라서 혹은 허공을 경행하였고, 혹은 멈추었으며, 혹은 앉았고, 혹은 누웠으며, 혹은 불을 내뿜었고, 혹은 사라졌다.

1-4 이때 장로 사갈타는 허공에서 여러 종류 상인법의 신통한 변화를 나타내고서 뒤에 머리 숙여 세존의 발에 예경하고서 세존께 아뢰어 말하였다.

"세존께서는 나의 스승이시고, 나는 성문입니다. 세존께서는 나의 스승이시고, 나는 성문입니다."

이때 그 8만 취락의 촌장들은 마음에서 생각하였다.

'희유(稀有)하다! 미증유(未曾有)이다! 성문이 오히려 다시 이와 같은 대신통(大神通)과 대위력(大威力)이 있는데, 하물며 그의 스승이겠는가?'

그들은 오직 세존을 존경하였고, 이와 같이 사갈타를 존경하지 않았다.

1-5 이때 세존께서는 그 8만 취락의 촌장들이 마음으로 생각하는 것을 아셨으며, 차례로 설법하셨는데 이를테면, 보시론, 계율론, 생천론(生天論), 여러 욕망의 허물과 삿된 피해, 여러 염오를 벗어나는 공덕이었다. 세존께서는 그들에게 감당할 수 있는 마음, 유연한 마음, 장애를 벗어나는 마음, 환희하는 마음, 밝고 청정한 마음이 생겨난 것을 아시고서, 제불의 근본의 법을 설하셨는데 이를테면, 고성제, 집성제, 멸성제, 도성제이었다.

비유한다면, 깨끗하여 검은 얼룩이 없는 옷이 바르게 염색을 받아들일 수 있는 것과 같이, 8만 취락의 촌장들도 이와 같아서 역시 그 자리에서 멀리 티끌과 염오가 없는 법안을 얻었고, "일반적으로 모여졌던 법은 이것은 모두 멸하는 법이다."라고 말하였다.

1-6 그들은 이미 법을 보았고, 법을 얻었으며, 법을 알았고, 법을 깨달아 들어갔으며, 의혹을 초월하였고, 의심을 버렸으며, 무소외를 얻었고, 다른 인연을 의지하지 않고서 스승의 가르침으로써 행하였으며, 세존께 아뢰어 말하였다.

"묘(妙)합니다. 묘합니다. 비유한다면 넘어진 자를 일으킨 것과 같고 가려진 것을 열었던 것과 같으며 미혹한 자를 위하여 이치를 설하셨으므로 어둠을 열고서 등불을 들었던 것과 같아서 눈이 있는 자는 색을 보았습니다. 이와 같이 세존께서도 역시 여러 종류의 방편으로 설법하셨으니, 우리들은 세존께 귀의하고 법에 귀의하며 비구 대중께 귀의합니다. 세존이시여. 우리들이 지금부터 목숨을 마칠 때까지 귀의하여 우바새가 되는 것을 허락하십시오."

1-7 이때 수루나 이십억은 마음에서 사유하였다.

'나는 세존께서 설하시는 법을 알겠는데, 재가에서 한쪽으로 원만을 행하고 한쪽으로 청정을 향하여도 순수한 범행을 행하는 것은 쉽지 않다. 내가 마땅히 집을 떠나서 출가하여 수염과 머리를 깎고서 가사를 입어야 하는 이유이다.'

이때 8만 취락의 촌장들은 환희하였고, 환희하게 세존께서 설하신 것을 따랐으며 자리에서 일어나 세존께 예경하고 오른쪽으로 돌면서 떠나갔다.

1-8 이때 수루나 이십억은 그 8만 취락의 촌장들이 떠나고 오래지 않아서 세존의 처소로 나아갔으며, 이르러 세존께 예경하고서 한쪽에 앉았다. 한쪽에 앉았으므로 수루나 이십억은 세존께 아뢰어 말하였다.

"나는 세존께서 설하시는 법을 알았는데, 재가에서 한쪽으로 원만하게 행하고 한쪽으로 청정을 향하여도 순수한 범행을 닦는 것은 쉽지 않습니다. 제가 마땅히 집을 떠나서 출가하여 수염과 머리를 깎고서 가사를 입어야 하는 이유입니다. 세존께서는 저의 출가를 허락하십시오."

수루나 이십억은 세존의 처소에서 출가하였고 구족계를 받았다. 구족계를 받고 오래지 않아서 장로 수루나 이십억은 시다림(尸陀林)[7]에서 머물렀다.

1-9 그는 정진하면서 매우 부지런하였고 경행하면서 발에 상처가 생겨났으며 피를 경행처(經行處)에 묻혔는데 오히려 도살장(屠殺場)과 같았다. 이때 장로 수루나 이십억은 적정하게 머무르면서 묵연하였고 마음에서 사유하였다.

'세존의 성문들이 힘으로 정진을 행하면서 머무르는 자가 있는데, 나도 그 가운데에서 한 사람이다. 그러나 나는 집착을 벗어나지 못하였고,

---

7) 팔리어 Sītavana(시타바나)의 음사이고, 왕사성 근처의 묘지의 이름이다.

여러 번민(漏)에서 심해탈(心解脫)을 벗어나지 못하였다. 나의 집에는 재물이 있으니, 나는 재물로 오락(娛樂)하고 복을 누려야겠다. 나는 마땅히 환속하여 재물로 오락하면서 복을 누려야겠다.'

1-10 이때 세존께서는 장로 수루나 이십억이 마음에서 사유하는 것을 아셨고, 비유한다면 역사(力士)가 팔을 굽혔다가 펴는 것과 같이, 그것도 역시 이와 같아서 빠르게 기사굴산에서 사라져서 시다림에 나타나셨다. 이때 세존께서는 대중의 여러 비구들과 함께 눕는 곳과 앉는 곳을 살펴보셨고, 장로 수루나의 경행처에 이르셨으며, 세존께서는 장로 수루나의 경행처에 피가 묻은 것을 보셨다. 보시고서 여러 비구들에게 말씀하셨다.
"여러 비구들이여. 이곳은 누구의 경행처인가? 피가 묻은 곳이 오히려 도살장과 같으니라."
"장로 수루나는 매우 심하게 정진하였고 경행하면서 발에 상처가 생겼던 까닭으로 경행처에 피가 묻어서 오히려 도살장과 같습니다."

1-11 이때 세존께서는 장로 수루나의 정서에 이르셨으며, 펼쳐진 자리 위에 앉으셨다. 장로 수루나는 세존께 예경하고서 한쪽에 앉았다. 이때 세존께서는 한쪽에 앉은 장로 수루나를 향하여 말씀하셨다.
"수루나여. 그대는 적정하게 머무르면서 묵연하였고 '세존의 성문들에서 힘으로 정진을 행하면서 머무르는 자가 있는데, 나도 그 가운데에서 한 사람이다. 그러나 나는 집착을 벗어나지 못하였고, 여러 번민에서 심해탈을 벗어나지 못하였다. 나의 집에는 재물이 있으니, 나는 재물로 오락하면서 복을 누려야겠다.'라고 마음에서 사유하였는가?"
"그렇습니다."
"수루나여. 그대는 그대의 뜻은 어떠한가? 그대가 재가에 있었던 때에 비파를 잘 연주하였는가?"
"그렇습니다."
"수루나여. 그대는 그대의 뜻은 어떠한가? 만약 그대가 비파의 줄을 단단하게 조절하였다면 그대는 비파의 소리를 그때에 잘 연주하였는가?"

"아닙니다."

"수루나여. 그대는 그대의 뜻은 어떠한가? 만약 그대가 비파의 줄을 느슨하게 조절하였다면 그대는 비파의 소리를 그때에 잘 연주하였는가?"

"아닙니다."

"수루나여. 그대는 그대의 뜻은 어떠한가? 만약 그대가 비파의 줄을 단단하게 조절하지 않았고 느슨하게 조절하지 않았으며 균형이었던 때라면 그대는 비파의 소리를 그때에 잘 연주하였는가?"

"그렇습니다."

"수루나여. 이와 같이 정진해야 하네. 지나치게 많이 정진하는 자는 곧 도거(掉擧)[8]에 이르고, 지나치게 적게 정진하는 자는 곧 해태(懈怠)에 이르네."

1-12 "수루나여. 그러므로 그대는 정진하면서 평등하게 지녀야 하고 여러 근(根)을 평등하게 통달해야 하며 이러한 것에 의지해야 하네."

장로 수루나는 세존께 대답하였다.

"알겠습니다. 세존이시여."

이때 세존께서는 장로 수루나를 교계하셨다. 교계하신 뒤에 비유한다면 역사(力士)가 팔을 굽혔다가 펴는 것과 같이, 그것도 역시 이와 같아서 빠르게 시다림의 구수 수루나의 앞에서 사라져서 기사굴산에 나타나셨다.

1-13 이때 장로 수루나는 스스로가 뒤에 정진하면서 평등하게 지녔고 여러 근(根)을 평등하게 통달하였으며 이러한 것에 의지하였다. 이때 그 장로 수루나는 혼자서 멀리 떨어져서 머무르면서 방일하지 않았고 힘써 행하였으며 마음으로 정진하여 머물렀고, 오래지 않아서 그 현법(現法)에서 구경(究竟)의 무상(無上)한 범행을 스스로가 알아서 증득하였고,

---

8) 팔리어 Uddhacca(우따짜)의 번역이고, 들뜨고 불안정한 마음을 가리킨다.

증득을 구족하여 머물렀으며, '태어남을 이미 끝냈고, 범행은 이미 섰으며, 지을 것을 이미 마쳤으며, 후유를 받지 않는다.'라고 증득하여 알았으므로, 장로 수루나는 한 사람의 아라한과를 성취하였다.

1-14 이때 장로 수루나는 아라한과를 증득하고 마음에서 이와 같이 사유하였다.

'나는 마땅히 세존의 처소에서 스스로가 알려야겠다.'

이때 장로 수루나는 세존의 처소로 나아갔으며, 나아가서 세존의 발에 예경하고서 한쪽에 앉았다. 앉아서 장로 수루나는 세존께 아뢰어 말하였다.

"비구가 만약 아라한과를 증득하여 여러 번뇌를 벗어났고 범행은 이미 섰으며 지을 것을 이미 마쳤으며 무거운 짐을 버렸고 스스로의 이익을 얻었으며 유결(有結)9)을 끊어서 없앴으므로 바른 지혜로 곧 육처(六處)를 신해(信解)10)하는데 이를테면, 출리(出離)11)를 신해하고, 적정(寂靜)12)을 신해하며, 성내지 않음13)을 신해하고, 취온(取蘊)을 마침14)을 신해하며, 갈애(渴愛)를 마침15)을 신해하고, 어리석음이 없음16)을 신해합니다.

---

9) 사람을 미혹(迷惑)에 얽매이게 하는 번뇌(煩惱)이다. 즉 유(有)는 생사(生死)의 과보(果報)이고, 결(結)은 결박(結縛)의 뜻으로 삶과 죽음에 집착시키는 여러 번뇌 (煩惱)라는 뜻이다.
10) 세존 가르침을 듣고 믿으며 따라서 수행하여 수도(修道)의 단계에 이르는 것이다.
11) 팔리어 nekkhammādhimutta(네깜마디무따)의 음사이고, nekkhamma와 adhimutta 의 합성어이다. nekkhamma는 관능적 정욕으로부터의 '자유', '포기'를 뜻하고, adhimutta는 '의도하다.', '기울어지다.'는 뜻이다.
12) 팔리어 paviveka(파비베카)의 음사이고, '고독', '격리' 등을 뜻한다.
13) 팔리어 upādānakkhaya(우파다나까야)의 음사이고, '애정의 소멸', 또는 '집착의 소멸' 등을 뜻한다.
14) 팔리어 avyāpajjha(아비아파짜)의 음사이고, '고통으로부터의 자유', '마음의 친절' 등을 뜻한다.
15) 팔리어 taṇhakkhaya(탄하까야)의 음사이고, '갈망의 소멸', '갈망의 파괴' 등을 뜻한다.
16) 팔리어 asammoha(아삼모하)의 음사이고, '평온', '침착', '사물에 대한 진정한 통찰력' 등을 뜻한다.

혹은 어느 비구가 마음에서 '이 비구는 오직 믿음에 의지하고, 출리를
신해한다.'라고 사유하였다면 마땅히 이와 같이 관찰(觀)하지 않아야
합니다.

'누진(漏盡)의 비구는 범행은 이미 섰으며 지을 것을 이미 마쳤으므로,
일반적으로 스스로가 지을 것과 이미 지어서 쌓았던 것은 모두 보지
않는다.'

멸진(滅盡)에 의지하여 탐욕을 벗어난 까닭으로 출리를 신해하고, 멸진
에 의지하여 성냄을 벗어난 까닭으로 출리를 신해하며, 멸진에 의지하여
어리석음을 벗어난 까닭으로 출리를 신해합니다.

혹은 어느 비구가 마음에서 '이 비구는 이양(利養), 공경, 명성(名聲)을
원하면서, 적정을 신해한다.'라고 사유하였다면 마땅히 이와 같이 관찰하
지 않아야 합니다. …… 멸진에 의지하여 탐욕을 벗어난 까닭으로 적정을
신해하고, 멸진에 의지하여 성냄을 벗어난 까닭으로 적정을 신해하며,
멸진에 의지하여 어리석음을 벗어난 까닭으로 적정을 신해합니다."

1-15 "세존이시여. 혹은 어느 비구가 마음에서 '이 비구는 진실로 계금취
(戒禁取)를 위하여 이것에 귀의하고, 성내지 않는 것을 신해한다.'라고
사유하였다면 마땅히 이와 같이 관찰하지 않아야 합니다. …… 멸진에
의지하여 탐욕을 벗어난 까닭으로 성내지 않는 것을 신해하고, 멸진에
의지하여 성냄을 벗어난 까닭으로 성내지 않는 것을 신해하며, 멸진에
의지하여 어리석음을 벗어난 까닭으로 성내지 않는 것을 신해합니다

멸진에 의지하여 탐욕을 벗어난 까닭으로 취온을 끝낸 것을 신해하고,
멸진에 의지하여 성냄을 벗어난 까닭으로 취온을 끝낸 것을 신해하며, 멸진에
의지하여 어리석음을 벗어난 까닭으로 취온을 끝낸 것을 신해합니다.

멸진에 의지하여 탐욕을 벗어난 까닭으로 갈애를 끝낸 것을 신해하고,
멸진에 의지하여 성냄을 벗어난 까닭으로 갈애를 끝낸 것을 신해하며,
멸진에 의지하여 어리석음을 벗어난 까닭으로 갈애를 끝낸 것을 신해합니다.

멸진에 의지하여 탐욕을 벗어난 까닭으로 어리석음이 없는 것을 신해하

고, 멸진에 의지하여 성냄을 벗어난 까닭으로 어리석음이 없는 것을 신해하며, 멸진에 의지하여 어리석음을 벗어난 까닭으로 어리석음이 없는 것을 신해합니다."

1-16 "이와 같이 바른 마음으로 해탈한 비구는 만약 눈으로 인식할 수 있는 많은 빛깔(色)이 눈에 보였더라도 그 마음은 역시 취하여 받아들이지 않고 그 마음이 뒤섞이지 않으며 움직이지 않고 안주(安住)하는 것을 멸진으로써 관찰합니다. 만약 귀로 인식할 수 있는 많은 소리(聲)가 들렸더라도, …… 만약 코로 인식할 수 있는 많은 향기(聲)가 풍겼더라도, …… 만약 혀로 인식할 수 있는 많은 맛(味)이 느껴졌더라도, …… 만약 몸으로 인식할 수 있는 많은 감촉(觸)이 느껴졌더라도, …… 만약 뜻으로 인식할 수 있는 많은 법(法)이 뜻에 나타났더라도, 그 마음은 역시 취하여 받아들이지 않고, 그 마음이 뒤섞이지 않으며 움직이지 않고 안주(安住)하는 것을 멸진으로써 관찰합니다."

1-17 "비유한다면 바위산이 쪼개지지 않고 구멍이 없으며 하나로 둥글었다면 만약 동쪽에서 큰 바람과 비가 불어와도 역시 진동시킬 수 없고 움직일 수 없으며 흔들 수 없고, 서쪽에서 큰 바람과 비가 불어와도, …… 나아가 …… 북쪽에서 큰 바람과 비가 불어와도, …… 나아가 …… 남쪽에서 큰 바람과 비가 불어와도, …… 흔들 수 없습니다. 이와 같이 바른 마음으로 해탈한 비구는 만약 눈으로 인식할 수 있는 많은 빛깔(色)이 눈에 보였더라도, …… 만약 뜻으로 인식할 수 있는 많은 법(法)이 뜻에 나타났더라도, 그 마음을 역시 큰 바람과 비가 불어와도 역시 진동시킬 수 없고 움직일 수 없으며 흔들 수 없습니다."

1-18 "마음을 벗어나고
  나아가 마음이 적정하며
  신해로 성내지 않고

취온을 멸진으로 신해한다네.

어리석음이 없고
갈애를 멸진으로 신해하며
비록 견처(見處)를 보아서 일어나더라도
다만 바른 마음으로 해탈한다네.

이미 바른 해탈을 얻었고
마음이 적정한 비구는
취하여 짓는 것이 없고
역시 지을 것도 없다네.

비유하면 하나의 바위산을
바람이 흔들 수 없는 것과 같이
소리. 향기, 맛, 감촉과
일체의 색깔도 이와 같다네.

이와 같은 사람을 흔들 수 없고
사랑하거나 사랑하지 않거나
그것을 멸진으로써 관찰하나니
마음이 안락하여 해탈하였네."

1-19 이때 세존께서는 여러 비구들에게 알려 말씀하셨다.
"여러 비구들이여. 선남자(善男子)가 이와 같이 스스로가 선언하였노
라.
'의미17)를 말하면서도 자아(自我)18)를 선언하지 않았다. 다만 이곳에

---

17) 팔리어 attha(아따)의 음사이고, '의미'의 뜻이다.
18) 팔리어 attā(아따)의 음사이고, '영혼', '자신' 등을 뜻한다.

한 어리석은 부류의 사람이 있다면 스스로가 즐기면서 선언할 것이고, 그들은 뒤의 날에 장차 손괴(損壞)를 받을 것이니라.'"

이때 세존께서는 장로 수루나에게 알려 말씀하셨다.

"수루나여. 그대는 곧 유연(柔軟)하니라. 수루나여. 그대에게 한 겹의 신발을 신도록 허락하겠노라."

"저는 80대 수레의 금덩어리와 일곱 마리 코끼리와 시종(侍從)을 버리고서 집에서 출가하였으나, 누가 저에게 말할 것입니다.

'수루나 이십억이는 80대 수레의 금덩어리와 일곱 마리의 코끼리와 시종(侍從)을 버리고서 집에서 출가하였으나, 그는 지금 결국 한 겹의 신발에 욕심을 부렸구나!'

만약 세존께서 비구승가에게 허락하신다면 곧 저도 신겠으며, 만약 세존께서 비구승가에게 허락하시지 않는다면 곧 저도 신지 않겠습니다."

1-20 이때 세존께서는 이 인연으로써 설법하셨으며, 여러 비구들에게 알려 말씀하셨다.

"여러 비구들이여. 한 겹의 신발을 신도록 허락하겠노라. 여러 비구들이여. 두 겹의 신발을 신을 수 없고, 세 겹의 신발을 신을 수 없으며, 여러 겹의 신발을 신을 수 없느니라. 신는 자는 악작을 범하느니라."

[신발의 허락을 마친다.]

2) 신발의 착용 금지

2-1 이때 육군비구들은 모두 푸른색[19]인 신발을 신었고, …… 나아가 …… 모두 노란색[20]인 신발을 신었으며, …… 나아가 …… 모두 붉은색[21]인

---

19) 팔리어 nīlikā(니리카)의 번역이다.
20) 팔리어 pītikā(피티카)의 번역이다.

신발을 신었고, …… 나아가 …… 모두 빨강색22)인 신발을 신었으며,
…… 나아가 …… 모두 검은색23)인 신발을 신었고, …… 나아가 ……
모두 홍남색(紅藍色)24)인 신발을 신었으며, …… 나아가 …… 모두 낙엽색
(落葉色)25)인 신발을 신었으므로, 여러 사람들이 싫어하고 비난하였다.
　"오히려 여러 욕락을 누리는 재가자와 같구나."
　그 여러 비구들은 이 일로써 세존께 아뢰었고, 세존께서는 말씀하셨다.
　"여러 비구들이여. 전체 푸른색의 신발을 신을 수 없고, 전체 노란색의
신발을 신을 수 없으며, …… 전체 낙엽색의 신발을 신을 수 없느니라.
신는 자는 악작을 범하느니라."

2-2 이때 육군비구들은 푸른 테두리의 신발을 신었고, …… 나아가 ……
노란 테두리의 신발을 신었으며, …… 나아가 …… 붉은 테두리의 신발을
신었고, …… 나아가 …… 빨강 테두리의 신발을 신었으며, …… 나아가
…… 검은 테두리의 신발을 신었고, …… 나아가 …… 홍남색 테두리의
신발을 신었으며, …… 나아가 …… 낙엽색 테두리의 신발을 신었으므로,
여러 사람들이 싫어하고 비난하였다.
　"오히려 여러 욕락을 누리는 여러 재가인들과 같구나."
　그 여러 비구들은 이 일로써 세존께 아뢰었고, 세존께서는 말씀하셨다.
　"여러 비구들이여. 푸른 테두리의 신발을 신을 수 없고, 노란 테두리의
신발을 신을 수 없으며, …… 낙엽색 테두리의 신발을 신을 수 없느니라.
신는 자는 악작을 범하느니라."

2-3 이때 육군비구들은 발꿈치를 덮는 신발을 신었고, …… 나아가 ……

---

21) 팔리어 lohitikā(로히티카)의 번역이다.
22) 팔리어 mañjeṭṭhikā(만제띠카)의 번역이다.
23) 팔리어 kaṇhā(칸하)의 번역이다.
24) 팔리어 mahāraṅgarattā(마하란가라따)의 번역이다.
25) 팔리어 mahānāmarattā(마하나마라따)의 번역이다.

종아리를 덮는 신발을 신었으며, …… 나아가 …… 장단지를 덮는 신발을 신었고, …… 나아가 …… 전체를 솜으로 채웠던 신발을 신었으며, …… 나아가 …… 자고새의 깃털과 같은 신발을 신었고, …… 나아가 …… 양의 뿔로 지었던 신발을 신었으며, …… 나아가 …… 산양(山羊)의 뿔로 지었던 뾰족한 신발을 신었고, …… 나아가 …… 전갈의 꼬리로 장식한 신발을 신었으며, …… 나아가 …… 공작의 깃털로 장식한 신발을 신었으며, …… 나아가 …… 여러 색깔로 염색한 신발을 신었으므로, 여러 사람들이 싫어하고 비난하였다.

"오히려 여러 욕락을 누리는 재가자와 같구나."

그 여러 비구들은 이 일로써 세존께 아뢰었고, 세존께서는 말씀하셨다.

"여러 비구들이여. 발꿈치를 덮는 신발을 신을 수 없고, 종아리를 덮는 신발을 신을 수 없으며, …… 여러 색깔로 염색한 신발을 신을 수 없느니라. 신는 자는 악작을 범하느니라."

2-4 이때 육군비구들은 사자 가죽으로 장식한 신발을 신었고, …… 나아가 …… 호랑이 가죽으로 장식한 신발을 신었으며, …… 나아가 …… 표범 가죽으로 장식한 신발을 신었고, …… 나아가 …… 영양 가죽으로 장식한 신발을 신었으며, …… 나아가 …… 수달 가죽으로 장식한 신발을 신었고, …… 나아가 …… 고양이 가죽으로 장식한 신발을 신었으며, …… 나아가 …… 다람쥐 가죽으로 장식한 신발을 신었고, …… 나아가 …… 올빼미 가죽으로 장식한 신발을 신었으므로, 여러 사람들이 싫어하고 비난하였다.

"오히려 여러 욕락을 누리는 재가자와 같구나."

그 여러 비구들은 이 일로써 세존께 아뢰었고, 세존께서는 말씀하셨다.

"여러 비구들이여. 사자 가죽으로 장식한 신발을 신을 수 없고, 호랑이 가죽으로 장식한 신발을 신을 수 없으며, …… 올빼미 가죽으로 장식한 신발을 신을 수 없느니라. 신는 자는 악작을 범하느니라."

[신발의 착용 금지를 마친다.]

3) 겹쳐진 안창의 신발

3-1 이때 세존께서는 이른 아침에 하의를 입으시고 옷과 발우를 지니고서 한 비구를 시자로 삼으셨으며 함께 왕사성에 들어가서 걸식하셨다. 시자인 비구는 다리를 쩔뚝거리면서 세존의 뒤를 따라갔다. 이때 한 우바새가 여러 겹의 신발을 신었는데, 세존을 보고서 먼 처소에서 왔으며, 보고서 신을 벗고서 세존께 나아갔다. 이르러서 세존께 예경하고서 뒤에 비구가 있는 곳에 이르러 그 비구에게 예배하고서 말하였다.

"어찌하여 존자께서는 발을 쩔뚝거리십니까?"

"나는 발을 다쳤습니다."

"신을 신으시지요."

"그만두십시오. 세존께서는 겹쳐진 안창의 신발을 신는 것을 금지하셨습니다."

"비구여. 그 신발을 받도록 하라."

3-2 이때 세존께서는 이 인연으로써 설법하셨으며, 여러 비구들에게 알려 말씀하셨다.

"여러 비구들이여. 겹쳐진 안창의 신발을 신도록 허락하겠노라. 여러 비구들이여. 새로운 것은 겹쳐진 안창의 신발을 신을 수 없느니라. 신는 자는 악작을 범하느니라."

[겹쳐진 안창의 신발을 마친다.]

4) 신발이 없는 경행

4-1 이때 세존께서는 노지에서 신발을 신지 않으시고 경행하셨다.
여러 장로 비구들도 스승께서 신발을 신지 않고서 경행하는 것을 알았던 까닭으로 역시 신발을 신지 않고서 경행하였다. 스승께서 신발을 신지 않고서 경행하였으므로 여러 비구들도 신발을 신지 않고서 경행하였으나, 육군비구들은 신발을 신고서 경행하였다. 욕심이 적은 비구들은 싫어하고 비난하였다.

"스승께서 신발을 신지 않고서 경행하셨고, 여러 장로 비구들도 신발을 신지 않고서 경행하는데, 무슨 까닭으로 육군비구들은 신발을 신고서 경행하는가?"

4-2 이때 그 여러 비구들은 이 일로써 세존께 아뢰었고, 세존께서는 말씀하셨다.

"여러 비구들이여. 스승께서 신발을 신지 않고서 경행하셨고, 여러 장로 비구들도 신발을 신지 않고서 경행하였는데, 육군비구들은 신발을 신고서 경행하였는가?"

"세존이시여. 진실로 그렇습니다."

세존께서는 꾸짖으셨다.

"여러 비구들이여. 스승께서 신발을 신지 않고서 경행하셨고, 여러 장로 비구들도 신발을 신지 않고서 경행하였는데, 어찌하여 그 어리석은 사람들은 신발을 신고서 경행하였는가? 여러 비구들이여. 그렇게 백의(白衣)로 집안에 머무르는 사람들도 공교(工巧)로 생활하는 까닭으로 오히려 또한 존중하고 공경하며 화합하며 따르면서 머무르느니라."

4-3 "여러 비구들이여. 만약 그대들이 이와 같은 선설하는 법과 율에서 출가하였다면, 아리사와 아사리 등이거나, 화상과 화상 등에게 존중하지 않고 공경하지 않으며 화합하며 따르면서 머무르지 않는다면 이것은 옳지 못하다. 이것은 오히려 믿지 않는 자는 신심이 생겨나지 않게 하고, 이미 믿었던 자는 증장하지 않게 하느니라. …… 이미 믿었던 자는 일부가 전전하여 다른 곳을 향하여 떠나가게 하느니라."

이때 세존께서는 여러 방편으로써 꾸짖으셨고 설법하셨으며, 여러 비구들에게 알려 말씀하셨다.

"여러 비구들이여. 아리사와 아사리 등이거나, 화상과 화상 등 신발을 신지 않고서 경행하는 때라면 신발을 신고서 경행할 수 없느니라. 신고서 경행하는 자는 악작을 범하느니라. 여러 비구들이여. 승원(僧園)의 안에서 신발을 신을 수 없느니라. 신는 자는 악작을 범하느니라."

[신발이 없는 경행을 마친다.]

5) 발이 아픈 비구

5-1 그때 한 비구에게 발의 피부가 굳어지는 병이 있었으므로, 그 여러 비구들이 이 비구를 부축하여 대·소변을 행하도록 갔다. 세존께서는 눕는 곳과 앉는 곳을 돌아보시면서 그 여러 비구들이 이 비구를 대·소변을 보도록 부축하여 가는 것을 보셨다. 보시고서 그 여러 비구들의 처소에 이르셨으며, 이르러서 여러 비구들에게 말씀하셨다.

"여러 비구들이여. 이 비구는 무슨 병이 있는가?"

"이 비구에게 발의 피부가 굳어지는 병이 있었으므로, 우리들이 이 비구를 부축하여 대·소변을 행하도록 갔습니다."

이때 세존께서는 이 인연으로써 설법하셨으며, 여러 비구들에게 알려 말씀하셨다.

"여러 비구들이여. 발이 아프거나, 발을 다쳤거나, 발의 피부가 굳어지는 병이 있는 자는 신발을 신도록 허락하겠노라."

[발이 아픈 비구를 마친다.]

6) 나무신발[26)의 금지

6-1 그때 여러 비구들이 발을 씻지 않고서 평상과 좌상(坐床)에 올라갔으므로 옷과 와구와 좌구를 더럽혔다. 그 여러 비구들은 이 일로써 세존께 아뢰었고, 세존께서는 말씀하셨다.

"여러 비구들이여. 그대들이 '내가 곧 평상이나 좌상에 올라가겠다.'라고 생각하는 때라면, 곧 신발을 신는 것을 허락하겠노라."

6-2 그때 여러 비구들이 저녁에 포살당(布薩堂)과 집회당(集會堂)에 가면서 어둠 속에서 나무의 그루터기를 밟았고 가시에 찔려서 고통스러웠다. 그 여러 비구들은 이 일로써 세존께 아뢰었고, 세존께서는 말씀하셨다.

"여러 비구들이여. 승원 안에서 신발을 신는 것을 허락하겠나니, 횃불, 등불, 지팡이를 지니도록 하라."

6-3 그때 육군비구들이 저녁이 지나자 일찍 일어났고, 나무신발을 신고서 노지를 경행하면서 높은 소리와 큰 소리를 내면서 시끄럽게 하였으며, 여러 종류의 세간의 이야기를 하였는데 이를테면, 왕에 관한 이야기, 도둑에 관한 이야기, 대신에 관한 이야기, 군사에 관한한 이야기, 두려움에 관한 이야기, 전쟁에 관한 이야기, 음식에 관한 이야기, 음료에 관한 이야기, 의복에 관한 이야기, 침상에 관한 이야기, 꽃다발에 관한 이야기, 향에 관한 이야기, 친족에 관한 이야기, 수레에 관한 이야기, 취락에 관한 이야기, 포구에 관한 이야기, 도시에 관한 이야기, 지방에 관한 이야기, 여인에 관한 이야기, 영웅에 관한 이야기, 도로에 관한 이야기, 연못에 관한 이야기, 망령(亡靈)에 관한 이야기, 잡스러운 이야기, 세상의 생성에 관한 이야기, 바다의 생성에 관한 이야기, 유무(有無)에 관한 이야기 등을 이와 같이 논의하면서 그 여러 벌레들을 밟아서 죽였고,

---

26) 팔리어 upāhana(우파하나)의 번역이고, 한국에서는 여름에 신는 샌들을 가리킨다.

또한 여러 비구들의 선정(禪定)을 어지럽혔다.

6-4 욕심이 적은 여러 비구들은 싫어하고 비난하였다.

"무슨 까닭으로써 육군비구들은 저녁이 지나자 일찍 일어났고, 뚫어진 나무신발을 신고서 노지를 경행하면서 높은 소리와 큰 소리를 짓고, …… 그 여러 벌레들을 밟아서 죽였고, 또한 여러 비구들의 선정을 어지럽히는가?"

그 여러 비구들은 이 일로써 세존께 아뢰었고, 세존께서는 말씀하셨다.

"여러 비구들이여. 진실로 육군비구들은 저녁이 지나자 일찍 일어났고, 뚫어진 나무신발을 신고서 노지를 경행하면서 높은 소리와 큰 소리를 짓고, …… 그 여러 벌레들을 밟아서 죽였고, 또한 여러 비구들의 선정을 어지럽혔는가?"

"세존이시여. 진실로 그렇습니다."

"여러 비구들이여. …… 어찌하여 육군비구들은 저녁이 지나자 일찍 일어났고, 뚫어진 나무신발을 신고서 노지를 경행하면서 높은 소리와 큰 소리를 짓고서, …… 그 여러 벌레들을 밟아서 죽였고, 또한 여러 비구들의 선정을 어지럽혔는가? 이것은 오히려 믿지 않는 자는 신심이 생겨나지 않게 하고, 이미 믿었던 자는 증장하지 않게 하느니라. …… 이미 믿었던 자는 일부가 전전하여 다른 곳을 향하여 떠나가게 하느니라."

이때 세존께서는 여러 방편으로써 꾸짖으셨고 설법하셨으며, 여러 비구들에게 알려 말씀하셨다.

"여러 비구들이여. 나무신발을 신을 수 없느니라. 신는 자는 악작을 범하느니라."

[나무신발의 금지를 마친다.]

7) 특수 신발의 금지 ①

7-1 그때 세존께서는 뜻을 따라서 왕사성에 머무셨고, 바라나국(波羅奈國)을 향하여 유행하셨다. 차례로 유행하시어 바라나국에 이르셨고, 이때 세존께서는 바라나국의 선인이 떨어진 곳인 녹야원에 머무르셨다. 이때 육군비구들은 "세존께서는 나무신발을 금지하셨다."라고 알았으므로, 곧 어린 다라수(多羅樹)²⁷⁾를 잘라서 다라수 잎의 신발을 신었고, 그 어린 다라수는 잘려져서 시들어 죽었다. 여러 사람들은 싫어하고 비난하였다.

"어찌하여 여러 사문 석자들은 어린 다라수를 잘라서 다라수의 잎을 신는가? 그 어린 다라수는 잘려져서 시들어 죽었고, 여러 사문 석자들은 하나의 생명을 빼앗았다."

7-2 여러 비구들은 그 여러 사람들이 싫어하고 비난하는 것을 들었다. 그 여러 비구들은 이 일로써 세존께 아뢰었고, 세존께서는 물어 말씀하셨다.

"여러 비구들이여. 진실로 육군비구들은 어린 다라수를 꺾어서 다라수의 잎의 신발을 신었고, 그 어린 다라수를 잘라서 시들어 죽게 하였는가?"

"세존이시여. 진실로 그렇습니다."

"여러 비구들이여. …… 어찌하여 어린 다라수를 잘라서 다라수의 잎의 신발을 신었고, 그 어린 다라수를 잘라서 시들어 죽게 하였는가? 이것은 오히려 믿지 않는 자는 신심이 생겨나지 않게 하고, 이미 믿었던 자는 증장하지 않게 하느니라. …… 이미 믿었던 자는 일부가 전전하여 다른 곳을 향하여 떠나가게 하느니라."

이때 세존께서는 여러 방편으로써 꾸짖으셨고 설법하셨으며, 여러

---

27) 팔리어 Tāla(타라)의 음사이고 인도의 해안 주변에서 자라는 종려과의 교목으로 야자수를 가리킨다. 수액(樹液)은 사탕의 원료로 쓰이며 열매는 식용함. 길고 넓은 잎으로 부채·모자·우산 등을 만들고, 특히 고대 인도인들은 이 잎에 경문(經文)을 침으로 새기거나 대나무로 만든 붓으로 썼다.

비구들에게 알려 말씀하셨다.

"여러 비구들이여. 다라수 신발을 신을 수 없느니라. 신는 자는 악작을 범하느니라."

7-3 그때 육군비구들은 "세존께서는 다라수 잎의 신발을 금지하셨다."라고 알았으므로 곧 어린 대나무를 잘라서 대나무의 신발을 신었고, 그 어린 대나무는 잘려져서 시들어 죽었다. 여러 사람들은 싫어하고 비난하였다.

"어찌하여 여러 사문들은 어린 대나무를 잘라서 대나무의 잎을 신는가? 그 어린 대나무는 잘려져서 시들어 죽었고, 여러 사문 석자들은 하나의 생명을 빼앗았구나."

7-4 여러 비구들은 그 여러 사람들이 싫어하고 비난하는 것을 들었다. 그 여러 비구들은 이 일로써 세존께 아뢰었고, 세존께서는 말씀하셨다.

"여러 비구들이여. 진실로 육군비구들은 어린 대나무를 잘라서 대나무의 신발을 신었고, 그 어린 대나무를 잘라서 시들어 죽게 하였는가?"

"세존이시여. 진실로 그렇습니다."

"여러 비구들이여. …… 어찌하여 어린 대나무를 잘라서 다라수의 잎의 신발을 신었고, 그 어린 대나무를 꺾어서 시들어 죽게 하였는가? 이것은 오히려 믿지 않는 자는 신심이 생겨나지 않게 하고, 이미 믿었던 자는 증장하지 않게 하느니라. …… 이미 믿었던 자는 일부가 전전하여 다른 곳을 향하여 떠나가게 하느니라."

이때 세존께서는 여러 방편으로써 꾸짖으셨고 설법하셨으며, 여러 비구들에게 알려 말씀하셨다.

"여러 비구들이여. 대나무 잎의 신발을 신을 수 없느니라. 신는 자는 악작을 범하느니라."

8) 특수 신발의 금지 ②

8-1 그때 세존께서는 뜻을 따라서 바라나국에 머무셨고, 발제(跋提)²⁸⁾를 향하여 유행하셨다. 차례로 유행하시어 발제에 이르셨고, 이때 세존께서는 발제의 승엽림(勝葉林)²⁹⁾에 머무르셨다. 그때 발제의 여러 비구들은 장엄을 위하여 여러 종류를 사용하여 신발을 지었는데 이를테면, 짚(草)³⁰⁾으로써 지었고 다른 사람을 시켜서 지었으며, 문야초(文若草)³¹⁾로써 지었고 다른 사람을 시켜서 지었으며, 바바초(婆婆草)³²⁾로써 지었고 다른 사람을 시켜서 지었으며, 한타라초(漢陀羅草)³³⁾로써 지었고 다른 사람을 시켜서 지었으며, 가마라초(迦摩羅草)³⁴⁾로써 지었고 다른 사람을 시켜서 지었으며, 거친 베(褐)로써 지었고, 다른 사람을 시켜서 지었으며, 교시(敎示)·질문(質問)·증상계(增上戒)·증상심(增上心)·증상혜(增上慧) 등을 버렸다.

8-2 욕심이 적은 여러 비구들은 싫어하고 비난하였다.

"무슨 까닭으로써 발제의 여러 비구들은 장엄을 위하여 여러 종류를 사용하여 신발을 지었는데 이를테면, 짚으로써 지었고, 다른 사람을 시켜서 지었으며, …… 교시·질문·증상계·증상심·증상혜를 버리는가?"

그 여러 비구들은 이 일로써 세존께 아뢰었고, 세존께서는 말씀하셨다.

---

28) 팔리어 Bhaddiya(바띠야)의 음사이다.
29) 팔리어 Jātiyā vane(자티야 바네)의 번역이고, jātiyā는 '뛰어나다.'는 뜻이며, vane는 '숲'의 뜻이다.
30) 팔리어 Tiṇa(티나)의 음사이고, 풀, 허브, 짚 등을 가리킨다.
31) 팔리어 Muñja(문자)의 음사이고, 벼와 비슷한 풀로, 앉거나 눕기 위한 자리를 만드는 것에 사용한다.
32) 팔리어 Pabbaja(파빠자)의 음사이고, 갈대의 한 종류이다.
33) 팔리어 Hintāla(힌타라)의 음사이고, 야자수의 한 종류이다.
34) 팔리어 Kamala(카마라)의 음사이다. 그렇지만 여기서 '연꽃'이 아니고, kamalavaṇṇa는 카마라색이라고 불리는 풀(tiṇa)이 있으며, 그것으로 만들어진 신발을 쿠스-쿠스 신발이라고 부르고 있어서 이러한 뜻이 합리적으로 생각된다.

"여러 비구들이여. 진실로 발제의 여러 비구들은 장엄을 위하여 여러 종류를 사용하여 신발을 지었는데 이를테면, 짚으로서 지었고, 다른 사람을 시켜서 지었으며, …… 교시·질문·증상계·증상심·증상혜를 버렸는가?"

"세존이시여. 진실로 그렇습니다."

"여러 비구들이여. …… 어찌하여 발제의 여러 비구들은 장엄을 위하여 여러 종류를 사용하여 신발을 지었는데 이를테면, 짚으로서 지었고, 다른 사람을 시켜서 지었으며, …… 교시·질문·증상계·증상심·증상혜를 버렸는가? 이것은 오히려 믿지 않는 자는 신심이 생겨나지 않게 하고, 이미 믿었던 자는 증장하지 않게 하느니라. …… 이미 믿었던 자는 일부가 전전하여 다른 곳을 향하여 떠나가게 하느니라."

8-3 이때 세존께서는 여러 방편으로써 꾸짖으셨고 설법하셨으며, 여러 비구들에게 알려 말씀하셨다.

"여러 비구들이여. 짚의 신발을 신을 수 없고, 문야초 신발을 신을 수 없으며, 바바초 신발을 신을 수 없고, 한타라초 신발을 신을 수 없으며, 가마라초 신발을 신을 수 없고, 양털 신발을 신을 수 없으며, 금(金) 신발을 신을 수 없고, 은(銀) 신발을 신을 수 없고, 마니(摩尼) 신발을 신을 수 없으며, 수정(水晶)의 신발을 신을 수 없고, 청동(鍮)의 신발을 신을 수 없으며, 유리(琉璃) 신발을 신을 수 없고, 주석(錫)의 신발을 신을 수 없으며, 납(鉛)의 신발을 신을 수 없고, 구리의 신발을 신을 수 없느니라. 신는 자는 악작을 범하느니라.

여러 비구들이여. 서로가 사용하는 신발은 신을 수 없느니라. 신는 자는 악작을 범하느니라. 여러 비구들이여. 고정적으로 서로가 사용할 수 있는 세 종류의 신발인 이를테면, 대변보는 곳의 신발, 소변보는 곳의 신발, 씻는 곳의 신발은 허락하겠노라."

[특수 신발의 착용 금지를 마친다.]

9) 소와 수레의 금지

9-1 그때 세존께서는 뜻을 따라서 발제(跋提)³⁵⁾에 머무셨고, 사위성을 향하여 유행하셨다. 차례로 유행하시어 사위성에 이르셨고, 이때 세존께서는 사위성의 기수급고독원에 머무르셨다. 그때 육군비구들은 아치라발저강(阿致羅筏底河)³⁶⁾을 건너가는 암소의 뿔을 붙잡았고, 귀를 붙잡았으며, 목을 붙잡았고, 꼬리를 붙잡았으며, 등에 올라탔으며, 염심(染心)으로써 음부(陰部)를 만졌으며, 송아지를 물에 빠트려서 죽였다. 여러 사람들은 싫어하고 비난하였다.

"어찌하여 여러 사문 석자들은 강을 건너가는 암소의 뿔을 붙잡았고, 귀를 붙잡았으며, 목을 붙잡았고, 꼬리를 붙잡았으며, 등에 올라탔으며, 염심으로써 음부를 만졌으며, 송아지를 물에 빠트려서 죽이는가? 오히려 여러 욕락을 누리는 여러 재가인들과 같구나."

9-2 여러 비구들은 그 여러 사람들이 싫어하고 비난하는 것을 들었다. 그 여러 비구들은 이 일로써 세존께 아뢰었고, 세존께서는 말씀하셨다.

"여러 비구들이여. 진실로 육군비구들은 강을 건너가는 암소의 뿔을 붙잡았고, 귀를 붙잡았으며, 목을 붙잡았고, 꼬리를 붙잡았으며, 등에 올라탔으며, 염심으로써 음부를 만졌으며, 송아지를 물에 빠트려서 죽였는가?"

"세존이시여. 진실로 그렇습니다."

"여러 비구들이여. …… 어찌하여 육군비구들은 강을 건너가는 암소의 뿔을 붙잡았고, 귀를 붙잡았으며, 목을 붙잡았고, 꼬리를 붙잡았으며, 등에 올라탔으며, 염심으로써 음부를 만졌으며, 송아지를 물에 빠트려서 죽였는가? 이것은 오히려 믿지 않는 자는 신심이 생겨나지 않게 하고, 이미 믿었던 자는 증장하지 않게 하느니라. …… 이미 믿었던 자는 일부가

---

35) 팔리어 bhaddiya(바띠야)의 음사이다.
36) 팔리어 Aciravati(아치라바티)의 음사이다.

전전하여 다른 곳을 향하여 떠나가게 하느니라."

9-3 이때 세존께서는 여러 방편으로써 꾸짖으셨고 설법하셨으며, 여러 비구들에게 알려 말씀하셨다.

"여러 비구들이여. 육군비구들은 강을 건너가는 암소의 뿔을 붙잡을 수 없고, 귀를 붙잡을 수 없으며, 목을 붙잡을 수 없고, 꼬리를 붙잡을 수 없으며, 등에 올라탈 수 없느니라. 올라타는 자는 악작을 범하느니라. 염심으로써 음부를 만질 수 없느니라. 만지는 자는 투란차를 범하느니라. 송아지를 물에 빠트려서 죽일 수 없느니라. 빠트려서 죽이는 자는 여법하게 그것을 다스려야 하느니라."

9-4 그때 육군비구들은 암소가 끌었고, 남자가 부리는 수레에 타고 있었고, 혹은 숫소가 끌었고, 여인이 부리는 수레에 타고 있었다. 여러 사람들은 싫어하고 비난하였다.

"오히려 항하마기하(恒河摩企河)37)의 축제와 같구나."

그 여러 비구들은 이 일로써 세존께 아뢰었고, 세존께서는 말씀하셨다.

"여러 비구들이여. 수레를 타고서 다닐 수 없느니라. 타고서 다니는 자는 악작을 범하느니라."

10) 수레의 허락과 가죽의 금지

10-1 그때 한 비구가 교살라국에서 사위성으로 세존을 보고자 가면서 도중에 변이 생겨났다. 이때 그 비구는 도로를 벗어나서 한 나무의 아래에 앉아있었다. 여러 사람들이 그 비구에게 말하였다.

"어디로 가십니까?"

---

37) 팔리어 gaṅgāmahiyā(강가마히야)의 음사이고, 물의 축제를 가리킨다.

"나는 사위성으로 가서 세존을 보고자 합니다."

"우리들과 함께 가십시다."

"나는 병이 생겨나서 갈 수 없습니다."

"수레에 타십시오."

"아닙니다. 세존께서 수레에 타는 것을 금지하셨습니다."

의혹하였으므로 감히 수레에 타지 못하였다. 이때 그 비구는 사위성에 이르렀고, 이 일로써 여러 비구들에게 알렸다.

그 여러 비구들은 이 일로써 세존께 아뢰었고, 세존께서는 말씀하셨다.

"여러 비구들이여. 병자라면 수레를 타는 것을 허락하겠노라."

10-2 그때 여러 비구들은 마음에서 사유하였다.

'암소가 끄는 수레를 타는 것인가? 숫소가 끄는 수레를 타는 것인가?'

그 여러 비구들은 이 일로써 세존께 아뢰었고, 세존께서는 말씀하셨다.

"여러 비구들이여. 숫소가 끄는 수레이거나, 손으로 끄는 수레이니라."

그때 한 비구는 요동치는 수레에 탔던 인연으로 고뇌하였다. 그 여러 비구들은 이 일로써 세존께 아뢰었고, 세존께서는 말씀하셨다.

"여러 비구들이여. 가마(輿)38)와 교자(轎子)39)를 타는 것을 허락하겠노라."

10-3 그때 육군비구들은 높고 넓은 큰 평상을 사용하였는데 이를테면, 안락의자, 짐승 모습의 다리인 긴 의자, 긴 양털의 덮개, 알록달록한 덮개, 백첩(白氎)의 덮개, 꽃을 수놓은 덮개, 넓은 면직물 덮개, 양쪽에 짐승을 수놓은 덮개, 양쪽에 테두리가 있는 덮개, 한쪽에 테두리가 있는 덮개, 보석으로 장식한 비단 덮개, 비단실과 보석으로 수놓은 덮개, 16명의 무희(舞姬)가 춤출 수 있는 덮개, 코끼리를 수놓은 덮개, 말을 수놓은 덮개, 수레를 수놓은 덮개, 영양(羚羊) 가죽의 덮개, 수승한 영양 가죽의

---

38) 팔리어 sivika(시비카)의 음사이다.

39) 팔리어 pāṭaṅki(파탄키)의 음사이다.

덮개, 천개(天蓋), 양쪽에 붉은 베개를 갖춘 큰 평상이었다. 여러 사람들이
정사를 돌아다니면서 보았고 여러 사람들은 싫어하고 비난하였다.
"오히려 여러 욕락을 누리는 여러 재가인들과 같구나."

10-4 그 여러 비구들은 이 일로써 세존께 아뢰었고, 세존께서는 말씀하셨다.
"여러 비구들이여. 높고 넓은 큰 평상을 사용할 수 없나니 이를테면,
안락의자, 짐승 모습의 다리인 긴 의자, 긴 양털의 덮개, 알록달록한
덮개, 백첩의 덮개, 꽃을 수놓은 덮개, 넓은 면직물 덮개, 양쪽에 짐승을
수놓은 덮개, 양쪽에 테두리가 있는 덮개, 한쪽에 테두리가 있는 덮개,
보석으로 장식한 비단 덮개, 비단실과 보석으로 수놓은 덮개, 16명의
무희가 춤출 수 있는 덮개, 코끼리를 수놓은 덮개, 말을 수놓은 덮개, 수레를
수놓은 덮개, 영양 가죽의 덮개, 수승한 영양 가죽의 덮개, 천개, 양쪽에
붉은 베개를 갖춘 큰 평상이니라. 사용하는 자는 악작을 범하느니라."

10-5 그때 세존께서는 높고 넓은 큰 평상을 사용하는 것을 금지하셨으므
로, 육군비구들은 곧 큰 축생의 가죽을 사용하였으니 이를테면, 사자
가죽, 호랑이 가죽, 표범 가죽이었다. 이것들을 평상의 다리에 알맞게
잘랐고 의자에 알맞게 잘랐으며 평상의 안쪽에 붙였고 평상의 바깥쪽에
붙였으며 의자의 안쪽에 붙였고 의자의 바깥쪽에 붙였다. 여러 사람들이
정사를 돌아다니면서 보았고 여러 사람들은 싫어하고 비난하였다.
"오히려 여러 욕락을 누리는 여러 재가인들과 같구나."
그 여러 비구들은 이 일로써 세존께 아뢰었고, 세존께서는 말씀하셨다.
"여러 비구들이여. 큰 축생의 가죽을 사용할 수 없나니 이를테면, 사자
가죽, 호랑이 가죽, 표범 가죽이니라. 사용하는 자는 악작을 범하느니라."

10-6 그때 세존께서는 큰 축생의 가죽을 사용하는 것을 금지하셨으므로,
육군비구들은 곧 소(牛) 가죽을 사용하였고, 이것들을 평상의 다리에
알맞게 잘랐고 의자에 알맞게 잘랐으며 평상의 안쪽에 붙였고 평상의

바깥쪽에 붙였으며 의자의 안쪽에 붙였고 의자의 바깥쪽에 붙였다.
　한 악한 비구가 한 악한 우바새와 친근하게 교류하고 있었다. 이때
그 악한 비구는 이른 아침에 하의를 입고서 옷과 발우를 지니고서 그
악한 우바새의 집으로 갔으며, 이르러서 설치된 자리에 앉았다. 이때
그 악한 우바새는 그 악한 비구에게 이르렀고 그 악한 비구에게 예배하고
서 한쪽에 앉았다.

10-7 이때 그 악한 우바새에게 송아지가 있었는데 어리고 매우 아름다웠
으며 표범과 같은 무늬가 있었다. 이때 그 악한 비구는 일심(一心)으로
그 송아지를 응시하였다. 그 악한 우바새는 그 악한 비구에게 말하였다.
　"어찌하여 일심으로 송아지를 응시하십니까?"
　"나는 이 송아지의 가죽이 필요합니다."
　이때 그 악한 우바새는 그 송아지를 죽였고, 가죽을 벗겨서 그 악한
비구에게 주었다. 이때 그 악한 비구는 승가리로써 그 가죽을 덮어서
가지고 떠나갔다.

10-8 이때 그 어미 소는 그 송아지를 그리워하면서 그 악한 비구를
뒤따랐고, 여러 비구들은 말하였다.
　"무슨 까닭으로써 어미 소가 그대의 뒤를 따르는가?"
　"나도 역시 이 어미 소가 무슨 까닭으로 나를 뒤따르는가를 알지 못하오."
　그때 그 악한 비구의 승가리에 피가 묻었으므로 여러 비구들이 말하였다.
　"그대의 승가리는 어찌하여 이와 같은가?"
　이때 그 여러 비구들은 이 일로써 여러 비구들에게 알렸다.
　"그대가 살생하게 시켰는가?"
　"그렇소."
　욕심이 적은 여러 비구들은 싫어하고 비난하였다.
　"무슨 까닭으로서 비구가 살생하게 시키는가? 세존께서 어찌 무수한
방편으로써 살생하는 것을 꾸짖고 살생하지 않는 것을 찬탄하지 않았는가?"

이때 여러 비구들은 이 일로써 세존께 아뢰었다.

10-9 이때 세존께서는 이 인연으로써 비구 승가를 모으셨으며, 악한 비구에게 물어 말씀하셨다.

"비구여. 진실로 살생하게 시켰는가?"

"진실로 그렇습니다. 세존이시여."

"어리석은 사람이여. 어찌하여 그대는 살생하게 시켰는가? 내가 어찌 무수한 방편으로써 살생하는 것을 꾸짖고 살생하지 않는 것을 찬탄하지 않았던가? 이것은 오히려 믿지 않는 자는 신심이 생겨나지 않게 하고, 이미 믿었던 자는 증장하지 않게 하느니라. …… 이미 믿었던 자는 일부가 전전하여 다른 곳을 향하여 떠나가게 하느니라."

이때 세존께서는 여러 방편으로써 꾸짖으셨고 설법하셨으며, 여러 비구들에게 알려 말씀하셨다.

"여러 비구들이여. 살생하게 시킬 수 없느니라. 살생하게 시키는 자는 여법하게 그를 다스려야 하느니라. 여러 비구들이여. 소 가죽을 사용할 수 없느니라. 사용하는 자는 악작을 범하느니라. 여러 비구들이여. 어느 축생의 가죽이라도 사용할 수 없느니라. 사용하는 자는 악작을 범하느니라."

[수레의 허락과 가죽의 금지를 마친다.]

11) 가죽의 사용

11-1 그때 여러 사람들이 축생의 가죽으로써 평상과 의자를 씌웠으므로 비구들은 의혹하면서 감히 앉지 못하였다. 그 여러 비구들은 이 일로써 세존께 아뢰었고, 세존께서는 말씀하셨다.

"여러 비구들이여. 재가인이 지은 것은 다만 앉을 수 있으나, 누울 수는 없느니라."

그때 정사(精舍)가 가죽으로 얽혀있었으므로, 비구들은 의혹하면서 감히 앉지 못하였다. 그 여러 비구들은 이 일로써 세존께 아뢰었고, 세존께서는 말씀하셨다.

"여러 비구들이여. 만약 오로지 가죽끈으로 얽혀있었다면 앉는 것을 허락하겠노라."

[가죽의 사용을 마친다.]

12) 신발의 착용

12-1 그때 육군비구들이 신발을 신고서 취락에 들어갔으므로, 여러 사람들은 싫어하고 비난하였다.

"오히려 여러 욕락을 누리는 여러 재가인들과 같구나."

그 여러 비구들은 이 일로써 세존께 아뢰었고, 세존께서는 말씀하셨다.

"여러 비구들이여. 신발을 신고서 취락에 들어갈 수 없느니라. 들어가는 자는 악작을 범하느니라."

그때 한 비구가 병이 생겨났으므로, 그는 신발을 신지 않는다면 취락에 들어갈 수 없었다. 그 여러 비구들은 이 일로써 세존께 아뢰었고, 세존께서는 말씀하셨다.

"여러 비구들이여. 병이 있는 비구는 신발을 신고서 취락에 들어가는 것을 허락하겠노라."

[신발의 착용을 마친다.]

13) 수루나 억이(首樓那 億耳)

13-1 그때 장로 마하 가전연(摩訶迦旃延)[40]은 아반제국(阿槃提國)[41] 구류 환희산(拘留歡喜山)[42]의 계곡에 머물렀고, 이때 우바새 수루나 억이는 장로 마하 가전연의 시자가 되었다. 이때 우바새 수루나 억이는 장로 마하 가전연의 처소에 이르렀고, 장로 마하 가전연에게 예배하고 한쪽에 앉았다. 한쪽에 앉아서 우바새 수루나 억이는 장로 마하 가전연에게 말하였다.

"나는 마하 가전연께서 설법하시는 것에서 재가에서는 한쪽을 향하여 원만하고, 한쪽을 향하여 청정하며 순수한 범행을 닦는 것이 쉽지 않다고 알았습니다. 나는 집을 나와서 출가하여 수염과 머리카락을 깎고서 가사를 입고자 합니다. 가전연께서는 저를 출가시켜 주십시오."

13-2 "수루나여. 나아가 목숨을 마치도록 혼자서 잠자고, 한 끼를 먹으면서 범행하는 것은 매우 어렵습니다. 수루나여. 그대는 이 처소에서 재가인으로 살아가면서 다만 시절(時節)로써 제불의 가르침을 수습하며 혼자서 잠자고, 한 끼를 먹으면서 범행하는 것이 옳습니다."

이때 우바새 수루나 억이의 출가하려는 발원을 잠시 멈추게 하였다. 우바새 수루나 억이는 두 번째로 장로 마하 가전연의 처소에 이르렀고, …… 우바새 수루나 억이는 두 번째로 장로 마하 가전연의 처소에 이르렀으며, …… "마하 가전연이여. 저를 출가시켜 주십시오."

이때 장로 마하 가전연은 우바새 수루나 억이를 출가시켰다. 그때 아반제국의 남쪽 지방은 비구들이 매우 적었다. 이때 마하 가전연은 3년을 지내면서 매우 어렵게 여러 처소에서 열 명의 비구들을 모았으며 수루나에게 구족계를 주었다.

---

40) 팔리어 Mahākaccāna(마하 카짜나)의 음사이다.
41) 팔리어 Avantī(아반티)의 음사이다.
42) 팔리어 Kuraraghara(쿠라라가라)의 음사이고, 중부 지방에 위치한 산의 이름이다.

13-3 이때 비구 수루나는 우안거를 머무르고서 고요한 곳에서 묵연히 머무르는 때에 마음에서 사유하였다.

'나는 세존께서 이와 같고 이와 같다고 들었으나, 이르러 눈앞에서 예경하고 보지 못하였다. 만약 화상께서 허락하신다면 나는 떠나가서 그 세존·응공·정등각을 예경하고 보아야겠다.'

이때 비구 수루나는 포시(晡時)에 자리에서 일어났으며, 장로 마하 가전연의 처소에 이르렀다. 이르러서 장로 마하 가전연에게 예경하고서 한쪽에 앉았다. 한쪽에 앉아서 비구 수루나는 장로 마하 가전연에게 말하였다.

13-4 "고요한 곳에서 묵연히 머무르는 때에 마음에서 사유하였습니다.

'나는 세존께서 이와 같고 이와 같다고 들었으나, 이르러 눈앞에서 예경하고 보지 못하였다. 만약 화상께서 허락하신다면 나는 떠나가서 그 세존·응공·정등각을 예경하고 보아야겠다.'"

"수루나여. 옳도다.(善哉)[43] 옳도다. 수루나여. 그대는 떠나가서 그 세존·응공·정등각을 예경하고 보도록 하게."

13-5 "수루나여. 그대는 마땅히 세존을 보고서 예경하게. 그분은 환희스럽고 매우 미묘하시며 근(根)이 적정하시고 뜻이 적정하시며 최상의 적정으로 조복하셨고 이미 조복받으셨으며 이미 보호하셨고 용상(龍象)의 여러 근을 제어(制御)하시어 증장(增長)하셨네. 수루나여. 그대는 나의 이름으로 머리 숙여 세존의 발에 예경하고 말씀드리게.

'나의 화상인 장로 마하 가전연께서 머리 숙여 세존의 발에 예경하였습니다.'

---

43) 팔리어 sādhu(사두)의 번역이고, 불교에서 진언의 끝에서 사용되는 스바하(Svāhā)와 비슷한 어휘이다. 특정한 뜻으로 번역할 수 없으나, '옳다.', '좋다.', '예', '감사합니다.', '받았습니다.', '잘했습니다.', '그렇습니다.', '모든 것이 잘 될 것입니다.' 등으로 다양하게 번역할 수 있다.

다시 말씀드리게.

'아반제국의 남쪽 지방은 비구들이 매우 적어서 3년을 지내면서 매우 어렵게 여러 처소에서 열 명의 비구들을 모았으며 구족계를 주었습니다. 원하건대 세존께서는 아반제국의 남쪽 지방은 적은 숫자의 대중이 구족계를 주는 것을 허락하십시오.

아반제국의 남쪽 지방은 검은 소들의 발굽이 땅을 밟은 인연으로 굳어져서 단단합니다. 원하건대 세존께서는 아반제국의 남쪽 지방은 여러 겹의 신발을 신는 것을 허락하십시오.

아반제국의 남쪽 지방의 여러 사람들은 목욕하는 것을 존중하고 물로써 깨끗하게 씻습니다. 원하건대 세존께서는 아반제국의 남쪽 지방은 자주자주 목욕하는 것을 허락하십시오.

아반제국의 남쪽 지방은 여러 축생의 가죽으로써 부구로 사용하나니, 양 가죽·산양 가죽·사슴 가죽입니다. 오히려 중국에서는 이라구(伊羅具)44)·마라구(摩羅具)45)·마사여(摩奢如)46)·전타(氈陀)47)를 사용하는데, 이 아반제국의 남쪽 지방은 역시 여러 축생의 가죽으로써 양 가죽·산양 가죽·사슴 가죽을 사용합니다. 그러므로 원하건대 세존께서는 아반제국의 남쪽 지방은 여러 축생의 가죽으로써 양 가죽·산양 가죽·사슴 가죽을 사용하는 것을 허락하십시오.

지금 여러 사람들은 보시하는 옷을 경계의 밖에 여러 비구들에게 주면서 〈이 옷을 누구에게 주십시오.〉라고 말합니다. 그들은 돌아오는 때에 〈누구가 그대에게 옷을 주었습니다.〉라고 말하더라도, 그들은 니살기바일제에 떨어지는 것을 의심하면서 받지 않습니다. 원하건대 세존께서는 옷의 법을 설하여 주십시오.'"

"알겠습니다."

---

44) 팔리어 Eragū(에라구)의 음사이고, 풀의 한 종류이다.
45) 팔리어 Moragū(모라구)의 음사이고, 풀의 한 종류이다.
46) 팔리어 Majjārū(마짜루)의 음사이고, 풀의 한 종류이다.
47) 팔리어 Jntū(잔투)의 음사이고, 풀의 한 종류이다.

비구 수루나는 마땅히 장로 마하 가전연에게 허락하고서 자리에서 일어났고, 장로 마하 가전연에게 예배하고서 오른쪽으로 돌면서 떠나갔으며, 와구와 의자를 거두고 옷과 발우를 지니고서 사위성을 향하여 떠나갔다.

13-6 차례로 유행하여 사위성의 기수급고독원 세존의 처소에 이르렀으며, 세존께 예경하고서 한쪽에 앉았다. 이때 세존께서는 장로 아난에게 알려 말씀하셨다.

"아난이여. 이 객비구를 위하여 와구와 좌상을 펼쳐놓도록 하게."

이때 장로 아난은 마음으로 알았다.

'세존께서 나에게 〈아난이여. 이 객비구를 위하여 와구와 좌상을 펼쳐놓도록 하게.〉라고 말씀하신 것은 세존께서는 이 비구와 함께 한 처소에서 머무르시려는 것이다. 세존께서는 비구 수루나와 함께 한 처소에서 머무르시려는 것이다.'

곧 세존의 주처에 비구 수루나를 위하여 와구와 좌상을 펼쳐놓았다.

13-7 이때 세존께서는 노지에서 밤이 깊어진 뒤에 주처에 들어가셨고, 비구 수루나도 역시 노지에서 밤이 깊어진 뒤에 주처에 들어갔다. 이때 세존께서는 깊은 밤이 지나서 새벽에 일어나셨으며, 비구 수루나에게 말씀하셨다.

"비구여. 마땅히 법을 송출하고 법을 분별하는가?"

"그렇습니다."

비구 수루나는 세존께 대답하고서 완전한 8부품(八部品)[48]을 송출하였다. 이때 비구 수루나가 송출하여 마쳤으므로 세존께서는 환희하셨다.

"옳도다. 옳도다. 비구여. 그대는 8부품을 잘 수지하였고, 잘 작의(作意)하였으며, 잘 사유하였느니라. 그대의 음성은 좋은 아름다움을 갖추었고

---

48) 팔리어 Aṭṭhakavaggikāni(아따타바끼카니)의 번역이고, 『숫타니파타』의 네 번째의 「욕락경(欲樂經)」의 열여섯째 품에 수록된 네 가지의 경이 '팔송'으로 이루어졌으므로 이와 같이 부르고 있다.

분명하며 정확하게 능히 그 뜻을 밝혔느니라. 비구여 그대의 법랍은 몇 년인가?"

"세존이시여. 저는 1년입니다."

13-8 "비구여. 그대는 어찌하여 이렇게 늦어졌는가?"

"저는 여러 욕망의 허물과 근심을 보았던 것이 이미 오래되었으나, 다만 집안일에 번잡하였고, 많이 지었으며, 많은 사무(事務)가 있었습니다."

이때 세존께서는 이러한 뜻을 명료하게 알리시고자, 곧 이때에 게송을 설하여 말씀하셨다.

　　"세간의 허물과 근심을 보고서
　　집착이 없이 법을 명료하게 안다면
　　성자는 악을 즐거워하지 않고
　　청정한 자는 가르침을 즐긴다네."

13-9 이때 비구 수루나는 마음으로 알았다.

'세존께서 나를 좋아하시니, 지금이 곧 나의 스승의 말을 아뢸 때이구나.'

곧 자리에서 일어나서 오른쪽 어깨를 드러내고 머리 숙여 세존의 발에 예경하고서 세존께 아뢰어 말하였다.

"저의 화상이신 장로 마하 가전연께서 세존의 발에 예경하고 말씀하셨습니다. '아반제국의 남쪽 지방은 비구들이 매우 적어서 3년을 지내면서 매우 어렵게 여러 처소에서 열 명의 비구들을 모았으며 구족계를 주었습니다. …… 그들은 니살기바일제에 떨어지는 것을 의심하면서 받지 않습니다. 원하건대 세존께서는 옷의 법을 설하여 주십시오.'"

이때 세존께서는 이 인연으로써 비구 승가를 모으셨으며, 여러 비구들에게 알려 말씀하셨다.

"여러 비구들이여. 아반제국의 남쪽 지방은 비구들이 매우 적느니라. 여러 비구들이여. 이와 같은 변방의 지역이라면 지율의 다섯 대중을 모으고서 구족계를 주는 것을 허락하겠노라."

13-10 이 가운데에서 변방의 지역은 동쪽으로는 가장가라(加將伽羅)⁴⁹⁾라고 이름하는 취락이 있고, 그 밖으로 마하사라(摩訶沙羅)⁵⁰⁾가 있는데, 이것을 따라서 바깥으로써 변방의 지역으로 삼고, 이곳의 안쪽을 따라서 중국으로 삼느니라. 동남쪽으로는 살랍와제(薩拉瓦提)⁵¹⁾라고 이름하는 강이 있는데, 이것을 따라서 바깥으로써 변방의 지역으로 삼고, 이곳의 안쪽을 따라서 중국으로 삼느니라.

남쪽으로는 세달강명니가(世達康名尼加)⁵²⁾라고 이름하는 취락이 있는데, 이것을 따라서 바깥으로써 변방의 지역으로 삼고, 이곳의 안쪽을 따라서 중국으로 삼느니라. 서쪽으로는 타나(陀那)⁵³⁾ 바라문이라고 이름하는 취락이 있는데, 이것을 따라서 바깥으로써 변방의 지역으로 삼고, 이곳의 안쪽을 따라서 중국으로 삼느니라. 북쪽으로는 우시라달사(宇尸羅達奢)⁵⁴⁾라고 이름하는 산이 있는데, 이것을 따라서 바깥으로써 변방의 지역으로 삼고, 이곳의 안쪽을 따라서 중국으로 삼느니라.

여러 비구들이여. 이와 같은 변방의 지역이라면 지율의 다섯 대중을 모으고서 구족계를 주는 것을 허락하겠노라."

13-11 "여러 비구들이여. 아반제국의 남쪽 지방은 검은 소들의 발굽이 땅을 밟은 인연으로 굳어져서 단단하니라. 여러 비구들이여. 일체의 변방 지역에서는 여러 겹의 신발을 신는 것을 허락하겠노라. 아반제국의 남쪽 지방의 여러 사람들은 목욕하는 것을 존중하고 물로써 깨끗하게 씻느니라. 여러 비구들이여. 일체의 변방 지역에서는 자주자주 목욕하는

49) 팔리어 Gajaṅgala(가잔가라)의 음사이다.
50) 팔리어 Mahāsālā(마하살라)의 음사이다.
51) 팔리어 Sallavatī(살라바티)의 음사이다.
52) 팔리어 Setakaṇṇika(세타칸니카)의 음사이다.
53) 팔리어 Thūṇa(투나)의 음사이다.
54) 팔리어 Usīraddhaja(우시라따자)의 음사이다.

것을 허락하겠노라.

아반제국의 남쪽 지방은 여러 축생의 가죽으로써 부구로 사용하나니, 양 가죽·산양 가죽·사슴 가죽이니라. 오히려 중국에서는 이라구·마라구·마사여·전타를 사용하는데, 이와 같은 아반제국의 남쪽 지방은 역시 여러 축생의 가죽으로써 양 가죽·산양 가죽·사슴 가죽을 사용하느니라. 여러 비구들이여. 일체의 변방 지역에서는 여러 축생의 가죽으로써 양 가죽·산양 가죽·사슴 가죽을 사용하는 것을 허락하겠노라.

여러 비구들이여. 이곳의 여러 사람들은 보시하는 옷을 경계의 밖에 여러 비구들에게 주면서 〈이 옷을 누구에게 주십시오.〉라고 말하느니라. 여러 비구들이여. 아직 손에 전달되지 않은 기간을 날짜로 계산하지 않고서 옷을 받는 것을 허락하겠노라.”

[수루나 억이를 마친다.]

○【첫째의 송출품을 마친다.】

이 건도에는 46사(事)가 있느니라. 섭송으로 말하겠노라.

마갈타국의 왕과
수루나와
팔만의 주인과
장로 사갈타와

기사굴산에서와
여러 상인법을 보여준 것과
출가 및 정진과
발의 상처와 비파와 한 겹과

청(靑)·황(黃)·적(赤)·천(茜)·흑(黑) 색깔과
홍람(紅藍)과 낙엽(落葉) 색깔과
테두리의 금지와 발꿈치와
무릎과 허벅지와

솜을 채운 신발과
자고새와
양의 뿔처럼 뾰족한 것과
산양의 뿔처럼 뾰족한 것과

전갈의 꼬리와 공작의 신발과
알록달록한 것과 사자의 가죽과
호랑이 가죽과 표범 가죽과
영양 가죽과 수달 가죽과

고양이 가죽과 다람쥐 가죽과
올빼미 가죽으로 장식한 것과
발을 다친 것과 신발과 발이 굳는 병과
발을 씻지 않은 것과 그루터기와

소음과 다라수와 대나무와
풀과 문야초와
파라와 한타라와
가마라와 양털과 금과

은과 마니와 유리와
수정과 청동과 황동과
납과 구리와 암소와

수레를 타는 것과 병자와

암소의 수레와 가마와
와상과 큰 축생의 가죽과
소가죽과 악한 비구와
재가인이 짓는 것과

축생의 가죽으로 엮은 것과
신발을 신는 것과
마을에 들어가는 것과
병든 자와

마하 가전연과
수루나와
8부품을 출송한 것과
다섯 사람의 구족계와

여러 겹의 신발과
자주자주 목욕하는 것과
가죽 부구를 허락한 것과
날짜를 계산하지 않는 것이 있다.

이상의 다섯 가지를 세존께서 장로 수루나에게 주셨다.

◎ 피혁건도를 마친다.

대건도 제6권

제6장 약건도(藥犍度)[1]

1. 제1송출품(第一誦出品)

1) 다섯 종류의 약

1-1 그때 불·세존께서는 사위성의 기수급고독원에 머무르셨다.

이때 여러 비구들이 가을의 때에 병이 들어서 죽을 먹어도 토하였고, 음식을 먹어도 토하였다. 이러한 까닭으로 마르고 야위었으며 거칠고 추루하였고 얼굴빛이 나빴으며 점차 황달(黃疸)의 모습이었고 몸의 핏줄이 드러났다. 세존께서는 그 여러 비구들이 마르고 야위었으며 거칠고 추루하였고 얼굴빛이 나빴으며 점차 황달의 모습이었고 몸의 핏줄이 드러난 것을 보셨다. 보시고서 장로 아난에게 말씀하셨다.

"아난이여. 어찌하여 지금 마르고 야위었으며 거칠고 추루하였고 얼굴빛이 나빴으며 점차 황달의 모습이었고 몸의 핏줄이 드러났는가?"

---

1) 팔리어 Bhesajjakkhandhaka(베사짜 깐타카)의 번역이다.

"지금 여러 비구들은 가을의 때에 병이 들어서 죽을 먹어도 토하였고, 음식을 먹어도 토하였습니다. 이것을 인연으로 그 비구들은 마르고 야위었으며 거칠고 추루하였고 얼굴빛이 나빴으며 점차 황달의 모습이었고 몸의 핏줄이 드러났습니다."

1-2 그때 세존께서는 적정하게 묵연하셨으며 마음에서 사유하셨다.

'지금 여러 비구들은 가을의 때에 병이 들어서 죽을 먹어도 토하였고, …… 몸의 핏줄이 드러났다. 나는 여러 비구들에게 무슨 약을 사용하게 허락해야 하는가? 이것은 마땅히 세간에서 함께 사용되는 약이어야 하고 자량(資糧)으로 먹을 수 있으며 많은 양이 아니어야 한다.'

이때 세존께서는 마음에서 사유하셨다.

'다섯 종류의 약이 있나니 이를테면 숙소(熟酥), 생소(生酥), 기름(油), 꿀(蜜), 사탕(糖)이다. 이것들은 곧 세간에서 함께 사용되는 약이고 자량으로 먹을 수 있으며 많은 양이 아니다. 나는 마땅히 여러 비구들에게 이와 같은 다섯 종류의 약들은 마땅히 바른 시간에 섭수하고 바른 시간에 복용하게 해야겠다.'

1-3 그때 세존께서는 포시에 자리에서 일어나셨고, 이 인연으로써 설법하셨으며, 여러 비구들에게 알려 말씀하셨다.

"여러 비구들이여. 적정하게 묵연하셨으며 마음에서 사유하였느니라.

'지금 여러 비구들은 가을의 때에 병이 들어서 죽을 먹어도 토하였고, …… 몸의 핏줄이 드러났다. 나는 여러 비구들에게 무슨 약을 사용하게 허락해야 하는가? 이것은 마땅히 세간에서 함께 사용되는 약이어야 하고 자량(資糧)으로 먹을 수 있으며 많은 양이 아니어야 한다.'

여러 비구들이여. 이때 나는 마음에서 사유하였느니라.

'다섯 종류의 약이 있나니 이를테면 숙소, 생소, 기름, 꿀, 사탕이다. 이것들은 곧 세간에서 함께 사용되는 약이고 자량으로 먹을 수 있으며 많은 양이 아니다. 나는 마땅히 여러 비구들에게 이와 같은 다섯 종류의 약들은 마땅한 시간에 섭수하고 마땅한 시간에 복용하게 해야겠다.'"

1-4 그때 여러 비구들은 바른 시간에 섭수하고 마땅한 시간에 다섯 종류의 약을 복용하였다. 그 비구들은 평소의 거친 음식도 소화시킬 수 없었는데, 하물며 기름진 음식이겠는가? 그러므로 그 비구들은 가을 때의 병으로써, 주었던 음식을 소화시키지 못한 두 가지의 인연으로 날마다 더욱 마르고 야위었으며 거칠고 추루하였고 얼굴빛이 나빴으며 점차 황달의 모습이었고 몸의 핏줄이 드러났다. 세존께서는 그 비구들이 날마다 더욱 마르고 야위었으며, …… 몸의 핏줄이 드러난 것을 보셨다. 보시고서 장로 아난에게 말씀하셨다.

"아난이여. 어찌하여 지금 여러 비구들은 날마다 마르고 야위었으며 거칠고 추루하였고 얼굴빛이 나빴으며 점차 황달의 모습이었고 몸의 핏줄이 드러났는가?"

1-5 "여러 비구들은 바른 시간에 섭수하고 바른 시간에 다섯 종류의 약을 복용하였으나, 그 비구들은 평소의 거친 음식도 소화시킬 수 없었는데, 하물며 기름진 음식이겠습니까? 그러므로 그 비구들은 가을 때의 병으로써, 주었던 음식을 소화시키지 못한 두 가지의 인연으로 날마다 더욱 마르고 야위었으며 거칠고 추루하였고 얼굴빛이 나빴으며 점차 황달의 모습이었고 몸의 핏줄이 드러났습니다."

이때 세존께서는 이 인연으로써 설법하셨으며, 여러 비구들에게 알려 말씀하셨다.

"여러 비구들이여. 그 다섯 종류의 약을 받았다면 마땅한 시간이거나, 때가 아닌 때에도 모두 복용하는 것을 허락하겠노라."

[다섯 종류의 약을 마친다.]

2) 지방(脂肪)의 약

2-1 그때 병든 비구들은 지방의 약이 필요하였다. 그 여러 비구들은 이 일로써 세존께 아뢰었고, 세존께서는 말씀하셨다.

"여러 비구들이여. 지방의 약을 복용하는 것을 허락하겠나니 이를테면, 곰 지방(熊脂), 물고기 지방(魚脂), 악어 지방(鼉脂), 돼지 지방(豬脂), 당나귀 지방(驢脂)이니라. 마땅한 때에 받고 마땅한 때에 끓이며, 마땅한 때에 섞어서 기름과 함께 복용하도록 하라."

2-2 "여러 비구들이여. 만약 때가 아닌 때에 받고 때가 아닌 때에 끓이며 때가 아닌 때에 섞었고 이것으로써 복용하는 자는 세 가지의 일에서 악작을 범하느니라. 여러 비구들이여. 만약 마땅한 때에 받았고 때가 아닌 때에 끓이며 때가 아닌 때에 섞었고 이것으로써 복용하는 자는 두 가지의 일에서 악작을 범하느니라. 만약 마땅한 때에 받았고 마땅한 때에 끓이며 때가 아닌 때에 섞었고 이것으로써 복용하는 자는 한 가지의 일에서 악작을 범하느니라.

만약 마땅한 때에 받았고 마땅한 때에 끓이며 마땅한 때에 섞었고 이것으로써 복용하는 자는 무죄이니라."

[지방의 약을 마친다.]

3) 뿌리(根)의 약

3-1 그때 병든 비구들은 뿌리의 약이 필요하였다. 그 여러 비구들은 이 일로써 세존께 아뢰었고, 세존께서는 말씀하셨다.

"여러 비구들이여. 뿌리의 약은 이를테면, 강황(姜黃)[2], 생강(生薑)[3], 창포(菖蒲)[4], 백창포(白菖蒲)[5], 맥동(麥冬)[6], 신호련(辛胡蓮)[7], 온시라(嗢

尸羅)8), 소자(蘇子)9)이니라. 마땅한 때에 받고 마땅한 때에 끓으며, 마땅한 때에 섞어서 기름과 함께 복용하도록 하라.

작식을 작식으로 이용하지 않거나, 담식을 담식으로 이용하지 않는다면, 받아서 그 목숨을 마칠 때까지 마땅한 때에 복용하는 것을 허락하겠노라. 마땅한 때가 아닌데 이것을 복용하는 자는 악작을 범하느니라."

3-2 그때 병든 비구들은 뿌리 약의 분말(粉末)이 필요하였다. 그 여러 비구들은 이 일로써 세존께 아뢰었고, 세존께서는 말씀하셨다.

"여러 비구들이여. 절구와 맷돌을 사용하여 찧거나, 갈도록 허락하겠노라."

[뿌리의 약을 마친다.]

---

2) 팔리어 Haliddi(하리띠) 번역이다.

3) 팔리어 Siṅgivera(신기베라) 번역이다.

4) 팔리어 Vaca(바차) 번역이다.

5) 팔리어 Vacattha(바차따) 번역이다.

6) 팔리어 Ativisa(아티비사) 번역이고, Ranunculaceae 식물의 허브인 미나리 아재비 또는 까마귀 발다의 식물이다. 학명은 Aconitum heterophyllum이며 일반적으로 'atis root'로 알려져 있고, 히말라야 산맥과 네팔의 고산 지역에서 자생한다.

7) Kaṭukarohiṇi(카투카로히니)의 음사이고, 공식적인 학명은 Picrorhiza kurro이다. 다년생 초본이며 간 보호 특성을 가지고 있어 모든 형태의 간 손상, 간경변 및 간 염증에 사용된다.

8) Usīra(우리사)의 음사이고, Poaceae꽃의 다년생 풀이다. 학명은 Chrysopogon zizanioides이며 일반적으로 영어로 'Cuscus grass', 'Khus' 및 'Vetiver'로 알려져 있다. 인도가 원산지이지만 세계의 열대 지역에서 널리 재배되며, 'Cuscus' 잔디는 모자, 바구니, 쿠션 및 기타 장식품과 같은 물건을 만드는 데 사용되고, 식물의 뿌리는 향기로운 오일을 만드는 데 사용된다.

9) Bhaddamutta(바따무따)의 번역이고, 일반적으로 씨가 향기를 가지고 있다.

4) 수축(收縮)시키는 약

4-1 그때 병든 비구들은 수축(收縮)시키는 약이 필요하였다. 그 여러 비구들은 이 일로써 세존께 아뢰었고, 세존께서는 말씀하셨다.

"여러 비구들이여. 잎의 약은 이를테면, 임파(荏婆樹)[10]의 즙, 구달사(具達奢)[11]의 즙, 파가와(婆迦瓦)[12]의 즙, 나달마라수(那達摩羅樹)[13]의 즙, 혹은 다른 즙의 약이니라. 작식을 작식으로 이용하지 않거나, 담식을 담식으로 이용하지 않는다면, 받아서 그 목숨을 마칠 때까지 마땅한 때에 복용하는 것을 허락하겠노라. 마땅한 때가 아닌데 이것을 복용하는 자는 악작을 범하느니라."

[수축시키는 약을 마친다.]

5) 잎의 약

5-1 그때 병든 비구들은 잎(葉)의 약이 필요하였다. 그 여러 비구들은 이 일로써 세존께 아뢰었고, 세존께서는 말씀하셨다.

"여러 비구들이여. 지혈시키는 약은 이를테면, 임파 잎, 구달사 잎, 발타라(拔陀羅)[14] 잎, 소라시(蘇羅尸)[15] 잎, 가바시가(迦婆尸迦)[16] 잎, 혹은 다른

---

10) 팔리어 Nimba(님바)의 음사이고, 멜리아과에 속하는 아자디라크타 인디카를 가리키며, 일종의 허브로 한 부분은 야채로 신용한다.
11) 팔리어 Kuṭaja(쿠타자)의 음사이고, Cleistanthus collinus로 확인된 식물이며, 수렴성, 쓴맛, 흡수성 및 구충제이며 카파와 피타를 진정시킵니다. 그것은 grahaṇī 장애, 출혈 및 설사에 유용합니다.
12) 팔리어 Phaggava(파가바)의 음사이고, 허브의 한 종류를 가리킨다.
13) 팔리어 Nattamāla(나따마라)의 음사이고, 인도 너도밤나무를 가리킨다. 나무껍질과 잎은 열성에 효과가 있고, 씨앗은 완화제, 해열제, 말라리아에 사용되며, 씨앗의 기름은 피부 연화제, 류머티즘, 피부병에 사용된다.
14) 팔리어 Paṭola(파토라)의 음사이고, 쿠쿠르비타과 또는 꽃피는 식물의 '조롱박과'

잎의 약이니라. 작식을 작식으로 이용하지 않거나, 담식을 담식으로 이용하지 않는다면, 받아서 그 목숨을 마칠 때까지 마땅한 때에 복용하는 것을 허락하겠노라. 마땅한 때가 아닌데 이것을 복용하는 자는 악작을 범하느니라."

[잎의 약을 마친다.]

6) 열매의 약

6-1 그때 병든 비구들은 열매(果)의 약이 필요하였다. 그 여러 비구들은 이 일로써 세존께 아뢰었고, 세존께서는 말씀하셨다.

"여러 비구들이여. 열매의 약은 이를테면, 이란가(伊蘭迦)17), 모발(蔡撥)18), 호초(胡椒)19), 하리륵(訶梨勒)20), 천련(川練)21), 여감자(餘甘子)22), 오달파라(五達婆羅)23), 혹은 다른 열매의 약이니라. 작식을 작식으로 이용

에서 Trichosanthes dioica(뾰족한 조롱박)로 식별되는 약용의 식물이다. 이것은 출혈 장애, 가려움증, 나병 및 피부 질환, 혈액 질환, 발열, 작열감 및 신체 통증을 치료한다고 알려져 있다.
15) 팔리어 Sulasi(수라시)의 음사이고, Ocimum tenuiflorum으로 정의된 약용의 식물이다.
16) 팔리어 Kappāsa(카빠사)의 음사이고, 목화 나무를 가리킨다.
17) 팔리어 Bilaṅga(비랑가)의 음사이고, 학명은 Erycibe paniculata이다.
18) 팔리어 Pippali(피빠리)의 음사이고, "인도 긴 고추"라고 불리는 허브를 가리키며, Upakulyā(우파쿠랴)라고도 알려져 있다.
19) 팔리어 Marica(마리차)의 음사이고, 피페라세아과(후추) 계열의 꽃 덩굴을 가리킨다.
20) 팔리어 Harītaka(하리타카)의 음사이다.
21) 팔리어 Vibhītaka(비비타카)의 번역이고, 영어로 이 나무는 'bastard myrobala', 'Bahera', 'Beleric'으로 알려져 있으며, 여러 열병(jvara)의 치료에 사용되는 약으로 알려져 있다.
22) 팔리어 Āmalaka(아마라카)의 번역이고, 이것을 1년 동안 계속 복용하면 검은 머리카락을 만들고 지성, 기억력, 언어력, 힘 및 정신력을 향상시킨다고 알려져 있다.
23) 팔리어 Goṭṭhaphala(고따파라)의 음사이고, 거의 알려져 있지 않다.

하지 않거나, 담식을 담식으로 이용하지 않는다면, 받아서 그 목숨을 마칠 때까지 마땅한 때에 복용하는 것을 허락하겠노라. 마땅한 때가 아닌데 이것을 복용하는 자는 악작을 범하느니라."

[열매의 약을 마친다.]

7) 수지(樹脂)의 약

7-1 그때 병든 비구들은 열매(果)의 약이 필요하였다. 그 여러 비구들은 이 일로써 세존께 아뢰었고, 세존께서는 말씀하셨다.

"여러 비구들이여. 수지의 약은 이를테면, 빈구(濱具)24), 빈구수지(濱具樹脂)25), 빈구시파제가(濱具尸婆提迦)26), 달가(達迦)27), 달가바제(達迦婆提)28), 달가반리(達迦胖離)29), 살주랍사(薩周拉沙)30), 혹은 다른 열매의 약이니라. 작식을 작식으로 이용하지 않거나, 담식을 담식으로 이용하지 않는다면, 받아서 그 목숨을 마칠 때까지 마땅한 때에 복용하는 것을 허락하겠노라. 마땅한 때가 아닌데 이것을 복용하는 자는 악작을 범하느니라."

[수지의 약을 마친다.]

---

24) 팔리어 Hiṅgu(힌구)의 음사이고, Ferula jaeschkeana Vatke로 확인된 식물이며, 여러 식물 종의 줄기에서 얻은 부드러운 울퉁불퉁한 수지입니다.
25) 팔리어 Hiṅgujatu(힌구자투)의 음사이고, hiṅgu에서 왔지만 다른 나무가 나온 나무는 알려져 있지 않으며, Jatu는 의약품 중 하나이다.
26) 팔리어 Hiṅgusipāṭika(힌구시파티카)의 음사이다.
27) 팔리어 Taka(타카)의 음사이고, 약용 식물인 Bheṇḍā으로 약용인 껌의 한 종류이다.
28) 팔리어 Takapatti(타카파띠)의 음사이고, 대마 잎을 가리킨다.
29) 팔리어 Takapaṇṇi(타카판니)의 음사이다.
30) 팔리어 Sajjulasa(사쭈라사)의 번역이다.

8) 소금(鹽)의 약

8-1 그때 병든 비구들은 소금의 약이 필요하였다. 그 여러 비구들은 이 일로써 세존께 아뢰었고, 세존께서는 말씀하셨다.

"여러 비구들이여. 수지의 약은 이를테면, 해염(海鹽)31), 흑염(黑鹽)32), 암염(岩鹽)33), 주염(廚鹽)34), 적염(赤鹽)35), 혹은 다른 열매의 약이니라. 작식을 작식으로 이용하지 않거나, 담식을 담식으로 이용하지 않는다면, 받아서 그 목숨을 마칠 때까지 마땅한 때에 복용하는 것을 허락하겠노라. 마땅한 때가 아닌데 이것을 복용하는 자는 악작을 범하느니라."

[소금의 약을 마친다.]

9) 가루(粉)의 약

9-1 그때 장로 아난의 화상인 장로 비라타사자(毘羅吒獅子)36)는 선개병(癬疥病)37)이 있었고, 진물을 인연으로 그의 옷이 몸에 달라붙었다. 여러 비구들이 물로써 적셔서 이것을 떼어내었다. 세존께서는 눕는 곳과 앉는 곳을 돌아보시면서 여러 비구들이 물로써 적셔서 그 비구의 옷을 떼어내는 것을 보셨다. 보시고서 여러 비구들의 주처에 이르셨으며, 그 여러 비구들

---

31) 팔리어 Sāmudda(사무따)의 번역이다.
32) 팔리어 Kāḷaloṇa(카라로나)의 번역이다.
33) 팔리어 Sindhava(신다바)의 번역이다.
34) 팔리어 Ubbhida(우삐다)의 번역이고, 주방의 소금을 가리킨다.
35) 팔리어 Bila(비라)의 번역이다.
36) 팔리어 Belaṭṭhasīsa(베라따시사)의 음사이다.
37) 풍독(風毒)의 기운이 피부 깊은 곳에 있는 것을 선(癬)이라고 하고, 풍독(風毒)의 사기가 피부 얕은 데에 있는 것을 개(疥)라고 하며, 건조한 것을 건렴(乾斂)이라 하고 습윤하고 진물이 나는 것을 습렴(濕斂)이라고 한다.

에게 말씀하셨다.

"여러 비구들이여. 이 비구에게 무슨 병이 있는가?"

"이 장로는 선개병이 있었고, 진물을 인연으로 그의 옷이 몸에 달라붙었으며, 우리들은 물로써 적셔서 그 비구의 옷을 떼어내었습니다."

9-2 이때 세존께서는 이 인연으로써 설법하셨으며, 여러 비구들에게 알려 말씀하셨다.

"여러 비구들이여. 가려움증, 부스럼, 고름, 선개병이 있거나, 몸에서 악취가 있는 자는 가루약의 사용을 허락하겠노라. 병이 없는 자라면 쇠똥(牛糞), 점토(粘土), 안료(顏料) 등을 사용해야 하나니, 여러 비구들이여. 절구와 공이를 사용하는 것을 허락하겠노라."

[가루의 약을 마친다.]

10) 생고기와 피(血)

10-1 그때 여러 비구들은 체(篩)[38]로써 거른 가루약이 필요하였다. 그 여러 비구들은 이 일로써 세존께 아뢰었고, 세존께서는 말씀하셨다.

"여러 비구들이여. 체를 사용하는 것을 허락하겠노라."

면직물의 체를 사용하는 것이 필요하였고, 그 여러 비구들은 이 일로써 세존께 아뢰었고, 세존께서는 말씀하셨다.

"여러 비구들이여. 면직물의 체를 사용하는 것을 허락하겠노라."

10-2 그때 한 비구가 병이 있었다.

아사리와 화상이 비록 그 비구를 간병하였으나, 역시 낫지 않았다.

---

38) 가루를 곱게 치거나, 액체를 거르면서 사용하는 도구이다.

그는 도살장으로 가서 생고기를 먹었고 피를 마셨는데, 그는 비인(非人)의 병이 나았다.

그 여러 비구들은 이 일로써 세존께 아뢰었고, 세존께서는 말씀하셨다.

"여러 비구들이여. 비인의 병인 때에는 생고기를 먹고 피를 마시는 것을 허락하겠노라."

[생고기와 피를 마친다.]

11) 바르는 약과 향료

11-1 그때 한 비구가 눈병이 있었으므로, 여러 비구들이 그 비구를 부축하여 대·소변을 행하였다. 세존께서는 눕는 곳과 앉는 곳을 돌아보시면서 여러 비구들이 그 비구를 부축하여 대·소변을 행하는 것을 보셨다. 보시고서 여러 비구들의 주처에 이르셨으며, 그 여러 비구들에게 말씀하셨다.

"여러 비구들이여. 이 비구에게 무슨 병이 있는가?"

"이 비구는 눈병이 있어서, 우리들이 그 비구를 부축하여 대·소변을 행하였습니다."

11-2 이때 세존께서는 이 인연으로써 설법하셨으며, 여러 비구들에게 알려 말씀하셨다.

"여러 비구들이여. 바르는 약을 허락하겠나니 이를테면, 검은 바르는 약(黑塗藥), 명반의 바르는 약(礬塗藥), 장석의 바르는 약(長石塗藥), 황토의 가루(紅土子), 그을음의 가루(煤烟) 등이니라."

연고에 섞을 향료가 필요하였고, 그 여러 비구들은 이 일로써 세존께 아뢰었고, 세존께서는 말씀하셨다.

"여러 비구들이여. 전단(栴檀)[39], 영릉향(零凌香)[40], 수시단(隨時檀)[41],

달자향(達子香)42), 소자(蘇子)43) 등을 섞는 것을 허락하겠노라."

[바르는 약을 마친다.]

12) 약품의 상자(函)와 비치개(篦)

12-1 그때 여러 비구들이 작은 발우와 작은 그릇에 가루의 바르는 약을 담아두었으므로 풀의 가루나 미세한 가루를 뒤집어썼다. 그 여러 비구들은 이 일로써 세존께 아뢰었고, 세존께서는 말씀하셨다.

"여러 비구들이여. 약품의 상자를 사용하는 것을 허락하겠노라."

그때 육군비구들이 여러 종류의 바르는 약의 상자를 사용하였는데, 금과 은의 상자이었다. 여러 사람들은 싫어하고 비난하였다.

"오히려 여러 욕락을 누리는 재가자와 같구나."

그 여러 비구들은 이 일로써 세존께 아뢰었고, 세존께서는 말씀하셨다.

"여러 비구들이여. 여러 종류의 바르는 약의 상자를 사용할 수 없느니라. 사용하는 자는 악작을 범하느니라. 여러 비구들이여. 뼈(骨)로 만들어진

---

39) 팔리어 Candana(찬다나)의 음사이고, 인도 백단향을 가리킨다. 영어로 '샌들나무', '인도 백단향', 또는 '화이트 샌들 나무'로 알려져 있으며, 주로 열병(jvara)의 치료에 사용된다.

40) 팔리어 Tagara(타가라)의 번역이고, 학명은 'Valeriana wallichi'의 아종인 'Valeriana jatamansi'이며 일반적으로 영어로 'Indian Valerian' 또는 'Tagar-ganthoda'로 알려져 있다. 인도가 원산지이고, 수면 문제, 비만 등의 병에 사용된다.

41) 팔리어 Kāḷānusāriya(카라누사리야)의 번역이고, 검은 백단향(black sandalwood)의 한 종류이다.

42) 팔리어 Tālīsa(타리사)의 번역이고, 학명은 'Abies pindrow'이다. 기침, 기관지 천식, 식욕부진, 식욕 부진 및 식욕 부진에 사용된다.

43) 팔리어 Bhaddamutta(바따무따)의 번역이고, 학명은 'Cyperus rotundus'이며, 코코 풀, 자바 잔디, 너트 잔디 등으로 불린다. 발열, 소화 시스템 장애, 월경통 등의 질병을 치료하려고 사용한다.

것, 뿔(角)로 만들어진 것, 갈대(葦)로 만들어진 것, 대나무로 만들어진 것, 나무로 만들어진 것, 수지로 만들어진 것, 열매로 만들어진 것, 구리로 만들어진 것, 소라 껍질(螺貝)⁴⁴)로 만들어진 상자 등을 사용하는 것을 허락하겠노라."

12-2 그때 바르는 약품 상자에 뚜껑이 없었으므로 풀의 가루나 미세한 가루를 뒤집어썼다. 그 여러 비구들은 이 일로써 세존께 아뢰었고, 세존께서는 말씀하셨다.

"여러 비구들이여. 약품의 상자에 뚜껑을 사용하는 것을 허락하겠노라."
뚜껑이 떨어져 나갔다.

"여러 비구들이여. 약품의 상자에 뚜껑을 실로 묶는 것을 허락하겠노라."
바르는 약품 상자가 쪼개졌고 뚜껑이 열려서 약이 쏟아졌다.

"여러 비구들이여. 실로 꿰매는 것을 허락하겠노라."

12-3 그때 여러 비구들이 손으로 가루를 발랐으므로 눈이 고통스러웠다. 그 여러 비구들은 이 일로써 세존께 아뢰었고, 세존께서는 말씀하셨다.

"여러 비구들이여. 작은 비치개(篦)⁴⁵)를 사용하여 바르는 것을 허락하겠노라."

그때 육군비구들이 여러 종류의 약을 바르는 비치개를 사용하였는데, 금과 은의 비치개이었다. 여러 사람들은 싫어하고 비난하였다.

"오히려 여러 욕락을 누리는 재가자와 같구나."

그 여러 비구들은 이 일로써 세존께 아뢰었고, 세존께서는 말씀하셨다.

"여러 비구들이여. 여러 종류의 바르는 약의 비치개를 사용할 수 없느니라. 사용하는 자는 악작을 범하느니라. 여러 비구들이여. 뼈로 만든 것, 뿔로 만든 것, 갈대로 만든 것, 대나무로 만든 것, 나무로 만든 것,

---

44) 팔리어 Saṅkhanābhi(산카나비)의 번역이다. saṅkha와 nābhi로 구성된 합성어이다. saṅkha는 '소라 껍질'을 뜻하고 nābhi는 '배꼽', '바퀴의 중심'을 뜻한다.
45) 대나무로 만든 가늘고 긴 젓가락과 비슷한 나무막대를 가리킨다.

수지로 만든 것, 열매로 만든 것, 구리로 만든 것, 소라 껍질로 만든 막대 등을 사용하는 것을 허락하겠노라."

12-4 그때 바르는 약의 비치개가 땅에 떨어져서 더러워졌다. 그 여러 비구들은 이 일로써 세존께 아뢰었고, 세존께서는 말씀하셨다.

"여러 비구들이여. 비치개의 상자를 사용하는 것을 허락하겠노라."

그때 여러 비구들은 바르는 약의 비치개와 막대를 손으로 지니고 다녔다. 그 여러 비구들은 이 일로써 세존께 아뢰었고, 세존께서는 말씀하셨다.

"여러 비구들이여. 바르는 약품 비치개의 주머니(袋)를 사용하는 것을 허락하겠노라."

어깨끈이 없었으므로 그 여러 비구들은 이 일로써 세존께 아뢰었고, 세존께서는 말씀하셨다.

"여러 비구들이여. 실로써 묶어서 어깨끈을 사용하는 것을 허락하겠노라."

[약품의 상자와 비치개를 마친다.]

13) 필린다바차(畢鄰陀婆蹉) ①

13-1 그때 장로 필린다바차(畢鄰陀婆蹉)[46]는 두통(頭痛)[47]이 있었다.

그 여러 비구들은 이 일로써 세존께 아뢰었고, 세존께서는 말씀하셨다.

"여러 비구들이여. 기름을 머리에 바르는 것을 허락하겠노라."

그러나 낫지 않았으므로, 그 여러 비구들은 이 일로써 세존께 아뢰었고,

---

46) 팔리어 Pilindavaccha(피린다바짜)의 음사이다.
47) 팔리어 sīsābhitāpa(시사비타파)의 번역이고, sīsa와 abhitāpa의 합성어이며, '머리에 생겨난 열'이라는 뜻이다.

세존께서는 말씀하셨다.

"여러 비구들이여. 관비(灌鼻)하는 것을 허락하겠노라."

코에서 흘러나왔으므로, 여러 비구들은 이 일로써 세존께 아뢰었고, 세존께서는 말씀하셨다.

"여러 비구들이여. 관비통(灌鼻筒)을 사용하는 것을 허락하겠노라."

그때 육군비구들이 여러 종류의 약을 바르는 막대를 사용하였는데, 금과 은의 막대이었다. 여러 사람들은 싫어하고 비난하였다.

"오히려 여러 욕락을 누리는 재가자와 같구나."

그 여러 비구들은 이 일로써 세존께 아뢰었고, 세존께서는 말씀하셨다.

"여러 비구들이여. 여러 종류의 관비통을 사용할 수 없느니라. 사용하는 자는 악작을 범하느니라. 여러 비구들이여. 뼈로 만들어진 것, 뿔로 만들어진 것, 갈대로 만들어진 것, 대나무로 만들어진 것, 나무로 만들어진 것, 수지로 만들어진 것, 열매로 만들어진 것, 구리로 만들어진 것, 소라 껍질로 만들어진 관비통 등을 사용하는 것을 허락하겠노라."

13-2 관비하는 것이 일정하지 않았다.

"여러 비구들이여. 한 쌍의 관비통을 사용하는 것을 허락하겠노라."

그러나 낫지 않았으므로, 그 여러 비구들은 이 일로써 세존께 아뢰었고, 세존께서는 말씀하셨다.

"여러 비구들이여. 연기(煙)를 흡입하는 것을 허락하겠노라."

심지를 태워서 흡입하였는데 목구멍이 따가웠으므로, 그 여러 비구들은 이 일로써 세존께 아뢰었고, 세존께서는 말씀하셨다.

"여러 비구들이여. 연기통(烟筒)을 사용하는 것을 허락하겠노라."

그때 육군비구들이 여러 종류의 연기통을 사용하였는데, 금과 은의 연기통이었다. 여러 사람들은 싫어하고 비난하였다.

"여러 비구들이여. 여러 종류의 연기통을 사용할 수 없느니라. 사용하는 자는 악작을 범하느니라. 여러 비구들이여. 뼈로 만들어진 것, …… 소라 껍질로 만들어진 연기통 등을 사용하는 것을 허락하겠노라."

그때 연기통에 뚜껑이 없었으므로 벌레가 들어갔다. ······ "여러 비구들이여. 뚜껑을 사용하는 것을 허락하겠노라."

그때 여러 비구들은 연기통을 손으로 지니고 다녔다. ······ "여러 비구들이여. 바르는 연기통의 주머니를 사용하는 것을 허락하겠노라."

어깨끈이 없었으므로 그 여러 비구들은 이 일로써 세존께 아뢰었고, 세존께서는 말씀하셨다.

"여러 비구들이여. 실로써 묶어서 어깨끈을 사용하는 것을 허락하겠노라."

14) 필린다바차(畢鄰陀婆蹉) ②

14-1 그때 장로 필린다바차는 풍병(風病)[48]이 있었으므로 여러 의사(醫師)들이 말하였다.

"기름을 끓여야 합니다."

그 여러 비구들은 이 일로써 세존께 아뢰었고, 세존께서는 말씀하셨다.

"여러 비구들이여. 기름을 끓이는 것을 허락하겠노라."

끓인 기름에 술을 섞어서 복용하는 것이 필요하였다.

"여러 비구들이여. 끓인 기름에 술을 섞는 것을 허락하겠노라."

그때 육군비구들은 끓인 기름에 너무 많은 술을 섞었으므로 마시고서 취하였다.

"여러 비구들이여. 너무 많은 술을 섞어서 마실 수 없느니라. 마셨던 자는 마땅히 여법하게 다스려야 하느니라. 여러 비구들이여. 만약 끓인 기름이라면 술의 색깔, 향, 맛을 알지 못하게 해야 하고, 이와 같다면 기름에 술을 섞어서 마시는 것을 허락하겠노라."

---

48) 팔리어 vātābādha(바타바다)의 번역이고, vāta와 bādha의 합성어이다. '바람으로 생겨난 병'을 뜻한다.

14-2 그때 여러 비구들의 처소에서 매우 많이 끓인 기름에 너무 많은 술을 섞었던 부분이 있었다. 이때 여러 비구들은 마음에서 사유하였다.

'너무 많은 술을 섞었던 부분이 있다. 마땅히 어떻게 해야 하는가?'

"여러 비구들이여. 바르는 약으로 사용하는 것을 허락하겠노라."

이때 장로 필린다바차의 처소에는 끓였던 기름이 많아서 기름을 담을 그릇이 없었다.

"여러 비구들이여. 세 종류의 항아리를 허락하겠나니 이를테면, 구리 항아리, 나무 항아리, 열매 항아리이니라."

14-3 그때 장로 필린다바차는 지절(支節)에 풍병49)이 있었다.

"여러 비구들이여. 땀을 배출하는 법을 허락하겠노라."

낫지 않았으므로, 세존께서는 말씀하셨다.

"여러 비구들이여. 허브로 찜질하는 법을 허락하겠노라."

낫지 않았으므로, 세존께서는 말씀하셨다.

"여러 비구들이여. 크게 땀을 배출하는 법을 허락하겠노라."

낫지 않았으므로, 세존께서는 말씀하셨다.

"여러 비구들이여. 열탕약(熱湯藥)을 사용하는 법을 허락하겠노라."

낫지 않았으므로, 세존께서는 말씀하셨다.

"여러 비구들이여. 목욕탕을 사용하는 법을 허락하겠노라."

14-4 그때 장로 필린다바차는 관절(關節)에 풍병50)이 있었다.

"여러 비구들이여. 사혈(瀉血)하는 법을 허락하겠노라."

낫지 않았으므로, 세존께서는 말씀하셨다.

"여러 비구들이여. 뿔(舎)로 죽은 피(壞血)를 취하는 것을 허락하겠노

---

49) 팔리어 aṅgavāta(안가바타)의 번역이고, '손과 발에 바람으로 생겨난 병'이라는 뜻이다.

50) 팔리어 pabbavāta(파빠바타)의 번역이고, '관절에 바람으로 생겨난 병'이라는 뜻이다.

라."

그때 장로 필린다바차는 발이 갈라졌다.

"여러 비구들이여. 발에 약을 바르는 것을 허락하겠노라."

낫지 않았으므로, 세존께서는 말씀하셨다.

"여러 비구들이여. 발에 기름을 바르는 것을 허락하겠노라."

그때 한 비구에게 종기가 있었다.

"여러 비구들이여. 칼을 사용하는 것을 허락하겠노라."

상처를 아물게 하는 물질이 필요하였다.

"여러 비구들이여. 아물게 하는 물질을 사용하는 것을 허락하겠노라."

호마(胡麻)의 기름이 필요하였다.

"여러 비구들이여. 호마의 기름을 사용하는 것을 허락하겠노라."

14-5 부착포(敷著布)를 사용하는 것이 필요하였다.

"여러 비구들이여. 부착포를 사용하는 것을 허락하겠노라."

붕대(繃帶)를 사용하는 것이 필요하였다.

"여러 비구들이여. 붕대를 사용하는 것을 허락하겠노라."

상처가 가려웠다.

"여러 비구들이여. 겨자 가루를 뿌리는 것을 허락하겠노라."

상처가 곪았다.

"여러 비구들이여. 연기를 쏘이는 것을 허락하겠노라."

상처의 살이 솟아났다.

"여러 비구들이여. 소금의 조각으로 자르는 것을 허락하겠노라."

상처가 아물지 않았다.

"여러 비구들이여. 상처에 기름을 사용하는 것을 허락하겠노라."

기름이 흘러나왔으므로, 여러 비구들은 이 일로써 세존께 아뢰었고, 세존께서는 말씀하셨다.

"여러 비구들이여. 아마포(亞麻布)[51]를 사용하여 치료하는 것을 허락하겠노라."

14-6 그때 한 비구가 뱀에 물렸다. 그 여러 비구들은 이 일로써 세존께 아뢰었고, 세존께서는 말씀하셨다.

"여러 비구들이여. 네 종류의 오물(汚物)을 줄 수 있나니, 곧 똥, 오줌, 재(灰), 점토이니라."

이때 여러 비구들은 마음에서 사유하였다.

'마땅히 받지 않아야 하는가? 마땅히 받아야 하는가?'

그 여러 비구들은 이 일로써 세존께 아뢰었고, 세존께서는 말씀하셨다.

"여러 비구들이여. 만약 주는 자가 있다면 곧 그것을 받을 것이고, 만약 주는 자가 없다면 스스로가 그것을 취하는 것을 허락하겠노라."

그때 한 비구가 독을 마셨다.

"여러 비구들이여. 오줌을 복용하는 것을 허락하겠노라."

이때 여러 비구들은 마음에서 사유하였다.

'마땅히 받지 않아야 하는가? 마땅히 받아야 하는가?'

"여러 비구들이여. 만약 (공식적으로) 만든 것을 스스로가 받을 수 있었고, 스스로가 이전에 받았다면, 다시 주어야 할 필요가 없느니라."

14-7 그때 한 비구는 독약을 인연하여 병이 들었다.

"여러 비구들이여. 논두렁의 흙을 파서 끓인 물을 복용하는 것을 허락하겠노라."

그때 한 비구가 변비(便祕)가 있었다.

"여러 비구들이여. 재를 끓인 물을 복용하는 것을 허락하겠노라."

그때 한 비구는 황달병(黃疸病)이 있었다.

"여러 비구들이여. 소의 오줌에 담근 하리륵(呵利勒)의[52] 물을 복용하는 것을 허락하겠노라."

---

51) 아마는 아마과에 딸린 한해살이풀로 중앙아시아가 원산지이다. 씨앗은 아마인이라고 말하며 기름을 짜거나 약재로 사용하고, 질긴 껍질은 옷감을 짠다.

52) 팔리어 muttaharītaka(무따하리타카)의 번역으로 'mutta'는 '오줌' 또는 '적시다.'는 뜻이고, 'harītaka'는 '하리륵(呵利勒)'으로 번역된다.

그때 한 비구는 피부병이 있었다.

"여러 비구들이여. 향료를 사용하여 바르는 것을 허락하겠노라."

그때 한 비구는 몸의 체액(體液)이 많았다.

"여러 비구들이여. 토하거나 설사하는 약을 복용하는 것을 허락하겠노라."

맑고 묽은 죽(粥)이 필요하였다.

"여러 비구들이여. 맑고 묽은 죽을 복용하는 것을 허락하겠노라."

천연(天然)의 즙(汁)[53]이 필요하였다.

"여러 비구들이여. 천연적인 즙을 복용하는 것을 허락하겠노라."

사람이 가공한 천연의 즙이 필요하였다.

"여러 비구들이여. 사람이 가공한 천연의 즙을 복용하는 것을 허락하겠노라."

육즙(肉汁)이 필요하였다.

"여러 비구들이여. 육즙을 복용하는 것을 허락하겠노라."

15) 필린다바차(畢鄰陀婆蹉) ③

15-1 그때 장로 필린다바차는 왕사성 근처의 산자락에서 토굴(土窟)을 지으려고 청소하고 있었다. 이때 마가다국의 사니야 빈비사라왕은 필린다바차의 주처에 이르러 장로 필린다바차에게 예배하고서 한쪽에 앉았다. 앉고서 마가다국의 사니야 빈비사라왕은 장로 필린다바차에게 말하였다.

"장로께서는 무엇을 하십니까?"

"대왕이여. 산자락을 청소하여 토굴을 짓고자 합니다."

"존자께서는 승원을 지킬 사람이 필요하십니까?"

"대왕이여. 세존께서는 승원을 지킬 사람을 허락하지 않으셨습니다."

---

53) 팔리어 Akaṭayūsa(아카타유사)의 번역이고, 'a(非)와 kaṭa(造作)와 yūsa(果汁)'의 합성어이다. 즉 천연(天然)의 즙액(汁液)이라는 뜻이다.

"그렇다면 세존께 아뢰고서 뒤에 나에게 알리십시오."

"알겠습니다. 대왕이여."

장로 필린다바차는 마가다국의 사니야 빈비사라왕에게 대답하였다.

15-2 그때 장로 필린다바차는 설법하여 가르쳐서 보여주었고 인도하였으며 권장하여 마가다국의 사니야 빈비사라왕을 환희하게 하였다. 이때 마가다국의 사니야 빈비사라왕은 장로 필린다바차가 설법하여 가르쳐서 보여주었고 인도하였으며 권장하였으므로 기뻐하면서 자리에서 일어나서 장로 필린다바차에게 예경하고 오른쪽으로 돌면서 떠나갔다. 이때 장로 필린다바차는 사자를 보내어 세존께 아뢰어 말하였다.

"마가다국의 사니야 빈비사라왕이 정인(淨人)을 주었습니다. 마땅히 어떻게 해야 합니까?"

이때 세존께서는 이 인연으로써 설법하셨으며, 여러 비구들에게 알려 말씀하셨다.

"여러 비구들이여. 정인을 받아서 수용하는 것을 허락하겠노라."

15-3 마가다국의 사니야 빈비사라왕은 필린다바차의 주처에 이르러 장로 필린다바차에게 예배하고서 한쪽에 앉았다. 앉고서 마가다국의 사니야 빈비사라왕은 장로 필린다바차에게 말하였다.

"세존께서는 승원을 지킬 사람을 사용하는 것을 허락하셨습니까?"

"허락하셨습니다. 대왕이시여."

"만약 그렇다면 나는 승원을 지킬 사람을 베풀어 주겠습니다."

이때 마가다국의 사니야 빈비사라왕은 비록 필린다바차에게 승원을 지킬 사람을 주겠다고 약속하였으나, 다만 그것을 잊어버렸다. 오랜 뒤에 기억하고서 한 사무대신(事務大臣)에게 알려 말하였다.

"나는 존자에게 승원을 지킬 사람을 베풀어 주겠다고 약속하였소. 승원을 지킬 사람을 베풀어 주었소?"

"대왕이여. 승원을 지킬 사람을 베풀어 주지 않았습니다."

"이것은 오늘부터 며칠 전의 일이오?"

15-4 이때 그 대신은 날짜를 헤아려서 마가다국의 사니야 빈비사라왕에게 알려 말하였다.

"대왕이여. 500일입니다."

"만약 그렇다면 500명의 승원을 지킬 사람을 베풀어 주시오."

"알겠습니다. 대왕이시여."

그 대신은 마가다국의 사니야 빈비사라왕이 허락하였으므로, 장로 필린다바차에게 500명의 정인을 베풀어주었다. 이것을 인연으로 한 취락이 이루어졌던 까닭으로 이곳을 '승원을 지키는 취락'이라고 불렀고, 역시 '필린다촌(畢鄰陀村)'이라고 이름하였다.

15-5 그때 이 마을에서 제례(祭禮)를 행하였으므로 여러 동녀들은 몸을 장식하였고 화만(華鬘)을 걸고서 유희하였다. 그때 장로 필린다바차는 차례로 필린다촌으로 가서 걸식하면서 한 정인의 주처에 이르렀고, 펼쳐진 자리의 위에 앉았다. 그때 정인의 아내에게 딸이 있었는데, 다른 여러 동녀들이 몸을 장식하였고 화만을 걸고서 유희하는 것을 보고서 울면서 말하였다.

"나에게 화만을 주세요. 나에게 화만을 주세요."

이때 장로 필린다바차는 그 정인의 아내에게 말하였다.

"무슨 까닭으로 이 동녀가 우는 것이오?"

"다른 여러 동녀들이 몸을 장식하였고 화만을 걸고서 유희하는 것을 보고서 울면서 말하였습니다.

'나에게 화만을 주세요. 나에게 화만을 주세요.'

우리들은 가난합니다. 어디에서 화만을 얻겠습니까? 어디에서 장엄구를 얻겠습니까?"

15-6 이때 장로 필린다바차는 하나의 풀을 취하여 원(圓)으로 만들었고,

그 정인의 아내에게 주면서 말하였다.

"이 풀의 원을 가지고 그 동녀의 머리 위에 얹으시오."

이때 그 정인의 아내는 원을 가지고 그 동녀의 머리 위에 얹었는데, 곧 금의 화만으로 아름답고 미묘하게 변하였으므로, 이와 같은 금의 화만은 곧 왕의 후궁들도 역시 일찍이 없던 것이었다. 여러 사람들은 마가다국의 사니야 빈비사라왕에게 알려 말하였다.

"대왕이여. 누구 정인의 집안에 금의 화만이 있는데, 아름답고 미묘하므로, 이와 같은 금의 화만은 곧 왕의 후궁들도 역시 일찍이 없던 것입니다. 그는 가난한데 어디에서 그것을 얻었겠습니까? 반드시 훔쳐서 그것을 얻었을 것입니다."

이때 마가다국의 사니야 빈비사라왕은 그 정인을 잡아오라고 명령하였다.

15-7 다음날 장로 필린다바차는 이른 아침에 하의를 입고 옷과 발우를 지니고서 걸식하기 위하여 필린다촌으로 들어갔다. 필린다촌에서 차례로 걸식하면서 그 정인의 주처에 이르렀다. 이르러 이웃의 사람들에게 물어 말하였다.

"그 정인의 가족은 어디로 갔습니까?"

"금의 화만을 인연으로 왕의 처소에 붙잡혀 갔습니다."

이때 장로 필린다바차는 마가다국의 사니야 빈비사라왕의 주처에 이르렀다. 이르러서 펼쳐진 자리에 앉았다. 이때 마가다국의 사니야 빈비사라왕은 장로 필린다바차가 자리에 앉았으므로 장로 필린다바차에게 예경하고서 한쪽에 앉았다. 한쪽에 앉았으므로 장로 필린다바차는 마가다국의 사니야 빈비사라왕에게 말하였다.

15-8 "대왕이여. 무슨 까닭으로 정인의 가족을 붙잡아 오라고 명하셨습니까?"

"그 정인의 집안에 금의 화만이 있는데, 아름답고 미묘하므로, 이와 같은 금의 화만은 곧 왕의 후궁들도 역시 일찍이 없던 것입니다. 그는 가난한데 어디에서 그것을 얻었겠습니까? 반드시 훔쳐서 그것을 얻었을 것입니다."

이때 장로 필린다바차는 마가다국의 사니야 빈비사라왕의 궁전이 금색으로 변하라고 관상(觀想)하는 때에, 이것의 일체가 모두 금빛이 되었다.

"대왕이여. 그대는 이와 같이 많은 금이 있는데, 어디에서 얻으셨습니까?"

"나는 명료하게 알았습니다. 이것은 존자의 신통력입니다."

이와 같아서 그 정인을 풀어주었다.

15-9 존자 필린다바차는 빈비사라왕과 모였던 대중에게 신통과 신통한 변화의 상인법을 보여주었으므로, 대중들은 환희하고 신앙하면서 다섯 종류의 약을 가지고 와서 필린다바차에게 주었는데 이를테면, 숙소, 생소, 기름, 꿀, 사탕이었다. 장로 필린다바차는 얻었던 다섯 종류의 약을 곧 그의 도중(徒衆)들에게 나누어 주었다.

그의 대중들은 사치(奢侈)해져서 얻었던 것을 항아리와 병에 보관하였고, 녹수낭(漉水囊)과 자루에 채워서 창문에 걸어두었는데, 이 물건들이 서로가 달라붙거나 흘러내렸고, 정사가 쥐들에게 뒤덮여서 산란하였다. 여러 사람들이 정사를 돌아다니는 때에 보고서 싫어하고 비난하였다.

"여러 사문 석자들이 방안에 재물을 보관하는 것이 오히려 마가다국의 사니야 빈비사라왕과 같구나."

15-10 여러 비구들은 여러 사람들이 싫어하고 비난하는 것을 들었다. 욕심이 적은 여러 비구들은 싫어하고 비난하였다.

"무슨 까닭으로써 여러 비구들이 이와 같이 사치하는가?"

그 여러 비구들은 이 일로써 세존께 아뢰었고, 세존께서는 말씀하셨다.

"여러 비구들이여. 여러 비구들이 이와 같이 사치하였는가?"

"진실로 그렇습니다. 세존이시여."

세존께서는 여러 방편으로 꾸짖으셨고, 설법하셨으며, 여러 비구들에게 알려 말씀하셨다.

"병든 비구는 마땅히 약물을 복용할 수 있나니 이를테면, 숙소, 생소, 기름, 꿀, 사탕 등이고, 이것은 7일로 제한하겠노라. 필요하다면 받아서 복용할 것이고, 만약 이것을 넘겼다면 여법하게 그것을 다스려야 하느니라."

[필린다바차품을 마친다.]

○【첫째의 송출품을 마친다.】

2. 제2송출품(第二誦出品)

16) 의리월(疑離越)

16-1 그때 세존께서는 뜻을 따라서 사위성에 머무셨으며, 왕사성을 향하여 유행하셨다. 장로 의리월(疑離越)[54]은 도중에 제당창(製糖廠)[55]에 이르렀고, 사탕에 가루, 혹은 재(灰)[56]를 넣는 것을 보고서 사유하였다.

'사탕에 음식을 섞었으므로 마땅하지 않다. 때가 아닌데 사탕을 먹는 것도 마땅하지 않다.'

의심을 품고서 그는 도중과 함께 사탕을 먹지 않았다. 또한 그들을 따라서 들었던 사람들도 역시 사탕을 먹지 않았고, 그 여러 비구들은 이 일로써 세존께 아뢰었고, 세존께서는 말씀하셨다.

"여러 비구들이여. 무엇을 위하여 가루, 혹은 재를 가지고 첨가하는가?"

"세존이시여. 그것을 굳히는 것입니다."

"여러 비구들이여. 만약 그것을 굳히기 위하여 가루, 혹은 재를 가지고

---

54) 팔리어 kaṅkhārevata(칸카레바타)의 번역이다.
55) 사탕수수를 정제하여 설탕 덩어리를 만들던 곳이다.
56) 뒤의 문장으로 추정한다면 재와 같은 색깔의 물질을 가리키는 것으로 생각된다.

첨가하였다면, 여러 비구들이여. 곧 좋아하는 것을 따라서 사탕을 먹는 것을 허락하겠노라.”

16-2 장로 의리월은 도중에 똥더미에서 완두콩이 자라는 것을 보고서 사유하였다.

‘완두콩은 마땅하지 않다. 완두콩은 익어도 자라는 까닭이다.’

의심을 품고서 그는 도중과 함께 완두콩을 먹지 않았다. 또한 그들을 따라서 들었던 사람들도 역시 완두콩을 먹지 않았고, 그 여러 비구들은 이 일로써 세존께 아뢰었고, 세존께서는 말씀하셨다.

“여러 비구들이여. 완두콩이 익어서 자라나더라도, 여러 비구들이여. 곧 좋아하는 것을 따라서 완두콩을 먹는 것을 허락하겠노라.”

16-3 그때 한 비구는 복통이 있었고 그는 소금에 절인 신죽(酸粥)을 먹었는데 복통이 멈추었다. 그 여러 비구들은 이 일로써 세존께 아뢰었고, 세존께서는 말씀하셨다.

“여러 비구들이여. 병자라면 소금에 절인 신죽을 먹을 것이고, 병이 없는 자라면 물을 섞어서 음료로 마시는 것을 허락하겠노라.”

[의리월을 마친다.]

17) 음식의 보관과 조리(調理)

17-1 그때 세존께서는 차례로 유행하시어 왕사성에 이르셨고, 이곳에서 세존께서는 가란타죽림원에 머무르셨다.

그때 세존께서는 복통을 앓으셨다. 이때 장로 아난은 이전의 세존께서 복통을 앓았던 때에 일찍이 삼신죽(三辛粥)을 복용하시고 치료하였으므로, 스스로가 호마·쌀·콩을 준비하여 보관하였고 실내에서 끓였으며 세존께 받들면서 말하였다.

"세존이시여. 청하건대 삼신죽을 드십시오."

17-2 여래께서는 혹은 아시고서 묻는 것이고, 혹은 아시면서도 묻지 않으신다. 시간을 아시고 묻는 것이고, 혹은 시간을 아시고서도 묻지 않는 것이다. 여래께서는 뜻이 있으시다면 묻는 것이고, 뜻이 없다면 묻지 않으시나니, 여래께서는 곧 뜻이 없다면 다리(橋)를 무너뜨리시는 것과 같으시다. 세존께서는 두 가지의 형태를 의지하여 여러 비구들에게 묻나니 이를테면, 설법하시거나, 성문을 위하여 학처를 제정하시는 것이다. 이때 세존께서는 장로 아난에게 물으셨다.

"아난이여. 이 죽을 어느 곳에서 얻었는가?"

장로 아난은 그의 뜻으로써 세존께 아뢰었다.

17-3 불·세존께서는 꾸짖으셨다.

"아난이여. 합당하지 않고 수순하지 않으며 조화롭지 못하고 사문의 법이 아니며 상응하지 않고 지어야 할 일이 아니니라. 아난이여. 그대는 어찌하여 이와 같이 사치하고자 하는가? 아난이여. 실내에 보관하는 것은 상응하지 않고 실내에서 끓이는 것도 역시 상응하지 않으며 스스로가 끓이는 것도 역시 상응하지 않느니라. 아난이여. 이것은 오히려 믿지 않는 자에게 신심이 생겨나지 않게 하고, 이미 믿었던 자는 증장시키지 않느니라. …… 이미 믿었던 자는 일부가 전전하여 다른 곳을 향하여 떠나가게 하느니라."

이때 세존께서는 여러 방편으로써 꾸짖으셨고 설법하셨으며, 여러 비구들에게 알려 말씀하셨다.

"여러 비구들이여. 실내에 보관하였고 실내에서 끓였으며 스스로가 끓인 자는 먹을 수 없나니, 먹는 자는 악작을 범하느니라."

17-4 "여러 비구들이여. 만약 실내에서 보관하였고 실내에서 끓였으며

스스로가 끓였는데, 먹는 자는 세 가지의 일에서 악작을 범하느니라.
여러 비구들이여. 만약 실내에서 보관하였고 실내에서 끓였으며 다른
사람이 끓였는데, 먹는 자는 두 가지의 일에서 악작을 범하느니라. 여러
비구들이여. 만약 실내에서 보관하였고 실외에서 끓였으며 스스로가
끓였는데, 먹는 자는 두 가지의 일에서 악작을 범하느니라.

여러 비구들이여. 만약 실외에서 보관하였고 실내에서 끓였으며 스스
로가 끓였는데, 먹는 자는 두 가지의 일에서 악작을 범하느니라. 여러
비구들이여. 만약 실내에서 보관하였고 실외에서 끓였으며 다른 사람이
끓였는데, 먹는 자는 악작을 범하느니라. 여러 비구들이여. 만약 실외에서
보관하였고 실내에서 끓였으며 다른 사람이 끓였는데, 먹는 자는 악작을
범하느니라.

여러 비구들이여. 만약 실외에서 보관하였고 실외에서 끓였으며 스스
로가 끓였는데, 먹는 자는 악작을 범하느니라. 여러 비구들이여. 만약
실외에서 보관하였고 실외에서 끓였으며 다른 사람이 끓였는데, 먹는
자는 무죄이니라.”

17-5 그때 세존께서 스스로가 끓이는 것을 금지하셨으므로 여러 비구들
은 다시 끓이는 때에 의심하였다. 그 여러 비구들은 이 일로써 세존께
아뢰었고, 세존께서는 말씀하셨다.

“여러 비구들이여. 다시 끓이는 것을 허락하겠노라.”

17-6 그때 왕사성은 기근이었으므로 여러 사람들이 소금, 기름, 쌀 작식을
가지고서 정사로 왔다. 여러 비구들은 이 물건들을 실외에 보관하였는데,
혹은 벌레가 먹었고, 혹은 축생이 먹었으며, 혹은 도둑들이 취하여 떠나갔
다. 그 여러 비구들은 이 일로써 세존께 아뢰었고, 세존께서는 말씀하셨다.

“여러 비구들이여. 실내에서 보관하는 것을 허락하겠노라.”

실내에 보관하였고 실외에서 끓였는데, 잔식을 먹는 자들에게 둘러싸
였고, 여러 비구들은 불안한 가운데에서 음식을 먹었다. 그 여러 비구들은

이 일로써 세존께 아뢰었고, 세존께서는 말씀하셨다.

"여러 비구들이여. 실내에서 끓이는 것을 허락하겠노라."

기근의 때에 정인은 많이 취하였고 비구들에게 적게 주었다. 그 여러 비구들은 이 일로써 세존께 아뢰었고, 세존께서는 말씀하셨다.

"여러 비구들이여. 스스로가 끓이는 것을 허락하겠노라. 여러 비구들이여. 실내에서 보관하고 실내에서 끓이며 스스로가 끓이도록 하라."

17-7 그때 많은 비구들이 가시국(迦尸國)[57]에서 우안거를 머물렀고, 뒤에 왕사성에서 세존을 보고 예경하려고 왔으나, 도중에 거칠거나, 묘한 음식을 만족하게 얻지 못하였고, 많은 작식의 열매가 있었어도, 베풀어주는 사람이 없었다. 이때 그 여러 비구들은 도로에서 피로하였고, 왕사성의 가란타죽림원 세존의 주처로 나아가서 세존께 예경하고서 한쪽에 앉았다. 불·세존께서는 여러 객비구들과 함께 서로가 친절하게 문신하는 것이 상법이었다. 이때 세존께서는 여러 비구들에게 알려 말하였다.

"여러 비구들이여. 견딜 수 있었는가? 만족하였는가? 오는 도중에 피로하지 않았는가? 여러 비구들이여. 그대들은 어느 처소에서 왔는가?"

17-8 "세존이시여. 만족하였습니다. 저희들은 가시국에서 우안거를 머물렀고, 뒤에 왕사성에서 세존을 보고 예경하려고 왔으나, 도중에 거칠거나, 묘한 음식을 만족하게 얻지 못하였고, 많은 작식의 열매가 있었어도, 베풀어주는 사람이 없었던 까닭으로 도로에서 서로가 피로하였으나 도로를 따라서 왔습니다."

이때 세존께서는 이 인연으로써 설법하셨으며, 여러 비구들에게 알려 말씀하셨다.

"여러 비구들이여. 작식의 열매가 있었으나 베풀어주는 사람이 없는 처소라면 스스로가 취하여 지니는 것을 허락하겠노라. 베풀어주는 자를

---

57) 팔리어 kāsī(카시)의 음사이다.

만났다면 땅위에 과일을 놓아두고서 받아서 먹는 것을 허락하겠노라. 여러 비구들이여. 과일을 집어서 받는 것을 허락하겠노라."

[음식의 보관과 조리를 마친다.]

18) 호마와 꿀

18-1 이때 한 바라문에게 신선한 호마와 꿀이 있었다. 그때 바라문은 마음에서 사유하였다.

"나는 마땅히 신선한 호마와 꿀을 가지고 세존의 상수(上首)인 여러 비구들에게 베풀어 주어야겠다."

이때 그 바라문은 세존의 주처로 나아가서 세존과 함께 서로가 문신하였으며 즐겁게 위문하였고 한쪽에 서 있었다. 한쪽에 서 있으면서 그 바라문은 세존께 아뢰어 말하였다.

"구담(瞿曇)이시여. 내일 비구들과 함께 나의 음식을 받아주십시오."

세존께서는 묵연히 허락하셨고, 이때 그 바라문은 세존께서 허락하신 것을 알고서 떠나갔다.

18-2 이때 그 바라문은 밤이 지난 뒤에 미묘한 작식과 담식을 조리하고서 세존께 음식의 때를 아뢰어 말하였다.

"구담이시여. 때에 이르렀습니다. 음식이 준비되었습니다."

이때 세존께서는 이른 아침의 때에 하의를 입고서 옷과 발우를 지니고 바라문의 주처에 이르셨다. 이르러 비구 대중들과 펼쳐진 자리 위에 앉았다. 이때 바라문은 손으로 미묘한 작식과 담식을 주었고 세존과 상수의 비구대중에게 받들어서 모두가 배부르게 하였다. 세존께서 음식을 드시고서 발우를 손으로 씻은 것을 보았으므로 한쪽에 앉았다. 한쪽에 앉은 때에 세존께서는 설법하시어 가르쳐서 보여주셨고, 권유하고 인도하셨으며, 그 바라문을 장려하면서 환희하게 하시고서 자리에서 일어나서 떠나가셨다.

18-3 이때 세존께서 떠나시고 오래지 않아서 그 바라문은 마음에서 사유하였다.

'내가 세존과 상수 비구 대중들을 위하여 신선한 호마와 꿀을 보시하려고 하였는데, 나는 이것들을 보시하는 것을 잊어버렸구나. 나는 신선한 호마와 꿀을 항아리와 병에 담아서 승원으로 가져가야겠다.'

이때 그 바라문은 신선한 호마와 꿀을 항아리와 병에 담아서 승원으로 가져갔으며, 세존의 주처로 나아가서 한쪽에 서 있었다. 한쪽에 서 있으면서 그 바라문은 세존께 아뢰어 말하였다.

"구담이시여. 나는 세존과 상수 비구 대중들을 위하여 신선한 호마와 꿀을 보시하려고 하였는데, 다만 나는 이것들을 보시하는 것을 잊어버렸습니다. 구담이시여. 내가 받들어 공양하는 신선한 호마와 꿀을 받아주십시오."

"바라문이여. 그와 같다면 곧 여러 비구들에게 베풀어주시오."

18-4 그때는 기근이어서 공양도 매우 적었고 여러 비구들도 자비롭게 사양하였는데, 일체의 승가가 모두 공양을 받았으므로 여러 비구들은 의심하고 두려워서 받지 않았다.

"여러 비구들이여. 그것을 받아서 먹을지니라. 여러 비구들이여. 음식을 받고서 만족하였더라도 그 처소에서 가져왔고, 잔식이 아니라면 수용하도록 허락하겠노라."

[호마와 꿀을 마친다.]

19) 우파난타(優波難陀)

19-1 그때 한 가족이 장로 우파난타 석자에게 귀의하였고, 승가를 위하여

작식을 보내면서 말하였다.

"마땅히 우파난타에게 보여주시고 뒤에 승가에게 나누어 주십시오."

그때 장로 우파난타 석자는 걸식하기 위하여 취락에 들어갔다. 이때 그 여러 사람들이 정사에 와서 여러 비구들에게 물어 말하였다.

"우파난타는 어디에 있습니까?"

"장로 우파난타 석자는 걸식하기 위하여 취락에 들어갔습니다."

"이 작식은 마땅히 우파난타에게 보여주시고 뒤에 승가에게 나누어 주십시오."

그 여러 비구들은 이 일로써 세존께 아뢰었고, 세존께서는 말씀하셨다.

"여러 비구들이여. 그와 같다면 그것을 놓아두고 우파난타가 돌아오는 것을 기다려서 받도록 하라."

19-2 이때 장로 우파난타 석자는 식전에 여러 집을 방문하였고, 날의 일중(日中)에 돌아왔다. 그러나 그때는 기근이어서 공양도 매우 적었고 여러 비구들도 자비롭게 사양하였는데, 일체의 승가가 모두 공양을 받았으므로 여러 비구들은 의심하고 두려워서 받지 않았다.

"여러 비구들이여. 그것을 받아서 먹을지니라. 여러 비구들이여. 음식을 받고서 만족하였더라도 음식의 때에 이전의 처소에서 받았고, 잔식이 아니라면 수용하도록 허락하겠노라."

[우파난타를 마친다.]

20) 연(蓮) 뿌리와 연 줄기

20-1 그때 세존께서는 뜻을 따라서 왕사성에서 머무르셨으며, 사위성을 향하여 유행하셨다. 차례로 유행하시어 사위성에 이르렀고, 이때 세존께서는 기수급고독원에 머무르셨다. 그때 장로 사리불(舍利弗)은 열병(熱病)

이 있었다. 이때 장로 마하목건련(摩訶目犍連)은 사리불의 주처에 이르렀고, 장로 사리불에게 말하였다.

"사리불이여. 그대는 이전의 열병을 앓던 때에 무엇을 의지하여 치료하였는가?"

"연 뿌리와 연 줄기를 의지하였네."

이때 장로 마하목건련은 비유하면 역사(力士)가 그 팔을 굽혔다가 그 팔을 펼치는 것과 같이, 곧 역시 이와 같이 기수급고독원에서 사라져서 만타기니(曼陀祇尼)[58]의 연지(蓮池)의 언덕에 나타났다.

20-2 어느 코끼리가 장로 마하목건련이 멀리서 오는 것을 보았다. 보고서 장로 마하목건련에게 말하였다.

"마하목건련께서 오셨습니다. 마하목건련이여. 잘 오셨습니다. 무엇이 필요합니까? 내가 마땅히 무엇을 베풀어주어야 합니까?"

"연 뿌리와 연 줄기입니다."

그때 그 코끼리는 한 코끼리에게 명하여 말하였다.

"존자의 처소에서 연 뿌리와 연 줄기가 필요하므로 베풀어 주게."

이때 그 코끼리는 만타기니의 연지에 잠수하여 들어가서 긴 코로써 연 뿌리와 연 줄기를 뽑아서 깨끗하게 씻고 묶어서 장로 마하목건련이 있는 곳에 이르렀다.

20-3 이때 장로 마하목건련은 비유하면 역사가 그 팔을 굽혔다가 그 팔을 펼치는 것과 같이, 곧 역시 이와 같이 만타기니의 연지의 언덕에서 사라져서 기수급고독원에 나타났으며, 그 코끼리도 역시 만타기니의 연지의 언덕에서 사라져서 기수급고독원에 나타났다. 이때 그 코끼리는

---

58) 팔리어 Mandākini(만다키니)의 음사이고, 고대 인도의 Majjhimadesa(중부 국가)에 위치한 강의 이름이다. 만다키니는 Gharwal(가르왈)의 Kedāra(케다라) 산에서 솟아오른 Kāligaṅgā(칼리강가) 또는 서쪽의 Kāli(칼리)의 Alakānandā(알라카난다)의 지류로 알려져 있다.

연 뿌리와 연 줄기로써 장로 마하목건련에게 건네주었고, 기수급고독원에서 사라져서 만타기니의 연지의 언덕에 나타났다.

이때 장로 마하목건련은 연 뿌리와 연 줄기로써 장로 사리불에게 건넸고. 이때 장로 사리불은 연 뿌리와 연 줄기를 먹고서 열병이 곧 나았는데, 오히려 많은 연 뿌리와 연 줄기가 남았다.

20-4 그러나 그때는 기근이어서 공양도 매우 적었고 여러 비구들도 자비롭게 사양하였는데, 일체의 승가가 모두 공양을 받았으므로 여러 비구들은 의심하고 두려워서 받지 않았다.

"여러 비구들이여. 그것을 받아서 먹을지니라. 여러 비구들이여. 음식을 받고서 만족하였더라도 숲속에서 자라났거나, 연못 속에서 자라났고, 잔식이 아니라면 수용하도록 허락하겠노라."

[연 뿌리와 연 줄기를 마친다.]

21) 주지 않은 것

21-1 그때 사위성에서는 작식의 열매가 많았으나, 다만 베풀어주는 자가 없었다. 여러 비구들은 의심하고 두려워서 먹지 않았고, 그 여러 비구들은 이 일로써 세존께 아뢰었고, 세존께서는 말씀하셨다.

"여러 비구들이여. 종자가 없었거나, 혹은 이미 버려진 종자의 열매이라면, 비록 베풀어주는 자가 없더라도 역시 수용하는 것을 허락하겠노라."

[주지 않은 것을 마친다.]

22) 비밀스러운 곳

22-1 그때 세존께서는 뜻을 따라서 사위성에서 머무르셨고, 왕사성을 향하여 유행하셨으며, 차례로 유행하시어 왕사성에 이르셨다. 이곳에서 세존께서는 가란타죽림원에 머무르셨다. 그때 한 비구가 치질을 앓아서 의사인 아가사갈탑(阿迦沙噶嗒)59)이 칼로 수술하였다.

이때 세존께서는 눕는 곳과 앉는 곳을 살펴보시면서 그 비구의 정사에 이르셨다. 그때 의사인 아가사갈탑은 세존께서 멀리서 오는 것을 보았다. 보고서 세존께 아뢰어 말하였다.

"구담이시여. 와서 비구의 대변도(大便道)를 보십시오. 큰 도마뱀의 입과 같습니다."

이때 세존께서는 생각하셨다.

'이 어리석은 사람이 나를 희롱하는구나!'

묵연히 돌아오셨으며, 이 인연으로써 비구 승가를 모으셨으며, 여러 비구들에게 물어 말씀하셨다.

"여러 비구들이여. 이 정사에 병이 있는 비구가 있는가?"

"세존이시여. 이곳에 있습니다."

"여러 비구들이여. 그 비구가 무슨 병이 있는가?"

"그 비구가 치질을 앓아서 의사인 아가사갈탑이 칼로 수술하였습니다."

22-2 세존께서는 여러 방편으로써 꾸짖으셨다.

"여러 비구들이여. 합당하지 않고 수순하지 않으며 조화롭지 못하고 사문의 법이 아니며 상응하지 않고 지을 일이 아니니라. 여러 비구들이여. 어찌하여 이 어리석은 사람은 비밀스러운 곳을 칼로 수술하였는가? 여러 비구들이여. 비밀스러운 곳은 피부가 유연하고 상처를 치료하기 어려우며 칼로 수술하는 것도 어려우니라. 여러 비구들이여. 이것은 오히려

---

59) 팔리어 Ākāsagotta(아카사고따)의 음사이다.

믿지 않는 자에게 신심이 생겨나지 않게 하고, 이미 믿었던 자는 증장시키지 않느니라. …… 이미 믿었던 자는 일부가 전전하여 다른 곳을 향하여 떠나가게 하느니라.”

이때 세존께서는 여러 방편으로써 꾸짖으셨고 설법하셨으며, 여러 비구들에게 알려 말씀하셨다.

“여러 비구들이여. 비밀스러운 곳은 칼을 사용할 수 없나니, 사용하는 자는 투란차를 범하느니라.”

22-3 그때 육군비구들은 마음에서 ‘세존께서는 칼을 사용하는 법을 금지하셨다.’라고 사유하였고 관장(灌腸)을 행하였다. 욕심이 적은 여러 비구들은 싫어하고 비난하였다.

“무슨 까닭으로써 육군비구들은 관장을 행하는가?”

그 여러 비구들은 이 일로써 세존께 아뢰었고, 세존께서는 말씀하셨다.

“여러 비구들이여. 육군비구들이 관장을 행하였는가?”

“진실로 그렇습니다. 세존이시여.”

세존께서는 여러 방편으로 꾸짖으셨고, 설법하셨으며, 여러 비구들에게 알려 말씀하셨다.

“여러 비구들이여. 비밀스러운 곳의 두 손가락 마디의 주위는 칼로 수술하거나, 혹은 관장할 수 없나니, 행하는 자는 투란차를 범하느니라.”

[비밀스러운 곳을 마친다.]

23) 고기를 먹는 것

23-1 그때 세존께서는 뜻을 따라서 왕사성에서 머무르셨고, 바라나국(波羅奈國)을 향하여 유행하셨다. 차례로 유행하시어 바라나국에 이르셨으며, 이곳에서 세존께서는 선인(仙人)이 떨어진 처소인 녹야원(鹿野苑)에

머무르셨다. 그때 바라나국에는 소비(蘇卑)[60]라는 우바새와 소비(蘇卑)라는 우바이가 있었는데, 모두 신심이 있었고, 보시하는 자이었으며, 승가에 귀의하여 모시는 자이었다.

이때 우바이 소비가 여러 정사로 갔는데, 정사에서 정사에 이르렀고 방사에서 방사에 이르렀으며, 여러 비구들에게 물었다.

"누가 병이 있으세요? 마땅히 무슨 물건을 가지고 와야 하나요?"

23-2 그때 한 비구가 설사약을 복용하였다. 이때 그 비구는 우바이 소비에게 말하였다.

"나는 설사약을 복용하였습니다. 나는 고기가 필요합니다."

대답하여 말하였다.

"알겠습니다. 마땅히 가져오겠습니다."

집으로 가서 하인에게 명하여 말하였다.

"가서 고기가 있는가를 알아보게."

"알겠습니다."

그 사람은 우바이 소비에게 대답하고서 바라나국을 돌아다녔으나, 고기를 구할 수 없었으므로, 그 사람은 우바이 소비의 주처에 이르렀다. 이르러 우바이 소비에게 말하였다.

"고기가 없습니다. 오늘은 죽이지 않았습니다."

23-3 이때 우바이 소비는 마음에서 사유하였다.

'만약 그 병든 비구가 고기를 먹지 못한다면 곧 혹은 병이 악화되거나, 혹은 목숨을 잃은 것이다. 나는 이미 약속하였으니, 만약 가지고 가지 않는다면 서로에게 마땅하지 않다.'

날카로운 칼로서 넓적다리의 고기를 잘라서 노비에게 주면서 말하였다.

"이 고기를 가지고 조리하여 어느 정사의 병든 비구에게 베풀어주게.

---

60) 팔리어 Suppi(수삐)의 음사이다.

그가 만약 나를 묻는 때라면 병이 있다고 대답하게."

상의로 넓적다리를 감싸고 내실에 들어가서 침상 위에 누웠다.

23-4 이때 우바새 소비는 집으로 돌아와서 노비에게 물어 말하엿다.

"소비는 어느 곳에 있는가?"

"그녀는 내실에서 누워있습니다."

이때 우바새 소비는 우바이 소비의 주처에 이르렀다. 이르러서 우바이 소비에게 말하였다.

"무슨 까닭으로 누워있소?"

"나는 병이 있습니다."

"그대는 무슨 병이 있소?"

이때 우바이 소비는 그 일로써 우바새 소비에게 알렸고, 우바새 소비는 말하였다.

"희유(稀有)하다! 미증유(未曾有)이다! 이 소비는 신심이 있고 청정한 마음이 있으며, 나아가 스스로가 몸도 버렸구나! 이 여인은 어느 다른 물건이라도 능히 보시하지 않겠는가?"

환희하고 용약하면서 세존의 주처로 나아갔으며, 세존께 예경하고서 한쪽에 앉았다.

23-5 한쪽에 앉고서 우바새 소비는 세존께 아뢰어 말하였다.

"세존이시여. 내일 비구대중과 함께 저의 음식을 받으시도록 청합니다."

세존께서는 묵연히 그것을 허락하셨다. 이때 우바새 소비는 세존께서 묵연히 허락하신 것을 알고서 곧 자리에서 일어났으며 세존께 예경하고 오른쪽으로 돌면서 떠나갔다. 이때 그 우바새 소비는 밤이 지난 뒤에 미묘한 작식과 담식을 조리하고서 세존께 음식의 때를 아뢰어 말하였다.

"구담이시여. 때에 이르렀습니다. 음식이 준비되었습니다."

이때 세존께서는 이른 아침의 때에 하의를 입고서 옷과 발우를 지니고

바라문의 주처에 이르셨다. 이르러서 비구 대중들과 펼쳐진 자리 위에
앉으셨다.

23-6 이때 우바새 소비는 세존께서 계신 곳으로 나아갔으며, 세존께
예경하고서 한쪽에 서 있었다. 서 있는 때에 세존께서는 우바새 소비에게
말씀하셨다.

"소비는 어느 곳에 있소?"

"세존이시여. 병이 있습니다."

"그와 같다면 앞으로 오게 하시오."

"세존이시여. 능히 오지 못합니다."

"그와 같다면 안아서 오시오."

이때 우바새 소비는 우바이 소비를 안아서 왔고, 그녀가 세존을 보는
때에 큰 상처는 곧 나았고 피부는 자라났으며 몸의 털이 생겨났다.

23-7 이때 우바이 소비는 우바새 소비에게 말하였다.

"희유합니다! 미증유입니다! 여래께서는 큰 신통과 큰 위력이 있으시므
로 세존을 한번을 보았는데, 큰 상처는 곧 나았고 피부는 자라났으며
몸의 털이 생겨났습니다."

환희하고 용약하면서 미묘한 작식과 담식을 주었고 세존과 상수의
비구대중에게 받들어서 모두가 배부르게 하였다. 세존께서 음식을 드시
고서 발우를 손으로 씻은 것을 보았으므로 한쪽에 앉았다. 이때 세존께서
는 설법하시어 가르쳐서 보여주셨고, 권유하고 인도하셨으며, 우바새
소비와 우바새 소비를 장려하면서 환희하게 하시고서 자리에서 일어나서
떠나가셨다.

23-8 이때 세존께서는 이 인연으로써 비구승가를 모으셨으며, 여러
비구들에게 물어 말씀하셨다.

"여러 비구들이여. 누가 우바이 소비를 향하여 고기를 구걸하였는가?"

이와 같이 말씀하시는 때에 그 비구가 세존께 아뢰어 말하였다.

"제가 우바이 소비를 향하여 고기를 구걸하였습니다."

"비구여. 가져왔는가?"

"세존이시여. 가져왔습니다."

"비구여. 그대는 먹었는가?"

"저는 먹었습니다."

"비구여. 그대는 관찰하였는가?"

"세존이시여. 저는 관찰하지 않았습니다."

23-9 세존께서는 꾸짖으셨다.

"어리석은 사람이여. 그대는 어찌하여 고기를 먹으면서 관찰하지 않았는가? 어리석은 사람이여. 그대는 사람의 고기를 먹었느니라. 어리석은 사람이여. 이것은 오히려 믿지 않는 자에게 신심이 생겨나지 않게 하고, 이미 믿었던 자는 증장시키지 않느니라. …… 이미 믿었던 자는 일부가 전전하여 다른 곳을 향하여 떠나가게 하느니라."

이때 세존께서는 여러 방편으로써 꾸짖으셨고 설법하셨으며, 여러 비구들에게 알려 말씀하셨다.

"여러 비구들이여. 신심이 있고 청정한 마음이 있었으므로, 그녀가 스스로의 몸을 주었더라도, 여러 비구들이여. 사람의 고기를 먹을 수 없나니, 먹는 자는 투란차를 범하느니라. 여러 비구들이여. 관찰하지 않고서 고기를 먹는 자는 악작을 범하느니라."

23-10 그때 왕의 코끼리가 죽었는데, 이때는 기근이었으므로 여러 사람들이 코끼리의 고기를 먹었다. 코끼리의 고기로써 걸식하는 여러 비구들에게 주었으며, 여러 비구들은 코끼리의 고기를 먹었다. 여러 사람들이 싫어하고 비난하였다.

"어찌하여 사문 석자들은 코끼리의 고기를 먹는가? 코끼리는 곧 왕의 군대이므로, 만약 왕이 명료하게 알았다면 마땅히 그들을 싫어할 것이다."

그 여러 비구들은 이 일로써 세존께 아뢰었고, 세존께서는 말씀하셨다.
"여러 비구들이여. 코끼리 고기를 먹을 수 없느니라. 먹는 자는 악작을 범하느니라."

23-11 그때 왕의 말이 죽었는데, 이때는 기근이었으므로 여러 사람들이 말고기를 먹었다. 말고기로써 걸식하는 여러 비구들에게 주었으며, 여러 비구들은 말의 고기를 먹었다. 여러 사람들이 싫어하고 비난하였다.
"어찌하여 사문 석자들은 말고기를 먹는가? 말은 곧 왕의 군대이므로, 만약 왕이 명료하게 알았다면 마땅히 그들을 싫어할 것이다."
그 여러 비구들은 이 일로써 세존께 아뢰었고, 세존께서는 말씀하셨다.
"여러 비구들이여. 말고기를 먹을 수 없느니라. 먹는 자는 악작을 범하느니라."

23-12 그때는 기근이었으므로 여러 사람들이 개고기를 먹었다. 개고기로써 걸식하는 여러 비구들에게 주었으며, 여러 비구들은 개고기를 먹었다. 여러 사람들이 싫어하고 비난하였다.
"어찌하여 사문 석자들은 개고기를 먹는가? 개고기는 악하고 혐오스러운 것이다."
그 여러 비구들은 이 일로써 세존께 아뢰었고, 세존께서는 말씀하셨다.
"여러 비구들이여. 개고기를 먹을 수 없느니라. 먹는 자는 악작을 범하느니라."

23-13 그때는 기근이었으므로 여러 사람들이 뱀 고기를 먹었다. 뱀 고기로써 걸식하는 여러 비구들에게 주었으며, 여러 비구들은 뱀 고기를 먹었다. 여러 사람들이 싫어하고 비난하였다.
"어찌하여 사문 석자들은 뱀 고기를 먹는가? 뱀 고기는 악하고 혐오스러운 것이다."
또한 소발사(蘇拔沙)[61] 용왕(龍王)이 세존의 주처로 나아가서 세존께

예경하고서 한쪽에 서 있었다. 한쪽에 서 있으면서 소발사 용왕은 세존께
아뢰어 말하였다.

　"용은 신심이 없고 청정한 마음이 없으므로, 그들은 여러 비구들을
해칠 것입니다. 여러 존자들이 뱀 고기를 먹지 못하게 하십시오."

　이때 세존께서는 설법하시어 가르쳐서 보여주셨고, 권유하고 인도하셨
으며, 용왕을 장려하면서 환희하게 하셨으므로, 세존께 예경하고서 오른
쪽으로 돌면서 떠나갔다. 이때 세존께서는 이 인연으로써 설법하셨으며,
여러 비구들에게 알려 말씀하셨다.

　"여러 비구들이여. 뱀 고기를 먹을 수 없느니라. 먹는 자는 악작을
범하느니라."

23-14 그때 여러 사냥꾼들이 사자를 죽여서 그 고기를 먹었다. 사자
고기로써 걸식하는 여러 비구들에게 주었으며, 여러 비구들은 사자 고기
를 먹었다. 숲속에서 머물렀는데 사자들이 돌아다니면서 사자의 냄새를
맡고서 여러 비구들을 습격하였다. 그 여러 비구들은 이 일로써 세존께
아뢰었고, 세존께서는 말씀하셨다.

　"여러 비구들이여. 사자 고기를 먹을 수 없느니라. 먹는 자는 악작을
범하느니라."

23-15 그때 여러 사냥꾼들이 호랑이를 죽였고, …… 나아가 …… 표범을
죽였으며, …… 나아가 …… 곰을 죽였고, …… 나아가 …… 하이에나를
죽였으며, …… 여러 비구들은 그 고기를 먹었다. …… 호랑이들이 돌아다
니면서 호랑이의 냄새를 맡고서 여러 비구들을 습격하였고, …… 하이에나
의 냄새를 맡고서 여러 비구들을 습격하였다. 그 여러 비구들은 이 일로써
세존께 아뢰었고, 세존께서는 말씀하셨다.

　"여러 비구들이여. 호랑이 고기를 먹을 수 없고, …… 하이에나의 고기를

---

61) 팔리어 Supassa(수파싸)의 음사이다.

먹을 수 없느니라. 먹는 자는 악작을 범하느니라."

[고기를 먹는 것을 마친다.]

○ 【둘째의 송출품을 마친다.】

3. 제3송출품(第三誦出品)

24) 죽(粥)과 밀환(蜜丸)

24-1 그때 세존께서는 뜻을 따라서 바라나국에서 머무르셨으며, 대비구 1,250명과 함께 아나가빈두국(阿那伽賓頭國)을 향하여 유행하셨다. 그때 여러 지방의 많은 사람들이 수레에 소금·기름·쌀·작식 등을 싣고서 세존과 상수 비구 대중의 뒤를 따르면서 말하였다.

"만약 차례라면 곧 음식을 베풀어주겠다."

또한 잔식을 먹는 500명의 사람들도 이때에 세존을 따라서 아나가빈두국을 유행하면서 이르렀다.

24-2 그때 차례가 아닌 한 바라문은 마음에서 '지난 2개월을 세존과 상수 비구 대중의 뒤를 따르면서 〈만약 내 차례이라면 곧 음식을 베풀겠다.〉라고 생각하였으나, 나는 곧 혼자의 몸이고 많은 집안일을 버려두었다. 나는 마땅히 식당을 관찰하여 식당에서 없는 것을 조리해야겠다.'

이때 그 바라문은 식당을 관찰하였는데 없는 것이 두 종류가 있었는데, 죽과 밀환이었다.

24-3 이때 그 바라문은 장로 아난의 주처에 이르렀다. 이르러서 장로

아난에게 말하였다.

"아난이여. 지금 나의 차례는 아니지만, 마음에서 '지난 2개월을 세존과 상수 비구 대중의 뒤를 따르면서 〈만약 내 차례라면 곧 음식을 베풀겠다.〉 라고 생각하였으나, 나는 곧 혼자의 몸이고 많은 집안일을 버려두었으므로, 나는 마땅히 식당을 관찰하여 식당에서 없는 것을 조리해야겠다.'라고 생각하였습니다. 아난이여. 내가 식당을 관찰하였는데 없는 것이 두 종류가 있었는데, 죽과 밀환이었습니다. 아난이여. 내가 만약 죽과 밀환을 조리하는 때라면 구담께서 능히 받을 수 있습니까?"

"바라문이여. 그와 같다면 내가 가서 세존께 여쭈겠습니다."

24-4 이때 아난은 이 일로써 세존께 아뢰었고, 세존께서는 말씀하셨다.

"아난이여. 그와 같다면 조리하도록 하게."

아난은 그 바라문에게 말하였다.

"바라문이여. 그와 같다면 조리하도록 하십시오."

이때 그 바라문은 밤이 지난 뒤에 곧 많은 죽과 밀환을 조리하고서 세존께 받들어 공양하면서 말하였다.

"구담이시여. 청하건대 나의 죽과 밀환을 받아주십시오."

"바라문이여. 그와 같다면 여러 비구들에게 나누어주시오."

여러 비구들은 의심하고 두려워서 감히 받지 않았으므로, 세존께서 말씀하셨다.

"여러 비구들이여. 그것을 받아서 먹을지니라."

이때 그 바라문은 손으로써 많은 죽과 밀환을 주었고 세존과 상수의 비구대중에게 받들어서 모두가 배부르게 하였다. 세존께서 음식을 드시고서 발우를 손으로 씻은 것을 보았으므로 한쪽에 앉았다.

24-5 한쪽에 앉았으므로, 세존께서는 그 바라문에게 말씀하셨다.

"바라문이여. 죽에는 열 가지의 공덕이 있소. 무엇이 열 가지인가? 죽을 보시하는 자는 생명을 보시하고 아름다움을 보시하며 즐거움을 보시하고 힘을 보시하며 변제를 보시하고, 죽을 마시는 자는 배고픔을 없애며 갈증을 없애며 기운이 순조롭고 배를 정화하고 소화를 돕는 것이오. 바라문이여. 죽에는 이와 같은 열 가지의 공덕이 있소."

24-6 다른 사람의 보시를 먹는 사람에게
　능히 스스로를 잘 조어하면서
　마땅한 때에 공경을 일으키고
　죽으로써 보시하는 자는

　열 가지의 은혜를 주는 것이니
　목숨, 아름다움, 즐거움, 힘이고
　이것에서 변재(辯才)가 생겨나며
　배고픔과 갈증을 없애고 기운이 순조롭고
　배를 정화하고 소화를 돕나니
　선서는 이 음식을 찬탄한다네.

　따라서 사람이 만약 즐거움을 원하고
　천상의 즐거움을 누리고자 하며
　인간세계에서 즐겁고 행복하려고 한다면
　마땅히 항상 죽의 보시를 행한다네.

24-7 이때 세존께서는 이와 같은 게송으로써 바라문을 향하여 환희하게 하셨고 자리에서 일어나서 떠나가셨다. 이때 세존께서는 이 인연으로써 설법하셨으며, 여러 비구들에게 알려 말씀하셨다.
　"여러 비구들이여. 죽과 밀환을 수용하는 것을 허락하겠노라."

[죽과 밀환을 마친다.]

25) 부드러운 죽과 밀환

25-1 여러 사람들은 "세존께서 죽과 밀환을 수용하는 것을 허락하였다."라고 들었으므로, 그들은 이른 아침에 부드러운 죽과 밀환을 조리하였다. 여러 비구들은 이른 아침에 부드러운 죽과 밀환을 먹었으므로 식당의 음식을 좋아하지 않았다. 그때 한 대신은 새로운 신심을 얻었으므로 다음 날에 세존과 상수인 비구대중을 청하였다. 이때 새롭게 신심을 얻은 대신은 마음에서 사유하였다.

'나는 마땅히 1,250명의 비구를 위하여 1,250명의 발우에 알맞게 고기를 조리하여서 마땅히 한 사람·한 사람 비구들의 발우에 고기를 받들어야겠다.'

25-2 이때 새롭게 신심을 얻은 대신은 밤이 지난 뒤에 미묘한 작식과 담식 및 1,250명의 발우에 알맞은 고기를 조리하고서 세존께 음식의 때를 아뢰어 말하였다.

"음식의 때에 이르렀습니다. 음식이 준비되었습니다."

이때 세존께서는 이른 아침의 때에 하의를 입고서 옷과 발우를 지니고 새롭게 신심을 얻은 대신의 집에 이르셨다. 이르러서 비구 대중들과 펼쳐진 자리 위에 앉으셨다.

25-3 이때 새롭게 신심을 얻은 대신은 식당에서 여러 비구들에게 공양하였는데, 여러 비구들이 말하였다.

"조금만 주십시오. 조금만 주십시오."

새롭게 신심을 얻은 대신은 말하였다.

"조금만 받지 마십시오. 나는 매우 많은 작식과 담식 및 1,250명의 발우에 알맞은 고기를 조리하였습니다. 그러므로 한 사람·한 사람의 비구들에게 한 사람·한 사람의 발우의 고기를 받게 하려고 합니다."

"우리들은 이러한 까닭으로 적게 받는 것이 아닙니다. 우리들은 이른 아침에 부드러운 죽과 밀환을 먹었던 까닭으로써 이것을 적게 받는 것입니다."

25-4 이때 새롭게 신심을 얻은 대신은 싫어하고 비난하였다.

"어찌하여 여러 존자들은 나의 청을 받고서 역시 다른 사람의 연한 죽을 먹었는가? 나는 원하는 것을 능히 줄 수 없는 것이 아니다."

이와 같아서 성내고 기쁘지 않았으므로 비난하면서 여러 비구들의 발우를 채워주면서 계속하여 말하였다.

"청하건대 고기를 드십시오. 그렇지 않다면 가지고 떠나시오."

이때 새롭게 신심을 얻은 대신은 작식과 담식을 세존과 상수의 비구대중에게 받들어서 모두가 배부르게 하였다. 세존께서 음식을 드시고서 발우를 손으로 씻은 것을 보았으므로 한쪽에 앉았다. 한쪽에 앉았던 때에 세존께서는 설법하시어 가르쳐서 보여주셨고, 권유하고 인도하셨으며, 새롭게 신심을 얻은 대신을 장려하면서 환희하게 하시고서 자리에서 일어나서 떠나가셨다.

25-5 이때 세존께서 떠나고 오래지 않아서 그 새롭게 신심을 얻은 대신은 마음에서 후회가 생겨났다. 후회가 생겨나서 생각하였다.

'나는 손실이었고 얻은 것이 없구나! 나는 악을 얻었고 선을 얻은 것이 없구나! 성내고 기쁘지 않았으므로 비난하면서 여러 비구들의 발우를 채워주면서 〈청하건대 고기를 드십시오. 그렇지 않다면 가지고 떠나시오.〉라고 계속하여 말하였다. 나는 많은 선을 행하였는가? 악을 행하였는가?'

그때 새롭게 신심을 얻은 대신은 세존의 주처로 나아갔다. 나아가서 세존께 예경하고서 한쪽에 앉았다. 한쪽에 앉고서 그 새롭게 신심을 얻은 대신은 세존께 아뢰어 말하였다.

"이것을 세존께서 떠나고 오래지 않아서 나는 마음에서 후회가 생겨났고, 후회가 생겨나서 생각하였습니다. '나는 손실이었고 얻은 것이 없구나! 나는 악을 얻었고 선을 얻은 것이 없구나! 성내고 기쁘지 않았으므로 비난하면서 여러 비구들의 발우를 채워주면서 〈청하건대 고기를 드십시오. 그렇지 않다면 가지고 떠나시오.〉라고 계속하여 말하였다. 나는 많은 선을 행하였는가? 악을 행하였는가?' 나는 많은 선을 행하였습니까? 악을 행하였습니까?"

25-6 "그대가 세존과 상수의 비구대중을 청하였던 때의 다음 날부터 많은 선을 쌓은 것이고, 한 명·한 명의 비구가 그대를 쫓아서 한 명·한 명이 음식을 받았던 때에 그대는 곧 많은 선을 쌓은 것이니, 그대는 천상에 태어날 것이오."

이때 그 새롭게 신심을 얻은 대신은 말하였다.

"나는 얻은 것이 있다. 나는 선을 얻은 것이 있다. 나는 선을 많이 쌓았으므로 나는 천상에 태어날 것이다."

환희하고 용약하면서 곧 자리에서 일어났으며 세존께 예경하고서 오른쪽으로 돌면서 떠나갔다.

25-7 이때 세존께서는 이 인연으로써 비구 승가를 모으셨으며, 여러 비구들에게 물어 말씀하셨다.

"여러 비구들이여. 진실로 여러 비구들이 한 사람의 청을 받고서 다른 사람들의 죽을 먹었는가?"

세존께서는 꾸짖으셨다.

"여러 비구들이여. 어찌하여 한 사람의 청을 받고서 다른 사람들의 죽을 먹었는가? 여러 비구들이여. 이것은 오히려 믿지 않는 자에게 신심이 생겨나지 않게 하고, 이미 믿었던 자는 증장시키지 않느니라. …… 이미 믿었던 자는 일부가 전전하여 다른 곳을 향하여 떠나가게 하느니라."

이때 세존께서는 여러 방편으로써 꾸짖으셨고 설법하셨으며, 여러 비구들에게 알려 말씀하셨다.

"여러 비구들이여. 한 사람의 청을 받고서 다른 사람들의 죽을 먹을 수 없나니, 먹는 자는 여법하게 그것을 다스려야 하느니라."

[부드러운 죽과 밀환을 마친다.]

26) 비라타가전(毘羅吒迦旆)

26-1 그때 세존께서는 뜻을 따라서 아나가빈두국에 머무르셨으며, 대비구 1,250명과 함께 왕사성을 향하여 유행하셨다.

그때 비라타가전(毘羅吒迦旆)[62]은 왕사성에서 모두 사탕을 가득 채운 항아리를 실은 500대의 마차를 거느리고 아나가빈두국으로 가는 도중이었다. 이때 세존께서는 비라타가전이 먼 곳에서 오는 것을 보셨다. 보시고서 도로를 벗어나서 한 나무 아래에 앉으셨다.

26-2 그때 비라타가전은 세존의 처소로 나아가서 세존께 예경하고서 한쪽에 서 있었다. 한쪽에 서 있으면서 비라타가전은 세존께 아뢰어 말하였다.

"나는 한 명·한 명의 비구에게 하나·하나의 사탕의 항아리를 보시하려고 합니다."

"가전이여. 그와 같다면 하나의 사탕 항아리를 가져와 보시오."

"알겠습니다."

비라타가전은 세존께 대답하고서 하나의 사탕 항아리를 가지고 세존의 처소로 나아갔으며, 이르러서 세존께 아뢰었다.

"사탕 항아리를 가지고 왔습니다. 나는 마땅히 무엇을 해야 합니까?"

"가전이여. 그와 같다면 사탕을 여러 비구들에게 베풀어 주시오."

26-3 "알겠습니다."

비라타가전은 세존께 대답하고서 사탕을 여러 비구들에게 주고서 뒤에 세존께 아뢰었다.

"사탕을 여러 비구들에게 베풀어 주었는데, 이곳에는 많은 사탕이 남아있습니다. 나는 마땅히 무엇을 해야 합니까?"

---

62) 팔리어 Belaṭṭha kaccāna(베라따 카짜나)의 음사이다.

"가전이여. 그와 같다면 사탕을 여러 비구들이 원하는 만큼을 베풀어 주시오."

"알겠습니다."

비라타가전은 세존께 대답하고서 사탕을 여러 비구들에게 원하는 만큼을 베풀어 주고서 뒤에 세존께 아뢰었다.

"여러 비구들에게 사탕을 베풀어 주었는데, 이곳에는 많은 사탕이 남아있습니다. 나는 마땅히 무엇을 해야 합니까?"

"가전이여. 그와 같다면 사탕을 여러 비구들에게 충분하게 베풀어 주시오."

"알겠습니다."

비라타가전은 세존께 대답하고서 사탕을 여러 비구들에게 충분하게 베풀어 주었고, 약간의 비구들에게는 발우에 가득히 채워주었으며, 녹수 낭 및 주머니에 가득히 채워주었다.

26-4 이때 비라타가전은 여러 비구들에게 배부르게 베풀어 주고서 뒤에 세존께 아뢰었다.

"여러 비구들에게 사탕을 충분하게 베풀어 주었는데, 이곳에는 오히려 많은 사탕이 남아있습니다. 나는 마땅히 무엇을 해야 합니까?"

"가전이여. 그와 같다면 사탕을 여러 잔식을 먹는 자들에게 베풀어 주시오."

"알겠습니다."

이때 비라타가전은 여러 잔식을 먹는 자들에게 베풀어 주고서 뒤에 세존께 아뢰었다.

"여러 잔식을 먹는 자들에게 사탕을 베풀어 주었는데, 이곳에는 오히려 많은 사탕이 남아있습니다. 나는 마땅히 무엇을 해야 합니까?"

"가전이여. 그와 같다면 사탕을 여러 잔식을 먹는 자들에게 충분하게 베풀어 주시오."

26-5 "알겠습니다."

비라타가전은 세존께 대답하고서 사탕을 여러 잔식을 먹는 자들에게 베풀어 주고서 뒤에 세존께 아뢰었다.

"여러 잔식을 먹는 자들에게 사탕을 베풀어 주었는데, 이곳에는 많은 사탕이 남아있습니다. 나는 마땅히 무엇을 해야 합니까?"

"가전이여. 그와 같다면 사탕을 여러 잔식을 먹는 자들에게 충분하게 베풀어 주시오."

"알겠습니다."

비라타가전은 세존께 대답하고서 사탕을 여러 잔식을 먹는 자들에게 충분하게 베풀어 주었고, 약간의 잔식을 먹는 자들에게는 옹기와 병에 가득히 채워주었으며, 바구니와 옷63)에도 가득히 채워주었다.

26-6 이때 비라타가전은 여러 잔식을 먹는 자들에게 충분하게 베풀어 주고서 뒤에 세존께 아뢰었다.

"여러 잔식을 먹는 자들에게 사탕을 충분하게 베풀어 주었는데, 이곳에는 오히려 많은 사탕이 남아있습니다. 나는 마땅히 무엇을 해야 합니까?"

"가전이여. 나는 천인, 마천(魔天), 범천, 세간, 사문, 바라문, 인간들의 가운데에서 여래와 여래의 성문 제자들을 제외하고서 이 사탕을 먹고 소화시킬 수 있는 자를 보지 못하였소. 가전이여. 그와 같다면 그대는 이 사탕을 가지고 풀이 없는 곳이거나, 벌레가 없는 물속에 버리시오."

"알겠습니다."

비라타가전은 세존께 대답하였고 그 사탕을 가지고 벌레가 없는 물속에 버렸다.

26-7 이때 비라타가전은 사탕을 가지고 물속에 던졌다. 물이 부글부글 끓으며 화염(火焰)이 솟아났는데, 비유한다면 하루 동안에 불에 달구어진

---

63) 팔리어 Ucchaṅga(우짠가)의 번역으로 본래의 뜻은 '무릎', 또는 '엉덩이'를 가리킨다. 따라서 이 문장에서는 무릎을 덮는 옷으로 번역할 수 있겠다.

철판을 물에 던지는 때에 물이 부글부글 끓으며 화염이 솟아나는 것과 같았다. 이때 비라타가전은 두려워서 몸의 털이 곤두섰으므로 세존의 처소로 나아가서 세존께 예경하고 한쪽에 앉았다.

한쪽에 앉았으므로 세존께서는 비라타가전에게 차례로 설법하여 보여주셨는데 이를테면, 보시론, 계율론, 생천론, 여러 욕망의 허물과 삿된 피해, 여러 염오를 벗어나는 공덕이었다. 세존께서는 그들에게 감당할 수 있는 마음, 유연한 마음, 장애를 벗어나는 마음, 환희하는 마음, 밝고 청정한 마음이 생겨난 것을 아시고서, 제불의 근본의 법을 설하셨는데 이를테면, 고성제, 집성제, 멸성제, 도성제이었다.

비유한다면, 깨끗하여 검은 얼룩이 없는 옷이 바로 염색을 받아들일 수 있는 것과 같이, 비라타가전도 이와 같아서 역시 그 자리에서 멀리 티끌과 염오가 없는 법안을 얻었고, "일반적으로 모였던 법은, 이것은 모두 멸하는 법이다."라고 말하였다.

26-8 이때 비라타가전은 이미 법을 보았고 법을 얻었으며, 법을 알았고, 법에 들어가서 의혹을 초월하였고, 의심을 없앴으며, 두려움이 없음을 얻었고 스승의 가르침을 행하면서 다른 인연을 의지하지 않았으며, 세존께 아뢰어 말하였다.

"기이(奇)합니다. 기이합니다. 비유한다면 넘어진 자를 일으킨 것과 같고 가려진 것을 열었던 것과 같으며 미혹한 자를 위하여 이치를 설하셨으므로 어둠을 열고서 등불을 들었던 것과 같아서 눈이 있는 자는 색을 보았습니다. 이와 같이 세존께서도 역시 여러 종류의 방편으로 설법하셨으니, 우리들은 세존께 귀의하고 법에 귀의하며 비구 대중께 귀의합니다. 세존이시여. 우리들이 지금부터 목숨을 마칠 때까지 귀의하여 우바새가 되는 것을 허락하십시오."

[비라타가전을 마친다.]

27) 사탕과 사탕수(砂糖水)

27-1 그때 세존께서는 차례로 유행하여 왕사성에 이르셨다.

이때 세존께서는 왕사성의 가란타죽림원에 머무르셨다. 그때 왕사성에는 사탕이 매우 많았으나, 비구들은 '세존께서는 병자가 사탕을 수용하는 것을 허락하셨으나, 병이 없는 자는 그렇지 않다.'라고 생각하였고 감히 사탕을 먹지 못하였다. 그 여러 비구들은 이 일로써 세존께 아뢰었고, 세존께서는 말씀하셨다.

"여러 비구들이여. 병자는 사탕을 수용하는 것을 허락하겠고, 병이 없는 자는 사탕수를 수용하는 것을 허락하겠노라."

[사탕과 사탕수를 마친다.]

28) 파련불읍(巴連弗邑)의 두 대신(大臣)

28-1 그때 세존께서는 뜻을 따라서 왕사성에서 머무르셨으며, 대비구 1,250명과 함께 파련불읍(巴連弗邑)[64]을 향하여 유행하셨다. 이때 세존께서는 차례로 유행하여 파련불읍에 이르렀는데, 파련불읍의 우바새는 "세존께서 파련불읍에 이르셨다."라고 들었다. 그때 파련불읍의 우바새는 세존의 처소로 나아가서 세존께 예경하고서 한쪽에 앉았다. 한쪽에 앉은 때에 세존께서는 파련불읍의 우바새를 마주하시고 설법하시어 가르쳐서 보여주셨고, 권유하고 인도하셨으며, 장려하면서 환희하게 하셨다.

28-2 이때 파련불읍의 우바새는 세존께서는 설법하시어 가르쳐서 보여주셨고, 권유하고 인도하셨으며, 장려하시는 때에 세존께 아뢰어 말하였다.

---

64) 팔리어 Pāṭaligāma(파타리가마)의 음사이고, 왕사성과 쿠시니가라의 중간에 있는 취락이었다.

"세존이시여. 비구 대중과 함께 휴식당(休息堂)으로 오십시오."

세존께서는 묵연히 허락하셨다. 파련불읍의 우바새는 세존께서 허락하신 것을 알고서 자리에서 일어나서 세존께 예경하고 오른쪽으로 돌면서 떠나갔다. 휴식당으로 떠나갔고, 휴식당에 이르러 와구를 펼쳐놓고 자리를 설치하였으며 물병을 놓아두었고, 등불을 걸었으며, 세존의 처소로 나아가서 예경하고 한쪽에 서 있었다.

28-3 한쪽에 서 있으면서 파련불읍의 우바새는 세존께 아뢰어 말하였다.

"휴식당에 와구를 펼쳐놓고 자리를 설치하였으며 물병을 놓아두었고, 등불을 걸었습니다. 세존께서는 청하건대 때에 이른 것을 아십시오."

이때 세존께서는 이른 아침에 하의를 입고 옷과 발우를 지니고서 비구대중과 함께 휴식당에 이르셨다. 이르러서 발을 씻고서 휴식당으로 들어가셨으며 기둥 근처의 동쪽에 앉으셨다. 파련불읍의 여러 우바새들도 발을 씻고서 휴식당으로 들어갔으며 동쪽의 벽의 근처에서 세존을 향하여 앉았다.

28-4 이때 세존께서는 파련불읍의 여러 우바새들에게 말씀하셨다.

"여러 거사들이여. 계를 깨트리거나, 계를 무너트린다면 다섯 가지의 근심이 있소. 무엇이 다섯 가지인가? 여러 거사들이여. 이 처소에서 계를 깨트리거나, 계를 무너트리는 자는 장차 방일한 인연으로 크게 재산을 잃을 것이오. 이것이 계를 깨트리거나, 계를 무너트리는 것의 첫 번째의 허물과 근심(過患)[65]이오.

여러 거사들이여. 그 다음으로 계를 깨트리거나, 계를 무너트리는 자는 악한 소문이 생겨나는데, 이것이 계를 깨트리거나, 계를 무너트리는 것의 두 번째의 허물이오. 여러 거사들이여. 그 다음으로 계를 깨트리거나, 계를 무너트리는 자는 하나의 모임을 따라서 이르면서, 혹은 찰제리들의

---

65) 팔리어 Ādīnava(아디나바)의 번역으로, '위험으로 가득하다.', '불행', '고통', '큰 장애물' 등을 뜻한다.

모임이거나, 혹은 바라문들의 모임이거나, 혹은 거사들의 모임이거나, 혹은 사문들의 모임에 모두 이르더라도 부끄러워서 두려워하는데, 이것이 계를 깨트리거나, 계를 무너트리는 것의 세 번째의 허물이오.

그 다음으로 계를 깨트리거나, 계를 무너트리는 자는 미혹되어 혼란스럽게 죽는데, 이것이 계를 깨트리거나, 계를 무너트리는 것의 네 번째의 허물이오. 그 다음으로 계를 깨트리거나, 계를 무너트리는 자는 몸이 무너지고 죽은 뒤에 악한 곳, 악취(惡趣), 타락한 곳, 지옥에 태어나는데, 이것이 계를 깨뜨리거나, 계를 무너뜨리는 것의 다섯 번째의 허물이오."

28-5 "여러 거사들이여. 계를 지니거나, 계를 성취하는 자는 다섯 가지의 공덕이 있소. 무엇이 다섯 가지인가? 여러 거사들이여. 이 처소에서 계를 지니거나, 계를 성취하는 자는 장차 방일하지 않은 인연으로 크게 재산을 얻을 것이오. 이것이 계를 지니거나, 계를 성취하는 것의 첫 번째의 공덕이오.

여러 거사들이여. 그 다음으로 계를 지니거나, 계를 성취하는 자는 선한 소문이 생겨나는데, 이것이 계를 지니거나, 계를 성취하는 것의 두 번째의 공덕이오. 여러 거사들이여. 그 다음으로 계를 지니거나, 계를 성취하는 자는 하나의 모임을 따라서 이르면서, 혹은 찰제리들의 모임이거나, 혹은 바라문들의 모임이거나, 혹은 거사들의 모임이거나, 혹은 사문들의 모임에 모두 이르더라도 부끄러움이 없는데, 이것이 계를 지니거나, 계를 성취하는 것의 세 번째의 공덕이오.

그 다음으로 계를 지니거나, 계를 성취하는 자는 미혹되어 혼란스럽지 않게 죽는데, 이것이 계를 지니거나, 계를 성취하는 것의 네 번째의 공덕이오. 그 다음으로 계를 지니거나, 계를 성취하는 자는 몸이 무너지고 죽은 뒤에 선취(善趣), 천상에 태어나는데, 이것이 계를 지니거나, 계를 성취하는 것의 다섯 번째의 공덕이오."

28-6 이때 세존께서는 밤에 이르도록 다시 설법하시어 가르쳐서 보여주

셨고, 권유하고 인도하셨으며, 파련불읍의 여러 우바새들에게 장려하면서 환희하게 하셨다.

"여러 거사들이여. 밤이 깊었으니 때를 아시오."

"알겠습니다."

파련불읍의 우바새들은 자리에서 일어나서 세존께 예경하고 오른쪽으로 돌면서 떠나갔다.

28-7 이때 파련불읍의 우바새들이 떠나고 오래지 않아서 세존께서는 비어있는 방사로 들어가셨다. 그때 마갈타국의 대신인 수니타(須尼陀)[66]와 우사(禹舍)[67]는 발기족(跋祇族)[68]을 방어하기 위하여 파련불읍에서 성을 쌓고 있었다. 세존께서는 깊은 밤이 지나자 일찍 일어나셨고, 인간을 넘어서는 청정한 천안으로써 여러 많은 천신들이 파련불읍의 택지(宅地)를 차지하고 있는 것을 보셨다.

큰 세력이 있는 여러 천신들이 차지하였던 택지는 큰 세력의 왕과 신하들이 주택을 건축하려는 택지이었고, 중간의 여러 천신들이 차지하였던 택지는 중간의 왕과 신하들이 주택을 건축하려는 택지이었고, 하열(下劣)한 여러 천신들이 차지하였던 택지는 하열한 왕과 신하들이 주택을 건축하려는 택지이었다.

28-8 이때 세존께서는 아난에게 알려 말씀하셨다.

"아난이여. 누가 파련불읍에 성을 쌓고 있는가?"

"마갈타국의 대신인 수니타와 우사가 발기족을 방어하기 위하여 파련불읍에서 성을 쌓고 있습니다."

"아난이여. 비유한다면 33천의 천인들이 생각하는 것과 같구나! 아난이여. 이와 같이 마갈타국의 대신인 수니타와 우사가 발기족을 방어하기

---

66) 팔리어 Sunidha(수니다)의 음사이다.
67) 팔리어 Vassakāra(바싸카라)의 음사이다.
68) 팔리어 Vajji(바찌)의 음사이다.

위하여 파련불읍에서 성을 쌓고 있구나! 아난이여. 나는 깊은 밤이 지나자 일찍 일어났고, 인간을 넘어서는 청정한 천안으로써 많은 여러 천신들이 파련불읍의 택지를 차지하고 있는 것을 보았는데, 큰 세력이 있는 여러 천신들이 차지하였던 택지는 큰 세력의 왕과 신하들이 주택을 건축하려는 택지이었고, …… 하열한 여러 천신들이 차지하였던 택지는 하열한 왕과 신하들이 주택을 건축하려는 택지이었느니라.

아난이여. 이곳이 성스러운 주처이고, 무역을 계속한다면, 파련불읍은 마땅히 최고로 수승한 도성(都城)일 것이다. 그러나 아난이여. 파련불읍은 세 가지의 환란이 있을 것이니, 불의 환란, 물의 환란, 내부의 불화(不和)이니라."

28-9 이때 마갈타국의 대신인 수니타와 우사는 세존의 주처에 이르렀다. 이르러서 세존과 함께 서로가 문신하였으며 즐겁게 위문하고서 한쪽에 서 있었다. 한쪽에 서 있으면서 마갈타국의 대신인 수니타와 우사는 세존께 아뢰어 말하였다.

"구담이시여. 내일 비구 대중들과 함께 우리의 음식을 받아주십시오."

이때 마갈타국의 대신인 수니타와 우사는 세존께서 묵연히 허락하셨으므로 떠나갔다.

28-10 이때 마갈타국의 대신인 수니타와 우사는 미묘한 작식과 담식을 조리하고서 세존께 때를 아뢰어 말하였다.

"구담이시여. 음식의 때에 이르렀습니다."

이때 세존께서는 이른 아침의 때에 하의를 입고서 옷과 발우를 지니고 마갈타국의 대신인 수니타와 우사의 주처에 이르셨다. 이르러서 비구 대중들과 펼쳐진 자리의 위에 앉으셨다. 이때 마갈타국의 대신인 수니타와 우사는 스스로의 손으로써 미묘한 작식과 담식을 주었고 세존과 상수의 비구 대중에게 받들어서 모두가 배부르게 하였다. 세존께서 음식을 드시고서 발우를 손으로 씻은 것을 보았으므로 한쪽에 앉았다. 마갈타국의 대신인 수니타와 우사가 한쪽에 앉았으므로 세존께서는 즐거이 게송을 설하셨다.

28-11 만약 현자가 한 처소에 있으면서
　주택을 건축하고 문과 뜰을 세우고
　우선적으로 이곳에서 공양한다면
　지계이고 자재하며 범행인이라네.

　이곳에 거주하는 여러 천인들에게
　공양물을 가지고 또한 공양해야 하나니
　공양하는 그 사람이 공양을 받고
　존중하는 그 사람이 존중을 받는다네.

　그와 같다면 여러 천인들이 그를 연민하여
　오히려 자비로운 어머니의 아이와 같나니
　만약 여러 천인들이 연민을 받는다면
　그 사람은 항상 복덕을 받는다네.

　이때 세존께서는 마갈타국의 대신인 수니타와 우사에게 이러한 게송으로써 환희하게 하셨고, 자리에서 일어나서 떠나가셨다.

28-12 이때 마갈타국의 대신인 수니타와 우사는 세존께서 떠나가신 뒤에 마음으로 사유하였다.
　'오늘 구담이 떠나가신 문을 마땅히 구담문(瞿曇門)이라고 이름해야겠다. 항하를 건너가신 곳을 마땅히 구담진(瞿曇津)이라고 이름해야겠다.'
　이때 세존께서는 구담문이라고 이름하였던 곳으로 나오셨고, 이때 세존께서는 항하(恒河)[69]에 이르셨다. 그때 항하는 물이 언덕까지 채워졌으므로 까마귀도 물을 마실 수 있었다. 여러 사람들은 혹은 배를 구하였고,

혹은 뗏목을 구하였으며, 혹은 부표를 엮어서 이 언덕에서 저 언덕으로 건너가고자 하였다.

28-13 세존께서는 여러 사람들은 혹은 배를 구하였고, 혹은 뗏목을 구하였으며, 혹은 부표를 엮어서 이 언덕에서 저 언덕으로 건너가고자 하는 것을 보셨다. 보시고서 역사가 그의 팔을 굽혔다가 그의 팔을 펴는 순간과 같이, 곧 역시 이와 같이 여러 비구들과 함께 이 언덕에서 은몰(隱沒) 하시어 저 언덕에 나타나셨다. 이때 세존께서는 이러한 뜻을 명료하게 알리시고자 이때에 스스로가 게송을 설하셨다.

현자는 진흙의 연못을 버리고
다리를 지어서 강물을 건너나니
여러 사람들은 부표를 엮는 사이의
찰나에 이미 건너갔다네.

[파련불읍의 두 대신을 마친다.]

29) 구리촌(拘利村)

29-1 그때 세존께서는 구리촌(拘利村)[70]에 이르셨고, 세존께서는 이 구리촌에 머무르셨다. 이때 세존께서는 여러 비구들에게 알려 말씀하셨다.

"여러 비구들이여. 사성제(四聖諦)를 명료하게 알지 못하였고, 통달하지 못하였으므로, 이와 같이 나와 그대들은 오랫동안 윤회(輪廻)를 유전(流轉)하였느니라. 무엇으로써 네 가지를 삼아야 하는가? 여러 비구들이여.

---

69) 팔리어 gaṅgā(강가)의 음사이다.

70) 팔리어 Koṭigāma(코티가마)의 음사이다.

고성제(苦聖諦)를 명료하게 알지 못하였고, 통달하지 못하였으므로, 이와 같이 나와 그대들은 오랫동안 윤회(輪迴)를 유전(流轉)하였느니라.

여러 비구들이여. 고집성제(苦集聖諦)를 명료하게 알지 못하였고, 통달하지 못하였으므로, 이와 같이 나와 그대들은 오랫동안 윤회(輪迴)를 유전(流轉)하였느니라. 여러 비구들이여. 고멸성제(苦滅聖諦)를 명료하게 알지 못하였고, 통달하지 못하였으므로, 이와 같이 나와 그대들은 오랫동안 윤회(輪迴)를 유전(流轉)하였느니라. 여러 비구들이여. 고멸도성제(苦滅道聖諦)를 명료하게 알지 못하였고, 통달하지 못하였으므로, 이와 같이 나와 그대들은 오랫동안 윤회(輪迴)를 유전(流轉)하였느니라."

29-2 "여러 비구들이여. 지금 고성제를 명료하게 알았고 통달하였으며, 고집성제를 명료하게 알았고 통달하였으며, 고멸성제를 명료하게 알았고 통달하였으며, 고멸도성제를 명료하게 알았고 통달하였으므로, 유애(有愛)를 끊었고 갈애(渴愛)를 마쳤으며 후유(後有)를 다시 받지 않느니라."

인연에 여실(如實)하지 않고
사성제를 청정하게 보지 못한다면
영원히 오랫동안 여러 곳에 태어나고
항상 윤회를 유전한다네.

이 여러 성스러운 진리를 보았으므로
유애와 갈애를 끊었고
역시 고통의 뿌리를 끊었으니
다시는 후유를 받지 않으리.

[구리촌을 마친다.]

30) 암바바리(菴婆婆梨)

30-1 그때 음녀 암바바리(菴婆婆梨)[71]는 '세존께서 구리촌에 이르셨다.' 라고 들었다 이때 음녀 암바바리는 좋은 수레를 준비하여 좋은 수레를 타고서 좋은 수레들을 따라서 세존을 보고자 비사리(毘舍離)[72]를 떠나갔다. 수레가 다닐 수 있는 곳까지 수레를 타고서 갔고, 그러한 뒤에 수레에서 내려서 걸어갔으며, 세존의 처소로 나아갔다. 이르러서 세존께 예경하고 한쪽에 앉았다.

30-2 한쪽에 앉은 때에 세존께서는 음녀 암바바리를 위하여 설법하시어 가르쳐서 보여주셨고, 권유하고 인도하셨으며, 장려하면서 그녀를 환희하게 하셨다. 이때 음녀 암바바리는 세존께서 설법하시어 가르쳐서 보여주셨고, 권유하고 인도하셨으며, 장려하시는 때에 세존께 아뢰어 말하였다.

"세존이시여. 청하건대 내일 비구대중과 함께 음식을 받아주십시오."

세존께서는 묵연히 허락하셨다. 이때 음녀 암바바리는 세존께서 허락하신 것을 알고서 자리에서 일어나서 세존께 예경하고 오른쪽으로 돌면서 떠나갔다.

30-3 그때 비사리의 리차(離車)들은 '세존께서 구리촌에 이르셨다.'라고 들었다. 이때 비사리의 리차들은 좋은 수레를 준비하여 좋은 수레를 타고서 좋은 수레들을 따라서 세존을 보고자 비사리를 떠나갔다. 일부 리차의 사람들은 파란색이었고, 푸른색으로 지었으므로 푸른 옷을 입었고 푸른색으로 장엄하였다. 일부 리차의 사람들은 노란색이었고, 노란색으로 지었으므로 노란 옷을 입었고 노란색으로 장엄하였다. 일부 리차의 사람들은 붉은색이었고, 붉은색으로 지었으므로 붉은 옷을 입었고 붉은색

71) 팔리어 Ambapālī(암바파리)의 음사이다.
72) 팔리어 Vesāli(베사리)의 음사이다.

으로 장엄하였다. 일부 리차의 사람들은 흰색이었고, 흰색으로 지었으므로 흰 옷을 입었고 흰색으로 장엄하였다. 이때 음녀 암바바리는 리차 청년들의 수레를 끌채(轅)73)와 끌채, 멍에와 멍에, 바퀴와 바퀴, 굴대와 굴대가 서로 부딪히게 하였다.

30-4 이때 그 리차들은 음녀 암바바리에게 말하였다.

"암바바리여. 그대는 어찌하여 리차 청년들의 수레를 끌채와 끌채, 멍에와 멍에, 바퀴와 바퀴, 굴대와 굴대가 서로 부딪히게 하는가?"

"나는 내일 세존과 상수의 비구들을 청하였습니다."

"암바바리여. 그대에게 백천의 금전을 주겠으니, 이 음식의 공양을 우리에게 양보하시오."

"가령 비사리와 그 주변을 나에게 주시더라도, 역시 결코 이 음식의 공양을 양보하지 않겠습니다."

이때 리차들은 손가락을 튕기면서 말하였다.

"벗들이여. 우리들은 암바가(菴婆迦)74)의 여인에게 패배하였다. 벗들이여. 우리들은 암바가의 여인에게 패배하였다."

30-5 이때 그 리차들은 세존의 주처로 나아갔다. 이때 세존께서는 그 여러 리차들이 멀리서 오는 것을 보셨다. 보시고서 여러 비구들에게 알려 말씀하셨다.

"여러 비구들이여. 비구들이 만약 33천의 사람들을 보지 못하였다면, 여러 비구들이여. 리차들을 보라. 33천의 사람들과 비교할 수 있을 것이다."

이때 그 여러 리차들은 수레가 다닐 수 있는 곳까지 수레를 타고서 갔고, 그러한 뒤에 수레에서 내려서 걸어갔으며, 세존의 처소로 나아갔다. 이르러서 세존께 예경하고 한쪽에 앉았다. 한쪽에 앉은 때에 세존께서는

---

73) 수레에서 멍에를 얹는 부분을 가리킨다.

74) 팔리어 Ambakā(암바카)의 음사이고, 암바수를 소유하였으므로 그와 같이 불렸던 것으로 추정된다.

그 여러 리차의 사람들을 위하여 설법하시어 가르쳐서 보여주셨고, 권유하고 인도하셨으며, 장려하면서 그들을 환희하게 하셨다. 이때 그 여러 리차의 사람들 세존께서 설법하시어 가르쳐서 보여주셨고, 권유하고 인도하셨으며, 장려하시는 때에 세존께 아뢰어 말하였다.

"세존이시여. 청하건대 내일 비구대중과 함께 음식을 받아주십시오."

"여러 리차들이여. 나는 이미 내일 음녀 암바바리의 음식을 받겠다고 약속하였소."

이때 리차들은 손가락을 튕기면서 말하였다.

"벗들이여. 우리들은 암바가의 여인에게 패배하였다. 벗들이여. 우리들은 암바가의 여인에게 패배하였다."

이때 여러 리차들은 환희하였고 세존께서 설하신 것을 즐거이 따랐으며 자리에서 일어나서 세존께 예경하고 오른쪽으로 돌면서 떠나갔다.

30-6 그때 세존께서는 구리촌에서 뜻을 따라서 머무르셨고, 나타촌(那陀村)[75]에 이르셨다. 이때 세존께서는 나타촌의 긴자가(緊者迦)[76] 처소에 머무르셨다. 이때 음녀 암바바리는 스스로가 원림의 가운데에서 미묘한 작식과 담식을 조리하고서 세존께 때를 아뢰어 말하였다.

"음식의 때에 이르렀습니다."

이때 세존께서는 이른 아침의 때에 하의를 입고서 옷과 발우를 지니고서 음녀 암바바리의 주처에 이르셨다. 이르러서 비구 대중들과 펼쳐진 자리의 위에 앉으셨다. 이때 암바바리는 스스로의 손으로써 미묘한 작식과 담식을 주었고 세존과 상수의 비구대중에게 받들어서 모두가 배부르게 하였다. 세존께서 음식을 드시고서 발우를 손으로 씻은 것을 보았으므로 한쪽에 앉았다. 한쪽에 앉았던 때에 음녀 암바바리는 세존께 아뢰어 말하였다.

"저는 암바바리의 원림을 세존과 상수의 여러 비구들께 보시하겠습니다."

---

75) 팔리어 Nātikā(나티카)의 음사이다.
76) 팔리어 Giñjakā(긴자카)의 음사이다.

이때 세존께서는 이 원림을 받으셨다. 이때 세존께서는 음녀 암바바리를 위하여 설법하시어 가르쳐서 보여주셨고, 권유하고 인도하셨으며, 장려하면서 환희하게 하셨고, 곧 자리에서 일어나셨으며, 대림(大林)[77]으로 가셨다. 이때 세존께서는 비사리의 대림 중각강당(重閣講堂)[78]에 머무르셨다.

[암바바리를 마친다.]

○ 【셋째의 송출품을 마친다.】

4. 제4송출품(第四誦出品)

31) 사하 장군(私呵將軍)

31-1 그때 유명한 여러 리차들이 단사당(斷事堂)[79]에서 모였고, 무수한 방편으로써 세존을 찬탄하였고, 법을 찬탄하였으며, 승가를 찬탄하였다. 그때 사하 장군(私呵將軍)[80]이 있었는데, 니건자(尼犍子)[81]의 제자이었으며, 모임에 앉아있었다. 이때 사하 장군은 마음에서 사유하였다.

'그는 반드시 세존이고 응공이며 정등각인 까닭으로 이름난 여러 리차(離車)들이 단사당에 모여서 무수한 방편으로써 세존을 찬탄하였고, 법을

---

77) 팔리어 Mahāvana(마하바나)의 번역이다.
78) 팔리어 Kūṭāgārasālā(쿠타가라사라)의 번역이고, 뾰족한 모양으로 지붕이 높은 정사를 가리킨다.
79) 중요한 일을 모여서 결정하는 장소이다.
80) 팔리어 Sīha(시하)의 음사이다.
81) 팔리어 Nigaṇṭhas(니간타스)의 음사이다. 자이나교의 사문과 신도들을 가리키며, 그들은 하나의 옷을 입었고, 앞에는 가리개를 썼다.

찬탄하였으며, 승가를 찬탄하는 것이다. 나는 마땅히 가서 세존·응공·정등각을 보아야겠다.'

31-2 그때 사하 장군은 니건자의 주처에 이르렀다. 이르러서 니건자에게 알려 말하였다.

"나는 가서 사문 구담을 보고자 합니다."

"사하여. 그대는 작업론자(作業論者)[82]인데, 어찌하여 무작업론자(無作業論者)인 사문 구담을 보려고 가는가? 사하여. 사문 구담은 무작업론자이므로 무작업론의 법으로써 여러 제자를 가르치고 있네."

이때 사하 장군은 세존을 보려고 하였던 마음을 곧 그만두었다.

31-3 다시 다음으로 이름난 여러 리차들이 단사당에서 모였고, 무수한 방편으로써 세존을 찬탄하였고, 법을 찬탄하였으며, 승가를 찬탄하였다. 사하 장군은 마음에서 사유하였다.

'그는 반드시 세존이고 응공이며 정등각인 까닭으로 이름난 여러 리차들이 단사당에 모여서 무수한 방편으로써 세존을 찬탄하였고, 법을 찬탄하였으며, 승가를 찬탄하는 것이다. 나는 마땅히 가서 세존·응공·정등각을 보아야겠다.'

사하 장군은 다시 다음으로 니건자의 주처에 이르렀다. …… 사문 구담은 무작업론자이므로, …… 사하 장군은 세존을 보고자 하였던 마음을 곧 그만두었다.

다시 다음으로 이름난 여러 리차들이 단사당에서 모였고, …… 승가를 찬탄하였다. 사하 장군은 마음에서 사유하였다.

'그는 반드시 세존이고 …… 승가를 찬탄하는 것이다. 니건자에게 허락을 구하지 않더라도 나는 또한 어떠하랴! 나는 마땅히 니건자에게 허락을 구하지 않고서 가서 세존·응공·정등각을 보아야겠다.'

---

82) Akiriyavāda(아키리야바다)의 번역이고, 행위가 도덕적으로 중요하지 않다고 도덕을 부정하는 자들이다.

31-4 이때 사하 장군은 그날에 500의 수레를 따라서 세존을 보러 가고자 비사리를 떠나갔다. 수레가 다닐 수 있는 곳까지 수레를 타고서 갔고, 그러한 뒤에 수레에서 내려서 걸어갔으며, 세존의 처소로 나아갔다. 이르러서 세존께 예경하고 한쪽에 앉았다. 한쪽에 앉아서 사하 장군은 세존께 아뢰어 말하였다.

　"나는 이와 같이 들었습니다. '사문 구담은 무작업론자이므로 무작업론의 법으로써 여러 제자를 가르치고 있다.' 나는 '사문 구담은 무작업론자이므로 무작업론을 설하시고 이것으로써 여러 제자들을 가르치신다.'라고 여러 사람들이 말하였는데, 세존을 진실하게 말하는 것입니까? 진실이 아닌 것으로써 세존을 비방하는 것입니까? 여법하게 설법하는 것입니까? 법을 논의하면서 꾸지람을 받지 않습니까? 우리들은 세존을 비방하지 않으려는 까닭입니다."

31-5 "사하여. 어떤 방편으로써 '사문 구담은 무작업론자이니 무작업론을 설하고, 이것으로써 여러 제자들을 가르친다.'라고 나는 바르게 말할 수 있소. 사하여. 어떤 방편으로써 '사문 구담은 곧 무작업론자이고 무작업론을 설하며, 이것으로써 여러 제자들을 가르치신다.'라고 나는 바르게 말할 수 있소.

　사하여. 어떤 방편으로써 '사문 구담은 단멸론자(斷滅論者)이고 단멸론을 설하고 이것으로써 여러 제자들을 가르친다.'라고 나는 바르게 말할 수 있소. 사하여. 어떤 방편으로써 '사문 구담은 혐오론자(嫌惡論者)이고 혐오론을 설하고, 이것으로써 여러 제자들을 가르친다.'라고 나는 바르게 말할 수 있소.

　사하여. 어떤 방편으로써 '사문 구담은 조복론자(調伏論者)이고 조복론을 설하고, 이것으로써 여러 제자들을 가르친다.'라고 나는 바르게 말할 수 있소. 사하여. 어떤 방편으로써 '사문 구담은 고행론자(苦行論者)이고 고행론을 설하고, 이것으로써 여러 제자들을 가르친다.'라고 나는 바르게 말할 수 있소.

사하여. 어떤 방편으로써 '사문 구담은 입태거부론자(入胎拒否論者)이
고 입태거부론을 설하고, 이것으로써 여러 제자들을 가르친다.'라고 나는
바르게 말할 수 있소. 사하여. 어떤 방편으로써 '사문 구담은 소식론자(蘇息
論者)⁸³⁾이고 소식론을 설하고, 이것으로써 여러 제자들을 가르친다.'라고
나는 바르게 말할 수 있소."

31-6 "사하여. 어떤 방편으로써 '사문 구담은 무작업론자이니 무작업론을
설하고, 이것으로써 여러 제자들을 가르친다.'라고 나는 바르게 말할
수 있소. 사하여. 어떻소? 나는 몸의 악행을 설하였고 말의 악행을 설하였
으며 뜻의 악행을 짓지 않아야 한다고 설하였고, 여러 종류의 악과 선하지
않은 법을 짓지 않아야 한다고 설하였소. 사하여. 어떤 방편으로써 '사문
구담은 무작업론자이니 무작업론을 설하고, 이것으로써 여러 제자들을
가르친다.'라고 나는 바르게 말할 수 있소.

사하여. 어떤 방편으로써 '사문 구담은 무작업론자이니 무작업론을
설하고, 이것으로써 여러 제자들을 가르친다.'라고 나는 바르게 말할
수 있소. 사하여. 어떻소? 나는 몸의 선행을 설하였고 말의 선행을 설하였
으며 뜻의 선행을 지어야 한다고 설하였고, 여러 종류의 선한 법을 지어야
한다고 설하였소. 사하여. 어떤 방편으로써 '사문 구담은 무작업론자이니
무작업론을 설하고, 이것으로써 여러 제자들을 가르친다.'라고 나는 바르
게 말할 수 있소."

31-7 "사하여. 어떤 방편으로써 '사문 구담은 단멸론자이니 단멸론을
설하고, 이것으로써 여러 제자들을 가르친다.'라고 나는 바르게 말할
수 있소. 사하여. 어떻소? 나는 탐(貪)·진(瞋)·치(癡)의 단멸을 설하였고,
여러 종류의 악과 선하지 않은 법을 단멸해야 한다고 설하였소. 사하여.

---

83) 팔리어 assāsa(아싸사)의 번역이고, '호흡하다', '특히 숨을 내쉬다.'는 뜻이었으나,
뜻이 확대되어 '자유롭게 또는 조용히 호흡하다.', '편안하다.', '위안을 삼다.'라는
뜻으로 통용되고 있다.

어떤 방편으로써 '사문 구담은 단멸론자이니 단멸론을 설하고, 이것으로
써 여러 제자들을 가르친다.'라고 나는 바르게 말할 수 있소.

　사하여. 어떤 방편으로써 '사문 구담은 혐오론자이니 혐오론을 설하고,
이것으로써 여러 제자들을 가르친다.'라고 나는 바르게 말할 수 있소.
사하여. 어떻소? 나는 몸의 악행을 혐오하였고 말의 악행을 혐오하였으며
뜻의 악행을 혐오하였고, 여러 종류의 악하고 선하지 않은 법을 짓지
않아야 한다고 설하였소. 사하여. 어떤 방편으로써 말을 '사문 구담은
혐오론자이니 혐오론을 설하고, 이것으로써 여러 제자들을 가르친다.'라
고 나는 바르게 말할 수 있소."

31-8 "사하여. 어떤 방편으로써 '사문 구담은 조복론자이니 조복론을
설하고, 이것으로써 여러 제자들을 가르친다.'라고 나는 바르게 말할
수 있소. 사하여. 어떻소? 나는 탐(貪)·진(瞋)·치(癡) 법의 조복을 설하였
고, 여러 종류의 악과 선하지 않은 법을 조복해야 한다고 설하였소.
사하여. 어떤 방편으로써 '사문 구담은 조복론자이니 조복론을 설하고,
이것으로써 여러 제자들을 가르친다.'라고 나는 바르게 말할 수 있소.

　사하여. 어떤 방편으로써 '사문 구담은 고행론자이니 고행론을 설하고,
이것으로써 여러 제자들을 가르친다.'라고 나는 바르게 말할 수 있소.
사하여. 어떻소? 나는 마땅히 악하고 선하지 않은 법이었던 몸의 악행,
말의 악행, 뜻의 악행을 마땅히 소진(燒盡)하라고 설하였소.

　사하여. 만약 사람이 있어서 악하고 선하지 않은 법을 소진하고 끊어서
없앴고, 뿌리를 잘려져서 뿌리가 없는 다라수와 같으며, 소멸되어 없는
것으로 돌아가게 하고, 미래에 생겨나는 법이 없다면, 나는 이와 같은
사람을 고행자라고 이름하오. 사하여. 여래는 악하고 선하지 않은 법을
소진하고 끊어서 없애게 하고, …… 미래에 생겨나는 법이 없게 하는
것이오. 사하여. 어떤 방편으로써 '사문 구담은 고행론자이니 고행론을
설하고, 이것으로써 여러 제자들을 가르친다.'라고 나는 바르게 말할
수 있소."

31-9 "사하여. 어떤 방편으로써 '사문 구담은 입태거부론자이니 입태거부론을 설하고, 이것으로써 여러 제자들을 가르친다.'라고 나는 바르게 말할 수 있소. 사하여. 어떻소? 만약 사람이 있어 미래에 후유를 받으면서 태에 들어가는 것이 끊어지고, 뿌리를 잘려져서 뿌리가 없는 다라수와 같으며, 소멸되어 없는 것으로 돌아가게 하고, 미래에 생겨나는 법이 없다면, 나는 이와 같은 사람을 입태거부론자라고 이름하오. 사하여. 어떤 방편으로써 '사문 구담은 입태거부론자이니 입태거부론을 설하고, 이것으로써 여러 제자들을 가르친다.'라고 나는 바르게 말할 수 있소.

사하여. 어떤 방편으로써 '사문 구담은 소식론자이니 소식론을 설하고, 이것으로써 여러 제자들을 가르친다.'라고 나는 바르게 말할 수 있소. 사하여. 어떻소? 나는 최승의 소식에 의지하였고, 이미 소식자를 위하여 소식의 법을 설하였으며 이것으로써 여러 제자들을 가르쳤소. 사하여. '사문 구담은 소식론자이니 소식론을 설하고, 이것으로써 여러 제자들을 가르친다.'라고 나는 바르게 말할 수 있소."

31-10 이와 같이 설하시던 때에 사하 장군은 세존께 아뢰어 말하였다.
"기이(奇)합니다. 기이합니다. 비유한다면 넘어진 자를 일으킨 것과 같고 가려진 것을 열었던 것과 같으며 미혹한 자를 위하여 이치를 설하셨으므로 어둠을 열고서 등불을 들었던 것과 같아서 눈이 있는 자는 색을 보았습니다. 이와 같이 세존께서도 역시 여러 종류의 방편으로 설법하셨으니, 우리들은 세존께 귀의하고 법에 귀의하며 비구 대중께 귀의합니다. 세존이시여. 내가 지금부터 목숨을 마칠 때까지 귀의하여 우바새가 되는 것을 허락하십시오."
"사하여. 깊이 사유하시오. 그대와 같이 유명한 사람이라면 능히 이러한 선한 일을 깊이 사유하시오."
"세존이시여. 세존께서 나에게 '사하여. 깊이 사유하시오. 그대와 같이 유명한 사람이라면 능히 이러한 선한 일을 깊이 사유하시오.'라고 알리셨던 까닭으로 이것에 의지하여 더욱 환희하고 즐겁습니다. 만약 외도가 나를 제자로 삼은 때라면 깃발을 가지고 모든 비사리를 돌아다니면서 '사하 장군이 나의 제자가 되었소.'라고 말하였을 것입니다.

우리들은 다시 다음으로 세존·법·비구 승가에 귀의하겠사오니, 우리들이 지금부터 목숨을 마칠 때까지 귀의하여 우바새가 되는 것을 허락하십시오."

31-11 "사하여. 니건자들은 오랫동안 그대의 집에서 공양을 받았으므로, 샘물에서 물을 취하는 것과 같은 까닭으로, 만약 그들이 오는 때라면 마땅히 음식을 베풀어주시오."

"세존이시여. 세존께서 나를 마주하고서 '사하여. 니건자들은 오랫동안 그대의 집에서 공양을 받았으므로, 샘물에서 물을 취하는 것과 같은 까닭으로, 만약 그들이 오는 때라면 마땅히 음식을 베풀어주시오.'라고 말하셨던 까닭으로 이것에 의지하여 더욱 환희하고 즐겁습니다.

나는 '이를테면, 사문 구담은 〈마땅히 나에게 보시하고, 다른 사람에게 보시하지 마시오. 마땅히 나의 제자들에게 보시하고, 다른 사람의 제자들에게 보시하지 마시오. 큰 과일이 있다면 나에게 주고 다른 사람에게 주지 마시오. 큰 과일이 있다면 나의 제자들에게 주고 다른 사람의 제자들에게 주지 마시오.〉라고 말하였다고 이와 같이 들었습니다.

그러나 세존께서는 역시 니건자에게 보시를 권유하셨으니, 우리들은 이것의 마땅한 때를 명료하게 알았습니다. 우리들은 세 번째로 세존, 법, 비구 승가에 귀의하오니, 우리들이 지금부터 목숨을 마칠 때까지 귀의하여 우바새가 되는 것을 허락하십시오."

31-12 이때 세존께서는 사하 장군에게 차례로 설법하여 보여주셨는데 이를테면, 보시론, 계율론, 생천론, 여러 욕망의 허물과 삿된 피해, 여러 염오를 벗어나는 공덕이었다. 세존께서는 그들에게 감당할 수 있는 마음, 유연한 마음, 장애를 벗어나는 마음, 환희하는 마음, 밝고 청정한 마음이 생겨난 것을 아시고서, 제불의 근본의 법을 설하셨는데 이를테면, 고성제, 집성제, 멸성제, 도성제이었다.

비유한다면, 깨끗하여 검은 얼룩이 없는 옷이 바로 염색을 받아들일 수 있는 것과 같이, 사하 장군도 이와 같아서 역시 그 자리에서 멀리 티끌과 염오가 없는 법안을 얻었고, "일반적으로 모여졌던 법은 이것은 모두 멸하는 법이다."라고 말하였다.

사하 장군은 이미 법을 보았고 법을 얻었으며, 법을 알았고, 법에 들어가서 의혹을 초월하였고, 의심을 없앴으며, 두려움이 없음을 얻었고 스승의 가르침을 행하면서 다른 인연을 의지하지 않았으며, 세존께 아뢰어 말하였다.

"세존이시여. 청하건대 내일 비구승가와 함께 음식을 받아주십시오."

이때 묵연히 허락하셨다. 이때 사하 장군은 세존께서 묵연히 허락하신 것을 알고서 곧 자리에서 일어났으며 세존께 예경하고 오른쪽으로 돌면서 떠나갔다. 이때 사하 장군은 한 사람에게 명령하여 말하였다.

"가서 고기가 있는가를 보시오."

사하 장군은 밤이 지나간 뒤에 미묘한 작식과 담식을 조리하고서 세존께 때를 아뢰어 말하였다.

"음식의 때에 이르렀습니다. 음식이 준비되었습니다."

이때 세존께서는 이른 아침의 때에 하의를 입고서 옷과 발우를 지니고 사하 장군의 주처에 이르셨다. 이르러서 비구 대중들과 펼쳐진 자리의 위에 앉으셨다.

31-13 그때 많은 숫자의 니건자들은 비사리의 도로에서 도로로 이르렀고, 네거리에서 네거리로 이르렀고, 손을 저으면서 눈물을 흘렸다.

"오늘 사하 장군이 살찐 축생을 죽여서 사문 구담을 위하여 음식을 베풀었다. 사문 구담은 스스로를 위하여 죽인 것을 알았으나, 고기를 먹었으니 과보를 받아야 한다."

그때 한 사람이 사하 장군의 주처에 이르렀다. 이르러서 사하 장군의 귀에 말하였다.

"이 많은 숫자의 니건자들은 비사리의 도로에서 도로로 이르렀고,

네거리에서 네거리로 이르렀고, 손을 저으면서 눈물을 흘렸습니다. '오늘 사하 장군이 살찐 축생을 죽여서 사문 구담을 위하여 음식을 베풀었다. 사문 구담은 스스로를 위하여 죽였다고 알았으나, 고기를 먹었으니 과보를 받아야 한다.'라고 말하였으니, 청하건대 그것을 그만두십시오."

"그 여러 사문들은 오랫동안 세존을 비방하려고 하였고, 법을 비방하려고 하였으며, 승가를 비방하려고 하였습니다. 그 여러 사문들은 존재하지 않고 공허하며 허망하고 진실이 아니며, 세존을 비방하면서 싫증내지 않습니다. 우리들은 생활을 위하여 고의로 중생들의 목숨을 끊지 않습니다."

31-14 이때 사하 장군은 세존과 상수인 비구 승가를 위하여 스스로가 손으로써 미묘한 작식과 담식을 주었고 세존과 상수의 비구대중에게 받들어서 모두가 배부르게 하였다. 세존께서 음식을 드시고서 발우를 손으로 씻은 것을 보았으므로 한쪽에 앉았다. 한쪽에 앉은 때에 세존께서는 사하 장군을 위하여 설법하시어 가르쳐서 보여주셨고, 권유하고 인도하셨으며, 장려하면서 환희하게 하셨고, 곧 자리에서 일어나셨으며, 떠나가셨다.

이때 세존께서는 이 인연으로써 설법하셨으며, 여러 비구들에게 알려 말씀하셨다.

"여러 비구들이여. 스스로를 위하여 죽였다고 알았다면, 고기를 먹을 수 없느니라. 먹는 자는 악작을 범하느니라. 여러 비구들이여. 세 종류의 청정한 고기를 허락하겠나니, 이를테면, 자기를 위하여 죽인 것을 보지 않았거나, 듣지 않았거나, 의심하지 않은 것이다."

[사하 장군을 마친다.]

32) 허락한 것의 금지

32-1 그때 비사리는 풍요로웠고, 곡식은 충족되었으며 걸식이 쉬웠고 이삭줍기이거나, 혹은 보시를 받아서 생활하기가 쉬웠다. 이때 세존께서는 적정하게 연좌(宴坐)하시면서 마음에서 사유하였다.

'기근으로 곡식이 부족하여 걸식이 쉽지 않았던 때에 나는 여러 비구들에게 실내에서 보관한 것, 실내에서 끓인 것, 스스로가 끓인 것, 다른 사람을 쫓아서 가지고 왔던 물건을 받는 것, 음식의 때의 이전에 물건을 받는 것, 숲속에서 자라난 물건, 연못에서 자라난 물건을 받아서 먹도록 허락하였다. 지금 비구들이 오히려 수용하고 있는가?'

이때 세존께서는 포시(晡時)에 자리에서 묵연히 일어나셨고 존자 아난에게 알려 말하였다.

"아난이여. 나는 여러 비구들에게 실내에서 보관한 것, 실내에서 끓인 것, 스스로가 끓인 것, 다른 사람을 쫓아서 가지고 와서 받았던 물건, 음식의 때의 이전에 받았던 물건, 숲속에서 자라난 물건, 연못에서 자라난 물건을 받아서 먹도록 허락하였네. 지금 비구들이 오히려 이것들을 먹고 있는가?"

"세존이시여. 수용하고 있습니다."

32-2 이때 세존께서는 이 인연으로써 설법하셨으며, 여러 비구들에게 알려 말씀하셨다.

"여러 비구들이여. 기근으로 곡식이 부족하여 걸식이 쉽지 않았던 때에 나는 여러 비구들에게 실내에서 보관한 것, 실내에서 끓인 것, 스스로가 끓인 것, 다른 사람을 쫓아서 가지고 와서 받았던 물건, 음식의 때의 이전에 받은 물건, 숲속에서 자라난 물건, 연못에서 자라난 물건을 받아서 먹도록 허락하였으나, 나는 오늘부터 이것을 금지하겠노라.

여러 비구들이여. 실내에서 보관한 것, 실내에서 끓인 것, 스스로가 끓인 것, 다른 사람을 쫓아서 받아서 취한 물건을 받아서 먹는 자는 악작을 범하느니라. 여러 비구들이여. 가지고 왔던 물건, 음식의 때의 이전에 물건을 받는 것, 숲속에서 자라난 물건, 연못에서 자라난 물건, 다른 사람을 쫓아서 가지고 왔던 물건은 이미 먹는 것을 거절해야 하고, 비록 남은 음식이 아닐지라도 역시 먹을 수 없느니라. 먹는 자는 마땅히 여법하게 다스려야 하느니라.”

[허락한 것의 금지를 마친다.]

33) 정지(淨地)

33-1 그때 지방의 여러 사람들이 수레에 소금, 기름, 쌀, 작식 등을 가득 싣고서 승원의 밖에서 머무르면서 수레들에게 말하였다.
“나에게 마땅히 차례가 돌아온다면 조리하겠습니다.”
말하는 때에 큰 구름이 일어났다. 이때 그 여러 사람들은 장로 아난의 처소에 이르렀다. 이르러서 장로 아난에게 말하였다.
“아난이여. 수레에 소금·기름·쌀·작식 등을 가득 싣고서 이곳에 머무르고 있는데, 큰 구름이 일어났습니다. 마땅히 그것을 어떻게 해야 합니까?”

33-2 이때 장로 아난은 이 일로써 세존께 아뢰었다.
“아난이여. 그와 같다면, 승가는 정사의 근처에서 승가와 정지(淨地)[84]로 협정(協定)하여 그곳에 머무르게 할 것이니, 곧 정사(精舍), 평부옥(平覆屋), 전루(殿樓), 누방(樓房), 땅굴(地窟)이니라.
여러 비구들이여. 마땅히 이와 같이 그것을 협상할지니라. 마땅히 한 총명하고 유능한 비구가 승가의 가운데에서 창언해야 한다.
‘대덕 승가께서는 허락하십시오. 만약 승가께서 때에 이르렀다면 승가

---

84) 팔리어 Kappiyabhūmi(카삐야부미)의 번역이다.

는 마땅히 누구와 정사를 정지로 협정하겠습니다. 이와 같이 아룁니다.'

'대덕 승가께서는 허락하십시오. 승가는 누구와 정사를 정지로 협정하 겠습니다. 마땅히 누구와 정사를 정지로 협정하는 것을 여러 대덕들께서 인정하신다면 묵연하시고 인정하지 않으신다면 말씀하십시오.'

'승가시여. 누구와 정사를 정지로 협정하는 것을 마쳤습니다. 승가께서 인정하신 것은 묵연하였던 까닭입니다. 나는 이와 같이 알고 이해하겠습 니다.'"

33-3 그때 여러 사람들은 그들이 협정한 정지에서 죽을 끓이고 밥을 지었으며 국을 조리하고 고기를 썰고 장작을 쪼갰다. 세존께서는 깊은 밤을 지나 새벽 시간에 일어나시어 높은 소리, 큰 소리, 까마귀가 우는 것과 같은 소리를 들으셨고, 장로 아난에게 말씀하셨다.

"아난이여. 높은 소리, 큰 소리, 까마귀가 우는 것과 같은 소리는 무엇인가?"

"여러 사람들은 그들이 협정한 정지에서 죽을 끓이고 밥을 지었으며 국을 조리하고 고기를 썰고 장작을 쪼갰습니다. 세존이시여. 이것은 그들의 높은 소리, 큰 소리, 까마귀가 우는 것과 같은 소리입니다."

이때 세존께서는 이 인연으로써 설법하셨으며, 여러 비구들에게 알려 말씀하셨다.

"여러 비구들이여. 협정되었던 정지를 사용할 수 없느니라. 사용하는 자는 악작을 범하느니라. "여러 비구들이여. 세 종류의 정지를 허락하겠나 니, 멀리 알려졌던 곳이거나, 우연히 준비된 곳이거나, 재가자가 시주한 곳이니라."

33-4 그때 장로 야소사(耶蘇奢)[85]는 병이 있어서 그 약을 가져왔는데 여러 비구들이 밖에 놓아두었으므로 쥐들이 씹었고 도둑들이 가지고 떠나갔다. 그 여러 비구들은 이 일로써 세존께 아뢰었고, 세존께서는

---

85) 팔리어 Yasoja(야소자)의 음사이다.

말씀하셨다.

"여러 비구들이여. 협정하여 정지를 수용하는 것을 허락하겠노라. 여러 비구들이여. 네 종류의 정지를 허락하겠나니, 멀리 알려졌던 곳이거나, 우연히 준비된 곳이거나, 재가자가 시주한 곳이거나, 협정한 곳이니라."

[정지를 마친다.]

○ 【넷째의 송출품을 마친다.】

5. 제5송출품(第五誦出品)

34) 민다 거사(旻茶居士)

34-1 그때 발제성(跋提城)[86]에 민다(旻茶)[87] 거사가 머물렀다.

그는 이와 같은 신통력이 있었는데, 곧 머리를 감고 곡식 창고를 청소하고서 그 밖에 앉아있으면서 곡식이 허공에서 아래로 흘러내려서 곡식 창고를 가득하게 채웠다. 그의 아내도 신통력이 있었는데, 곧 한 되(升)인 솥의 국그릇의 옆에 앉아서 노비들에게 음식을 나누어주면서, 그녀가 앉은 곳에서 떠나지 않은 때에는 이 음식이 없어지지 않았다.

그의 아들도 역시 이와 같은 신통력이 있었는데, 즉 일천 금전(金錢)을 자루에 채우고서 노복(奴僕)들에게 6개월의 급료(給料)를 주면서 그가 그 자루를 떠나지 않았다면 금전이 없어지지 않았다. 그의 며느리도

---

86) 팔리어 Bhaddiyanagara(바띠야나가라)의 번역이고, bhaddiya는 앙가 왕국의 지명이고, nagara는 읍성이라는 뜻이다.

87) 팔리어 Meṇḍaka(멘다카)의 음사이다.

신통력이 있었는데, 곧 네 말(斗)의 바구니의 옆에 앉아서 노복들에게 6개월의 음식을 나누어주면서, 그녀가 앉은 곳에서 떠나지 않은 때에는 이 음식이 없어지지 않았다. 그의 노비도 역시 이와 같은 신통력이 있었는데, 곧 쟁기로 한 번을 갈았다면 일곱의 고랑이 생겨났다.

34-2 마갈타국의 사니야 빈비사라왕이 이를 듣고서 말하였다.

"내가 다스리는 영토의 발제성에 민다 거사가 거주하고 있고, 그는 이와 같은 신통력이 있었는데, 곧 머리를 감고 곡식 창고를 청소하고서 그 밖에 앉아있으면서 곡식이 허공에서 아래로 흘러내려서 곡식 창고를 가득히 채웠다. 그의 아내도 신통력이 있었는데, 곧 한 되인 솥의 국그릇의 옆에 앉아서 노비들에게 음식을 나누어주면서, 그녀가 앉은 곳에서 떠나지 않은 때에는 이 음식이 없어지지 않는다.

그의 아들도 역시 이와 같은 신통력이 있었는데, 즉 일천 금전을 자루에 채우고서 노복들에게 6개월의 급료를 주면서 그가 그 자루를 떠나지 않았다면 금전이 없어지지 않았다. 그의 며느리도 신통력이 있었는데, 곧 네 말의 바구니의 옆에 앉아서 노복들에게 6개월의 음식을 나누어주면서, 그녀가 앉은 곳에서 떠나지 않은 때에는 이 음식이 없어지지 않는다. 그의 노비도 역시 이와 같은 신통력이 있었는데, 곧 쟁기로 한 번을 갈았다면 일곱의 고랑이 생겨난다."

34-3 이때 마갈타국의 사니야 빈비사라왕은 한 대신에게 알려 말하였다.

"'내가 다스리는 영토의 발제성에 민다 거사가 거주하고 있고, 그는 이와 같은 신통력이 있었는데, …… 곧 쟁기로 한 번을 갈았다면 일곱의 고랑이 생겨난다.'라고 들었으니, 그대가 가서 보시오. 그대는 보는 것이 내가 들었던 것과 같을 것이오."

"알겠습니다. 대왕이시여."

그 대신은 사니야 빈비사라왕에게 대답하였고, 사병(四兵)을 거느리고 발제성으로 갔다.

34-4 차례로 발제성에 이르렀고 민다 거사의 주처에 이르렀다. 이르러서 민다 거사에게 말하였다.

"거사여. 나에게 왕명이 있었소. '내가 다스리는 영토의 발제성에 민다 거사가 거주하고 있고, 그는 이와 같은 신통력이 있었는데, …… 곧 쟁기로 한 번을 갈았다면 일곱의 고랑이 생겨난다고 들었으니, 그대가 가서 보시오. 그대는 보는 것이 내가 들었던 것과 같을 것이오. 거사여. 나는 그대의 신통력을 보고자 하오."

이때 민다 거사는 곧 머리를 감고 곡식 창고를 청소하고서 그 밖에 앉아있으면서 곡식이 허공에서 아래로 흘러내려서 곡식 창고를 가득히 채웠다.

"거사여. 나는 그대의 신통력을 이미 보았으니, 그대 아내의 신통력을 보고자 하오."

34-5 이때 민다 거사는 그의 아내에게 명령하여 말하였다.

"그와 같다면 사병들에게 음식을 공급하시오."

이때 민다 거사의 아내는 한 되인 솥의 국그릇의 옆에 앉아서 사병들에게 음식을 공급하면서, 그녀가 앉은 곳에서 떠나지 않은 때에는 이 음식이 없어지지 않았다.

"거사여. 나는 그대 아내의 신통력을 이미 보았으니, 그대 아들의 신통력을 보고자 하오."

이때 민다 거사는 그의 아내에게 명령하여 말하였다.

"그와 같다면 사병들에게 6개월의 급료를 주도록 하게."

민다 거사의 아들도 일천 금전이 채워진 자루를 취하고서 사병들에게 6개월의 급료를 주면서 그가 그 자루를 떠나지 않는다면 금전이 없어지지 않았다.

"거사여. 나는 그대 아들의 신통력을 이미 보았으니, 그대 며느리의 신통력을 보고자 하오."

이때 민다 거사는 그의 며느리에게 명령하여 말하였다.

"그와 같다면 사병들에게 6개월의 음식을 주도록 하게."

민다 거사의 며느리도 네 말의 바구니의 옆에 앉아서 노복들에게 6개월의 음식을 나누어주면서, 그녀가 앉은 곳에서 떠나지 않은 때에는 이 음식이 없어지지 않는다.

"거사여. 나는 그대 며느리의 신통력을 이미 보았으니, 그대 노복의 신통력을 보고자 하오."

"내가 노비의 신통력은 마땅히 밭에서 보여주겠습니다."

"거사여. 멈추시오. 나는 이미 그대 노비의 신통력을 보았소."

그 대신은 사병을 거느리고 왕사성에 이르렀고, 마갈타국의 사니야 빈비사라왕의 주처에 이르렀다. 이르러서 이러한 일로써 사니야 빈비사라왕에게 아뢰었다.

34-6 이때 세존께서는 뜻을 따라서 비사리에 머무르셨으며, 1,250명의 비구들과 함께 발제성을 향하여 유행하셨다. 이때 세존께서는 차례로 유행하여 발제에 이르셨고, 이때 세존께서는 발제성의 승엽림(勝葉林)[88]에 머무르셨다.

민다 거사는 "사문 구담은 석가족에서 출가하였는데 발제에 이르렀고, 발제성의 승엽림에 머물고 있다. 그 세존 구담은 이와 같은 명성(名聲)으로 알려졌는데, 그는 세존(世尊)[89], 응공(應供)[90], 정등각(等正覺)[91], 명행족(明行足)[92], 선서(善逝)[93], 세간해(世間解)[94], 무상사(無上師)[95], 조어장부

---

88) 팔리어 Jātiyā vane(자티야 바네)의 번역이다.
89) 앞의 대건도 부분과 비교한다면 어휘의 차이를 찾아볼 수 있어서 다시 기록하므로, 비교하여 보기를 권한다. 팔리어 bhagavā(바가바)의 번역이다.
90) 팔리어 araha(아라하)의 번역이다.
91) 팔리어 sammāsambuddha(삼막삼부따)의 번역이다.
92) 팔리어 vijjācaraṇasampanna(비짜차라나삼판나)의 번역이다.
93) 팔리어 sugata(수가타)의 번역이다.
94) 팔리어 lokavidū(로카비두)의 번역이다.
95) 팔리어 anuttara purisadammasārathi(아누따라 푸리사담마사라티)의 번역이다.

(調御丈夫)96), 천인사(天人師)97), 불세존(佛世尊)98)이다.

그는 천인, 마천(魔天), 범천(梵天), 세간(世間), 사문(沙門), 바라문(婆羅門), 인간, 천상의 유정계(有情界)에서 스스로가 증득하여 알았고, 현재에도 증득하라고 설하고 있다. 설하는 것이 처음도 좋고 중간도 좋으며 끝도 좋고, 뜻의 이치를 갖추었으며, 문장은 교법(敎法)을 갖추었고, 하나같이 순수하고 원만하며 모두가 청정한 범행을 설하고 있으므로, 가서 이와 같은 아라한을 보는 것은 좋은 일이다."라고 들었다.

34-7 이때 민다 거사는 좋고 아름다운 수레를 준비하여 좋고 아름다운 수레에 올랐으며, 세존을 보고 예배하려고 좋고 아름다운 수레를 따라서 발제성을 나왔다. 많은 숫자의 여러 외도들은 민다 거사가 멀리서 오는 것을 보았다. 보고서 민다 거사에게 말하였다.

"거사여. 그대는 어디를 가십니까?"

"나는 사문 구담을 보려고 갑니다."

"그대는 작업론자인데 어찌하여 무작업론자인 사문 구담을 보려고 갑니까? 거사여. 사문 구담은 곧 무작업론자이고 무작업법을 설하며 이것으로써 여러 제자들을 가르치고 있소."

34-8 이때 민다 거사는 마음에서 사유하였다.

'그는 반드시 세존·응공·정등각이고 이것으로써 이 여러 외도들이 질투하는 것이다.'

수레가 다닐 수 있는 곳까지 수레를 타고서 갔고, 그러한 뒤에 수레에서 내려서 걸어갔으며, 세존의 처소로 나아갔다. 이르러서 세존께 예경하고 한쪽에 앉았다. 한쪽에 앉았으므로 세존께서는 민다 거사에게 차례로 설법하여 보여주셨는데 이를테면, 보시론, 계율론, 생천론, 여러 욕망의

---

96) 팔리어 satthā(사따)의 번역이다.
97) 팔리어 devamanussāna(데바마누싸나)의 번역이다.
98) 팔리어 buddha bhagavā(부따 바가바)의 번역이다.

허물과 삿된 피해, 여러 염오를 벗어나는 공덕이었다. 세존께서는 그들에게 감당할 수 있는 마음, 유연한 마음, 장애를 벗어나는 마음, 환희하는 마음, 밝고 청정한 마음이 생겨난 것을 아시고서, 제불의 근본의 법을 설하셨는데 이를테면, 고성제, 집성제, 멸성제, 도성제이었다.

비유한다면, 깨끗하여 검은 얼룩이 없는 옷이 바로 염색을 받아들일 수 있는 것과 같이, 민다 거사도 이와 같아서 역시 그 자리에서 멀리 티끌과 염오가 없는 법안을 얻었고, "일반적으로 모였던 법은 이것은 모두 멸하는 법이다."라고 말하였다.

34-9 이때 민다 거사는 이미 법을 보았고 법을 얻었으며, 법을 알았고, 법에 들어가서 의혹을 초월하였고, 의심을 없앴으며, 두려움이 없음을 얻었고 스승의 가르침을 행하면서 다른 인연을 의지하지 않았으며, 세존께 아뢰어 말하였다.

"기이(奇)합니다. 기이합니다. 비유한다면 넘어진 자를 일으킨 것과 같고 가려진 것을 열었던 것과 같으며 미혹한 자를 위하여 이치를 설하셨으므로 어둠을 열고서 등불을 들었던 것과 같아서 눈이 있는 자는 색을 보았습니다. 이와 같이 세존께서도 역시 여러 종류의 방편으로 설법하셨으니, 우리들은 세존께 귀의하고 법에 귀의하며 비구 대중께 귀의합니다. 세존이시여. 우리들이 지금부터 목숨을 마칠 때까지 귀의하여 우바새가 되는 것을 허락하십시오. 세존이시여. 내일 여러 비구들과 함께 저의 음식을 받아주십시오."

세존께서는 묵연히 허락하셨다.

34-10 이때 민다 거사는 세존께서 묵연히 허락하신 것을 알고서 자리에서 일어나서 세존께 예경하고서 오른쪽으로 돌면서 떠나갔다. 이때 민다 거사는 밤이 지나간 뒤에 미묘한 작식과 담식을 조리하고서 세존께 때를 아뢰어 말하였다.

"때에 이르렀습니다. 음식은 조리가 되었습니다."

이때 세존께서는 이른 아침의 때에 하의를 입고서 옷과 발우를 지니고 민다 거사의 주처에 이르셨다. 이르러서 비구 대중들과 펼쳐진 자리의 위에 앉으셨다.

이때 민다 거사의 아내, 아들, 며느리, 노복들은 세존의 처소에 이르렀다. 이르러서 세존께 예경하고 한쪽에 앉았다. 한쪽에 앉은 때에 세존께서는 그들을 위하여 차례로 설법하였는데 이를테면, 보시론, …… 나아가 …… 이미 법을 보았고 법을 얻었으며, 법을 알았고, 법에 들어가서 의혹을 초월하였고, 의심을 없앴으며, 두려움이 없음을 얻었고 스승의 가르침을 행하면서 다른 인연을 의지하지 않았으며, 세존께 아뢰어 말하였다.

"우리들은 세존께 귀의하고 법에 귀의하며 비구 대중께 귀의합니다. 세존이시여. 우리들이 지금부터 목숨을 마칠 때까지 귀의하여 우바새가 되는 것을 허락하십시오."

34-11 이때 민다 거사는 세존과 상수 비구들을 위하여 스스로가 손으로써 미묘한 작식과 담식을 공양하여 모두가 배부르게 하였다. 세존께서 음식을 드시고서 발우를 손으로 씻은 것을 보았으므로 한쪽에 앉았다. 한쪽에 앉았으므로 민다 거사는 세존께 아뢰어 말하였다.

"세존께서 발제성에 머무르신다면 제가 세존과 상수 비구들을 위하여 항상 음식으로써 공양하겠습니다."

이때 세존께서는 민다 거사를 위하여 설법하시어 가르쳐서 보여주셨고, 권유하고 인도하셨으며, 장려하면서 환희하게 하셨고, 곧 자리에서 일어나셨으며, 떠나가셨다.

34-12 이때 세존께서는 뜻을 따라서 발제성에 머무르셨으며, 민다 거사에게 묻지 않으셨고, 1,250명의 비구들과 함께 아모다라국(阿牟多羅國)[99]을 향하여 유행하셨다. 민다 거사는 "세존께서 1,250명의 비구들과 함께

---

99) 팔리어 Aṅguttarāpa(앙구따라파)의 음사이다.

아모다라국을 향하여 유행하셨다."라고 들었다. 이때 민다 거사는 노복(奴
僕)들에게 말하였다.

"수레에 많은 소금·기름·쌀·작식 등을 가득 싣고서 오게. 또한 1,250명
의 목동들은 1,250마리의 암소를 데리고 오게. 세존께서 보시는 곳에서
신선한 우유로써 공양하겠네."

34-13 이때 민다 거사는 광야에서 세존을 보았다. 이때 민다 거사는
세존의 처소로 나아갔으며, 이르러서 세존께 예경하고 한쪽에 서 있었다.
한쪽에 서 있으면서 민다 거사는 세존께 아뢰어 말하였다.

"세존이시여. 내일 비구승가와 함께 저의 음식을 받아주십시오."

세존께서는 묵연히 허락하셨다. 이때 민다 거사는 세존께서 묵연히
허락하신 것을 알고서 자리에서 일어나서 세존께 예경하고서 오른쪽으로
돌면서 떠나갔다. 이때 민다 거사는 밤이 지나간 뒤에 미묘한 작식과
담식을 조리하고서 세존께 때를 아뢰어 말하였다.

"때에 이르렀습니다. 음식은 조리가 되었습니다."

34-14 이때 세존께서는 이른 아침의 때에 하의를 입고서 옷과 발우를
지니고 민다 거사의 주처에 이르셨다. 이르러서 비구 대중들과 펼쳐진
자리의 위에 앉으셨다. 이때 민다 거사는 노복들에게 말하였다.

"한 마리·한 마리의 암소를 끌고 오게. 한 명·한 명의 비구들에게
신선한 우유로써 공양하겠네."

이때 민다 거사는 세존과 상수 비구들을 위하여 스스로가 손으로써
미묘한 작식과 담식 및 신선한 우유를 공양하였다. 여러 비구들은 의심하
고 두려워하면서 우유를 받지 않았다. 세존께서는 말씀하셨다.

"여러 비구들이여. 그것을 받을 것이고, 그것을 마실지니라."

34-15 이때 민다 거사는 세존과 상수 비구들을 위하여 스스로가 손으로써
미묘한 작식과 담식을 공양하여 모두가 배부르게 하였다. 세존께서 음식

을 드시고서 발우를 손으로 씻은 것을 보았으므로 한쪽에 서 있었다. 한쪽에 서 있으면서 민다 거사는 세존께 아뢰어 말하였다.

"도로에 광야가 있다면 물과 음식이 부족하고 도로의 식량이 없어서 머무르는 것이 쉽지 않습니다. 옳으신 세존이시여. 여러 비구들에게 도로의 양식을 허락하십시오."

이때 세존께서는 민다 거사를 위하여 설법하시어 가르쳐서 보여주셨고, 권유하고 인도하셨으며, 장려하면서 환희하게 하셨고, 곧 자리에서 일어나셨으며, 떠나가셨다.

34-16 이때 세존께서는 이 인연으로써 설법하셨으며, 여러 비구들에게 알려 말씀하셨다.

"여러 비구들이여. 다섯 종류의 우유를 허락하겠나니, 우유(乳), 낙(酪), 생소(生酥), 숙소(熟酥), 제호(醍醐)이니라. 여러 비구들이여. 도로에 광야가 있다면 물과 음식이 부족하고 도로의 식량이 없어서 머무르는 것이 쉽지 않으니라. 여러 비구들이여. 도로의 식량을 구하는 것을 허락하겠나니, 쌀이 필요한 자는 쌀을 구하고, 강낭콩이 필요한 자는 강낭콩을 구하며, 콩이 필요한 자는 콩을 구하고, 소금이 필요한 자는 소금을 구하며, 사탕이 필요한 자는 사탕을 구하고, 기름이 필요한 자는 기름을 구하며, 제호가 필요한 자는 제호를 구할지니라.

여러 비구들이여. 신심을 갖추고 있고 청정한 마음을 갖춘 여러 사람들이 있느니라. 만약 그들이 황금으로써 합당한 자에게 주면서 '이것으로써 합당한 존자에게 보시하겠습니다.'라고 말하였다면, 여러 비구들이여. 이것으로써 합당한 자들이 받는 것을 허락하겠노라. 여러 비구들이여. 다만 개인적인 방편으로써 역시 금과 은을 받을 수 없나니, 이것을 나는 말하였노라."

[민다 거사를 마친다.]

35) 결발범지 계니야(契尼耶)

35-1 이때 세존께서는 차례로 유행하셨고, 아마나(阿摩那)[100])에 이르셨다. 결발범지(螺髻梵志)인 계니야(契尼耶)[101])는 "사문 구담은 석가족에서 출가하였는데 아마나에 이르렀고, 아마나에 머물고 있다. …… 나아가 …… 이와 같은 아라한을 보는 것은 좋은 일이다."라고 들었다.

35-2 이때 결발범지인 계니야는 마음에서 사유하였다.

'그는 바라문의 가운데에서 여러 옛 선인들의 진실한 말을 짓는 자이고, 진실한 말을 외우는 자이다. 오늘의 바라문은 일찍이 그들이 지었던 여러 옛 주문(呪文)을 외치면서 외우고, 또한 집성(集成)하여 오늘도 따라서 외치면서 외우며, 설하였던 것을 설하고, 문구(文句)를 말하였던 것을 따라서 말하고 있다. 옛 선인들은 곧 아타마(阿咤摩)[102]), 바마(婆摩)[103]), 바마제바(婆摩提婆)[104]), 비사밀다(毘沙蜜多)[105]), 야바제가(耶婆提伽)[106]), 앙기라(鴦耆羅)[107]), 발라파사(跋羅皤闍)[108]), 바실타(婆悉咤)[109]), 가섭(迦葉)[110]), 바구(婆咎)[111]) 등이다. 그들은 비록 저녁에 음식을 먹지 않았고, 역시 때가 아닌 때에 먹지 않았으나, 이와 같은 음료(飮料)는 받았다.'

---

100) 팔리어 Āpaṇa(아파나)의 음사이다.
101) 팔리어 Keṇiya(케니야)의 음사이다.
102) 팔리어 Aṭṭhaka(아따카)의 음사이다.
103) 팔리어 Vāmaka(바마카)의 음사이다.
104) 팔리어 Vāmadeva(바마데바)의 음사이다.
105) 팔리어 Vessāmitta(베싸미따)의 음사이다.
106) 팔리어 Yamataggi(야마타끼)의 음사이다.
107) 팔리어 Aṅgīrasa(앙기라사)의 음사이다.
108) 팔리어 Bhāradvāja (바라드바자)의 음사이다.
109) 팔리어 Vāseṭṭha(바세따)의 음사이다.
110) 팔리어 Kassapa(카싸파)의 음사이다.
111) 팔리어 Bhagu(바구)의 음사이다.

35-3 이때 결발범지인 계니야는 세존과 상수 비구들을 위하여 스스로가 손으로써 미묘한 작식과 담식을 공양하여 모두가 배부르게 하였다. 세존 께서 음식을 드시고서 발우를 손으로 씻은 것을 보았으므로 한쪽에 서 있었다. 한쪽에 서 있는 때에 세존께서는 결발범지인 계니야를 위하여 설법하시어 가르쳐서 보여주셨고, 권유하고 인도하셨으며, 장려하면서 환희하게 하셨다. 이때 결발범지인 계니야는 세존께서 설법하시어 가르 쳐서 보여주셨고, 권유하고 인도하셨으며, 장려하면서 환희하게 하셨던 것을 들었던 때에 세존께 아뢰어 말하였다.

"세존이시여. 내일 비구승가와 함께 저의 음식을 받아주십시오."

35-4 "계니야여. 대비구 승가는 1,250명이 있고, 그대는 바라문들이 신앙하고 있습니다."

결발범지인 계니야는 다시 세존께 아뢰어 말하였다.

"구담이시여. 대비구 승가는 1,250명이 있고, 나는 바라문들이 신앙하 고 있습니다. 그러나 내일 비구승가와 함께 저의 음식을 받아주십시오."

"계니야여. 비구승가는 1,250명이 있고, 그대는 바라문들이 신앙하고 있습니다."

결발범지인 계니야는 세 번째로 세존께 아뢰어 말하였다.

"구담이시여. 대비구 승가는 1,250명이 있고, 나는 바라문들이 신앙하 고 있습니다. 그러나 내일 비구승가와 함께 저의 음식을 받아주십시오."

세존께서는 묵연히 허락하셨다. 이때 결발범지인 계니야는 세존께서 묵연히 허락하신 것을 알고서 자리에서 일어나서 떠나갔다.

35-5 이때 세존께서는 이 인연으로써 설법하셨으며, 여러 비구들에게 알려 말씀하셨다.

"여러 비구들이여. 여덟 종류의 음료(漿)를 허락하겠나니, 암바장(菴婆 漿)[112], 염부장(閻浮漿)[113], 구라장(俱羅漿)[114], 파초장(芭蕉漿)[115], 밀장 (蜜漿)[116], 포도장(蒲桃漿)[117], 사루가장(舍樓伽漿)[118], 파루장(波樓漿)[119]

등이니라. 여러 비구들이여. 일체의 과즙(果汁)은 허락하겠으나, 곡물의
즙은 제외하겠노라. 여러 비구들이여. 일체의 엽즙(葉汁)은 허락하겠으
나, 채소의 즙은 제외하겠노라. 일체의 화즙(華汁)은 허락하겠으나, 사탕
수수의 즙은 제외하겠노라."

35-6 이때 결발범지인 계니야는 밤이 지나간 뒤에 미묘한 작식과 담식을
조리하고서 세존께 때를 아뢰어 말하였다.

"때에 이르렀습니다. 음식은 조리가 되었습니다."

이때 세존께서는 이른 아침의 때에 하의를 입고서 옷과 발우를 지니고
결발범지인 계니야의 주처에 이르셨다. 이르러서 비구 대중들과 펼쳐진
자리의 위에 앉으셨다. 이때 결발범지인 계니야는 세존과 상수 비구들을
위하여 스스로가 손으로써 미묘한 작식과 담식을 공양하여 모두가 배부르
게 먹게 하였다. 세존께서 음식을 드시고서 발우를 손으로 씻은 것을
보았으므로 한쪽에 앉았다.

35-7 한쪽에 앉은 때에 세존께서는 결발범지인 계니야를 환희하게 하시
고자 게송을 설하셨다.

천사(天祠)의 공양은 불이 최고이고

---

112) 팔리어 Ambapāna(암바파나)의 번역이고, amba와 pāna의 합성어이다. 'amba'는
    '망고나무'를 가리키며, 'pāna'는 '음료'의 뜻이다.
113) 팔리어 Jambupāna(잠부파나)의 번역이고, 'jambu'는 '장미사과 나무'를 가리킨다.
114) 팔리어 Cocapāna(초차파나)의 번역이고, 'coca'는 '코코넛'을 가리키는 것으로
    추정된다.
115) 팔리어 Mocapāna(모차파나)의 번역이다.
116) 팔리어 Madhūkapāna(마두카파나)의 번역이다.
117) 팔리어 Muddikapāna(무띠카파나)의 번역이다.
118) 팔리어 Sālūkapāna(사루카파나)의 번역이고, 'sālūka'는 '수련의 뿌리'를 가리킨다.
119) 팔리어 Phārusakapāna(파루사카파나)의 번역이고, phārusaka는 '특정한 꽃'의
    한 종류를 가리킨다.

살비제(薩鞞帝)[120]는 바라문 문서의 최고이며
여러 사람들의 가운데에서 왕은 최고이며
여러 강의 가운데에서는 바다가 제일이라네.

여러 별들의 가운데에서 달은 으뜸이고
비추는 밝음의 가운데에서 해는 으뜸이고
복덕을 원하는 여러 성자들은
승가와 비교할 수 없다네.

이때 세존께서는 이러한 게송으로써 결발범지인 계니야를 환희하게
하셨으며, 곧 자리에서 일어나서 떠나가셨다.

[결발범지 계니야를 마친다.]

36) 마라족 로자(摩羅族 盧子)

36-1 그때 세존께서는 뜻을 따라서 아마나에서 머무르셨으며, 대비구
1,250명과 함께 구시나라(拘尸那羅)[121]를 향하여 유행하셨다. 구시나라의
마라족(摩羅族)[122]들은 "세존께서 대비구 1,250명과 함께 구시나라에 이
르셨다."라고 들었다. 그들은 서로에게 약속하여 말하였다.
　"만약 세존을 영접하지 않는 자가 있다면 500금전(金錢)으로 처벌하겠
다."

---

120) 팔리어 Sāvittī(사비티)의 음사이다. 베다의 찬가(讚歌, chandato mukham)이고,
　　457자(字)이며 세 줄로 구성되고 있다.
121) 팔리어 Kusinārā(쿠시나라)의 음사이고, 세존께서 입멸하신 취락이다.
122) 팔리어 Kosinārakā mallā(코시나라카 말라)의 음사이다. 'kosinārakā'는 구시나라
　　의 지명이고 'mallā'는 부족을 가리킨다.

그때 마라족의 로자(盧子)[123]라는 자가 있었는데 장로 아난의 벗이었다. 그때 세존께서는 차례로 유행하여 구시나라에 이르셨다.

36-2 그때 구시나라의 마라족들은 세존을 영접하였다. 이때 로자도 세존을 영접하였고 장로 아난의 처소에 이르렀으며, 한쪽에 서 있었다. 한쪽에 서 있는 때에 장로 아난은 마라족의 로자에게 말하였다.

"로자여. 그대가 세존을 영접한 것은 매우 좋은 일이오."

"아난이여. 나는 세존, 법, 승가를 존경하지 않았으나, 여러 친족들이 서로가 약속하였소.

'만약 세존을 영접하지 않는 자가 있다면 500금전으로 처벌하겠다.'

아난이여. 나는 오직 친족들에게 벌금을 무는 것이 두려웠던 까닭으로 세존을 영접한 것이오."

이때 장로 아난은 즐겁지 않았다.

"마라족인 로자는 어찌하여 이와 같이 말하는가?"

36-3 이때 장로 아난은 세존의 처소로 나아갔으며, 이르러서 세존께 예경하고 한쪽에 앉았다. 한쪽에 앉고서 장로 아난은 세존께 아뢰어 말하였다.

"이곳의 마라족인 로자는 유명한 사람입니다. 이와 같이 유명한 사람이 만약 이 법과 율에서 신심을 얻는다면 곧 위력이 클 것입니다. 옳으신 세존이시여. 마라족인 로자가 이 법과 율에서 신심이 생겨나게 도와주십시오."

"아난이여. 여래가 마라족인 로자가 이 법과 율에서 신심이 생겨나게 하는 것은 어렵지 않으니라."

36-4 이때 세존께서는 자심(慈心)으로 마라족 로자를 두루 원만하게

---

123) 팔리어 Roja(로자)의 음사이다.

하셨으며, 곧 자리에서 일어나서 정사로 들어가셨다. 이때 마라족 로자는 세존의 자심을 두루 원만하게 받았으므로 비유한다면 송아지가 어미를 찾는 것과 같이 정사에서 정사로, 방사에서 방사로, 여러 비구들에게 물어 말하였다.

"존자들이여. 지금 어디에 그 분이신 세존, 응공, 정등각께서는 지금 어디에 계십니까? 우리들은 그 분이신 세존, 응공, 정등각을 보고자 합니다."

"로자여. 그 분의 처소는 정사에서 닫혀 있습니다. 그대는 반드시 조용하게 가시고 천천히 바깥의 회랑을 들어가며 헛기침을 하고 문을 두드리십시오. 세존께서 마땅히 그대를 위하여 문을 여실 것입니다."

36-5 이때 마라족 로자는 닫혀있는 정사로 조용하게 나아가서 천천히 바깥의 회랑을 들어갔으며 헛기침을 하고 문을 두드렸고, 세존께서는 곧 문을 여셨다. 이때 마라족 로자는 정사로 들어가서 세존께 예경하고 한쪽에 앉았다. 한쪽에 앉은 때에 세존께서는 그를 위하여 차례로 설법하였는데 이를테면, 보시론, …… 나아가 …… 두려움이 없음을 얻었고, 스승의 가르침을 행하면서 다른 인연을 의지하지 않았으며, 세존께 아뢰어 말하였다.

"옳으십니다. 오직 청하옵건대 다른 사람들에게 받는 것을 물리치시고 저의 의복·음식·와구·의약품을 받아주십시오."

"로자여. 이미 학지(學知)가 있고 학견(學見)이 있으며 제법을 보았던 사람들은 역시 그대와 같이 사유할 것이오.

'오직 청하옵건대 다른 사람들에게 받는 것을 물리치시고 저의 의복, 음식, 와구, 의약품을 받아주십시오.'

로자여. 그대가 주는 것을 받는 까닭으로 다른 사람이 주는 것도 모두 받아야 하오."

36-6 이때 구시나라에서는 계속하여 미묘한 음식을 공양하였다. 이때

마라족 로자는 차례에 이르지 않았으므로 마음에서 사유하였다.

'나는 마땅히 식당을 관찰하여 마땅히 식당에 없는 것을 조리해야겠다.'

이때 마라족 로자는 식당을 관찰하였고 없는 것이 두 종류가 있었는데, 채소와 단단한 전병(煎餅)이었다. 이때 마라족 로자는 장로 아난의 처소에 이르렀다. 이르러서 장로 아난에게 말하였다.

"아난이여. 차례에 이르지 않았으므로 마음에서 사유하였습니다.

'나는 마땅히 식당을 관찰하여 마땅히 식당에 없는 것을 조리해야겠다.'

아난이여. 식당을 관찰하였고 없는 것이 두 종류가 있었는데, 채소와 단단한 전병이었습니다. 아난이여. 내가 만약 채소와 단단한 전병을 준비한다면 세존께서 받겠습니까?"

"로자여. 그와 같다면 내가 세존께 물어보겠습니다."

36-7 이때 장로 아난은 이 일로써 세존께 아뢰었고, 세존께서는 말씀하셨다.

"아난이여. 그와 같다면 곧 준비하게."

이때 마라족 로자는 밤이 지나간 뒤에 많은 채소와 단단한 전병을 준비하고서 세존께 받들어 공양하면서 말하였다.

"세존이시여. 청하건대 저의 채소와 단단한 전병을 받아주십시오."

"로자여. 그와 같다면 여러 비구들에게 베풀어주시오."

여러 비구들은 의심하고 두려워하면서 우유를 받지 않았다. 세존께서는 말씀하셨다.

"여러 비구들이여. 그것을 받을 것이고, 그것을 먹을지니라."

36-8 이때 마라족 로자는 많은 채소와 단단한 전병으로써 세존과 상수 비구들을 위하여 스스로가 손으로써 공양하여 모두가 배부르게 하였다. 세존께서 음식을 드시고서 발우를 손으로 씻은 것을 보았으므로 한쪽에 앉았다. 한쪽에 앉았으므로 세존께서는 마라족 로자를 위하여 설법하시어 가르쳐서 보여주셨고, 권유하고 인도하셨으며, 장려하면서 환희하게

하셨고, 곧 자리에서 일어나셨으며, 떠나가셨다.

이때 세존께서는 이 인연으로써 설법하셨으며, 여러 비구들에게 알려 말씀하셨다.

"여러 비구들이여. 일체의 채소와 단단한 전병을 수용하는 것을 허락하노라."

[마라족 로자를 마친다.]

37) 노년 출가자(老年出家者)

37-1 그때 세존께서는 뜻을 따라서 구시나라에서 머무르셨으며, 대비구 1,250명과 함께 아두마(阿頭麻)[124]를 향하여 유행하셨다. 그때 옛날에 이발사였던 한 노년의 출가자가 아두마에서 머무르고 있었다. 그에게는 두 아들이 있었는데, 음성이 미묘하였고 변재가 있었으며 스승을 이어받은 이발사였고 모두가 뛰어난 기술을 지녔었다.

37-2 그 노년의 출가자는 "세존께서는 대비구 1,250명과 함께 아두마에 이르셨다."라고 들었다. 이때 그 노년의 출가자는 그 두 아들에게 말하였다.

"세존께서는 대비구 1,250명과 함께 아두마에 이르셨다. 그대들은 곧 가서 이발 도구를 가지고 집집마다 돌아다니면서 그릇[125]으로써 소금·기름·쌀·작식을 모으도록 하라. 세존께서 만약 오신다면 우리들은 죽을 짓겠다."

"알겠습니다."

그 두 아들은 노년의 출가자에게 대답하고서 이발 도구를 가지고 집집마다 돌아다니면서 병으로써 소금·기름·쌀·작식을 모았다. 여러

---

124) 팔리어 Ātumā(아투마)의 음사이다.
125) 팔리어 Nāḷi(나리)의 음사이고, '튜브', '파이프'와 같은 물건을 가리킨다.

사람들은 두 아들은 음성이 미묘하였고 변재가 있었으므로, 보시하려고 하지 않았던 자들도 보시하였고, 보시하려는 자들은 더욱 많이 주었다. 이때 두 아들은 많은 양의 소금·기름·쌀·작식을 모았다.

37-3 그때 세존께서는 차례로 유행하여 아두마에 이르셨다. 이때 세존께서는 아두마의 탈곡장(脫穀場)에 머무르셨다. 이때 그 노년의 출가자는 밤이 지난 뒤에 많은 양의 죽을 끓였고 세존께 받들어 공양하면서 말하였다.

"세존이시여. 청하건대 저의 죽을 받아주십시오."

모든 여래께서는 아시고서 묻는 것이고, 역시 아시면서도 묻지 않는 것이며, 때를 아시고 묻는 것이고, 때를 알았어도 묻지 않는 것이며, 모든 여래께서는 뜻의 이익이 있다면 묻는 것이고, 뜻의 이익이 없다면 묻지 않는 것이니, 뜻의 이익이 없다면 여래께서는 곧 파괴된 교량과 같은 것이다.

불·세존께서는 두 가지의 모습에 의지하여 여러 비구들에게 물으시는 것이니, 비구들을 위하여 설법하시거나, 혹은 성문제자를 위하여 학처를 제정하여 세우시는 것이다.

이때 세존께서는 그 노년의 출가자에게 말씀하셨다.

"비구여. 이 죽은 어느 곳에서 얻었는가?"

이때 그 노년의 출가자는 세존께 그 일을 아뢰었다.

37-4 그때 세존께서는 꾸짖으셨다.

"어리석은 사람이여. 합당하지 않고 수순하지 않으며 조화롭지 못하고 사문의 법이 아니며 상응하지 않고 지을 일이 아니니라. 어리석은 사람이여. 그대는 어찌하여 상응하지 않는 물건을 받았는가? 어리석은 사람이여. 이것은 오히려 믿지 않는 자에게 신심이 생겨나지 않게 하고, 이미 믿었던 자는 증장시키지 않느니라. …… 이미 믿었던 자는 일부가 전전하여 다른 곳을 향하여 떠나가게 하느니라."

이때 세존께서는 여러 방편으로써 꾸짖으셨고 설법하셨으며, 여러 비구들에게 알려 말씀하셨다.

"여러 비구들이여. 상응하지 않는 물건을 받을 수 없느니라. 받는 자는 악작을 범하느니라. 여러 비구들이여. 비록 옛날에 이발사였더라도 이발 도구를 보관할 수 없느니라. 보관하는 자는 악작을 범하느니라."

[노년 출가자를 마친다.]

38) 열매 과일의 작식

38-1 그때 세존께서는 뜻을 따라서 아마두에서 머무르셨으며, 사위성을 향하여 유행하셨다. 차례로 유행하여 사위성에 이르셨고, 이때 세존께서는 사위성의 기수급고독원에 머무르셨다. 그때 사위성에서는 열매과일의 작식이 풍부하였다. 여러 비구들은 마음에서 사유하였다.

"세존께서 열매 과일의 작식을 허락하셨는가? 혹은 허락하지 않으셨는가?"

이 일로써 세존께 아뢰었으며, 세존께서는 말씀하셨다.

"여러 비구들이여. 일체의 열매 과일의 작식을 허락하겠노라."

[열매 과일의 작식을 마친다.]

39) 종자(種子)

39-1 이때 승가가 소유하였던 종자가 한 재가인의 땅에 뿌려졌고, 한 재가인이 소유하였던 종자가 승가의 땅에 뿌려졌다. 그 여러 비구들은 이 일로써 세존께 아뢰었으며, 세존께서는 말씀하셨다.

"여러 비구들이여. 승가가 소유하였던 종자가 한 재가인의 땅에 뿌려졌다면 마땅히 일정한 부분을 주고서 뒤에 수용할 것이고, 한 재가인이 소유하였던 종자가 승가의 땅에 뿌려졌다면 마땅히 일정한 부분을 주고서 뒤에 수용하라."

[종자를 마친다.]

40) 상응과 불상응(不相應)

40-1 이때 여러 일들에서 여러 비구들은 마음에서 의혹하였다.

"세존께서 허락하셨는가? 혹은 허락하지 않으셨는가?"

그 여러 비구들은 이 일로써 세존께 아뢰었으며, 세존께서는 말씀하셨다.

"여러 비구들이여. 이와 같이 내가 비록 '상응하지 않다.'라고 금지하여 말하지 않았더라도 만약 상응하지 않는 일을 따르고 상응하는 일을 위반한다면 이것은 그대들이 상응하지 않는 것을 행하는 것이니라. 여러 비구들이여. 이와 같이 내가 비록 '상응하지 않다.'라고 금지하여 말하지 않았더라도 만약 상응하는 일을 따르고 상응하지 않는 일을 위반한다면 이것은 그대들이 상응하는 것을 행하는 것이니라.

여러 비구들이여. 이와 같이 내가 비록 '상응하다.'라고 허락하여 말하지 않았더라도 만약 상응하지 않는 일을 따르고 상응하는 일을 위반한다면 이것은 그대들이 상응하지 않는 것을 행하는 것이니라. 여러 비구들이여. 이와 같이 내가 비록 '상응하다.'라고 허락하여 말하지 않았더라도 만약 상응하는 일을 따르고 상응하지 않는 일을 위반한다면 이것은 그대들이 상응하는 것을 행하는 것이니라."

40-2 이때 여러 일들에서 여러 비구들은 마음에서 사유하였다.

"만약 시약으로써 시분약(時分藥)을 섞는다면 상응하는가 혹은 상응하지 않는가? 만약 시약으로써 칠일약(七日藥)을 섞는다면 상응하는가 혹은 상응하지 않는가? 만약 시약으로써 진형수약(盡形壽藥)을 섞는다면 상응하는가 혹은 상응하지 않는가? 만약 시분약으로써 칠일약을 섞는다면 상응하는가 혹은 상응하지 않는가? 만약 시분약으로써 진형수약을 섞는다면 상응하는가 혹은 상응하지 않는가? 만약 칠일약으로써 진형수약을 섞는다면 상응하는가 혹은 상응하지 않는가?"

40-3 그 여러 비구들은 이 일로써 세존께 아뢰었으며, 세존께서는 말씀하셨다.

"여러 비구들이여. 만약 시약으로써 시분약을 섞었고 그날에 받았으며, 바른 때라면 상응하고 다만 때가 아니라면 곧 상응하지 않느니라.

여러 비구들이여. 만약 시약으로써 칠일약을 섞었고 그날에 받았으며, 바른 때라면 상응하고 다만 때가 아니라면 곧 상응하지 않느니라. 여러 비구들이여. 만약 시약으로써 진형수약을 섞었고 그날에 받았으며, 바른 때라면 상응하고 다만 때가 아니라면 곧 상응하지 않느니라. 여러 비구들이여. 만약 시약으로써 시분약을 섞었고 그날에 받았으며, 바른 때라면 상응하고 다만 때가 아니라면 곧 상응하지 않느니라.

여러 비구들이여. 만약 시분약으로써 칠일약을 섞었고 그날에 받았으며, 바른 때라면 상응하고 다만 때가 아니라면 곧 상응하지 않느니라. 여러 비구들이여. 만약 시분약으로써 진형수약을 섞었고 그날에 받았으며, 바른 때라면 상응하고 다만 때가 아니라면 곧 상응하지 않느니라. 여러 비구들이여. 만약 칠일약으로써 진형수약을 섞었고 그날에 받았으며, 바른 때라면 상응하고 다만 때가 아니라면 곧 상응하지 않느니라."

[상응과 불상응을 마친다.]

○ 【다섯째의 송출품을 마친다.】

이 건도에는 106사(事)가 있느니라. 섭송으로 말하겠노라.

가을의 병과 때가 아닌 때와
지방과 뿌리와 분말과
수축제와 잎과 과일과 수지와
소금과 쇠똥과 가루와

체와 고기와 바르는 약과
향료와 바르는 약의 상자와
덮개와 빗치개와 빗치개 상자와
자루와 어깨 끈과 밧줄과

머리 기름과 관비와
관비통과 연기와 관(筒)과
덮개와 자루와 끓인 기름과 술과
많이 섞은 것과 바르는 약과

항아리와 땀내는 것과 찜질과
크게 땀내는 것과 탕약과
욕실과 사혈과
발에 바르는 약과 발의 기름과

칼과 설사약과 호마의 기름과
부착포와 붕대와
겨자 가루와 연기와 조각과
종기 기름과 아마포와

오물과 받는 것과 똥과

짓는 것과 흙과 잿물과
소의 오줌에 담근 하리륵과
향료와 설사약과

맑은 죽과 천연 음료와
인공 음료와 천연 음료와
육즙과 산비탈과
원림을 지키는 자와 7일과

사탕과 콩과 신죽과
스스로 끓이는 것과 다시 끓이는 것과
다시 허용하는 것과 기근과
열매 과일과 호마와

작식과 이전의 음식과
열병과 종자가 없는 것과
치질과 관장과 소비와
인육과 코끼리와 말과 개와

뱀과 사자와 호랑이와 표범과
곰과 하이에나의 고기와
차례와 죽과 새로 얻은 것과
나머지 사람과 수니타와

사탕과 휴식당과
암바바리와
리차족과 항하와
구리촌과 여러 논과

스스로를 위하여 죽인 고기와
풍요와 다시 금지한 것과
구름과 야소와
민다와 우유와

도로의 양식과
계니야와 암바와
염부와 구라와
파초와 꿀과 포도와

사루가와 파루와
채소와 단단한 전병과
아두마의 이발사와
사위성과 열매와
종자와 여러 일과
시약 등이 있다.

◎ 약건도를 마친다.

대건도 제7권

제7장 가치나의건도(迦絺那衣犍度)[1]

1. 제1송출품(第一誦出品)

1) 파리읍(波利邑)의 비구

1-1 그때 불·세존께서는 사위성의 기수급고독원에 머무르셨다.

그때 파리읍(波利邑)[2]에는 비구가 30명이 있었는데, 모두가 숲속에 머물렀고, 모두가 걸식하였으며 모두가 분소의를 입었고 모두가 3의가 있었다. 사위성으로 가서 세존을 보고서 예경하려고 하였는데, 이때는 우안거가 가까웠으므로, 다만 사위성에서는 우안거에 들어갈 수 없었고, 도중에 사갈타(娑竭陀)[3]에서 우안거에 들어갔다. 그들은 피로하였고 우

---

1) 팔리어 Kathinakkhandhaka(카티나 깐다카)의 번역이다.
2) 팔리어 Pāva(파바)의 음사이고, 말라국의 고대 수도이며, 중부 인도의 16대국의 하나이다.
3) 팔리어 Sāketa(사케타)의 음사이고, 코살라국의 한 취락으로 고대인도의 146대 도시의 가운데에서 하나이다.

안거를 머무르면서 생각하였다.

'비록 세존께서 6유순(由旬)의 근처에 머무시는데, 우리들은 세존을 만나볼 수 없구나.'

이때 그 여러 비구들은 3개월을 지내면서 우안거에 머물렀고 자자를 행하였다. 빗물이 가득하게 넘쳤고 진흙물이 흘러내렸으며 의복이 모두 젖었으므로 그들은 피로하였으나, 사위성 기수급고독원에 있는 세존의 주처로 나아갔다. 이르러서 세존께 예경하고서 한쪽에 앉았다.

1-2 불·세존께서는 객비구들과 함께 서로가 친절하게 문신하는 것이 상법이었다. 이때 세존께서는 여러 비구들에게 물어 말씀하였다.

"여러 비구들이여. 견딜 수 있었는가? 만족하였는가? 화합하였고 환희하였으며 투쟁하지 않고 안락하게 우안거를 머물렀는가? 걸식은 피로하지 않았는가?"

"세존이시여. 견딜 수 있었고 만족하였습니다. 화합하였고 환희하였으며 투쟁하지 않고 안락하게 우안거를 머물렀으며 걸식을 위하여 피로하지 않았습니다. 이곳의 우리들은 30명은 파리읍의 비구이고, 사위성으로 가서 세존을 보고 예경하려고 하였는데, 이때는 우안거가 가까웠습니다. 다만 사위성에서는 우안거에 들어갈 수 없었고, 도중에 사갈타에서 우안거에 들어갔으며, 나아가 우리들은 피로하였고 우안거를 머무르면서 생각하였습니다.

'비록 세존께서 6유순의 근처에 머무시는데, 우리들은 세존을 만나볼 수 없구나.'

이때 우리들은 3개월을 지내면서 우안거에 머물렀고 자자를 행하였으나, 빗물이 가득하게 진흙물이 흘러내렸으며 의복이 모두 젖었으므로 피로하였어도 이곳으로 왔습니다."

1-3 이때 세존께서는 이 인연으로써 설법하셨으며, 여러 비구들에게 알려 말씀하셨다.

　"여러 비구들이여. 우안거를 머물렀던 비구들이 가치나의를 받는 것을 허락하겠노라. 여러 비구들이여. 그대들이 가치나의를 받는다면 5사(事)에 상응할 수 있나니 이를테면, 식전이나 식후에 비구에게 부촉하지 않고 취락에 들어갈 수 있고, 3의를 벗어나서 묵을 수 있으며, 별중으로 먹을 수 있고, 필요한 양의 옷을 받을 수 있으며, 받은 옷을 지닐 수 있느니라. 여러 비구들이여. 가치나의를 받는다면 이와 같은 5사에 상응할 수 있느니라."

1-4 "여러 비구들이여. 가치나의를 받는 때라면 마땅히 이와 같이 그것을 행해야 하느니라. 마땅히 한 총명하고 유능한 비구가 승가의 가운데에서 창언해야 한다.

　'대덕 승가께서는 허락하십시오. 승가는 이 가치나의를 얻었습니다. 만약 승가께서 때에 이르렀다면 승가는 이 가치나의의 물건을 누구 비구에게 주어서 가치나의로 짓겠습니다. 이와 같이 아룁니다.'

　'대덕 승가께서는 허락하십시오. 승가는 이 가치나의를 얻었습니다. 만약 승가께서 때에 이르렀다면 승가는 이 가치나의의 물건을 누구 비구에게 주어서 가치나의로 짓겠습니다. 승가께서 이 가치나의의 물건을 누구 비구에게 주어서 가치나의로 짓는 것을 여러 대덕들께서 인정하신다면 묵연하시고 인정하지 않으신다면 말씀하십시오.'

　'승가시여. 이 가치나의의 물건을 누구 비구에게 주어서 가치나의로 짓는 것을 마쳤습니다. 승가께서 인정하신 것은 묵연하였던 까닭입니다. 나는 이와 같이 알고 이해하겠습니다.'"

1-5 "여러 비구들이여. 이와 같이 가치나의를 받는 것이 성립하는 것이 있고, 이와 같이 받는 것이 성립하지 않는 것이 있느니라. 여러 비구들이여. 무엇과 같다면 가치나의를 받는 것이 성립하지 않는가? 오직 표시하였던 것은 가치나의가 성립되지 않는다. 오직 세탁하였던 것은 가치나의가 성립되지 않는다. 오직 치수를 재었던 것은 가치나의가 성립되지 않는다.

오직 재단하였던 것은 가치나의가 성립되지 않는다.

오직 임시로 꿰매었던 것은 가치나의가 성립되지 않는다. 오직 옷조각을 합하여 꿰매었던 것은 가치나의가 성립되지 않는다. 오직 튼튼하게 바느질하였던 것은 가치나의가 성립되지 않는다. 오직 거듭하여 바느질하였던 것은 가치나의가 성립되지 않는다. 오직 뒷부분을 바느질하였던 것은 가치나의가 성립되지 않는다. 오직 합하여 바느질하였던 것은 가치나의가 성립되지 않는다. 오직 한 번을 염색하였거나, 미리 기다려서 가치나의를 짓고자 결정하였거나, 가치나의를 준다면 짓겠다고 말하였던 것은 가치나의가 성립되지 않는다. 오직 잠시의 물건으로 지었다면 가치나의가 성립되지 않는다.

만약 연기(延期)하였던 것은 가치나의가 성립되지 않는다. 하룻밤이 지나서 버렸던 것은 가치나의가 성립되지 않는다. 상응하지 않는 것은 가치나의가 성립되지 않는다. 승가리(僧伽梨)⁴⁾가 없는 때라면 가치나의가 성립되지 않는다. 울다라승(鬱多羅僧)⁵⁾이 없는 때라면 가치나의가 성립되지 않는다. 안타회(安陀會)⁶⁾가 없는 때라면 가치나의가 성립되지 않는다.

5조(條)이거나, 혹은 5조를 넘겼어도 그날에 재단하여 짓지 않은 때라면 가치나의가 성립되지 않는다. 다른 비구가 지은 때라면 가치나의가 성립되지 않는다. 비록 곧 가치나의를 받았더라도 다만 경계 밖의 사람을 따라서 기뻐하였다면 가치나의가 성립되지 않는다. 여러 비구들이여. 이와 같다면 가치나의를 받는 것이 성립하지 않느니라."

1-6 "여러 비구들이여. 무엇과 같다면 가치나의를 받는 것이 성립하는가? 새로운 옷으로써 지었던 것은 가치나의가 성립된다. 새로운 옷 등으로써 지었던 것은 가치나의가 성립된다. 옷감 조각으로써 지었던 것은 가치나

---

4) 팔리어 saṅghāṭi(산가티)의 음사이다.
5) 팔리어 uttarāsaṅga(우따라산가)의 음사이다.
6) 팔리어 antaravāsaka(안타라바사카)의 음사이다.

의가 성립된다. 분소의로써 지었던 것은 가치나의가 성립된다. 시장에 떨어졌던 옷감 조각으로써 지었던 것은 가치나의가 성립된다.

미리 기다려서 가치나의를 짓고자 결정하지 않았던 것은 가치나의가 성립된다. 가치나의를 준다면 짓겠다고 말하지 않았던 것은 가치나의가 성립된다. 잠시의 물건이 아닌 것으로 지었다면 가치나의가 성립된다. 만약 연기하지 않았던 것은 가치나의가 성립된다. 하룻밤이 지나서 버리지 않았던 것은 가치나의가 성립된다. 상응하는 것은 가치나의가 성립된다.

승가리가 있는 때라면 가치나의가 성립된다. 울다라승이 있는 때라면 가치나의가 성립된다. 안타회가 있는 때라면 가치나의가 성립된다. 5조(條)이거나, 혹은 5조를 넘겼어도 그날에 재단하여 지은 때라면 가치나의가 성립된다. 그 사람이 지은 때라면 가치나의가 성립된다. 비록 곧 가치나의를 받았더라도 다만 경계 안의 사람을 따라서 기뻐하였다면 가치나의가 성립된다. 여러 비구들이여. 이와 같다면 가치나의를 받는 것이 성립되느니라."

1-7 "여러 비구들이여. 무엇과 같다면 가치나의를 버리는 것인가? 여러 비구들이여. 가치나의를 버리는데 8사(事)가 있나니 이를테면, 떠나간 것, 성립된 것, 짓지 않으려고 결정된 것, 잃은 것, 버린 것, 희망이 끊어진 것, 경계를 벗어난 것, 승가가 함께 버린 것 등이다."

[파리읍의 비구를 마친다.]

2) 지녔던 일곱 종류

2-1 어느 비구가 가치나의를 받았고 이미 옷을 짓고서 지녔으나, '돌아가지 않겠다.'라고 생각하면서 떠나갔다면, 이 비구가 옷을 의지하여 떠났으므로 가치나의를 버린 것이다. 어느 비구가 가치나의를 받았고 옷을

지니고 떠났으며 경계의 밖으로 나가서 '나는 이 처소에서 옷을 짓겠고 돌아가지 않겠다.'라고 생각하였고, 이 옷을 지었다면 이 비구가 옷을 완성하였던 까닭으로 가치나의를 버린 것이다. 어느 비구가 가치나의를 받았고 옷을 지니고 떠났으며 경계의 밖으로 나가서 '나는 옷을 짓지 않겠고, 역시 돌아가지 않겠다.'라고 생각하였고, 이 비구가 옷을 짓지 않겠다고 결정하였다면 가치나의를 버린 것이다. 어느 비구가 가치나의를 받았고 옷을 지니고 떠났으며 경계의 밖으로 나가서 '나는 이 처소에서 옷을 짓겠고 돌아가지 않겠다.'라고 생각하였고, 옷을 지었으나 마땅히 옷을 짓는 때에 잃어버리고서 옷을 떠나갔다면, 이 비구가 옷을 잃어버렸던 까닭으로 가치나의를 버린 것이다.

2-2 어느 비구가 가치나의를 받았고 옷을 지니고 '돌아가겠다.'라고 생각하면서 떠나갔으며 경계의 밖으로 나가서 옷을 지었는데, 옷을 짓고서 "그 주처에서 가치나의를 버렸다."라고 들었다면, 이 비구는 들었던 까닭으로 가치나의를 버린 것이다. 어느 비구가 가치나의를 받았고 옷을 지니고 '돌아가겠다.'라고 생각하면서 떠나갔으며 경계의 밖으로 나가서 옷을 지었는데, 옷을 짓고서 '돌아가겠다. 돌아가겠다.'라고 생각하였고, 경계의 밖에서 머무르는 때에 이미 기한을 넘겼다면 이 비구는 기한을 넘겼던 까닭으로 가치나의를 버린 것이다. 어느 비구가 가치나의를 받았고 옷을 지니고 '돌아가겠다.'라고 생각하면서 떠나갔으며 경계의 밖으로 나가서 옷을 지었는데, 옷을 짓고서 '돌아가겠다. 돌아가겠다.'라고 생각하였고, 돌아가는 때에 가치나의의 기한에 이르렀다면 이 비구는 여러 비구들과 함께 가치나의를 버린 것이다.

[지녔던 일곱 종류를 마친다.]

3) 수지(受持)하였던 일곱 종류

3-1 어느 비구가 가치나의를 받았고 이미 옷을 수지하였는데, '돌아가지 않겠다.'라고 생각하면서 떠나갔다면, 이 비구가 옷을 의지하여 떠났던 까닭으로 가치나의를 버린 것이다. 어느 비구가 가치나의를 받았고 옷을 수지하고 떠났으며 경계의 밖으로 나가서 '나는 이 처소에서 옷을 짓겠고 돌아가지 않겠다.'라고 생각하였고, 이 옷을 지었다면 이 비구가 옷을 완성하였던 까닭으로 가치나의를 버린 것이다. 어느 비구가 가치나의를 받았고 옷을 수지하고 떠났으며 경계의 밖으로 나가서 '나는 옷을 짓지 않겠고, 역시 돌아가지 않겠다.'라고 생각하였고, 이 비구가 옷을 짓지 않겠다고 결정하였다면 가치나의를 버린 것이다. 어느 비구가 가치나의를 받았고 옷을 수지하고 떠났으며 경계의 밖으로 나가서 '나는 이 처소에서 옷을 짓겠고 돌아가지 않겠다.'라고 생각하였고, 옷을 지었으나 마땅히 옷을 짓는 때에 잃어버리고서 옷을 떠나갔다면, 이 비구가 옷을 잃어버렸던 까닭으로 가치나의를 버린 것이다.

3-2 어느 비구가 가치나의를 받았고 옷을 수지하고 '돌아가겠다.'라고 생각하면서 떠나갔으며 경계의 밖으로 나가서 옷을 지었는데, 옷을 짓고서 "그 주처에서 가치나의를 버렸다."라고 들었다면, 이 비구는 들었던 까닭으로 가치나의를 버린 것이다. 어느 비구가 가치나의를 받았고 옷을 수지하고 '돌아가겠다.'라고 생각하면서 떠나갔으며 경계의 밖으로 나가서 옷을 지었는데, 옷을 짓고서 '돌아가겠다. 돌아가겠다.'라고 생각하였고, 경계의 밖에서 머무르는 때에 이미 기한을 넘겼다면 이 비구는 기한을 넘겼던 까닭으로 가치나의를 버린 것이다. 어느 비구가 가치나의를 받았고 옷을 수지하고 '돌아가겠다.'라고 생각하면서 떠나갔으며 경계의 밖으로 나가서 옷을 지었는데, 옷을 짓고서 '돌아가겠다. 돌아가겠다.'라고 생각하였고, 돌아가는 때에 가치나의의 기한에 이르렀다면 이 비구는 여러 비구들과 함께 가치나의를 버린 것이다.

[수지하였던 일곱 종류를 마친다.]

4) 지녔던 여섯 종류

4-1 어느 비구가 가치나의를 받았고 완성되지 않은 옷을 지니고 떠났으며 경계의 밖으로 나가서 '나는 이 처소에서 옷을 짓겠고 돌아가지 않겠다.'라고 생각하였고, 이 옷을 지었다면 이 비구가 옷을 완성하였던 까닭으로 가치나의를 버린 것이다. 어느 비구가 가치나의를 받았고 완성되지 않은 옷을 지니고 떠났으며 경계의 밖으로 나가서 '나는 옷을 짓지 않겠고, 역시 돌아가지 않겠다.'라고 생각하였고, 이 비구가 옷을 짓지 않겠다고 결정하였다면 가치나의를 버린 것이다. 어느 비구가 가치나의를 받았고 완성되지 않은 옷을 지니고 떠났으며 경계의 밖으로 나가서 '나는 이 처소에서 옷을 짓겠고 돌아가지 않겠다.'라고 생각하였고, 옷을 지었으나 마땅히 옷을 짓는 때에 잃어버리고서 옷을 떠나갔다면, 이 비구가 옷을 잃어버렸던 까닭으로 가치나의를 버린 것이다.

4-2 어느 비구가 가치나의를 받았고 완성되지 않은 옷을 지니고 떠났으며 '돌아가겠다.'라고 생각하면서 떠나갔으며 경계의 밖으로 나가서 옷을 지었는데, 옷을 짓고서 "그 주처에서 가치나의를 버렸다."라고 들었다면, 이 비구는 들었던 까닭으로 가치나의를 버린 것이다. 어느 비구가 가치나의를 받았고 완성되지 않은 옷을 지니고 '돌아가겠다.'라고 생각하면서 떠나갔으며 경계의 밖으로 나가서 옷을 지었는데, 옷을 짓고서 '돌아가겠다. 돌아가겠다.'라고 생각하였고, 경계의 밖에서 머무르는 때에 이미 기한을 넘겼다면 이 비구는 기한을 넘겼던 까닭으로 가치나의를 버린 것이다. 어느 비구가 가치나의를 받았고 완성되지 않은 옷을 지니고 '돌아가겠다.'라고 생각하면서 떠나갔으며 경계의 밖으로 나가서 옷을 지었는데, 옷을 짓고서 '돌아가겠다. 돌아가겠다.'라고 생각하였고, 돌아

가는 때에 가치나의 기한에 이르렀다면 이 비구는 여러 비구들과 함께 가치나의를 버린 것이다.

[지녔던 여섯 종류를 마친다.]

5) 수지하였던 여섯 종류

5-1 어느 비구가 가치나의를 받았고 완성되지 않은 옷을 수지하고 떠났으며 경계의 밖으로 나가서 '나는 이 처소에서 옷을 짓겠고 돌아가지 않겠다.'라고 생각하였고, 이 옷을 지었다면 이 비구가 옷을 완성하였던 까닭으로 가치나의를 버린 것이다. 어느 비구가 가치나의를 받았고 완성되지 않은 옷을 수지하고 떠났으며 경계의 밖으로 나가서 '나는 옷을 짓지 않겠고, 역시 돌아가지 않는다.'라고 생각하였고, 이 비구가 옷을 짓지 않겠다고 결정하였다면 가치나의를 버린 것이다. 어느 비구가 가치나의를 받았고 완성되지 않은 옷을 수지하고 떠났으며 경계의 밖으로 나가서 '나는 이 처소에서 옷을 짓겠고 돌아가지 않겠다.'라고 생각하였고, 옷을 지었으나 마땅히 옷을 짓는 때에 잃어버리고서 옷을 떠나갔다면, 이 비구가 옷을 잃어버렸던 까닭으로 가치나의를 버린 것이다.

5-2 어느 비구가 가치나의를 받았고 완성되지 않은 옷을 수지하고 '돌아가겠다.'라고 생각하면서 떠나갔으며 경계의 밖으로 나가서 옷을 지었는데, 옷을 짓고서 "그 주처에서 가치나의를 버렸다."라고 들었다면, 이 비구는 들었던 까닭으로 가치나의를 버린 것이다. 어느 비구가 가치나의를 받았고 완성되지 않은 옷을 수지하고 '돌아가겠다.'라고 생각하면서 떠나갔으며 경계의 밖으로 나가서 옷을 지었는데, 옷을 짓고서 '돌아가겠다. 돌아가겠다.'라고 생각하였고, 경계의 밖에서 머무르는 때에 이미 기한을 넘겼다면 이 비구는 기한을 넘겼던 까닭으로 가치나의를 버린 것이다. 어느

비구가 가치나의를 받았고 완성되지 않은 옷을 수지하고 '돌아가겠다.'라고 생각하면서 떠나갔으며 경계의 밖으로 나가서 옷을 지었는데, 옷을 짓고서 '돌아가겠다. 돌아가겠다.'라고 생각하였고, 돌아가는 때에 가치나의의 기한에 이르렀다면 이 비구는 여러 비구들과 함께 가치나의를 버린 것이다.

[수지하였던 여섯 종류를 마친다.]

6) 지니고 떠났던 열다섯 종류

6-1 어느 비구가 가치나의를 받았고 요리(料理)된 옷을 지니고 떠났으며 경계의 밖으로 나가서 '나는 이 처소에서 옷을 짓겠고 돌아가지 않겠다.'라고 생각하였고, 이 옷을 지었다면 이 비구가 옷을 완성하였던 까닭으로 가치나의를 버린 것이다. 어느 비구가 가치나의를 받았고 요리된 옷을 지니고 떠났으며 경계의 밖으로 나가서 '나는 옷을 짓지 않겠고, 역시 돌아가지 않겠다.'라고 생각하였고, 이 비구가 옷을 짓지 않겠다고 결정하였다면 가치나의를 버린 것이다. 어느 비구가 가치나의를 받았고 요리된 옷을 지니고 떠났으며 경계의 밖으로 나가서 '나는 이 처소에서 옷을 짓겠고 돌아가지 않겠다.'라고 생각하였고, 옷을 지었으나 마땅히 옷을 짓는 때에 잃어버리고서 옷을 떠나갔다면, 이 비구가 옷을 잃어버렸던 까닭으로 가치나의를 버린 것이다.

6-2 어느 비구가 가치나의를 받았고 요리된 옷을 지니고 '돌아가지 않겠다.'라고 생각하면서 떠나갔으며 경계의 밖으로 나가서 '나는 이곳에서 옷을 짓겠다.'라고 생각하고서 옷을 지었다면, 이 비구는 옷을 완성하였던 까닭으로 가치나의를 버린 것이다. 어느 비구가 가치나의를 받았고 요리된 옷을 지니고 '돌아가지 않겠다.'라고 생각하면서 떠나갔으며 경계의

밖으로 나가서 '나는 옷을 짓겠다.'라고 생각하고서 옷을 지었다면, 이 비구는 옷을 짓지 않겠다는 마음을 일으켰던 까닭으로 가치나의를 버린 것이다. 어느 비구가 가치나의를 받았고 요리된 옷을 지니고 '돌아가지 않겠다.'라고 생각하면서 떠나갔으며 경계의 밖으로 나가서 '나는 이곳에서 옷을 짓겠다.'라고 생각하고서 옷을 지었으나 마땅히 지었던 때에 잃어버리고 떠나갔다면 이 비구는 옷을 잃어버렸던 까닭으로 가치나의를 버린 것이다.

6-3 어느 비구가 가치나의를 받았고 요리된 옷을 지니고 '돌아가겠다.', '돌아가지 않겠다.'라고 주저(躊躇)하면서 결정하지 못하고 떠나갔으며 경계의 밖으로 나가서 '나는 이곳에서 옷을 짓겠고 돌아가지 않겠다.'라고 생각하고서 옷을 지었다면, 이 비구는 옷을 완성하였던 까닭으로 가치나의를 버린 것이다. 어느 비구가 가치나의를 받았고 요리된 옷을 지니고 '돌아가겠다.', '돌아가지 않겠다.'라고 주저하면서 결정하지 못하고 떠나갔으며 경계의 밖으로 나가서 '나는 이곳에서 옷을 짓지 않겠고 돌아가지 않겠다.'라고 생각하고서 옷을 짓지 않겠다고 결정하였다면, 가치나의를 버린 것이다. 어느 비구가 가치나의를 받았고 요리된 옷을 지니고 '돌아가겠다.', '돌아가지 않겠다.'라고 주저하면서 결정하지 못하고 떠나갔으며 경계의 밖으로 나가서 '나는 이곳에서 옷을 짓겠고 돌아가지 않겠다.'라고 생각하고서 옷을 지었으나 마땅히 지었던 때에 잃어버리고 떠나갔다면 이 비구는 옷을 잃어버렸던 까닭으로 가치나의를 버린 것이다.

6-4 어느 비구가 가치나의를 받았고 요리된 옷을 지니고 '돌아가겠다.'라고 생각하면서 떠나갔으며 경계의 밖으로 나가서 '나는 이곳에서 옷을 짓겠다.'라고 생각하고서 옷을 지었다면, 이 비구는 옷을 완성하였던 까닭으로 가치나의를 버린 것이다. 어느 비구가 가치나의를 받았고 요리된 옷을 지니고 '돌아가겠다.'라고 생각하면서 떠나갔으며 경계의 밖으로 나가서 '나는 이곳에서 옷을 짓지 않겠고 돌아가지 않겠다.'라고 생각하고

서 옷을 짓지 않겠다고 결정하였다면, 가치나의를 버린 것이다. 어느 비구가 가치나의를 받았고 요리된 옷을 지니고 '돌아가겠다.'라고 생각하면서 떠나갔으며 경계의 밖으로 나가서 '나는 이곳에서 옷을 짓겠고 돌아가지 않겠다.'라고 생각하고서 옷을 지었으나 마땅히 지었던 때에 잃어버리고 떠나갔다면 이 비구는 옷을 잃어버렸던 까닭으로 가치나의를 버린 것이다.

어느 비구가 가치나의를 받았고 요리된 옷을 지니고 '돌아가겠다.'라고 생각하면서 떠나갔으며 경계의 밖으로 나가서 옷을 지었는데, 옷을 짓고서 "그 주처에서 가치나의를 버렸다."라고 들었다면, 이 비구는 들었던 까닭으로 가치나의를 버린 것이다. 어느 비구가 가치나의를 받았고 요리된 옷을 지니고 '돌아가겠다.'라고 생각하면서 떠나갔으며 경계의 밖으로 나가서 옷을 지었는데, 옷을 짓고서 '돌아가겠다. 돌아가겠다.'라고 생각하였고, 경계의 밖에서 머무르는 때에 이미 기한을 넘겼다면 이 비구는 기한을 넘겼던 까닭으로 가치나의를 버린 것이다. 어느 비구가 가치나의를 받았고 요리된 옷을 지니고 '돌아가겠다.'라고 생각하면서 떠나갔으며 경계의 밖으로 나가서 옷을 지었는데, 옷을 짓고서 '돌아가겠다. 돌아가겠다.'라고 생각하였고, 돌아가는 때에 가치나의의 기한에 이르렀다면 이 비구는 여러 비구들과 함께 가치나의를 버린 것이다.

[지녔던 열다섯 종류를 마친다.]

7) 수지하였던 마흔다섯 종류

7-1 어느 비구가 가치나의를 받았고 요리된 옷을 수지하고 떠났으며 경계의 밖으로 나가서 '나는 이 처소에서 옷을 짓겠고 돌아가지 않겠다.'라고 생각하였고, 이 옷을 지었다면 이 비구가 옷을 완성하였던 까닭으로 가치나의를 버린 것이다. 어느 비구가 가치나의를 받았고 요리된 옷을

수지하고 떠났으며 경계의 밖으로 나가서 '나는 옷을 짓지 않겠고, 역시 돌아가지 않겠다.'라고 생각하였고, 이 비구가 옷을 짓지 않겠다고 결정하였다면 가치나의를 버린 것이다. 어느 비구가 가치나의를 받았고 요리된 옷을 수지하고 떠났으며 경계의 밖으로 나가서 '나는 이 처소에서 옷을 짓겠고 돌아가지 않겠다.'라고 생각하였고, 옷을 지었으나 마땅히 옷을 짓는 때에 잃어버리고서 옷을 떠나갔다면, 이 비구가 옷을 잃어버렸던 까닭으로 가치나의를 버린 것이다.

7-2 어느 비구가 가치나의를 받았고 요리된 옷을 수지하고 '돌아가지 않겠다.'라고 생각하면서 떠나갔으며 경계의 밖으로 나가서 '나는 이곳에서 옷을 짓겠다.'라고 생각하고서 옷을 지었다면, 이 비구는 옷을 완성하였던 까닭으로 가치나의를 버린 것이다. 어느 비구가 가치나의를 받았고 요리된 옷을 수지하고 '돌아가지 않겠다.'라고 생각하면서 떠나갔으며 경계의 밖으로 나가서 '나는 옷을 짓겠다.'라고 생각하고서 옷을 지었다면, 이 비구는 옷을 짓지 않겠다는 마음을 일으켰던 까닭으로 가치나의를 버린 것이다. 어느 비구가 가치나의를 받았고 요리된 옷을 수지하고 '돌아가지 않겠다.'라고 생각하면서 떠나갔으며 경계의 밖으로 나가서 '나는 이곳에서 옷을 짓겠다.'라고 생각하고서 옷을 지었으나 마땅히 지었던 때에 잃어버리고 떠나갔다면 이 비구는 옷을 잃어버렸던 까닭으로 가치나의를 버린 것이다.

7-3 어느 비구가 가치나의를 받았고 요리된 옷을 수지하고 '돌아가겠다.', '돌아가지 않겠다.'라고 주저(躊躇)하면서 결정하지 못하고 떠나갔으며 경계의 밖으로 나가서 '나는 이곳에서 옷을 짓겠고 돌아가지 않겠다.'라고 생각하고서 옷을 지었다면, 이 비구는 옷을 완성하였던 까닭으로 가치나의를 버린 것이다. 어느 비구가 가치나의를 받았고 요리된 옷을 수지하고 '돌아가겠다.', '돌아가지 않겠다.'라고 주저하면서 결정하지 못하고 떠나갔으며 경계의 밖으로 나가서 '나는 이곳에서 옷을 짓지 않겠고 돌아가지

않겠다.'라고 생각하고서 옷을 짓지 않겠다고 결정하였다면, 가치나의를 버린 것이다. 어느 비구가 가치나의를 받았고 요리된 옷을 수지하고 '돌아가겠다.', '돌아가지 않겠다.'라고 주저하면서 결정하지 못하고 떠나 갔으며 경계의 밖으로 나가서 '나는 이곳에서 옷을 짓겠고 돌아가지 않겠다.' 라고 생각하고서 옷을 지었으나 마땅히 지었던 때에 잃어버리고 떠나갔다면 이 비구는 옷을 잃어버렸던 까닭으로 가치나의를 버린 것이다.

7-4 어느 비구가 가치나의를 받았고 요리된 옷을 수지하고 '돌아가겠다.' 라고 생각하면서 떠나갔으며 경계의 밖으로 나가서 '나는 이곳에서 옷을 짓겠다.'라고 생각하고서 옷을 지었다면, 이 비구는 옷을 완성하였던 까닭으로 가치나의를 버린 것이다. 어느 비구가 가치나의를 받았고 요리 된 옷을 수지하고 '돌아가겠다.'라고 생각하면서 떠나갔으며 경계의 밖으 로 나가서 '나는 이곳에서 옷을 짓지 않겠고 돌아가지 않겠다.'라고 생각하 고서 옷을 짓지 않겠다고 결정하였다면, 가치나의를 버린 것이다. 어느 비구가 가치나의를 받았고 요리된 옷을 수지하고 '돌아가겠다.'라고 생각 하면서 떠나갔으며 경계의 밖으로 나가서 '나는 이곳에서 옷을 짓겠고 돌아가지 않겠다.'라고 생각하고서 옷을 지었으나 마땅히 지었던 때에 잃어버리고 떠나갔다면 이 비구는 옷을 잃어버렸던 까닭으로 가치나의를 버린 것이다.

　어느 비구가 가치나의를 받았고 요리된 옷을 수지하고 '돌아가겠다.'라 고 생각하면서 떠나갔으며 경계의 밖으로 나가서 옷을 지었는데, 옷을 짓고서 "그 주처에서 가치나의를 버렸다."라고 들었다면, 이 비구는 들었 던 까닭으로 가치나의를 버린 것이다. 어느 비구가 가치나의를 받았고 요리된 옷을 수지하고 '돌아가겠다.'라고 생각하면서 떠나갔으며 경계의 밖으로 나가서 옷을 지었는데, 옷을 짓고서 '돌아가겠다. 돌아가겠다.'라 고 생각하였고, 경계의 밖에서 머무르는 때에 이미 기한을 넘겼다면 이 비구는 기한을 넘겼던 까닭으로 가치나의를 버린 것이다. 어느 비구가 가치나의를 받았고 요리된 옷을 수지하고 '돌아가겠다.'라고 생각하면서 떠나갔으며 경계의 밖으로 나가서 옷을 지었는데, 옷을 짓고서 '돌아가겠다. 돌아가겠다.'라고 생각하였고, 돌아가는 때에 가치나의 기한에 이르렀다면 이 비구는 여러 비구들과 함께 가치나의를 버린 것이다.

7-5 어느 비구가 가치나의를 받았고 완성되지 않은 옷을 지니고 떠났으며 경계의 밖으로 나가서 '나는 이 처소에서 옷을 짓겠고 돌아가지 않겠다.'라고 생각하였고, 이 옷을 지었다면 이 비구가 옷을 완성하였던 까닭으로 가치나의를 버린 것이다. 어느 비구가 가치나의를 받았고 완성되지 않은 옷을 지니고 떠났으며 경계의 밖으로 나가서 '나는 옷을 짓지 않겠고, 역시 돌아가지 않겠다.'라고 생각하였고, 이 비구가 옷을 짓지 않겠다고 결정하였다면 가치나의를 버린 것이다. 어느 비구가 가치나의를 받았고 완성되지 않은 옷을 지니고 떠났으며 경계의 밖으로 나가서 '나는 이 처소에서 옷을 짓겠고 돌아가지 않겠다.'라고 생각하였고, 옷을 지었으나 마땅히 옷을 짓는 때에 잃어버리고서 옷을 떠나갔다면, 이 비구가 옷을 잃어버렸던 까닭으로 가치나의를 버린 것이다.

7-6 어느 비구가 가치나의를 받았고 완성되지 않은 옷을 지니고 '돌아가지 않겠다.'라고 생각하면서 떠나갔으며 경계의 밖으로 나가서 '나는 이곳에서 옷을 짓겠다.'라고 생각하고서 옷을 지었다면, 이 비구는 옷을 완성하였던 까닭으로 가치나의를 버린 것이다. 어느 비구가 가치나의를 받았고 완성되지 않은 옷을 지니고 '돌아가지 않겠다.'라고 생각하면서 떠나갔으며 경계의 밖으로 나가서 '나는 옷을 짓겠다.'라고 생각하고서 옷을 지었다면, 이 비구는 옷을 짓지 않겠다는 마음을 일으켰던 까닭으로 가치나의를 버린 것이다. 어느 비구가 가치나의를 받았고 완성되지 않은 옷을 지니고 '돌아가지 않겠다.'라고 생각하면서 떠나갔으며 경계의 밖으로 나가서 '나는 이곳에서 옷을 짓겠다.'라고 생각하고서 옷을 지었으나 마땅히 지었던 때에 잃어버리고 떠나갔다면 이 비구는 옷을 잃어버렸던 까닭으로 가치나의를 버린 것이다.

7-7 어느 비구가 가치나의를 받았고 완성되지 않은 옷을 지니고 '돌아가겠
다.', '돌아가지 않겠다.'라고 주저하면서 결정하지 못하고 떠나갔으며
경계의 밖으로 나가서 '나는 이곳에서 옷을 짓겠고 돌아가지 않겠다.'라고
생각하고서 옷을 지었다면, 이 비구는 옷을 완성하였던 까닭으로 가치나
의를 버린 것이다. 어느 비구가 가치나의를 받았고 완성되지 않은 옷을
지니고 '돌아가겠다.', '돌아가지 않겠다.'라고 주저하면서 결정하지 못하
고 떠나갔으며 경계의 밖으로 나가서 '나는 이곳에서 옷을 짓지 않겠고
돌아가지 않겠다.'라고 생각하고서 옷을 짓지 않겠다고 결정하였다면,
가치나의를 버린 것이다. 어느 비구가 가치나의를 받았고 완성되지 않은
옷을 지니고 '돌아가겠다.', '돌아가지 않겠다.'라고 주저하면서 결정하지
못하고 떠나갔으며 경계의 밖으로 나가서 '나는 이곳에서 옷을 짓겠고
돌아가지 않겠다.'라고 생각하고서 옷을 지었으나 마땅히 지었던 때에
잃어버리고 떠나갔다면 이 비구는 옷을 잃어버렸던 까닭으로 가치나의를
버린 것이다.

7-8 어느 비구가 가치나의를 받았고 완성되지 않은 옷을 지니고 '돌아가겠
다.'라고 생각하면서 떠나갔으며 경계의 밖으로 나가서 '나는 이곳에서
옷을 짓겠다.'라고 생각하고서 옷을 지었다면, 이 비구는 옷을 완성하였던
까닭으로 가치나의를 버린 것이다. 어느 비구가 가치나의를 받았고 완성
되지 않은 옷을 지니고 '돌아가겠다.'라고 생각하면서 떠나갔으며 경계의
밖으로 나가서 '나는 이곳에서 옷을 짓지 않겠고 돌아가지 않겠다.'라고
생각하고서 옷을 짓지 않겠다고 결정하였다면, 가치나의를 버린 것이다.
어느 비구가 가치나의를 받았고 완성되지 않은 옷을 지니고 '돌아가겠다.'
라고 생각하면서 떠나갔으며 경계의 밖으로 나가서 '나는 이곳에서 옷을
짓겠고 돌아가지 않겠다.'라고 생각하고서 옷을 지었으나 마땅히 지었던
때에 잃어버리고 떠나갔다면 이 비구는 옷을 잃어버렸던 까닭으로 가치나
의를 버린 것이다.
　어느 비구가 가치나의를 받았고 완성되지 않은 옷을 지니고 '돌아가겠

다.'라고 생각하면서 떠나갔으며 경계의 밖으로 나가서 옷을 지었는데, 옷을 짓고서 "그 주처에서 가치나의를 버렸다."라고 들었다면, 이 비구는 들었던 까닭으로 가치나의를 버린 것이다. 어느 비구가 가치나의를 받았고 완성되지 않은 옷을 지니고 '돌아가겠다.'라고 생각하면서 떠나갔으며 경계의 밖으로 나가서 옷을 지었는데, 옷을 짓고서 '돌아가겠다. 돌아가겠다.'라고 생각하였고, 경계의 밖에서 머무르는 때에 이미 기한을 넘겼다면 이 비구는 기한을 넘겼던 까닭으로 가치나의를 버린 것이다. 어느 비구가 가치나의를 받았고 완성되지 않은 옷을 지니고 '돌아가겠다.'라고 생각하면서 떠나갔으며 경계의 밖으로 나가서 옷을 지었는데, 옷을 짓고서 '돌아가겠다. 돌아가겠다.'라고 생각하였고, 돌아가는 때에 가치나의의 기한에 이르렀다면 이 비구는 여러 비구들과 함께 가치나의를 버린 것이다.

7-9 어느 비구가 가치나의를 받았고 완성되지 않은 옷을 수지하고 떠났으며 경계의 밖으로 나가서 '나는 이 처소에서 옷을 짓겠고 돌아가지 않겠다.'라고 생각하였고, 이 옷을 지었다면 이 비구가 옷을 완성하였던 까닭으로 가치나의를 버린 것이다. 어느 비구가 가치나의를 받았고 완성되지 않은 옷을 수지하고 떠났으며 경계의 밖으로 나가서 '나는 옷을 짓지 않겠고, 역시 돌아가지 않겠다.'라고 생각하였고, 이 비구가 옷을 짓지 않겠다고 결정하였다면 가치나의를 버린 것이다. 어느 비구가 가치나의를 받았고 완성되지 않은 옷을 수지하고 떠났으며 경계의 밖으로 나가서 '나는 이 처소에서 옷을 짓겠고 돌아가지 않겠다.'라고 생각하였고, 옷을 지었으나 마땅히 옷을 짓는 때에 잃어버리고서 옷을 떠나갔다면, 이 비구가 옷을 잃어버렸던 까닭으로 가치나의를 버린 것이다.

7-10 어느 비구가 가치나의를 받았고 완성되지 않은 옷을 수지하고 '돌아가지 않겠다.'라고 생각하면서 떠나갔으며 경계의 밖으로 나가서 '나는 이곳에서 옷을 짓겠다.'라고 생각하고서 옷을 지었다면, 이 비구는 옷을 완성하였던 까닭으로 가치나의를 버린 것이다. 어느 비구가 가치나

의를 받았고 완성되지 않은 옷을 수지하고 '돌아가지 않겠다.'라고 생각하
면서 떠나갔으며 경계의 밖으로 나가서 '나는 옷을 짓겠다.'라고 생각하고
서 옷을 지었다면, 이 비구는 옷을 짓지 않겠다는 마음을 일으켰던 까닭으
로 가치나의를 버린 것이다. 어느 비구가 가치나의를 받았고 완성되지
않은 옷을 수지하고 '돌아가지 않겠다.'라고 생각하면서 떠나갔으며 경계
의 밖으로 나가서 '나는 이곳에서 옷을 짓겠다.'라고 생각하고서 옷을
지었으나 마땅히 지었던 때에 잃어버리고 떠나갔다면 이 비구는 옷을
잃어버렸던 까닭으로 가치나의를 버린 것이다.

7-11 어느 비구가 가치나의를 받았고 완성되지 않은 옷을 수지하고
'돌아가겠다.', '돌아가지 않겠다.'라고 주저하면서 결정하지 못하고 떠나
갔으며 경계의 밖으로 나가서 '나는 이곳에서 옷을 짓겠고 돌아가지
않겠다.'라고 생각하고서 옷을 지었다면, 이 비구는 옷을 완성하였던
까닭으로 가치나의를 버린 것이다. 어느 비구가 가치나의를 받았고 완성
되지 않은 옷을 수지하고 '돌아가겠다.', '돌아가지 않겠다.'라고 주저하면
서 결정하지 못하고 떠나갔으며 경계의 밖으로 나가서 '나는 이곳에서
옷을 짓지 않겠고 돌아가지 않겠다.'라고 생각하고서 옷을 짓지 않겠다고
결정하였다면, 가치나의를 버린 것이다. 어느 비구가 가치나의를 받았고
완성되지 않은 옷을 수지하고 '돌아가겠다.', '돌아가지 않겠다.'라고 주저
하면서 결정하지 못하고 떠나갔으며 경계의 밖으로 나가서 '나는 이곳에서
옷을 짓겠고 돌아가지 않겠다.'라고 생각하고서 옷을 지었으나 마땅히
지었던 때에 잃어버리고 떠나갔다면 이 비구는 옷을 잃어버렸던 까닭으로
가치나의를 버린 것이다.

7-12 어느 비구가 가치나의를 받았고 완성되지 않은 옷을 수지하고
'돌아가겠다.'라고 생각하면서 떠나갔으며 경계의 밖으로 나가서 '나는
이곳에서 옷을 짓겠다.'라고 생각하고서 옷을 지었다면, 이 비구는 옷을
완성하였던 까닭으로 가치나의를 버린 것이다. 어느 비구가 가치나의를

받았고 완성되지 않은 옷을 수지하고 '돌아가겠다.'라고 생각하면서 떠나
갔으며 경계의 밖으로 나가서 '나는 이곳에서 옷을 짓지 않겠고 돌아가지
않겠다.'라고 생각하고서 옷을 짓지 않겠다고 결정하였다면, 가치나의를
버린 것이다. 어느 비구가 가치나의를 받았고 완성되지 않은 옷을 수지하
고 '돌아가겠다.'라고 생각하면서 떠나갔으며 경계의 밖으로 나가서 '나는
이곳에서 옷을 짓겠고 돌아가지 않겠다.'라고 생각하고서 옷을 지었으나
마땅히 지었던 때에 잃어버리고 떠나갔다면 이 비구는 옷을 잃어버렸던
까닭으로 가치나의를 버린 것이다.

　어느 비구가 가치나의를 받았고 완성되지 않은 옷을 수지하고 '돌아가
겠다.'라고 생각하면서 떠나갔으며 경계의 밖으로 나가서 옷을 지었는데,
옷을 짓고서 "그 주처에서 가치나의를 버렸다."라고 들었다면, 이 비구는
들었던 까닭으로 가치나의를 버린 것이다. 어느 비구가 가치나의를 받았
고 완성되지 않은 옷을 수지하고 '돌아가겠다.'라고 생각하면서 떠나갔으
며 경계의 밖으로 나가서 옷을 지었는데, 옷을 짓고서 '돌아가겠다. 돌아가
겠다.'라고 생각하였고, 경계의 밖에서 머무르는 때에 이미 기한을 넘겼다
면 이 비구는 기한을 넘겼던 까닭으로 가치나의를 버린 것이다. 어느
비구가 가치나의를 받았고 완성되지 않은 옷을 수지하고 '돌아가겠다.'라
고 생각하면서 떠나갔으며 경계의 밖으로 나가서 옷을 지었는데, 옷을
짓고서 '돌아가겠다. 돌아가겠다.'라고 생각하였고, 돌아가는 때에 가치나
의의 기한에 이르렀다면 이 비구는 여러 비구들과 함께 가치나의를 버린
것이다.

[수지하였던 마흔다섯 종류를 마친다.]

○ **【첫째의 송출품을 마친다.】**

2. 제2송출품(第二誦出品)

8) 희망하지 않았던 열두 종류

8-1 어느 비구가 가치나의를 받았고 옷을 희망하면서 떠났으며 경계의 밖으로 나가서 옷을 희망하였으나 희망하지 않은 것을 얻었고 희망하였던 것을 얻지 못하였으며, '나는 이 처소에서 옷을 짓겠고 돌아가지 않겠다.'라고 생각하였고, 이 옷을 지었다면 이 비구가 옷을 완성하였던 까닭으로 가치나의를 버린 것이다. 어느 비구가 가치나의를 받았고 옷을 희망하면서 떠났으며 경계의 밖으로 나가서 옷을 희망하였으나 희망하지 않은 것을 얻었고 희망하였던 것을 얻지 못하였으며, '나는 옷을 짓지 않겠고, 역시 돌아가지 않겠다.'라고 생각하였고, 이 비구가 옷을 짓지 않겠다고 결정하였다면 가치나의를 버린 것이다.

어느 비구가 가치나의를 받았고 옷을 희망하면서 떠났으며 경계의 밖으로 나가서 옷을 희망하였으나 희망하지 않은 것을 얻었고 희망하였던 것을 얻지 못하였으며, '나는 이 처소에서 옷을 짓겠고 돌아가지 않겠다.'라고 생각하였고, 옷을 지었으나 마땅히 옷을 짓는 때에 잃어버리고서 옷을 떠나갔다면, 이 비구가 옷을 잃어버렸던 까닭으로 가치나의를 버린 것이다. 어느 비구가 가치나의를 받았고 옷을 희망하면서 떠났으며 경계의 밖으로 나가서 '나는 이 처소에서 옷을 희망하겠고 돌아가지 않겠다.'라고 생각하였고, 옷을 희망하는 때에 옷을 희망하였던 것이 끊어졌다면, 이 비구가 옷을 희망하였던 것이 끊어졌던 까닭으로 가치나의를 버린 것이다.

8-2 어느 비구가 가치나의를 받았고 옷을 희망하면서 '돌아가지 않겠다.'라고 생각하면서 떠나갔고, 경계의 밖으로 나가서 옷을 희망하였으나 희망하지 않은 것을 얻었고 희망하였던 것을 얻지 못하였으며, '나는

이 처소에서 옷을 짓겠다.'라고 생각하였고, 이 옷을 지었다면 이 비구가 옷을 완성하였던 까닭으로 가치나의를 버린 것이다. 어느 비구가 가치나의를 받았고 옷을 희망하면서 '돌아가지 않겠다.'라고 생각하면서 떠나갔고, 경계의 밖으로 나가서 옷을 희망하였으나 희망하지 않은 것을 얻었고 희망하였던 것을 얻지 못하였으며, '나는 옷을 짓지 않겠다.'라고 생각하였고, 이 비구가 옷을 짓지 않겠다고 결정하였다면 가치나의를 버린 것이다.

　어느 비구가 가치나의를 받았고 옷을 희망하면서 '돌아가지 않겠다.'라고 생각하면서 떠나갔고, 경계의 밖으로 나가서 옷을 희망하였으나 희망하지 않은 것을 얻었고 희망하였던 것을 얻지 못하였으며, '나는 이 처소에서 옷을 짓겠다.'라고 생각하였고, 옷을 지었으나 마땅히 옷을 짓는 때에 잃어버리고서 옷을 떠나갔다면, 이 비구가 옷을 잃어버렸던 까닭으로 가치나의를 버린 것이다. 어느 비구가 가치나의를 받았고 옷을 희망하면서 '돌아가지 않겠다.'라고 생각하였고, 경계의 밖으로 나가서 '나는 이곳에서 옷을 희망하겠다.'라고 생각하고서 옷을 희망하는 때에 옷을 희망하였던 것이 끊어졌다면, 이 비구가 옷을 희망하였던 것이 끊어졌던 까닭으로 가치나의를 버린 것이다.

8-3 어느 비구가 가치나의를 받았고 옷을 희망하면서 '돌아가겠다.', '돌아가지 않겠다.'라고 주저하면서 결정하지 못하고 떠나갔으며 경계의 밖으로 나가서 옷을 희망하였으나 희망하지 않은 것을 얻었고 희망하였던 것을 얻지 못하였으며, '나는 옷을 짓겠고 돌아가지 않겠다.'라고 생각하고서 옷을 지었다면, 이 비구는 옷을 완성하였던 까닭으로 가치나의를 버린 것이다. 어느 비구가 가치나의를 받았고 옷을 희망하면서 '돌아가겠다.', '돌아가지 않겠다.'라고 주저하면서 결정하지 못하고 떠나갔으며 경계의 밖으로 나가서 옷을 희망하였으나 희망하지 않은 것을 얻었고 희망하였던 것을 얻지 못하였으며, '나는 옷을 짓지 않겠고, 역시 돌아가지 않겠다.'라고 생각하였고, 이 비구가 옷을 짓지 않겠다고 결정하였다면 가치나의를 버린 것이다.

어느 비구가 가치나의를 받았고 옷을 희망하면서 '돌아가겠다.', '돌아가지 않겠다.'라고 주저하면서 결정하지 못하고 떠나갔으며 경계의 밖으로 나가서 옷을 희망하였으나 희망하지 않은 것을 얻었고 희망하였던 것을 얻지 못하였으며, '나는 이곳에서 옷을 짓겠고, 돌아가지 않겠다.'라고 생각하였고, 옷을 지었으나 마땅히 옷을 짓는 때에 잃어버리고서 옷을 떠나갔다면, 이 비구가 옷을 잃어버렸던 까닭으로 가치나의를 버린 것이다. 어느 비구가 가치나의를 받았고 옷을 희망하면서 '돌아가겠다.', '돌아가지 않겠다.'라고 주저하면서 결정하지 못하고 떠나갔으며 경계의 밖으로 나가서 '나는 이곳에서 옷을 희망하겠고 돌아가지 않겠다.'라고 생각하고서 옷을 희망하는 때에 옷을 희망하였던 것이 끊어졌다면, 이 비구가 옷을 희망하였던 것이 끊어졌던 까닭으로 가치나의를 버린 것이다.

[희망하지 않았던 열두 종류를 마친다.]

9) 희망하였던 열두 종류

9-1 어느 비구가 가치나의를 받았고 옷을 희망하면서 '돌아가겠다.'라고 생각하고서 떠났으며 경계의 밖으로 나가서 옷을 희망하였으나 희망하지 않은 것을 얻었고 희망하였던 것을 얻지 못하였으며, '나는 이 처소에서 옷을 짓겠고 돌아가지 않겠다.'라고 생각하였고, 이 옷을 지었다면 이 비구가 옷을 완성하였던 까닭으로 가치나의를 버린 것이다. 어느 비구가 가치나의를 받았고 옷을 희망하면서 '돌아가겠다.'라고 생각하고서 떠났으며 경계의 밖으로 나가서 옷을 희망하였으나 희망하지 않은 것을 얻었고 희망하였던 것을 얻지 못하였으며, '나는 옷을 짓지 않겠고, 역시 돌아가지 않겠다.'라고 생각하였고, 이 비구가 옷을 짓지 않겠다고 결정하였다면 가치나의를 버린 것이다.

어느 비구가 가치나의를 받았고 옷을 희망하면서 '돌아가겠다.'라고 생각하고서 떠났으며 경계의 밖으로 나가서 옷을 희망하였으나 희망하지 않은 것을 얻었고 희망하였던 것을 얻지 못하였으며, '나는 이 처소에서 옷을 짓겠고 돌아가지 않겠다.'라고 생각하였고, 옷을 지었으나 마땅히 옷을 짓는 때에 잃어버리고서 옷을 떠나갔다면, 이 비구가 옷을 잃어버렸던 까닭으로 가치나의를 버린 것이다. 어느 비구가 가치나의를 받았고 옷을 희망하면서 '돌아가겠다.'라고 생각하고서 떠났으며 경계의 밖으로 나가서 '나는 이 처소에서 옷을 희망하겠고 돌아가지 않겠다.'라고 생각하였고, 옷을 희망하는 때에 옷을 희망하였던 것이 끊어졌다면, 이 비구가 옷을 희망하였던 것이 끊어졌던 까닭으로 가치나의를 버린 것이다.

9-2 어느 비구가 가치나의를 받았고 옷을 희망하면서 '돌아가겠다.'라고 생각하면서 떠나갔고, 경계의 밖으로 나가서 "그 주처에서 가치나의를 버렸다."라고 들었으며, "그 주처에서 가치나의를 버렸던 까닭으로 나는 이곳에서 옷을 희망하겠다."라고 생각하였으며, 옷을 희망하였고 희망하였던 것을 얻었으며, 옷을 희망하지 않았고 희망하지 않았던 것을 얻지 못하였으며, '나는 이 처소에서 옷을 짓겠고 돌아가지 않겠다.'라고 생각하였고, 이 옷을 지었다면 이 비구가 옷을 완성하였던 까닭으로 가치나의를 버린 것이다.

어느 비구가 가치나의를 받았고 옷을 희망하면서 '돌아가겠다.'라고 생각하면서 떠나갔고, 경계의 밖으로 나가서 "그 주처에서 가치나의를 버렸다."라고 들었으며, "그 주처에서 가치나의를 버렸던 까닭으로 나는 이곳에서 옷을 희망하겠다."라고 생각하였으며, 옷을 희망하였고 희망하였던 것을 얻었으며, 옷을 희망하지 않았고 희망하지 않았던 것을 얻지 못하였으며, '나는 옷을 짓지 않겠다.'라고 생각하였고, 이 비구가 옷을 짓지 않겠다고 결정하였다면 가치나의를 버린 것이다.

어느 비구가 가치나의를 받았고 옷을 희망하면서 '돌아가겠다.'라고 생각하면서 떠나갔고, 경계의 밖으로 나가서 "그 주처에서 가치나의를 버렸다."라고 들었으며, "그 주처에서 가치나의를 버렸던 까닭으로 나는 이곳에서 옷을 희망하겠다."라고 생각하였으며, 옷을 희망하였고 희망하였던 것을 얻었으며, 옷을 희망하지 않았고 희망하지 않았던 것을 얻지 못하였으며, '나는 이 처소에서 옷을 짓겠다.'라고 생각하였고, 옷을 지었으나 마땅히 옷을 짓는 때에 잃어버리고서 옷을 떠나갔다면, 이 비구가 옷을 잃어버렸던 까닭으로 가치나의를 버린 것이다.

어느 비구가 가치나의를 받았고 옷을 희망하면서 '돌아가겠다.'라고 생각하면서 떠나갔고, 경계의 밖으로 나가서 "그 주처에서 가치나의를 버렸다."라고 들었으며, "그 주처에서 가치나의를 버렸던 까닭으로 나는 이곳에서 옷을 희망하겠으며 돌아가지 않겠다."라고 생각하고서 옷을 희망하는 때에 옷을 희망하였던 것이 끊어졌다면, 이 비구가 옷을 희망하였던 것이 끊어졌던 까닭으로 가치나의를 버린 것이다.

9-3 어느 비구가 가치나의를 받았고 옷을 희망하면서 '돌아가겠다.'라고 생각하였던 때에 떠나갔고, 경계의 밖으로 나가서 옷을 희망하였고 희망하였던 것을 얻었으며 옷을 희망하지 않았고 희망하지 않았던 것을 얻지 못하였으며 이미 옷을 지었는데, "그 주처에서 가치나의를 버렸다."라고 들었다면, 이 비구는 들었던 까닭으로 가치나의를 버린 것이다.

어느 비구가 가치나의를 받았고 옷을 희망하면서 '돌아가겠다.'라고 생각하였던 때에 떠나갔고, 경계의 밖으로 나가서 '나는 옷을 희망하겠고, 돌아가지 않겠다.'라고 생각하였으며, 옷을 희망하였으나 옷을 희망하였던 것이 끊어졌다면, 이 비구가 옷을 희망하였던 것이 끊어졌던 까닭으로 가치나의를 버린 것이다.

어느 비구가 가치나의를 받았고 옷을 희망하면서 '돌아가겠다.'라고 생각하였던 때에 떠나갔고, 경계의 밖으로 나가서 옷을 희망하였고 희망하였던 것을 얻었으며, 옷을 희망하지 않았고 희망하지 않았던 것을 얻지 못하였으며, 옷을 지었는데, 옷을 짓고서 '돌아가겠다. 돌아가겠다.'라고 생각하였고, 돌아가는 때에 가치나의의 기한이 지나갔다면 이 비구는 경계를 벗어났던 까닭으로 가치나의를 버린 것이다.

어느 비구가 가치나의를 받았고 옷을 희망하면서 '돌아가겠다.'라고
생각하였던 때에 떠나갔고, 경계의 밖으로 나가서 옷을 희망하였고 희망
하였던 것을 얻었으며, 옷을 희망하지 않았고 희망하지 않았던 것을
얻지 못하였으며, 옷을 지었는데, 옷을 짓고서 '돌아가겠다. 돌아가겠다.'
라고 생각하였는데, 가치나의의 기한에 이르렀다면 이 비구는 여러 비구
들과 함께 가치나의를 버린 것이다.

[희망하였던 열두 종류를 마친다.]

10) 일의 열두 종류

10-1 어느 비구가 가치나의를 받았고 일이 있어서 떠났으며 경계의
밖으로 나가서 옷을 희망하였으나 희망하지 않은 것을 얻었고 희망하였던
것을 얻지 못하였으며, '나는 이 처소에서 옷을 짓겠고 돌아가지 않겠다.'라
고 생각하였고, 이 옷을 지었다면 이 비구가 옷을 완성하였던 까닭으로
가치나의를 버린 것이다. 어느 비구가 가치나의를 받았고 일이 있어서
떠났으며 경계의 밖으로 나가서 옷을 희망하였으나 희망하지 않은 것을
얻었고 희망하였던 것을 얻지 못하였으며, '나는 옷을 짓지 않겠고, 역시
돌아가지 않겠다.'라고 생각하였고, 이 비구가 옷을 짓지 않겠다고 결정하
였다면 가치나의를 버린 것이다.

어느 비구가 가치나의를 받았고 일이 있어서 떠났으며 경계의 밖으로
나가서 옷을 희망하였으나 희망하지 않은 것을 얻었고 희망하였던 것을
얻지 못하였으며, '나는 이 처소에서 옷을 짓겠고 돌아가지 않겠다.'라고
생각하였고, 옷을 지었으나 마땅히 옷을 짓는 때에 잃어버리고서 옷을
떠나갔다면, 이 비구가 옷을 잃어버렸던 까닭으로 가치나의를 버린 것이
다. 어느 비구가 가치나의를 받았고 일이 있어서 떠났으며 경계의 밖으로
나가서 '나는 이 처소에서 옷을 희망하겠고 돌아가지 않겠다.'라고 생각하

였고, 옷을 희망하는 때에 옷을 희망하였던 것이 끊어졌다면, 이 비구가 옷을 희망하였던 것이 끊어졌던 까닭으로 가치나의를 버린 것이다.

10-2 어느 비구가 가치나의를 받았고 일이 있어서 '돌아오지 않겠다.'라고 생각하고서 떠났고, 경계의 밖으로 나가서 옷을 희망하였으나 희망하지 않은 것을 얻었고 희망하였던 것을 얻지 못하였으며, '나는 이 처소에서 옷을 짓겠다.'라고 생각하였고, 이 옷을 지었다면 이 비구가 옷을 완성하였던 까닭으로 가치나의를 버린 것이다. 어느 비구가 가치나의를 받았고 일이 있어서 '돌아오지 않겠다.'라고 생각하고서 떠났고, 경계의 밖으로 나가서 옷을 희망하였으나 희망하지 않은 것을 얻었고 희망하였던 것을 얻지 못하였으며, '나는 옷을 짓지 않겠다.'라고 생각하였고, 이 비구가 옷을 짓지 않겠다고 결정하였다면 가치나의를 버린 것이다.

　어느 비구가 가치나의를 받았고 일이 있어서 '돌아오지 않겠다.'라고 생각하고서 떠났고, 경계의 밖으로 나가서 옷을 희망하였으나 희망하지 않은 것을 얻었고 희망하였던 것을 얻지 못하였으며, '나는 이 처소에서 옷을 짓지 않겠다.'라고 생각하였고, 옷을 지었으나 마땅히 옷을 짓는 때에 잃어버리고서 옷을 떠나갔다면, 이 비구가 옷을 잃어버렸던 까닭으로 가치나의를 버린 것이다. 어느 비구가 가치나의를 받았고 일이 있어서 '돌아오지 않겠다.'라고 생각하고서 떠났고, 경계의 밖으로 나가서 '나는 이 처소에서 옷을 희망하겠다.'라고 생각하였고, 옷을 희망하는 때에 옷을 희망하였던 것이 끊어졌다면, 이 비구가 옷을 희망하였던 것이 끊어졌던 까닭으로 가치나의를 버린 것이다.

10-3 어느 비구가 가치나의를 받았고 일이 있어서 '돌아가겠다.', '돌아가지 않겠다.'라고 주저하면서 결정하지 못하고 떠나갔으며 경계의 밖으로 나가서 옷을 희망하였으나 희망하지 않은 것을 얻었고 희망하였던 것을 얻지 못하였으며, '나는 옷을 짓겠고 돌아가지 않겠다.'라고 생각하고서 옷을 지었다면, 이 비구는 옷을 완성하였던 가치나의를 버린 것이다.

어느 비구가 가치나의를 받았고 일이 있어서 '돌아가겠다.', '돌아가지 않겠다.'라고 주저하면서 결정하지 못하고 떠나갔으며 경계의 밖으로 나가서 옷을 희망하였으나 희망하지 않은 것을 얻었고 희망하였던 것을 얻지 못하였으며, '나는 옷을 짓지 않겠고, 역시 돌아가지 않겠다.'라고 생각하였고, 이 비구가 옷을 짓지 않겠다고 결정하였다면 가치나의를 버린 것이다.

어느 비구가 가치나의를 받았고 일이 있어서 '돌아가겠다.', '돌아가지 않겠다.'라고 주저하면서 결정하지 못하고 떠나갔으며 경계의 밖으로 나가서 옷을 희망하였으나 희망하지 않은 것을 얻었고 희망하였던 것을 얻지 못하였으며, '나는 이곳에서 옷을 짓겠고, 돌아가지 않겠다.'라고 생각 하였고, 옷을 지었으나 마땅히 옷을 짓는 때에 잃어버리고서 옷을 떠나갔다면, 이 비구가 옷을 잃어버렸던 까닭으로 가치나의를 버린 것이다.

어느 비구가 가치나의를 받았고 일이 있어서 '돌아가겠다.', '돌아가지 않겠다.'라고 주저하면서 결정하지 못하고 떠나갔으며 경계의 밖으로 나가서 '나는 이곳에서 옷을 희망하겠고 돌아가지 않겠다.'라고 생각하고 서 옷을 희망하는 때에 옷을 희망하였던 것이 끊어졌다면, 이 비구가 옷을 희망하였던 것이 끊어졌던 까닭으로 가치나의를 버린 것이다.

[일의 열두 종류를 마친다.]

11) 저장하였던 아홉 종류

11-1 어느 비구가 가치나의를 받았고 옷을 저장하고서 사방을 돌아다녔 으며 다른 처소에 이르렀는데, 여러 비구들이 있어서 "그대는 어느 처소에 서 우안거를 머물렀습니까? 그대의 옷은 어느 처소에 있습니까?"라고 물었고, "나는 어느 처소에서 우안거를 머물렀고, 나의 옷은 어느 처소에 있습니다."라고 말하였으며, 그들은 "가서 옷을 가지고 오십시오. 이곳에

서 옷을 짓겠습니다."라고 말하였고, 그는 그 주처에 가서 여러 비구들에게
"나의 옷은 어느 곳에 있습니까?"라고 말하였으며, 그들이 "그대의 옷은
여기에 있습니다. 그대는 어느 처소에 가려고 합니까?"라고 말하였고,
그는 "나는 어느 주처로 갈 것이고, 그 처소에서 여러 비구들과 나는
옷을 짓고자 합니다."라고 말하였으며, 그 비구들이 "멈추시오. 가지
마시오. 우리들은 이곳에서 그대를 위하여 옷을 짓겠소."라고 말하였고,
'나는 옷을 짓겠고, 돌아가지 않겠다.'라고 생각하였고, 옷을 지었다면
이 비구는 옷을 완성하였던 까닭으로 가치나의를 버린 것이다.

　어느 비구가 가치나의를 받았고 옷을 저장하고서 사방을 돌아다녔으며
다른 처소에 이르렀는데, 여러 비구들이 있어서 "그대는 어느 처소에서
우안거를 머물렀습니까? 그대의 옷은 어느 처소에 있습니까?"라고 물었
고, …… 나아가 …… '나는 옷을 짓지 않겠고, 역시 돌아가지 않겠다.'라고
생각하였고, 이 비구가 옷을 짓지 않겠다고 결정하였다면 가치나의를
버린 것이다.

　어느 비구가 가치나의를 받았고 옷을 저장하고서 사방을 돌아다녔으며
다른 처소에 이르렀는데, 여러 비구들이 있어서 "그대는 어느 처소에서
우안거를 머물렀습니까? 그대의 옷은 어느 처소에 있습니까?"라고 물었
고, …… 나아가 …… '나는 이 처소에서 옷을 짓겠고 돌아가지 않겠다.'라고
생각하였고, 옷을 지었으나 마땅히 옷을 짓는 때에 잃어버리고서 옷을
떠나갔다면, 이 비구가 옷을 잃어버렸던 까닭으로 가치나의를 버린 것이다.

11-2 어느 비구가 가치나의를 받았고 옷을 저장하고서 사방을 돌아다녔
으며 다른 처소에 이르렀는데, 여러 비구들이 있어서 "그대는 어느 처소에
서 우안거를 머물렀습니까? 그대의 옷은 어느 처소에 있습니까?"라고
물었고, "나는 어느 처소에서 우안거를 머물렀고, 나의 옷은 어느 처소에
있습니다."라고 말하였으며, 그들은 "가서 옷을 가지고 오십시오. 이곳에
서 옷을 짓겠습니다."라고 말하였고, 그는 그 주처에 가서 여러 비구들에게
"나의 옷은 어느 곳에 있습니까?"라고 말하였으며, 그들이 "그대의 옷은

여기에 있습니다. 그대는 어느 처소에 가려고 합니까?"라고 말하였고, 그는 "나는 어느 주처로 갈 것이고, 그 처소에서 여러 비구들과 나는 옷을 짓고자 합니다."라고 말하였으며, 그 비구들이 "그대의 옷은 여기에 있습니다. 그대는 가져가십시오."라고 말하였고, 그옷을 지니고 그 주처로 갔으며 도중에서 여러 비구들이 "그대는 어느 처소에 갑니까?"라고 말하였고, 그는 "나는 어느 주처로 갈 것이고, 그 처소에서 여러 비구들과 나는 옷을 짓고자 합니다."라고 말하였으며, 그 비구들이 "멈추시오. 가지 마시오. 우리들은 이곳에서 그대를 위하여 옷을 짓겠소."라고 말하였고, '나는 옷을 짓겠고, 돌아가지 않겠다.'라고 생각하였고, 옷을 지었다면 이 비구는 옷을 완성하였던 까닭으로 가치나의를 버린 것이다.

어느 비구가 가치나의를 받았고 옷을 저장하고서 사방을 돌아다녔으며 다른 처소에 이르렀는데, 여러 비구들이 있어서 "그대는 어느 처소에서 우안거를 머물렀습니까? 그대의 옷은 어느 처소에 있습니까?"라고 물었고, …… 나아가 …… '나는 옷을 짓지 않겠고, 역시 돌아가지 않겠다.'라고 생각하였고, 이 비구가 옷을 짓지 않겠다고 결정하였다면 가치나의를 버린 것이다.

어느 비구가 가치나의를 받았고 옷을 저장하고서 사방을 돌아다녔으며 다른 처소에 이르렀는데, 여러 비구들이 있어서 "그대는 어느 처소에서 우안거를 머물렀습니까? 그대의 옷은 어느 처소에 있습니까?"라고 물었고, …… 나아가 …… '나는 이 처소에서 옷을 짓겠고 돌아가지 않겠다.'라고 생각하였고, 옷을 지었으나 마땅히 옷을 짓는 때에 잃어버리고서 옷을 떠나갔다면, 이 비구가 옷을 잃어버렸던 까닭으로 가치나의를 버린 것이다.

11-3 어느 비구가 가치나의를 받았고 옷을 저장하고서 사방을 돌아다녔으며 다른 처소에 이르렀는데, 여러 비구들이 있어서 "그대는 어느 처소에서 우안거를 머물렀습니까? 그대의 옷은 어느 처소에 있습니까?"라고 물었고, "나는 어느 처소에서 우안거를 머물렀고, 나의 옷은 어느 처소에 있습니다."라고 말하였으며, 그들은 "가서 옷을 가지고 오십시오. 이곳에

서 옷을 짓겠습니다."라고 말하였고, 그는 그 주처에 가서 여러 비구들에게 "나의 옷은 어느 곳에 있습니까?"라고 말하였으며, 그는 "나는 어느 주처로 갈 것이고, 그 처소에서 여러 비구들과 나는 옷을 짓고자 합니다."라고 말하였으며, 그 비구들이 "그대의 옷은 여기에 있습니다. 그대는 가져가십시오."라고 말하였고, 그가 옷을 지니고 그 주처로 갔으며 그 주처에서 '나는 옷을 짓겠고, 돌아가지 않겠다.'라고 생각하였고, 옷을 지었다면 이 비구는 옷을 완성하였던 까닭으로 가치나의를 버린 것이다.

어느 비구가 가치나의를 받았고 옷을 저장하고서 사방을 돌아다녔으며 다른 처소에 이르렀는데, 여러 비구들이 있어서 "그대는 어느 처소에서 우안거를 머물렀습니까? 그대의 옷은 어느 처소에 있습니까?"라고 물었고, …… 나아가 …… '나는 옷을 짓지 않겠고, 역시 돌아가지 않겠다.'라고 생각하였고, 이 비구가 옷을 짓지 않겠다고 결정하였다면 가치나의를 버린 것이다.

어느 비구가 가치나의를 받았고 옷을 저장하고서 사방을 돌아다녔으며 다른 처소에 이르렀는데, 여러 비구들이 있어서 "그대는 어느 처소에서 우안거를 머물렀습니까? 그대의 옷은 어느 처소에 있습니까?"라고 물었고, …… 나아가 …… '나는 옷을 짓지 않겠고, 역시 돌아가지 않겠다.'라고 생각하였고, 이 비구가 옷을 짓지 않겠다고 결정하였다면 가치나의를 버린 것이다.

어느 비구가 가치나의를 받았고 옷을 저장하고서 사방을 돌아다녔으며 다른 처소에 이르렀는데, 여러 비구들이 있어서 "그대는 어느 처소에서 우안거를 머물렀습니까? 그대의 옷은 어느 처소에 있습니까?"라고 물었고, …… 나아가 …… '나는 이 처소에서 옷을 짓겠고 돌아가지 않겠다.'라고 생각하였고, 옷을 지었으나 마땅히 옷을 짓는 때에 잃어버리고서 옷을 떠나갔다면, 이 비구가 옷을 잃어버렸던 까닭으로 가치나의를 버린 것이다.

[저장하였던 아홉 종류를 마친다.]

12) 안락한 주처의 다섯 종류

12-1 어느 비구가 가치나의를 받았고 안락한 주처를 구하였으며 옷을 지니고서 "나는 어느 주처로 가겠다. 그 처소에서는 안락을 얻은 것이다. 만약 안락을 얻지 못한다면 곧 어느 주처로 가겠다. 그 처소에서는 안락을 얻은 것이다. 만약 안락을 얻지 못한다면 곧 어느 주처로 가겠다. 그 처소에서는 안락을 얻은 것이다. 만약 안락을 얻지 못한다면 곧 돌아오겠다."라고 생각하고 떠나갔고, 경계의 밖으로 나가서 '나는 이 처소에서 옷을 짓겠고 돌아가지 않겠다.'라고 생각하였고, 이 옷을 지었다면 이 비구가 옷을 완성하였던 까닭으로 가치나의를 버린 것이다.

　어느 비구가 가치나의를 받았고 안락한 주처를 구하였으며 옷을 지니고서 "나는 어느 주처로 가겠다. …… 곧 돌아오겠다."라고 생각하고 떠나갔고, …… '나는 옷을 짓지 않겠고, 역시 돌아가지 않겠다.'라고 생각하였고, 이 비구가 옷을 짓지 않겠다고 결정하였다면 가치나의를 버린 것이다.

　어느 비구가 가치나의를 받았고 안락한 주처를 구하였으며 옷을 지니고서 "나는 어느 주처로 가겠다. …… 곧 돌아오겠다."라고 생각하고 떠나갔고, …… '나는 이 처소에서 옷을 짓겠고 돌아가지 않겠다.'라고 생각하였고, 옷을 지었으나 마땅히 옷을 짓는 때에 잃어버리고서 옷을 떠나갔다면, 이 비구가 옷을 잃어버렸던 까닭으로 가치나의를 버린 것이다.

　어느 비구가 가치나의를 받았고 안락한 주처를 구하였으며 옷을 지니고서 "나는 어느 주처로 가겠다. …… 곧 돌아오겠다."라고 생각하고 떠나갔고, …… 옷을 지었는데, 옷을 짓고서 '돌아가겠다. 돌아가겠다.'라고 생각하였고, 돌아가는 때에 가치나의의 기한이 지나갔다면 이 비구는 경계를 벗어났던 까닭으로 가치나의를 버린 것이다.

　어느 비구가 가치나의를 받았고 안락한 주처를 구하였으며 옷을 지니고서 "나는 어느 주처로 가겠다. …… 곧 돌아오겠다."라고 생각하고 떠나갔고, …… 옷을 짓고서 '돌아가겠다. 돌아가겠다.'라고 생각하였는데, 가치나의의 기한에 이르렀다면 이 비구는 여러 비구들과 함께 가치나의를 버린 것이다.

[안락한 주처의 다섯 종류를 마친다.]

13) 장애와 장애가 아닌 것

13-1 "여러 비구들이여. 가치나의에는 두 가지의 장애와 두 가지의 장애가 아닌 것이 있느니라. 여러 비구들이여. 무엇이 가치나의를 장애하는가? 주처의 장애와 옷의 장애이니라. 여러 비구들이여. 무엇이 주처의 장애인가? 여러 비구들이여. 이 처소에 있는 비구가 그 주처에 머무르면서 혹은 '돌아가겠다.'라고 말하면서 머물던 때에 떠나갔고, 여러 비구들이여. 이와 같다면 주처에 장애가 있는 것이다.

여러 비구들이여. 무엇이 옷의 장애인가? 여러 비구들이여. 이 처소에 있는 비구가 그 옷을 혹은 짓지 않았거나, 혹은 완성하지 않았거나, 혹은 희망하는 것이 끊어지지 않았고, 여러 비구들이여. 이와 같다면 옷에 장애가 있는 것이다. 여러 비구들이여. 이와 같이 가치나의에는 두 가지의 장애가 있느니라."

13-2 "여러 비구들이여. 무엇이 가치나의의 두 가지의 장애가 아닌가? 주처의 장애와 옷의 장애가 아니니라. 여러 비구들이여. 무엇이 주처의 장애가 아닌가? 여러 비구들이여. 이 처소에 있는 비구가 버렸거나, 싫어하여 떠났거나, 버리고 희망하지 않아서 '돌아가지 않겠다.'라고 말하고서 떠나갔고, 여러 비구들이여. 이와 같다면 주처에 장애가 있는 것이다.

여러 비구들이여. 무엇이 옷의 장애가 아닌가? 여러 비구들이여. 이 처소에 있는 비구가 그 옷을 혹은 이미 지었거나, 혹은 이미 잃어버렸거나, 혹은 이미 찢어졌거나, 혹은 이미 불탔거나, 혹은 옷을 희망하는 것이 끊어졌고, 여러 비구들이여. 이와 같다면 옷에 장애가 없는 것이다. 여러 비구들이여. 이와 같이 가치나의에는 두 가지의 장애가 없느니라.”

[장애와 장애가 아닌 것을 마친다.]

○【둘째의 송출품을 마친다.】

이 건도에는 20사(事)가 있고, 168종류의 설명이 있느니라. 섭송으로 말하겠노라.

　30명의 비구와 파련불읍과
　사갈타에서 피로하게 머무른 것과
　우안거에 머무른 것과 젖은 것과
　세간의 승리자를 보고자 갔던 것과

　이 처소에서 가치나의의 일은 5사(事)의
　하나하나가 상응하여 명료하나니
　부촉하지 않는 것과 떠나가는 것과
　별중으로 먹는 것과

　다만 필요하면 옷을 받고
　얻었으며 곧 부촉한다면
　가치나의는 하나를 충족하리니
　아뢰면 성립하고 성립하지 않는 것이 있다.

　표시한 것과 세탁한 것과 계량한 것과
　재단한 것과 꿰맨 것과 임시로 꿰맨 것과
　단단하게 꿰맨 것과 다시 꿰맨 것과

뒤집어서 꿰맨 것과 합쳐서 꿰맨 것과

염색한 것과 결정한 것과 말하는 것과
일시적인 것과 연기하고 버린 것과
상응하지 않는 것과 세 때가 없는 것과
5조를 넘긴 것과 테두리를 짓지 않은 것과

다른 비구와 곧 받는 것과 경계의 밖과
기뻐하지 않는 때라면
받는 것이 성립되지 않는 때가 있는 것과
가치나의가 성립하는 것을
세존께서 설하신 뜻이 있다.

새로운 옷과 낡은 옷과 분소의와
시장의 옷감조각과 말하지 않는 것과
결정되지 않은 것과 잠시가 아닌 것과
버리지 않은 것과 희망하지 않는 것과

상응하는 것과 삼의가 있는 것과
5조를 넘겨서 지은 것과 테두리를 짓는 때와
개인이 짓는 것과 경계의 안과 기뻐하는 것과
이와 같이 가지나의를 받는 것이 있다.

버리는 것에 여덟 종류가 있나니 떠나고 성립되며
마음을 일으키고 버렸다고 들었고 희망하며 경계를 나가고
함께 버리며 지은 옷을 지니고 돌아가지 않는 것과
가치나의를 버리고 떠나는 것과

옷을 지니고 경계 밖에서 짓고 돌아가지 않는 것과
성립된 가치나의를 버리는 것과
옷을 지니고 경계 밖에서 짓고 돌아가지 않는 것과
마음을 일으켜서 가치나의를 버리는 것과

옷을 지니고 경계 밖에서 짓고 돌아가지 않는 것과
이 가치나의를 사유하는 것과
곧 짓는 때에 잃어버리고 떠나는 것과
이 가치나의를 잃어버린 것과

지니고 경계의 밖에서 짓는 것과
이미 지었는데 버렸다고 들은 것과
가치나의를 버렸다고 들은 이유와
지니고 경계의 밖으로 가서 짓는 것과

짓고서 기한을 넘겨도 돌아오지 않은 것과
몸이 경계의 밖으로 나갔던 이유와
그 가치나의를 버린 것과
경계의 밖으로 가서 짓는 것과

짓고서 돌아오는 한계에서 입는 것과
다른 비구들이 함께 버리는 것과
가치나의를 버리는 것과
지니고 수지하는 열네 종류와

떠나가고 완성되지 않은 여섯 종류와
지니고 경계 밖으로 가서 지으려는 것과
이미 완성한 것과 결심과 잃어버린 세 종류와

돌아오지 않고 경계 밖으로 가서 짓는 것과

이미 완성한 것과 결심과 잃어버린 세 종류와
결정하지 않는 세 종류와
돌아와서 경계 밖으로 가서 짓는 것과
완성하였고 버리면서 결전하지 않은 세 종류와

경전과 잃은 것과 들은 것과 경계를 나간 것과
다른 비구들이 생겨난 열다섯 종류와
수지한 것과 완성하지 않은 것과 수지한 것과
이러한 네 종류를 거듭한 열다섯 종류와

희망하고 희망하지 않은 세 종류와
역시 부분을 분류하는 것에서
이것에 의지하여 알아야 하는
세 종류와 열두 종류와 열다섯 종류와

저장하였던 아홉 종류와 안락한 다섯 종류와
장애와 장애하지 않는 두 종류와
이와 같은 이치를 의지하여
섭송으로 118사를 설하였노라.

대건도 제8권

제8장 의건도(衣犍度)[1]

1. 제1송출품(第一誦出品)

1) 기바(耆婆)[2]

1-1 그때 불·세존께서는 왕사성의 가란타죽림원에 머무르셨다.

그때 비사리는 부유하고 번영하여 사람들이 많이 모였고 백성들은 풍요로웠으며 7천7백의 전루(殿樓)가 있었고 7천7백의 중각(重閣)이 있었으며 7천7백의 공원(公園)이 있었고 7천7백의 연지(蓮池)가 있었다. 음녀 암바바리(菴婆婆梨)[3]는 아름다워서 본다면 즐거웠고 수승한 미모를 갖추었으며 춤추고 노래하면 연주하는 것에 매우 뛰어났다. 사랑하고 즐거워하는 사람들에게 하룻밤에 50금(金)을 받았고 이것을 인연으로 비사리는 더욱 번영하였다.

---

1) 팔리어 Cīvarakkhandhaka(치바라 깐다카)의 번역이다.
2) 팔리어 Jīvaka(지바카)의 음사이다.
3) 팔리어 Ambapālī(암바파리)의 음사이다.

1-2 그때 왕사성에는 한 명사(名士)[4]가 있었고 일이 있어서 비사리로 갔다. 왕사성의 명사는 비사리는 부유하고 번영하여 사람들이 많이 모였고 백성들은 풍요로웠으며 7천7백의 전루가 있었고 7천7백의 중각이 있었으며 7천7백의 공원이 있었고 7천7백의 연지가 있는 것을 보았다. 또한 음녀 암바바리는 아름다워서 본다면 즐거웠고 수승한 미모를 갖추었으며 춤추고 노래하면 연주하는 것에 매우 뛰어났으며, 사랑하고 즐거워하는 사람들을 위하여 하룻밤에 50금을 받았고 이것을 인연으로 비사리는 더욱 번영하는 것을 보았다.

이때 한 명사는 일을 마치고 왕사성으로 돌아와서 마갈타국의 사니야 빈비사라왕의 주처로 나아갔으며, 마갈타국의 사니야 빈비사라왕에게 말하였다.

"대왕이시여. 비사리는 부유하고 번영하여 사람들이 많이 모였고, …… 이것을 인연으로 비사리는 더욱 번영하고 있습니다. 대왕이시여. 원하건대 우리도 음녀를 유치(誘致)하십시오."

"그와 같다면 음녀인 동녀를 찾아서 오게 하여서 유치하시오."

1-3 그때 왕사성에는 동녀가 있었는데, 사라발제(娑羅跋提)[5]라고 이름하였고, 아름다워서 보았다면 즐거웠고 수승한 미모를 갖추었다. 이때 왕사성의 명사는 동녀인 사라발제를 음녀로 삼고자 유치하였다. 오래지 않은 때에 사라발제가 춤추고 노래하면 연주하는 것에 매우 뛰어났으므로, 사랑하고 즐거워하는 사람들에게 하룻밤에 일백금을 받았다. 이때 음녀 사라발제는 오래지 않은 때에 임신하였고, 이때 음녀 사라발제는 마음에서 사유하였다.

'임신한 여인은 남자들이 좋아하지 않을 것이고, 만약 사람들이 〈음녀 사라발제가 임신하였다.〉라고 나를 말하는 때라면 곧 일체가 존중하지

---

4) 팔리어 Negama(네가마)의 번역이고, 하나의 작은 마을 사람, 또는 상주(商主)라는 뜻이다.
5) 팔리어 Sālavatī(사라바티)의 음사이다.

않을 것이니, 나는 마땅히 병이라고 말해야겠다.'

이때 음녀 사라발제는 수문인(守門人)에게 말하였다.

"수문인이여. 어느 누구라도 들어오지 못하게 하세요. 만약 나를 묻는 자가 있다면 곧 병이 있다고 말하세요."

이때 수문인은 음녀 사라발제에게 대답하였다.

"알겠습니다."

1-4 이때 음녀 사라발제는 달을 채워서 아들을 낳았다. 이때 음녀 사라발제는 여노비에게 말하였다.

"이 사내아이를 키(箕)⁶⁾에 담아서 가지고 쓰레기 더미에 버리게."

이때 여노비는 음녀 사라발제에게 대답하였다.

"알겠습니다."

그 사내아이를 키에 담아서 가지고 쓰레기 더미에 버렸다. 그때 무외(無畏)⁷⁾라고 이름하는 왕자가 있었고 이른 아침에 왕의 일을 받들고서 가면서 까마귀에게 둘러싸인 그 사내아이를 보고 여러 사람들에게 물어 말하였다.

"까마귀 무리가 무엇을 둘러싸고 있는가?"

"왕자님! 사내아이를 둘러싸고 있습니다."

"오히려 살아있는가?"

"왕자님! 살아있습니다."

"그렇다면 이 사내아이를 나의 후궁으로 데려가서 여러 유모들에게 주어서 그를 양육하도록 하게."

이때 그 여러 사람들은 무외 왕자에게 대답하였다.

"알겠습니다."

---

6) 곡식 따위를 까불러서 쭉정이나 티끌을 골라내는 도구이고, 고리버들이나 대나무를 납작하게 쪼개어 앞은 넓고 평평하게, 뒤는 좁고 넓게 엮어서 만든 도구이다.

7) 팔리어 Abhaya(아바야)의 번역이고, 빈비사라왕과 우쩨니(Ujjeni)국의 파두마바티(Padumavati)의 사이에서 태어난 아들이다. 또한 abhaya는 본래 '두려움이 없다.'는 뜻이고, 부왕이 죽은 뒤에 출가하여 아라한과를 증득하였다고 전한다.

그 사내아이를 무외 왕자의 후궁으로 데려갔고 여러 유모들에게 주면서 말하였다.

"이 아이를 양육하도록 하십시오."

그는 오히려 살아있었던 까닭으로 '기바(耆婆)'라고 이름하였고, 왕자의 처소에서 양육되었으므로 동자(童子)8)라고 불렸다.

1-5 이때 기바 동자는 오래지 않아서 분별할 수 있었다. 이때 기바 동자는 무외 왕자의 처소에 이르렀고, 이르러서 무외 왕자에게 말하였다.

"누가 나의 어머니이고, 누가 나의 아버지입니까?"

"기바여. 나는 그대의 어머니를 알지 못한다. 내가 그대의 아버지이고, 내가 그대를 양육하게 하였다."

이때 기바 동자는 마음에서 사유하였다.

'만약 기예(技藝)가 없다면 왕가(王家)에 머무르는 것이 어렵다. 나는 마땅히 기예를 배워야겠다.'

이때 득차시라국(得叉尸羅國)9)에는 사방의 유능한 의사들이 머물고 있다고 들었다.

1-6 이때 기바 동자는 무외 왕자에게 알리지 않고서 곧 득차시라국을 향하여 떠나갔다. 차례로 득차시라국의 그 의사의 주처에 이르렀고, 이르러서 그 의사에게 말하였다.

"스승님. 나는 의술을 배우고자 합니다."

"기바여. 그와 같다면 배우도록 하시오."

이때 기바 동자는 많은 것을 배웠고 쉽게 배웠으며 잘 지녔으며, 배운 것을 잊어버리지 않았다. 이때 7년이 지나자 기바 동자는 마음에서 사유하였다.

---

8) 팔리어 komārabhacca(코마라바짜)의 번역이고, 본래는 '아기의 의학적 치료'라는 뜻이다.

9) 팔리어 Takkasilā(타까시라)의 음사이다.

'많은 것을 배웠고 쉽게 배웠으며 잘 지녔으며, 배운 것을 잊어버리지 않았다. 이미 7년이 지났어도 이 의술의 끝자락을 알 수가 없구나. 어느 때에 의술의 끝자락을 알 수 있겠는가?'

1-7 이때 기바 동자는 그 의사의 주처에 이르렀고, 이르러서 그 의사에게 말하였다.

"스승님. 많은 것을 배웠고 쉽게 배웠으며 잘 지녔으며, 배운 것을 잊어버리지 않았습니다. 이미 7년이 지났어도 이 의술의 끝자락을 알 수가 없습니다. 어느 때에 의술의 끝자락을 알 수 있겠습니까?"

"기바여. 그와 같다면 괭이(鋤)를 가지고 득차시라국 네 방향의 1유순을 돌아다니는 때에 일반적으로 보이는 약이 아닌 것을 가지고 오게."

"스승님. 알겠습니다."

기바 동자는 의사에게 대답하고서 괭이를 가지고 득차시라국 네 방향의 1유순을 돌아다는 때에 약이 아닌 것을 보지 못하였다. 이때 기바 동자는 그 의사의 주처에 이르렀고, 이르러서 그 의사에게 말하였다.

"스승님. 저는 득차시라국 네 방향의 1유순을 돌아다니는 때에 약이 아닌 것을 보지 못하였습니다."

"기바여. 그대의 배움은 이미 완성되었네. 이것으로써 생계를 세울 수 있네."

이와 같았으므로, 기바 동자에게 적은 여비를 주었다.

1-8 이때 기바 동자는 적은 여비를 가지고 왕사성을 향하여 떠나갔다. 이때 기바 동자는 도중에 사갈타국(娑竭陀國)[10]에 이르렀는데, 그 적은 여비를 모두 사용하였다. 이때 기바 동자는 마음에서 사유하였다.

'이 도로는 광야이고 물도 적고 음식도 적다. 여비가 없다면 여행이 쉽지 않다. 나는 마땅히 도로의 여비를 구해야 한다.'

---

10) 팔리어 Sāketa(사케타)의 음사이다.

그때 사갈타국에 장자의 부인은 7년을 두통을 앓았고 매우 많은 유능한 의사들이 왔으나, 모두 치료하지 못하였으며 다만 많은 황금(黃金)을 취하여 떠나갔다. 이때 기바 동자는 사갈타국에 들어가서 여러 사람들에게 물어 말하였다.

"어느 사람이 아프시오. 내가 그 사람을 치료하겠소."

"의사여. 그 장자의 부인은 7년을 두통을 앓고 있소. 의사여. 가서 그 장자의 부인을 치료하시오."

1-9 이때 기바 동자는 그 장자의 집에 이르렀고, 수문인에게 말하였다.

"수문인이여. 가서 장자의 부인에게 '의사가 그대를 치료하고자 왔습니다.'라고 말하시오."

"알겠습니다."

그 수문인은 기바 동자에게 대답하고서 장자 부인의 주처에 이르렀고, 이르러서 장자의 부인에게 말하였다.

"의사가 그대를 치료하고자 왔습니다."

"수문인이여. 어떠한 의사인가?"

"젊은이입니다."

"수문인이여. 멈추게. 젊은 의사가 나를 치료하겠는가? 유능한 의사들이 왔으나, 모두 치료하지 못하였으며 다만 많은 황금을 취하여 떠나갔네."

1-10 이때 그 수문인은 기바 동자의 처소에 이르렀고, 이르러서 기바 동자에게 말하였다.

"의사여. 장자의 부인께서 말하였습니다.

'수문인이여. 멈추게. 젊은 의사가 나를 치료하겠는가? 유능한 의사들이 왔으나, 모두 치료하지 못하였으며 다만 많은 황금을 취하여 떠나갔네.'"

"수문인이여. 가서 장자의 부인께 말하시오. 의사는 말하였습니다.

'처음에는 어느 것도 주지 마시고 만약 치료된 때라면 그대가 원하는 것을 주십시오.'"

"알겠습니다."

그 수문인은 기바 동자에게 대답하고서 장자 부인의 주처에 이르렀고, 이르러서 장자의 부인에게 말하였다.

"의사는 말하였습니다. '처음에는 어느 것도 주지 마시고 만약 치료된 때라면 그대가 원하는 것을 주십시오.'"

"수문인이여. 그와 같다면 의사를 청하여 오시오."

"알겠습니다."

그 수문인은 장자의 부인에게 대답하고서 기바 동자의 처소에 이르렀고, 이르러서 기바 동자에게 말하였다.

"의사여. 장자의 부인께서 그대를 불렀습니다."

1-11 이때 기바 동자는 장자 부인의 처소에 이르렀고, 이르러서 장자 부인의 병을 진찰하였으며, 장자의 부인에게 말하였다.

"한 홉(合)11)의 소(酥)가 필요합니다."

이때 장자 부인은 한 홉의 소를 주었다. 이때 기바 동자는 한 홉의 소를 가지고 여러 약초와 함께 끓였으며 장자의 부인을 와상 위에 눕게 하였고 코로써 관비(灌鼻)하였다. 콧속으로 부어넣은 소가 입으로 흘러나왔고 이때 장자 부인은 토한 것을 그릇에 받았으며 여노비에게 명하여 말하였다.

"면으로써 닦아서 이 소를 취하게."

1-12 이때 기바 동자는 마음에서 사유하였다.

'이 집안 주인의 아내에게 간탐(慳貪)은 희유하구나. 마땅히 버려지는 소를 면직물로써 취하는 까닭이다. 내가 오히려 값비싼 약을 많이 사용하였으니, 그녀는 역시 나에게 이러한 보상을 허락하겠는가?'

이때 장자 부인은 기바 동자가 변하는 것을 관찰하였고 기바 동자에게

---

11) 한 되의 10분의 1의 양을 가리킨다.

말하였다.

"의사여. 어찌하여 근심하십니까?"

"나는 이곳에서 이렇게 생각하였습니다. '이 집안 주인의 아내에게 간탐은 희유하구나. 마땅히 버려지는 소를 면직물로써 취하는 까닭이다. 내가 오히려 값비싼 약을 많이 사용하였으니, 그녀는 역시 나에게 이러한 보상을 허락하겠는가?'"

"의사여. 우리들의 재가인은 이와 같은 검소함을 알고 있습니다. 이 소는 귀중하여, 노복들의 발에 바르는 약으로 사용하고 또한 등불을 켭니다. 의사께서는 걱정하지 마세요. 그대에게 보상하겠습니다."

1-13 이때 기바 동자는 장자의 부인이 7년을 앓았던 두통을 한 번의 관비로써 치료하였다. 이때 장자의 부인은 치료되었으므로 기바 동자에게 4천의 금전을 주었다. 그녀의 아들도 "내 어머니께서 치료되셨다."라고 말하면서 4천의 금전을 주었고, 그녀의 며느리도 "내 어머니께서 치료되셨다."라고 말하면서 4천의 금전을 주었으며, 장자인 거사도 "내 아내가 치료되었다."라고 말하면서 4천의 금전과 노비 및 마차를 주었다.

이때 기바 동자는 1만6천의 금전과 노비 및 마차를 가지고 왕사성을 향하여 떠나갔다. 차례로 왕사성으로 나아가서 무외 왕자의 주처에 이르렀으며, 이르러서 무외 왕자에게 말하였다.

"왕자님! 이것은 내가 처음으로 의술을 행하여 얻은 1만6천의 금전과 노비 및 마차입니다. 왕자님께서 저를 양육하신 비용이니 청하건대 받아주십시오."

"기바여. 그만두게. 나의 궁전 뒤에 그대를 위하여 주처를 짓도록 하게."

"왕자님! 알겠습니다."

기바 동자는 무외 왕자에게 대답하였고, 무외 왕자의 궁전에서 머물렀다.

1-14 이때 마갈타국의 사니야 빈비사라왕에게 치질병이 있어서 옷에 피가 묻었으므로, 여러 부인들이 그것을 보고서 웃으면서 말하였다.

"왕께서도 역시 부인들의 월기(月期)의 꽃이 피었네요. 왕께서도 오래지 않아서 아이를 낳으시겠네요."

왕은 부끄러워하였다. 이때 마갈타국의 사니야 빈비사라왕은 무외 왕자에게 말하였다.

"무외여. 나에게는 이와 같은 병이 있어서 옷에 피가 묻었는데, 여러 부인들이 그것을 보고서 웃으면서 '왕께서도 역시 부인들의 월기의 꽃이 피었네요. 왕께서도 오래지 않아서 아이를 낳으시겠네요.'라고 말하더구나. 무외여. 능히 나를 치료할 수 있는 의사를 찾아서 데려오게."

"대왕이여. 제 처소에는 의사인 기바가 있습니다. 비록 젊더라도 매우 현명하고 유능하여 그는 대왕을 치료할 수 있습니다."

"무외여. 그와 같다면 의사인 기바에게 명하여 와서 나를 치료하게 하게."

1-15 이때 무외 왕자는 기바 동자에게 명하여 말하였다.

"기바여. 가서 왕을 치료하게."

"왕자님. 알겠습니다."

기바 동자는 무외 왕자에게 대답하였고, 손에 약을 가지고 마갈타국의 사니야 빈비사라왕의 주처에 이르렀으며, 이르러서 마갈타국의 사니야 빈비사라왕에게 말하였다.

"대왕이여. 병을 보겠습니다."

이때 기바 동자는 오직 한 번의 바르는 약으로 마갈타국의 사니야 빈비사라왕의 치질을 제거하였다. 이때 마갈타국의 사니야 빈비사라왕은 병이 나았으므로 마침내 500의 부인들에게 먼저 일체를 장엄하도록 명하였고, 차례로 풀게 하였으며, 모으게 명하였고, 기바 동자에게 말하였다.

"기바여. 500의 부인들의 일체의 장엄구는 그대에게 귀속되었네."

"대왕이시여. 멈추시고 저의 직무(職務)를 생각하십시오."

610 대건도(Mahāvagga 大犍度)

"기바여. 그와 같다면 곧 나와 후궁들, 세존과 상수인 승가를 보살피도록 하게."

기바 동자는 마갈타국의 사니야 빈비사라왕에게 대답하였다.

"알겠습니다. 대왕이시여."

1-16 그때 왕사성의 장자는 7년을 두통을 앓았고 매우 많은 유능한 의사들이 왔으나, 모두 치료하지 못하였으며 다만 많은 황금을 취하여 떠나갔다. 그러한 뒤에 다시 여러 의사들은 거절하였고 한 부류의 의사들은 말하였다.

"장자인 거사는 5일 안에 죽을 것이다."

한 부류의 의사들은 말하였다.

"장자인 거사는 7일 안에 죽을 것이다."

이때 왕사성에 머무는 사람들은 마음에서 사유하였다.

'이 장자인 거사는 왕과 성안의 사람들에게 큰 이익이 있다. 그러나 지금 여러 의사들은 거절하였고, 한 부류의 의사들은 〈장자인 거사는 5일 안에 죽을 것이다.〉라고 말하였으며, 한 부류의 의사들은 〈장자인 거사는 7일 안에 죽을 것이다.〉라고 말하였다. 이 처소에는 의왕(醫王)인 기바가 있는데, 비록 젊더라도 매우 현명하고 유능하다. 우리들은 마땅히 의왕인 기바를 청하여 장자인 거사를 치료해야겠다.'

1-17 그때 왕사성의 백성들은 마갈타국의 사니야 빈비사라왕의 주처에 이르렀으며, 이르러서 마갈타국의 사니야 빈비사라왕에게 말하였다.

"대왕이시여. 그 장자인 거사는 왕과 성안의 사람들에게 큰 이익이 있습니다. …… '장자인 거사는 7일 안에 죽을 것이다.'라고 말하였습니다. 원하건대 대왕께서 의사인 기바에게 명하시어 장자인 거사를 치료하게 하십시오."

이때 마갈타국의 사니야 빈비사라왕은 기바 동자에게 명하여 말하였다.

"기바여. 가서 장자인 거사를 치료하게."

"알겠습니다. 대왕이시여."

기바 동자는 마갈타국의 사니야 빈비사라왕에게 대답하였고, 장자인 거사의 주처에 이르렀으며, 이르러서 장자인 거사에게 말하였다.

"거사여. 내가 만약 그대를 치료한다면 그대는 무엇으로 나에게 보상하겠습니까?"

"의사여. 일체의 재산은 그대에게 귀속될 것이고, 나를 그대의 노비로 삼으시오."

1-18 "장자여. 그대는 능히 7개월을 한쪽의 옆구리로 누워있을 수 있습니까?"

"나는 능히 7개월을 한쪽의 옆구리로 누워있을 수 있습니다."

"장자여. 그대는 능히 7개월을 다른 한쪽의 옆구리로 누워있을 수 있습니까?"

"나는 능히 7개월을 다른 한쪽의 옆구리로 누워있을 수 있습니다."

"장자여. 그대는 능히 7개월을 바르게 누워있을 수 있습니까?"

"나는 능히 7개월을 반듯하게 누워있을 수 있습니다."

이때 기바 동자는 장자인 거사를 와상에 눕히고 그를 단단하게 묶었으며 그의 머리의 피부를 자르고 두개골이 봉합된 선을 열고서 두 마리의 벌레를 꺼냈으며 사람들에게 보여주면서 말하였다.

"보십시오. 이곳에 두 마리의 벌레가 있습니다. 하나는 작고 하나는 큽니다. '장자인 거사는 5일 안에 죽을 것이다.'라고 말하였는데, 곧 여러 의사들은 이 큰 벌레를 보았던 것입니다. '장자인 거사는 7일 안에 죽을 것이다.'라고 말하였는데, 곧 여러 의사들은 이 작은 벌레를 보았던 것입니다. 장자인 거사의 뇌수(腦髓)가 곧 없어졌을 것이고 뇌수가 없어져서 장자는 죽었을 것입니다. 그 의사들은 잘 보았던 것입니다."

이와 같이 두개골이 봉합된 선을 합치고서 머리 피부를 꿰맸으며 약을 발라주었다.

1-19 이때 7일이 지나자 장자인 거사는 기바 동자에게 말하였다.

"의사여. 나는 능히 7개월을 한쪽의 옆구리로 누워있을 수 없습니다."

"거사여. 그대는 어찌 나에게 '능히 7개월을 한쪽의 옆구리로 누워있을 수 있습니다.'라고 허락하지 않았습니까?"

"의사여. 나는 진심으로 허락하였으나, 그러나 나는 곧 죽을 것입니다. 나는 능히 7개월을 한쪽의 옆구리로 누워있을 수 없습니다."

"거사여. 그와 같다면 능히 7개월을 다른 한쪽의 옆구리로 누워있으십시오."

이때 7일이 지나자 장자인 거사는 기바 동자에게 말하였다.

"의사여. 나는 능히 7개월을 다른 한쪽의 옆구리로 누워있을 수 없습니다."

"거사여. 그대는 어찌 나에게 '능히 7개월을 다른 한쪽의 옆구리로 누워있을 수 있습니다.'라고 허락하지 않았습니까?"

"의사여. 나는 진심으로 허락하였으나, 나는 곧 죽을 것입니다. 나는 능히 7개월을 한쪽의 옆구리로 누워있을 수 없습니다."

"거사여. 그와 같다면 능히 7개월을 반듯하게 누워있으십시오."

이때 7일이 지나자 장자인 거사는 기바 동자에게 말하였다.

"의사여. 나는 능히 7개월을 반듯하게 누워있을 수 없습니다."

"거사여. 그대는 어찌 나에게 '능히 7개월을 반듯하게 누워있을 수 있습니다.'라고 허락하지 않았습니까?"

"의사여. 나는 진심으로 허락하였으나, 그러나 나는 곧 죽을 것입니다. 나는 능히 7개월을 반듯하게 누워있을 수 없습니다."

1-20 "장자여. 내가 만약 이와 같이 말하지 않는 때라면 곧 이 기간을 역시 누워있지 못하였을 것입니다. 나는 이미 '장자는 21일 안에 치료될 것이다.'라고 알았습니다. 장자여 일어나십시오. 그대는 모두 치료되었습니다. 나에게 보상할 것을 기억하십시오."

"의사여. 일체의 재산은 그대에게 귀속되었고, 나를 그대의 노비로 삼으십시오."

"장자여. 그만두십시오. 일체의 재산을 나에게 주지 마시고, 나의 노비도 아니오. 다만 왕에게 백천의 금전을 주시고 나에게 백천의 금전을 주시오."

이때 거사는 모두 치료되었으므로 왕에게 10만의 금전을 주었고, 기바에게도 10만의 금전을 주었다.

1-21 이때 바라나국(波羅奈國)12)에 장자의 아들이 있었는데, 제비돌기13)를 즐기면서 내장(內臟)이 엉켰으므로 이것을 인연하여 죽도 소화시킬 수 없었고, 음식도 소화시킬 수 없었으며, 대·소변도 통하지 않았다. 이것을 인연으로 수척해졌고 추루하고 약하였으며 얼굴빛이 나빴고 점점 피부가 누렇게 변하였으며 몸의 핏줄이 드러났다. 이때 바라나국의 장자는 마음에서 사유하였다.

'내 아들은 이러한 병이 있어서 죽도 소화시킬 수 없고, 음식도 소화시킬 수 없으며, 대·소변도 통하지 않는다. 그는 이것을 인연으로 수척해졌고 추루하고 약해졌으며 얼굴빛이 나빴고 점점 피부가 누렇게 변하였으며 몸의 핏줄이 드러났다. 나는 마땅히 왕사성으로 가서 의사인 기바에게 명령하여 나의 아들을 위하여 치료하게 해야겠다.'

이때 바라나국의 장자는 왕사성으로 갔고 마갈타국의 사니야 빈비사라왕의 주처에 이르렀으며, 이르러서 마갈타국의 사니야 빈비사라왕에게 말하였다.

"대왕이시여. 나의 아들은 이와 같은 병이 있어서 죽도 소화시킬 수 없고, …… 몸의 핏줄이 드러났습니다. 원하건대 대왕께서 의사인 기바에게 명하시어 나의 아들을 치료하게 하십시오."

---

12) 팔리어 Bārāṇasi(바라나시)의 음사이다.
13) 팔리어 Mokkhacika(모까치카)의 음사이고, '텀블링' 또는 '공중제비 돌기'의 곡예를 가리킨다.

1-22 이때 마갈타국의 사니야 빈비사라왕은 기바 동자에게 명하여 말하였다.

"기바여. 바라나국으로 가서 장자의 아들을 치료하게."

"알겠습니다. 대왕이시여."

기바 동자는 마갈타국의 사니야 빈비사라왕에게 대답하였고, 바라나국으로 갔으며, 장자의 주처에 이르렀다. 이르러 바라나국에서 장자 아들의 병을 진찰하였고, 사람들을 물러나게 하였으며, 장막을 두르고 그를 데리고 기둥에 묶었다. 아들의 부인을 앞에 세우고서 배의 피부를 가르고서 내장이 엉킨 곳을 꺼냈으며 부인에게 보여주면서 말하였다.

"보십시오. 이 가운데에 그대 남편의 병이 있습니다. 이것을 인연하여 죽도 소화시킬 수 없었고, 음식도 소화시킬 수 없었으며, 대·소변도 통하지 않았습니다. 이것을 인연으로 수척해졌고 추루하고 약하였으며 얼굴빛이 나빴고 점점 피부가 누렇게 변하였으며 몸의 핏줄이 드러났습니다."

이와 같이 장이 엉킨 곳을 풀어주었고 다시 본래 있던 곳으로 되돌렸고 배의 피부를 꿰맸으며 약을 발라주었다. 이때 바라나국의 장자 아들은 오래지 않아서 병이 치료되었다. 이때 바라나국의 장자는 '나의 아들은 완전히 치료되었다.'라고 생각하였고, 기바 동자에게 1만6천의 금전을 주었다. 이때 기바 동자는 1만6천의 금전을 취하여 왕사성으로 돌아왔다.

1-23 이때 파수제왕(波殊提王)[14]은 황달병을 앓았으므로, 매우 많은 유능한 의사들이 왔으나, 모두 치료하지 못하였으며 다만 많은 황금을 취하여 떠나갔다. 이때 파수제왕은 사자를 보내어 마갈타국의 사니야 빈비사라왕에게 말하였다.

"나는 이와 같은 병을 앓고 있습니다. 대왕께서는 원하건대 그 기바가 와서 나를 치료하게 하십시오."

이때 마갈타국의 사니야 빈비사라왕은 기바 동자에게 명하여 말하였다.

---

14) 팔리어 Pajjota(파쬬타)의 음사이고, Avanti(아반티)국의 왕의 이름이다.

"기바여. 위선국(尉禪國)15)으로 가서 파수제왕을 치료하게."

"알겠습니다. 대왕이시여."

기바 동자는 마갈타국의 사니야 빈비사라왕에게 대답하였고, 위선국으로 갔으며, 파수제왕의 주처에 이르렀다. 이르러서 파수제왕의 병을 진찰하였고, 파수제왕에게 말하였다.

1-24 "대왕이여. 나는 소(酥)를 가지고 끓이고자 합니다. 대왕께서는 소를 마셔야 합니다."

"기바여. 그만두시오. 그대가 만약 소를 사용하지 않을 수 있다면 곧 그것으로 하시오. 나는 소를 싫어하오."

이때 기바 동자는 마음에서 사유하였다.

'이 왕은 이와 같은 병이 있는데, 소를 사용하지 않으면 능히 치료할 수 없다. 내가 마땅히 끓이면서 떫은 색깔이 있게 하고, 떫은 향기가 있게 하며, 떫은맛이 있게 해야겠다.'

이때 기바 동자는 여러 종류의 약초를 합하여 끓였고, 아울러 떫은 색깔이 있게 하고, 떫은 향기가 있게 하며, 떫은 맛이 있게 하였다. 이때 기바 동자는 마음에서 사유하였다.

'이 왕은 소를 마시고 소화시키는 때에 그것을 토할 것이다. 이 왕은 폭력적이므로, 반드시 나를 죽일 것이다.'

이때 기바 동자는 파수제왕의 주처에 이르렀고, 이르러서 파수제왕에게 말하였다.

1-25 "대왕이여. 우리들 의사들은 이와 같은 잠깐의 시간이라도 약뿌리를 뽑아서 약을 모읍니다. 대왕이여. 원하건대 코끼리와 말의 마굿간과 여러 수문인들에게 명령하여 주십시오.

'기바가 타려고 하는 코끼리나, 말이 있다면 타게 할 것이고 그가

---

15) 팔리어 Ujjeni(우쩨니)의 음사이고, 아반티국의 수도(首都)를 가리킨다.

외출하거나 들어오는 때라면 그가 원하는 문으로 가게 하라.'"

이때 파수제왕은 마굿간과 문인들에게 명령하였다.

"기바가 타려는 코끼리나, 말이 있다면 타게 하고 그가 외출하거나 들어오는 때라면 그가 원하는 문으로 가게 하라."

이때 파수제왕은 발타라바제(跋陀羅婆提)[16]라고 이름하는 암코끼리가 있었는데, 하루에 50유순을 달렸다. 이때 기바 동자는 파수제왕에게 소를 공급하고서 말하였다.

"떫은 음료를 드십시오."

이때 기바 동자는 파수제왕에게 소를 마시게 하였고 코끼리의 우리로 가서 발타라바제 코끼리를 타고서 도성을 떠나갔다.

1-26 이때 파수제왕은 기바가 주었던 소를 마시고서 소화시키는 때에 토하였다. 이때 파수제왕은 사람들에게 말하였다.

"악인(惡人)인 기바가 나에게 소를 마시게 하였다. 그대들은 기바를 찾도록 하시오."

"대왕이시여. 그는 발타라바제 코끼리를 타고서 도성을 떠나갔습니다."

그때 파수제왕에게는 까마귀[17]라고 이름하는 노예가 있었는데, 하루에 50유순을 달렸고, 그는 비인(非人)을 인연하여 태어났었다. 파수제왕은 노예인 까마귀에게 명령하였다.

"까마귀여. 가서 '의사여. 왕께서 그대를 부르시오.'라고 말하게. 기바를 불러서 오게 하게. 그는 여러 의사들의 환술(幻術)이 많이 있으니, 대체로 그가 주는 물건을 받지 말게."

1-27 이때 노예인 까마귀는 기바 동자가 구섬미국(拘睒彌國)[18]에서 아침을 먹는 때에 그를 추적하였다. 이때 까마귀 노예는 기바 동자에게 말하였다.

---

16) 팔리어 Bhaddavatikā(바따바티카)의 음사이다.
17) 팔리어 Kāka(카카)의 번역이다.
18) 팔리어 Kosambi(코삼비)의 음사이다.

"의사여. 왕께서 그대를 부르시오."

"까마귀여. 내가 음식을 먹을 때까지 기다리시오. 까마귀여. 그대도 음식을 먹으시오."

"의사여. 그만두십시오. 왕께서 나에게 명령하여 말씀하셨습니다. '까마귀여. 그는 여러 의사들의 환술이 많이 있으니, 대체로 그가 주는 물건을 받지 말게.'"

이때 기바 동자는 손톱에 약을 숨겨두고서 아마륵과(阿摩勒果)[19]를 먹었고 물을 마셨다. 이때 기바 동자는 노예인 까마귀에게 말하였다.

"까마귀여. 그대도 역시 아마륵과를 먹고 물을 마시오."

1-28 이때 노예인 까마귀는 생각하였다.

'이 의사는 스스로가 아마륵과를 먹고 물을 마셨는데, 마땅히 무슨 악한 일을 짓겠는가?'

아마륵과를 먹고 물을 마셨던 인연으로 그가 아마륵과를 절반을 먹었는데, 곧 설사(泄瀉)하였다. 이때 노예인 까마귀는 기바 동자에게 말하였다.

"의사여. 나의 목숨이 남아있습니까?"

대답하였다.

"까마귀여. 두려워하지 마시오. 그대는 치료될 것이오. 왕은 난폭하오. 그 왕은 나를 죽이라고 명령할 까닭이니, 나는 돌아가지 않겠소."

마침내 발타라바제 암코끼리에 까마귀를 태워주었고 왕사성을 향하여 떠나갔다. 차례로 나아가서 마갈타국의 사니야 빈비사라왕의 주처에 이르렀다. 이르러서 마갈타국의 사니야 빈비사라왕에게 그의 뜻을 아뢰어 말하였고, 사니야 빈비사라왕은 말하였다.

"기바여. 그대는 잘 돌아가지 않았느니라. 그 왕은 난폭하므로 그대를 죽였을 것이다."

---

19) 팔리어 Āmalaka(아마라카)의 음사이다.

1-29 이때 파수제왕은 병이 나았으므로 기바 동자의 처소에 사자를 보내어 말하였다.

"기바여. 오시오. 내가 그대에게 보상하겠소."

"대왕이여. 그만두십시오. 다만 나의 직무를 기억하십시오."

그때 파수제왕은 한 쌍의 시비(尸毘) 옷감20)을 얻었는데, 많은 옷감, 많은 쌍의 옷감, 많은 일백 쌍의 옷감, 많은 일천 쌍의 옷감, 많은 일만 쌍의 옷감의 가운데에서 제일이었고 최상(最上)이었으며 최고(最高)이었고 최승(最勝)이었으며 최고로 귀중하였다. 이때 파수제왕은 한 쌍의 시비 옷감을 기바 동자에게 주었고, 이때 기바 동자는 마음에서 사유하였다.

'파수제왕은 한 쌍의 시비 옷감을 나에게 보냈는데, …… 최고로 귀중하다. 이것은 그 세존·응공·정등각과 마갈타국의 사니야 빈비사라왕을 제외하고서 다른 사람은 얻을 수 없다.'

1-30 그때 세존께서는 법체(法體)가 조화롭지 못하셨다. 이때 세존께서는 아난에게 알려 말씀하였다.

"아난이여. 여래는 몸이 조화롭지 못하네. 여래는 설사약을 복용하고자 하네."

이때 장로 아난은 기바 동자의 주처에 이르렀고, 이르러서 기바 동자에게 말하였다.

"기바여. 여래께서는 법체가 조화롭지 못합니다. 여래께서는 설사약을 복용하고자 합니다."

"장로여. 그와 같다면 몇 일을 세존의 법체에 기름을 바르십시오."

이때 장로 아난은 세존의 법체에 기름을 발라주었고, 기바 동자의 주처에 이르렀고, 이르러서 기바 동자에게 말하였다.

"기바여. 여래의 법체에 기름을 발라주었습니다. 청하건대 때인 것을 아십시오."

---

20) 팔리어 Siveyyaka(시베이야카)의 음사이고, 시비(sivi)국에서 생산한 매우 귀중한 옷감을 가리킨다.

1-31 이때 기바 동자는 마음에서 사유하였다.

'내가 거친 설사약을 세존께 받드는 것은 옳지 않다.'

세 묶음의 우발라(優鉢羅)[21]에 여러 종류의 약을 섞어서 세존의 주처로 나아갔다. 나아가서 세존께 첫째 묶음의 우발라를 받들면서 말하였다.

"세존이시여. 청하건대 이 첫째 묶음의 우발라의 냄새를 맡으신다면 세존께서는 10번을 설사하실 것입니다."

세존께 둘째 묶음의 우발라를 받들면서 말하였다.

"세존이시여. 청하건대 이 둘째 묶음의 우발라의 냄새를 맡으신다면 세존께서는 10번을 설사하실 것입니다."

세존께 셋째 묶음의 우발라를 받들면서 말하였다.

"세존이시여. 청하건대 이 셋째 묶음의 우발라의 냄새를 맡으신다면 세존께서는 10번을 설사하실 것입니다. 이와 같이 세존께서는 모두 30번의 설사가 있을 것입니다."

이때 기바 동자는 30번의 설사약을 받들고서 세존께 예경하였으며 오른쪽으로 돌면서 떠나갔다.

1-32 이때 기바 동자는 문 밖으로 나왔고 마음에서 사유하였다.

'나는 세존께 30번의 설사약을 받들었으나, 여래의 법체는 조화롭지 못하다. 세존께서는 30번의 설사를 하지 않게 하고, 세존께서 다만 29번의 설사를 하게 해야겠다. 세존께서 만약 설사하시고 목욕을 하신다면, 곧 세존께서 목욕하신 뒤에 다시 한 번의 설사가 있을 것이다. 이와 같다면 세존께서는 모두 30번의 설사를 하실 것이다.'

이때 세존께서는 기바 동자가 마음에서 사유하는 것을 아셨고, 장로 아난에게 알려 말하였다.

"아난이여. 이곳에서 문 밖으로 나왔고 마음에서 사유하였느니라.

'나는 세존께 30번의 설사약을 받들었으나, …… 세존께서는 모두 30번

---

21) 팔리어 Uppala(우빠라)의 음사이고, 수련(水蓮)을 가리킨다.

의 설사를 하실 것이다.'

아난이여. 그와 같으니 뜨거운 물을 준비하게."

이때 장로 아난은 세존께 대답하여 말하였다

"알겠습니다. 뜨거운 물을 준비하겠습니다."

1-33 이때 기바 동자는 세존의 주처에 나아갔고, 나아가서 세존께 예경하고 한쪽에 앉았다. 한쪽에 앉아서 기바 동자는 세존께 아뢰어 말하였다.

"세존이시여. 설사를 하셨습니까?"

"기바여. 나는 설사하였네."

"이 처소를 나가면서 마음에서 사유하였습니다.

'나는 세존께 30번의 설사약을 받들었으나, 여래의 법체는 조화롭지 못하다. …… 이와 같다면 세존께서는 모두 30번의 설사를 하실 것이다.'

세존이시여. 청하건대 목욕을 하십시오. 선서(善逝)시여. 청하건대 목욕을 하십시오."

이때 세존께서는 뜨거운 물로써 목욕하셨고, 목욕하신 뒤에 다시 한 번을 설사하셨다. 이와 같아서 세존께서는 모두 30번의 설사를 하셨다. 이때 기바 동자는 세존께 아뢰어 말하였다.

"세존이시여. 법체를 쾌유하시는 때까지 묽은 음식을 드시지 마십시오."

이때 세존께서는 오래지 않아서 쾌차하셨다.

1-34 이때 기바 동자는 그 한 쌍의 시비 옷감을 가지고 세존의 주처에 나아갔고, 나아가서 세존께 예경하고 한쪽에 앉았다. 한쪽에 앉아서 기바 동자는 세존께 아뢰어 말하였다.

"세존이시여. 청하건대 저의 하나의 발원을 허락하십시오."

"기바여. 모든 여래들은 발원을 초월하였소."

"상응하는 것이고 허물이 없습니다."

"기바여. 말해보시오."

"세존과 비구 승가는 모두 분소의를 수용하고 있습니다. 저의 이 시비의

옷감 한 쌍은 곧 파수제왕이 보냈는데, 많은 옷감, 많은 쌍의 옷감, 많은
일백 쌍의 옷감, 많은 일천 쌍의 옷감, 많은 일만 쌍의 옷감의 가운데에서
제일이고 최상이며 최고이고 최승(最勝)이며 최고로 귀중합니다. 세존이
시여. 청하건대 저의 시비 옷감 한 쌍을 받아주시고, 비구 승가에게
거사의 옷을 받드는 것을 허락하십시오.”

이때 세존께서는 시비 옷감 한 쌍을 받으셨다. 이때 세존께서는 기바
동자를 위하여 설법하시어 열어서 보여주셨고, 교계하셨으며, 인도하셨
고, 권유하셨으며 환희하게 하셨다. 기바 동자는 세존께서 설법하시어
열어서 보여주셨고, 교계하셨으며, 인도하셨고, 권유하셨으며 환희하게
하셨으므로, 자리에서 일어나서 세존께 예경하고서 오른쪽으로 돌면서
떠나갔다.

1-35 이때 세존께서는 이 인연으로써 설법하셨으며, 여러 비구들에게
알려 말씀하셨다.

“여러 비구들이여. 거사들의 옷을 허락하겠노라. 원하는 자는 분소의로
수용하라. 원하는 자는 거사들의 옷을 받도록 하라. 여러 비구들이여.
어느 옷이라도 논쟁하지 않고 다만 만족한다면 내가 찬탄하는 것이니라.”

왕사성의 여러 사람들은 “세존께서 여러 비구들이 거사들의 옷을 받도
록 허락하셨다.”라고 들었다. 그 여러 사람들은 환희하고 용약하면서
생각하였다.

‘세존께서 여러 비구들이 거사들의 옷을 받도록 허락하신 까닭으로,
우리들은 마땅히 보시하여 선업을 행해야겠다.’

왕사성에서 하루에 수천 벌의 옷을 보시하였다. 지방의 여러 사람들은
“세존께서 여러 비구들이 거사들의 옷을 받도록 허락하셨다.”라고 들었다.
그 여러 사람들은 환희하고 용약하면서 생각하였다.

‘세존께서 여러 비구들이 거사들의 옷을 받도록 허락하신 까닭으로,
우리들은 마땅히 보시하여 선업을 행해야겠다.’

지방에서 하루에 수천 벌의 옷을 보시하였다.

1-36 이때 승가는 외투를 얻었다. 그 여러 비구들은 이 일로써 세존께 아뢰었고 세존께서는 말씀하셨다.

"여러 비구들이여. 나는 외투를 허락하겠노라."

승가는 비단의 외투를 얻었다. 그 비구들은 이 일로써 세존께 아뢰었고 세존께서는 말씀하셨다.

"여러 비구들이여. 나는 비단의 외투를 허락하겠노라."

승가는 양모(羊毛)의 외투를 얻었다. 그 여러 비구들은 이 일로써 세존께 아뢰었고 세존께서는 말씀하셨다.

"여러 비구들이여. 나는 양모의 외투를 허락하겠노라."

[기바를 마친다.]

○ 【첫째의 송출품을 마친다.】

2. 제2송출품(第二誦出品)

2) 여러 종류의 옷 ①

2-1 그때 가시국(迦尸國)[22]의 왕이 기바 동자에게 가시의(迦尸衣)가 절반이 섞인 흠바라의(欽婆羅衣)[23]를 보냈는데 옷값이 가시의의 절반이었다. 이때 기바 동자는 가시의가 절반이 섞인 흠바라의를 가지고 세존의 주처에 나아갔고, 나아가서 세존께 예경하고 한쪽에 앉았다. 한쪽에 앉아서 기바 동자는 세존께 아뢰어 말하였다.

"이 가시의가 절반이 섞인 흠바라의를 가시국의 왕이 보냈는데, 옷값이

---

22) 팔리어 Kāsi(카시)의 음사이다.
23) 팔리어 Kambala(캄바라)의 음사이고, 양털로 만든 옷감이나, 목도리를 가리킨다.

가시의의 절반입니다. 세존이시여. 청하건대 저의 흠바라의를 받아주시
어 장야(長夜)에 제가 복이 있고 안락하게 하십시오."

이때 세존께서는 흠바라의를 받으셨다. 이때 세존께서는 기바 동자를
위하여 설법하시어 열어서 보여주셨고, …… 세존께 예경하고서 오른쪽으
로 돌면서 떠나갔다. 이때 세존께서는 이 인연으로써 설법하셨으며,
여러 비구들에게 알려 말씀하셨다.

"여러 비구들이여. 흠바라의를 허락하겠노라."

3) 여러 종류의 옷 ②

3-1 그때 승가는 여러 종류의 옷을 얻었다. 이때 여러 비구들은 마음에서
사유하였다.

"세존께서 이 옷을 허락하셨는가? 허락하시지 않으셨는가?"

그 여러 비구들은 이 일로써 세존께 아뢰었고 세존께서는 말씀하셨다.

"여러 비구들이여. 여러 종류의 옷을 허락하겠나니, 추마(芻麻)24), 고패
(古貝)25), 교사야(憍奢耶)26), 흠바라(欽婆羅), 사니(沙尼)27), 마포(麻布)28)
등이니라."

3-2 그때 여러 비구들은 거사들의 옷을 받았으므로, 그들은 의심하고
두려워하면서 분소의(糞掃衣)를 받지 않았다.

"세존께서는 한 벌의 옷을 허락하셨으나, 두 벌의 옷은 허락하지 않으셨
습니다."

---

24) 팔리어 Khoma(코마)의 음사이고, linen의 옷감을 가리킨다. 아마다.
25) 팔리어 Kappāsika(카빠시카)의 음사이고 면직물을 가리킨다.
26) 팔리어 Koseyya(코세이야)의 음사이고, 비단을 가리킨다.
27) 팔리어 Sāṇa(사나)의 음사이고, 대마로 짓는 거친 삼베를 가리킨다.
28) 팔리어 Bhaṅga(반가)의 음사이고, 대마로 짓는 거친 삼베를 가리킨다.

그 여러 비구들은 이 일로써 세존께 아뢰었고 세존께서는 말씀하셨다.

"여러 비구들이여. 거사들의 옷을 받고, 아울러 분소의를 받는 것을 허락하겠노라. 여러 비구들이여. 두 가지를 수용하더라도 다만 만족한다면 내가 찬탄하는 것이니라."

[여러 종류의 옷을 마친다.]

4) 분소의

4-1 그때 여러 비구들은 교살라국을 유행하였다.

한 부류의 여러 비구들은 분소의를 얻으려고 묘지에 들어갔으며, 한 부류의 여러 비구들은 함께 가지 않았다. 분소의를 얻기 위하여 묘지에 들어갔던 여러 비구들은 분소의를 얻었으므로, 함께 가지 않았던 여러 비구들이 말하였다.

"우리들도 나누어 주십시오."

그 여러 비구들은 말하였다.

"우리들은 그대들에게 나누어줄 수 없습니다. 그대들은 무슨 까닭으로 함께 가지 않았습니까?"

그 여러 비구들은 이 일로써 세존께 아뢰었고 세존께서는 말씀하셨다.

"여러 비구들이여. 만약 원하지 않는다면 함께 가지 않았던 여러 비구들에게 나누어주지 않는 것을 허락하겠노라."

4-2 그때 여러 비구들은 교살라국을 유행하였다.

한 부류의 여러 비구들은 분소의를 얻으려고 묘지에 들어갔으며, 한 부류의 여러 비구들은 곧 그들을 기다렸다. 분소의를 얻기 위하여 묘지에 들어갔던 여러 비구들은 분소의를 얻었으므로, 그들을 기다렸던 여러 비구들이 말하였다.

"우리들도 나누어 주십시오."

그 여러 비구들은 말하였다.

"우리들은 그대들에게 나누어줄 수 없습니다. 그대들은 무슨 까닭으로 함께 가지 않았습니까?"

그 여러 비구들은 이 일로써 세존께 아뢰었고 세존께서는 말씀하셨다.

"여러 비구들이여. 만약 원하지 않더라도 다만 기다렸던 여러 비구들에게 나누어주는 것을 허락하겠노라."

4-3 그때 여러 비구들은 교살라국을 유행하였다.

한 부류의 여러 비구들은 분소의를 얻으려고 먼저 묘지에 들어갔으며, 한 부류의 여러 비구들은 뒤에 그곳에 들어갔다. 먼저 묘지에 들어갔던 여러 비구들은 분소의를 얻었고, 뒤에 들어갔던 여러 비구들은 얻지 못하였다. 여러 비구들이 말하였다.

"우리들도 나누어 주십시오."

그 여러 비구들은 말하였다.

"우리들은 그대들에게 나누어줄 수 없습니다. 그대들은 무슨 까닭으로 뒤에 들어왔습니까?"

그 여러 비구들은 이 일로써 세존께 아뢰었고 세존께서는 말씀하셨다.

"여러 비구들이여. 만약 원하지 않는다면 뒤에 들어왔던 여러 비구들에게 나누어주지 않는 것을 허락하겠노라."

4-4 그때 여러 비구들은 교살라국을 유행하였다.

한 부류의 여러 비구들은 분소의를 얻으려고 서로가 함께 묘지에 들어갔으며, 한 부류의 여러 비구들은 분소의를 얻었고, 한 부류의 여러 비구들은 얻지 못하였다. 여러 비구들이 말하였다.

"우리들도 나누어 주십시오."

그 여러 비구들은 말하였다.

"우리들은 그대들에게 나누어줄 수 없습니다. 그대들은 무슨 까닭으로 얻지 못하였습니까?"

그 여러 비구들은 이 일로써 세존께 아뢰었고 세존께서는 말씀하셨다.

"여러 비구들이여. 만약 원하지 않더라도 함께 들어갔던 여러 비구들에게 나누어주는 것을 허락하겠노라."

4-5 그때 여러 비구들은 교살라국을 유행하였다.

한 부류의 여러 비구들은 분소의를 얻으려고 그들은 서로가 약속하였으며, 뒤에 묘지에 들어갔다. 한 부류의 여러 비구들은 분소의를 얻었고, 한 부류의 여러 비구들은 얻지 못하였다. 여러 비구들이 말하였다.

"우리들도 나누어 주십시오."

그 여러 비구들은 말하였다.

"우리들은 그대들에게 나누어줄 수 없습니다. 그대들은 무슨 까닭으로 얻지 못하였습니까?"

그 여러 비구들은 이 일로써 세존께 아뢰었고 세존께서는 말씀하셨다.

"여러 비구들이여. 만약 원하지 않더라도 서로가 약속하였으며, 뒤에 묘지에 들어갔던 여러 비구들에게 나누어주는 것을 허락하겠노라."

[분소의를 마친다.]

5) 옷을 받는 자

5-1 그때 여러 사람들이 옷을 가지고 정사에 왔으나, 다만 옷을 받는 사람이 없었다. 그들은 옷을 가지고 돌아갔고 정사에 옷이 부족하였다.

그 여러 비구들은 이 일로써 세존께 아뢰었고 세존께서는 말씀하셨다.

"여러 비구들이여. 다섯 가지를 갖추었다면 옷을 받는 사람으로 뽑는 것을 허락하겠나니 이를테면, 탐욕에 떨어지지 않고 성냄에 떨어지지 않으며 어리석음에 떨어지지 않고 두려움에 떨어지지 않으며 받을 것과 받지 않을 것을 아는 자이니라."

5-2 "여러 비구들이여. 뽑는 때에 마땅히 이와 같이 행해야 하느니라. 마땅히 먼저 비구를 청하고서 뒤에 총명하고 현명하며 유능한 비구가 마땅히 승가의 가운데에서 창언해야 한다.

　"대덕 승가께서는 허락하십시오. 만약 승가께서 때에 이르렀다면 승가는 마땅히 누구 비구를 옷을 받는 사람으로 뽑겠습니다. 이와 같이 아룁니다."

　"대덕 승가께서는 허락하십시오. 만약 승가께서 마땅히 누구 비구를 옷을 받는 사람으로 뽑겠습니다. 여러 대덕들께서 누구 비구를 옷을 받는 사람으로 뽑는 것을 인정하신다면 묵연하시고 인정하지 않는다면 말씀하십시오. 승가시여. 누구 비구를 옷을 받는 사람으로 뽑는 것을 마쳤습니다. 승가께서 인정하신 것은 묵연하였던 까닭입니다. 나는 이와 같이 알고 이해하겠습니다.'"

[옷을 받는 자를 마친다.]

6) 옷을 보관하는 자

6-1 그때 옷을 받았던 여러 비구들이 받았던 옷을 버려두고서 그 처소를 떠나갔으므로, 옷을 잃어버렸다. 그 여러 비구들은 이 일로써 세존께 아뢰었고 세존께서는 말씀하셨다.

　"여러 비구들이여. 다섯 가지를 갖추었다면 옷을 보관하는 사람으로 뽑는 것을 허락하겠나니 이를테면, 탐욕에 떨어지지 않고 성냄에 떨어지지 않으며 어리석음에 떨어지지 않고 두려움에 떨어지지 않으며 보관할 것과 보관하지 않을 것을 아는 자이니라."

6-2 "여러 비구들이여. 뽑는 때에 마땅히 이와 같이 행해야 하느니라.

마땅히 먼저 비구를 청하고서 뒤에 총명하고 현명하며 유능한 비구가
마땅히 승가의 가운데에서 창언해야 한다.

"대덕 승가께서는 허락하십시오. 만약 승가께서 때에 이르렀다면 승가
는 마땅히 누구 비구를 옷을 보관하는 사람으로 뽑겠습니다. 이와 같이
아룁니다."

"대덕 승가께서는 허락하십시오. 만약 승가께서 마땅히 누구 비구를
옷을 보관하는 사람으로 뽑겠습니다. 여러 대덕들께서 누구 비구를 옷을
보관하는 사람으로 뽑는 것을 인정하신다면 묵연하시고 인정하지 않는다
면 말씀하십시오. 승가시여. 누구 비구를 옷을 받는 사람으로 뽑는 것을
마쳤습니다. 승가께서 인정하신 것은 묵연하였던 까닭입니다. 나는 이와
같이 알고 이해하겠습니다.'"

[옷을 보관하는 자를 마친다.]

7) 옷의 창고

7-1 그때 여러 비구들의 옷을 보관하면서 창고[29], 나무의 아래, 임바수(荏
婆樹)[30]의 구멍 등에 보관하였으므로 쥐와 개미 등이 씹었다. 그 여러
비구들은 이 일로써 세존께 아뢰었고 세존께서는 말씀하셨다.

"여러 비구들이여. 승가가 창고를 선택하는 것을 허락하겠나니 이를테면,
정사(精舍), 평부옥(平覆屋), 전루(殿樓), 누방(樓房), 동굴(洞窟)이니라."

7-2 "여러 비구들이여. 선택하는 때에 마땅히 이와 같이 행해야 하느니라.
총명하고 현명하며 유능한 비구가 마땅히 승가의 가운데에서 창언해야

---

29) 팔리어 Maṇḍapa(만다파)의 번역이고, '임시 창고', 또는 '천막'을 가리킨다.
30) 팔리어 Nibbakosa(니빠코사)의 음사이고, 'nimb-tree'의 다른 이름이며 '인도 라일
    락'을 가리킨다.

한다.

"대덕 승가께서는 허락하십시오. 만약 승가께서 때에 이르렀다면 승가는 어느 정사를 창고로 선택하겠습니다. 이와 같이 아룁니다."

"대덕 승가께서는 허락하십시오. 만약 승가께서 어느 정사를 창고로 선택하겠습니다. 여러 대덕들께서 어느 정사를 창고로 선택하는 것을 인정하신다면 묵연하시고 인정하지 않는다면 말씀하십시오. 승가시여. 어느 정사를 창고로 선택하는 것을 마쳤습니다. 승가께서 인정하신 것은 묵연하였던 까닭입니다. 나는 이와 같이 알고 이해하겠습니다.'"

[옷의 창고를 마친다.]

8) 창고의 관리자

8-1 그때 옷의 창고를 지키는 사람이 없었다. 그 여러 비구들은 이 일로써 세존께 아뢰었고 세존께서는 말씀하셨다.

"여러 비구들이여. 다섯 가지를 갖추었다면 옷의 창고를 지키는 사람으로 뽑는 것을 허락하겠나니 이를테면, 탐욕에 떨어지지 않고 성냄에 떨어지지 않으며 어리석음에 떨어지지 않고 두려움에 떨어지지 않으며 지킬 것과 지키지 않을 것을 아는 자이니라."

8-2 "여러 비구들이여. 뽑는 때에 마땅히 이와 같이 행해야 하느니라. 마땅히 먼저 비구를 청하고서 뒤에 총명하고 현명하며 유능한 비구가 마땅히 승가의 가운데에서 창언해야 한다.

"대덕 승가께서는 허락하십시오. 만약 승가께서 때에 이르렀다면 승가는 마땅히 누구 비구를 옷의 창고를 지키는 사람으로 뽑겠습니다. 이와 같이 아룁니다."

"대덕 승가께서는 허락하십시오. 만약 승가께서 마땅히 누구 비구를 옷의 창고를 지키는 사람으로 뽑겠습니다. 여러 대덕들께서 누구 비구를 옷의 창고를 지키는 사람으로 뽑는 것을 인정하신다면 묵연하시고 인정하지 않는다면 말씀하십시오. 승가시여. 누구 비구를 옷의 창고를 지키는 사람으로 뽑는 것을 마쳤습니다. 승가께서 인정하신 것은 묵연하였던 까닭입니다. 나는 이와 같이 알고 이해하겠습니다.'"

8-3 그때 육군비구들이 옷의 창고를 지키는 사람을 쫓아냈다. 그 여러 비구들은 이 일로써 세존께 아뢰었고 세존께서는 말씀하셨다.

"여러 비구들이여. 옷의 창고를 지키는 사람을 쫓아낼 수 없느니라. 쫓아내는 자는 악작을 범하느니라."

[창고의 관리자를 마친다.]

9) 옷을 나누는 자

9-1 그때 승가의 창고에는 많은 옷이 없었다. 그 비구들은 이 일로써 세존께 아뢰었고 세존께서는 말씀하셨다.

"여러 비구들이여. 승가가 모여서 옷을 분배하는 것을 허락하겠노라."

그때 모든 승가가 모여서 옷을 분배하였으나 소란스러웠다. 그 여러 비구들은 이 일로써 세존께 아뢰었고 세존께서는 말씀하셨다.

"여러 비구들이여. 다섯 가지를 갖추었다면 옷을 분배하는 사람으로 뽑는 것을 허락하겠나니 이를테면, 탐욕에 떨어지지 않고 성냄에 떨어지지 않으며 어리석음에 떨어지지 않고 두려움에 떨어지지 않으며 나누는 것과 나누지 않을 것을 아는 자이니라."

9-2 이때 옷을 나누는 비구는 마음에서 사유하였다.

'마땅히 옷을 어떻게 나누어야 하는가?'

그 비구들은 이 일로써 세존께 아뢰었고 세존께서는 말씀하셨다.

"여러 비구들이여. 먼저 선택하고 평가하며 좋고 나쁨을 분별하며 비구의 숫자를 계산하며 여러 조(組)를 짓고서 그러한 뒤에 나누는 것을 허락하겠노라."

이때 옷을 나누는 비구는 마음에서 사유하였다.

'마땅히 여러 사미들에게 옷을 어떻게 나누어야 하는가?'

그 여러 비구들은 이 일로써 세존께 아뢰었고 세존께서는 말씀하셨다.

"여러 비구들이여. 여러 사미들에게는 절반의 양을 주는 것을 허락하겠노라."

9-3 그때 한 비구가 있었고 스스로에게 분배된 옷을 나누고서 강을 건너가고자 하였다. 그 비구들은 이 일로써 세존께 아뢰었고 세존께서는 말씀하셨다.

"여러 비구들이여. 강을 건너가고자 하는 자에게 분배하여 주는 것을 허락하겠노라."

그때 한 비구가 있었고 스스로에게 분배된 옷을 넘겨서 나누고서 강을 건너가고자 하였다. 그 여러 비구들은 이 일로써 세존께 아뢰었고 세존께서는 말씀하셨다.

"여러 비구들이여. 만약 보상하여 돌려준다면 지나치게 분배하여 주는 것을 허락하겠노라."

9-4 이때 옷을 나누는 비구는 마음에서 사유하였다.

'마땅히 옷을 어떻게 나누어 주어야 하는가? 마땅히 오는 차례대로 나누어 주어야 하는가? 혹은 앉은 차례대로 나누어 주어야 하는가?'

그 여러 비구들은 이 일로써 세존께 아뢰었고 세존께서는 말씀하셨다.

"여러 비구들이여. 부족한 것을 만족시키고서 구사(拘舍)[31] 풀로 제비

---

31) 팔리어 Kusa(쿠사)의 음사이고, 향기로운 풀로서 잔디의 한 종류이며, 표식 또는 제비뽑기로 사용되는 풀잎이다.

를 뽑는 것을 허락하겠노라."

[옷을 나누는 자를 마친다.]

10) 염료(染料)

10-1 그때 여러 비구들이 쇠똥과 황토를 사용하여 옷을 염색하였으나, 옷의 색깔이 추악(醜惡)하였다. 그 여러 비구들은 이 일로써 세존께 아뢰었고 세존께서는 말씀하셨다.

"여러 비구들이여. 여섯 종류의 염료를 허락하겠나니 이를테면, 나무뿌리의 염료, 나무줄기의 염료, 나무껍질의 염료, 나뭇잎의 염료, 꽃의 염료, 과일의 염료이니라."

10-2 그때 여러 비구들이 차가운 물을 사용하여 옷을 염색하였는데, 옷에 악취가 있었다. 그 여러 비구들은 이 일로써 세존께 아뢰었고 세존께서는 말씀하셨다.

"여러 비구들이여. 염료를 끓이는 때에 작은 솥을 허락하겠노라."
염료를 끓이는 때에 넘쳐서 흘렀다. 그 비구들은 이 일로써 세존께 아뢰었고 세존께서는 말씀하셨다.

"여러 비구들이여. 넘치는 때에 그릇을 놓아두고 받는 것을 허락하겠노라."
그때 여러 비구들은 익었는가? 익지 않았는가를 알지 못하였다. 그 비구들은 이 일로써 세존께 아뢰었고 세존께서는 말씀하셨다.

"여러 비구들이여. 염료를 물이나, 손톱의 위에 한 방울을 떨어트리는 것을 허락하겠노라."

10-3 그때 여러 비구들이 염료를 부으면서 솥을 엎거나, 솥을 훼손하였다. 그 여러 비구들은 이 일로써 세존께 아뢰었고 세존께서는 말씀하셨다.

"여러 비구들이여. 염료의 주걱이나, 국자를 사용하는 것을 허락하겠노라."

그때 여러 비구들이 염료의 그릇이 없었다. 그 비구들은 이 일로써 세존께 아뢰었고 세존께서는 말씀하셨다.

"여러 비구들이여. 염료를 항아리나, 병을 사용하는 것을 허락하겠노라."

그때 여러 비구들이 그릇이나 발우에 옷이 적셔지거나, 문질러져서 옷이 찢어졌다. 그 비구들은 이 일로써 세존께 아뢰었고 세존께서는 말씀하셨다.

"여러 비구들이여. 염료의 통(桶)을 사용하는 것을 허락하겠노라."

[염료를 마친다.]

11) 염색(染色)

11-1 그때 여러 비구들이 옷을 땅 위에 펼쳐놓았으므로 옷이 더럽혀졌다. 그 비구들은 이 일로써 세존께 아뢰었고 세존께서는 말씀하셨다.

"여러 비구들이여. 풀로 만든 부구를 사용하는 것을 허락하겠노라."

개미들이 풀의 부구를 씹었다. 그 여러 비구들은 이 일로써 세존께 아뢰었고 세존께서는 말씀하셨다.

"여러 비구들이여. 옷의 시렁이나, 빨랫줄을 사용하는 것을 허락하겠노라."

중간에 널었던 옷의 염료가 양쪽으로 흘러내렸다. 그 비구들은 이 일로써 세존께 아뢰었고 세존께서는 말씀하셨다.

"여러 비구들이여. 옷의 모서리를 묶는 것을 허락하겠노라."

옷의 모서리가 찢어졌다. 그 여러 비구들은 이 일로써 세존께 아뢰었고 세존께서는 말씀하셨다.

"여러 비구들이여. 옷의 모서리에 실을 사용하는 것을 허락하겠노라."

옷의 염료가 한쪽으로 흘러내렸다. 그 비구들은 이 일로써 세존께 아뢰었고 세존께서는 말씀하셨다.

"여러 비구들이여. 옷을 돌려가면서 염색하면서 염료가 끊어지지 않는 때라면 떠나가지 않는 것을 허락하겠노라."

11-2 그때 옷이 뻣뻣해졌다. 그 비구들은 이 일로써 세존께 아뢰었고 세존께서는 말씀하셨다.

"여러 비구들이여. 물에 담그는 것을 허락하겠노라."

그때 옷이 거칠게 변하였다. 그 여러 비구들은 이 일로써 세존께 아뢰었고 세존께서는 말씀하셨다.

"여러 비구들이여. 손으로 두드리는 것을 허락하겠노라."

그때 여러 비구들이 아직 재단하지 않은 아이보리 색깔의 옷을 입었다. 여러 사람들이 싫어하고 비난하였다.

"오히려 여러 욕락을 누리는 재가자와 같구나."

그 여러 비구들은 이 일로써 세존께 아뢰었고, 세존께서는 말씀하셨다.

"여러 비구들이여. 재단하지 않은 옷을 입을 수 없느니라. 입는 자는 악작을 범하느니라."

[염색을 마친다.]

12) 3의(三衣) ①

12-1 그때 세존께서는 뜻을 따라서 왕사성에 머무셨으며, 남산(南山)[32]을 향하여 유행하셨다. 세존께서는 마갈타국의 밭들이 사각형으로 나누어졌고 두둑으로 경계를 삼았으며 계단식으로 나뉘어졌고 교차하며 경계로 삼는 것을 보셨다. 보시고서 아난에게 알려 말씀하셨다.

---

32) 팔리어 Dakkhiṇāgiri(다끼나기리)의 음사이고, 왕사성의 남서쪽에 도시를 둘러싸고 있는 언덕 너머에 있는 마을을 가리키며, 그 지역에는 브라만의 마을인 Ekanālā (에카날라)가 있었다.

"아난이여. 그대는 마갈타국의 밭들이 사각형으로 나누어졌고 ……
교차하며 경계로 삼는 것을 보았는가?"

"그렇습니다."

"아난이여. 그대는 여러 비구들을 위하여 이와 같이 지을 수 있겠는가?"

"저는 지을 수 있습니다."

그때 세존께서는 뜻을 따라서 남산에 머무셨으며, 왕사성으로 돌아오
셨다. 이때 아난은 여러 비구들을 위하여 옷을 짓고서 세존의 주처로
나아갔다. 나아가서 세존께 아뢰어 말하였다.

"세존이시여. 청하건대 제가 지은 옷을 보십시오."

12-2 이때 세존께서는 이 인연으로써 설법하셨으며, 여러 비구들에게
알려 말씀하셨다.

"여러 비구들이여. 아난은 총명하고 큰 지혜가 있느니라. 왜 그러한가?
나는 개략적으로 설명하였는데 그 뜻을 자세하게 이해하였느니라. 대단(大
壇)33)을 지었고 소단(小壇)34)을 지었으며 조(條)35)를 지었고 엽(葉)36)을
지었으며 중조(中條)37)를 지었고 연(緣)38)을 지었으며 경첩(頸帖)39)을 지었
고 각첩(脚帖)40)을 지었으며 비첩(臂帖)41)을 지으면서 옷감 조각을 꿰맸으므
로 사문이 수용하는 것에 적합하니, 도둑들이 구하는 것이 아니니라.

여러 비구들이여. 옷감 조각으로 지은 승가리(僧伽梨)와 옷감 조각으로
지은 울다라승(鬱多羅僧)과 옷감 조각으로 지은 안타회(安陀會)를 허락하

---

33) 팔리어 Kusi(쿠시)의 음사이다.
34) 팔리어 Aḍḍhakusi(아따쿠시)의 음사이다.
35) 팔리어 Maṇḍala(만다라)의 음사이다.
36) 팔리어 Aḍḍhamaṇḍala(아따만다라)의 음사이다.
37) 팔리어 Vivaṭṭa(비바따)의 음사이다.
38) 팔리어 Anuvivaṭṭa(아누비바따)의 음사이다.
39) 팔리어 Gīveyyaka(기베이야카)의 음사이다.
40) 팔리어 Jaṅgheyyaka(잔게이야카)의 음사이다.
41) 팔리어 Bāhanta(바한타)의 음사이다.

겠노라."

13) 3의(三衣) ②

13-1 그때 세존께서는 뜻을 따라서 왕사성에 머무셨으며, 비사리성(毘舍離城)을 향하여 유행하셨다. 세존께서는 왕사성과 비사리 사이의 중간 도로 위에서 여러 비구들이 무거운 옷을 짊어지면서 머리에 얹었거나, 어깨에 묶었거나, 허리에 묶고서 오는 것을 보셨다. 보시고서 세존께서는 마음에서 생각하셨다.

'이 여러 어리석은 비구들이 매우 빠르게 옷의 사치스러움에 떨어졌구나. 나는 마땅히 여러 비구들이 옷을 짓는 경계를 제정하고 한계를 설정해야겠다.'

13-2 이때 세존께서는 차례로 유행하시어 비사리에 이르셨다. 이때 세존께서는 비사리성의 구담지제(瞿曇支提)[42]에 머무르셨다. 그때 세존께서는 차가운 겨울밤에 8일제(八日祭)와 다음 8일제의 중간에 눈이 내리는데 오직 한 벌의 옷을 입고서 노지(露地)에 앉아있으셨으나, 세존께서는 추위를 느끼지 않으셨다.

초야(初夜)가 지나간 뒤에 세존께서는 추위를 느끼셨고, 세존께서는 곧 두 번째의 옷을 껴입으셨는데, 추위를 느끼지 않으셨다. 중야(中夜)가 지나간 뒤에 세존께서는 추위를 느끼셨고, 세존께서는 곧 세 번째의 옷을 껴입으셨는데, 추위를 느끼지 않으셨다. 후야(後夜)가 지나가고

---

42) 팔리어 Gotamaka cetiya(고타마카 세티야)의 음사이고, 고대 인도 중부에 위치한 정사(cetiya)의 이름이다. Dīgha Nikāya(디가 니카야)에서 정사는 베사리의 동쪽에 Udena Cetiya(우데나 세티야), 남쪽에 Gotamaka Cetiya(고타마카 세티야), 서쪽에 Sattamba Cetiya(사땀바 세티야), 북쪽에 Bahuputta Cetiya(바후푸따 세티야)가 있었다고 전한다.

장차 밤이 밝으려는 때에 세존께서는 추위를 느끼셨고, 세존께서는 곧 네 번째의 옷을 껴입으셨는데, 추위를 느끼지 않으셨다.

13-3 이때 세존께서는 마음에서 사유하셨다.

'이 법과 율에서 출가하였던 그 여러 족성자들이 추위에 괴롭고 추위에 두렵더라도 만약 3의가 있다면 견딜 수 있을 것이다. 나는 마땅히 여러 비구들에게 옷을 경계를 제정하고 한계를 설정하면서 마땅히 3의를 해야겠다.'

이때 세존께서는 이 인연으로써 설법하셨으며, 여러 비구들에게 알려 말씀하셨다.

"여러 비구들이여. 나는 이 처소에 있으면서 왕사성과 비사리 사이의 중간 도로 위에서 여러 비구들이 무거운 옷을 짊어지면서 머리에 얹었거나, 어깨에 묶었거나, 허리에 묶고서 오는 것을 보았느니라. 보고서 나는 마음에서 사유하였느니라.

'이 여러 어리석은 비구들이 매우 빠르게 옷의 사치스러움에 떨어졌구나. 나는 마땅히 여러 비구들이 옷을 짓는 경계를 제정하고 한계를 설정해야겠다.'

13-4 "여러 비구들이여. 나는 이때의 차가운 겨울밤에 8일제와 다음 8일제의 중간에 눈이 내리는데 오직 한 벌의 옷을 입고서 노지(露地)에 앉아있었으나, 나는 추위를 느끼지 않았고, 초야가 지나간 뒤에 추위를 느끼고서 나는 두 번째의 옷을 껴입었으며, 중야가 지나간 뒤에 추위를 느끼고서 나는 세 번째의 옷을 껴입었고, 후야가 지나가고 장차 밤이 밝으려는 때에 추위를 느끼고서 곧 네 번째의 옷을 껴입었는데, 추위를 느끼지 않았다. 여러 비구들이여. 나는 생각하였느니라.

'이 법과 율에서 출가하였던 그 여러 족성자들이 추위에 괴롭고 추위에 두렵더라도 만약 3의가 있다면 견딜 수 있을 것이다. 나는 마땅히 여러 비구들에게 옷을 경계를 제정하고 한계를 설정하면서 마땅히 3의를 제한

해야겠다.'

여러 비구들이여. 3의를 허락하겠나니, 두 겹의 승가리, 한 겹의 울다라승, 한 겹의 안타회이니라."

13-5 그때 세존께서는 여러 비구들이 3의를 지니는 것을 허락하셨으므로, 육군비구들은 다른 3의로써 취락에 들어갔고, 또 다른 3의로써 정사에 머물렀으며, 다른 3의로써 목욕탕에 갔다. 욕심이 적은 비구들은 싫어하고 비난하였다.

"무슨 까닭으로써 육군비구들은 장의(長衣)⁴³⁾를 저축하는가?"

이때 그 여러 비구들은 이 일로써 세존께 아뢰었고, 이때 세존께서는 이 인연으로써 설법하셨으며, 여러 비구들에게 알려 말씀하셨다.

"여러 비구들이여. 장의를 저축할 수 없느니라. 저축하는 자는 여법하게 다스릴지니라."

13-6 그때 장로 아난은 장의를 얻었다. 장로 아난은 장의를 가지고 장로 사리불(舍利弗)에게 주고자 하였는데, 장로 사리불은 사갈타국(娑竭陀國)에 머물렀다. 이때 장로 아난은 마음에서 사유하였다.

'세존께서는 장의를 저축하지 못하게 계율을 제정하셨다. 나는 장의를 얻었고, 나는 이 옷을 가지고 장로 사리불에게 주고자 하였는데, 장로 사리불은 사갈타국에 머물고 있다. 나는 마땅히 어떻게 해야 하는가?'

이때 장로 아난은 이 일로써 세존께 아뢰었고, 세존께서는 말씀하셨다.

"아난이여. 몇 일이면 사리불이 돌아올 수 있는가?"

"세존이시여. 9일이거나, 10일입니다."

이때 세존께서는 이 인연으로써 설법하셨으며, 여러 비구들에게 알려 말씀하셨다.

"여러 비구들이여. 10일 이하라면 장의를 저축할 수 있느니라."

---

43) 여분(餘分)의 옷을 가리킨다.

13-7 그때 여러 비구들은 장의를 얻었다. 이때 여러 비구들은 마음에서 사유하였다.

'어떻게 장의를 처리해야 하는가?'

그 여러 비구들은 이 일로써 세존께 아뢰었고, 세존께서는 말씀하셨다.

"여러 비구들이여. 장의를 나누어주는 것을 허락하겠노라."

[3의를 마친다.]

14) 옷의 수선

14-1 그때 세존께서는 뜻을 따라서 비사리성에 머무셨으며, 바라나국을 향하여 유행하셨다. 차례로 유행하시어 바라나국에 이르셨다. 이때 세존께서는 바라나국의 선인(仙人)이 떨어진 처소인 녹야원(鹿野苑)에 머무르셨다. 이때 한 비구는 안타회가 있었다. 이때 그 비구는 마음에서 사유하였다.

'세존께서는 3의를 허락하셨나니, 두 겹의 승가리, 한 겹의 울다라승, 한 겹의 안타회이다. 지금 나는 안타회를 뜯어서 마땅히 주변을 두 겹으로 보충하여 꿰매고 가운데는 한 겹으로 지어야겠다.'

14-2 그때 그 비구는 보충하여 꿰매고 있었다. 세존께서는 눕는 처소와 앉는 처소를 살피시면서 그 비구가 보충하여 꿰매고 있는 것을 보셨다. 보시고서 그 비구의 처소에 이르셨고, 이르시어 그 비구에게 말씀하셨다.

"비구여. 그대는 무엇을 하고 있는가?"

"세존이시여. 저는 보충하여 꿰매고 있습니다."

"비구여. 옳도다. 비구여. 옳도다. 그대는 보충하여 꿰매도록 하라."

이때 세존께서는 이 인연으로써 설법하셨으며, 여러 비구들에게 알려 말씀하셨다.

"여러 비구들이여. 만약 새로운 옷이거나, 새로운 옷 등이라면 두 겹의

승가리, 한 겹의 울다라승, 한 겹의 안타회를 허락하겠노라. 여러 비구들이
여. 만약 오래 입은 옷이라면 네 겹의 승가리, 두 겹의 울다라승, 두
겹의 안타회를 허락하겠노라. 분소의이거나, 시장에서 떨어진 옷감 조각
을 만약 부지런한 자는 얻을 수 있으며, 여러 비구들이여. 보충하여
꿰매거나, 합쳐서 꿰매거나, 조(條)를 꿰매거나, 단단하게 매듭을 짓는
것으로 꿰매는 것을 허락하겠노라."

[옷의 수선을 마친다.]

15) 비사거녹자모(毘舍佉鹿子母)

15-1 그때 세존께서는 뜻을 따라서 바라나국에 머무셨으며, 사위성을
향하여 유행하셨다. 차례로 유행하시어 사위성에 이르셨다. 이때 세존께
서는 사위성의 기수급고독원에 머무르셨다.

이때 비사거녹자모(毘舍佉鹿子母)는 세존의 주처에 나아갔고, 나아가서
세존께 예경하고 한쪽에 앉았다. 한쪽에 앉은 때에 세존께서는 비사거녹
자모를 위하여 설법하시어 열어서 보여주셨고, 교계하셨으며, 인도하셨
고, 권유하셨으며 환희하게 하셨다. 이때 세존께서 설법하시어 열어서
보여주셨고, 교계하셨으며, 인도하셨고, 권유하셨으며 환희하게 하셨던
때에 비사거녹자모는 세존께 아뢰어 말하였다.

"세존이시여. 내일 비구 승가와 함께 저의 음식을 받아주십시오."

세존께서는 묵연히 허락하셨다. 이때 비사거녹자모는 세존께서 묵연히
허락하신 것을 알고서 자리에서 일어나서 세존께 예경하고서 오른쪽으로
돌면서 떠나갔다.

15-2 그때 이 밤이 지나간 뒤에 사대주(四大洲)를 덮는 많은 비가 내렸다.
이때 세존께서는 여러 비구들에게 알려 말씀하셨다.

"여러 비구들이여. 기수급고독원에 비가 내리는 것과 같이 역시 이 사대주에도 비가 내리는구나. 여러 비구들이여. 비로써 몸을 씻도록 하라. 이것은 최후의 사대주를 덮는 많은 비이니라."

"알겠습니다."

그 여러 비구들은 세존께 대답하고서 옷을 벗고서 비로써 몸을 씻었다.

15-3 이때 비사거녹자모는 상묘(上妙)한 작식과 담식을 준비하고서 여노비에게 명하여 말하였다.

"정사에 가서 말하게. '때에 이르렀습니다. 음식이 준비되었습니다.'"

"알겠습니다."

그 여노비는 비사거녹자모에게 대답하고서 정사에 이르렀고, 여러 비구들이 옷을 벗고서 비로써 몸을 씻는 것을 보았다. 보고서 사유하였다.

'정사에 비구는 없고, 여러 나형외도들이 비로써 몸을 씻는구나.'

비사거녹자모의 주처에 이르렀고, 이르러서 비사거녹자모에게 말하였다.

"정사에 비구는 없고, 여러 나형외도들이 비로써 몸을 씻었습니다."

이때 비사거녹자모는 현명하고 능력이 있으며 총명하고 지혜가 있었으므로, 마음에서 사유하였다.

'반드시 이것은 성중(聖衆)들께서 옷을 벗고 비로써 몸을 씻은 것이고, 이 어리석은 여자가 〈정사에 비구는 없고, 여러 나형외도들이 비로써 몸을 씻는구나.〉라고 마음에서 생각한 것이다.'

여노비에게 명하여 말하였다.

"정사에 가서 '때에 이르렀습니다. 음식이 준비되었습니다.'라고 말하게."

15-4 이때 그 여러 비구들은 사지(四肢)가 청량하고 온 몸이 상쾌하였으므로 옷을 가지고서 각자의 정사에 들어갔다. 그 여노비는 정사에 이르렀고, 여러 비구들을 볼 수 없었으므로 사유하였다.

'정사에 비구는 없고, 정사는 텅비었구나.'

사거녹자모의 주처에 이르렀고, 이르러서 비사거녹자모에게 말하였다.

"'정사에 비구는 없고, 정사는 텅비었습니다.'

이때 비사거녹자모는 현명하고 능력이 있으며 총명하고 지혜가 있었으므로, 마음에서 사유하였다.

'반드시 이것은 성중들께서 사지가 청량하고 온 몸이 상쾌하였으므로 옷을 가지고서 각자의 정사에 들어갔던 것이고, 이 어리석은 여자가 〈정사에 비구는 없고, 정사는 텅비었구나.〉라고 마음에서 생각한 것이다.'

여노비에게 명하여 말하였다.

"정사에 가서 '때에 이르렀습니다. 음식이 준비되었습니다.'라고 말하게."

15-5 이때 세존께서는 여러 비구들에게 알려 말씀하셨다.

"여러 비구들이여. 옷과 발우를 취하게. 식사 때에 이르렀네."

그 여러 비구들은 세존께 대답하였다.

"알겠습니다."

이때 세존께서는 이른 아침에 하의를 입고서 옷과 발우를 지니고서 비유한다면, 역사가 그의 팔을 굽혔다가 그의 팔을 펴는 순간과 같이, 역시 이 기수급고독원에서 사라졌으며 비사거녹자모의 집에 나타나셨다. 세존께서는 여러 비구들과 함께 펼쳐진 자리 위에 앉았다.

15-6 이때 비사거녹자모는 말하였다.

"희유(希有)합니다! 미증유(未曾有)합니다! 여래께서는 대신통(大神通)과 대위력(大威力)이 있으십니다. 왜 그러한가? 물이 무릎까지 솟아올랐고, 물이 허리까지 솟아올랐어도, 한 비구도 옷이 젖지 않은 까닭입니다."

환희하고 용약하면서 세존과 상수의 비구들에게 스스로가 손으로 작식과 담식을 공양하여 배부르게 먹게 하였다. 세존께서 음식을 드시고 손과 발우를 씻으신 것을 보고서 한쪽에 앉았다. 한쪽에 앉고서 비사거녹자모는 세존께 아뢰어 말하였다.

"세존께 저는 여덟 가지의 발원을 애원합니다."

"비사거여. 모든 여래는 여러 발원을 초월하였소."

"상응하는 것이고, 지나치는 것은 없습니다."

"비사거여. 말해보시오."

15-7 "저는 목숨을 마치도록 승가에게 우욕의(雨浴衣)를 베풀어주는 것이고, 객비구에게 음식을 주는 것이며, 먼 길을 떠나는 비구에게 음식을 주는 것이고, 병든 비구에게 음식을 주는 것이며, 간병하는 비구에게 음식을 주는 것이고, 병자에게 약을 보시하는 것이며, 승가에게 죽을 주는 것이고, 비구니 승가에게 욕의(浴衣)를 주는 것입니다."

"비사거여. 그대는 무슨 인연을 보았던 까닭으로 여래에게 여덟 가지의 원을 청하는가?"

"이 처소에서 저는 여노비에게 명하였습니다.

'정사에 가서 말하게. 〈때에 이르렀습니다. 음식이 준비되었습니다.〉'

이때 그 여노비가 정사로 갔고 여러 비구들이 옷을 벗고서 비에 목욕하는 것을 보았습니다. 보고서 사유하였습니다.

'정사에 비구는 없고, 여러 나형외도들이 비로써 몸을 씻는구나.'

나형은 부정(不淨)하고 추악(醜惡)합니다. 저는 이러한 인연을 보았던 까닭으로 승가에게 목숨을 마치도록 우욕의를 베풀어주고자 합니다."

15-8 "다시 다음으로, 객비구는 도로를 알지 못하고, 행할 처소를 알지 못하며, 걸식을 다니면서 매우 피곤할 것입니다. 그 비구가 만약 제가 객비구들에게 음식을 베풀어주는 것을 알았다면 도로를 알고, 행할 처소를 알며, 걸식을 다니면서 피곤하지 않습니다. 저는 이러한 인연을 보았던 까닭으로 목숨을 마치도록 승가의 객비구에게 음식을 베풀어주고자 합니다.

다시 다음으로, 멀리 떠나가는 비구가 스스로 음식을 구하는 때에 도반(同伴)을 잃었거나, 혹은 가고자 하였던 주처에 때가 아닌 때에 이르렀다면, 다니는 도로가 매우 피곤할 것입니다. 그 비구가 만약 제가 멀리 떠나가는 비구에게 음식을 베풀어주는 것을 알았다면 도반을 잃지 않고, 혹은 가고자 하였던 주처에 때를 맞추어 이를 것입니다. 저는 이러한 인연을 보았던 까닭으로 목숨을 마치도록 승가의 멀리 떠나가는 비구에게 음식을 베풀어주고자 합니다."

15-9 "다시 다음으로, 만약 병든 비구가 병을 따라서 음식을 얻지 못한다면, 곧 병은 악화되고 혹은 이것을 인연하여 죽음에 이를 것입니다. 그 비구가 만약 제가 병든 비구에게 음식을 베풀어주는 것을 알았다면 병은 곧 악화되지 않고, 이것을 인연하여 죽지 않을 것입니다. 저는 이러한 인연을 보았던 까닭으로 목숨을 마치도록 승가의 병든 비구에게 음식을 베풀어주고자 합니다.

다시 다음으로, 간병하는 비구가 스스로 음식을 구하면서 정오가 지나가서 병든 비구의 음식을 가지고 왔다면 음식이 끊어지는 것입니다. 그 비구가 만약 제가 간병하는 비구에게 음식을 베풀어주는 것을 알았다면 적당한 때에 병든 비구의 음식을 가지고 와서 음식이 끊어지지 않을 것입니다. 저는 이러한 인연을 보았던 까닭으로 목숨을 마치도록 승가의 간병하는 비구에게 음식을 베풀어주고자 합니다."

15-10 "다시 다음으로, 병든 비구가 병을 따라서 필요한 약을 얻지 못한다면, 곧 병은 악화되고 혹은 이것을 인연하여 죽음에 이를 것입니다. 그 비구가 만약 제가 병든 비구에게 병에 필요한 약을 베풀어주는 것을 알았다면 병은 곧 악화되지 않고, 이것을 인연하여 죽지 않을 것입니다. 저는 이러한 인연을 보았던 까닭으로 목숨을 마치도록 승가의 병든 비구에게 병에 필요한 약을 베풀어주고자 합니다.

다시 다음으로, 세존께서는 아나가빈두국에서 열 가지의 공덕을 보셨고, 죽을 먹는 것을 허락하셨습니다. 저는 그 공덕을 보았던 까닭으로 목숨을 마치도록 승가에게 항상 죽을 베풀어주고자 합니다."

15-11 "다시 다음으로, 이 처소에서 여러 비구니들이 아치라발저강에서 여러 음녀(淫女)들과 함께 같이 나형으로 목욕하였습니다. 이때 여러

음녀들은 여러 비구니들을 희롱하면서 말하였습니다.

'그대들은 어찌하여 나이가 젊은데 범행을 닦으시나요? 어찌 마땅히 여러 욕락을 누리지 않나요? 늙으면 비로소 범행을 닦으세요. 이와 같이 한다면 그대들은 두 가지의 이익을 얻을 것이에요.'

여러 비구니들은 여러 음녀들의 희롱을 받아서 부끄러워하였습니다. 여인들의 나형은 부정하고 추악합니다. 저는 이러한 인연을 보았던 까닭으로 승가에게 목숨을 마치도록 욕의(浴衣)를 베풀어주고자 합니다."

15-12 "비사거여. 그대는 무슨 공덕을 보았던 까닭으로 여래에게 여덟 가지의 원을 청하시오?"

"이 처소에서 여러 지방에서 우안거를 머물렀던 여러 비구들이 있는데, 세존을 보려고 사위성으로 왔으며, 그들은 세존의 처소에 이르러 물을 것입니다.

'누구 비구가 입적하였는데, 그들은 어느 취(趣)에 갔고, 무슨 생(生)을 받았습니까?'

세존께서는 '그 비구들이 예류과(預流果)를 증득하였고, 일래과(一來果)를 증득하였으며, 불환과(不還果)를 증득하였고, 아라한과(阿羅漢果)를 증득하였다.'라고 수기하실 것입니다.

저는 그 비구들의 처소에서 물을 것입니다.

'그 성자(聖子)는 일찍이 사위성에 오셨습니까?'

만약 그 비구들이 '그 비구는 일찍이 사위성에 왔습니다.'라고 말한다면 곧 저는 사유할 것입니다.

〈그 성자께서는 반드시 나의 우욕의를 받았을 것이고, 객비구의 음식을 받았을 것이며, 멀리 떠나가는 비구의 음식을 받았을 것이고, 병든 비구의 음식을 받았을 것이며, 간병하는 비구의 음식을 받았을 것이고, 병의 약을 받았을 것이며, 항상 베풀었던 죽을 받았을 것이다.〉

그리고서 제가 그 일을 기억한다면 곧 환희가 생겨날 것이고, 환희가 생겨난다면 곧 희열(喜悅)이 생겨날 것이며, 희열이 생겨난다면 곧 몸이 평안해질 것이고, 몸이 평안해진다면 곧 몸이 안락을 받을 것이며, 안락을 받는다면 곧 마음이 선정에 들어갈 것입니다. 그렇다면 곧 저는 근(根)[44]의 수습, 력(力)[45]의 수습, 각분(覺分)[46]의 수습을 얻을 것입니다. 저는 이러한 인연을 보았던 까닭으로 여래께 여덟 가지의 원을 청합니다."

15-13 "비사거여. 옳도다. 비사거여. 옳도다. 그대가 이러한 인연을 보았던 까닭으로 여래께 여덟 가지의 원을 청하였구려. 비사거여. 여덟 가지의 원을 허락하겠소."

이때 세존께서는 이와 같은 게송으로써 비사거녹자모를 환희하게 하셨다.

기쁜 마음으로 계율을 갖추었다면
그는 여래의 제자이고
간탐을 벗어나서 천상에 태어나며
음식을 베푼다면 안락을 얻는다네.

그녀는 티끌의 길을 떠나갔고
집착이 없어 천상의 목숨을 얻었으며
영원한 복으로 병이 없으며 오래도록
안락하도록 천상의 사람과 즐거워하리.

이때 세존께서는 이와 같은 게송으로써 비사거녹자모를 환희하게 하셨고, 곧 자리에서 일어나서 떠나가셨다.

15-14 이때 세존께서는 이 인연으로써 설법하셨고, 여러 비구들에게

---

44) 팔리어 indriyabhāvanā(인드리야바바나)의 번역이고, 37도조법의 5근을 가리킨다.
45) 팔리어 balabhāvanā(바라바바나)의 번역이고, 37도조법의 5력을 가리킨다.
46) 팔리어 bojjhaṅgabhāvanā(보짠가바바나)의 번역이고, 37도조법의 7각지를 가리킨다.

알려 말씀하셨다.

"여러 비구들이여. 우욕의, 객비구의 음식, 멀리 떠나가는 비구의 음식, 병든 비구의 음식, 간병하는 비구의 음식, 병의 약, 항상 베풀었던 죽, 비구니들의 욕의를 허락하겠노라."

[비사거녹자모를 마친다.]

○【둘째의 송출품을 마친다.】

3. 제3송출품(第三誦出品)

16) 니사단(尼師壇)

16-1 그때 여러 비구들은 상묘한 음식을 먹고서 정념(正念)을 잃어버렸으나, 알지 못하고서 잠을 잤다. 정념을 잃어버렸으나, 알지 못하고서 잠자면서 꿈속에서 부정(不淨)을 실정(失精)하였고 와구와 좌상은 부정으로 더럽혀졌다.

이때 세존께서는 장로 아난을 시자로 삼아서 방사를 살펴보시면서 와구와 와상이 부정으로 더럽혀졌던 것을 보셨다. 보시고서 장로 아난에게 알려 말씀하셨다.

"아난이여. 어찌하여 이 와구와 좌상이 부정으로 더럽혀졌는가?"

"여러 비구들은 상묘한 음식을 먹고서 정념을 잃어버렸으나, 알지 못하고서 잠을 잤으며, …… 와구와 와상은 부정으로 더럽혀졌습니다."

16-2 "아난이여. 그렇다. 아난이여. 그렇다. 정념을 잃어버렸으나, 알지 못하고서 잠자는 자는 꿈속에서 부정을 실정하는 것이다. 아난이여.

정념으로 잠자는 자는 꿈속에서 부정을 실정하지 않느니라. 아난이여. 여러 욕망을 떠나려는 지극한 범부도, 역시 부정을 실정하지 않느니라. 아난이여. 아라한이 부정을 실정하는 것은 이치가 아니고, 역시 이러한 것은 없는 것이다."

이때 세존께서는 이 인연으로써 설법하셨고, 여러 비구들에게 알려 말씀하셨다.

"여러 비구들이여. 이 처소에서 나는 장로 아난을 시자로 삼아서 방사를 살펴보면서 와구와 와상이 부정으로 더럽혀졌던 것을 보았느니라. 보고서 장로 아난에게 알려 말씀하였느니라.

'아난이여. 그렇다. 정념을 잃어버렸으나, 알지 못하고서 잠자는 자는 꿈속에서 부정을 실정하는 것이다. …… 아라한이 부정을 실정하는 것은 이치가 아니고, 역시 이러한 법은 없는 것이다.'"

16-3 "여러 비구들이여. 정념을 잃어버렸으나, 알지 못하고서 잠자는 자는 다섯 종류의 허물이 있나니 이를테면, 괴롭게 잠들고, 괴롭게 깨어나며, 악몽을 꾸고, 여러 천인들이 보호하지 않으며, 부정을 실정하는 것이다. 여러 비구들이여. 정념을 잃어버렸으나, 알지 못하고서 잠자는 자는 이와 같은 다섯 종류의 허물이 있느니라.

여러 비구들이여. 정념을 갖추고 잠자는 자는 다섯 종류의 공덕이 있나니 이를테면, 즐겁게 잠들고, 즐겁게 깨어나며, 악몽을 꾸지 않고, 여러 천인들이 보호하며, 부정을 실정하지 않는 것이다. 여러 비구들이여. 정념을 갖추고 잠자는 자는 이와 같은 다섯 종류의 공덕이 있느니라. 여러 비구들이여. 몸을 보호하고 와구를 보호하며 와상을 보호하기 위하여 니사단(尼師壇)47)을 허락하겠노라."

그때 니사단이 매우 작았으므로 와구와 와상을 함께 보호할 수 없었다. 그 여러 비구들은 이 일로써 세존께 아뢰었고, 세존께서는 말씀하셨다.

---

47) 팔리어 Nisīdana(니시다나)의 음사이고, 앉을 수 있는 깔개나 매트를 가리킨다.

"여러 비구들이여. 뜻을 따라서 크게 짓는 것을 허락하겠노라."

[니사단을 마친다.]

17) 부창의(覆瘡衣)

17-1 그때 장로 아난의 화상인 장로 비랍타시사(毘拉陀施沙)⁴⁸⁾는 개선병(疥癬病)⁴⁹⁾을 앓았는데, 누런 액체가 그의 옷과 몸에 세게 붙었던 까닭으로다. 여러 비구들이 물로 적셔서 그것을 떼어냈다. 세존께서는 방사를 살펴보시면서 여러 비구들이 물로 적셔서 그의 옷을 떼어내는 것을 보셨다. 보시고서 그 여러 비구들의 주처에 이르셨고, 이르러서 여러 비구들에게 알려 말씀하셨다.

"여러 비구들이여. 이 비구는 무슨 병을 앓고 있는가?"

"이 장로는 개선병을 앓고 있고 누런 액체가 그의 옷과 몸에 세게 붙었던 까닭으로 우리들이 물로 적셔서 그것을 떼어내고 있습니다."

이때 세존께서는 이 인연으로써 설법하셨고, 여러 비구들에게 알려 말씀하셨다.

"여러 비구들이여. 양창(痒瘡)⁵⁰⁾, 수포(水泡)⁵¹⁾, 개선을 앓는 자는 부창의(覆瘡衣)를 수용하는 것을 허락하겠노라."

[부창의를 마친다.]

---

48) 팔리어 Belaṭṭhasīsa(베라따시사)의 음사이다.
49) 팔리어 Thullakacchu(투란카쭈)의 번역이고, 선충의 기생으로 생기는 전염성 피부병이다. 곧 개(疥)는 옴을 말하고 선(癬)은 버짐을 말하며, 일반적으로 개선이라고 하면 옴을 가리킨다.
50) 팔리어 Kaṇḍu(칸두)의 번역이고, 가려움증을 가리킨다.
51) 팔리어 Piḷakā(필라카)의 번역이고, 작은 종기나, 여드름을 가리킨다.

18) 수건(手巾)

18-1 그때 비사거녹자모는 수건을 가지고 세존의 주처로 나아갔고, 나아가서 세존께 예경하고 한쪽에 앉았다. 한쪽에 앉고서 비사거녹자모는 세존께 아뢰어 말하였다.

"세존이시여. 장야에 제가 복을 받고 안락하도록 수건을 받아주십시오."

세존께서는 수건을 받으셨다. 이때 세존께서는 비사거녹자모를 위하여 설법하시어 열어서 보여주셨고, 교계하셨으며, 인도하셨고, 권유하셨으며 환희하게 하셨다. 이때 세존께서 설법하시어 열어서 보여주셨고, 교계하셨으며, 인도하셨고, 권유하셨으며 환희하게 하셨던 때에 비사거녹자모는 자리에서 일어나서 세존께 예경하고서 오른쪽으로 돌면서 떠나갔다.

이때 세존께서는 이 인연으로써 설법하셨고, 여러 비구들에게 알려 말씀하셨다.

"여러 비구들이여. 수건을 수용하는 것을 허락하겠노라."

[수건을 마친다.]

19) 맡겼던 옷

19-1 그때 마라족(摩羅族)인 로이(盧夷)는 장로 아난의 벗이었다.

마라족인 로이는 추마의(芻摩衣)[52]를 장로 아난에게 맡겨두었다. 장로 아난은 추마의가 필요하였고, 이 일로써 세존께 아뢰었고, 세존께서는 말씀하셨다.

"여러 비구들이여. 다섯 가지를 갖추었다면 위탁을 받는 것을 허락하나

---

52) 팔리어 Khomapilotikā(코마피로티카)의 번역이고, 아마포의 옷감인 빈(Vin)을 가리킨다.

니 이를테면, 오랫동안 알고서 서로를 보았고, 서로가 친하며, 이미 말하였고, 살아있으며, 내가 취하는 것을 알았어도 기뻐하는 것이다. 여러 비구들이여. 다섯 가지를 갖추었다면 위탁을 받는 것을 허락하겠노라."

[맡겼던 옷을 마친다.]

20) 소유와 양도(讓渡)

20-1 그때 여러 비구들은 3의를 갖추었으나, 녹수낭(漉水囊)[53]과 걸망[54]이 필요하였다. 그 여러 비구들은 이 일로써 세존께 아뢰었고, 세존께서는 말씀하셨다.

"여러 비구들이여. 자구(資具)의 걸망[55]을 허락하겠노라."

20-2 그때 여러 비구들은 마음에서 사유하였다.

'세존께서는 3의, 우욕의, 니사단, 와구, 부창의, 수건, 걸망 등을 허락하셨다. 모두가 개인의 소유로 결정되는가? 혹은 마땅히 양도할 수 있는가?'

그 여러 비구들은 이 일로써 세존께 아뢰었고, 세존께서는 말씀하셨다.

"여러 비구들이여. 3의는 개인의 소유로 결정되어 양도할 수 없으나, 우욕의는 우기의 때인 4개월은 마땅히 개인의 것으로 결정되고 이후에는 마땅히 양도할 수 있고, 니사단은 개인의 소유로 결정되어 양도할 수 없으며, 와구는 개인의 소유로 결정되어 양도할 수 없고, 부창의는 병든

---

53) 팔리어 Parissāvana(파리싸바나)의 번역이다.
54) 팔리어 Thavikā(타비카)의 번역이다. 배낭, 가방, 지갑 등을 가리키며, 특히 녹수낭을 운반하면서 사용한다.
55) 팔리어 parikkhāracoḷakanti(파리까라초라칸티)의 합성어이다. 'parikkhāra'는 '필수품', '액세서리', '설비', '기구'를 뜻하므로, 비구나 비구니가 항상 지녀야 하는 3의를 포함한 개인의 물품을 가리키고, 'coḷaka'는 '옷감의 조각'을 뜻하므로 본 번역에서는 이와 같이 의역하였다.

기간에는 마땅히 개인의 것으로 결정되고 이후에는 마땅히 양도할 수 있으며, 수건은 개인의 소유로 결정되어 양도할 수 없고, 걸망은 개인의 소유로 결정되어 양도할 수 없느니라."

[소유와 양도를 마친다.]

21) 3의(三衣)를 짓는 법

21-1 그때 여러 비구들은 마음에서 사유하였다.

'옷이 어느 양이라면 마땅히 양도할 수 있는가?'

그 여러 비구들은 이 일로써 세존께 아뢰었고, 세존께서는 말씀하셨다.

"여러 비구들이여. 선서(善逝)의 손가락 뼘으로써 길이가 8지(指)를 넘겼고 넓이가 8지를 넘겼다면 옷을 마땅히 양도하는 것을 허락하겠노라."

그때 장로 마하가섭(摩訶迦葉)은 분소의가 무거웠다. 그 여러 비구들은 이 일로써 세존께 아뢰었고, 세존께서는 말씀하셨다.

"여러 비구들이여. 거칠게 꿰매는 것을 허락하겠노라."

가장자리의 연(緣)이 고르지 못하였다. 그 여러 비구들은 이 일로써 세존께 아뢰었고, 세존께서는 말씀하셨다.

"여러 비구들이여. 고르지 않은 연을 잘라내는 것을 허락하겠노라."

실밥이 풀어져서 흘렀다. 그 여러 비구들은 이 일로써 세존께 아뢰었고, 세존께서는 말씀하셨다.

"여러 비구들이여. 연에 엮는 것을 허락하겠노라."

그때 승가리의 편엽(片葉)56)이 찢어졌다. 그 여러 비구들은 이 일로써 세존께 아뢰었고, 세존께서는 말씀하셨다.

"여러 비구들이여. 덧대어서 꿰매는 것을 허락하겠노라."

---

56) 팔리어 Aṭṭhapadaka(아따파다카)의 음사이고, 작은 정사각형이라는 뜻이다.

21-2 그때 한 비구가 있어서 3의를 지었는데, 능히 모든 조각을 재단할 수 없었다. 이 일로써 세존께 아뢰었고, 세존께서는 말씀하셨다.

"여러 비구들이여. 두 가지의 옷은 재단한 조각으로 짓고, 한 가지의 옷은 재단하지 않은 조각으로 짓는 것을 허락하겠노라."

능히 두 가지의 옷을 재단할 수 있었으나, 한 가지의 옷은 재단할 수 없었다. 이 일로써 세존께 아뢰었고, 세존께서는 말씀하셨다.

"여러 비구들이여. 두 가지의 옷은 재단하지 않는 조각으로 짓고, 한 가지의 옷은 재단하였던 조각으로 짓는 것을 허락하겠노라."

능히 두 가지의 옷을 재단할 수 없었으나, 한 가지의 옷은 재단할 수 있었다. 이 일로써 세존께 아뢰었고, 세존께서는 말씀하셨다.

"여러 비구들이여. 절반을 재단한 조각으로 짓는 것을 허락하겠노라. 모두를 재단하지 않은 조각으로 지을 수 없느니라. 짓는 자는 악작을 범하느니라."

[3의를 짓는 것을 마친다.]

22) 옷의 보시

22-1 그때 한 비구가 있었는데, 많은 양의 옷을 얻었으므로, 그 비구는 그 옷을 가지고 부모에게 주고자 하였다. 그 여러 비구들은 이 일로써 세존께 아뢰었고, 세존께서는 말씀하셨다.

"여러 비구들이여. 부모에게 주는 것을 내가 다시 어떻게 말하겠는가? 여러 비구들이여. 부모에게 주는 것을 허락하겠노라. 여러 비구들이여. 신심있는 보시를 버려둘 수 없느니라. 버려두는 자는 악작을 범하느니라."

[옷의 보시를 마친다.]

23) 탈의(脫衣)의 조건

23-1 그때 한 비구가 있었는데, 안타림(安陀林)[57]에 옷을 벗어두고 오직 안타회를 입고서 걸식을 위하여 취락에 들어갔다. 도둑이 있었고 그의 옷을 가지고 떠나갔다. 그 비구가 낡고 거친 옷을 입었으므로 여러 비구들이 말하였다.

"그대는 무슨 까닭으로 낡고 거친 옷을 입었는가?"

"나는 안타림에 옷을 벗어두고 오직 안타회를 입고서 걸식을 위하여 취락에 들어갔는데, 도둑이 있었고 나의 옷을 가지고 떠나갔던 까닭으로 낡고 거친 옷을 입었습니다."

그 여러 비구들은 이 일로써 세존께 아뢰었고, 세존께서는 말씀하셨다.

"여러 비구들이여. 오직 안타회와 울다라승을 입고서 취락에 들어갈 수 없느니라. 들어가는 자는 악작을 범하느니라."

23-2 그때 장로 아난은 생각이 없이 오직 안타회와 울다라승을 입고서 걸식을 위하여 취락에 들어갔다. 여러 비구들은 장로 아난에게 말하였다.

"아난이여. 세존께서 어찌 오직 안타회와 울다라승을 입고서 취락에 들어갈 수 없다고 제정하시지 않았습니까?"

"진실로 그렇습니다. 세존께서는 오직 안타회와 울다라승을 입고서 취락에 들어갈 수 없다고 제정하셨는데, 나는 생각이 없이 들어왔습니다."

그 여러 비구들은 이 일로써 세존께 아뢰었고, 세존께서는 말씀하셨다.

"여러 비구들이여. 승가리를 벗는 것에는 다섯 종류의 인연이 있느니라. 이를테면, 병이 있거나, 비에 목욕하거나, 저쪽의 강둑으로 건너가거나, 정사의 문이 잠긴 때이거나, 가치나의를 받은 것이다.

여러 비구들이여. 울다라승을 벗는 것에는 다섯 종류의 인연이 있느니라. 이를테면, 병이 있거나, 비에 목욕하거나, 저쪽의 강둑으로 건너가거

---

57) 팔리어 Andhavana(안다바나)의 음사이고, 사위성의 남쪽에 있는 숲이다.

나, 정사의 문이 잠긴 때이거나, 가치나의를 받은 것이다. 여러 비구들이
여. 안타회를 벗는 것에도 이와 같은 다섯 종류의 인연이 있느니라.

여러 비구들이여. 우욕의를 벗는 것에는 다섯 종류의 인연이 있느니라.
이를테면, 병이 있거나, 경계의 밖이거나, 저쪽의 강둑으로 건너가거나, 정사의
문이 잠긴 때이거나, 우욕의를 짓지 않았고 혹은 완성되지 않은 것이다."

[탈의의 조건을 마친다.]

24) 옷의 분배와 소유

24-1 그때 한 비구가 있었는데, 오직 한 사람이 우안거를 머물렀다.
그때 여러 사람들이 옷을 주면서 "승가에 보시합니다."라고 말하였으며,
이때 그 비구는 마음에서 사유하였다.

'세존께서는 네 명이거나, 네 명의 이상을 승가로 제정하였는데, 나는
오직 한 사람이다. 그 여러 사람들이 옷을 주면서 〈승가에 보시합니다.〉라
고 말하였다. 나는 마땅히 장차 승가의 옷으로 보시하겠으므로, 가지고
사위성으로 가야겠다.'

이때 그 비구는 그 옷을 가지고 사위성으로 갔으며, 이 일로써 세존께
아뢰었고, 세존께서는 말씀하셨다.

"비구여. 이 옷들은 가치나의에 이르도록 그대의 소유이니라."

24-2 "여러 비구들이여. 이 처소에 비구가 있었는데, 오직 한 사람이 우안거
를 머물렀고, 그때 여러 사람들이 옷을 주면서 '승가에 보시합니다.'라고
말하였다면, 여러 비구들이여. 이 옷들은 가치나의에 이르도록 그 비구의
소유이니라."

24-3 그때 한 비구가 있었는데, 평소의 때에도 오직 한 사람이 머물렀다.

그때 여러 사람들이 옷을 주면서 "승가에 보시합니다."라고 말하였다. 이때 그 비구는 마음에서 사유하였다.

'세존께서는 네 명이거나, 네 명의 이상을 승가로 제정하였는데, 나는 오직 한 사람이다. 그 여러 사람들이 옷을 주면서 〈승가에 보시합니다.〉라고 말하였다. 나는 마땅히 장차 승가의 옷으로 보시하겠으므로, 가지고 사위성으로 가야겠다.'

이때 그 비구는 그 옷을 가지고 사위성으로 갔으며, 이 일로써 세존께 아뢰었고, 세존께서는 말씀하셨다.

"여러 비구들이여. 현전승가(現前僧伽)에게 나누어주도록 허락하겠노라."

24-4 "여러 비구들이여. 이 처소에 비구가 있었는데, 평소의 때에도 오직 한 사람이 머물렀고, 그때 여러 사람들이 옷을 주면서 '승가에 보시합니다.'라고 말하였는데, 여러 비구들이여. 그 비구가 '이 옷은 나의 소유이다.'라고 말하였다면 그 옷을 소유하려고 결정하는 것을 허락하겠노라.

여러 비구들이여. 만약 그 비구가 그 옷을 소유하겠다고 결정하지 않았는데, 다른 비구가 왔다면 마땅히 공평하게 나누어야 한다. 여러 비구들이여. 만약 그 두 비구가 풀로 제비뽑기로 나누지 않았는데, 다른 비구가 왔던 때라면 마땅히 공평하게 나누어야 한다. 여러 비구들이여. 만약 그 두 비구가 풀로 제비뽑기로 나누었는데, 다른 비구가 왔던 때에 만약 원하지 않는다면 나누어주지 않을 수 있다."

24-5 그때 두 형제인 장로가 있었는데, 장로 의시달사(依尸達沙)[58]와 장로 의시발타(依尸跋陀)[59]이었다. 사위성에서 우안거를 머물렀고 한 취락의 주처로 갔다. 여러 사람들은 "장로들께서 오랜만에 오셨다."라고 말하면서 옷과 음식을 베풀었다. 그 주처의 여러 비구들은 장로들에게 물어 말하였다.

---

58) 팔리어 Isidāsa(이시다사)의 음사이다.
59) 팔리어 Isibhaṭa(이시바타)의 음사이다.

"이곳에 보시된 승가의 옷을 장로들께서 왔던 까닭으로 얻었습니다. 장로들께 나누어주겠으니 받으십시오."

두 장로들은 말하였다.

"우리들은 세존께서 설하신 법을 이와 같이 명료하게 알고 있습니다. 가치나의에 이르도록 이 옷들은 그대들의 소유입니다."

24-6 그때 세 비구가 있었고, 왕사성에서 우안거를 머물렀다. 그때 여러 사람들이 옷을 주면서 "승가에 보시합니다."라고 말하였으며, 이때 그 여러 비구들은 마음에서 사유하였다.

'세존께서는 네 명이거나, 네 명의 이상을 승가로 제정하였는데, 우리들은 곧 세 사람이다. 그 여러 사람들이 옷을 주면서 〈승가에 보시합니다.〉라고 말하였다. 우리들은 마땅히 어떻게 해야 하는가?'

그때 여러 장로들이 있었으니, 장로 니랍파신(尼拉巴新)[60], 장로 사나파신(沙那巴新)[61], 장로 오바가(伍婆伽)[62], 장로 파구(波具)[63], 장로 바리가산타나(婆利伽山陀那)[64] 등이 파련불읍(巴連弗邑)[65]의 계원(雞園)[66]에 머물렀다. 그때 여러 비구들은 파련불읍으로 가서 여러 장로들에게 물었고, 여러 장로들은 말하였다.

"우리들은 세존께서 설하신 법을 이와 같이 명료하게 알고 있습니다. 가치나의에 이르도록 이 옷들은 그대들의 소유입니다."

[옷의 분배와 소유를 마친다.]

---

60) 팔리어 Nilavāsī(니라바시)의 음사이다.
61) 팔리어 Sāṇavāsī(사나바시)의 음사이다.
62) 팔리어 Gotaka(고타카)의 음사이다.
63) 팔리어 Bhagu(바구)의 음사이다.
64) 팔리어 Phaḷikasantāna(파리카산타나)의 음사이다.
65) 팔리어 Pāṭaliputta(파타리푸타)의 음사이다.
66) 팔리어 Kukkuṭārāma(쿠꾸타라마)의 음사이고, 코삼비(Kosambi)에 있는 정사이다. setthi Kukkuta에 의해 조성되었다.

25) 우파난타(優波難陀)

25-1 그때 장로 우파난타(優波難陀)[67] 석자(釋子)[68]는 사위성에서 우안거를 머물렀고 한 취락의 주처로 갔다. 그 처소의 여러 비구들은 모여서 옷을 나누고자 하였고, 그 비구들은 말하였다.

"장차 승가에 보시하였던 옷을 나누고자 합니다. 그대도 나누어주는 옷을 받겠습니까?"

"그렇습니다. 받겠습니다."

그 주처에서 나누어주었던 옷을 가지고 다른 주처로 갔다. 그 다른 주처의 여러 비구들은 모여서 옷을 나누고자 하였고, 그 비구들은 말하였다.

"장차 승가에 보시하였던 옷을 나누고자 합니다. 그대도 나누어주는 옷을 받겠습니까?"

"그렇습니다. 받겠습니다."

역시 그 주처에서 나누어주었던 옷을 가지고 다른 주처로 갔다. 그 다른 처소의 여러 비구들은 모여서 옷을 나누고자 하였고, 그 비구들은 말하였다.

"장차 승가에 보시하였던 옷을 나누고자 합니다. 그대도 나누어주는 옷을 받겠습니까?"

"그렇습니다. 받겠습니다."

역시 그 주처에서 나누어주었던 옷을 가지고 무겁게 짊어지고 사위성으로 돌아왔다.

25-2 여러 비구들이 말하였다.

"우파난타여. 그대는 복업(福業)이 크시구려. 그대는 많은 옷을 얻었습니다."

"어찌 나에게 복업이 있겠습니까? 나는 사위성에서 우안거를 머물렀고

---

67) 팔리어 Upananda(우파난다)의 음사이다.
68) 팔리어 Sakyaputta(사캬푸따)의 음사이다.

한 취락의 주처로 갔는데, 그 처소의 여러 비구들은 모여서 옷을 나누고자 하였고, 그 비구들은 나에게 말하였습니다.

'장차 승가에 보시하였던 옷을 나누고자 합니다. 그대도 나누어주는 옷을 받겠습니까?'

'그렇습니다. 받겠습니다.'

그 주처에서 나누어주었던 옷을 가지고 다른 주처로 갔습니다. 그 다른 주처의 여러 비구들은 모여서 옷을 나누고자 하였고, 그 비구들은 나에게 말하였습니다.

'장차 승가에 보시하였던 옷을 나누고자 합니다. 그대도 나누어주는 옷을 받겠습니까?'

'그렇습니다. 받겠습니다.'

역시 그 주처에서 나누어주었던 옷을 가지고 다른 주처로 갔습니다. 그 다른 처소의 여러 비구들은 모여서 옷을 나누고자 하였고, 그 비구들은 나에게 말하였습니다.

'장차 승가에 보시하였던 옷을 나누고자 합니다. 그대도 나누어주는 옷을 받겠습니까?'

'그렇습니다. 받겠습니다.'

역시 그 주처에서 나누어주었던 옷을 취하였고, 이와 같이 나는 많은 옷을 얻었습니다."

25-3 "우파난타여. 한 주처에서 우안거를 머물렀고 다른 주처에서 옷을 나누었습니까?"

"그렇습니다."

욕심이 적은 자들은 싫어하고 비난하였다.

"무슨 까닭으로써 장로 우파난타는 한 주처에서 우안거를 머물렀고 다른 주처에서 옷을 나누는가?"

그 여러 비구들은 이 일로써 세존께 아뢰었고, 세존께서는 장로 우파난타에게 물어 말씀하셨다.

"우파난타여. 그대가 한 주처에서 우안거를 머물렀고 다른 주처에서 옷을 나누었는가?"

"진실로 그렇습니다. 세존이시여."

세존께서는 여러 방편으로 꾸짖으셨다.

"어리석은 사람들이여. 그대는 어찌하여 한 주처에서 우안거를 머물렀고 다른 주처에서 옷을 나누었는가? 어리석은 사람들이여. 이것은 오히려 믿지 않는 자는 신심이 생겨나지 않게 하고, …… 이미 믿었던 자는 일부가 전전하여 다른 곳으로 향하여 떠나가게 하느니라."

세존께서는 여러 종류의 방편으로써 이 비구를 꾸짖고서 적절한 법을 수순하여 설하신 뒤에 여러 비구들에게 알려 말씀하셨다.

"여러 비구들이여. 한 주처에서 우안거를 머물렀다면, 다른 주처에서 나누어주는 옷을 받을 수 없느니라. 받는 자는 악작을 범하느니라."

25-4 그때 장로 우파난타 석자는 두 주처에서 우안거를 머무르면서 사유하였다.

'이와 같다면 나는 많은 옷을 얻을 것이다.'

이때 그 여러 비구들은 마음에서 사유하였다.

'어떻게 장로 우파난타에게 마땅히 옷을 나누어주어야 하는가?'

그 여러 비구들은 이 일로써 세존께 아뢰었고, 세존께서는 말씀하셨다.

"여러 비구들이여. 어리석은 사람에게 한 처소에서 나누어주어야 한다. 여러 비구들이여. 한 비구가 있었고 두 주처에서 우안거를 머물렀으며, '이와 같다면 나는 많은 옷을 얻을 것이다.'라고 사유하였고, 만약 한 처소에서 절반을 머물렀고 다른 처소에서 절반을 머물렀다면, 마땅히 한 처소에서 절반을 주고 다른 처소에서 절반을 주어야 한다. 만약 한 처소에서 오래 머물렀다면 그 처소에서 옷을 나누어주어야 한다."

[우파난타를 마친다.]

26) 간병인

26-1 그때 한 비구가 복통을 앓았고 그 비구는 대·소변의 가운데에 누워있었다. 이때 세존께서는 장로 아난을 시자로 삼아서 방사를 살펴보시면서 그 비구가 대·소변의 가운데에 누워있는 것을 보셨다. 보시고서 그 비구가 있는 곳에 이르셨다. 이르러서 그 비구에게 말씀하셨다.

"비구여. 그대에게 무슨 병이 있는가?"

"세존이시여. 저는 복통이 있습니다."

"비구여. 그대를 간병하는 사람이 있는가?"

"세존이시여. 없습니다."

"여러 비구들이 무슨 까닭으로 그대를 간병하지 않는가?"

"제가 여러 비구들을 위하였던 것이 없었던 까닭으로, 여러 비구들이 저를 간병하지 않습니다."

26-2 이때 세존께서는 장로 아난에게 알려 말씀하셨다.

"아난이여. 가서 물을 가지고 오게. 우리가 이 비구를 목욕시켜야겠네."

"알겠습니다."

장로 아난은 세존께 대답하고서 물을 가지고 왔으며, 세존께서는 물로써 그에게 부었고 장로 아난은 그를 씻겼다. 세존께서는 머리를 붙잡았고 장로 아난은 발을 붙잡고서 평상위에 눕혔다.

세존께서는 이 인연으로써 비구 승가를 모으셨으며, 여러 비구들에게 물어 말씀하셨다.

"어느 정사에 병이 있는 비구가 있는가?"

"세존이시여. 있습니다."

"여러 비구들이여 그 비구는 무슨 병을 앓는가?"

"그 비구는 복통이 있습니다."

"그 비구를 간병하는 사람이 있었는가?"

"세존이시여. 없습니다."

"여러 비구들이 무슨 까닭으로 그를 간병하지 않는가?"

"그 비구는 여러 비구들을 위하였던 것이 없었던 까닭으로, 여러 비구들이 그를 간병하지 않습니다."

"여러 비구들이여. 그대들은 부모도 없으니 그대 서로를 간병해야 하느니라. 여러 비구들이여. 그대들이 만약 서로를 간병하지 않는다면 누가 그대들을 간병하겠는가? 여러 비구들이여. 나를 시봉하려고 한다면 또한 병자들을 간병하라."

26-3 "만약 화상(和尚)이 있는 자라면 화상이 목숨을 마치도록 마땅히 간병하고 시봉하며 완전히 치료되는 것을 기다려야 한다. 만약 아사리(阿闍梨)가 있는 자라면 아사리가 목숨을 마치도록 마땅히 간병하고 시봉하며 완전히 치료되는 것을 기다려야 한다.

만약 제자가 있는 자라면, …… 만약 시자(侍子)가 있는 자라면, …… 만약 같은 화상이 있는 자라면, …… 만약 같은 아사리가 있는 자라면 목숨을 마치도록 마땅히 간병하고 시봉하며 치료되는 것을 기다려야 한다. 만약 화상, 아사리, 제자, 시자, 같은 화상, 같은 아사리가 없는 자라면 목숨을 마치도록 승가가 마땅히 간병해야 한다. 만약 간병하지 않는 자는 악작을 범하느니라."

26-4 "여러 비구들이여. 다섯 가지를 갖춘 병자는 간병하기 어려우니라. 이를테면, 병을 따라서 행하지 않거나, 병의 깊이를 알지 못하거나, 약을 수용하지 않거나, 이익이 있다면 간병하는 자에게 병이 악화된 것을 악화되었다고 말하지 않고 좋아진 자는 좋아졌다고 말하지 않으며, 같은 자에게 같다고 진실하게 병을 알리지 않거나, 몸에 고통스럽고 극심하며 신랄하고 불쾌하며 우울하며 목숨이 손상되는 것을 인욕하지 못하는 것이다. 여러 비구들이여. 이와 같은 다섯 가지를 갖춘 병자는 간병하기 어려우니라."

26-5 "여러 비구들이여. 다섯 가지를 갖춘 병자는 간병하기 쉬우니라. 이를테면, 병을 따라서 행하거나, 병의 깊이를 알거나, 약을 수용하거나, 이익이 있다면 간병하는 자에게 병이 악화된 것을 악화되었다고 말하고 좋아진 자는 좋아졌다고 말하며 같은 자에게 같다고 진실하게 병을 알리거나, 몸에 고통스럽고 극심하며 신랄하고 불쾌하며 우울하며 목숨이 손상되는 것을 인욕하는 것이다. 여러 비구들이여. 이와 같은 다섯 가지를 갖춘 병자는 간병하기 쉬우니라."

26-6 "여러 비구들이여. 다섯 가지를 갖춘 간병자는 간병인으로 적합하지 않느니라. 이를테면, 능히 약을 공급하지 못하거나, 효과가 있고 혹은 효과가 있는 것을 알지 못하거나, 효과가 없는데 주고 효과가 있는데 주지 않거나, 이익을 위하여 간병하거나, 자비심이 없어서 대·소변과 침과 토한 음식을 버리는 것을 싫어하거나, 때때로 설법하여 열어서 보여주고, 교계하며, 인도하고, 권유하며 환희하게 못하는 것이다. 여러 비구들이여. 다섯 가지를 갖춘 간병자는 간병인으로 적합하지 않느니라."

26-7 "여러 비구들이여. 다섯 가지를 갖춘 간병자는 간병인으로 적합하느니라. 이를테면, 능히 약을 공급하거나, 효과가 있고 혹은 효과가 있는 것을 알거나, 효과가 없다면 주지 않고 효과가 있다면 주거나, 이익을 위하지 않고 간병하거나, 자비심이 있어서 대·소변과 침과 토한 음식을 버리는 것을 싫어하지 않거나, 때때로 설법하여 열어서 보여주고, 교계하며, 인도하고, 권유하며 환희하게 하는 것이다. 여러 비구들이여. 다섯 가지를 갖춘 간병자는 간병인으로 적합하느니라."

[간병인을 마친다.]

27) 목숨을 마친 비구의 물품

27-1 그때 두 비구가 교살라국의 도로 위에 있었다.

그들은 한 주처에 이르렀는데, 이 처소에는 한 병든 비구가 있었다. 이때 그 비구들은 마음에서 사유하였다.

'세존께서는 간병을 찬탄하셨다. 우리들도 또한 이 비구를 간병해야 한다.'

그 비구들은 그 병든 비구를 간병하였는데, 그 병든 비구는 간병하는 중간에 목숨을 마쳤다. 그때 두 비구들은 목숨을 마친 비구의 옷과 발우를 가지고 사위성에 이르렀으며, 이 일로써 세존께 아뢰어 말하였다.

27-2 "여러 비구들이여. 만약 비구가 목숨을 마쳤다면 그 옷과 발우의 주인은 곧 승가이니라. 그러나 간병인도 큰 이익이 있느니라. 여러 비구들이여. 승가가 3의와 발우를 간병인에게 주는 것을 허락하겠노라. 여러 비구들이여. 마땅히 그것을 이와 같이 주어야 한다. 그 간병하였던 비구는 마땅히 승가의 가운데에 이르러서 창언해야 한다.

'누구 비구가 목숨을 마쳤습니다. 이곳에 그 비구의 3의와 발우가 있습니다.'

총명하고 현명하며 유능한 비구가 마땅히 승가의 가운데에서 창언해야 한다.

'대덕 승가께서는 허락하십시오. 누구 비구가 목숨을 마쳤고, 이곳에 그 비구의 3의와 발우가 있습니다. 만약 승가께서 때에 이르렀다면 승가는 마땅히 3의와 발우를 간병인에게 주겠습니다. 이와 같이 아룁니다.'

'대덕 승가께서는 허락하십시오. 누구 비구가 목숨을 마쳤고, 이곳에 그 비구의 3의와 발우가 있습니다. 승가는 마땅히 이 3의와 발우로써 여러 간병인에게 주겠습니다. 이 3의와 발우로써 여러 간병인에게 주는 것을 여러 대덕들께서 인정하신다면 묵연하시고 인정하지 않는다면 말씀하십시오. 승가시여. 이 3의와 발우로써 여러 간병인에게 주겠습니다.

승가께서 인정하신 것은 묵연하였던 까닭입니다. 나는 이와 같이 알고
이해하겠습니다.'"

27-3 그때 한 사미가 목숨을 마쳤다. 그 여러 비구들은 이 일로써 세존께
아뢰었고, 세존께서는 말씀하셨다.

"여러 비구들이여. 만약 사미가 목숨을 마쳤다면 그 옷과 발우의 주인은
곧 승가이니라. 그러나 간병인도 큰 이익이 있느니라. 여러 비구들이여.
승가가 3의와 발우를 간병인에게 주는 것을 허락하겠노라. 여러 비구들이
여. 마땅히 그것을 이와 같이 주어야 한다. 그 간병하였던 비구는 마땅히
승가의 가운데에 이르러서 창언해야 한다.

'누구 사미가 목숨을 마쳤습니다. 이곳에 그 비구의 3의와 발우가
있습니다.'

총명하고 현명하며 유능한 비구가 마땅히 승가의 가운데에서 창언해야
한다.

'대덕 승가께서는 허락하십시오. 누구 사미가 목숨을 마쳤고, 이곳에
그 비구의 3의와 발우가 있습니다. 만약 승가께서 때에 이르렀다면 승가는
마땅히 3의와 발우를 간병인에게 주겠습니다. 이와 같이 아룁니다.'

'대덕 승가께서는 허락하십시오. 누구 사미가 목숨을 마쳤고, 이곳에
그 비구의 3의와 발우가 있습니다. 승가는 마땅히 이 3의와 발우로써
여러 간병인에게 주겠습니다. 이 3의와 발우로써 여러 간병인에게 주는
것을 여러 대덕들께서 인정하신다면 묵연하시고 인정하지 않는다면 말씀
하십시오. 승가시여. 이 3의와 발우로써 여러 간병인에게 주겠습니다.
승가께서 인정하신 것은 묵연하였던 까닭입니다. 나는 이와 같이 알고
이해하겠습니다.'"

27-4 그때 한 비구와 한 사미가 같은 한 사람의 간병인이었다. 그들이
간병하는 중간에 그 사람이 목숨을 마쳤다.

이때 간병하는 비구는 마음에서 사유하였다.

'간병하였던 사미에게 옷을 어떻게 나누어주어야 하는가?'

그 여러 비구들은 이 일로써 세존께 아뢰었고, 세존께서는 말씀하셨다.

"여러 비구들이여. 간병하였던 사미에게 균등하게 나누어주는 것을 허락하겠노라."

27-5 그때 많은 물건과 자구(資具)가 있었던 비구가 목숨을 마쳤다. 그 여러 비구들은 이 일로써 세존께 아뢰었고, 세존께서는 말씀하셨다.

"여러 비구들이여. 만약 비구가 목숨을 마쳤다면 그 옷과 발우의 주인은 곧 승가이니라. 그러나 간병인도 큰 이익이 있느니라. 여러 비구들이여. 승가가 3의와 발우를 간병인에게 주는 것을 허락하고, 그 가운데에서 가벼운 물건과 가벼운 자구는 마땅히 현전승가가 나누는 것을 허락하겠으며, 무거운 물건과 무거운 자구는 과거와 미래의 사방승가(四方僧伽)에 귀속되나니, 처분할 수 없고 역시 나누어줄 수 없느니라."

[목숨을 마친 비구의 물품을 마친다.]

28) 나형(裸形)과 여러 종류의 옷

28-1 그때 한 비구가 있었고 나형으로 세존의 주처로 나아갔으며, 나아가서 세존께 아뢰어 말하였다.

"세존께서는 무수한 방편으로써 욕심이 적어서 만족을 알고 검소하며 두타를 행하고 자비하며 퇴전하지 않고 정진하는 것을 찬탄하셨습니다. 이와 같은 나형이라면 무수한 방편으로써 욕심이 적어서 만족을 알고 검소하며 두타를 행하고 자비하며 퇴전하지 않고 정진하는 것을 찬탄하신 것과 같습니다. 세존이시여. 여러 비구들에게 나형을 허락하여 주십시오."

세존께서는 꾸짖으셨다.

"어리석은 사람이여. 이것은 상응하는 법이 아니고, 수순하는 행도 아니며, 위의가 아니고, 사문의 행이 아니며, 청정한 행이 아니고, 마땅히 지을 것이 아니니라. 어리석은 사람이여. 그대는 어찌하여 외도의 행과 같이 나형을 행하려고 하는가? 어리석은 사람이여. 이것은 오히려 믿지 않는 자에게 신심이 생겨나지 않게 하고, 이미 믿었던 자는 증장시키지 않느니라. …… 이미 믿었던 자는 일부가 전전하여 다른 곳을 향하여 떠나가게 하느니라."

세존께서는 여러 종류의 방편으로써 이 비구를 꾸짖고서 적절한 법을 수순하여 설하신 뒤에 여러 비구들에게 알려 말씀하셨다.

"여러 비구들이여. 외도의 행과 같은 나형으로 행할 수 없느니라. 행하는 자는 투란차를 범하느니라."

28-2 그때 한 비구가 있었고, 구사초의(拘賖草衣)[69]를 입고서, ……나아가 …… 발구초의(跋拘草衣)[70]를 입고서, ……나아가 …… 판자의 옷(板衣)[71]를 입고서, ……나아가 …… 사람 머리카락의 흠바라의(欽婆羅衣)[72]를 입고서, …… 나아가 …… 꼬리털의 흠바라의[73]를 입고서, …… 나아가 …… 각치시의(角鵄翅衣)[74]를 입고서, …… 나아가 …… 사슴 가죽옷(鹿皮衣)[75]을 입고서, 세존의 주처로 나아갔으며, 나아가서 세존께 아뢰어

---

69) 팔리어 Kusacīra(쿠사치라)의 음사이고, kuśa와 cīra의 합성어이며, 쿠사 풀로 만든 옷이다.

70) 팔리어 Vākacīra(바카치라)의 음사이고, vāka와 cīra의 합성어이며, 나무 껍질로 만든 옷이다.

71) 팔리어 Phalakacīra(파라카치라)의 음사이고, phalaka와 cīra의 합성어이다.

72) 팔리어 Kesakambala(케사캄바라)의 음사이고, kesa와 kambala의 합성어이며, 머리카락으로 만든 옷이다.

73) 팔리어 Vālakambala(바라캄바라)의 음사이고, vāla와 kambala의 합성어이며, 꼬리의 털로 만든 옷이다

74) 팔리어 Ulūkapakkha(우루카파까)의 음사이고, ulūka와 pakkha의 합성어이며, 올빼미의 날개로 만든 옷이다

75) 팔리어 Ajinakhipa(아지나키파)의 음사이고, ajina와 khipa의 합성어이며, 사슴의 가죽으로 만든 옷이다

말하였다.

　"세존께서는 무수한 방편으로써 욕심이 적어서 만족을 알고, …… 세존이
시여. 여러 비구들에게 구사초의, …… 사슴 가죽옷을 입는 것을 허락하여
주십시오."

　세존께서는 꾸짖으셨다.

　"어리석은 사람이여. 이것은 상응하는 법이 아니고, …… 어리석은
사람이여. 그대는 어찌하여 외도의 형상의 구사초의, …… 사슴 가죽옷을
입으려고 하는가? 어리석은 사람이여. 이것은 오히려 믿지 않는 자에게
신심이 생겨나지 않게 하고, 이미 믿었던 자는 증장시키지 않느니라.
…… 이미 믿었던 자는 일부가 전전하여 다른 곳을 향하여 떠나가게
하느니라."

　세존께서는 여러 종류의 방편으로써 이 비구를 꾸짖고서 적절한 법을
수순하여 설하신 뒤에 여러 비구들에게 알려 말씀하셨다.

　"여러 비구들이여. 외도의 형상의 구사초의, …… 사슴 가죽옷을 입을
수 없느니라. 입는 자는 투란차를 범하느니라."

28-3 그때 한 비구가 있었고, 아구초의(阿拘草衣)[76]를 입고서, ……나아가
…… 수피의(樹皮衣)[77]를 입고서, 세존의 주처로 나아갔으며, 나아가서
세존께 아뢰어 말하였다.

　"세존께서는 무수한 방편으로써 욕심이 적어서 만족을 알고 …… 세존
이시여. 여러 비구들에게 아구초의를 입거나, …… 수피의를 입는 것을
허락하여 주십시오."

　세존께서는 꾸짖으셨다.

　"어리석은 사람이여. 이것은 상응하는 법이 아니고, …… 어리석은
사람이여. 그대는 어찌하여 아구초의를 입으려고 하고, …… 수피의를

---

76) 팔리어 Akkanāḷa(아까나라)의 음사이고, 제비풀로 만든 옷이다.
77) 팔리어 Potthaka(포따카)의 음사이고, 대마의 한 종류인 makaci(마카치) 풀로
　　만든 옷이다.

입으려고 하는가? 어리석은 사람이여. 이것은 오히려 믿지 않는 자에게
신심이 생겨나지 않게 하고, 이미 믿었던 자는 증장시키지 않느니라.
…… 이미 믿었던 자는 일부가 전전하여 다른 곳을 향하여 떠나가게
하느니라."

　세존께서는 여러 종류의 방편으로써 이 비구를 꾸짖고서 적절한 법을
수순하여 설하신 뒤에 여러 비구들에게 알려 말씀하셨다.

　"여러 비구들이여. 아구초의를 입을 수 없고, …… 나아가 …… 수피의를
입을 수 없느니라. 입는 자는 악작을 범하느니라."

[나형과 여러 종류의 옷을 마친다.]

　29) 여러 종류의 옷

29-1 그때 육군비구들은 짙은 푸른색의 옷을 입었고, …… 나아가 ……
짙은 노란색의 옷을 입었으며, 짙은 붉은색의 옷을 입었고, …… 나아가
…… 짙은 자주색(茜色)78)의 옷을 입었고, …… 나아가 …… 짙은 검은색의
옷을 입었고, …… 나아가 …… 짙은 홍람색(紅藍色)79)의 옷을 입었고,
…… 나아가 …… 짙은 낙엽색(落葉色)80)의 옷을 입었고, …… 나아가
…… 연(緣)에 천조각을 사용하지 않은 옷을 입었고, …… 나아가 ……
연이 긴 옷을 입었고, …… 나아가 …… 연에 꽃이 있는 옷을 입었고,
…… 나아가 …… 연(緣)에 사관(蛇冠)이 있는 옷을 입었고, …… 나아가
…… 조끼81)를 입었고, …… 나아가 …… 나무껍질 옷(樹皮衣)82)을 입었고,

---

78) 팔리어 Akkanāḷa(아까나라)의 음사이고, 제비풀로 만든 옷이다.
79) 팔리어 Mahāraṅgaratta(마하란가라따)의 음사이고, 深赤色(mahāraṅgaratta)：蜈
　　蚣背的顔色이다.
80) 팔리어 Mahānāmaratta(마하나마라따)의 음사이고, 深黃色(mahānāmaratta), 또
　　는 落葉的顔色이다.
81) 팔리어 Kañcuka(칸추카)의 음사이고, 재킷, 오버 코트, 망토를 가리킨다.

······ 나아가 ······ 두건(頭巾)[83]을 입었다.

여러 사람들이 싫어하고 비난하였다.

"오히려 여러 욕락을 누리는 여러 재가인들과 같구나."

그 여러 비구들은 이 일로써 세존께 아뢰었고, 세존께서는 말씀하셨다.

"여러 비구들이여. 짙은 푸른색의 옷을 입거나, ······ 나무껍질 옷을 입거나, ······ 나아가 ······ 두건을 입을 수 없느니라. 입는 자는 악작을 범하느니라."

[여러 종류의 옷을 마친다.]

30) 옷의 분배

30-1 그때 여러 비구들은 우안거를 머무르면서 아직 옷을 얻지 못하였으나, 떠나갔고, 환속하였으며, 목숨을 마쳤고, 스스로가 사미라고 말하였으며, 스스로가 수학을 버렸다고 말하였고, 스스로가 무거운 죄를 범하였다고 말하였으며, 스스로가 미쳤다고 말하였고, 스스로가 마음이 산란하다고 말하였으며, 스스로가 고통을 받는다고 말하였고, 스스로가 죄를 보았으나 거론하지 않았다고 말하였으며, 스스로가 악한 견해를 버리지 않는 것을 보았으나 거론하지 않았다고 말하였고, 스스로가 황문(黃門)이라고 말하였으며, 스스로가 적주자(賊住者)라고 말하였고, 스스로가 외도에 귀의하였다고 말하였으며, 스스로가 축생이라고 말하였고, 스스로가 어머니를 죽였다고 말하였으며, 스스로가 아버지를 죽였다고 말하였고, 스스로가 아라한을 죽였다고 말하였으며, 스스로가 비구니를 더럽혔다고 말하였고, 스스로가 승가의 화합을 파괴하였다고 말하였으며, 스스로가 세존의 몸에 피를 흘리게 하였다고 말하였고, 스스로가 이근자(二根者)라

---

82) 팔리어 Tiṇṭaka(티리타카)의 음사이다.

83) 팔리어 Veṭhana(베타나)의 음사이고, 인도에서 머리에 쓰는 터번을 가리킨다.

고 말하였다.

30-2 그때 그 여러 비구들은 이 일로써 세존께 아뢰었고, 세존께서는 말씀하셨다.

"여러 비구들이여. 이 처소에서 우안거를 머무르고 있던 비구들이 아직 옷을 얻지 못하고서 떠나갔는데, 만약 상응하여 받을 자가 있다면 마땅히 그것을 주어야 하느니라. 여러 비구들이여. 이 처소에서 우안거를 머무르고 있던 비구들이 아직 옷을 얻지 못하였으나, 환속하였으며, 목숨을 마쳤고, 스스로가 사미라고 말하였으며, 스스로가 수학을 버렸다고 말하였고, 스스로가 무거운 죄를 범하였다고 말하였다면, 그 옷은 승가의 소유이니라.

여러 비구들이여. 이 처소에서 우안거를 머무르고 있던 비구들이 아직 옷을 얻지 못하였으나, 스스로가 미쳤다고 말하였고, 스스로가 마음이 산란하다고 말하였으며, 스스로가 고통을 받는다고 말하였고, 스스로가 죄를 보았으나 거론하지 않았다고 말하였으며, 스스로가 악한 견해를 버리지 않는 것을 보았으나 거론하지 않았다고 말하였는데, 만약 상응하여 받을 자가 있다면 마땅히 그것을 주어야 하느니라.

여러 비구들이여. 이 처소에서 우안거를 머무르고 있던 비구들이 아직 옷을 얻지 못하였으나, 스스로가 황문이라고 말하였으며, 스스로가 적주자라고 말하였고, 스스로가 외도에 귀의하였다고 말하였으며, 스스로가 축생이라고 말하였고, 스스로가 어머니를 죽였다고 말하였으며, 스스로가 아버지를 죽였다고 말하였고, 스스로가 아라한을 죽였다고 말하였으며, 스스로가 비구니를 더럽혔다고 말하였고, 스스로가 승가의 화합을 파괴하였다고 말하였으며, 스스로가 세존의 몸에 피를 흘리게 하였다고 말하였고, 스스로가 이근자라고 말하였다면, 그 옷은 승가의 소유이니라."

30-3 "여러 비구들이여. 이 처소에서 우안거를 머무르고 있던 비구들이 옷을 얻었으나 나누어주지 못하였는데, 떠나갔고 만약 상응하여 받을

자가 있다면 마땅히 그것을 주어야 하느니라. 여러 비구들이여. 이 처소에서 우안거를 머무르고 있던 비구들이 옷을 얻었고 나누어주지 못하였는데, 환속하였으며, 목숨을 마쳤고, 스스로가 사미라고 말하였으며, 스스로가 수학을 버렸다고 말하였고, 스스로가 무거운 죄를 범하였다고 말하였다면, 그 옷은 승가의 소유이니라.

여러 비구들이여. 이 처소에서 우안거를 머무르고 있던 비구들이 옷을 얻었고 나누어주지 못하였는데, 스스로가 미쳤다고 말하였고, 스스로가 마음이 산란하다고 말하였으며, 스스로가 고통을 받는다고 말하였고, 스스로가 죄를 보았으나 거론하지 않았다고 말하였으며, 스스로가 악한 견해를 버리지 않는 것을 보았으나 거론하지 않았다고 말하였는데, 만약 상응하여 받을 자가 있다면 마땅히 그것을 주어야 하느니라.

여러 비구들이여. 이 처소에서 우안거를 머무르고 있던 비구들이 옷을 얻었고 나누어주지 못하였는데, 스스로가 황문(黃門)이라고 말하였으며, 스스로가 적주자라고 말하였고, 스스로가 외도에 귀의하였다고 말하였으며, 스스로가 축생이라고 말하였고, 스스로가 어머니를 죽였다고 말하였으며, 스스로가 아버지를 죽였다고 말하였고, 스스로가 아라한을 죽였다고 말하였으며, 스스로가 비구니를 더럽혔다고 말하였고, 스스로가 승가의 화합을 파괴하였다고 말하였으며, 스스로가 세존의 몸에 피를 흘리게 하였다고 말하였고, 스스로가 이근자라고 말하였다면, 그 옷은 승가의 소유이니라."

30-4 "여러 비구들이여. 이 처소에서 우안거를 머무르고 있던 비구들이 아직 옷을 얻지 못하였고 화합승가가 파괴되었는데, 이 처소에 많은 사람들이 한 대중에게 물로써 보시하였고, 다른 한 대중에게 옷으로써 보시하면서 '우리들은 승가에 보시하겠습니다.'라고 말하였다면 이 옷은 승가의 소유이니라.

여러 비구들이여. 이 처소에서 우안거를 머무르고 있던 비구들이 아직 옷을 얻지 못하였고 화합승가가 파괴되었는데, 이 처소에 많은 사람들이 한 대중에게 물로써 보시하였고, 그리고 옷으로써 보시하면서 '우리들은 승가에 보시하겠습니다.'라고 말하였다면 이 옷은 승가의 소유이니라."

30-5 "여러 비구들이여. 이 처소에서 우안거를 머무르고 있던 비구들이 아직 옷을 얻지 못하였고 화합승가가 파괴되었는데, 이 처소에 많은 사람들이 한 대중에게 물로써 보시하였고, 옷으로써 보시하면서 '우리들은 이 대중에게 보시하겠습니다.'라고 말하였다면 이 옷은 한 대중의 소유이니라.

여러 비구들이여. 이 처소에서 우안거를 머무르고 있던 비구들이 아직 옷을 얻지 못하였고 화합승가가 파괴되었는데, 이 처소에 많은 사람들이 다른 한 대중에게 물로써 보시하였고, 옷으로써 보시하면서 '우리들은 다른 한 대중에게 보시하겠습니다.'라고 말하였다면 이 옷은 다른 한 대중의 소유이니라."

30-6 "여러 비구들이여. 이 처소에서 우안거를 머무르고 있던 비구들이 옷을 얻었고 아직 나누어주지 못하였으나 화합승가가 파괴되었다면, 마땅히 일체의 사람이 옷을 나누어야 하느니라."

[옷의 분배를 마친다.]

31) 맡겼던 옷

31-1 그때 장로 이월(離越)[84]은 한 비구에게 옷을 맡겼고, 장로 사리불에게 주겠다고 말하였다.
"이 옷을 장로에게 주겠습니다."

---

84) 팔리어 Revata(레바타)의 음사이다.

이때 그 비구는 도중에 장로 이월에게 친근한 뜻이 있었으므로, 곧 그의 옷을 취하였다. 이때 장로 이월은 장로 사리불을 만났으므로 물어 말하였다.

"내가 옷을 장로에게 주게 하였습니다. 그 옷은 도착하였습니까?"

"나는 그 옷을 보지 못하였습니다."

이때 장로 이월은 그 비구에게 말하였다.

"내가 그대에게 장로의 옷을 주어서 맡겼었네. 그 옷은 어디에 있는가?"

"나는 장로에게 친근한 뜻이 있었으므로, 그 옷을 취하였습니다."

31-2 그때 그 비구는 그 일로써 세존께 아뢰었고, 세존께서는 말씀하셨다.

"여러 비구들이여. 이 처소에서 있었던 비구가 한 비구에게 옷을 맡기고 주면서 '이 옷을 누구에게 주겠습니다.'라고 말하였고, 그 비구는 도중에 주었던 사람에게 친근한 뜻을 짓고서 곧 그의 옷을 취하였던 자는 잘 취하였던 것이고, 받을 사람에게 친근한 뜻을 짓고서 곧 그의 옷을 취하였던 자는 나쁘게 취한 것이다.

여러 비구들이여. 이 처소에서 있었던 비구가 한 비구에게 옷을 맡기고 주면서 '이 옷을 누구에게 주겠습니다.'라고 말하였고, 그 비구는 도중에 받을 사람에게 친근한 뜻을 짓고서 곧 그의 옷을 취하였던 자는 나쁘게 취하였던 것이고, 주었던 사람에게 친근한 뜻을 짓고서 곧 그의 옷을 취하였던 자는 잘 취한 것이다.

여러 비구들이여. 이 처소에서 있었던 비구가 한 비구에게 옷을 맡기고 주면서 '이 옷을 누구에게 주겠습니다.'라고 말하였고, 그 비구는 도중에 '주었던 사람이 목숨을 마쳤다.'라고 들었으며, 만약 목숨을 마친 자가 지었던 옷을 받았다면, 곧 잘 받은 것이고, 받을 사람에게 친근한 뜻을 짓고서 곧 그의 옷을 취하였던 자는 나쁘게 취한 것이다.

여러 비구들이여. 이 처소에서 있었던 비구가 한 비구에게 옷을 맡기고 주면서 '이 옷을 누구에게 주겠습니다.'라고 말하였고, 그 비구는 도중에 '받을 사람이 목숨을 마쳤다.'라고 들었으며, 만약 목숨을 마친 자가 지었던 옷을 받았다면, 곧 나쁘게 받은 것이고, 받을 사람에게 친근한 뜻이 있었으므로, 곧 그의 옷을 취하였던 자는 잘 취한 것이다.

여러 비구들이여. 이 처소에서 있었던 비구가 한 비구에게 옷을 맡기고 주면서 '이 옷을 누구에게 주겠습니다.'라고 말하였고, 그 비구는 도중에 '두 사람이 함께 목숨을 마쳤다.'라고 들었으며, 만약 목숨을 마친 자가 지었던 옷을 받았다면, 곧 나쁘게 받은 것이고, 받을 사람에게 친근한 뜻을 짓고서 곧 그의 옷을 취하였던 자는 잘 취한 것이다.

31-3 "여러 비구들이여. 이 처소에서 있었던 비구가 한 비구에게 옷을 맡기고 주면서 '나는 이러한 옷으로써 누구에게 주겠습니다.'라고 말하였고, 그 비구는 도중에 주었던 사람에게 친근한 뜻을 짓고서 곧 그의 옷을 취하였던 자는 나쁘게 취하였던 것이고, 받을 사람에게 친근한 뜻을 짓고서 곧 그의 옷을 취하였던 자는 잘 취한 것이다.

여러 비구들이여. 이 처소에서 있었던 비구가 한 비구에게 옷을 맡기고 주면서 '나는 이러한 옷으로써 누구에게 주겠습니다.'라고 말하였고, 그 비구는 도중에 받을 사람에게 친근한 뜻을 짓고서 곧 그의 옷을 취하였던 자는 잘 취하였던 것이고, 주었던 사람에게 친근한 뜻을 짓고서 곧 그의 옷을 취하였던 자는 나쁘게 취한 것이다.

여러 비구들이여. 이 처소에서 있었던 비구가 한 비구에게 옷을 맡기고 주면서 '나는 이러한 옷으로써 누구에게 주겠습니다.'라고 말하였고, 그 비구는 도중에 '주었던 사람이 목숨을 마쳤다.'라고 들었으며, 만약 목숨을 마친 자가 지었던 옷을 받았다면, 곧 잘 받은 것이고, 받을 사람에게 친근한 뜻을 짓고서 곧 그의 옷을 취하였던 자는 나쁘게 취한 것이다.

여러 비구들이여. 이 처소에서 있었던 비구가 한 비구에게 옷을 맡기고 주면서 '나는 이러한 옷으로써 누구에게 주겠습니다.'라고 말하였고, 그 비구는 도중에 '받을 사람이 목숨을 마쳤다.'라고 들었으며, 만약 목숨을 마친 자가 지었던 옷을 받았다면, 곧 잘 받은 것이고, 받을 사람에게 친근한 뜻이 있었으므로, 곧 그의 옷을 취하였던 자는 나쁘게 취한 것이다.

여러 비구들이여. 이 처소에서 있었던 비구가 한 비구에게 옷을 맡기고 주면서 '나는 이러한 옷으로써 누구에게 주겠습니다.'라고 말하였고, 그 비구는 도중에 '두 사람이 함께 목숨을 마쳤다.'라고 들었으며, 만약 목숨을 마친 자가 지었던 옷을 받았다면, 곧 나쁘게 받은 것이고, 받을 사람에게 친근한 뜻을 짓고서 곧 그의 옷을 취하였던 자는 잘 취한 것이다.

[맡겼던 옷을 마친다.]

32) 옷을 얻는 것

32-1 "여러 비구들이여. 옷을 얻는 것에 8사(事)가 있느니라. 이를테면, 경계에서 보시하였거나, 약속하고서 보시하였거나, 음식을 보시하겠다고 알리고서 보시하였거나, 승가에 보시하였거나, 2부승가에 보시하였거나, 우안거를 머물렀던 승가에 보시하였거나, 지정하여 보시하였거나, 개인에게 보시하는 것이니라.

경계에서 보시하는 것은 마땅히 경계 안에 있는 비구들에게 분배하는 것이다. 약속하고서 보시하는 것은 많은 주처가 이익이 균등한 것으로, 곧 한 주처에 주는 때에, 역시 일체의 주처에 주는 것이다. 음식을 보시하겠다고 알리고서 보시하는 것은 '우리들은 항상 음식의 처소에서 보시하겠습니다.'라고 말하는 것이다. 승가에 보시하는 것은 마땅히 현전승가에게 분배하는 것이다.

2부승가에 보시하는 것은 비구가 많고 비구니가 오직 혼자일지라도 역시 마땅히 두 부분으로 나누고, 비구니가 많고 비구가 오직 혼자일지라도 역시 마땅히 두 부분으로 나누는 것이다. 우안거를 머물렀던 승가에 보시하는 것은 마땅히 그 주처에서 우안거를 머물렀던 비구들에게 나누어 주는 것이다. 지정하여 보시하는 것은 죽(粥), 음식(食), 작식(嚼食), 옷(衣), 와구(臥具) 좌상(座牀), 의약품(醫藥品)을 지정하여 보시하는 것이다. 개인

에게 보시하는 것은 '나는 이러한 옷으로써 누구에게 주겠습니다.'라고
말하는 것이다."

[옷을 얻는 것을 마친다.]

○ 【셋째의 송출품을 마친다.】

이 건도에는 92사(事)가 있느니라. 섭송으로 말하겠노라.

왕사성의 상인이
비사리성의 음녀를 보았고
왕사성으로 돌아와서 왕에게 알린 것과
사라발제와 무외자와

왕자가 살려내어 기바라고 이름한 것과
득차시라국에서 의사에게 배운 것과
7년의 긴 병을 관비로 치료한 것과
왕의 치질을 약으로 치료한 것과

왕과 후궁과 세존과 승가를 치료하는 것과
왕사성 장자 아들의 내장 결절과
파라수제왕의 큰 병을
소(酥)를 이용하여 치료한 것과

임시로 맡은 것과 시비의(尸毘衣)와
몸의 부조화와 냉병과
우발화의 30번 설사와

쾌유와 청원과 시비의를 받은 것과

여래께서 거사의 옷을 허락하신 것과
왕사성과 지방에서 많은 옷을 얻은 것과
외투와 비단과 양털의 덮개와
절반의 가시의와 여러 종류의 옷과

만족과 의논하지 않고 가거나 가지 않는 것과
앞과 뒤와 서로인 것과 약속과 받는 것과
창고와 지키지 않는 것과 추위가 일어난 것과
많은 양과 요란함과 분배하는 것과 보시하는 것과

스스로가 주는 것과 많이 나누는 것과
마땅히 어떻게 분배하는 것과 쇠똥과
차갑고 뜨거운 것과 넘치는 것과 알지 못하는 것과
주입하는 것과 그릇과 접시와 땅과 개미와

가운데와 파괴와 한 방향과 단단한 것과 거친 것과
옷감조각이 아닌 것과 세존께서 3의를 허락하신 것과
세분과 많음과 생겨남과 찢어짐과
사대주와 우욕의를 주는 것과

손님과 원행과 병자와 간병과 약과
평소의 죽과 우욕의와 상묘함과
너무 작음과 개창과 면포와 구마와
원만함과 결정한 것과 멈추는 것과

무거움과 연이 균등하지 않음과 실이 늘어난 것과

찢어진 것과 지을 수 없는 것과 절반과 안타림과
생각을 잃은 것과 한 사람의 우안거와
평소의 때와 두 형제와 사위성과

우파난타와 두 주처와 복통과
두 종류와 병자와 간병자와
나형과 구사의와 발구초의와
판자 옷과 머리의 흠바라의와

꼬리털의 흠바라의와 각치시의와
사슴 가죽옷과 아구초의와
나무껍질옷과 청색과 황색과 적색과
자주색과 흑색과 홍람색과 낙엽색과

연이 없는 옷감과 긴 것과 연꽃과
사관과 조끼와 나무가죽옷과
두건과 얻지 않고서 떠난 것과
파승사와 한 승가와 2부승가와
이월이 주었던 것과 친근한 뜻으로 취한 것과
받은 것과 옷의 8사가 있다.

◎ 의건도를 마친다.

대건도 제9권

제9장 첨파건도(瞻波犍度)[1]

1. 제1송출품(第一誦出品)

1) 바사바(婆娑婆)의 취락

1-1 그때 세존께서는 첨파국(瞻波國)[2]의 가가라(迦迦羅)[3] 연못의 주변에
머무르셨다. 그때 가시국(迦尸國)에는 바사바(婆娑婆)[4]의 취락이 있었고,
가섭파(迦葉波)[5]라고 이름하는 비구가 머물렀는데, 지사인(知事人)[6]이
되었으므로 마음에서 '어찌하면 능히 아직 오지 않은 선한 비구들을

---

1) 팔리어 Campeyyakkhandhaka의 번역이다.
2) 팔리어 Campā(참파)의 음사로, 고대 인도의 506개국 중 하나인 아가국의 수도였고,
   강가에 위치해 있었다.
3) 팔리어 Gaggarā(가까라)의 음사이다.
4) 팔리어 Vāsabha(바사바)의 음사이다.
5) 팔리어 Kassapagotta(카싸파고따)의 음사이다.
6) 팔리어 Tantibaddha(탄티바따)의 음사이고, 마마제(摩摩諦), 또는 제제로타(帝帝
   陀羅)라고도 번역되며, 사찰의 주지를 가리킨다.

오게 할 수 있을까? 이미 왔던 선한 비구들을 안락하게 오래 머물게 하고, 이 처소가 번영하고 성장하고 확대하겠는가?'라고 사유하였고, 이것을 인연으로 노력하였다.

그때 많은 숫자의 비구들이 가시국을 유행하면서 바사바의 취락에 이르렀다. 가섭파 비구는 여러 비구들이 먼 지방에서 오는 것을 보았다. 보고서 좌상을 설치하였고, 발을 씻는 물, 발 받침대, 발 수건을 놓아두었고, 영접하면서 발우, 옷을 받아 주었으며, 물이 필요한가를 물었다. 목욕하게 하였고, 죽·작식·담식을 공급하였다. 이때 여러 객비구들은 마음에서 사유하였다.

'이 주처의 비구는 현명하고 유능하다. 목욕하게 하였고, 죽·작식·담식을 공급하는구나. 우리들은 이 바사바 취락의 주처에 머물러야겠다.'

이때 그 여러 객비구들은 이 바사바 취락의 주처에서 머물렀다.

1-2 이때 가섭파 비구는 마음에서 사유하였다.

'이 여러 객비구들은 멀리서 왔던 피로가 이미 사라졌을 것이다. 이전에는 음식의 처소에 가고 오는 것을 알지 못하였으나, 지금은 능히 가고 오는 것을 알 것이다. 다른 사람을 위하여 목숨을 마치도록 노력하는 것은 진실로 어렵고, 여러 사람들의 사이에서 구걸하여 구하는 것도 역시 매우 불쾌하다. 나는 마땅히 다시 죽·작식·담식을 공급하지 않겠다.'

곧 그 비구들에게 죽·작식·담식을 공급하려고 노력하지 않았다. 이때 여러 객비구들은 마음에서 사유하였다.

'이전에 이 주처의 비구는 목욕하게 하였고, 죽·작식·담식을 공급하였다. 그는 지금 다시 죽·작식·담식을 공급하지 않는다. 이 주처의 비구는 사악(邪惡)하므로, 우리들은 이 주처의 비구를 거론해야겠다.'

1-3 이때 여러 객비구들은 모였고 가섭파 비구에게 말하였다.

"이전에 그대는 우리들을 목욕하게 하였고, 죽·작식·담식을 공급하였습니다. 그대는 지금 죽·작식·담식을 공급하지 않았습니다. 그대는 죄를 범하였는데, 그대는 이 죄를 아십니까?"

"나는 죄를 알지 못합니다."

이때 그 여러 비구들은 죄를 알지 못한 것으로써 가섭파 비구를 거론하였다. 이때 가섭파 비구는 마음에서 사유하였다.

'나는 이것이 죄인가? 죄가 아닌가를 알지 못하고, 나는 범하였는가? 범하지 않았는가를 알지 못하며, 나는 마땅히 거론되어야 하는가? 마땅히 거론되지 않아야 하는가를 알지 못하고, 여법한가? 여법하지 않은가를 알지 못하며, 허물이 있는가? 허물이 없는가를 알지 못하고, 이치에 마땅한가? 마땅하지 않은가를 알지 못한다. 나는 마땅히 첨파국으로 가서 이 일로써 세존께 아뢰어야겠다.'

1-4 이때 가섭파 비구는 와구와 와상을 거두어 보관하고서 옷과 발우를 지니고 첨파국을 향하여 떠나갔다. 차례대로 첨파국 세존의 처소로 나아갔고, 나아가서 세존께 예경하고서 한쪽에 앉았다. 여러 객비구들과 함께 서로가 친절하게 문신하는 것은 제불의 상법(常法)이었다. 이때 세존께서는 가섭파 비구에게 말씀하셨다.

"비구여. 여러 일들은 견딜 수 있었는가? 만족하였는가? 먼 도로에서 피로하지 않았는가? 비구여. 어느 처소에서 왔는가?"

"세존이시여. 여러 일들은 견딜 수 있었고 만족하였으며 먼 도로에서 피로하지 않았습니다."

1-5 "가시국의 바사바의 취락이 있습니다. 세존이시여. 저는 이 주처의 비구이고 지사인이었으므로, '어찌하면 능히 아직 오지 않은 선한 비구들을 오게 할 수 있을까? 이미 왔던 선한 비구들을 안락하게 오래 머물게 하고, 이 처소가 번영하고 성장하고 확대하겠는가?'라고 사유하였고, 인연하여 노력하였습니다.

그때 많은 숫자의 비구들이 가시국을 유행하면서 바사바의 취락에 이르렀습니다. 저는 여러 비구들이 먼 지방에서 오는 것을 보았고, ……

이때 그 여러 객비구들은 이 바사바 취락의 주처에서 머물렀고, 이때 저는 마음에서 사유하였으며, …… 이때 여러 객비구들은 모였고 저에게 말하였습니다.

'이전에 그대는 목욕하게 하였고, 죽·작식·담식을 공급하였습니다. 그대는 지금 죽·작식·담식을 공급하지 않았습니다. 그대는 죄를 범하였는데, 그대는 이 죄를 아십니까?'

'나는 죄를 알지 못합니다.'

이때 그 여러 비구들은 죄를 알지 못한 것으로써 가섭파 비구를 거론하였습니다. …… '나는 마땅히 첨파국으로 가서 이 일로써 세존께 아뢰어야겠다.'

세존이시여. 이러한 까닭으로 저는 왔습니다."

1-6 "비구여. 이것은 죄가 아니니라. 죄가 성립하지 않고 그대는 범한 것이 아니며 범함이 없느니라. 그대를 거론할 수 없고, 거론되지 않아야 하며, 그대를 거론한 것은 여법하지 않고 허물이 있으며, 마땅한 이치가 아니니라. 비구여. 그대는 바사바 취락의 주처로 돌아가게."

"알겠습니다."

가섭파 비구는 세존께 대답하였다. 곧 자리에서 일어났고 세존께 예경하고 오른쪽으로 돌면서 바사바 취락으로 떠나갔다.

1-7 이때 그 여러 객비구들은 마음에서 후회가 생겨났다.

'우리들에게 불리하고 이익이 없다. 우리들은 악을 얻었고 선을 잃었다. 왜 그러한가? 우리들은 일이 없고 인연이 없으며 청정하고 무죄인 비구를 거론한 까닭이다. 우리들은 마땅히 세존의 처소에서 허물을 아뢰어야겠다.'

이때 여러 비구들은 와구와 와상을 거두어 보관하고서 옷과 발우를 지니고 첨파국을 향하여 떠나갔다. 차례대로 첨파국의 세존의 처소로 나아갔고, 나아가서 세존께 예경하고서 한쪽에 앉았다. 여러 객비구들과 함께 서로가 친절하게 문신하는 것은 제불의 상법이었다. 이때 세존께서는 여러 비구들에게 말씀하셨다.

"여러 비구들이여. 여러 일들은 견딜 수 있었는가? 만족하였는가?
먼 도로에서 피로하지 않았는가? 비구여. 어느 처소에서 왔는가?"

"세존이시여. 저희들은 여러 일들은 견딜 수 있었고 만족하였으며
먼 도로에서 피로하지 않았습니다. 가시국의 바사바의 취락이 있습니다.
세존이시여. 저희들은 그 처소에서 왔습니다."

1-8 "여러 비구들이여. 그대들은 그 주처의 비구를 거론하였는가?"

"그렇습니다."

"여러 비구들이여. 무슨 일을 의지하였고, 무슨 인연을 의지하였는가?"

"세존이시여. 일이 없었고, 인연도 없었습니다."

세존께서는 꾸짖으셨다.

"여러 비구들이여. 이것은 상응하지 않고, 수순하지 않으며 서로 찬탄할
것이 아니고 사문의 법이 아니며 마땅히 행할 것이 아니니라. 어리석은
사람들이여. 그대들은 어찌하여 일이 없고 인연이 없으며 청정하고 무죄
인 비구를 거론하였는가? 어리석은 사람들이여. 이것은 오히려 믿지
않는 자에게 신심이 생겨나지 않게 하고, 이미 믿었던 자는 증장시키지
않느니라. …… 이미 믿었던 자는 일부가 전전하여 다른 곳을 향하여
떠나가게 하느니라."

세존께서는 여러 종류의 방편으로써 이 비구들을 꾸짖고서 적절한
법을 수순하여 설하신 뒤에 여러 비구들에게 알려 말씀하셨다.

"여러 비구들이여. 일이 없고 인연이 없으며 청정하고 무죄인 비구를
거론할 수 없느니라. 거론하는 자는 악작을 범하느니라."

1-9 이때 그 여러 비구들은 곧 자리에서 일어났고 오른쪽 어깨를 드러내고
서 머리 숙여 세존의 발에 예경하고서 세존께 아뢰어 말하였다.

"저희들이 일이 없고 인연이 없으며 청정하고 무죄인 비구를 거론한
까닭으로써 저희들은 오히려 어리석은 자들과 같이 과실(過失)을 범하였

으니 선하지 않은 자입니다. 세존이시여. 그와 같다면 청하건대 과실을 지었던 저희들의 과실을 미래의 율의(律儀)를 위한 까닭으로 섭수(攝受)하여 주십시오."

"여러 비구들이여. 그대들이 진실로 일이 없고 인연이 없으며 청정하고 무죄인 비구를 거론한 까닭으로써 그들은 오히려 어리석은 자들과 같이 과실을 범하였으니 선하지 않은 자들이니라. 여러 비구들이여. 그대들이 과실로써 그 과실을 보았으며 여법하게 참회하는 까닭으로 나는 이것을 섭수하겠노라. 과실로써 그 과실을 보았으며 여법하게 참회하는 까닭으로 미래의 율의는 성자의 계율로 증장할 것이니라."

[바사바의 취락을 마친다.]

2) 갈마의 종류 ①

2-1 이때 첨파국의 여러 비구들은 이와 같은 갈마를 지었다. 이를테면, 비법(非法)의 별중갈마(別衆羯磨)를 지었고, 비법의 화합갈마(和合羯磨)를 지었으며, 여법(如法)의 별중갈마를 지었고, 사법(似法)의 별중갈마를 지었으며, 사법의 화합갈마를 지었다.

한 비구가 한 비구를 거론하였고, 한 비구가 두 비구를 거론하였으며, 한 비구가 많은 비구를 거론하였고, 한 비구가 승가를 거론하였으며, 두 비구가 한 비구를 거론하였고, 두 비구가 두 비구를 거론하였으며, 두 비구가 많은 비구를 거론하였고, 두 비구가 승가를 거론하였으며, 많은 비구가 한 비구를 거론하였고, 많은 비구가 두 비구를 거론하였으며, 많은 비구가 많은 비구를 거론하였고, 많은 비구가 승가를 거론하였으며, 승가가 승가를 거론하였다.

2-2 이때 욕심이 적은 비구들은 싫어하고 비난하였다.

"무슨 까닭으로써 첨파국의 여러 비구들은 이와 같은 갈마를 지었는데, 이를테면, 비법의 별중갈마를 지었고, …… 사법의 화합갈마를 지었고, 한 비구가 한 비구를 거론하였고, …… 승가가 승가를 거론하는가?"

이때 그 비구들은 이 일로써 세존께 아뢰었고, 세존께서는 말씀하셨다.

"여러 비구들이여. 진실로 첨파국의 여러 비구들은 이와 같은 갈마를 지었는데, 이를테면, 비법의 별중갈마를 지었고, …… 사법의 화합갈마를 지었고, 한 비구가 한 비구를 거론하였고, …… 승가가 승가를 거론하였는가?"

"세존이시여. 진실로 그렇습니다."

"여러 비구들이여. 이것은 상응하지 않고, 수순하지 않으며 서로 찬탄할 것이 아니고 사문의 법이 아니며 마땅히 행할 것이 아니니라. 여러 비구들이여. 그 어리석은 사람들은 어찌하여 이와 같은 갈마를 지었는데, 이를테면, 비법의 별중갈마를 지었고, …… 사법의 화합갈마를 지었고, 한 비구가 한 비구를 거론하였고, …… 승가가 승가를 거론하였는가? 여러 비구들이여. 이것은 오히려 믿지 않는 자에게 신심이 생겨나지 않게 하고, 이미 믿었던 자는 증장시키지 않느니라. …… 이미 믿었던 자는 일부가 전전하여 다른 곳을 향하여 떠나가게 하느니라."

2-3 세존께서는 여러 종류의 방편으로써 이 비구들을 꾸짖고서 적절한 법을 수순하여 설하신 뒤에 여러 비구들에게 알려 말씀하셨다.

"여러 비구들이여. 비법의 별중갈마는 갈마가 성립되지 않으며 지을 수 없느니라. 비법의 화합갈마는 갈마가 성립되지 않으며 지을 수 없느니라. 여법의 별중갈마는 갈마가 성립되지 않으며 지을 수 없느니라. 사법의 별중갈마는 갈마가 성립되지 않으며 지을 수 없느니라. 사법의 화합갈마는 갈마가 성립되지 않으며 지을 수 없느니라.

한 비구가 한 비구를 거론하는 갈마가 성립되지 않으며 지을 수 없느니라. 한 비구가 두 비구를 거론하는 갈마가 성립되지 않으며 지을 수 없느니라. 한 비구가 많은 비구를 거론하는 갈마가 성립되지 않으며 지을 수 없느니라. 한 비구가 승가를 거론하는 갈마가 성립되지 않으며 지을 수 없느니라.

두 비구가 한 비구를 거론하는 갈마가 성립되지 않으며 지을 수 없느니라. 두 비구가 두 비구를 거론하는 갈마가 성립되지 않으며 지을 수 없느니라. 두 비구가 많은 비구를 거론하는 갈마가 성립되지 않으며 지을 수 없느니라. 두 비구가 승가를 거론하는 갈마가 성립되지 않으며 지을 수 없느니라.

많은 비구가 한 비구를 거론하는 갈마가 성립되지 않으며 지을 수 없느니라. 많은 비구가 두 비구를 거론하는 갈마가 성립되지 않으며 지을 수 없느니라. 많은 비구가 많은 비구를 거론하는 갈마가 성립되지 않으며 지을 수 없느니라. 많은 비구가 승가를 거론하는 갈마가 성립되지 않으며 지을 수 없느니라. 승가가 승가를 거론하는 갈마가 성립되지 않으며 지을 수 없느니라.

2-4 "여러 비구들이여. 갈마에는 네 종류가 있느니라. 이를테면 비법의 별중갈마, 비법의 화합갈마, 여법의 별중갈마, 여법의 화합갈마이니라. 여러 비구들이여. 이 가운데에서 비법의 별중갈마는 이 비법과 별중에게 과실이 있고 갈마의 이치에도 마땅하지 않다. 여러 비구들이여. 이와 같은 갈마는 지을 수 없고, 이와 같은 갈마는 허락하지 않겠노라. 여러 비구들이여. 이 가운데에서 비법의 화합갈마는 이 비법에 과실이 있는 까닭으로 갈마의 이치에도 마땅하지 않다. 여러 비구들이여. 이와 같은 갈마는 지을 수 없고, 이와 같은 갈마는 허락하지 않겠노라.

여러 비구들이여. 이 가운데에서 여법의 별중갈마는 이 별중에게 과실이 있는 까닭으로 갈마의 이치에도 마땅하지 않다. 여러 비구들이여. 이와 같은 갈마는 지을 수 없고, 이와 같은 갈마는 허락하지 않겠노라. 여러 비구들이여. 이 가운데에서 여법의 화합갈마는 이 여법과 화합에 과실이 없는 까닭으로 갈마의 이치에도 마땅하다. 여러 비구들이여. 이와 같은 갈마는 지을 수 있고, 이와 같은 갈마는 허락하겠노라.

여러 비구들이여. 이러한 인연을 까닭으로 이 처소에서 '우리들은 이와 같은 여법한 화합갈마를 짓겠다.'라고, 이와 같이 여러 비구들이여.

마땅히 배울지니라."

3) 갈마의 종류 ②

3-1 이때 육군비구들은 이와 같은 갈마를 지었다. 이를테면, 비법의 별중갈마를 지었고, 비법의 화합갈마를 지었으며, 여법의 별중갈마를 지었고, 사법의 별중갈마를 지었으며, 사법의 화합갈마를 지었고, 무표백유창설갈마(無表白有唱說羯磨)를 지었으며, 무창설유표백갈마(無唱說有表白羯磨)를 지었고, 무표백무창설갈마(無表白無唱說羯磨)를 지었으며, 위법갈마(違法羯磨)를 지었고, 위율갈마(違律羯磨)를 지었으며, 위사교갈마(違師敎羯磨)를 지었고, 수가책갈마(受呵責羯磨)를 지었으며, 비법갈마(非法羯磨)를 지었으며, 유과갈마(有過羯磨)를 지었고, 불응리갈마(不應理羯磨)를 지었다.

이때 욕심이 적은 비구들은 싫어하고 비난하였다.

"무슨 까닭으로써 육군비구들은 이와 같은 갈마를 지었는데, 이를테면, 비법의 별중갈마를 지었고, …… 비법갈마를 지었으며, 유과갈마를 지었고, 불응리갈마를 짓는가?"

이때 그 비구들은 이 일로써 세존께 아뢰었고, 세존께서는 말씀하셨다.

"여러 비구들이여. 진실로 육군비구들은 이와 같은 갈마를 지었는데, 이를테면, 비법의 별중갈마를 지었고, …… 비법갈마를 지었으며, 유과갈마를 지었고, 불응리갈마를 지었는가?"

"세존이시여. 진실로 그렇습니다."

"여러 비구들이여. 이것은 상응하지 않고, 수순하지 않으며 서로 찬탄할 것이 아니고 사문의 법이 아니며 마땅히 행할 것이 아니니라. 여러 비구들이여. 그 어리석은 사람들은 어찌하여 이와 같은 갈마를 지었는데, 이를테면, 비법의 별중갈마를 지었고, …… 비법갈마를 지었으며, 유과갈마를 지었고, 불응리갈마를 지었는가? 여러 비구들이여. 이것은 오히려 믿지 않는 자에게 신심이 생겨나지 않게 하고, 이미 믿었던 자는 증장시키지 않느니라. …… 이미 믿었던 자는 일부가 전전하여 다른 곳을 향하여 떠나가게 하느니라.”

3-2 세존께서는 여러 종류의 방편으로써 이 비구들을 꾸짖고서 적절한 법을 수순하여 설하신 뒤에 여러 비구들에게 알려 말씀하셨다.

“여러 비구들이여. 비법의 별중갈마는 갈마가 성립되지 않으며 지을 수 없느니라. …… 사법의 화합갈마는 갈마가 성립되지 않으며 지을 수 없느니라.

여러 비구들이여. 무표백유창설갈마는 갈마가 성립되지 않으며 지을 수 없느니라. 여러 비구들이여. 무창설유표백갈마는 갈마가 성립되지 않으며 지을 수 없느니라. 여러 비구들이여. 무표백무창설갈마는 갈마가 성립되지 않으며 지을 수 없느니라. 여러 비구들이여. 위법갈마는 갈마가 성립되지 않으며 지을 수 없느니라. 여러 비구들이여. 위율갈마는 갈마가 성립되지 않으며 지을 수 없느니라.

여러 비구들이여. 위사교갈마는 갈마가 성립되지 않으며 지을 수 없느니라. 여러 비구들이여. 수가책갈마는 갈마가 성립되지 않으며 지을 수 없느니라. 여러 비구들이여. 비법갈마는 갈마가 성립되지 않으며 지을 수 없느니라. 여러 비구들이여. 유과갈마는 갈마가 성립되지 않으며 지을 수 없느니라. 여러 비구들이여. 불응리갈마는 갈마가 성립되지 않으며 지을 수 없느니라.

3-3 “여러 비구들이여. 갈마에는 여섯 종류가 있느니라. 이를테면 비법갈마, 별중갈마, 화합갈마, 사법의 별중갈마, 사법의 여법갈마, 여법의 화합갈마이니라.

여러 비구들이여. 무엇이 비법갈마인가? 여러 비구들이여. 백이갈마(白二羯磨)를 백일갈마(白一羯磨)로 갈마를 지으면서 갈마를 창언하지 않는다면 비법갈마이니라. 여러 비구들이여. 백이갈마를 백이갈마로 갈마를 지으면서 갈마를 창언하지 않는다면 비법갈마이니라. 여러 비구들이여. 백이갈마를 백일갈마로 창언하고 갈마를 지으면서 아뢰지 않는다면 비법갈마이니라. 여러 비구들이여. 백이갈마를 백이갈마로 말하고 갈마를 지으면서 아뢰지 않는다면 비법갈마이니라."

3-4 "여러 비구들이여. 백사갈마(白四羯磨)를 백일갈마로 갈마를 지으면서 갈마를 창언하지 않는다면 비법갈마이니라. 백사갈마를 백이갈마로 아뢰고 갈마를 지으면서 갈마를 창언하지 않는다면 비법갈마이니라. 백사갈마를 백삼갈마로 아뢰고 갈마를 지으면서 갈마를 창언하지 않는다면 비법갈마이니라. 백사갈마를 백사갈마로 아뢰고 갈마를 지으면서 갈마를 창언하지 않는다면 비법갈마이니라.

여러 비구들이여. 백사갈마를 백일갈마로 창언하고 갈마를 지으면서 아뢰지 않는다면 비법갈마이니라. 여러 비구들이여. 백사갈마를 백이갈마로 말하고 갈마를 지으면서 아뢰지 않는다면 비법갈마이니라. 여러 비구들이여. 백사갈마를 백삼갈마로 창언하고 갈마를 지으면서 아뢰지 않는다면 비법갈마이니라. 여러 비구들이여. 백사갈마를 백사갈마로 말하고 갈마를 지으면서 아뢰지 않는다면 비법갈마이니라."

3-5 "여러 비구들이여. 무엇이 별중갈마인가? 여러 비구들이여. 백이갈마의 처소에 필요한 비구들이 아직 이르지 않았고, 마땅히 청정한 욕(欲)을 받았던 비구가 아직 청정한 욕을 주지 않았으며, 현전하였던 비구들이 꾸짖었다면 이것이 별중갈마이니라. 여러 비구들이여. 백이갈마의 처소에 필요한 비구들이 이르렀고, 마땅히 청정한 욕을 받았던 비구가 아직 청정한 욕을 주지 않았으며, 현전하였던 비구들이 꾸짖었다면 이것이 별중갈마이니라. 여러 비구들이여. 백이갈마의 처소에 필요한 비구들이 이미 이르렀고, 마땅히 청정한 욕을 받았던 비구가 청정한 욕을 주었으며, 현전하였던 비구들이 꾸짖었다면 이것이 별중갈마이니라.

여러 비구들이여. 백사갈마의 처소에 필요한 비구들이 아직 이르지 않았고, 마땅히 청정한 욕을 받았던 비구가 아직 청정한 욕을 주지 않았으며, 현전하였던 비구들이 꾸짖었다면 이것이 별중갈마이니라. 여러 비구들이여. 백사갈마의 처소에 필요한 비구들이 이미 이르렀고, 마땅히 청정한 욕을 받았던 비구가 아직 청정한 욕을 주지 않았으며, 현전하였던 비구들이 꾸짖었다면 이것이 별중갈마이니라. 여러 비구들이여. 백이갈마의 처소에 필요한 비구들이 이미 이르렀고, 마땅히 청정한 욕을 받았던 비구가 청정한 욕을 주었으며, 현전하였던 비구들이 꾸짖었다면 이것이 별중갈마이니라."

3-6 "여러 비구들이여. 무엇이 화합갈마인가? 여러 비구들이여. 백이갈마의 처소에 필요한 비구들이 이미 이르렀고, 마땅히 청정한 욕을 받았던 비구가 정한 욕을 주었으며, 현전하였던 비구들이 꾸짖지 않았다면 이것이 화합갈마이니라. 여러 비구들이여. 백사갈마의 처소에 필요한 비구들이 이미 이르렀고, 마땅히 청정한 욕을 받았던 비구가 청정한 욕을 주었으며, 현전하였던 비구들이 꾸짖지 않았다면 이것이 화합갈마이니라.

3-7 "여러 비구들이여. 무엇이 사법의 별중갈마인가? 여러 비구들이여. 백이갈마에서 먼저 갈마를 창언하였고 뒤에 아뢰었으며 필요한 비구들이 아직 이르지 않았고, 마땅히 청정한 욕을 받았던 비구가 아직 청정한 욕을 주지 않았으며, 현전하였던 비구들이 꾸짖었다면 이것이 사법의 별중갈마이니라. 여러 비구들이여. 백이갈마에서 먼저 갈마를 창언하였고 뒤에 아뢰었으며 필요한 비구들이 이르렀고, 마땅히 청정한 욕을 받았던 비구가 아직 청정한 욕을 주지 않았으며, 현전하였던 비구들이 꾸짖었다면 이것이 사법의 별중갈마이니라.

여러 비구들이여. 백이갈마에서 먼저 갈마를 창언하였고 뒤에 아뢰었으며 필요한 비구들이 이미 이르렀고, 마땅히 청정한 욕을 받았던 비구가 청정한 욕을 주었으며, 현전하였던 비구들이 꾸짖었다면 이것이 사법의 별중갈마이니라.

여러 비구들이여. 무엇이 사법의 별중갈마인가? 여러 비구들이여. 백사갈마에서 먼저 갈마를 창언하였고 뒤에 아뢰었으며 필요한 비구들이 아직 이르지 않았고, 마땅히 청정한 욕을 받았던 비구가 아직 청정한 욕을 주지 않았으며, 현전하였던 비구들이 꾸짖었다면 이것이 사법의 별중갈마이니라. 여러 비구들이여. 백사갈마에서 먼저 갈마를 창언하였고 뒤에 아뢰었으며 필요한 비구들이 이미 이르렀고, 마땅히 청정한 욕을 받았던 비구가 아직 청정한 욕을 주지 않았으며, 현전하였던 비구들이 꾸짖었다면 이것이 사법의 별중갈마이니라. 여러 비구들이여. 백사갈마에서 먼저 갈마를 창언하였고 뒤에 아뢰었으며 필요한 비구들이 이미 이르렀고, 마땅히 청정한 욕을 받았던 비구가 청정한 욕을 주었으며, 현전하였던 비구들이 꾸짖었다면 이것이 사법의 별중갈마이니라."

3-8 "여러 비구들이여. 무엇이 사법의 화합갈마인가? 여러 비구들이여. 백이갈마에서 먼저 갈마를 창언하였고 뒤에 아뢰었으며 필요한 비구들이 이미 이르렀고, 마땅히 청정한 욕을 받았던 비구가 정한 욕을 주었으며, 현전하였던 비구들이 꾸짖지 않았다면 이것이 사법의 화합갈마이니라. 여러 비구들이여. 백사갈마에서 먼저 갈마를 창언하였고 뒤에 아뢰었으며 필요한 비구들이 이미 이르렀고, 마땅히 청정한 욕을 받았던 비구가 청정한 욕을 주었으며, 현전하였던 비구들이 꾸짖지 않았다면 이것이 사법의 화합갈마이니라.

3-9 "여러 비구들이여. 무엇이 화합갈마인가? 여러 비구들이여. 백이갈마에서 먼저 아뢰었고, 뒤에 백일갈마를 창언하였으며 갈마를 지으면서 필요한 비구들이 이르렀고, 마땅히 청정한 욕을 받았던 비구가 정한 욕을 주었으며, 현전하였던 비구들이 꾸짖지 않았다면 이것이 화합갈마이니라. 여러 비구들이여. 백사갈마에서 먼저 아뢰었고, 뒤에 백삼갈마를 창언하였으며 갈마를 지으면서 필요한 비구들이 이르렀고, 마땅히 청정한 욕을 받았던 비구가 청정한 욕을 주었으며, 현전하였던 비구들이 꾸짖지

않았다면 이것이 화합갈마이니라.

[갈마의 종류를 마친다.]

4) 승가의 종류와 갈마

4-1 "여러 비구들이여. 승가에는 다섯 종류가 있느니라. 이를테면 4명 비구의 승가, 5명 비구의 승가, 10명 비구의 승가, 20명 비구의 승가, 20명 이상 비구의 승가이니라. 여러 비구들이여. 이 가운데에서 4명 비구의 승가는 수계(授戒), 자자(自恣), 출죄갈마(出罪羯磨)를 제외하고서, 그 나머지 일체의 여법한 화합갈마를 지을 수 있느니라.

여러 비구들이여. 이 가운데에서 5명 비구의 승가는 중국에서의 수계와 출죄갈마를 제외하고서, 그 나머지 일체의 여법한 화합갈마를 지을 수 있느니라. 여러 비구들이여. 이 가운데에서 10명 비구의 승가는 출죄갈마를 제외하고서, 그 나머지 일체의 여법한 화합갈마를 지을 수 있느니라. 여러 비구들이여. 이 가운데에서 20명 비구의 승가는 일체의 여법한 화합갈마를 지을 수 있느니라."

4-2 "여러 비구들이여. 4명의 대중이 마땅히 갈마를 짓는 때에 비구니(比丘尼)로써 4명으로 채우고서 갈마를 짓는다면, 갈마가 성립되지 않으며 지을 수 없느니라. 여러 비구들이여. 4명의 대중이 마땅히 갈마를 짓는 때에 식차마나(式叉摩那)로써 4명으로 채우고서, …… 나아가 …… 사미(沙彌)로써 4명으로 채우고서, …… 사미니(沙彌尼)로써 4명으로 채우고서, …… 나아가 …… 수학을 버린 자(者)로써 4명으로 채우고서, …… 나아가 …… 무거운 죄를 범한 자로써 4명으로 채우고서, …… 나아가 …… 죄를 보지 못한 인연으로 거론된 자로써 4명으로 채우고서, …… 나아가 …… 죄를 참회하지 않은 인연으로 거론된 자로써 4명으로 채우고서, ……

나아가 …… 악한 견해를 버리지 인연으로 거론된 자로써 4명으로 채우고
서, …… 나아가 …… 황문인 자로써 4명으로 채우고서, …… 나아가
…… 적주인 자로써 4명으로 채우고서, …… 나아가 …… 외도에 귀의한
자로써 4명으로 채우고서, …… 나아가 …… 축생으로써 4명으로 채우고
서, …… 나아가 …… 어머니를 죽인 자로써 4명으로 채우고서, ……
나아가 …… 아버지를 죽인 자로써 4명으로 채우고서, …… 나아가 ……
아라한을 죽인 자로써 4명으로 채우고서, …… 나아가 …… 비구니를
더럽힌 자로써 4명으로 채우고서, …… 나아가 …… 승가의 화합을 파괴한
자로써 4명으로 채우고서, …… 나아가 …… 세존의 몸에서 피를 흐르게
하였던 자로써 4명으로 채우고서, …… 나아가 …… 이근(二根)인 자로써
4명으로 채우고서, …… 나아가 …… 다른 주처의 자로써 4명으로 채우고
서, …… 나아가 …… 다른 경계의 자로써 4명으로 채우고서, …… 나아가
…… 신통으로써 허공에 있는 자로써 4명으로 채우고서, …… 나아가
…… 승가에서 갈마를 받아야 하는 자로써 4명으로 채우고서 갈마를
짓는다면, 갈마가 성립되지 않으며 지을 수 없느니라."

[4명 대중의 갈마를 마친다.]

4-3 "여러 비구들이여. 5명의 대중이 마땅히 갈마를 짓는 때에 비구니로써
5명으로 채우고서 갈마를 짓는다면, 갈마가 성립되지 않으며 지을 수
없느니라. 여러 비구들이여. 5명의 대중이 마땅히 갈마를 짓는 때에
식차마나로써 5명으로 채우고서, …… 나아가 …… 사미로써 4명으로
채우고서, …… 나아가 …… 다른 경계의 자로써 5명으로 채우고서, ……
나아가 …… 신통으로써 허공에 있는 자로써 5명으로 채우고서, ……
나아가 …… 승가에서 갈마를 받아야 하는 자로써 5명으로 채우고서
갈마를 짓는다면, 갈마가 성립되지 않으며 지을 수 없느니라."

[5명 대중의 갈마를 마친다.]

4-4 "여러 비구들이여. 10명의 대중이 마땅히 갈마를 짓는 때에 비구니로써 10명으로 채우고서 갈마를 짓는다면, 갈마가 성립되지 않으며 지을 수 없느니라. 여러 비구들이여. 10명의 대중이 마땅히 갈마를 짓는 때에 식차마나로써 10명으로 채우고서, …… 나아가 …… 사미로써 10명으로 채우고서, …… 나아가 …… 사미니로써 10명으로 채우고서, …… 나아가 …… 수학을 버린 자로써 10명으로 채우고서, …… 이근인 자로써 10명으로 채우고서, …… 나아가 …… 다른 주처의 자로써 10명으로 채우고서, …… 나아가 …… 다른 경계의 자로써 10명으로 채우고서, …… 나아가 …… 신통으로써 허공에 있는 자로써 10명으로 채우고서, …… 나아가 …… 승가에서 갈마를 받아야 하는 자로써 10명으로 채우고서 갈마를 짓는다면, 갈마가 성립되지 않으며 지을 수 없느니라."

[10명 대중의 갈마를 마친다.]

4-5 "여러 비구들이여. 20명의 대중이 마땅히 갈마를 짓는 때에 비구니로써 20명으로 채우고서 갈마를 짓는다면, 갈마가 성립되지 않으며 지을 수 없느니라. 여러 비구들이여. 20명의 대중이 마땅히 갈마를 짓는 때에 식차마나로써 20명으로 채우고서, …… 나아가 …… 사미로써 20명으로 채우고서, …… 나아가 …… 사미니로써 20명으로 채우고서, …… 나아가 …… 수학을 버린 자로써 20명으로 채우고서, …… 나아가 …… 이근인 자로써 20명으로 채우고서, …… 나아가 …… 다른 주처의 자로써 20명으로 채우고서, …… 나아가 …… 다른 경계의 자로써 20명으로 채우고서, …… 나아가 …… 신통으로써 허공에 있는 자로써 20명으로 채우고서, …… 나아가 …… 승가에서 갈마를 받아야 하는 자로써 20명으로 채우고서 갈마를 짓는다면, 갈마가 성립되지 않으며 지을 수 없느니라."

[20명 대중의 갈마를 마친다.]

4-6 "여러 비구들이여. 별주자(別住者)로써 4명으로 채우고서 별주를 주거나, 본일치(本日治)를 짓거나, 마나타(摩那埵)를 주거나, 20명으로 채우고서 출죄갈마를 짓는다면, 갈마가 성립되지 않으며 지을 수 없느니라. 여러 비구들이여. 마땅히 본일치를 받아야 하는 자로써 4명으로 채우고서 별주를 주거나, 본일치를 짓거나, 마나타를 주거나, 그 비구를 20명으로 채우고서 출죄갈마를 짓는다면, 갈마가 성립되지 않으며 지을 수 없느니라.

여러 비구들이여. 마땅히 마나타를 받아야 하는 자로써 4명으로 채우고서 별주를 주거나, 본일치를 짓거나, 마나타를 주거나, 그 비구를 20명으로 채우고서 출죄갈마를 짓는다면, 갈마가 성립되지 않으며 지을 수 없느니라. 여러 비구들이여. 마땅히 마나타를 행하고 있는 자로써 4명으로 채우고서 별주를 주거나, 본일치를 짓거나, 마나타를 주거나, 그 비구를 20명으로 채우고서 출죄갈마를 짓는다면, 갈마가 성립되지 않으며 지을 수 없느니라.

여러 비구들이여. 마땅히 출죄갈마를 받아야 하는 자로써 4명으로 채우고서 별주를 주거나, 본일치를 짓거나, 마나타를 주거나, 그 비구를 20명으로 채우고서 출죄갈마를 짓는다면, 갈마가 성립되지 않으며 지을 수 없느니라."

4-7 "여러 비구들이여. 승가의 가운데에서 한 부류는 꾸짖음을 마땅히 받아야 하고, 한 부류는 꾸짖음을 마땅히 받지 않느니라. 여러 비구들이여. 승가의 가운데에서 어떠한 사람이 꾸짖음을 마땅히 받지 않아야 하는가? 여러 비구들이여. 승가의 가운데에서 비구니는 꾸짖음을 마땅히 받지 않아야 한다.

여러 비구들이여. 승가의 가운데에서 식차마나는, …… 사미는, …… 사미니는, …… 수학을 버린 자는, …… 무거운 죄를 범한 자는, …… 미쳤던 자는, …… 마음이 산란한 자는, …… 고통을 받고 있는 자는, …… 죄를 보지 못한 인연으로 거론된 자는, …… 나아가 …… 죄를 참회하지

않은 인연으로 거론된 자는, …… 악한 견해를 버리지 않은 인연으로
거론된 자는, …… 나아가 …… 황문인 자는, …… 나아가 …… 적주인
자는, …… 나아가 …… 외도에 귀의한 자는, …… 나아가 …… 축생은,
…… 나아가 …… 어머니를 죽인 자는, …… 나아가 …… 아버지를 죽인
자는, …… 나아가 …… 아라한을 죽인 자는, …… 나아가 …… 비구니를
더럽힌 자는, …… 나아가 …… 승가의 화합을 파괴한 자는, …… 나아가
…… 세존의 몸에서 피를 흐르게 하였던 자는, …… 나아가 …… 이근인
자는, …… 나아가 …… 다른 주처의 자는, …… 나아가 …… 다른 경계의
자는, …… 나아가 …… 신통으로써 허공에 있는 자는, …… 나아가 ……
승가에서 갈마를 받아야 하는 자는 꾸짖음을 마땅히 받지 않아야 한다.
여러 비구들이여. 승가의 가운데에서 이와 같은 자는 꾸짖음을 마땅히
받지 않아야 한다."

4-8 "여러 비구들이여. 승가의 가운데에서 어떠한 사람이 꾸짖음을 마땅
히 받아야 하는가? 여러 비구들이여. 선한 비구가 있거나, 같은 주처이거
나, 동일한 경계 안의 자이거나, 적어도 알릴 수 있는 이웃의 비구라면,
승가의 가운데에서 꾸짖음을 받아야 한다. 여러 비구들이여. 승가의
가운데에서 이와 같은 자는 꾸짖음을 마땅히 받아야 한다."

4-9 "여러 비구들이여. 구출(驅出)시키는 것에는 두 종류가 있느니라.
여러 비구들이여. 구출시킬 자가 아직 범하지 않았는데 승가가 구출시켰
다면 누구는 선하게 구출시킨 것이고, 누구는 악하게 구출시킨 것이다.
　여러 비구들이여. 구출시킬 자가 아직 범하지 않았으나, 승가가 구출시
켰다면 그가 악하게 구출당한 것은 무엇인가? 여러 비구들이여. 이 처소에
비구가 있었고 청정하고 무죄였으나, 승가가 만약 구출시켰다면 악하게
구출시킨 것이다. 여러 비구들이여. 이와 같이 아직 범하지 않았으나,
승가에게 구출시킨다면 악하게 구출시켰다고 말한다.
　여러 비구들이여. 구출시킬 자가 아직 범하지 않았으나, 승가가 구출시

켰다면 그가 선하게 구출당한 것은 무엇인가? 여러 비구들이여. 이 처소에 비구가 있었고 우치하고 총명하지 않으며 죄가 많고 교계를 받아들이지 않으며 속가에서 기거(起居)하고 재가의 대중을 따르지 않으면서 함께 머물렀으므로, 승가가 만약 구출시켰다면 선하게 구출시킨 것이다. 여러 비구들이여. 이와 같이 아직 범하지 않았으나, 승가에게 구출시킨다면 선하게 구출시켰다고 말한다.

4-10 "여러 비구들이여. 갈마를 풀어주는 것에는 두 종류가 있느니라. 여러 비구들이여. 아직 풀어주지 않은 자에게 승가가 만약 풀어주었다면 누구는 선하게 풀어준 것이고, 누구는 악하게 풀어준 것이다. 여러 비구들이여. 아직 풀어주지 않은 자에게 승가가 만약 풀어주었다면 무엇이 악하게 풀어준 것인가? 여러 비구들이여. 황문이 아직 풀어주지 않았는데 승가가 만약 풀어주었다면 악하게 풀어준 것이다.

　여러 비구들이여. 적주인 자를, …… 나아가 …… 외도에 귀의한 자를, …… 나아가 …… 축생을, …… 나아가 …… 어머니를 죽인 자를, …… 나아가 …… 아버지를 죽인 자를, …… 나아가 …… 아라한을 죽인 자를, …… 나아가 …… 비구니를 더럽힌 자를, …… 나아가 …… 승가의 화합을 파괴한 자를, …… 나아가 …… 세존의 몸에서 피를 흐르게 하였던 자를, …… 나아가 …… 이근인 자를 아직 풀어주지 않았는데 승가가 만약 풀어주었다면 악하게 풀어준 것이다. 여러 비구들이여. 이와 같이 아직 풀어주지 않은 자에게 승가가 만약 풀어주었다면 악하게 풀어준 것이라고 말한다.

4-11 "여러 비구들이여. 아직 풀어주지 않은 자에게 승가가 만약 풀어주었다면 무엇이 선하게 풀어준 것인가? 여러 비구들이여. 손이 잘린 자를 아직 풀어주지 않았는데 승가가 만약 풀어주었다면 선하게 풀어준 것이다. 여러 비구들이여. 발이 잘렸던 자를, …… 나아가 …… 손과 발이 잘렸던 자를, …… 나아가 …… 귀가 잘렸던 자를, …… 나아가 …… 코가

잘렸던 자를, …… 나아가 …… 코와 귀가 잘렸던 자를, …… 나아가 …… 손가락이 잘렸던 자를, …… 손·발톱이 잘렸던 자를, …… 나아가 …… 힘줄이 잘렸던 자를, …… 나아가 …… 손이 뱀의 대가리와 같았던 자를, …… 나아가 …… 꼽추이었던 자를, …… 나아가 …… 난쟁이이었던 자를, …… 나아가 …… 혹부리이었던 자를, …… 나아가 …… 낙인을 받았던 자를, …… 나아가 …… 태형을 받았던 자를, …… 죄의 내용을 몸에 새겼던 자를, …… 상피병(象皮病)이었던 자를, …… 나아가 …… 악한 병이었던 자를, …… 나아가 …… 대중을 모욕하였던 자를, …… 나아가 …… 애꾸눈이었던 자를, …… 나아가 …… 손이 굽어졌던 자를, …… 나아가 …… 절름발이였던 자를, …… 나아가 …… 반신불수(半身不遂)이었던 자를, …… 나아가 …… 불구자(不具者)이었던 자를, …… 나아가 …… 노약자이었던 자를, …… 나아가 …… 장님이었던 자를, …… 나아가 …… 벙어리이었던 자를, …… 나아가 …… 귀머거리이었던 자를, …… 나아가 …… 장님이고 벙어리이었던 자를, …… 나아가 …… 장님이고 귀머거리이었던 자를, …… 나아가 …… 귀머거리이고 벙어리이었던 자를, …… 나아가 …… 장님이고 귀머거리이며 벙어리이었던 자를 아직 풀어주지 않았는데 승가가 만약 풀어주었다면 선하게 풀어준 것이다. 여러 비구들이여. 이와 같이 아직 풀어주지 않은 자에게 승가가 만약 풀어주었다면 선하게 풀어준 것이라고 말한다.

[승가의 종류와 갈마를 마친다.]

○ **【첫째의 송출품을 마친다.】**

2. 제2송출품(第二誦出品)

5) 비법갈마와 여법갈마

5-1 "여러 비구들이여. 이 처소의 비구가 마땅히 죄를 보지 못하였던 자가 있었으나, 승가가 만약 사람이 많았으며, 만약 한 사람이 그에게 '그대는 죄를 범하였습니다. 그대는 이러한 죄를 보았습니까?'라고 힐난하여 말하였고, 그는 '나는 마땅히 이러한 죄를 보지 못하였습니다.'라고 말하였는데, 승가가 죄를 보지 못한 것에 의지하여 그를 거론하였다면 비법갈마이니라.

여러 비구들이여. 이 처소의 비구가 마땅히 참회할 죄가 없는 자가 있었으나, 승가가 만약 사람이 많았으며, 만약 한 사람이 그에게 '그대는 죄를 범하였습니다. 또한 그 죄를 참회하십시오.'라고 힐난하여 말하였고, 그는 '나는 마땅히 참회할 죄가 없습니다.'라고 말하였는데, 승가가 참회할 죄가 없는 것에 의지하여 그를 거론하였다면 비법갈마이니라.

여러 비구들이여. 이 처소의 비구가 마땅히 버려야 할 악견이 없는 자가 있었으나, 승가가 만약 사람이 많았으며, 만약 한 사람이 그에게 '그대는 악견이 있습니다. 또한 이러한 악견을 버리십시오.'라고 힐난하여 말하였고, 그는 '나는 마땅히 버려야 할 악견이 없습니다.'라고 말하였는데, 승가가 버려야 할 악견이 없는 것에 의지하여 그를 거론하였다면 비법갈마이니라."

5-2 "여러 비구들이여. 이 처소의 비구가 죄를 보지 못하였던 자이고, 마땅히 참회할 죄가 없는 자가 있었으나, 승가가 만약 사람이 많았으며, 만약 한 사람이 그에게 '그대는 죄를 범하였습니다. 그대는 이러한 죄를 보았습니까? 또한 그 죄를 참회하십시오.'라고 힐난하여 말하였고, 그는 '나는 마땅히 죄를 보지 못하였고, 마땅히 참회할 죄가 없습니다.'라고

말하였는데, 승가가 죄를 보지 못한 것에 의지하거나, 혹은 참회할 죄가 없는 것에 의지하여 그를 거론하였다면 비법갈마이니라.

5-3 "여러 비구들이여. 이 처소의 비구가 마땅히 유죄라고 볼 수 없는 자이고, 마땅히 버려야 할 악견이 없는 자가 있었으나, 승가가 만약 사람이 많았으며, 만약 한 사람이 그에게 '그대는 죄를 범하였습니다. 그대는 이러한 죄를 보았습니까? 그대는 악견이 있습니다. 또한 이러한 악견을 버리십시오.'라고 힐난하여 말하였고, 그는 '나는 마땅히 죄를 보지 못하였고, 마땅히 버려야 할 악견이 없습니다.'라고 말하였는데, 승가가 죄를 보지 못한 것에 의지하거나, 혹은 버리지 않을 악견에 의지하여 그를 거론하였다면 비법갈마이니라.

5-4 "여러 비구들이여. 이 처소의 비구가 마땅히 참회할 죄가 없는 자이고, 마땅히 버려야 할 악견이 없는 자가 있었으나, 승가가 만약 사람이 많았으며, 만약 한 사람이 그에게 '그대는 죄를 범하였습니다. 또한 이러한 죄를 참회하십시오. 그대는 악견이 있습니다. 또한 이러한 악견을 버리십시오.'라고 힐난하여 말하였고, 그는 '나는 마땅히 참회할 죄가 없고, 마땅히 버려야 할 악견이 없습니다.'라고 말하였는데, 승가가 참회할 죄가 없는 것에 의지하거나, 혹은 버리지 않을 악견에 의지하여 그를 거론하였다면 비법갈마이니라.

5-5 "여러 비구들이여. 이 처소의 비구가 죄를 보지 못하였던 자이고, 마땅히 참회할 죄가 없는 자이며, 마땅히 버려야 할 악견이 없는 자가 있었으나, 승가가 만약 사람이 많았으며, 만약 한 사람이 그에게 '그대는 죄를 범하였습니다. 그대는 이러한 죄를 보았습니까? 또한 이러한 죄를 참회하십시오. 그대는 악견이 있습니다. 또한 이러한 악견을 버리십시오.' 라고 힐난하여 말하였고, 그는 '나는 마땅히 죄를 보지 못하였고, 나는 마땅히 참회할 죄가 없으며, 마땅히 버려야 할 악견이 없습니다.'라고

말하였는데, 승가가 죄를 보지 못한 것에 의지하거나, 혹은 참회할 죄가 없는 것에 의지하거나, 혹은 버리지 않을 악견에 의지하여 그를 거론하였다면 비법갈마이니라.

5-6 "여러 비구들이여. 이 처소의 비구가 마땅히 죄를 보았던 자가 있었고, 승가가 만약 사람이 많았으며, 만약 한 사람이 그에게 '그대는 죄를 범하였습니다. 그대는 이러한 죄를 보았습니까?'라고 힐난하여 말하였고, 그는 '그렇습니다. 나는 보았습니다.'라고 말하였는데, 승가가 죄를 보지 못한 것에 의지하여 그를 거론하였다면 비법갈마이니라.

여러 비구들이여. 이 처소의 비구가 마땅히 참회할 죄가 있는 자가 있었고, 승가가 만약 사람이 많았으며, 만약 한 사람이 그에게 '그대는 죄를 범하였습니다. 또한 그 죄를 참회하십시오.'라고 힐난하여 말하였고, 그는 '그렇습니다. 나는 참회합니다.'라고 말하였는데, 승가가 참회하지 않을 죄에 의지하여 그를 거론하였다면 비법갈마이니라.

여러 비구들이여. 이 처소의 비구가 마땅히 버려야 할 악견이 있는 자가 있었고, 승가가 만약 사람이 많았으며, 만약 한 사람이 그에게 '그대는 악견이 있습니다. 또한 이러한 악견을 버리십시오.'라고 힐난하여 말하였고, 그는 '그렇습니다. 나는 버리겠습니다.'라고 말하였는데, 승가가 버리지 않을 악견에 의지하여 그를 거론하였다면 비법갈마이니라."

5-7 "여러 비구들이여. 이 처소의 비구가 마땅히 죄를 보았던 자이고, 마땅히 참회할 죄가 있는 자가 있었으며, …… 나아가 …… 마땅히 죄를 보았던 자이고 마땅히 버려야 할 악견이 있는 자가 있었으며, …… 나아가 …… 마땅히 참회할 죄가 있는 자이고 마땅히 버려야 할 악견이 있는 자가 있었으며, …… 나아가 …… 마땅히 죄를 보았던 자이고 마땅히 참회할 죄가 있는 자가 있었으며, 마땅히 버려야 할 악견이 있는 자가 있었는데, 승가가 만약 사람이 많았으며, 만약 한 사람이 그에게 '그대는 죄를 범하였습니다. 그대는 이러한 죄를 보았습니까? 또한 참회할 죄가

있습니다. 그대는 악견이 있습니다. 또한 이러한 악견을 버리십시오.'라고 힐난하여 말하였고, 그는 '그렇습니다. 나는 보았습니다. 그렇습니다. 나는 참회합니다. 그렇습니다. 나는 버리겠습니다.'라고 말하였는데, 승가가 죄를 보지 못한 죄에 의지하거나, 참회하지 않을 죄에 의지하거나, 버리지 않을 악견에 의지하여 그를 거론하였다면 비법갈마이니라."

5-8 "여러 비구들이여. 이 처소의 비구가 마땅히 죄를 보았던 자가 있었고, 승가가 만약 사람이 많았으며, 만약 한 사람이 그에게 '그대는 죄를 범하였습니다. 그대는 이러한 죄를 보았습니까?'라고 힐난하여 말하였고, 그는 '나는 마땅히 보았던 죄가 없습니다.'라고 말하였는데, 승가가 죄를 보지 못한 죄에 의지하여 그를 거론하였다면 여법갈마이니라.

여러 비구들이여. 이 처소의 비구가 마땅히 참회할 죄가 있는 자가 있었고, 승가가 만약 사람이 많았으며, 만약 한 사람이 그에게 '그대는 죄를 범하였습니다. 또한 그 죄를 참회하십시오.'라고 힐난하여 말하였고, 그는 '나는 마땅히 참회할 죄가 없습니다.'라고 말하였는데, 승가가 참회하지 않을 죄에 의지하여 그를 거론하였다면 여법갈마이니라.

여러 비구들이여. 이 처소의 비구가 마땅히 버려야 할 악견이 있는 자가 있었고, 승가가 만약 사람이 많았으며, 만약 한 사람이 그에게 '그대는 악견이 있습니다. 또한 이러한 악견을 버리십시오.'라고 힐난하여 말하였고, 그는 '나는 마땅히 버려야 할 악견이 없습니다.'라고 말하였는데, 승가가 버리지 않을 악견에 의지하여 그를 거론하였다면 여법갈마이니라."

5-9 "여러 비구들이여. 이 처소의 비구가 마땅히 죄를 보았던 자이고, 마땅히 참회할 죄가 있는 자가 있었으며, …… 나아가 …… 마땅히 죄를 보았던 자이고 마땅히 버려야 할 악견이 있는 자가 있었으며, …… 나아가 …… 마땅히 참회할 죄가 있는 자이고 마땅히 버려야 할 악견이 있는 자가 있었으며, …… 나아가 …… 마땅히 죄를 보았던 자이고 마땅히

참회할 죄가 있는 자가 있었으며 마땅히 버려야 할 악견이 있는 자가 있었는데, 승가가 만약 사람이 많았으며, 만약 한 사람이 그에게 '그대는 죄를 범하였습니다. 그대는 이러한 죄를 보았습니까? 또한 참회할 죄가 있습니다. 그대는 악견이 있습니다. 또한 이러한 악견을 버리십시오.'라고 힐난하여 말하였고, 그는 '나는 마땅히 보았던 죄가 없습니다. 나는 마땅히 참회할 죄가 없습니다. 나는 마땅히 버려야할 악견이 없습니다.'라고 말하였는데, 승가가 죄를 보지 못한 죄에 의지하거나, 참회하지 않을 죄에 의지하거나, 버리지 않을 악견에 의지하여 그를 거론하였다면 여법 갈마이니라."

[비법갈마와 여법갈마를 마친다.]

6) 우바리의 질문

6-1 이때 장로 우바리(優波離)[7]는 세존의 주처로 나아갔고, 나아가서 세존께 예경하고서 한쪽에 앉았다. 한쪽에 앉고서 장로 우바리는 세존께 아뢰어 말하였다.

"화합승가는 마땅히 현전(現前)에서 갈마를 짓게 해야 하는데, 만약 현전에서 짓지 못하게 하였다면 이것은 여법갈마(如法羯磨)이고 비니갈마 (毘尼羯磨)입니까?"

"우바리여. 비법갈마이고 비니갈마가 아니니라."

6-2 "마땅히 화합승가에게 묻고서 갈마를 지어야 하는데 만약 묻지 않고서 갈마를 지었거나, …… 나아가 …… 마땅히 자언갈마(自言羯磨)를 짓게 해야 하는 자에게 마땅히 자언갈마를 짓게 하지 않았거나, ……

---

7) 팔리어 Upāli(우파리)의 음사이다.

나아가 …… 마땅히 억념비니(憶念毘尼)를 주어야 하는 자에게 불치갈마(不癡羯磨)를 주게 하였거나, …… 나아가 …… 마땅히 불치비니를 지어야 하는 자에게 실멱갈마(實覓羯磨)를 지었거나, …… 나아가 …… 마땅히 실멱갈마를 지어야 하는 자에게 가책갈마(呵責羯磨)를 지었거나, …… 나아가 …… 마땅히 가책갈마를 지어야 하는 자에게 의지갈마(依止羯磨)를 지었거나, …… 나아가 …… 마땅히 의지갈마를 지어야 하는 자에게 구출갈마(驅出羯磨)를 지었거나, …… 나아가 …… 마땅히 구출갈마를 지어야 하는 자에게 하의갈마(下意羯磨)를 지었거나, …… 나아가 …… 마땅히 하의갈마를 지어야 하는 자에게 거죄갈마(擧罪羯磨)를 지었거나, …… 나아가 …… 마땅히 거죄갈마를 지어야 하는 자에게 별주를 주었거나, …… 나아가 …… 마땅히 별주를 주어야 하는 자에게 본일치를 주었거나, …… 나아가 …… 마땅히 본일치를 주어야 하는 자에게 마나타를 주었거나, …… 나아가 …… 마땅히 마나타를 주어야 하는 자에게 출죄를 주었거나, 마땅히 출죄를 주어야 하는 자에게 구족계를 주었다면, 이것은 여법갈마이고 비니갈마입니까?"

6-3 "우바리여. 이것은 비법갈마이고 비니갈마가 아니니라. 우바리여. 화합승가는 마땅히 현전에서 갈마를 짓게 해야 하는데, 만약 현전에서 짓지 못하게 하였고, 우바리여. 이와 같다면 비법갈마이고 비니갈마가 아니니라. 이와 같다면 승가에 허물이 있느니라.

우바리여. 마땅히 화합승가에게 묻고서 갈마를 지어야 하는데 만약 묻지 않고서 갈마를 지었거나, …… 나아가 …… 마땅히 자언갈마를 짓게 해야 하는 자에게 마땅히 자언갈마를 짓게 하지 않았거나, …… 마땅히 마나타를 주어야 하는 자에게 출죄를 주었거나, 마땅히 출죄를 주어야 하는 자에게 구족계를 주었으며, 우바리여. 이와 같다면 비법갈마이고 비니갈마가 아니니라. 이와 같다면 승가에 허물이 있느니라."

6-4 "화합승가는 마땅히 현전에서 갈마를 짓게 해야 하고, 현전에서

짓게 하였다면 이것은 여법갈마이고 비니갈마입니까?"

"우바리여. 이와 같다면 여법갈마이고 비니갈마이니라."

"마땅히 화합승가에게 묻고서 갈마를 지어야 하는데 만약 묻고서 뒤에 갈마를 지었거나, …… 나아가 …… 마땅히 자언갈마를 짓게 해야 하는 자에게 마땅히 자언갈마를 짓게 하였거나, …… 마땅히 출죄를 주어야 하는 자에게 출죄를 주었거나, 마땅히 구족계를 주어야 하는 자에게 구족계를 주었다면, 이것은 여법갈마이고 비니갈마입니까?"

"우바리여. 이와 같다면 여법갈마이고 비니갈마이니라. 우바리여. 화합승가는 마땅히 현전에서 갈마를 짓게 해야 하고, 현전에서 짓게 하였으며, 이와 같다면 여법갈마이고 비니갈마이니라. 이와 같다면 승가에 허물이 없느니라. 우바리여. 마땅히 화합승가에게 묻고서 갈마를 지어야 하는데 만약 묻고서 뒤에 갈마를 지었거나, …… 나아가 …… 마땅히 자언갈마를 짓게 해야 하는 자에게 마땅히 자언갈마를 짓게 하였거나, …… 마땅히 출죄를 주어야 하는 자에게 출죄를 주었거나, 마땅히 구족계를 주어야 하는 자에게 구족계를 주었다면, 이와 같다면 여법갈마이고 비니갈마이니라. 이와 같다면 승가에 허물이 없느니라."

6-5 "화합승가가 마땅히 억념비니를 주어야 하는 자에게 불치비니를 주었거나, 불치비니를 지어야 하는 자에게 억념비니를 주었다면 이것은 여법갈마이고 비니갈마입니까?"

"우바리여. 비법갈마이고 비니갈마가 아니니라."

"화합승가가 마땅히 불치비니(不癡毘尼)를 주어야 하는 자에게 실멱갈마를 지었거나, 마땅히 실멱갈마를 지어야 하는 자에게 불치비니를 주었거나, …… 나아가 …… 마땅히 실멱갈마를 지어야 하는 자에게 가책갈마를 지었거나, 마땅히 가책갈마를 지어야 하는 자에게 실멱갈마를 지었거나, …… 나아가 …… 마땅히 가책갈마를 지어야 하는 자에게 의지갈마를 지었거나, 마땅히 의지갈마를 지어야 하는 자에게 가책갈마를 지었거나, …… 나아가 …… 마땅히 의지갈마를 지어야 하는 자에게 구출갈마를 지었거나, 마땅히 구출갈마를 지어야 하는 자에게 의지갈마를 지었거나, …… 나아가 …… 마땅히 구출갈마를 지어야 하는 자에게 하의갈마를 지었거나, 마땅히 하의갈마를 지어야 하는 자에게 구출갈마를 지었거나, …… 나아가 …… 마땅히 하의갈마를 지어야 하는 자에게 거죄갈마를 지었거나, 마땅히 거죄갈마를 지어야 하는 자에게 하의갈마를 지었거나, …… 나아가 …… 마땅히 거죄갈마를 지어야 하는 자에게 별주를 주었거나, 마땅히 별주를 주어야 하는 자에게 거죄갈마를 지었거나, …… 나아가 …… 마땅히 별주를 주어야 하는 자에게 본일치를 지었거나, 마땅히 본일치를 지어야 하는 자에게 별주를 주었거나, …… 나아가 …… 마땅히 본일치를 지어야 하는 자에게 마나타를 주었거나, 마땅히 마나타를 주어야 하는 자에게 본일치를 지었거나, …… 나아가 …… 마땅히 마나타를 주어야 하는 자에게 출죄를 주었거나, 마땅히 출죄를 주어야 하는 자에게 마나타를 주었거나, …… 나아가 …… 마땅히 출죄를 주어야 하는 자에게 구족계를 주었거나, 마땅히 구족계를 주어야 하는 자에게 출죄를 주었다면, 이것은 여법갈마이고 비니갈마입니까?"

6-6 "우바리여. 이것은 비법갈마이고 비니갈마가 아니니라. 우바리여. 화합승가가 마땅히 억념비니를 주어야 하는 자에게 불치비니를 주었거나, 불치비니를 지어야 하는 자에게 억념비니를 주었다면, 우바리여. 이와 같다면 비법갈마이고 비니갈마가 아니니라. 이와 같다면 승가에 허물이 있느니라.

　화합승가가 마땅히 불치비니를 주어야 하는 자에게 실멱갈마를 지었거나, 마땅히 실멱갈마를 지어야 하는 자에게 불치비니를 주었거나, …… 나아가 …… 마땅히 실멱갈마를 지어야 하는 자에게 가책갈마를 지었거나, 마땅히 가책갈마를 지어야 하는 자에게 실멱갈마를 지었거나, …… 마땅히 마나타를 주어야 하는 자에게 출죄를 주었거나, 마땅히 출죄를 주어야 하는 자에게 마나타를 주었거나, …… 나아가 …… 마땅히 출죄를 주어야 하는 자에게 구족계를 주었거나, 마땅히 구족계를 주어야 하는 자에게

출죄를 주었다면, 우바리여. 이와 같다면 비법갈마이고 비니갈마가 아니
니라. 이와 같다면 승가에 허물이 있느니라."

6-7 "화합승가가 마땅히 억념비니를 주어야 하는 자에게 억념비니를
주었거나, 마땅히 불치비니를 주어야 하는 자에게 불치비니를 주었다면
이것은 여법갈마이고 비니갈마입니까?"

"우바리여. 여법갈마이고 비니갈마이니라."

"화합승가가 마땅히 불치비니를 주어야 하는 자에게 불치갈마를 주었
거나, …… 나아가 …… 실멱갈마를 지어야 하는 자에게 실멱비니를 지었거
나, …… 나아가 …… 마땅히 가책갈마를 지어야 하는 자에게 가책갈마를
지었거나, …… 마땅히 마나타를 주어야 하는 자에게 마나타를 주었거나,
…… 나아가 …… 마땅히 출죄를 주어야 하는 자에게 출죄를 주었거나,
…… 나아가 …… 마땅히 구족계를 주어야 하는 자에게 구족계를 주었다면,
이것은 여법갈마이고 비니갈마입니까?"

6-8 "우바리여. 이것은 여법갈마이고 비니갈마이니라. 우바리여. 화합승
가가 마땅히 억념비니를 주어야 하는 자에게 억념비니를 주었거나, 마땅
히 불치비니를 주어야 하는 자에게 불치비니를 주었다면, 우바리여.
이것은 여법갈마이고 비니갈마이니라. 이와 같다면 승가에 허물이 없느
니라.

우바리여. 화합승가가 마땅히 불치비니를 주어야 하는 자에게 불치갈
마를 주었거나, …… 나아가 …… 실멱갈마를 지어야 하는 자에게 실멱비니
를 지었거나, …… 나아가 …… 마땅히 가책갈마를 지어야 하는 자에게
가책갈마를 지었거나, …… 마땅히 마나타를 주어야 하는 자에게 마나타를
주었거나, …… 나아가 …… 마땅히 출죄를 주어야 하는 자에게 출죄를
주었거나, …… 나아가 …… 마땅히 구족계를 주어야 하는 자에게 구족계를
주었다면, 우바리여. 이것은 여법갈마이고 비니갈마이니라. 이와 같다면
승가에 허물이 없느니라."

6-9 이때 세존께서는 여러 비구들에게 알려 말씀하셨다.

"여러 비구들이여. 화합승가가 마땅히 억념비니를 주어야 하는 자에게 불치갈마를 주었다면, 이것은 비법갈마이고 비니갈마가 아니니라. 이와 같다면 승가에 허물이 있느니라.

화합승가가 마땅히 억념비니를 주어야 하는 자에게 실멱갈마를 지었거나, 억념비니를 주어야 하는 자에게 가책갈마를 지었거나, 억념비니를 주어야 하는 자에게 의지갈마를 지었거나, 억념비니를 주어야 하는 자에게 구출갈마를 지었거나, 억념비니를 주어야 하는 자에게 하의갈마를 지었거나, 억념비니를 주어야 하는 자에게 거죄갈마를 지었거나, 억념비니를 주어야 하는 자에게 별주를 주었거나, 억념비니를 주어야 하는 자에게 본일치를 주었거나, 억념비니를 주어야 하는 자에게 마나타를 주었거나, 억념비니를 주어야 하는 자에게 출죄를 주었거나, 억념비니를 주어야 하는 자에게 구족계를 주었다면, 여러 비구들이여. 이와 같다면 비법갈마이고 비니갈마가 아니니라. 이와 같다면 승가에 허물이 있느니라.

여러 비구들이여. 화합승가가 마땅히 불치비니를 주어야 하는 자에게 억념비니를 주었다면, 이것은 비법갈마이고 비니갈마가 아니니라. 이와 같다면 승가에 허물이 있느니라. 화합승가가 마땅히 불치비니를 주어야 하는 자에게 실멱갈마를 지었거나, 불치비니를 주어야 하는 자에게 가책갈마를 지었거나, 불치비니를 주어야 하는 자에게 의지갈마를 지었거나, …… 불치비니를 주어야 하는 자에게 출죄를 주었거나, 불치비니를 주어야 하는 자에게 구족계를 주었다면, 여러 비구들이여. 이와 같다면 비법갈마이고 비니갈마가 아니니라. 이와 같다면 승가에 허물이 있느니라.

여러 비구들이여. 화합승가가 마땅히 실멱갈마를 지어야 하는 자에게 억념비니를 주었다면, 이것은 비법갈마이고 비니갈마가 아니니라. 이와 같다면 승가에 허물이 있느니라. 화합승가가 마땅히 실멱갈마를 지어야 하는 자에게 불치비니를 주었거나, 실멱갈마를 지어야 하는 자에게 가책갈마를 지었거나, 실멱갈마를 지어야 하는 자에게 의지갈마를 지었거나, …… 실멱갈마를 주어야 하는 자에게 출죄를 주었거나, 실멱갈마를 주어야 하는 자에게 구족계를 주었다면, 여러 비구들이여. 이와 같다면 비법갈마이고 비니갈마가 아니니라. 이와 같다면 승가에 허물이 있느니라.

여러 비구들이여. 화합승가가 마땅히 가책갈마를 지어야 하는 자에게 억념비니를 주었다면, 이것은 비법갈마이고 비니갈마가 아니니라. 이와 같다면 승가에 허물이 있느니라. 화합승가가 마땅히 가책갈마를 지어야 하는 자에게 불치비니를 주었거나, 가책갈마를 지어야 하는 자에게 실멱갈마를 지었거나, 가책갈마를 지어야 하는 자에게 의지갈마를 지었거나, …… 가책갈마를 주어야 하는 자에게 출죄를 주었거나, 가책갈마를 주어야 하는 자에게 구족계를 주었다면, 여러 비구들이여. 이와 같다면 비법갈마이고 비니갈마가 아니니라. 이와 같다면 승가에 허물이 있느니라.

여러 비구들이여. 화합승가가 마땅히 의지갈마를 지어야 하는 자에게 억념비니를 주었다면, 이것은 비법갈마이고 비니갈마가 아니니라. 이와 같다면 승가에 허물이 있느니라. 화합승가가 마땅히 의지갈마를 지어야 하는 자에게 불치비니를 주었거나, 의지갈마를 지어야 하는 자에게 실멱갈마를 지었거나, …… 의지갈마를 주어야 하는 자에게 출죄를 주었거나, 의지갈마를 주어야 하는 자에게 구족계를 주었다면, 여러 비구들이여. 이와 같다면 비법갈마이고 비니갈마가 아니니라. 이와 같다면 승가에 허물이 있느니라."

여러 비구들이여. 화합승가가 마땅히 구출갈마를 지어야 하는 자에게 억념비니를 주었다면, 이것은 비법갈마이고 비니갈마가 아니니라. 이와 같다면 승가에 허물이 있느니라. 화합승가가 마땅히 구출갈마를 지어야 하는 자에게 불치비니를 주었거나, 구출갈마를 지어야 하는 자에게 실멱갈마를 지었거나, …… 구출갈마를 주어야 하는 자에게 출죄를 주었거나, 구출갈마를 주어야 하는 자에게 구족계를 주었다면, 여러 비구들이여. 이와 같다면 비법갈마이고 비니갈마가 아니니라. 이와 같다면 승가에 허물이 있느니라.

여러 비구들이여. 화합승가가 마땅히 하의갈마를 지어야 하는 자에게 억념비니를 주었다면, 이것은 비법갈마이고 비니갈마가 아니니라. 이와 같다면 승가에 허물이 있느니라. 화합승가가 마땅히 하의갈마를 지어야 하는 자에게 불치비니를 주었거나, 하의갈마를 지어야 하는 자에게 실멱갈마를 지었거나, …… 하의갈마를 주어야 하는 자에게 출죄를 주었거나, 하의갈마를 주어야 하는 자에게 구족계를 주었다면, 여러 비구들이여. 이와 같다면 비법갈마이고 비니갈마가 아니니라. 이와 같다면 승가에 허물이 있느니라.

여러 비구들이여. 화합승가가 마땅히 거죄갈마를 지어야 하는 자에게 억념비니를 주었다면, 이것은 비법갈마이고 비니갈마가 아니니라. 이와 같다면 승가에 허물이 있느니라. 화합승가가 마땅히 거죄갈마를 지어야 하는 자에게 불치비니를 주었거나, 거죄갈마를 지어야 하는 자에게 실멱갈마를 지었거나, …… 거죄갈마를 주어야 하는 자에게 출죄를 주었거나, 거죄갈마를 주어야 하는 자에게 구족계를 주었다면, 여러 비구들이여. 이와 같다면 비법갈마이고 비니갈마가 아니니라. 이와 같다면 승가에 허물이 있느니라.

여러 비구들이여. 화합승가가 마땅히 별주를 주어야 하는 자에게 억념비니를 주었다면, 이것은 비법갈마이고 비니갈마가 아니니라. 이와 같다면 승가에 허물이 있느니라. 화합승가가 마땅히 별주를 주어야 하는 자에게 불치비니를 주었거나, 별주를 주어야 하는 자에게 실멱갈마를 지었거나, …… 별주를 주어야 하는 자에게 출죄를 주었거나, 별주를 주어야 하는 자에게 구족계를 주었다면, 여러 비구들이여. 이와 같다면 비법갈마이고 비니갈마가 아니니라. 이와 같다면 승가에 허물이 있느니라.

여러 비구들이여. 화합승가가 마땅히 본일치를 지어야 하는 자에게 억념비니를 주었다면, 이것은 비법갈마이고 비니갈마가 아니니라. 이와 같다면 승가에 허물이 있느니라. 화합승가가 마땅히 본일치를 지어야 하는 자에게 불치비니를 주었거나, 본일치를 지어야 하는 자에게 실멱갈마를 지었거나, …… 본일치를 주어야 하는 자에게 출죄를 주었거나, 본일치를 지어야 하는 자에게 구족계를 주었다면, 여러 비구들이여. 이와 같다면 비법갈마이고 비니갈마가 아니니라. 이와 같다면 승가에 허물이 있느니라.

여러 비구들이여. 화합승가가 마땅히 마나타를 주어야 하는 자에게 억념비니를 주었다면, 이것은 비법갈마이고 비니갈마가 아니니라. 이와 같다면 승가에 허물이 있느니라. 화합승가가 마땅히 마나타를 주어야 하는 자에게 불치비니를 주었거나, 마나타를 주어야 하는 자에게 실멱갈마를 지었거나, …… 마나타를 주어야 하는 자에게 출죄를 주었거나, 마나타를 주어야 하는 자에게 구족계를 주었다면, 여러 비구들이여. 이와 같다면 비법갈마이고 비니갈마가 아니니라. 이와 같다면 승가에 허물이 있느니라.

여러 비구들이여. 화합승가가 마땅히 출죄를 주어야 하는 자에게 억념비니를 주었다면, 이것은 비법갈마이고 비니갈마가 아니니라. 이와 같다면 승가에 허물이 있느니라. 화합승가가 마땅히 출죄를 주어야 하는 자에게 불치비니를 주었거나, 출죄를 주어야 하는 자에게 실멱갈마를 지었거나, …… 출죄를 주어야 하는 자에게 마나타를 주었거나, 출죄를 주어야 하는 자에게 구족계를 주었다면, 여러 비구들이여. 이와 같다면 비법갈마이고 비니갈마가 아니니라. 이와 같다면 승가에 허물이 있느니라.

여러 비구들이여. 화합승가가 마땅히 구족계를 주어야 하는 자에게 억념비니를 주었다면, 이것은 비법갈마이고 비니갈마가 아니니라. 이와 같다면 승가에 허물이 있느니라. 화합승가가 마땅히 구족계를 주어야 하는 자에게 불치비니를 주었거나, 구족계를 주어야 하는 자에게 실멱갈마를 지었거나, …… 구족계를 주어야 하는 자에게 마나타를 주었거나, 구족계를 주어야 하는 자에게 출죄를 주었다면, 여러 비구들이여. 이와 같다면 비법갈마이고 비니갈마가 아니니라. 이와 같다면 승가에 허물이 있느니라."

[우바리의 질문을 마친다.]

○ 【둘째의 송출품을 마친다.】

3. 제3송출품(第三誦出品)

7) 비법갈마와 별중갈마

7-1 "여러 비구들이여. 이 처소의 비구가 항상 쟁송(訴訟)하고 투쟁(鬪諍)하며 논쟁(論爭)하고 소란스럽게 하며 승가에서 논쟁의 일을 일으켰으므로, 이 가운데에서 여러 비구들은 마음에서 사유하였느니라.

'이 비구는 항상 쟁송하고 투쟁하며 논쟁하고 소란스럽게 하며 승가에서 논쟁의 일을 일으킨다. 우리들은 그 비구에게 가책갈마를 지어야겠다.'

그 여러 비구들은 그 비구에게 비법으로 별중의 가책갈마를 지었다. 그 비구는 그 주처에서 다른 주처로 갔고, 이 처소의 여러 비구들은 마음에서 사유하였다.

'이 비구는 승가에서 비법으로 별중의 가책갈마를 받았다. 우리들은 그 비구에게 가책갈마를 지어야겠다.'

그 여러 비구들은 그 비구에게 비법으로 화합한 가책갈마를 지었다. 그 비구는 그 주처에서 다른 주처로 갔고, 이 처소의 여러 비구들은 마음에서 사유하였다.

'이 비구는 승가에서 비법으로 화합한 가책갈마를 받았다. 우리들은 그 비구에게 가책갈마를 지어야겠다.'

그 여러 비구들은 그 비구에게 여법하게 별중의 가책갈마를 지었다. 그 비구는 그 주처에서 다른 주처로 갔고, 이 처소의 여러 비구들은 마음에서 사유하였다.

'이 비구는 승가에서 여법하게 별중의 가책갈마를 받았다. 우리들은 그 비구에게 가책갈마를 지어야겠다.'

그 여러 비구들은 그 비구에게 여법하게 화합한 가책갈마를 지었다. 그 비구는 그 주처에서 다른 주처로 갔고, 이 처소의 여러 비구들은 마음에서 사유하였다.

'이 비구는 승가에서 여법하게 화합한 가책갈마를 받았다. 우리들은 그 비구에게 가책갈마를 지어야겠다.'

그 여러 비구들은 그 비구에게 사법으로 별중의 가책갈마를 지었다. 그 비구는 그 주처에서 다른 주처로 갔고, 이 처소의 여러 비구들은 마음에서 사유하였다.

'이 비구는 승가에서 사법으로 별중의 가책갈마를 받았다. 우리들은 그 비구에게 가책갈마를 지어야겠다.'

그 여러 비구들은 그 비구에게 사법으로 화합한 가책갈마를 지었느니라."

7-2 "여러 비구들이여. 이 처소의 비구가 항상 쟁송하고 투쟁하며 …… 이 가운데에서 여러 비구들은 마음에서 사유하였느니라.

'이 비구는 항상 쟁송하고 투쟁하며 …… 우리들은 그 비구에게 가책갈마를 지어야겠다.'

그 여러 비구들은 그 비구에게 비법으로 화합한 가책갈마를 지었다. 그 비구는 그 주처에서 다른 주처로 갔고, 이 처소의 여러 비구들은 마음에서 사유하였다.

'이 비구는 승가에서 비법으로 화합한 가책갈마를 받았다. 우리들은 그 비구에게 가책갈마를 지어야겠다.'

그 여러 비구들은 그 비구에게 여법하게 별중의 가책갈마를 지었다. 그 비구는 그 주처에서 다른 주처로 갔고, 이 처소의 여러 비구들은 마음에서 사유하였다.

'이 비구는 승가에서 여법하게 별중의 가책갈마를 받았다. 우리들은 그 비구에게 가책갈마를 지어야겠다.'

그 여러 비구들은 그 비구에게 사법으로 별중의 가책갈마를 지었다. 그 비구는 그 주처에서 다른 주처로 갔고, 이 처소의 여러 비구들은 마음에서 사유하였다.

'이 비구는 승가에서 사법으로 별중의 가책갈마를 받았다. 우리들은 그 비구에게 가책갈마를 지어야겠다.'

그 여러 비구들은 그 비구에게 사법으로 화합한 가책갈마를 지었다. 그 비구는 그 주처에서 다른 주처로 갔고, 이 처소의 여러 비구들은 마음에서 사유하였다.

'이 비구는 승가에서 사법으로 화합한 가책갈마를 받았다. 우리들은 그 비구에게 가책갈마를 지어야겠다.'

그 여러 비구들은 그 비구에게 비법으로 별중의 가책갈마를 지었느니라."

7-3 "여러 비구들이여. 이 처소의 비구가 항상 쟁송하고 투쟁하며 …… 이 가운데에서 여러 비구들은 마음에서 사유하였느니라.

'이 비구는 항상 쟁송하고 투쟁하며 …… 우리들은 그 비구에게 가책갈마를 지어야겠다.'

그 여러 비구들은 그 비구에게 여법하게 별중의 가책갈마를 지었다. 그 비구는 그 주처에서 다른 주처로 갔고, 이 처소의 여러 비구들은 마음에서 사유하였다.

'이 비구는 승가에서 여법하게 별중의 가책갈마를 받았다. 우리들은 그 비구에게 가책갈마를 지어야겠다.'

그 여러 비구들은 그 비구에게 사법으로 별중의 가책갈마를 지었다. 그 비구는 그 주처에서 다른 주처로 갔고, 이 처소의 여러 비구들은 마음에서 사유하였다.

'이 비구는 승가에서 사법으로 별중의 가책갈마를 받았다. 우리들은 그 비구에게 가책갈마를 지어야겠다.'

그 여러 비구들은 그 비구에게 사법으로 화합한 가책갈마를 지었다. 그 비구는 그 주처에서 다른 주처로 갔고, 이 처소의 여러 비구들은 마음에서 사유하였다.

'이 비구는 승가에서 사법으로 화합한 가책갈마를 받았다. 우리들은 그 비구에게 가책갈마를 지어야겠다.'

그 여러 비구들은 그 비구에게 비법으로 별중의 가책갈마를 지었다. 그 비구는 그 주처에서 다른 주처로 갔고, 이 처소의 여러 비구들은 마음에서 사유하였다.

'이 비구는 승가에서 사법으로 비법으로 별중의 가책갈마를 받았다. 우리들은 그 비구에게 가책갈마를 지어야겠다.'

그 여러 비구들은 그 비구에게 비법으로 화합한 가책갈마를 지었느니라."

7-4 "여러 비구들이여. 이 처소의 비구가 항상 쟁송하고 투쟁하며 …… 이 가운데에서 여러 비구들은 마음에서 사유하였느니라.

'이 비구는 항상 쟁송하고 투쟁하며 …… 우리들은 그 비구에게 가책갈마를 지어야겠다.'

그 여러 비구들은 그 비구에게 사법으로 별중의 가책갈마를 지었다. 그 비구는 그 주처에서 다른 주처로 갔고, 이 처소의 여러 비구들은 마음에서 사유하였다.

'이 비구는 승가에서 사법으로 별중의 가책갈마를 받았다. 우리들은 그 비구에게 가책갈마를 지어야겠다.'

그 여러 비구들은 그 비구에게 사법으로 화합한 가책갈마를 지었다. 그 비구는 그 주처에서 다른 주처로 갔고, 이 처소의 여러 비구들은 마음에서 사유하였다.

'이 비구는 승가에서 사법으로 화합한 가책갈마를 받았다. 우리들은 그 비구에게 가책갈마를 지어야겠다.'

그 여러 비구들은 그 비구에게 비법으로 별중의 가책갈마를 지었다. 그 비구는 그 주처에서 다른 주처로 갔고, 이 처소의 여러 비구들은 마음에서 사유하였다.

'이 비구는 승가에서 비법으로 별중의 가책갈마를 받았다. 우리들은 그 비구에게 가책갈마를 지어야겠다.'

그 여러 비구들은 그 비구에게 비법으로 화합한 가책갈마를 지었다. 그 비구는 그 주처에서 다른 주처로 갔고, 이 처소의 여러 비구들은 마음에서 사유하였다.

'이 비구는 승가에서 비법으로 화합한 가책갈마를 받았다. 우리들은

그 비구에게 가책갈마를 지어야겠다.'

그 여러 비구들은 그 비구에게 여법하게 별중의 가책갈마를 지었느니라."

7-5 "여러 비구들이여. 이 처소의 비구가 항상 쟁송하고 투쟁하며 ……
이 가운데에서 여러 비구들은 마음에서 사유하였느니라.

'이 비구는 항상 쟁송하고 투쟁하며 …… 우리들은 그 비구에게 가책갈마
를 지어야겠다.'

그 여러 비구들은 그 비구에게 사법으로 화합한 가책갈마를 지었다.
그 비구는 그 주처에서 다른 주처로 갔고, 이 처소의 여러 비구들은
마음에서 사유하였다.

'이 비구는 승가에서 사법으로 화합한 가책갈마를 받았다. 우리들은
그 비구에게 가책갈마를 지어야겠다.'

그 여러 비구들은 그 비구에게 비법으로 별중의 가책갈마를 지었다.
그 비구는 그 주처에서 다른 주처로 갔고, 이 처소의 여러 비구들은
마음에서 사유하였다.

'이 비구는 승가에서 비법으로 별중의 가책갈마를 받았다. 우리들은
그 비구에게 가책갈마를 지어야겠다.'

그 여러 비구들은 그 비구에게 비법으로 화합한 가책갈마를 지었다.
그 비구는 그 주처에서 다른 주처로 갔고, 이 처소의 여러 비구들은
마음에서 사유하였다.

'이 비구는 승가에서 비법으로 화합한 가책갈마를 받았다. 우리들은
그 비구에게 가책갈마를 지어야겠다.'

그 여러 비구들은 그 비구에게 여법하게 별중의 가책갈마를 지었다.
그 비구는 그 주처에서 다른 주처로 갔고, 이 처소의 여러 비구들은
마음에서 사유하였다.

'이 비구는 승가에서 사법으로 여법하게 별중의 가책갈마를 받았다.
우리들은 그 비구에게 가책갈마를 지어야겠다.'

그 여러 비구들은 그 비구에게 사법으로 별중의 가책갈마를 지었느니라."

7-6 "여러 비구들이여. 이 처소의 비구가 우치하고 총명하지 않으며 여러 종류의 죄를 범한 것이 많고 교계를 받아들이지 않으며 재가인과 함께 교류하고 재가의 대중을 따르지 않으면서 함께 머물렀으므로, 이 가운데에서 여러 비구들은 마음에서 사유하였느니라.

'이 비구는 우치하고 총명하지 않으며 여러 종류의 죄를 범한 것이 많고 교계를 받아들이지 않으며 재가인과 함께 교류하고 재가의 대중을 따르지 않으면서 함께 머물렀다. 우리들은 그 비구에게 의지갈마를 지어야겠다.'

그 여러 비구들은 그 비구에게 비법으로 별중의 의지갈마를 지었다. 그 비구는 그 주처에서 다른 주처로 갔고, 이 처소의 여러 비구들은 마음에서 사유하였다.

'이 비구는 승가에서 비법으로 별중의 의지갈마를 받았다. 우리들은 그 비구에게 의지갈마를 지어야겠다.'

그 여러 비구들은 그 비구에게 비법으로 화합한 의지갈마를 지었다. 그 비구는 그 주처에서 다른 주처로 갔고, 이 처소의 여러 비구들은 마음에서 사유하였다.

'이 비구는 승가에서 비법으로 화합한 의지갈마를 받았다. 우리들은 그 비구에게 의지갈마를 지어야겠다.'

그 여러 비구들은 그 비구에게 여법하게 별중의 의지갈마를 지었다. 그 비구는 그 주처에서 다른 주처로 갔고, 이 처소의 여러 비구들은 마음에서 사유하였다.

'이 비구는 승가에서 여법하게 별중의 의지갈마를 받았다. 우리들은 그 비구에게 의지갈마를 지어야겠다.'

그 여러 비구들은 그 비구에게 사법으로 별중의 의지갈마를 지었느니라. 그 비구는 그 주처에서 다른 주처로 갔고, 이 처소의 여러 비구들은 마음에서 사유하였다.

'이 비구는 승가에서 사법으로 별중의 의지갈마를 받았다. 우리들은 그 비구에게 의지갈마를 지어야겠다.'

그 여러 비구들은 그 비구에게 사법으로 화합한 의지갈마를 지었느니라."

7-7 "여러 비구들이여. 이 처소의 비구가 다른 집을 더럽히고 악행을 행하였으므로, 이 가운데에서 여러 비구들은 마음에서 사유하였느니라.

'이 비구는 다른 집을 더럽히고 악행을 행하였다. 우리들은 그 비구에게 구출갈마를 지어야겠다.'

그 여러 비구들은 그 비구에게 비법으로 별중의 구출갈마를 지었다. 그 비구는 그 주처에서 다른 주처로 갔고, 이 처소의 여러 비구들은 마음에서 사유하였다.

'이 비구는 승가에서 비법으로 별중의 구출갈마를 받았다. 우리들은 그 비구에게 의지갈마를 지어야겠다.'

그 여러 비구들은 그 비구에게 비법으로 화합한 구출갈마를 지었다. 그 비구는 그 주처에서 다른 주처로 갔고, 이 처소의 여러 비구들은 마음에서 사유하였다.

'이 비구는 승가에서 비법으로 화합한 구출갈마를 받았다. 우리들은 그 비구에게 의지갈마를 지어야겠다.'

그 여러 비구들은 그 비구에게 여법하게 별중의 구출갈마를 지었다. 그 비구는 그 주처에서 다른 주처로 갔고, 이 처소의 여러 비구들은 마음에서 사유하였다.

'이 비구는 승가에서 여법하게 별중의 구출갈마를 받았다. 우리들은 그 비구에게 의지갈마를 지어야겠다.'

그 여러 비구들은 그 비구에게 사법으로 별중의 구출갈마를 지었느니라. 그 비구는 그 주처에서 다른 주처로 갔고, 이 처소의 여러 비구들은 마음에서 사유하였다.

'이 비구는 승가에서 사법으로 별중의 구출갈마를 받았다. 우리들은 그 비구에게 의지갈마를 지어야겠다.'

그 여러 비구들은 그 비구에게 사법으로 화합한 구출갈마를 지었느니라."

7-8 "여러 비구들이여. 이 처소의 비구가 악구(惡口)로써 욕설하였으므로, 이 가운데에서 여러 비구들은 마음에서 사유하였느니라.

'이 비구는 악구로써 욕설하였다. 우리들은 그 비구에게 하의갈마를 지어야겠다.'

그 여러 비구들은 그 비구에게 비법으로 별중의 하의갈마를 지었다. 그 비구는 그 주처에서 다른 주처로 갔고, 이 처소의 여러 비구들은 마음에서 사유하였다.

'이 비구는 승가에서 비법으로 별중의 하의갈마를 받았다. 우리들은 그 비구에게 의지갈마를 지어야겠다.'

그 여러 비구들은 그 비구에게 비법으로 화합한 하의갈마를 지었다. 그 비구는 그 주처에서 다른 주처로 갔고, 이 처소의 여러 비구들은 마음에서 사유하였다.

'이 비구는 승가에서 비법으로 화합한 하의갈마를 받았다. 우리들은 그 비구에게 의지갈마를 지어야겠다.'

그 여러 비구들은 그 비구에게 여법하게 별중의 하의갈마를 지었다. 그 비구는 그 주처에서 다른 주처로 갔고, 이 처소의 여러 비구들은 마음에서 사유하였다.

'이 비구는 승가에서 여법하게 별중의 하의갈마를 받았다. 우리들은 그 비구에게 의지갈마를 지어야겠다.'

그 여러 비구들은 그 비구에게 사법으로 별중의 하의갈마를 지었느니라. 그 비구는 그 주처에서 다른 주처로 갔고, 이 처소의 여러 비구들은 마음에서 사유하였다.

'이 비구는 승가에서 사법으로 별중의 하의갈마를 받았다. 우리들은 그 비구에게 의지갈마를 지어야겠다.'

그 여러 비구들은 그 비구에게 사법으로 화합한 하의갈마를 지었느니라."

7-9 "여러 비구들이여. 이 처소의 비구가 죄를 범하였으나 죄를 보려고 하지 않았으므로, 이 가운데에서 여러 비구들은 마음에서 사유하였느니라.

'이 비구는 죄를 범하였으나 죄를 보려고 하지 않았다. 우리들은 그 비구가 죄를 보려고 하지 않는 것을 의지하여 거죄갈마를 지어야겠다.'

그 여러 비구들은 그 비구에게 비법으로 별중의 거죄갈마를 지었다. 그 비구는 그 주처에서 다른 주처로 갔고, 이 처소의 여러 비구들은 마음에서 사유하였다.

'이 비구는 승가에서 비법으로 별중의 거죄갈마를 받았다. 우리들은 그 비구에게 거죄갈마를 지어야겠다.'

그 여러 비구들은 그 비구에게 비법으로 화합한 거죄갈마를 지었다. 그 비구는 그 주처에서 다른 주처로 갔고, 이 처소의 여러 비구들은 마음에서 사유하였다.

'이 비구는 승가에서 비법으로 화합한 거죄갈마를 받았다. 우리들은 그 비구에게 거죄갈마를 지어야겠다.'

그 여러 비구들은 그 비구에게 여법하게 별중의 거죄갈마를 지었다. 그 비구는 그 주처에서 다른 주처로 갔고, 이 처소의 여러 비구들은 마음에서 사유하였다.

'이 비구는 승가에서 여법하게 별중의 거죄갈마를 받았다. 우리들은 그 비구에게 거죄갈마를 지어야겠다.'

그 여러 비구들은 그 비구에게 사법으로 별중의 거죄갈마를 지었느니라. 그 비구는 그 주처에서 다른 주처로 갔고, 이 처소의 여러 비구들은 마음에서 사유하였다.

'이 비구는 승가에서 사법으로 별중의 거죄갈마를 받았다. 우리들은 그 비구에게 거죄갈마를 지어야겠다.'

그 여러 비구들은 그 비구에게 사법으로 화합한 거죄갈마를 지었느니라."

7-10 "여러 비구들이여. 이 처소의 비구가 죄를 범하였으나 죄를 참회하려고 하지 않았으므로, 이 가운데에서 여러 비구들은 마음에서 사유하였느니라.

'이 비구는 죄를 범하였으나 죄를 참회하려고 하지 않았다. 우리들은

그 비구에게 죄를 참회하려고 하지 않는 것을 의지하여 거죄갈마를 지어야 겠다.'

그 여러 비구들은 그 비구에게 비법으로 별중의 거죄갈마를 지었다. 그 비구는 그 주처에서 다른 주처로 갔고, 이 처소의 여러 비구들은 마음에서 사유하였다.

'이 비구는 승가에서 비법으로 별중의 거죄갈마를 받았다. 우리들은 그 비구에게 거죄갈마를 지어야겠다.'

그 여러 비구들은 그 비구에게 비법으로 화합한 거죄갈마를 지었다. 그 비구는 그 주처에서 다른 주처로 갔고, 이 처소의 여러 비구들은 마음에서 사유하였다.

'이 비구는 승가에서 비법으로 화합한 거죄갈마를 받았다. 우리들은 그 비구에게 거죄갈마를 지어야겠다.'

그 여러 비구들은 그 비구에게 여법하게 별중의 거죄갈마를 지었다. 그 비구는 그 주처에서 다른 주처로 갔고, 이 처소의 여러 비구들은 마음에서 사유하였다.

'이 비구는 승가에서 여법하게 별중의 거죄갈마를 받았다. 우리들은 그 비구에게 거죄갈마를 지어야겠다.'

그 여러 비구들은 그 비구에게 사법으로 별중의 거죄갈마를 지었느니라. 그 비구는 그 주처에서 다른 주처로 갔고, 이 처소의 여러 비구들은 마음에서 사유하였다.

'이 비구는 승가에서 사법으로 별중의 거죄갈마를 받았다. 우리들은 그 비구에게 거죄갈마를 지어야겠다.'

그 여러 비구들은 그 비구에게 사법으로 화합한 거죄갈마를 지었느니라."

7-11 "여러 비구들이여. 이 처소의 비구가 악한 견해를 버리려고 하지 않았으므로, 이 가운데에서 여러 비구들은 마음에서 사유하였느니라.

'이 비구는 악한 견해를 버리려고 하지 않았다. 우리들은 그 비구에게 악한 견해를 버리려고 하지 않는 것을 의지하여 거죄갈마를 지어야겠다.'

　그 여러 비구들은 그 비구에게 비법으로 별중의 거죄갈마를 지었다. 그 비구는 그 주처에서 다른 주처로 갔고, 이 처소의 여러 비구들은 마음에서 사유하였다.

　'이 비구는 승가에서 비법으로 별중의 거죄갈마를 받았다. 우리들은 그 비구에게 거죄갈마를 지어야겠다.'

　그 여러 비구들은 그 비구에게 비법으로 화합한 거죄갈마를 지었다. 그 비구는 그 주처에서 다른 주처로 갔고, 이 처소의 여러 비구들은 마음에서 사유하였다.

　'이 비구는 승가에서 비법으로 화합한 거죄갈마를 받았다. 우리들은 그 비구에게 거죄갈마를 지어야겠다.'

　그 여러 비구들은 그 비구에게 여법하게 별중의 거죄갈마를 지었다. 그 비구는 그 주처에서 다른 주처로 갔고, 이 처소의 여러 비구들은 마음에서 사유하였다.

　'이 비구는 승가에서 여법하게 별중의 거죄갈마를 받았다. 우리들은 그 비구에게 거죄갈마를 지어야겠다.'

　그 여러 비구들은 그 비구에게 사법으로 별중의 거죄갈마를 지었느니라. 그 비구는 그 주처에서 다른 주처로 갔고, 이 처소의 여러 비구들은 마음에서 사유하였다.

　'이 비구는 승가에서 사법으로 별중의 거죄갈마를 받았다. 우리들은 그 비구에게 의지갈마를 지어야겠다.'

　그 여러 비구들은 그 비구에게 사법으로 화합한 거죄갈마를 지었느니라."

7-12 "여러 비구들이여. 이 처소의 비구가 비록 승가에게 가책갈마를 받았으나, 바르게 행하였고 삼가하였으며 출죄하려고 해가책갈마(解呵責羯磨)를 애원하였으므로, 이 가운데에서 여러 비구들은 마음에서 사유하였느니라.

　'이 비구는 비록 승가에게 가책갈마를 받았으나, 바르게 행하였고 삼가하였으며 출죄하려고 해가책갈마를 애원하였다. 우리들은 그 비구에게

해가책갈마를 지어주어야겠다.'

그 여러 비구들은 그 비구에게 비법으로 별중의 해가책갈마를 지었다. 그 비구는 그 주처에서 다른 주처로 갔고, 이 처소의 여러 비구들은 마음에서 사유하였다.

'이 비구는 승가에서 비법으로 별중의 해가책갈마를 받았다. 우리들은 그 비구에게 해가책갈마를 지어야겠다.'

그 여러 비구들은 그 비구에게 비법으로 화합한 해가책갈마를 지었다. 그 비구는 그 주처에서 다른 주처로 갔고, 이 처소의 여러 비구들은 마음에서 사유하였다.

'이 비구는 승가에서 비법으로 화합한 해가책갈마를 받았다. 우리들은 그 비구에게 해가책갈마를 지어야겠다.'

그 여러 비구들은 그 비구에게 여법하게 별중의 해가책갈마를 지었다. 그 비구는 그 주처에서 다른 주처로 갔고, 이 처소의 여러 비구들은 마음에서 사유하였다.

'이 비구는 승가에서 여법하게 별중의 해가책갈마를 받았다. 우리들은 그 비구에게 해가책갈마를 지어야겠다.'

그 여러 비구들은 그 비구에게 사법으로 별중의 거죄갈마를 지었느니라. 그 비구는 그 주처에서 다른 주처로 갔고, 이 처소의 여러 비구들은 마음에서 사유하였다.

'이 비구는 승가에서 사법으로 별중의 해가책갈마를 받았다. 우리들은 그 비구에게 해가책갈마를 지어야겠다.'

그 여러 비구들은 그 비구에게 사법으로 화합한 해가책갈마를 지었느니라."

7-13 "여러 비구들이여. 이 처소의 비구가 승가에게 가책갈마를 받았던 까닭으로 바르게 행하였고 삼가하였으며 출죄하려고 해가책갈마를 애원하였으므로, 이 가운데에서 여러 비구들은 마음에서 사유하였느니라.

'이 비구는 승가에게 가책갈마를 받았던 까닭으로 바르게 행하였고 …… 우리들은 그 비구에게 해가책갈마를 지어주어야겠다.'

그 여러 비구들은 그 비구에게 비법으로 화합한 해가책갈마를 지었고, …… 그 여러 비구들은 그 비구에게 여법하게 별중의 해가책갈마를 지었고, …… 그 여러 비구들은 그 비구에게 사법으로 별중의 해가책갈마를 지었고, …… 그 여러 비구들은 그 비구에게 사법으로 화합한 해가책갈마를 지었고, …… 그 여러 비구들은 그 비구에게 비법으로 별중의 가책갈마를 지었느니라.

여러 비구들이여. 이 처소의 비구가 비록 승가에게 가책갈마를 받았으나, 바르게 행하였고, …… 그 여러 비구들은 그 비구에게 여법하게 별중의 해가책갈마를 지었고, …… 그 여러 비구들은 그 비구에게 사법으로 별중의 해가책갈마를 지었고, …… 그 여러 비구들은 그 비구에게 사법으로 화합한 해가책갈마를 지었고, …… 그 여러 비구들은 그 비구에게 비법으로 별중의 해가책갈마를 지었고, …… 그 여러 비구들은 그 비구에게 비법으로 화합한 해가책갈마를 지었느니라.

여러 비구들이여. 이 처소의 비구가 비록 승가에게 가책갈마를 받았으나, 바르게 행하였고, …… 그 여러 비구들은 그 비구에게 사법으로 별중의 해가책갈마를 지었고, …… 그 여러 비구들은 그 비구에게 사법으로 화합한 해가책갈마를 지었고, …… 그 여러 비구들은 그 비구에게 비법으로 별중의 해가책갈마를 지었고, …… 그 여러 비구들은 그 비구에게 비법으로 화합한 해가책갈마를 지었고, …… 그 여러 비구들은 그 비구에게 여법하게 별중의 해가책갈마를 지었느니라.

여러 비구들이여. 이 처소의 비구가 비록 승가에게 가책갈마를 받았으나, 바르게 행하였고, …… 그 여러 비구들은 그 비구에게 사법으로 화합한 가책갈마를 지었고, …… 그 여러 비구들은 그 비구에게 비법으로 별중의 가책갈마를 지었고, …… 그 여러 비구들은 그 비구에게 비법으로 화합한 가책갈마를 지었고, …… 그 여러 비구들은 그 비구에게 여법하게 별중의 가책갈마를 지었고, …… 그 여러 비구들은 그 비구에게 사법으로 별중의 가책갈마를 지었느니라."

7-14 "여러 비구들이여. 이 처소의 비구가 비록 승가에게 의지갈마를

받았으나, 바르게 행하였고 삼가하였으며 출죄하려고 해의지갈마(解依止
羯磨)를 애원하였으므로, 이 가운데에서 여러 비구들은 마음에서 사유하
였느니라.

'이 비구는 비록 승가에게 의지갈마를 받았으나, 바르게 행하였고 삼가
하였으며 출죄하려고 해의지갈마를 애원하였다. 우리들은 그 비구에게
해의지갈마를 지어주어야겠다.'

그 여러 비구들은 그 비구에게 비법으로 화합한 해의지갈마를 지었다.
그 비구는 그 주처에서 다른 주처로 갔고, 이 처소의 여러 비구들은
마음에서 사유하였다.

'이 비구는 승가에서 비법으로 화합한 해의지갈마를 받았다. 우리들은
그 비구에게 해의지갈마를 지어야겠다.'

그 여러 비구들은 그 비구에게 여법하게 별중의 해의지갈마를 지었다.
그 비구는 그 주처에서 다른 주처로 갔고, 이 처소의 여러 비구들은
마음에서 사유하였다.

'이 비구는 승가에서 여법하게 별중의 해의지갈마를 받았다. 우리들은
그 비구에게 해의지갈마를 지어야겠다.'

그 여러 비구들은 그 비구에게 사법으로 별중의 해의지갈마를 지었다.
그 비구는 그 주처에서 다른 주처로 갔고, 이 처소의 여러 비구들은
마음에서 사유하였다.

'이 비구는 승가에서 사법으로 별중의 해의지갈마를 받았다. 우리들은
그 비구에게 해의지갈마를 지어야겠다.'

그 여러 비구들은 그 비구에게 사법으로 별중의 해의지갈마를 지었느니
라. 그 비구는 그 주처에서 다른 주처로 갔고, 이 처소의 여러 비구들은
마음에서 사유하였다.

'이 비구는 승가에서 사법으로 화합한 해의지갈마를 받았다. 우리들은
그 비구에게 해의지갈마를 지어야겠다.'

그 여러 비구들은 그 비구에게 비법으로 별중의 해의지갈마를 지었느니라."

[7-14부터 7-19까지의 원문은 7-13과 같은 반복되는 형태로써 결집되고 있으므로, 중복되는 내용을 생략하여 번역한다.]

7-15 "여러 비구들이여. 이 처소의 비구가 비록 승가에게 구출갈마를 받았으나, 바르게 행하였고 삼가하였으며 출죄하려고 해구출갈마(解驅出羯磨)를 애원하였으므로, 이 가운데에서 여러 비구들은 마음에서 사유하였느니라.

'이 비구는 비록 승가에게 구출갈마를 받았으나, 바르게 행하였고 삼가하였으며 출죄하려고 해구출갈마를 애원하였다. 우리들은 그 비구에게 해구출갈마를 지어주어야겠다.'

그 여러 비구들은 그 비구에게 비법으로 화합한 해구출갈마를 지었다. 그 비구는 그 주처에서 다른 주처로 갔고, 이 처소의 여러 비구들은 마음에서 사유하였다.

'이 비구는 승가에서 비법으로 화합한 해구출갈마를 받았다. 우리들은 그 비구에게 해구출갈마를 지어야겠다.'

그 여러 비구들은 그 비구에게 여법하게 별중의 해구출갈마를 지었다. 그 비구는 그 주처에서 다른 주처로 갔고, 이 처소의 여러 비구들은 마음에서 사유하였다.

'이 비구는 승가에서 여법하게 별중의 해구출갈마를 받았다. 우리들은 그 비구에게 해구출갈마를 지어야겠다.'

그 여러 비구들은 그 비구에게 사법으로 별중의 해구출갈마를 지었다. 그 비구는 그 주처에서 다른 주처로 갔고, 이 처소의 여러 비구들은 마음에서 사유하였다.

'이 비구는 승가에서 사법으로 별중의 해구출갈마를 받았다. 우리들은 그 비구에게 해구출갈마를 지어야겠다.'

그 여러 비구들은 그 비구에게 사법으로 별중의 해구출갈마를 지었느니라. 그 비구는 그 주처에서 다른 주처로 갔고, 이 처소의 여러 비구들은 마음에서 사유하였다.

'이 비구는 승가에서 사법으로 화합한 해구출갈마를 받았다. 우리들은 그 비구에게 해구출갈마를 지어야겠다.'

그 여러 비구들은 그 비구에게 비법으로 별중의 해구출갈마를 지었느니라."

7-16 "여러 비구들이여. 이 처소의 비구가 비록 승가에게 하의갈마를 받았으나, 바르게 행하였고 삼가하였으며 출죄하려고 해하의갈마(解下意羯磨)를 애원하였으므로, 이 가운데에서 여러 비구들은 마음에서 사유하였느니라.

'이 비구는 비록 승가에게 하의갈마를 받았으나, 바르게 행하였고 삼가하였으며 출죄하려고 해하의갈마를 애원하였다. 우리들은 그 비구에게 해하의갈마를 지어주어야겠다.'

그 여러 비구들은 그 비구에게 비법으로 화합한 해하의갈마를 지었다. 그 비구는 그 주처에서 다른 주처로 갔고, 이 처소의 여러 비구들은 마음에서 사유하였다.

'이 비구는 승가에서 비법으로 화합한 해하의갈마를 받았다. 우리들은 그 비구에게 해하의갈마를 지어야겠다.'

그 여러 비구들은 그 비구에게 여법하게 별중의 해하의갈마를 지었다. 그 비구는 그 주처에서 다른 주처로 갔고, 이 처소의 여러 비구들은 마음에서 사유하였다.

'이 비구는 승가에서 여법하게 별중의 해하의갈마를 받았다. 우리들은 그 비구에게 해하의갈마를 지어야겠다.'

그 여러 비구들은 그 비구에게 사법으로 별중의 해하의갈마를 지었다. 그 비구는 그 주처에서 다른 주처로 갔고, 이 처소의 여러 비구들은 마음에서 사유하였다.

'이 비구는 승가에서 사법으로 별중의 해하의갈마를 받았다. 우리들은 그 비구에게 해하의갈마를 지어야겠다.'

그 여러 비구들은 그 비구에게 사법으로 별중의 해구출갈마를 지었느니라. 그 비구는 그 주처에서 다른 주처로 갔고, 이 처소의 여러 비구들은 마음에서 사유하였다.

'이 비구는 승가에서 사법으로 화합한 해하의갈마를 받았다. 우리들은 그 비구에게 해하의갈마를 지어야겠다.'

그 여러 비구들은 그 비구에게 비법으로 별중의 해하의갈마를 지었느니라."

7-17 "여러 비구들이여. 이 처소의 비구가 비록 승가에게 죄를 보지 않은 것에 의지하여 거죄갈마를 받았으나, 바르게 행하였고 삼가하였으며 출죄하려고 해거죄갈마(解擧罪羯磨)를 애원하였으므로, 이 가운데에서 여러 비구들은 마음에서 사유하였느니라.

'이 비구는 비록 승가에게 거죄갈마를 받았으나, 바르게 행하였고 삼가하였으며 출죄하려고 해거죄갈마를 애원하였다. 우리들은 그 비구에게 해거죄갈마를 지어주어야겠다.'

그 여러 비구들은 그 비구에게 비법으로 화합한 해거죄갈마를 지었다. 그 비구는 그 주처에서 다른 주처로 갔고, 이 처소의 여러 비구들은 마음에서 사유하였다.

'이 비구는 승가에서 비법으로 화합한 해거죄갈마를 받았다. 우리들은 그 비구에게 해거죄갈마를 지어야겠다.'

그 여러 비구들은 그 비구에게 여법하게 별중의 해거죄갈마를 지었다. 그 비구는 그 주처에서 다른 주처로 갔고, 이 처소의 여러 비구들은 마음에서 사유하였다.

'이 비구는 승가에서 여법하게 별중의 해거죄갈마를 받았다. 우리들은 그 비구에게 해거죄갈마를 지어야겠다.'

그 여러 비구들은 그 비구에게 사법으로 별중의 해거죄갈마를 지었다. 그 비구는 그 주처에서 다른 주처로 갔고, 이 처소의 여러 비구들은 마음에서 사유하였다.

'이 비구는 승가에서 사법으로 별중의 해하의갈마를 받았다. 우리들은 그 비구에게 해거죄갈마를 지어야겠다.'

그 여러 비구들은 그 비구에게 사법으로 별중의 해거죄갈마를 지었느니

라. 그 비구는 그 주처에서 다른 주처로 갔고, 이 처소의 여러 비구들은
마음에서 사유하였다.

　'이 비구는 승가에서 사법으로 화합한 해거죄갈마를 받았다. 우리들은
그 비구에게 해거죄갈마를 지어야겠다.'

　그 여러 비구들은 그 비구에게 비법으로 별중의 해거죄갈마를 지었느니라."

7-18 "여러 비구들이여. 이 처소의 비구가 비록 승가에게 죄를 참회하지
않은 것에 의지하여 거죄갈마를 받았으나, 바르게 행하였고 삼가하였으며
출죄하려고 해거죄갈마를 애원하였으므로, 이 가운데에서 여러 비구들은
마음에서 사유하였느니라.

　'이 비구는 비록 승가에게 거죄갈마를 받았으나, 바르게 행하였고 삼가
하였으며 출죄하려고 해거죄갈마를 애원하였다. 우리들은 그 비구에게
해거죄갈마를 지어주어야겠다.'

　그 여러 비구들은 그 비구에게 비법으로 화합한 해거죄갈마를 지었다.
그 비구는 그 주처에서 다른 주처로 갔고, 이 처소의 여러 비구들은
마음에서 사유하였다.

　'이 비구는 승가에서 비법으로 화합한 해거죄갈마를 받았다. 우리들은
그 비구에게 해거죄갈마를 지어야겠다.'

　그 여러 비구들은 그 비구에게 여법하게 별중의 해거죄갈마를 지었다.
그 비구는 그 주처에서 다른 주처로 갔고, 이 처소의 여러 비구들은
마음에서 사유하였다.

　'이 비구는 승가에서 여법하게 별중의 해거죄갈마를 받았다. 우리들은
그 비구에게 해거죄갈마를 지어야겠다.'

　그 여러 비구들은 그 비구에게 사법으로 별중의 해거죄갈마를 지었다.
그 비구는 그 주처에서 다른 주처로 갔고, 이 처소의 여러 비구들은
마음에서 사유하였다.

　'이 비구는 승가에서 사법으로 별중의 해거죄갈마를 받았다. 우리들은
그 비구에게 해거죄갈마를 지어야겠다.'

그 여러 비구들은 그 비구에게 사법으로 별중의 해거죄갈마를 지었느니라. 그 비구는 그 주처에서 다른 주처로 갔고, 이 처소의 여러 비구들은 마음에서 사유하였다.

'이 비구는 승가에서 사법으로 화합한 해거죄갈마를 받았다. 우리들은 그 비구에게 해거죄갈마를 지어야겠다.'

그 여러 비구들은 그 비구에게 비법으로 별중의 해거죄갈마를 지었느니라."

7-19 "여러 비구들이여. 이 처소의 비구가 비록 승가에게 악한 견해를 버리지 않은 것에 의지하여 거죄갈마를 받았으나, 바르게 행하였고 삼가하였으며 출죄하려고 해거죄갈마를 애원하였으므로, 이 가운데에서 여러 비구들은 마음에서 사유하였느니라.

'이 비구는 비록 승가에게 거죄갈마를 받았으나, 바르게 행하였고 삼가하였으며 출죄하려고 해거죄갈마를 애원하였다. 우리들은 그 비구에게 해거죄갈마를 지어주어야겠다.'

그 여러 비구들은 그 비구에게 비법으로 화합한 해거죄갈마를 지었다. 그 비구는 그 주처에서 다른 주처로 갔고, 이 처소의 여러 비구들은 마음에서 사유하였다.

'이 비구는 승가에서 비법으로 화합한 해거죄갈마를 받았다. 우리들은 그 비구에게 해거죄갈마를 지어야겠다.'

그 여러 비구들은 그 비구에게 여법하게 별중의 해거죄갈마를 지었다. 그 비구는 그 주처에서 다른 주처로 갔고, 이 처소의 여러 비구들은 마음에서 사유하였다.

'이 비구는 승가에서 여법하게 별중의 해거죄갈마를 받았다. 우리들은 그 비구에게 해거죄갈마를 지어야겠다.'

그 여러 비구들은 그 비구에게 사법으로 별중의 해거죄갈마를 지었다. 그 비구는 그 주처에서 다른 주처로 갔고, 이 처소의 여러 비구들은 마음에서 사유하였다.

'이 비구는 승가에서 사법으로 별중의 해거죄갈마를 받았다. 우리들은

그 비구에게 해거죄갈마를 지어야겠다.'

그 여러 비구들은 그 비구에게 사법으로 별중의 해거죄갈마를 지었느니라. 그 비구는 그 주처에서 다른 주처로 갔고, 이 처소의 여러 비구들은 마음에서 사유하였다.

'이 비구는 승가에서 사법으로 화합한 해거죄갈마를 받았다. 우리들은 그 비구에게 해거죄갈마를 지어야겠다.'

그 여러 비구들은 그 비구에게 비법으로 별중의 해거죄갈마를 지었느니라."

7-20 "여러 비구들이여. 이 처소의 비구가 항상 쟁송하고 투쟁하며 논쟁하고 소란스럽게 하며 승가에서 논쟁의 일을 일으켰으므로, 이 가운데에서 여러 비구들은 마음에서 사유하였다.

'이 비구는 항상 쟁송하고 투쟁하며 논쟁하고 소란스럽게 하며 승가에서 논쟁의 일을 일으킨다. 우리들은 그 비구에게 가책갈마를 지어야겠다.'

그 여러 비구들은 그 비구에게 비법으로 별중의 가책갈마를 지었다. 이때 이 처소의 승가가 논쟁을 일으켜서 말하였다.

'비법의 별중갈마이고, 비법의 화합갈마이며, 여법의 별중갈마이고, 사법의 별중갈마이며, 사법의 화합갈마이고, 갈마를 지을 수 없으며, 악하게 지은 갈마이니, 마땅히 다시 갈마를 지어야 합니다.'

여러 비구들이여. 이 가운데에서 '비법의 별중갈마입니다.'라고 그것을 말하였고, 여러 비구들이 함께 '갈마를 지을 수 없으며, 악하게 지은 갈마이니, 마땅히 다시 갈마를 지어야 합니다.'라고 말하였다면, 여러 비구들이 여법하게 말한 것이다.

7-21 "여러 비구들이여. 이 처소의 비구가 항상 쟁송하고 투쟁하며 …… 우리들은 그 비구에게 가책갈마를 지어야겠다.'

그 여러 비구들은 그 비구에게 비법으로 화합한 가책갈마를 지었다. 이때 이 처소의 승가가 논쟁을 일으켜서 말하였다.

'비법의 화합갈마이고, …… 악하게 지은 갈마이니, 마땅히 다시 갈마를

지어야 합니다.'

여러 비구들이여. 이 가운데에서 '비법의 별중갈마입니다.'라고 그것을 말하였고, 여러 비구들이 함께 '갈마를 지을 수 없으며, 악하게 지은 갈마이니, 마땅히 다시 갈마를 지어야 합니다.'라고 말하였다면, 여러 비구들이 여법하게 말한 것이다.

여러 비구들이여. 이 처소의 비구가 항상 쟁송하고 투쟁하며, …… 나아가 …… 여법하게 별중의 가책갈마를 지었고, …… 나아가 …… 사법으로 별중의 가책갈마를 지었고, …… 나아가 …… 사법으로 화합한 가책갈마를 지었고, …… 이 가운데에서 '비법의 별중갈마입니다.'라고 그것을 말하였고, 여러 비구들이 함께 '갈마를 지을 수 없으며, 악하게 지은 갈마이니, 마땅히 다시 갈마를 지어야 합니다.'라고 말하였다면, 여러 비구들이 여법하게 말한 것이다.

[7-21부터 7-27까지의 원문은 앞에서와 같은 형태로 결집되었고, 7-19 및 7-20과 같이 반복되는 형태로써 서술되고 있으므로, 중복되는 내용을 생략하고서 번역한다.]

7-22 "여러 비구들이여. 이 처소의 비구가 우치하고 총명하지 않으며 여러 종류의 죄를 범한 것이 많고 교계를 받아들이지 않으며 재가인과 함께 교류하고 재가의 대중을 따르지 않으면서 함께 머물렀으므로, 이 가운데에서 여러 비구들은 마음에서 사유하였다.

'이 비구는 우치하고 총명하지 않으며 여러 종류의 죄를 범한 것이 많고 교계를 받아들이지 않으며 재가인과 함께 교류하고 재가의 대중을 따르지 않으면서 함께 머물렀다. 우리들은 그 비구에게 의지갈마를 지어야겠다.'

그 여러 비구들은 그 비구에게 비법으로 별중의 가책갈마를 지었고, …… 비법으로 화합한 의지갈마를 지었고, …… 나아가 …… 여법하게 별중의 의지갈마를 지었고, …… 나아가 …… 사법으로 별중의 의지갈마를 지었고, …… 나아가 …… 사법으로 화합한 의지갈마를 지었고, ……
이 가운데에서 '비법의 별중갈마입니다.'라고 그것을 말하였고, 여러 비구
들이 함께 '갈마를 지을 수 없으며, 악하게 지은 갈마이니, 마땅히 다시
갈마를 지어야 합니다.'라고 말하였다면, 여러 비구들이 여법하게 말한
것이다.

7-23 "여러 비구들이여. 이 처소의 비구가 다른 집을 더럽히고 악행을
행하므로, 이 가운데에서 여러 비구들은 마음에서 사유하였다.

'이 비구는 다른 집을 더럽히고 악행을 행하였다. 우리들은 그 비구에게
구출갈마를 지어야겠다.'

그 여러 비구들은 그 비구에게 비법으로 별중의 가책갈마를 지었고,
…… 비법으로 화합한 구출갈마를 지었고, …… 나아가 …… 여법하게
별중의 구출갈마를 지었고, …… 나아가 …… 사법으로 별중의 구출갈마를
지었고, …… 나아가 …… 사법으로 화합한 구출갈마를 지었고, ……
이 가운데에서 '비법의 별중갈마입니다.'라고 그것을 말하였고, 여러 비구
들이 함께 '갈마를 지을 수 없으며, 악하게 지은 갈마이니, 마땅히 다시
갈마를 지어야 합니다.'라고 말하였다면, 여러 비구들이 여법하게 말한
것이다.

7-24 "여러 비구들이여. 이 처소의 비구가 악구로써 개가인을 욕하였으므
로, 이 가운데에서 여러 비구들은 마음에서 사유하였다.

'이 비구는 악구로써 재가인을 욕하였다. 우리들은 그 비구에게 하의갈
마를 지어야겠다.'

그 여러 비구들은 그 비구에게 비법으로 화합한 하의갈마를 지었고,
…… 나아가 …… 여법하게 별중의 하의갈마를 지었고, …… 나아가 ……
사법으로 별중의 하의갈마를 지었고, …… 나아가 …… 사법으로 화합한
하의갈마를 지었고, …… 이 가운데에서 '비법의 별중갈마입니다.'라고
그것을 말하였고, 여러 비구들이 함께 '갈마를 지을 수 없으며, 악하게

지은 갈마이니, 마땅히 다시 갈마를 지어야 합니다.'라고 말하였다면,
여러 비구들이 여법하게 말한 것이다.

7-25 "여러 비구들이여. 이 처소의 비구가 죄를 범하였으나 죄를 보지
않으려고 하였으므로, 이 가운데에서 여러 비구들은 마음에서 사유하였다.
'이 비구는 죄를 범하였으나 죄를 보지 않으려고 하였다. 우리들은
그 비구에게 죄를 보지 않으려고 하는 것에 거죄갈마를 지어야겠다.'
그 여러 비구들은 그 비구에게 비법으로 별중의 가책갈마를 지었고,
…… 비법으로 화합한 거죄갈마를 지었고, …… 나아가 …… 여법하게
별중의 거죄갈마를 지었고, …… 나아가 …… 사법으로 별중의 거죄갈마를
지었고, …… 나아가 …… 사법으로 화합한 거죄갈마를 지었고, ……
이 가운데에서 '비법의 별중갈마입니다.'라고 그것을 말하였고, 여러 비구
들이 함께 '갈마를 지을 수 없으며, 악하게 지은 갈마이니, 마땅히 다시
갈마를 지어야 합니다.'라고 말하였다면, 여러 비구들이 여법하게 말한
것이다.

7-26 "여러 비구들이여. 이 처소의 비구가 죄를 범하였으나 죄를 참회하지
않으려고 하였으므로, 이 가운데에서 여러 비구들은 마음에서 사유하였다.
'이 비구는 죄를 범하였으나 죄를 참회하지 않으려고 하였다. 우리들은
그 비구에게 죄를 참회하지 않으려고 하는 것에 거죄갈마를 지어야겠다.'
그 여러 비구들은 그 비구에게 비법으로 별중의 가책갈마를 지었고,
…… 비법으로 화합한 거죄갈마를 지었고, …… 나아가 …… 여법하게
별중의 거죄갈마를 지었고, …… 나아가 …… 사법으로 별중의 거죄갈마를
지었고, …… 나아가 …… 사법으로 화합한 거죄갈마를 지었고, ……
이 가운데에서 '비법의 별중갈마입니다.'라고 그것을 말하였고, 여러 비구
들이 함께 '갈마를 지을 수 없으며, 악하게 지은 갈마이니, 마땅히 다시
갈마를 지어야 합니다.'라고 말하였다면, 여러 비구들이 여법하게 말한
것이다.

7-27 "여러 비구들이여. 이 처소의 비구가 악한 견해를 버리지 않았으므로, 이 가운데에서 여러 비구들은 마음에서 사유하였다.

'이 비구는 악한 견해를 버리지 않았다. 우리들은 그 비구에게 악한 견해를 버리지 않으려는 것에 의지하여 거죄갈마를 지어야겠다.'

그 여러 비구들은 그 비구에게 비법으로 별중의 가책갈마를 지었고, …… 비법으로 화합한 거죄갈마를 지었고, …… 나아가 …… 여법하게 별중의 거죄갈마를 지었고, …… 나아가 …… 사법으로 별중의 거죄갈마를 지었고, …… 나아가 …… 사법으로 화합한 거죄갈마를 지었고, …… 이 가운데에서 '비법의 별중갈마입니다.'라고 그것을 말하였고, 여러 비구들이 함께 '갈마를 지을 수 없으며, 악하게 지은 갈마이니, 마땅히 다시 갈마를 지어야합니다.'라고 말하였다면, 여러 비구들이 여법하게 말한 것이다.

7-28 "여러 비구들이여. 이 처소의 비구가 승가에게 가책갈마를 받았던 까닭으로 바르게 행하였고 삼가하였으며 출죄하려고 해가책갈마를 애원하였으므로, 이 가운데에서 여러 비구들은 마음에서 사유하였다.

'이 비구는 승가에게 가책갈마를 받았던 까닭으로 바르게 행하였고 …… 우리들은 그 비구에게 해가책갈마를 지어주어야겠다.'

그 여러 비구들은 그 비구에게 비법으로 별중의 해가책갈마를 지었다. 이때 이 처소의 승가가 논쟁을 일으켜서 말하였다.

'비법의 별중갈마이고, 비법의 화합갈마이며, 여법의 별중갈마이고, 사법의 별중갈마이며, 사법의 화합갈마이고, 갈마를 지을 수 없으며, 악하게 지은 갈마이니, 마땅히 다시 갈마를 지어야 합니다.'

여러 비구들이여. 이 가운데에서 '비법의 별중갈마입니다.'라고 그것을 말하였고, 여러 비구들이 함께 '갈마를 지을 수 없으며, 악하게 지은 갈마이니, 마땅히 다시 갈마를 지어야 합니다.'라고 말하였다면, 여러 비구들이 여법하게 말한 것이다.

여러 비구들이여. 이 처소의 비구가 승가에게 가책갈마를 받았던 까닭으로 바르게 행하였고 …… 우리들은 그 비구에게 해가책갈마를 지어주어

야겠다.'

그 여러 비구들은 그 비구에게 비법으로 화합한 해가책갈마를 지었고, …… 그 여러 비구들은 그 비구에게 여법하게 별중의 해가책갈마를 지었고, …… 그 여러 비구들은 그 비구에게 사법으로 별중의 해가책갈마를 지었고, …… 그 여러 비구들은 그 비구에게 사법으로 화합한 해가책갈마를 지었는데, …… 이 처소의 승가가 논쟁을 일으켜서 …… 이 가운데에서 '비법의 별중갈마입니다.'라고 그것을 말하였고, 여러 비구들이 함께 '갈마를 지을 수 없으며, 악하게 지은 갈마이니, 마땅히 다시 갈마를 지어야 합니다.'라고 말하였다면, 여러 비구들이 여법하게 말한 것이다.

[7-28부터 7-32까지의 원문은 앞에서와 같은 형태로 결집되었고, 7-28과 같이 반복되는 형태로써 서술되고 있으므로, 중복되는 내용을 생략하여 번역한다.]

7-29 "여러 비구들이여. 이 처소의 비구가 승가에게 의지갈마를 받았던 까닭으로 바르게 행하였고 …… 그 여러 비구들은 그 비구에게 비법으로 별중의 해의지갈마를 지었고, …… '비법의 별중갈마이고, …… 악하게 지은 갈마이니, 마땅히 다시 갈마를 지어야 합니다.'

여러 비구들이여. 이 가운데에서 '비법의 별중갈마입니다.'라고 그것을 말하였고, 여러 비구들이 함께 '갈마를 지을 수 없으며, 악하게 지은 갈마이니, 마땅히 다시 갈마를 지어야 합니다.'라고 말하였다면, 여러 비구들이 여법하게 말한 것이다.

…… 비법으로 화합한 해의지갈마를 지었고, …… 여법하게 별중의 해의지갈마를 지었고, …… 사법으로 별중의 해의지갈마를 지었고, …… 사법으로 화합한 해의지갈마를 지었는데, …… 이 가운데에서 '비법의 별중갈마입니다.'라고 그것을 말하였고, 여러 비구들이 함께 '갈마를 지을 수 없으며, 악하게 지은 갈마이니, 마땅히 다시 갈마를 지어야 합니다.'라고 말하였다면, 여러 비구들이 여법하게 말한 것이다.

7-30 "여러 비구들이여. 이 처소의 비구가 승가에게 죄를 보지 않는 것에 의지하여 구출갈마를 받았던 까닭으로 바르게 행하였고 …… 그 여러 비구들은 그 비구에게 비법으로 별중의 해구출갈마를 지었고, …… '비법의 별중갈마이고, …… 악하게 지은 갈마이니, 마땅히 다시 갈마를 지어야 합니다.'

여러 비구들이여. 이 가운데에서 '비법의 별중갈마입니다.'라고 그것을 말하였고, 여러 비구들이 함께 '갈마를 지을 수 없으며, 악하게 지은 갈마이니, 마땅히 다시 갈마를 지어야 합니다.'라고 말하였다면, 여러 비구들이 여법하게 말한 것이다.

…… 비법으로 화합한 해구출갈마를 지었고, …… 여법하게 별중의 해구출갈마를 지었고, …… 사법으로 별중의 해구출갈마를 지었고, …… 사법으로 화합한 해구출갈마를 지었는데, …… 이 가운데에서 '비법의 별중갈마입니다.'라고 그것을 말하였고, 여러 비구들이 함께 '갈마를 지을 수 없으며, 악하게 지은 갈마이니, 마땅히 다시 갈마를 지어야 합니다.'라고 말하였다면, 여러 비구들이 여법하게 말한 것이다.

7-31 "여러 비구들이여. 이 처소의 비구가 승가에게 죄를 참회하지 않는 것에 의지하여 거죄갈마를 받았던 까닭으로 바르게 행하였고 …… 그 여러 비구들은 그 비구에게 비법으로 별중의 해거죄갈마를 지었고, …… '비법의 별중갈마이고, …… 악하게 지은 갈마이니, 마땅히 다시 갈마를 지어야 합니다.'

여러 비구들이여. 이 가운데에서 '비법의 별중갈마입니다.'라고 그것을 말하였고, 여러 비구들이 함께 '갈마를 지을 수 없으며, 악하게 지은 갈마이니, 마땅히 다시 갈마를 지어야 합니다.'라고 말하였다면, 여러 비구들이 여법하게 말한 것이다.

…… 비법으로 화합한 해거죄갈마를 지었고, …… 여법하게 별중의 해거죄갈마를 지었고, …… 사법으로 별중의 해거죄갈마를 지었고, …… 사법으로 화합한 해거죄갈마를 지었는데, …… 이 가운데에서 '비법의

별중갈마입니다.'라고 그것을 말하였고, 여러 비구들이 함께 '갈마를 지을 수 없으며, 악하게 지은 갈마이니, 마땅히 다시 갈마를 지어야 합니다.'라고 말하였다면, 여러 비구들이 여법하게 말한 것이다.

7-32 "여러 비구들이여. 이 처소의 비구가 승가에게 악한 견해를 버리지 않는 것에 의지하여 거죄갈마를 받았던 까닭으로 바르게 행하였고 …… 그 여러 비구들은 그 비구에게 비법으로 별중의 해거죄갈마를 지었고, …… '비법의 별중갈마이고, …… 악하게 지은 갈마이니, 마땅히 다시 갈마를 지어야 합니다.'

여러 비구들이여. 이 가운데에서 '비법의 별중갈마입니다.'라고 그것을 말하였고, 여러 비구들이 함께 '갈마를 지을 수 없으며, 악하게 지은 갈마이니, 마땅히 다시 갈마를 지어야 합니다.'라고 말하였다면, 여러 비구들이 여법하게 말한 것이다.

…… 비법으로 화합한 해거죄갈마를 지었고, …… 여법하게 별중의 해하의갈마를 지었고, …… 사법으로 별중의 해거죄갈마를 지었고, …… 사법으로 화합한 해거죄갈마를 지었는데, …… 이 가운데에서 '비법의 별중갈마입니다.'라고 그것을 말하였고, 여러 비구들이 함께 '갈마를 지을 수 없으며, 악하게 지은 갈마이니, 마땅히 다시 갈마를 지어야 합니다.'라고 말하였다면, 여러 비구들이 여법하게 말한 것이다.

[갈마의 종류를 마친다.]

○ 【셋째의 송출품을 마친다.】

이 건도에는 36사(事)가 있느니라. 섭송으로 말하겠노라.

세존께서는 첨파국에 머무셨는데

바사바 취락에 일이었던 것과
객비구를 공양하는 것과
알았다고 노력을 그만두었던 것과

행하지 않았다고 거론을 당한 것과
세존의 주처로 나아간 것과
비법으로 별중의 갈마와
비법으로 화합한 갈마와

여법하게 별중의 갈마와
사법으로 별중의 갈마와
사법으로 갈마하는 것과
한 사람이 한 사람을 거론하는 것과

한 사람이 두 사람을 거론하는 것과
많은 사람이 승가를 거론하는 것과
두 사람이 많은 사람을 거론하는 것과
승가가 대중을 거론하는 것과

승가가 승가를 거론하는 것과
최승의 일체지와
듣고서 비법을 없애는 것과
아뢰지 않고 창언하는 것과

창언하지 않고 아뢰는 것과
이와 같이 갈마를 짓는 것과
두 가지가 없는 것과 어긋난 것과
스승에게 어긋난 것과 가책을 받는 것과

허물이 있어 이치에 상응하지 않는 것과
비법과 별중과
화합과 사법의 두 가지와
여래께서 허락한 것이 있네.

여법하게 화합한 것과
네 명과 다섯 명과
열 명과 스무 명과
스무 명을 넘는 것이 있네.

승가의 다섯 종류와
수계를 제외한 것과 자자와
출죄를 주는 것과
네 명을 넘는 것과

모든 갈마를 짓는 것과
중국을 제외하고 수계하는 것과
출죄의 두 가지 갈마와
다섯 명을 넘는 것과

모든 갈마를 짓는 것과
10명의 비구 대중과
출죄의 한 가지를 제외하고
나머지의 갈마를 짓는 것과

스무 명의 승가가
일체의 갈마를 짓는 것과
비구니와 식차마나와

사미와 사미니와

계를 버린 것과 무거운 죄와
죄를 거론한 것과 죄를 보지 않은 것과
참회하지 않은 것과 악한 견해와
황문과 적주자와

외도와 축생과 어머니를
죽인 자와 아버지를 죽인 자와
아라한을 죽인 자와
비구니를 더럽힌 자와

승가를 파괴한 자와
세존의 몸에서 피를 흐르게 한 자와
이근인과 다른 처소와
다른 경계와 신통자와

이러한 스물네 가지와
승가에서 갈마를 짓는 것과
모두 계산하지 않는 것과
세존께서 버리신 것과
지금 별주하는 자와
네 종류의 사람이 있네.

별주와 본일치와
마나타와 출죄와
일이 아니라면 갈마가 아닌 것과
마땅히 본일치를 짓는 것과

마땅히 마나타를 주는 것과
마땅히 출죄를 주는 것과
세존께서 다섯 사람을 설한 것과
갈마를 지을 수 없는 것이 있네.

비구니와 식차마나와
사미와 사미니와
계를 버린 것과 무거운 죄와
미친 자와 마음이 어지러운 자와

고통을 받는 것과 죄를 보지 않은 것과
참회하지 않은 것과 악한 견해와
황문과 이근인과
다른 처소와 다른 경계의 자와

허공에 있는 자와
열여덟 명이 꾸짖는 것과
마땅히 갈마를 받지 않는 것과
선한 비구가 가책을 받는 것과

청정한 자를 쫓아내면 악한 것과
어리석은 자를 쫓아내면 선한 것과
황문과 적주자와
외도와 축생과

어머니를 죽인 자와 아버지를 죽인 자와
아라한을 죽인 자와
비구니를 더럽힌 자와

승가를 파괴한 자와

세존의 몸에서 피를 흐르게 한 자와
이근인과 다른 처소의
11명이 갈마를 풀어준다면
이것은 상응하지 않는다네.

손과 발과 손발과
귀와 코와 귀·코와
손가락과 손·발톱과
힘줄이 제거된 자와

뱀 모습의 머리와
곱사와 난쟁이와
소갈병과 낙인과
기록된 자와 코끼리 피부와

심한 병과
애꾸눈과 손발이 굽은 자
절름발이와 반신불수와
불구인 자와 쇠약한 자와

장님과 귀머거리와
장님이고 벙어리인 자와
장님이고 귀머거리인 자와
귀머거리이고 벙어리인 자와
장님이고 귀머거리이며 벙어리인 자와
서른 두 종류의 사람이 있다.

갈마로써 풀어주는 것을
세존께서 설하신 것이 있는 것과
마땅히 죄가 없는 것과 참회가 없는 것과
악견을 버리지 않는 것과

일곱 종류의 비법으로 거론하는 것과
죄를 인정하는 가운데에서
일곱 종류의 비법이 있는 것과
만약 죄를 인정하지 않는 자는
일곱 종류의 여법하게 거론하는 것과

현전에서 짓는 것과
질문과 자언비니와
억념비니와 불치갈마와
실멱갈마와 가책갈마와

구출갈마와 하의갈마와
거죄갈마와 별주와
본일치와 마나타와
출죄와 구족계와

만약 다르게 짓는다면
비법의 16종류이고
만약 바르게 짓는다면
여법한 16종류이네.

반대로 다르게 짓는다면
비법의 16종류이고

두 가지와 두 가지가 근본이 되어
여법한 16종류이며
한 가지와 한 가지가 근본이 되는
순서는 비법이라고
세존께서 설하시었네.

승가의 쟁송에서
가책갈마를 지었고
비법으로 별중이 갈마하였으며
그는 다른 주처로 갔다네.

이 처소에서 비법으로
화합하여 가책갈마를 지었고
다른 처소에서 여법하게
별중이 가책갈마를 지었으며

사법으로 별중이 화합하여
갈마를 지었고
여법하게 화합하여
여법하게 별중이 주었다네.

사법과 별중과
나아가 화합하여 주었던 것과
이와 같은 이 구절들의
한 가지와 한 가지를 근본으로
지자(智者)는 순서를 결합하였네.

우치하고 어리석은 자는

의지갈마를 짓게 하고
다른 집을 더럽히는 자는
구출갈마를 짓게 한다네.

악구는 하의갈마를 짓게 하고
죄를 보지 않고 참회하지 않으며
악한 견해를 버리지 않으면
거죄갈마를 지어야 한다고
세존께서 이렇게 설하셨다네.

의지하는 거죄갈마와
지자는 가책갈마를 알고서
수순하고 바르게 행하여
해갈마를 애원한다네.

앞에서 설한 갈마를 의지하여
이치로 그것을 행하고
각각의 갈마는
현전에서 논쟁한다네.

짓지 않은 것과 악하게 짓는 것과
다시 마땅히 그것을 행하는 것과
갈마에서 풀어주는 것도
비구에게 여법하게 설하셨다네.

갈마를 다르게 풀어주는 것을
오히려 의사의 약과 같이
모니(牟尼)께서는 그렇게 보셨고

적정하게 하나같이 밝히시었네.

◎ 첨파건도를 마친다.

대건도 제10권

제10장 구섬미건도(拘睒彌犍度)[1]

1. 제1송출품(第一誦出品)

1) 파승사(破僧事) ①

1-1 그때 세존께서는 구섬미국(拘睒彌國)[2]의 구사라원(瞿師羅園)[3]에 머무르셨다. 그때 한 비구가 죄를 범하였고, 그는 비록 그 죄를 죄라고 보았으나, 다른 여러 비구들은 곧 그의 죄를 죄라고 보지 않았다. 그러한 뒤에 그 비구는 비록 그 죄를 죄라고 보지 않았으나, 다른 여러 비구들은 곧 그의 죄를 죄라고 보았다. 이때 여러 비구들은 그 비구에게 말하였다.

"그대는 죄를 범하였습니다. 그대는 죄를 보았습니까?"

---

[1] 팔리어 Kosambakakkhandhaka(코삼바카 깐다카)의 번역이다.

[2] 팔리어 Kosambi(코삼비)의 음사로, 고대 인도의 16대국의 하나인 Vaṃsas(밤사스) 왕국의 수도이다.

[3] 팔리어 Ghositārāma(고시타라마)의 음사이고, Ghosita(고시타)가 지은 정사를 가리킨다.

"나는 마땅히 죄를 보지 못하였습니다."

이때 그 여러 비구들은 화합하였고, 죄를 보지 않은 것에 의지하여 그 비구를 거론하였다.

1-2 그 비구는 다문(多聞)으로 아함(阿含)[4], 지법(持法)[5], 지율(持律)[6], 지론(持論)[7]에 밝았고, 현명하며 총명하고 지혜가 있으며 부끄러움이 있고 후회가 있으며 배우기를 좋아하였다. 이때 그 비구는 같은 견해인 친근한 여러 비구들의 처소에 이르러서 말하였다.

"이것은 죄가 아니고 이것은 죄가 성립되지 않습니다. 나는 범하지 않았고, 나는 범한 것이 아니며, 나는 거론한 것을 받아들이지 않겠고, 나는 거론되지 않겠으며, 비법을 지었고, 허물이 있으며, 마땅하지 않은 갈마로써 나를 거론하였습니다. 그대들은 율에 의지하고 법으로 나의 붕당(朋黨)이 되어 주십시오."

그 비구는 같은 견해인 친근한 여러 비구들의 붕당이 되었고, 역시 사자를 보내어 지방에 이르게 하였으며, 같은 견해인 친근한 여러 비구들에게 말하였다.

"이것은 죄가 아니고 이것은 죄가 성립되지 않습니다. …… 여러 장로들이여. 율에 의지하고 법으로 나의 붕당이 되어 주십시오."

1-3 이때 그 거론되었던 비구를 따르던 여러 비구들은 죄를 거론한 여러 비구들의 처소에 이르렀고, 이르러서 죄를 거론한 여러 비구들에게 말하였다.

"이것은 죄가 아니고 이것은 죄가 성립되지 않습니다. 이 비구는 범한

---

4) 팔리어 Āgatāgama(아가타가마)의 음사이고, 네 가지의 『아함경』을 배운 사람을 가리킨다.
5) 팔리어 Dhammadhara(담마다라)의 음사이고, Dhara(다라)는 '유지하다.'는 뜻이다.
6) 팔리어 Vinayadhara(비나야다라)의 음사이다.
7) 팔리어 Mātikādhara(마티카다라)의 음사이다.

것이 없고, 이 비구는 거론한 것을 받아들이지 않아야 하며, 이 비구는 거론될 수 없으며, 나아가 비법을 지었고, 허물이 있으며, 마땅하지 않은 갈마로써 거론하였습니다."

이와 같이 말하였으므로, 죄를 거론한 여러 비구들은 말하였다.

"이것은 죄이고 이것은 무죄가 아니며, 이 비구는 범한 것이 있고, 이 비구는 범하지 않은 것이 아니며, 이 비구는 거론되었고, 이 비구는 거론된 것을 받아들여야 하며, 나아가 여법하게 지었고, 허물이 없으며, 마땅한 갈마로써 거론하였습니다. 여러 장로들이여. 그 거론된 비구를 수순(隨順)하지 마십시오."

죄를 거론한 여러 비구들이 이와 같이 말하였으나, 그 거론되었던 비구를 따르던 여러 비구들은 그 거론되었던 비구를 수순하였다.

1-4 이때 한 비구가 있어서 세존의 주처로 나아갔고, 나아가서 세존께 예경하고서 한쪽에 앉았다. 한쪽에 앉고서 그 비구는 세존께 아뢰어 말하였다.

"이 처소에 있는 한 비구가 죄를 범하였고, 그는 비록 그 죄를 죄라고 보았으나, 다른 여러 비구들은 곧 그의 죄를 죄라고 보지 않았습니다. 그러한 뒤에 그 비구는 비록 그 죄를 죄라고 보지 않았으나, 다른 여러 비구들은 곧 그의 죄를 죄라고 보았습니다. 이때 여러 비구들은 그 비구에게 '그대는 죄를 범하였습니다. 그대는 죄를 보았습니까?'라고 말하였고, …… 죄를 거론한 여러 비구들이 이와 같이 말하였으나, 그 거론되었던 비구를 따르던 여러 비구들은 그 거론되었던 비구를 수순하였습니다."

1-5 이때 세존께서는 말씀하셨다.

"비구는 승가를 파괴하였느니라. 비구는 승가를 파괴하였느니라."

곧 자리에서 일어나셨고 거죄갈마를 지었던 여러 비구들의 처소에 이르셨고, 이르시어 펼쳐진 자리 위에 앉으셨다. 세존께서 앉으시고서 거죄갈마를 지었던 여러 비구들에게 알려 말씀하셨다.

"여러 비구들이여. 그대들은 '우리들은 이와 같이 생각한다. 우리들은 이와 같이 생각한다.'라고 사유하지 말라. 그리고 각각의 일에 비구를 거론하지 말라."

1-6 "여러 비구들이여. 이 처소에 있는 한 비구가 죄를 범하였고, 그는 비록 그 죄를 죄라고 보지 않았으나, 다른 여러 비구들은 곧 그의 죄를 죄라고 보았느니라. 여러 비구들이여. 그 여러 비구들이 그 비구를 마주하고서 만약 '이 비구는 다문으로 아함, 지법, 지율, 지론에 밝고, 현명하며 총명하고 지혜가 있으며 부끄러움이 있고 후회가 있으며 배우기를 좋아한다. 우리들이 만약 이 비구가 죄를 보지 않은 것에 의지하여 거론한다면 우리들은 이 비구와 함께 포살할 수 없으므로 이 비구를 제외하고 포살해야 한다.

이것에 의지하여 승가에 쟁송, 투쟁, 언쟁(言爭), 논쟁을 일으켜서 승가를 파괴하고 승가를 염오시키며 승가를 별도로 머물게 하고 승가에 다른 분별이 생겨날 것이다.'라고 알았으며, 여러 비구들이여. 여러 비구들의 파승사를 무겁게 바라보았다면, 이 비구가 죄를 보지 않았던 것에 의지하여 거론할 수 없느니라."

1-7 "여러 비구들이여. 이 처소에 있는 한 비구가 죄를 범하였고, 그는 비록 그 죄를 죄라고 보지 않았으나, 다른 여러 비구들은 곧 그의 죄를 죄라고 보았느니라. 여러 비구들이여. …… 만약 이 비구가 죄를 보지 않은 것에 의지하여 거론한다면 우리들은 이 비구와 함께 포살할 수 없으므로 이 비구를 제외하고서 포살해야 한다. …… 이 비구와 함께 갈마할 수 없으므로 이 비구를 제외하고서 갈마해야 한다. …… 이 비구와 함께 앉을 수 없으므로 이 비구를 제외하고서 앉아야 한다. …… 이 비구와 함께 앉아서 죽을 먹을 수 없으므로 이 비구를 제외하고 앉아서 죽을 먹어야 한다. …… 이 비구와 함께 식당에 앉을 수 없으므로 이 비구를 제외하고서 식당에 앉아야 한다. …… 이 비구와 함께 같은 한

건물에 머무를 수 없으므로 이 비구를 제외하고서 한 방사에 머물러야 한다. …… 이 비구와 함께 좌차(座次)의 차제(次第)를 따라서 예배하고 전송하며 합장하고 공경할 수 없으므로 이 비구를 제외하고서 예배하고 전송하며 합장하고 공경해야 한다.

이것에 의지하여 승가에 쟁송, 투쟁, 언쟁, 논쟁을 일으켜서 승가를 파괴하고 승가를 염오시키며 승가를 별도로 머물게 하고 승가에 다른 분별이 생겨날 것이다.'라고 알았으며, 여러 비구들이여. 여러 비구들의 파승사를 무겁게 바라보았다면, 이 비구가 죄를 보지 않았던 것에 의지하여 거론할 수 없느니라.”

1-8 이때 세존께서는 거론되었던 여러 비구들에게 이러한 뜻을 설하셨으며, 곧 자리에서 일어나서 떠나가셨고, 거론되었던 비구를 따랐던 여러 비구들의 처소에 이르셨다. 이르시어 펼쳐진 자리 위에 앉으셨고, 세존께서 앉으셨으므로 거론되었던 비구를 따랐던 여러 비구들에게 알려 말씀하셨다.

“여러 비구들이여. 그대들은 ‘우리들은 범하지 않았으니, 죄를 참회하는 것이 필요하지 않다.'라고 사유하지 말라. 여러 비구들이여. 이 처소에 있는 한 비구가 죄를 범하였고, 그는 비록 그 죄를 죄라고 보지 않았으나, 다른 여러 비구들은 곧 그의 죄를 죄라고 보았느니라. 여러 비구들이여. 그 비구가 그 여러 비구들을 마주하고서 만약 ‘이 여러 비구들은 다문으로 아함, 지법, 지율, 지론에 밝고, 현명하며 총명하고 지혜가 있으며 부끄러움이 있고 후회가 있으며 배우기를 좋아한다. 나이거나, 혹은 다른 사람들이 탐욕, 진에, 우치, 두려움으로 악한 일에 떨어져서는 아니된다.

여러 비구들이 만약 내가 죄를 보지 않은 것에 의지하여 거론한다면 그 여러 비구들은 나와 함께 포살할 수 없으므로 나를 제외하고 포살해야 한다. …… 나와 함께 갈마할 수 없으므로 나를 제외하고서 갈마해야 한다. …… 나와 함께 앉을 수 없으므로 나를 제외하고서 앉아야 한다. …… 나와 함께 앉아서 죽을 먹을 수 없으므로 나를 제외하고 앉아서

죽을 먹어야 한다. …… 나와 함께 식당에 앉을 수 없으므로 나를 제외하고
서 식당에 앉아야 한다. …… 나와 함께 같은 한 방사에 머무를 수 없으므로
나를 제외하고서 한 방사에 머물러야 한다. …… 나와 함께 좌차의 차제를
따라서 예배하고 전송하며 합장하고 공경할 수 없으므로 나를 제외하고서
예배하고 전송하며 합장하고 공경해야 한다.

이것에 의지하여 승가에 쟁송, 투쟁, 언쟁, 논쟁을 일으켜서 승가를
파괴하고 승가를 염오시키며 승가를 별도로 머물게 하고 승가에 다른
분별이 생겨날 것이다.'라고 알았으며, 여러 비구들이여. 비구를 믿는
다른 사람들의 파승사를 무겁게 바라보았다면, 마땅히 스스로가 죄를
말해야 하느니라."

이때 세존께서는 거론되었던 비구를 따랐던 여러 비구들에게 이러한
뜻을 설하셨으며, 곧 자리에서 일어나서 떠나가셨다.

1-9 이때 거론되었던 비구를 따랐던 여러 비구들은 경계의 안에서 포살하
였고, 승가의 갈마를 지었다. 거론하였던 여러 비구들은 경계의 밖에서
포살하였고, 승가의 갈마를 지었다. 이때 죄를 거론하였던 한 비구가
세존의 주처로 나아갔고, 나아가서 세존께 예경하고서 한쪽에 앉았다.
한쪽에 앉고서 그 비구는 세존께 아뢰어 말하였다.

"거론되었던 비구를 따랐던 여러 비구들은 경계의 안에서 포살하였고,
승가의 갈마를 지었으며, 거론하였던 우리들은 경계의 밖에서 포살하였
고, 승가의 갈마를 지었습니다."

(세존께서 말씀하셨다.)

"비구여. 거론되었던 비구를 따랐던 여러 비구들이 경계의 안에서
포살하였고, 승가의 갈마를 지었던 때에, 만약 내가 제정하였던 그것에
의지하여 아뢰고 창언하였다면, 곧 그들의 갈마는 여법하고 허물이 없으
며 이치에 마땅하다. 비구여. 거론하였던 여러 비구들이 경계의 안에서
포살하였고, 승가의 갈마를 지었던 때에, 만약 내가 제정하였던 그것에
의지하여 아뢰고 창언하였다면, 곧 그들의 갈마는 여법하고 허물이 없으

며 이치에 마땅하니라."

1-10 "비구여. 이것은 왜 그러한가? 그 여러 비구들은 그대들과 같이 머무르지 않았고, 그대들도 그 여러 비구들과 같이 머무르지 않았느니라. 비구여. 같지 않은 주처에 토지에는 두 가지가 있나니, 스스로가 같이 머무르지 않겠다고 행하였고, 승가가 화합하여 그를 거론하였으며, 죄를 보지 않았고 참회하지 않았으며 갈마를 버리지 않은 것이니라. 비구여. 이와 같다면 같이 머무르지 않는 토지에 두 가지가 있는 것이니라.

비구여. 같이 주처의 토지에는 두 가지가 있나니, 스스로가 같이 머무르겠다고 행하였고, 승가가 화합하여 먼저 그를 거론하여 풀어주었으며, 죄를 보지 않았고 참회하지 않았으며 악한 견해를 버리지 않았어도 갈마를 버리지 않은 것이니라. 비구여. 이와 같다면 같이 머무르지 않는 토지에 두 가지가 있느니라. 비구여. 이와 같다면 같이 주처의 토지에 두 가지가 있느니라."

2) 파승사(破僧事) ②

2-1 그때 여러 비구들은 식당과 방사에서 쟁송, 투쟁, 논쟁이 생겨났으므로, 서로가 수순하는 신업과 어업(語業)을 짓지 않았고, 손으로써 때렸다. 여러 사람들은 싫어하고 비난하였다.

"어찌하여 여러 사문 석자들은 식당과 방사에서 쟁송, 투쟁, 논쟁이 생겨났으므로, 서로가 수순하는 신업과 어업을 짓지 않고서, 손으로써 때리는가?"

여러 비구들은 여러 사람들이 싫어하고 비난하는 것을 들었다. 욕심이 적은 비구들도 역시 싫어하고 비난하였다.

"무슨 까닭으로 여러 비구들은 식당과 방사에서 쟁송, 투쟁, 논쟁이 생겨났으므로, 서로가 수순하는 신업과 어업을 짓지 않고서, 손으로써 때리는가?"

이때 그 여러 비구들은 이 일로써 세존께 아뢰었고, 세존께서는 말씀하셨다.

"여러 비구들이여. 여러 비구들이 진실로 식당과 방사에서 쟁송, 투쟁, 논쟁이 생겨났으므로, 서로가 수순하는 신업과 어업을 짓지 않고서, 손으로써 때렸는가?"

"세존이시여. 진실로 그렇습니다."

"어리석은 사람들이여. 어찌하여 식당과 방사에서 쟁송, 투쟁, 논쟁이 생겨났으므로, 서로가 수순하는 신업과 어업을 짓지 않고서, 손으로써 때렸는가? 어리석은 사람들이여. 이것은 믿지 않는 자는 신심이 생겨나지 않게 하고, 이미 믿었던 자는 증장시키지 않느니라. 어리석은 사람이여. 이것은 오히려 믿지 않는 자는 불신이 생겨나지 않는 것이 없게 하고, 믿었던 자는 전전하여 일부가 다른 곳을 향하여 떠나가게 하느니라."

이때 세존께서는 여러 방편으로써 꾸짖으셨고 설법하셨으며, 여러 비구들에게 알려 말씀하셨다.

"여러 비구들이여. 파승사이고 비법을 행하면서 화합하지 못하는 때라면, 마땅히 '우리들은 서로가 수순하는 신업과 어업을 짓지 않아야 하고, 손으로써 때리지 않아야 한다.'라고 사유해야 하고 자리에 앉을 수 없느니라. 여러 비구들이여. 파승사이었어도 여법하게 행하고 조화로운 때라면 앉을 수 있느니라.

2-2 그때 여러 비구들이 승가의 가운데에서 쟁송, 투쟁, 논쟁이 생겨났으므로, 서로가 입으로써 상처를 주면서 머물렀고, 그들은 능히 그 쟁사(諍事)를 소멸시키지 못하였다. 이때 한 비구가 있어서 세존의 주처로 나아갔고, 나아가서 세존께 예경하고서 한쪽에 앉았다. 한쪽에 앉고서 그 비구는 세존께 아뢰어 말하였다.

"이 처소의 여러 비구들이 승가의 가운데에서 쟁송, 투쟁, 논쟁이 생겨났으므로, 서로가 입으로써 상처를 주면서 머물렀고, 그들은 능히 그 쟁사를 소멸시키지 못하였습니다. 원하옵건대 세존께서는 애민하게 생각하시어 그 여러 비구들의 주처에 나아가십시오.”

세존께서는 묵연히 허락하셨다. 이때 세존께서는 그 여러 비구들의 처소에 이르셨고, 이르시어 펼쳐진 자리 위에 앉으셨다. 세존께서 앉으시고서 그 여러 비구들에게 알려 말씀하셨다.

“여러 비구들이여. 멈추어라. 쟁송하지 말고 투쟁하지 말며 논쟁하지 말라.”

이와 같이 말씀하였으므로 한 비법을 설하였던 비구가 세존께 아뢰어 말하였다.

“법주(法主)이신 세존이시여. 청하건대 시간을 기다려주십시오. 세존이시여. 청하건대 현법에서 즐겁게 머무르십시오. 안락하게 머무르십시오. 이 쟁송, 투쟁, 논쟁은 곧 우리들의 일입니다.”

세존께서는 다시 그 여러 비구들에게 알려 말씀하셨다.

“여러 비구들이여. 멈추어라. 쟁송하지 말고 투쟁하지 말며 논쟁하지 말라.”

그 비법을 설하였던 비구가 세존께 아뢰어 말하였다.

“법주이신 세존이시여. 청하건대 시간을 기다려주십시오. 세존이시여. 청하건대 현법에서 즐겁게 머무르십시오. 안락하게 머무르십시오. 이 쟁송, 투쟁, 논쟁은 곧 우리들의 일입니다.”

2-3 그때 세존께서는 다시 그 여러 비구들에게 알려 말씀하셨다.

“여러 비구들이여. 지나간 세상의 바라나국(波羅奈國)[8]에 가시왕(迦尸王)[9]이 있었고 범시(梵施)[10]라고 이름하였는데, 부유하여 재산과 재물이 많았고 병사가 많았으며 수레가 많았고 국토가 넓었으며 창고가 풍족하였느니라. 교살라국(憍薩羅國)[11]에는 장수(長壽)[12]라고 이름하는 왕이 있었

---

8) 팔리어 Bārāṇasī(바라나시)의 음사이다.
9) 팔리어 Kāsirājā(카시라자)의 번역이다.
10) 팔리어 Brahmadatta(브라마다따)의 음사이다.

는데, 가난하여 재산과 재물이 적었고 병사가 적었으며 수레가 적었고 국토가 작았으며 창고가 풍족하지 않았다. 여러 비구들이여. 이때 가시왕인 범시는 사병(四兵)을 정비하여 교살라국을 정벌하였고, 여러 비구들이여. 교살라국의 장수왕은 '가시왕인 범시가 사병을 정비하여 나를 정벌하려고 오고 있다.'라고 들었느니라. 이때 교살라국의 장수왕은 마음에서 사유하였다.

'가시왕 범시는 부유하여 재산과 재물이 많았고 병사가 많았으며 수레가 많았고 국토가 넓었으며 창고가 풍족하지만, 나는 가난하여 재산과 재물이 적었고 병사가 적었으며 수레가 적었고 국토가 작았으며 창고가 풍족하지 않다. 나는 능히 가시왕인 범시와 싸울 수 없다. 나는 마땅히 먼저 도성(都城)을 벗어나야겠다.'

여러 비구들이여. 교살라국의 장수왕은 첫째 부인과 함께 먼저 피신하였다. 여러 비구들이여. 이때 가시왕인 범시는 교살라국을 침략하여 장수왕의 병사, 수레, 국토, 창고 등을 빼앗아서 다스렸다. 이때 교살라국의 장수왕은 첫째 부인과 함께 바라나국을 향하여 떠나갔고 점차 바라나국에 이르렀다. 여러 비구들이여. 교살라국의 장수왕은 첫째 부인과 함께 바라나국에 이르렀고 유행하는 범지(梵志)로 변장(變裝)하고서 도공(陶師)의 집에 머물렀느니라.

2-4 여러 비구들이여. 교살라국의 장수왕의 첫째 부인은 오래지 않아서 임신하였는데, 그녀는 마음에서 욕념이 생겨났다.

'해가 떠오르는 때에 사병이 정렬하고서 모두가 무장하며 수승한 땅위에 서 있는 것을 보고 싶고 칼을 씻은 물을 마시고 싶구나.'

여러 비구들이여. 교살라국의 장수왕의 첫째 부인은 교살라국의 장수왕에게 말하였다.

"대왕이시여. 나는 임신하였는데 욕념이 생겨났습니다.

---

11) 팔리어 Kosala(코살라)의 음사이다.
12) 팔리어 Dīghīti(디기티)의 음사이다.

'해가 떠오르는 때에 사병이 정렬하고서 모두가 무장하며 수승한 땅 위에 서 있는 것을 보고 싶고 칼을 씻은 물을 마시고 싶구나.'"

"부인. 우리들은 곤궁하오. 어떻게 사병이 정렬하고서 모두가 무장하며 수승한 땅 위에 서 있는 것을 보고 싶고 칼을 씻은 물을 마시겠소?"

2-5 여러 비구들이여. 이때 가시왕 범시의 범지(梵志) 국사(國師)는 곧 교살라국 장수왕의 벗이었다. 여러 비구들이여. 이때 교살라국의 장수왕은 가시왕 범시의 범지 국사의 주처에 이르렀다. 이르러서 가시왕 범시의 범지 국사에게 말하였다.

"왕비가 임신하였는데 그녀는 마음에서 욕념이 생겨났소.
'해가 떠오르는 때에 사병이 정렬하고서 모두가 무장하며 수승한 땅 위에 서 있는 것을 보고 싶고 칼을 씻은 물을 마시고 싶구나!'"

"대왕이여. 그렇다면 우리들이 왕비를 보겠습니다."

여러 비구들이여. 이때 교살라국의 장수왕의 첫째 부인은 범지 국사의 주처에 이르렀다. 가시왕 범시의 범지인 국사는 교살라국의 장수왕의 첫째 부인이 멀리서 오는 것을 보았다. 보고서 곧 일어났으며, 오른쪽 어깨를 드러내고 합장하였으며 교살라국의 장수왕비에게 읍(揖)[13]하고서 세 번을 찬탄하여 말하였다.

"교살라국 왕비께서 임신하셨다. 교살라국 왕비께서 임신하셨다. 교살라국 왕비께서 임신하셨다."

또한 말하였다.

"왕비여! 안심하십시오. 해가 떠오르는 때에 그대에게 사병이 정렬하고서 모두가 무장하며 수승한 땅 위에 서 있는 것을 보게 하고 칼을 씻은 물을 마시게 하겠습니다."

2-6 여러 비구들이여. 이때 가시왕 범시의 범지 국사는 곧 가시왕 범시의

---

13) 두 손을 맞잡고서 얼굴 앞으로 들어 올리고 허리를 앞으로 공손(恭遜)히 구부렸다가 몸을 펴면서 손을 내리는 예법의 한 종류이다.

주처에 이르렀고, 이르러서 가시왕 범시에게 말하였다.

"대왕이여. 이와 같은 징조들이 있습니다. 내일 해가 떠오르는 때에 사병이 정렬하고서 모두가 무장하며 수승한 땅 위에 서 있고 칼을 씻은 것입니다."

여러 비구들이여. 이때 가시왕 범시는 여러 사람들에게 명하여 말하였다.

"범지 국사의 말과 같이 행하시오."

여러 비구들이여. 교살라국 장수왕의 첫째 부인은 해가 떠오르는 때에 사병이 정렬하고서 모두가 무장하며 수승한 땅위에 서 있는 것을 보았고 칼을 씻은 물을 마셨다. 여러 비구들이여. 교살라국 장수왕의 첫째 부인은 그 날짜를 채웠고 사내아이를 낳았으며 장생(長生)14)이라고 이름하였다. 여러 비구들이여. 장생 왕자는 오래지 않아서 곧 분별할 수 있었다.

2-7 여러 비구들이여. 이때 교살라국 장수왕은 마음에서 사유하였다.

'가시왕인 범시는 우리들에게 많은 피해를 주었다. 그는 우리들의 병사, 수레, 국토, 창고 등을 빼앗아 다스렸다. 그가 만약 우리들을 본다면 장차 모두 죽일 것이다. 나는 마땅히 장생을 성 밖에서 머물게 시켜야겠다.'

여러 비구들이여. 이때 교살라국 장수왕은 장생 왕자를 성 밖에서 머무르게 하였고, 오래지 않아서 일체의 기예(技藝)를 배웠다.

2-8 여러 비구들이여. 그때 교살라국 장수왕의 옛 이발사가 있었는데, 뒤에 가시왕인 범시에게 귀속되었다. 그때 교살라국 장수왕의 옛 이발사는 교살라국의 장수왕이 첫째 부인과 함께 바라나성 한 처소에 있으면서 유행하는 범지로 변장하고서 도공의 집에 머무르는 것을 보았다. 보고서 가시왕 범시의 주처에 이르렀고, 이르러서 가시왕 범시에게 말하였다.

"대왕이여. 교살라국의 장수왕은 첫째의 부인이 함께 바라나성 한 처소에 있으면서 유행하는 범지로 변장하고서 도공의 집에 머무르고

---

14) 팔리어 Dīghāvu(디가부)의 음사이다.

있습니다."

2-9 여러 비구들이여. 이때 가시왕 범시는 여러 사람들에게 명하여 말하였다.

"교살라국의 장수왕과 그 첫째 부인을 잡아오시오."

"대왕이시여. 알겠습니다."

여러 사람들은 가시왕 범시에게 대답하여 말하였고, 교살라국의 장수왕과 첫째 부인을 잡아왔다. 여러 비구들이여. 이때 가시왕 범시는 여러 사람들에게 명하여 말하였느니라.

"교살라국의 장수왕과 첫째 부인을 단단하게 밧줄로써 손을 뒤로 묶은 뒤에 그들의 머리를 모두 깎고 거친 북소리를 울리면서 도로에서 도로로, 네거리에서 네거리로 돌아다니고 남쪽 문으로 나갈 것이며, 성의 남쪽에서 몸을 네 부분으로 잘라서 그들의 신체 네 조각을 사방에 버리도록 하시오."

"대왕이시여. 알겠습니다."

여러 사람들은 가시왕 범시에게 대답하여 말하고서, 교살라국의 장수왕과 첫째 부인을 단단하게 밧줄로써 손을 뒤로 묶은 뒤에 그들의 머리를 모두 깎았고 거친 북소리를 울리면서 도로에서 도로로, 네거리에서 네거리로 돌아다녔다.

2-10 여러 비구들이여. 이때 장생 왕자는 마음에서 사유하였다.

'나는 오랫동안 부모님을 보지 못하였다. 나는 가서 마땅히 부모님을 보아야겠다.'

여러 비구들이여. 이때 장생 왕자는 바라나성으로 들어갔고, 부모님이 단단하게 밧줄로써 손을 뒤로 묶였고 뒤에 그들의 머리를 모두 깎았으며 거친 북소리를 울리면서 도로에서 도로로, 네거리에서 네거리로 돌아다니는 것을 보았고, 보고서 부모님이 있는 곳에 이르렀다. 여러 비구들이여. 이때 교살라국의 장수왕은 장생 왕자가 멀리서 오는 것을 보았고, 보고서 장생 왕자에게 말하였다.

"장생아! 길게 보지 말라. 짧게 보지 말라. 장생아! 원한으로써 원한을
멈출 수 없느니라. 덕(德)으로써 원한을 멈추느니라."

2-11 여러 비구들이여. 이와 같이 말하는 때에 여러 사람들은 교살라국의
장수왕에게 말하였다.

"이 교살라국의 장수왕이 곧 미쳐서 헛소리를 짓는구나! 누가 그의
장생인가? 그는 누구를 향하여 '장생아! 길게 보지 말라. 짧게 보지 말라.
장생아! 원한으로써 원한을 멈출 수 없느니라. 덕으로써 원한을 멈추느니
라.'라고 말하는가?"

"나는 미쳐서 헛소리를 짓는 것이 아니니, 지혜로운 바는 명료하게
알 것이네."

두 번째에도 이와 같이 말하였고, …… 나아가 …… 세 번째에도 교살라
국의 장수왕은 장생 왕자에게 말하였다.

"장생아! 길게 보지 말라. …… 덕으로써 원한을 멈추느니라."

세 번째에도 여러 사람들은 교살라국의 장수왕에게 말하였다.

"이 교살라국의 장수왕이 곧 미쳐서 헛소리를 짓는구나! …… 덕으로써
원한을 멈추느니라.'라고 말하는가?"

"나는 미쳐서 헛소리를 짓는 것이 아니니, 지혜로운 바는 명료하게
알 것이네."

여러 비구들이여. 이때 여러 사람들은 교살라국의 장수왕과 첫째 부인
을 단단하게 밧줄로써 손을 뒤로 묶은 뒤에 그들의 머리를 모두 깎았고
거친 북소리를 울리면서 도로에서 도로로, 네거리에서 네거리로 돌아다녔
으며, 남쪽 문으로 나갔고 성의 남쪽에서 몸을 네 부분으로 잘라 나누어
각 조각을 가지고 사방에 버려두고서 병사들은 떠나갔다.

2-12 여러 비구들이여. 이때 장생 왕자는 술을 가지고 바라나성으로
들어갔고, 병사들에게 그것을 마시게 하였다. 그들이 취한 때에 이르자,

나무를 모아서 장작더미를 만들었고 부모님의 유해를 가져다가 장작더미
에 올려놓고서 불을 피웠으며 합장하고서 오른쪽으로 세 바퀴를 돌았다.

여러 비구들이여. 그때 가시왕 범시는 수승한 누각 위에 올랐고, 여러
비구들이여. 가시왕 범시는 장생 왕자가 불을 피우고 합장하고 오른쪽으
로 세 바퀴를 돌면서 떠나가는 것을 보고서 마음에서 사유하였다.

'이 사람은 반드시 교살라국의 장수왕과 친족의 인연이 있다. 나에게
알려주는 사람이 없으니, 나에게는 손실이구나!'

2-13 여러 비구들이여. 이때 장생 왕자는 숲속으로 들어갔고 마음껏
통곡하고서 눈물을 닦고서 바라나성으로 들어갔으며, 궁전 뒤쪽의 코끼리
의 우리로 갔으며 조련사에게 말하였다.

"스승이시여. 나는 기예를 배우고자 합니다."

"동자여. 만약 그렇다면 곧 배우게."

여러 비구들이여. 이때 장생 왕자는 밤이 지나자 새벽녘에 일어났고,
코끼리의 우리에서 미묘한 음성으로 노래하였고 가야금을 연주하였다.
여러 비구들이여. 이때 가시왕 범시는 밤이 지나자 새벽녘에 일어났고,
코끼리의 우리에서 미묘한 음성으로 노래하고 가야금을 연주하는 것을
들었다. 들고서 사람들에게 물어 말하였다.

"밤이 지나자 새벽녘에 일어났고, 코끼리의 우리에서 미묘한 음성으로
노래하고 가야금을 연주하던 자는 누구인가?"

2-14 "대왕이시여. 어느 코끼리 조련사의 제자인 동자가 있습니다. 밤이
지나자 새벽녘에 일어났고, 코끼리의 우리에서 미묘한 음성으로 노래하였
고 가야금을 연주하였습니다."

"만약 그렇다면 그 동자를 불러오시오."

"대왕이시여. 알겠습니다."

여러 사람들은 가시왕 범시에게 대답하여 말하였고, 장생 왕자를 불러
서 이르렀다.

"동자여. 그대가 밤이 지나자 새벽녘에 일어났고, 코끼리의 우리에서 미묘한 음성으로 노래하였고 가야금을 연주하였는가?"

"대왕이시여. 그렇습니다."

"동자여. 만약 그렇다면 곧 노래하고 가야금을 연주하게."

"대왕이시여. 알겠습니다."

장생 왕자는 가시왕 범시에게 대답하여 말하였고, 관심을 얻고자 미묘한 음성으로 노래하였고 가야금을 연주하였다. 이때 가시왕 범시는 장생 왕자에게 말하였다.

"동자여. 나를 따르고 모시도록 하라."

"대왕이시여. 알겠습니다."

장생 왕자는 가시왕 범시에게 대답하여 말하였다. 여러 비구들이여. 이때 장생 왕자는 가시왕 범시와 비교하여 먼저 일어났고 뒤에 잠을 잤으며 알맞은 뜻으로 행동하였고 사랑스럽게 말하였다. 여러 비구들이여. 이때 가시왕 범시는 오래지 않아서 장생 왕자에게 내궁(內宮)의 직위를 맡겼다.

2-15 여러 비구들이여. 이때 가시왕 범시는 장생 왕자에게 말하였다.

"동자여. 수레를 준비하라. 나는 사냥하러 가겠노라."

"대왕이시여. 알겠습니다."

장생 왕자는 가시왕 범시에게 대답하여 말하였고, 수레를 준비하고서 가시왕 범시에게 말하였다.

"대왕이시여. 수레가 준비되었습니다. 청하건대 때인 것을 아십시오."

여러 비구들이여. 이때 가시왕 범시는 수레를 탔고 장생 왕자는 수레를 몰았으며, 따라오던 병사들은 수레와 함께 결국 각자 다른 곳으로 갔다. 여러 비구들이여. 이때 가시왕 범시는 먼 곳으로 갔고 뒤에 장생 왕자에게 말하였다.

"동자여. 수레를 멈추게. 내가 매우 피로하니 잠을 자고자 하네."

"대왕이시여. 알겠습니다."

장생 왕자는 가시왕 범시에게 대답하여 말하였고 땅에 가부좌를 틀고 앉았다. 여러 비구들이여. 이때 가시왕 범시는 장생 왕자의 무릎을 베개로 삼았다. 그는 매우 피로하여 잠깐 사이에 잠이 들었다.

2-16 여러 비구들이여. 이때 장생 왕자는 마음에서 사유하였다.

'가시왕인 범시는 우리들에게 많은 피해를 주었다. 그는 우리들의 병사, 수레, 국토, 창고 등을 빼앗았고, 그는 나의 부모님을 죽였으니, 지금 곧 내가 은혜를 보답할 때이다.'

이와 같은 까닭으로 칼집에서 칼을 뽑았다. 여러 비구들이여. 이때 장생 왕자는 마음에서 사유하였다.

'부왕(父王)은 죽음에 이르러 나에게 말씀하셨다.

〈장생아! 길게 보지 말라. 짧게 보지 말라. 장생아! 원한으로써 원한을 멈출 수 없느니라. 덕으로써 원한을 멈추느니라.〉

부왕의 말씀을 거역한다면 옳지 않다.'

이와 같아서 검을 칼집에 집어넣었다. 여러 비구들이여. 이때 장생 왕자는 다시 다음으로 마음에서 사유하였다.

'가시왕인 범시는 우리들에게 …… 내가 은혜를 보답할 때이다.'

이와 같은 까닭으로 칼집에서 칼을 뽑았다. 여러 비구들이여. 이때 장생 왕자는 다시 다음으로 마음에서 사유하였다.

'부왕은 죽음에 이르러 나에게 말씀하셨다.

〈장생아! 길게 보지 말라. …… 덕으로써 원한을 멈추느니라.〉

부왕의 말씀을 거역한다면 옳지 않다.'

이와 같아서 다시 검을 칼집에 집어넣었다. 여러 비구들이여. 이때 장생 왕자는 다시 세 번째로 마음에서 사유하였다.

'가시왕인 범시는 우리들에게…… 내가 은혜를 보답할 때이다.'

이와 같아서 칼집에서 칼을 뽑았다. 여러 비구들이여. 이때 장생 왕자는 다시 다음으로 마음에서 사유하였다.

'부왕은 죽음에 이르러 나에게 말씀하셨다.

〈장생아! 길게 보지 말라. …… 덕으로써 원한을 멈추느니라.〉
부왕의 말씀을 거역한다면 옳지 않다.'

이와 같아서 다시 검을 칼집에 집어넣었다. 여러 비구들이여. 이때 가시왕인 범시는 공포스럽고 놀랐으며 두려워서 경악(驚愕)하면서 일어났다. 여러 비구들이여. 이때 장생 왕자는 가시왕인 범시에게 말하였다.

"대왕이여. 어찌하여 공포스럽고 놀랐으며 두려워서 경악하면서 일어났습니까?"

"동자여. 꿈속에서 교살라국 장수왕의 아들인 장생 왕자가 칼로써 나를 습격하였던 까닭으로, 공포스럽고 놀랐으며 두려워서 경악하면서 일어났네."

2-17 여러 비구들이여. 이때 장생 왕자는 왼손으로 가시왕인 범시의 머리를 잡았고, 오른손으로 검을 뽑고서 가시왕인 범시에게 말하였다.

"대왕이여. 내가 교살라국 장수왕의 아들인 장생이오. 그대는 우리들에게 많은 피해를 주었습니다. 그대는 우리들의 병사, 수레, 국토, 창고 등을 빼앗았고, 그대는 나의 부모님을 죽였으니, 지금 곧 내가 은혜를 보답할 때이오."

여러 비구들이여. 이때 가시왕인 범시는 머리 숙여 장생 왕자의 발에 예배하고 장생왕자에게 말하였다.

"장생이여. 내 목숨을 살려주게. 장생이여. 내 목숨을 살려주게."

"어찌하여 나에게 대왕의 목숨을 살려달라고 말씀하십니까? 오직 대왕께서 내 목숨을 살려줄 수 있습니다."

"장생이여. 그와 같다면 그대가 나의 목숨을 살려준다면 나도 그대의 목숨을 살려주겠네."

여러 비구들이여. 이때 가시왕인 범시와 장생 왕자는 서로가 목숨을 살려주고 해치지 않겠다고 서로가 약속하였다. 이때 가시왕 범시는 장생 왕자에게 말하였다.

"동자여. 수레를 준비하게. 우리들은 가겠네."

"대왕이시여. 알겠습니다."

"대왕이시여. 수레가 준비되었습니다. 청하건대 때인 것을 아십시오."

여러 비구들이여. 이때 가시왕 범시는 수레를 탔고 장생 왕자는 수레를 몰았으며, 오래지 않아서 따라오던 병사들과 만났다.

2-18 여러 비구들이여. 이때 가시왕인 범시는 바라나성으로 들어갔고 여러 대신들을 모았으며, 대신들에게 말하였다.

"그대들이 만약 교살라국 장수왕의 아들인 장생 왕자를 본다면 장차 어떻게 하겠소?"

혹은 말하였다.

"대왕이여. 우리들은 그의 손을 자르겠습니다. 대왕이여. 우리들은 그의 발을 자르겠습니다. 대왕이여. 우리들은 그의 손과 발을 자르겠습니다. 대왕이여. 우리들은 그의 귀를 자르겠습니다. 대왕이여. 우리들은 그의 코를 자르겠습니다. 대왕이여. 우리들은 그의 귀와 코를 자르겠습니다. 대왕이여. 우리들은 그의 손을 자르겠습니다. 대왕이여. 우리들은 그의 머리를 자르겠습니다."

"이 자가 곧 교살라국 장수왕의 아들인 장생 왕자이오. 그에게 일체를 짓지 마시오. 그가 나의 목숨을 구해 주었으니, 나도 그의 목숨을 구해주겠소."

2-19 여러 비구들이여. 이때 가시왕 범시는 장생 왕자에게 말하였다.

"장생이여. 그대의 부친은 죽음에 이르러 '장생아! 길게 보지 말라. 짧게 보지 말라. 장생아! 원한으로써 원한을 멈출 수 없느니라. 덕으로써 원한을 멈추느니라.'라고 말씀하셨네. 그대의 부친은 무슨 뜻으로 이와 같이 말하였는가?"

"대왕이시여. 부친께서 나에게 죽음에 이르러 '길게 보지 말라.'고 말씀하셨던 이것은 '원한을 길게 보지 말라.'는 말입니다. 대왕이시여. 저의 부친은 이것을 '길게 보지 말라.'고 말씀하셨습니다. 대왕이시여. 부친께서 나에게 죽음에 이르러 '짧게 보지 말라.'고 말씀하셨던 이것은 '벗과의 불화를 빠르게 하지 말라.'는 말입니다. 대왕이시여. 저의 부친은 이것을 '짧게 보지 말라.'고 말씀하셨습니다.

대왕이시여. 부친께서 나에게 죽음에 이르러 '장생아! 원한으로써 원한을 멈출 수 없느니라. 덕으로써 원한을 멈추느니라.'고 말씀하셨던 이것은 대왕께서 저의 부모를 죽였다고 제가 만약 대왕의 목숨을 빼앗는다면 대왕께 이익을 얻으려는 대중들이 장차 나의 목숨을 빼앗을 것이고, 나에게 이익을 얻으려는 대중들이 장차 그들의 목숨을 빼앗을 것입니다.

이와 같다면 원한으로써 원한을 멈출 수 없습니다. 지금 대왕께서 저의 목숨을 구하셨으니, 저도 대왕의 목숨을 구한 것입니다. 이와 같다면 덕이 원한을 멈추게 하는 것입니다. 대왕이시여. 저의 부친은 죽음에 이르러 이것을 장생아! 원한으로써 원한을 멈출 수 없느니라. 덕으로써 원한을 멈추느니라.'고 말씀하셨습니다."

2-20 여러 비구들이여. 이때 가시왕 범시는 말하였다.

"희유하다! 미증유이다! 이 장생 왕자는 현명하구나. 왜 그러한가? 부친이 간략하게 말하였어도 능히 그 뜻을 깊게 이해하였구나."

가시왕 범시는 장생 왕자의 부친에게 귀속되었던 병사, 수레, 국토, 창고 등을 돌려주었고, 또한 딸도 주었느니라.

여러 비구들이여. 폭력을 취하고 칼을 잡았던 왕에게도 오히려 이러한 인욕과 자비가 있었느니라. 여러 비구들이여. 이 처소의 그대들은 이와 같은 선설하는 법과 율에서 출가한 자이니, 마땅히 인욕과 자비를 지녀야 하느니라."

세존께서는 세 번째로 여러 비구들에게 알려 말씀하셨다.

"여러 비구들이여. 멈추어라. 쟁송하지 말고 투쟁하지 말며 논쟁하지 말라."

그 비법의 비구가 세 번째로 세존께 아뢰어 말하였다.

"법주이신 세존이시여. 청하건대 시간을 기다려주십시오. 세존이시여. 청하건대 현법에서 즐겁게 머무르십시오. 안락하게 머무르십시오. 이 쟁송, 투쟁, 논쟁은 곧 우리들의 일입니다.”

이때 세존께서는 '이 사람들은 어리석고 몽매하여 교계하기 어렵구나.' 라고 생각하셨으며, 곧 자리에서 일어나서 떠나가셨다.

[파승사를 마친다.]

○ 【첫째의 송출품을 마친다.】

2. 제2송출품(第二誦出品)

3) 구섬미의 게송

3-1 이때 세존께서는 이른 아침에 하의를 입고 옷과 발우를 지니고서 걸식하기 위하여 구섬미성(拘睒彌城)에 들어가셨다. 걸식을 행하시고 음식을 드셨으며 뒤에 돌아오셨고 와구·좌상·발우·옷 등을 거두셨으며, 승가의 가운데에 서서 이와 같은 게송을 설하여 말씀하셨다.

사람들이 모두 모두 크게 소리치면서
스스로가 어리석음을 알지 못하고
승가를 파괴하는 때에
다른 일을 다시 생각하지 않는구나.

말로써 경계를 삼았고 논설(論說)이
현명함과 비슷하여 미혹되었는데
어찌하여 강어귀에 매달려서
가운데에 나아감을 깨닫지 못하는가?

욕하고 때렸으며 약탈하였다고
원한을 마음에 집착하여 멈추지 않는다면
이 처소의 원한은 원한으로 갚고
결국 원한은 멈추지 않는다네.

욕하고 때렸으며 약탈하였어도
원한을 집착하지 않고 스스로가 멈추었다면
덕으로써 원한을 멈출 수 있으나
이러한 일은 쉽게 허용되지 않네.

우리들이 이 처소에서
스스로가 자제해야 한다고
다른 사람은 알지 못하였더라도
깨달은 자는 곧 다툼이 멈춘다네.

뼈가 부서지고 목숨이 끊어졌으며
소, 말, 재산을 모두 빼앗았고
그들이 비록 나라를 파괴하였어도
오히려 또한 화합이 있었는데
어찌하여 그대들은 없는가?

만약 지혜가 있어 잘 머무르고
현명하게 그들과 동행하며
교류하며 벗이 되었고
일체의 곤란을 극복하였다면
환희와 정념으로
또한 이와 같이 함께 행하라.

만약 지혜가 없이 잘 머물렀고
현명하게 그들과 동행하더라도
교류하면서 벗이 되지 못한다면
패배한 국왕과 같이
숲속의 코끼리와 같이
곧 수승하게 혼자서 가라.

어리석은 사람과 벗이 아니고
혼자서 다닌다면 진실로 수승하며
코끼리가 숲속에서 안은한 것과 같이
혼자서 다니면서 악을 짓지 말라.

[구섬미의 계송을 마친다.]

4) 바구(婆咎)와 존자들

4-1 이때 세존께서는 승가의 가운데에 서서 이와 같은 계송을 설하셨으며, 바라누라(婆羅樓羅)15) 취락으로 가셨다. 그때 장로 바구(婆咎)16)는 바라누라 취락에 머무르고 있었다. 장로 바구는 세존께서 먼 지방에서 오신 것을 보았고, 보고서 평상과 자리를 펼쳐놓고 발을 씻는 물, 발 받침대, 발 수건을 놓아두고서 맞이하였으며, 세존의 옷과 발우를 취하였다. 세존께서는 펼쳐진 자리의 위에 앉으셨고 발을 씻으셨다. 장로 바구는 세존께 예경하고서 한쪽에 앉았다. 한쪽에 앉았으므로 세존께서는 장로 바구에게 말씀하셨다.

"비구여. 견딜 수 있었는가? 만족하였는가? 걸식은 피로하지 않았는

---

15) 팔리어 Bālakaloṇaka(바라카로나카)의 음사이다.
16) 팔리어 Bhagu(바구)의 음사이다.

가?"

"세존이시여. 견딜 수 있습니다. 세존이시여. 만족합니다. 저는 걸식하면서 피로하지 않습니다."

이때 세존께서는 설법하시어 열어서 보여주셨고, 교계하셨으며, 인도하셨고, 권유하셨으며 환희하게 하셨으므로, 자리에서 일어나서 반나만도사림(般那蔓闍寺林)[17]으로 떠나가셨다.

4-2 이때 장로 아나율(阿那律)[18], 장로 난제(難提)[19], 장로 금비라(金毘羅)[20]는 반나만도사림에 머물고 있었다. 숲을 지키는 자가 세존께서 멀리서 오시는 것을 보았고, 보고서 세존께 아뢰어 말하였다.

"사문이여. 이 숲속에 들어오지 마십시오. 이 처소에는 세 명의 족성자가 있으며, 스스로가 사랑하며 머무르고 있습니다. 청하건대 그들을 요란시키지 마십시오."

장로 아나율은 숲을 지키는 자가 세존께 말하는 것을 들었고, 숲을 지키는 자에게 말하였다.

"수림인(守林人)이여. 세존을 막지 마십시오. 나의 스승이신 세존께서 이르시었소."

장로 아나율은 장로 난제와 장로 금비라의 주처에 이르렀고, 이르러서 장로 난제와 장로 금비라에게 말하였다.

"장로들이여. 오십시오. 장로들이여. 오십시오. 나의 스승이신 세존께서 이르셨습니다."

4-3 이때 장로 아나율, 장로 난제, 장로 금비라는 함께 세존을 맞이하면서

---

17) 팔리어 Pācīnavaṃsadāya(파치나밤사다야)의 음사이고, 세티야(Cetiya) 왕국의 공원이며, Bālakaloṇakāra(바라카로나카라) 취락과 Pārileyya(파리레이야) 숲의 중간에 있었다.
18) 팔리어 Anuruddha(아누루따)의 음사이다.
19) 팔리어 Nandiya(난디야)의 음사이다.
20) 팔리어 Kimila(키미라)의 음사이다.

한 사람은 세존의 옷과 발우를 취하였고, 한 사람은 평상과 자리를 펼쳤으며, 한 사람은 펼쳐놓고 발을 씻는 물, 발 받침대. 발 수건을 놓아두었다. 세존께서는 펼쳐진 자리의 위에 앉으셨고 발을 씻으셨다. 그 여러 장로들은 세존께 예경하고서 한쪽에 앉았다. 한쪽에 앉았으므로 세존께서는 장로 아나율에게 알려 말씀하셨다.

"아나율이여. 견딜 수 있었는가? 만족하였는가? 걸식은 피로하지 않았는가?"

"세존이시여. 견딜 수 있었습니다. 세존이시여. 만족하였습니다. 저는 걸식하면서 피로하지 않았습니다."

"아나율이여. 그대들은 화합하였고 서로가 즐거웠으며 투쟁하지 않고 물과 우유와 같이 있었으며 서로가 사랑하는 눈으로 바라보면서 머물렀는가?"

"저희들은 진실로 화합하였고 서로가 즐거웠으며 투쟁하지 않았고 물과 우유와 같이 있었으며 서로가 사랑하는 눈으로 바라보면서 머물렀습니다."

"아나율이여. 그대들은 어떻게 화합하였고 서로가 즐거웠으며 투쟁하지 않고 물과 우유와 같이 있었으며 서로가 사랑하는 눈으로 바라보면서 머물렀는가?"

4-4 "이 처소에서 우리들은 사유하였습니다.

'우리들은 이와 같이 동행자(同行者)와 함께 머무른다면 우리들은 이익을 얻을 것이고, 우리들은 선(善)을 얻을 것이다.'

저희들은 이 여러 장로들과 드러난 곳에서, 가려진 곳에서, 자비로운 몸으로 행하였고, 자비로운 말로 행하였습니다. 드러난 곳에서, 가려진 곳에서, 자비로운 뜻을 행하면서 사유하였습니다.

'우리들은 마땅히 자신이라는 마음을 버리고, 마땅히 여러 장로들의 마음에 의지하여 행해야 한다.'

이와 같이 자신이라는 마음을 버리고, 마땅히 여러 장로들의 마음에 의지하여 행하였으므로, 비록 몸은 달랐어도 마음은 하나였습니다."

장로 난제와 장로 금비라도 역시 세존께 아뢰어 말하였다.

"저희들도 역시 마음에서 사유하였습니다.

'우리들은 이와 같이 동행자와 함께 머무른다면, …… 마땅히 여러 장로들의 마음에 의지하여 행해야 한다.'

이와 같이 자신이라는 마음을 버리고, 마땅히 여러 장로들의 마음에 의지하여 행하였으므로, 비록 몸은 달랐어도 마음은 하나였습니다."

4-5 "아나율이여. 그대들은 방일하지 않았고 정근(正勤)하였으며 전념(專念)으로 머물렀는가?"

"세존이시여. 저희들은 방일하지 않았고 정근하였으며 전념으로 머물렀습니다."

"아나율이여. 그대들은 어떻게 방일하지 않았고 정근하였으며 전념으로 머물렀는가?"

"이 처소는 저희들이 걸식하려고 가는 취락의 중간에 있으며, 먼저 취락에서 걸식하고서 돌아왔던 자는 좌상을 펼쳤고 발을 씻는 물과 발 받침대와 발수건을 준비하였으며, 잔식과 그릇을 준비하였고 음식을 준비하였습니다. 뒤에 취락에서 걸식하고 돌아왔던 자는 만약 남은 음식이 있는데 먹으려는 자는 그것을 먹었고, 먹으려고 하지 않았던 자는 곧 푸른 풀이 없는 곳이거나, 혹은 벌레가 없는 깊은 물속에 그것을 버렸으며 그 좌상을 치웠고 발을 씻는 물과 발 받침대와 발수건을 치웠으며 잔식과 그릇을 치웠고 식당을 청정하게 청소하였으며, 만약 마시는 물병, 씻는 물병, 화장실의 항아리의 물이 비었다면 그 사람이 마땅히 그것을 준비하였고, 만약 그가 능히 준비할 수 없다면 손짓으로 다른 비구를 불러서 그것을 준비하면서 다만 몸으로 행동하고 말이 없었습니다.

이러한 것들의 까닭으로 말이 필요하지 않았고, 저희들은 5일마다 함께 앉아서 밤을 보내며 설법합니다. 이와 같아서 저희들은 방일하지 않았고 정근하였으며 전념으로 머물렀습니다."

4-6 이때 세존께서는 장로 아나율, 장로 난제, 장로 금비라에게 설법하시어 열어서 보여주셨고, 교계하셨으며, 인도하셨고, 권유하셨으며 환희하게 하셨으므로, 자리에서 일어나서 떠나가셨으며, 파리라(波利羅)²¹) 취락을 향하여 유행하셨다. 차례로 유행하시어 파리라 취락에 이르셨다. 이때 세존께서는 파리라 취락의 호사림(護寺林)²²)의 현사라수(賢娑羅樹)²³)의 아래에 머무르셨다. 이때 세존께서는 묵연히 정좌(靜坐)하셨으며, 마음에서 이렇게 사유하셨다.

'나는 이전에 구섬미국의 여러 비구들이 항상 쟁송하고 투쟁하며 논쟁하고 언쟁하며 승가에서 투쟁의 일을 일으켰으므로 번민하면서 안락하게 머무르지 못하였다. 그러나 지금은 구섬미국의 여러 비구들이 항상 쟁송하고 투쟁하며 논쟁하고 언쟁하며 승가에서 투쟁의 일을 일으키지 않으므로 벗어나서 반려가 없이 오직 홀로 안락하고 안은하게 머무르고 있구나.'

이때 한 코끼리왕은 여러 코끼리와 암컷 코끼리와 새끼 코끼리들이 있는 곳에서 스스로는 끝이 잘라진 풀을 먹었고 다른 코끼리를 위하여 가지가 꺾어진 것을 먹었으며 혼탁한 물을 마셨고 물에 잠기거나, 물을 건너가는 때에 암코끼리들이 그의 몸을 부딪쳤으므로 고뇌하면서 머물렀다. 이때 코끼리왕은 마음에서 사유하였다.

'나는 여러 코끼리와 암컷 코끼리와 새끼 코끼리들이 있는 곳에서 스스로는 끝이 잘라진 풀을 먹었고 다른 코끼리를 위하여 가지가 꺾어진 것을 먹었으며 혼탁한 물을 마셨고 물에 몸을 담그거나, 물을 건너가는 때에 암컷 코끼리들이 나의 몸을 부딪쳤으므로 고통스럽다. 나는 마땅히

---

21) 팔리어 Pārileyya(파리레이야)의 음사이다.
22) 팔리어 Rakkhitavanasaṇḍa(라끼타바나산다)의 음사이고, rakkhita와 vanasaṇḍa가 결합된 합성어이다. 'rakkhita'는 '보호하다.' 또는 '관찰하다.'는 뜻이고, 'vanasaṇḍa'는 '덤불의 숲', 또는 '빽빽한 숲'이라는 뜻이다.
23) 팔리어 Bhaddasālamūla(바따살라무라)의 음사이고, bhadda와 sāla와 mūla가 결합된 합성어이다. 'bhadda'는 '상서롭다.' 또는 '행운이다.'는 뜻이고, 'sāla'는 인도 북부에서 발견되는 활엽수이고, '샐 나무'를 가리키며, 'mūla'는 '뿌리', 또는 '근원', '원인'이라는 뜻이다.

무리를 벗어나서 오직 혼자서 머물러야겠다.'

4-7 이때 코끼리왕은 무리를 벗어나서 파리라 취락의 호사림의 현사라수의 아래에 세존의 처소로 나아갔다. 나아가서 긴 코로써 세존을 위하여 음식을 공급하였고 풀을 제거하였다. 이때 코끼리왕은 마음에서 사유하였다.

'나는 이전에 여러 코끼리와 암컷 코끼리와 새끼 코끼리들이 있는 곳에서 스스로는 끝이 잘라진 풀을 먹었고 다른 코끼리를 위하여 가지가 꺾어진 것을 먹었으며 혼탁한 물을 마셨고 물에 몸을 담그거나, 물을 건너가는 때에 암컷 코끼리들이 나의 몸을 부딪쳤으므로 고뇌하면서 안락하게 머무르지 못하였다. 그러나 지금은 여러 코끼리와 암컷 코끼리와 새끼 코끼리들의 반려가 없으니, 오직 홀로 안락하고 안은하게 머무르고 있구나.'

이때 세존께서는 스스로가 멀리 벗어난 것을 아셨고, 또한 마음으로써 코끼리왕이 생각하는 것을 아셨으므로, 이때에 스스로가 게송을 외쳐서 말씀하셨다.

이와 같이 사람의 용(龍)과
긴 코의 코끼리의 용이
그 마음이 함께 상응하므로
숲속에 혼자서 즐거워하네.

[바구의 존자들을 마친다.]

5) 구섬미 파승사의 소멸

5-1 이때 세존께서는 뜻을 따라서 파리라 취락에 머무셨으며, 사위성을 향하여 유행하셨다. 차례로 유행하시어 사위성에 이르셨고, 세존께서는

사위성의 기수급고독원에 머무르셨다. 이때 구섬미국의 여러 우바새들은 말하였다.

"이 구섬미국의 여러 비구들은 우리들에게 많은 불이익을 지었고, 세존께서는 그들에게 고뇌를 받으셔서 떠나가셨다. 우리들은 구섬미국의 여러 비구들을 마주하고서 예배하지 않겠고 영접하지도 않겠으며 합장하지 않겠고 공경하지 않겠으며 존경하지 않겠고 공양하지 않겠으며, 비록 왔더라도 음식을 주지 않겠다. 우리들이 이와 같이 공경하지 않고 존경하지 않으며 공양하지 않는 때라면 그들은 존경을 받지 못하므로 떠나가거나, 환속하거나, 혹은 세존과 화합할 것입니다."

5-2 이때 구섬미국의 여러 우바새들은 구섬미국의 여러 비구들을 마주하고서 예배하지 않았고 영접하지도 않았으며 합장하지 않았고 공경하지 않았으며 존경하지 않았고 공양하지 않았으며, 비록 왔더라도 음식을 주지 않았다. 이때 구섬미국의 여러 우바새들은 여러 비구들을 마주하고서 예배하지 않았고 영접하지도 않았으며 합장하지 않았고 공경하지 않았으며 존경하지 않았고 공양하지 않았으므로 말하였다.

"우리들은 사위성 세존의 주처로 가서 이 쟁사를 소멸시켜야 합니다."

이때 구섬미국의 여러 비구들은 와구와 좌상과 자구들을 거두고서 옷과 발우를 지니고 왕사성으로 갔다.

5-3 이때 장로 사리불은 "승가에서 항상 쟁송하고 투쟁하며 논쟁하고 언쟁하며 승가에서 투쟁의 일을 일으켰던 구섬미국의 여러 비구들이 사위성으로 오고 있다."라고 말을 들었다. 이때 장로 사리불은 세존의 주처로 나아갔고, 나아가서 세존께 예경하고서 한쪽에 앉았다. 한쪽에 앉았으므로 장로 사리불은 세존께 아뢰어 말하였다,

"승가에서 항상 쟁송하고 투쟁하며 논쟁하고 언쟁하며 승가에서 투쟁의 일을 일으켰던 구섬미국의 여러 비구들이 사위성으로 오고 있습니다. 저희 여러 비구들은 마땅히 어떻게 해야 합니까?"

"사리불이여. 그대는 법을 따라서 그것을 처리하게."

"저는 어떻게 여법한가? 비법인가를 알 수 있습니까?"

5-4 "…… 사리불이여. 이 처소에 있는 비구가 비법을 법이라고 말하고 법을 비법이라고 말하며, 율이 아닌 것을 율이라고 말하고 율을 율이 아니라고 말하며, 여래가 설하지 않는 말씀을 여래가 설하였다고 말하고 여래가 설한 말씀을 여래가 설하지 않았다고 말하며, 여래가 항상 행하지 않는 법을 여래가 항상 행하였다고 말하고 여래가 항상 행한 법을 여래가 항상 행하지 않았다고 말하며, 여래가 제정하여 설하지 않는 것을 여래가 제정하여 설하였다고 말하고 여래가 제정하여 설한 법을 여래가 제정하여 설하지 않았다고 말하며, 무죄를 유죄라고 말하고 유죄를 무죄라고 말하며, 가벼운 죄를 무거운 죄라고 말하고 무거운 죄를 가벼운 죄라고 말하며, 남은 죄가 있어도 남은 죄가 없다고 말하고 남은 죄가 없어도 남은 죄가 있다고 말하며, 거친 죄를 거칠지 않은 죄라고 말하고 거칠지 않은 죄를 거친 죄라고 말하는 것이네. 사리불이여. 이와 같은 18사(事)를 의지한다면 비법을 말하는 자이라고 알 수 있네."

5-5 "사리불이여. 18사를 의지한다면 법을 말하는 자라고 알 수 있네. 사리불이여. 이 처소에 있는 비구가 법을 법이라고 말하고 비법을 비법이라고 말하며, 율이 아닌 것을 율이 아니라고 말하고 율을 율이라고 말하며, 여래가 설하지 않는 말씀을 여래가 설하지 않았다고 말하고 여래가 설한 말씀을 여래가 설하였다고 말하며, 여래가 항상 행하지 않는 법을 여래가 항상 행하지 않았다고 말하고 여래가 항상 행한 법을 여래가 항상 행하였다고 말하며, 여래가 제정하여 설하지 않는 것을 여래가 제정하여 설하지 않았다고 말하고 여래가 제정하여 설한 법을 여래가 제정하여 설하였다고 말하며, 무죄를 무죄라고 말하고 유죄를 유죄라고 말하며, 가벼운 죄를 가벼운 죄라고 말하고 무거운 죄를 무거운 죄라고 말하며, 남은 죄가 있으면 남은 죄가 있다고 말하고 남은 죄가 없다면 남은 죄가 없다고

말하며, 거친 죄를 거친 죄라고 말하고 거칠지 않은 죄를 거칠지 않은
죄라고 말하는 것이네. 사리불이여. 이와 같은 18사를 의지한다면 비법을
말하는 자라고 알 수 있네."

5-6 이때 장로 마하목건련(摩訶目犍連)[24]은, …… 나아가 …… 장로 마하가
섭(摩訶迦葉)[25]은, …… 나아가 …… 장로 마하가전연(摩訶迦旃延)[26]은,
…… 나아가 …… 장로 마하구치라(摩訶拘絺羅)[27]는 …… 나아가 ……
장로 마하겁빈나(摩訶劫賓那)[28]는, …… 나아가 …… 장로 마하주나(摩訶周
那)[29]는, …… 나아가 …… 장로 아나율(阿那律)은, …… 나아가 …… 장로
이월(離越)[30]은, …… 나아가 …… 장로 우바리(優波離)[31]는, …… 나아가
…… 장로 아난(阿難)[32]은, …… 나아가 …… 장로 라후라(羅睺羅)[33]는
…… "승가에서 항상 쟁송하고 투쟁하며 논쟁하고 언쟁하며 승가에서
투쟁의 일을 일으켰던 구섬미국의 여러 비구들이 사위성으로 오고 있다."
라고 말을 들었다.

　이때 장로 마하목건련은, …… 나아가 …… 장로 마하가섭은, ……
나아가 …… 장로 마하가전연은, …… 세존의 주처로 나아갔고, 나아가서
세존께 예경하고서 한쪽에 앉았다. 한쪽에 앉았으므로, …… 목건련이여!
…… 가섭이여! …… 가전연이여! …… 이 처소에 있는 비구가 비법을
법이라고 말하고 법을 비법이라고 말하며, 율이 아닌 것을 율이라고

---

24) 팔리어 Mahā moggallāna(마하 모깔라나)의 음사이다.
25) 팔리어 Mahā kassapa(마하 카싸파)의 음사이다.
26) 팔리어 Mahā kaccāna(마하 카짜나)의 음사이다.
27) 팔리어 Mahā koṭṭhika(마하 코띠카)의 음사이다.
28) 팔리어 Mahā kappina(마하 카삐나)의 음사이다.
29) 팔리어 Mahā cunda(마하 춘다)의 음사이다.
30) 팔리어 Revata(레바타)의 음사이다.
31) 팔리어 Upāli(우파리)의 음사이다.
32) 팔리어 Ānanda(아난다)의 음사이다.
33) 팔리어 Rāhula(라후라)의 음사이다.

말하고 율을 율이 아니라고 말하며, …… 이 처소에 있는 비구가 법을 법이라고 말하고 비법을 비법이라고 말하며, 율이 아닌 것을 율이 아니라고 말하고 율을 율이라고 말하며, …… 목건련이여! …… 가섭이여! …… 가전연이여! …… 이와 같은 18사를 의지한다면 비법을 말하는 자라고 알 수 있네."

5-7 이때 마하파사파제구담미(摩訶波闍波提瞿曇彌)[34]는 "승가에서 항상 쟁송하고 투쟁하며 논쟁하고 언쟁하며 승가에서 투쟁의 일을 일으켰던 구섬미국의 여러 비구들이 사위성으로 오고 있다."라고 말을 들었다. 이때 마하파사파제구담미는 세존의 주처로 나아갔고, 나아가서 세존께 예경하고서 한쪽에 서 있었다. 한쪽에 서 있으면서 마하파사파제구담미는 세존께 아뢰어 말하였다,

"승가에서 항상 쟁송하고 투쟁하며 논쟁하고 언쟁하며 승가에서 투쟁의 일을 일으켰던 구섬미국의 여러 비구들이 사위성으로 오고 있습니다. 저희 여러 비구니들은 마땅히 어떻게 해야 합니까?"

"구담미여. 그대들은 두 승가로부터 법을 들으십시오. 두 승가로부터 법을 들으시고 그 가운데에서 여법하게 설하는 비구의 견해, 인욕, 환희 등을 즐겁게 집지하십시오. 일반적으로 비구니 대중은 비구로부터 받는 것이니, 마땅히 여법하게 설하는 것을 받아들이십시오."

5-8 이때 급고독장자(給孤獨長者)는 "승가에서 항상 쟁송하고 투쟁하며 논쟁하고 언쟁하며 승가에서 투쟁의 일을 일으켰던 구섬미국의 여러 비구들이 사위성으로 오고 있다."라고 말을 들었다. 이때 급고독장자는 세존의 주처로 나아갔고, 나아가서 세존께 예경하고서 한쪽에 앉았다. 한쪽에 앉았으므로 급고독장자는 세존께 아뢰어 말하였다,

"승가에서 항상 쟁송하고 투쟁하며 논쟁하고 언쟁하며 승가에서 투쟁

---

34) 팔리어 Mahāpajāpati gotamī(마하파자파티 고타미)의 음사이다.

의 일을 일으켰던 구섬미국의 여러 비구들이 사위성으로 오고 있습니다. 우리들은 마땅히 어떻게 해야 합니까?"

"거사여. 그대는 두 승가로부터 법을 들으십시오. 두 승가로부터 법을 들으시고 그 가운데에서 여법하게 설하는 비구의 견해, 인욕, 환희 등을 즐겁게 집지(執持)하십시오."

5-9 이때 비사거녹자모(毘舍佉鹿子母)는 "승가에서 항상 쟁송하고 투쟁하며 논쟁하고 언쟁하며 승가에서 투쟁의 일을 일으켰던 구섬미국의 여러 비구들이 사위성으로 오고 있다."라고 말을 들었다. 이때 비사거녹자모는 세존의 주처로 나아갔고, 나아가서 세존께 예경하고서 한쪽에 앉았다. 한쪽에 앉았으므로 비사거녹자모는 세존께 아뢰어 말하였다,

"승가에서 항상 쟁송하고 투쟁하며 논쟁하고 언쟁하며 승가에서 투쟁의 일을 일으켰던 구섬미국의 여러 비구들이 사위성으로 오고 있습니다. 우리들은 마땅히 어떻게 해야 합니까?"

"비사거녹자모여. 그대는 두 승가로부터 법을 들으십시오. 두 승가로부터 법을 들으시고 그 가운데에서 여법하게 설하는 비구의 견해, 인욕, 환희 등을 즐겁게 집지하십시오."

5-10 이때 구섬미국의 여러 비구들은 차례로 사위성에 이르렀다. 이때 장로 사리불은 세존의 주처로 나아갔고, 나아가서 세존께 예경하고서 한쪽에 앉았다. 한쪽에 앉았으므로 장로 사리불은 세존께 아뢰어 말하였다.

"승가에서 항상 쟁송하고 투쟁하며 논쟁하고 언쟁하며 승가에서 투쟁의 일을 일으켰던 구섬미국의 여러 비구들이 사위성에 이르렀습니다. 그 여러 비구들이 앉고 눕는 처소를 마땅히 어떻게 해야 합니까?"

"사리불이여. 마땅히 분리하여 앉고 눕는 처소를 주도록 하게."

"만약 분리할 곳이 없다면 마땅히 어떻게 해야 합니까?"

"마땅히 부분으로 나누어서 그들에게 주도록 하게. 사리불이여. 다만 어떨지라도 상좌(上座) 비구가 앉고 눕는 처소를 빼앗을 수 없나니, 빼앗는

자는 악작을 범하느니라."

"옷과 음식은 마땅히 어떻게 해야 합니까?"

"사리불이여. 옷과 음식은 일체의 비구가 균등하게 나누도록 하게."

5-11 이때 그 거론되었던 비구는 법과 율을 관찰하고서 사유하였다.

'이것은 죄이구나. 이것은 무죄가 아니구나. 나는 범하였고 범하지 않은 것이 아니다. 나는 거론되었고 나는 거론을 받아들여야 한다. 내가 여법한 것에 의지하였고 허물이 없더라도 마땅히 갈마의 이치로는 거론되어야 한다.'

이때 그 거론되었던 비구는 거론되었던 비구를 따랐던 여러 비구들의 처소에 이르렀고, 이르러서 거론되었던 비구를 따랐던 여러 비구들에게 말하였다.

"이것은 죄입니다. 이것은 무죄가 아닙니다. 나는 범하였고 범하지 않은 것이 아닙니다. 나는 거론되었고 나는 거론을 받아들여야 합니다. 내가 여법한 것에 의지하였고 허물이 없더라도 마땅히 갈마의 이치로는 거론되어야 합니다. 그러므로 나에게 해갈마(解羯磨)를 주십시오."

5-12 이때 그 거론되었던 비구를 따랐던 여러 비구들은 거론되었던 비구와 함께 세존의 주처로 나아갔고, 나아가서 세존께 예경하고서 한쪽에 앉았다. 한쪽에 앉았으므로 거론되었던 비구를 따랐던 여러 비구들은 세존께 아뢰어 말하였다.

"이 거론되었던 비구는 말하였습니다.

'이것은 죄입니다. 이것은 무죄가 아닙니다. 나는 범하였고 범하지 않은 것이 아닙니다. 나는 거론되었고 나는 거론을 받아들여야 합니다. 내가 여법한 것에 의지하였고 허물이 없더라도 마땅히 갈마의 이치로는 거론되어야 합니다. 그러므로 나에게 해갈마를 주십시오.'

마땅히 그 일을 어떻게 해야 합니까?"

"여러 비구들이여. 이것은 죄이고 이것은 무죄가 아니니라. 이 비구는 범하였고 범하지 않은 것이 아니니라. 그 비구는 거론되었고 이 비구는 거론을 받아들여야 하느니라. 그 비구가 여법한 것에 의지하였고 허물이 없더라도 마땅히 갈마의 이치로는 거론을 받아들여야 하느니라. 여러 비구들이여. 이 비구는 범하였고 거론되었으며 죄를 보았던 까닭으로, 여러 비구들이여. 마땅히 이 비구에게 갈마를 주도록 하라."

5-13 이때 그 거론되었던 비구를 따랐던 여러 비구들은 거론되었던 비구에게 해갈마를 주었다. 죄가 거론되었던 여러 비구들의 주처에 이르렀고, 이르러서 죄가 거론되었던 여러 비구들에게 말하였다.

"그 일에 의지하여 승가에서 쟁송을 일으키고 투쟁하며 논쟁하고 언쟁하며 승가를 파괴하였고 승가를 번민하게 하였으며 승가를 별도로 머무르게 하였고 승가를 분리하였습니다. 이 비구는 범하였고 거론되었으며 죄를 보았으므로 해갈마를 받았습니다. 우리들은 그 일을 소멸시키고 승가의 화합을 짓겠습니다."

이때 그 비구의 죄를 거론하였던 여러 비구들은 세존의 주처로 나아갔고, 나아가서 세존께 예경하고서 한쪽에 앉았다. 한쪽에 앉았으므로 거론되었던 그 여러 비구들은 세존께 아뢰어 말하였다.

"거론되었던 비구를 따랐던 여러 비구들은 말하였습니다.

'그 일에 의지하여 승가에서 쟁송을 일으키고 투쟁하며 논쟁하고 언쟁하며 승가를 파괴하였고 승가를 번민하게 하였으며 승가를 별도로 머무르게 하였고 승가를 분리하였습니다. 이 비구는 범하였고 거론되었으며 죄를 보았으므로 해갈마를 받았습니다. 우리들은 그 일을 소멸시키고 승가의 화합을 짓겠습니다.'

마땅히 그 일을 어떻게 해야 합니까?"

5-14 "여러 비구들이여. 그 비구는 범하였고 거론되었으며 죄를 보았던 까닭으로, 해갈마를 받았느니라. 여러 비구들이여. 승가는 그 일을 소멸시키고 마땅히 승가의 화합을 짓도록 하라. 여러 비구들이여. 마땅히 이와

같이 짓도록 하라. 마땅히 대중이 한 처소에 모여야 하는데, 병자이거나, 병자가 아니더라도 역시 함께 모여야 하고 어느 누구라도 모두가 청정한 욕을 줄 수 없느니라. 모두 모였다면 총명하고 현명하며 유능한 비구가 마땅히 승가의 가운데에서 창언해야 한다.

"대덕 승가께서는 허락하십시오. 그 일에 의지하여 승가에서 쟁송을 일으키고 투쟁하며 논쟁하고 언쟁하며 승가를 파괴하였고 승가를 번민하게 하였으며 승가를 별도로 머무르게 하였고 승가를 분리하였습니다. 이 비구는 범하였고 거론되었으며 죄를 보았으므로 해갈마를 받았습니다. 만약 승가께서 때에 이르렀다면 승가는 그 일을 소멸시키고 승가의 화합을 짓겠습니다. 이와 같이 아룁니다.'

'대덕 승가께서는 허락하십시오. 그 일에 의지하여 승가에서 쟁송을 일으키고 투쟁하며 논쟁하고 언쟁하며 승가를 파괴하였고 승가를 번민하게 하였으며 승가를 별도로 머무르게 하였고 승가를 분리하였습니다. 이 비구는 범하였고 거론되었으며 죄를 보았으므로 해갈마를 받았습니다. 승가는 그 일을 소멸시키고 승가의 화합을 짓겠습니다. 여러 대덕들께서 인정하신다면 묵연하시고 인정하지 않는다면 말씀하십시오.

승가시여. 승가는 그 일을 소멸시키고 승가의 화합을 짓겠으며 승가의 번민을 소멸시키고 승가의 파괴를 소멸시키겠습니다. 여러 대덕들께서 인정하신 것은 묵연하였던 까닭입니다. 나는 이와 같이 알고 이해하겠습니다.'

마땅히 곧 때에 포살을 짓고 바라제목차를 송출할지니라."

[구섬미 파승사의 소멸을 마친다.]

6) 우바리의 질문

6-1 이때 장로 우바리는 세존의 주처로 나아갔고, 나아가서 세존께 예경하

고서 한쪽에 앉았다. 한쪽에 앉았으므로 장로 우바리는 세존께 아뢰어
말하였다.

"만약 일이 있어서 승가가 쟁송을 일으키고 투쟁하며 논쟁하고 언쟁하
며 승가를 파괴하였고 승가를 번민하게 하였으며 승가를 별도로 머무르게
하였고 승가를 분리하였던 때에 승가가 그 일을 판결하지 못하였으나,
근거가 없는 것으로부터 근거에 이르렀으며 화합승가를 지었다면 이것은
여법하게 승가가 화합한 것입니까?"

"우바리여. 만약 일이 있어서 승가가 쟁송을 일으키고 투쟁하며 논쟁하
고 언쟁하며 승가를 파괴하였고 승가를 번민하게 하였으며 승가를 별도로
머무르게 하였고 승가를 분리하였던 때에 승가가 그 일을 판결하지 못하였
으나, 근거가 없는 것으로부터 근거에 이르렀으며 화합승가를 지었다면,
우바리여. 이것은 비법으로 승가가 화합한 것이니라."

"만약 일이 있어서 승가가 쟁송을 일으키고 투쟁하며 논쟁하고 언쟁하
며 승가를 파괴하였고 승가를 번민하게 하였으며 승가를 별도로 머무르게
하였고 승가를 분리하였던 때에 승가가 그 일을 판결하였고, 근거로부터
근거에 이르렀으며 화합승가를 지었다면 이것은 여법하게 승가가 화합한
것입니까?"

"우바리여. 만약 일이 있어서 승가가 쟁송을 일으키고 투쟁하며 논쟁하
고 언쟁하며 승가를 파괴하였고 승가를 번민하게 하였으며 승가를 별도로
머무르게 하였고 승가를 분리하였던 때에 승가가 그 일을 판결하였고,
근거로부터 근거에 이르렀으며 화합승가를 지었다면, 우바리여. 이것은
여법하게 승가가 화합한 것이니라."

6-2 "승가의 화합에는 어느 것이 있습니까?"

"우바리여. 승가의 화합에는 두 종류가 있느니라. 우바리여. 뜻은 갖추
지 않고 문자를 갖춘 승가의 화합이니라. 우바리여. 승가의 화합에는
두 종류가 있느니라. 우바리여. 뜻을 갖추었고 문자도 갖춘 승가의 화합이
니라.

우바리여. 무엇이 뜻을 갖추지 않고 문자를 갖춘 승가의 화합인가? 만약 일이 있어서 승가가 쟁송을 일으키고 투쟁하며 논쟁하고 언쟁하며 승가를 파괴하였고 승가를 번민하게 하였으며 승가를 별도로 머무르게 하였고 승가를 분리하였던 때에 승가가 그 일을 판결하지 못하였으나, 근거가 없는 것으로부터 근거에 이르렀으며 화합승가를 지은 것이다. 우바리여. 이것을 뜻은 갖추지 않고 문자를 갖춘 승가의 화합이라고 이름하느니라.

우바리여. 무엇이 뜻을 갖추었고 문자를 갖춘 승가의 화합인가? 우바리여. 만약 일이 있어서 승가가 쟁송을 일으키고 투쟁하며 논쟁하고 언쟁하며 승가를 파괴하였고 승가를 번민하게 하였으며 승가를 별도로 머무르게 하였고 승가를 분리하였던 때에 승가가 그 일을 판결하였고, 근거로부터 근거에 이르렀으며 화합승가를 지은 것이다. 우바리여. 이것을 뜻을 갖추었고 문자를 갖춘 승가의 화합이라고 이름하느니라.

우바리여. 이와 같이 승가의 화합에는 두 종류가 있느니라."

6-3 이때 장로 우바리는 곧 자리에서 일어났고 오른쪽 어깨를 드러내고서 세존의 주처에서 합장하였으며 세존께 게송을 받들어 말하였다.

승가에서 의논할 일과
뜻이 생겨나서 판결한다면
크게 어느 사람이 필요하고
어느 비구대중이 필요합니까?

법을 호지(護持)하는 것에서
첫째이고 허물이 없으며
행하는 때에 사유가 있고
여러 근을 제어하고 보호하면

원적(怨敵)도 꾸짖을 수 없고
여법하다면 어려움이 없나니
이 계율의 청정함에 머무르고
두려움이 없어서 능히 설하며

모인 대중의 가운데에 머무르면서
요란하지 않고 역시 두려움이 없다면
다급하게 말하면서
뜻을 잃지 않습니다.

대중에게 질문을 받아도
막히지 않고 역시 미혹되지 않으며
때에 상응하여 기억하고 대답하나니
현자의 말은 적합한 말입니다.

지혜로운 대중은 환희하고
상좌 비구를 공경하며
스스로가 스승의 말씀에 통달하고
양을 알고서 잘 상응하게 의논합니다.

공교로 원적(怨敵)을 깨트리니
원적은 그의 제어를 따르며
대중들은 지혜를 얻고
스스로는 해치는 말이 없습니다.

묻고 답함을 멈추지 않고
사자의 소임을 감내하며
승사의 처소에서 말한 것과 같으니

비구 대중으로부터 파견되어도
그의 말을 그에게 하는 것과 같고
나를 생각하지 않습니다.

범한 일과 죄와 소멸과
비구와 비구니에게
두 비방가(毘昉伽)35)를 통달하여
또한 죄를 알고 소멸시킵니다.

무엇을 행하여 빈출을 받고
무슨 일에 의지하여 빈출을 받으며
처분이 끝났다면 갈마를 풀어주는
이와 같은 것을 바르게 압니다.

비방가의 스승이 되어
상좌와 하좌를 공경하며
중좌의 비구까지도 공경하며
대중의 이익인 현자이니
이와 같은 비구이라면
능히 정법을 호지한다네.

[우바리의 질문을 마친다.]

○ **【둘째의 송출품을 마친다.】**

---

35) 팔리어 vibhaṅga ubhaya(비방가 우바야)의 번역이고, vibhaṅga는 '분포', '구분',
    '분류'라는 뜻이고, ubhaya는 '두 가지'라는 뜻이다.

섭송으로 말하겠노라.

수승한 세존[36)]께서는
구섬미국에 머무르셨는데
죄를 보고서 다르게 논하여
마땅히 거론하고 또한 죄를 말하였네.

경계의 안과 그 처소와
다섯과 하나와 구족계를 준 것과
파리라 취락과
나아가 사위성과

존자 사리불과
나아가 아나율과
가섭과 가전연과
구치라와 겁빈나와

주나와 아나율과
이월과 우바리와
아난과 라후라와
급고독과 구담미와

비사거녹자모와
와구와 좌구의 처소를 분리하는 것과
옷과 음식을 균등하게 주는 것과
대중이 모여서 쟁사를 소멸하는 것과

---

36) 팔리어 Jinavara(지나바라)의 번역이고, jina와 vara가 결합된 합성어이다. jina는
   '승리자'를 뜻하고 vara는 '최고이다.', 또는 '뛰어나다.'는 뜻이다.

청정한 욕을 줄 수 없는 것과
우바리가 질문한 것과
계율에 부끄러움이 없는 것과
세존께서 화합을 가르치신 것이 있다.

◎ 구섬미건도를 마친다.

◉ 대건도(Mahāvagga)를 마친다.

國譯 | 釋 普雲(宋法燁)

대한불교조계종 제2교구본사 용주사에서 출가하였고, 문학박사이다. 현재 대한불교조계종 교육아사리(계율)이고, 제방의 율원 등에도 출강하고 있다.

논저 | 논문으로 「통합종단 이후 불교의례의 변천과 향후 과제」 등 다수. 저술로 『신편 승가의범』, 『승가의궤』가 있으며, 번역서로 『팔리율』(Ⅰ·Ⅱ), 『마하승기율』(상·중·하), 『십송율』(상·중·하), 『보살계본소』, 『근본설일체유부비나야』(상·하), 『근본설일체유부비나야약사』, 『근본설일체유부비나야파승사』, 『근본설일체유부비나야잡사』(상·하), 『근본설일체유부필추니비나야』, 『근본설일체유부백일갈마』외, 『안락집』(상·하) 등이 있다.

팔리율Ⅲ PALI VINAYA Ⅲ

釋 普雲 國譯

2023년 7월 30일 초판 1쇄 발행

펴낸이 · 오일주
펴낸곳 · 도서출판 혜안
등록번호 · 제22-471호
등록일자 · 1993년 7월 30일

주   소 · ⓟ 04052 서울시 마포구 와우산로 35길3(서교동) 102호
전   화 · 3141-3711~2 / 팩시밀리 · 3141-3710
E-Mail · hyeanpub@daum.net

ISBN 978-89-8494-699-6 93220

값 50,000 원